After Tamerlane

The Rise & Fall of Global Empires,

1405-2000

帖木兒之後

一四〇五～二〇〇〇年全球帝國史

John Darwin
約翰・達爾文◉著
黃中憲◉譯

目錄

簡述帖木兒駕崩之後，世界局勢為歐洲、中亞、遠東之間達成某種平衡，歐洲所代表的現代性只是其一，亦非主流。從帖木兒時代到今日這段期間的歷史，其實遠比那則傳說所顯示的更為混亂，更受偶然事件的影響，更富爭議性。其實，現代世界史並非呈線性發展，從「歐亞世界」的角度看歐洲的版圖擴張、重新定義「歐洲」、帝國也不是一種原罪，而是世界史上的一個階段。

今日的全球化世界，為何會有一個國家獲致如此超強地位？中國、印度的經濟復興為何如此晚近才出現？西方諸國（這時包括日本）為何在科技和生活水準上如此長期領先他國，直到晚近才有所改觀？為何西方文化的產品大體上仍舊最令人趨之若鶩？為何各國的政治體制和其法律、規範，反映了歐洲治國術的理念和實際作為，為何領土劃分按照歐洲模式？二十世紀末期的全球化世界，並非全球自由市場下可預測的結果；我們也無法根據五百年前世界的狀態，推斷出如今的景況。那是漫長、混亂而往往充滿暴力的歷史產物，那是運氣突然逆轉和意想不到之失敗的產物。它的根源遠溯至大家普遍深信的「發現時代」，甚至遠溯至帖木兒死時。

「大發現」並不必然促成歐洲崛起為全球霸主。我們不該誇大歐洲人所動用來從事遠航、征服的資源，也不應誤解讓他們得以在亞洲、美洲建立據點的手段，尤其不應把航海家、征服者的冒險活動，解讀為有心建立世界帝國的行動。歐洲勢力在漫長十六世紀期間的「爆發」，在很大程度上，有賴東方當地情勢的配合，有賴接觸與征服方面的專門次文化逐漸發展成形。那可不是像某些史家所主張的無所逃的經濟命運，也不是科技優勢必然帶來的結果。

達伽瑪在印度洋上意氣風發的同時，伊朗在薩法維王朝下復歸一統、伊斯蘭在東南亞快速擴張，俄羅斯帝國、中國明朝和日本江戶時代在文化、經濟、人口成長均不遜色於歐洲。要真正了解大發現的意義，就得放在歐亞擴張主義這個歷史背景上審視：要把「舊世界」叫進來，以平衡「新世界」。

第三章

現代初期的東西均勢（十七世紀到十八世紀中葉）

——歐洲稱霸之路受阻於伊斯蘭，難與明朝、德川幕府匹敵

現代初期歐洲的「稱霸之路」在許多方面是個錯覺，是後見之明所加諸的不實論斷。即使在歐洲人掠奪「新世界」、入侵印度洋之時，他們仍認為自己是左支右絀在對抗氣勢昂揚的伊斯蘭。在政治、軍事、商業組織上，他們的成就比起鄂圖曼王朝、薩法維王朝、明朝或德川幕府的成就，只是旗鼓相當，或者更遜一籌。國家建造和文化創新是現代初期歐亞世界（而非只是歐洲史）的鮮明特色。

當然，在挺進「外圍世界」上獲致最傲人成就者乃是歐洲人。但我們不該認為，歐洲人藉由這些作為，已為稱霸全球一事奠下基礎。事實上，相較於撼動人心的地理發現與征服，十七世紀或接下來更長的時間裡，歐洲步入了其與歐洲以外世界的關係更漸進式改變的階段。「地理發現」帶來意外的好處，但這等好事在此時期不會再有；歐洲—大西洋世界的政、經條件，限制了進一步擴張的範圍。歐洲諸海上強權，念茲在茲於大西洋地區的權力角逐，對於在亞洲建立帝國一事，興趣缺缺；與此同時，伊斯蘭世界與東亞諸國反倒健壯得很，與日後許多歐洲生龍活虎而亞洲衰敗不堪的論述裡呈現的形象大相逕庭。從這角度來看，英國征服孟加拉（一七五七年）之前的一百五十年，不只是「歐亞革命」（歐洲藉以宰制「舊世界」其他地方的行動）的漫長前奏，還是歐亞世界幾大社會之間，以及在「外圍世界」的部分地區，入侵的歐洲人與本土族群之間均處於近乎勢均力敵的時期。歐洲式經濟要能順利殖民歐亞其他地方，得先經歷科技、政治、地緣戰略上的一場革命。

第四章　歐亞革命，東西大分流（一七五〇年代到一八三〇年代）

——工業革命並非歐洲擴張的唯一解釋，富裕自足反使東方缺乏變革誘因

一七五〇年代到一八三〇年代，諸文化和諸大陸的漫長均勢遭歐亞革命打破。在這段期間，歐洲諸國首度取得凌駕歐亞其他地方的支配地位。史學家回顧這一改變時，通常把目光焦點放在讓歐洲人獲益的巨大經濟改變。歐洲的新權力，來自科技與經濟組織上的「工業革命」，似乎毋庸置疑。事實上，那並非歐洲擴張的唯一解釋，或者說那並不足以說明歐洲何以能擴張。歐亞革命其實是三場革命，分別發生在地緣政治上、文化上與經濟上。然而，歐亞革命並未帶來歐洲全面稱雄的時代，卻為歐洲掌控地球其他地方的帝國體制開闢了坦途，開創了新歐洲（對美洲、澳、紐的殖民）。

英國的工業革命並非一蹴可幾，而是在煤炭與殖民地等因緣條件下的巧合，是長期的改變過程，甚至是對亞洲製造品的抵禦！最後英國成功將棉紗回銷至印度，使印度從輸出國變成輸入國。中國幅員廣闊、未有內需壓力、缺乏工業化的誘因，也說明了同時期的中國江南為何未發生工業革命。鄂圖曼帝國與伊朗成長有限，印度亦缺少整合型經濟的條件。歐亞革命將歐洲帶向世界的中心，整合了所有條件，藉此一躍至世界舞台中心，牢牢扎下日後霸業的基礎。

第五章　與時間賽跑（一八三〇年代到一八八〇年代）

——西歐邁向世界經濟，亞非爭取時間自強

歐洲自由主義盛行、改革聲浪不斷，一八三〇年之後歐洲的邊界慢慢往外擴張，挾著美國提供的豐富物資橫行全球，印度首先淪陷、中國緊接在後，南京條約使中國門戶洞開，日本也岌岌可危，無法再繼續鎖國。

歐洲消費者對大西洋商品和亞洲奢侈品的需求，刺激出他們的機會主義作風，慢慢向外擴張。歐洲宗教界、知識界愈來愈深信，自己的信念及理念不受民族、文化或宗教的畛域限制，放諸四海皆準，從而為這些征服行動提供了合理化藉口。科技創新使某些歐洲人的生產力超過亞洲人，不再倚賴從亞洲進口的奢侈品，特別是紡織品和瓷器。到了一八三〇年代，歐洲人已開始秣馬厲兵，準備在領土上、商業上、文化上，將六十年前他們都還無法染指的地區，納入其支配。

情勢的發展卻使亞非諸國陷入與時間的賽跑之中，要趕著在歐洲憑其武力與財富攻破他們的防線前「自強」。歐洲諸社會未重啟內鬥，反倒偃旗息武，在有所提防、有所限制、有所爭議的自由主義這個意識形態大旗下，戰戰兢兢地嘗試政治、經濟的合作。「大歐洲」出現，把俄羅斯與美國納進一個廣大區域中，而歐洲人面對頑強抵抗的大自然、心懷敵意的原住民或「亞洲」競爭者，升起共同的「歐洲身分」意識，從而緩和了那廣大區域裡的政治及文化差異。那是個至關緊要但未曾在意料之中的發展，歐洲整體實力隨之大增，物質力量大幅增強，並且把身分改換為「西方」。

全球殖民主義（一八八〇年代到一九一四年）

——大歐洲獨霸全球，確立了自由貿易的模式，也助長了優越錯覺的確信

一八八〇年之後，歐洲殖民全球的局勢大勢抵定，從非洲遭歐洲列強瓜分之史實，可以看出俄、英、德、法等國相互較勁意味濃厚，競相追逐世界第一強國的寶座。這擴張使歐洲人更前所未有地確信，推動全世界的物質進步、提供全世界宗教真理和哲學真理，乃是歐洲的文化使命，且這確信又回過頭來助長其擴張。

「大歐洲」的擴張，擴及歐洲人們先前覺得太偏遠或太難馴服的亞—非地區，似乎正說明了歐洲的科學、科技如何的獨霸全球。歐洲人與其他民族之間的「知識差距」，在十九世紀結束時看來更為擴大。在西方以外的世界尚未運用煤和蒸汽時，歐洲部分地區已開始進入電與化學物的第二場工業革命。結果就是世界史上頭一遭把有形力量、經濟力量、文化力量的全球性階層體制，強加在全世界。一九〇〇年的世界，正是帝國主義擅場的世界，也確立了全球經濟的自由貿易模式。

一九一四年前就有警訊顯示，全球帝國主義體制無法保障世界和平與繁榮。籠罩在西方勢力下的東亞，再怎麼看都是前途未卜。歐洲列強已為北非、中東領土和勢力範圍的瓜分問題，吵得臉紅脖子粗。美國經濟的龐大規模，引發棘手問題：在以倫敦為中心而由歐洲殖民列強瓜分掉的全球經濟裡，可以容許美國分多大的一杯羹？急速成長的國際貿易和投資，這時成長似乎開始變慢。

英、俄、德、法、美、日六大國嘗試在各自從事帝國主義擴張時，彼此大體上保持合作關係，但第一次世界大戰粗暴地終結了這場實驗，為爭奪利益大打出手；大戰讓歐亞的「舊制度」因而瓦解，把歐洲、亞洲的數個帝國送進墳墓。世界秩序岌岌可危，大規模衝突一觸即發。兩次大戰的三十年間世界秩序失序，不僅歐洲各國大亂，亞洲的俄國和日本也成為死敵。

對於飽受二次大戰折磨的人而言，這場戰爭無異世界末日。諸戰勝國將會把許多舊目標和舊假定帶到戰後的和平世界，但事實上，他們在和平藍圖幾無共識。一九四九年後，這一有毒的氛圍變得更為嗆人，因為兩大超強這時都有了大規模毀滅工具——核子武器。在這樣的時代背景下，舊帝國遭打破，新帝國組成。美蘇二大帝國對立，拉開冷戰序幕。

帖木兒的陰影（二十一世紀至今）

——中國、印度重回世界舞台，全球化世界回到帖木兒時代的多元、均勢形態

或許整個世界歷史可以稱為一部帝國的歷史，所謂的帝國是影響與統治的體制，而在此體制之下，種族、文化或是生態的界線均可重疊或忽略。一九一四年之前的中國在其數千年歷史中均展現出驚人的統一狀態，而當代的世界裡，卻尚未出現全球化的大一統帝國。我們很有可能正處於一大轉變的邊緣，且那轉變的影響比起十八世紀末期的歐亞革命，絕無不及。歐亞世界的歷史告訴我們，當「舊世界」將文化傳播到另一端時，並未使兩端的人對現代性或何謂「現代」有一致的看法。過去的貿易與征服、離散與遷徙的模式，已把遙遠地區拉在一塊，影響了那些地區的文化和政治，卻不是使世界同質化，而是使世界保持多元。相對地，全球經濟的磁力，目前為止都太不穩定，且各地感受到磁力的不均，因而無法促成自由貿易論者常期盼的合作行為和文化融合。今日所稱的全球化，挑明來說，可以看作是當今四大經濟「帝國」（美、歐、日、中）晚近所達成的一組協議所促成。

如果說從對過去的漫長檢視中，應可以得出一個一貫不變的現象，那就是歐亞世界不願接受單一制度、單一統治者或單單一套規範。由此來看，我們仍活在帖木兒的陰影裡，或者更貼切地說，仍活在他失敗的陰影裡。

推薦序

這一本歷史的帳，你不能不知道！

郭重興（共和國出版集團社長）

讀這本書，讓我想起以往翻閱世界史、西洋史，無論是史學名著或學校指定的教科書，多半從希臘羅馬時期開始，以西方世界為中心論述全球歷史的進程，一番敘議長談之後，最後才「聊備一格」地以一個篇章談及東方或亞洲，彷彿那是個單獨存在的空間，與世界其他地方沒有關聯，從古至今也沒什麼大變化。這樣的書寫模式，透露了一個訊息：傳統西方史觀認為，東方對現代世界的形成沒有積極的貢獻和影響。

然而，這樣的觀點，卻無法解釋身為二戰戰敗國的日本，如何能在二十世紀末富裕到彷彿可以買下全世界？也無法解釋十九到二十世紀間的俄國，何以能擊退拿破崙，又阻敗希特勒？而中國、印度甚至南韓這些「不在世界中心」的勢力，今天又怎能驟然之間強勢崛起？

這正是《帖木兒之後》企圖解釋的諸多問題之一。事實上，此作包山包海，方方面面無一不談，廣納各家所言卻又自成一家之言，帶我們將這五百年來的全球世界看了個通透。議敘之間淋漓盡致，有種「沛然莫之能禦」的暢快感，令人忍不住讚嘆：這才是「通」史！

此作是迄今所有歷史著作中，第一本嘗試用如此全面的角度，探討中世紀至今形成的過程。所謂「全面」，涵蓋了「地理」和「面向」上的全面。

在地理上，作者將西元一四〇〇到二〇〇〇年這六百年分為七、八個階段，每一個階段都分別書寫歐洲（遠西）、伊斯蘭世界（中歐亞）和儒家文化的東亞（遠東）三大地區（或曰勢力）的狀態，以及三者之間彼此的交互作用。這樣的論述結構源自於作者認為，自從一四〇五年帖木兒王朝隨著他去世而崩亡後，歐亞世界的棋局正是由上述三方勢力共同譜寫而成的三足鼎立形態，甚至，作者也提出種種論據顯示，當時的歐洲無論在政治、軍事和商業組織的成就上，比起另兩方只是旗鼓相當，或者還略遜一籌。此外，包括後來葡萄牙人打開了南洋貿易商路，以及工業革命賦予了歐洲擴張的新權力……等等普遍採用的歷史認知，也受到了駁斥。

這不禁使我回想起數十年前我還在美國讀書時，其實已有許多亞洲或中國的歷史研究，都對中國唐末以降至宋朝的商業、文化、海事成就大加讚譽，也對明清的國力富強予以肯定。史景遷即曾說過，如果他可以選擇，那他要生活在中國的明朝，那個人類文明史上的黃金時代。因為這些朝代在許多方面的發展，都超越了當時世界其他地域。可惜的是，在講求知識分工的現代社會，亞洲歷史的研究論點仍難跨越學界的藩籬，納入世界史的主流觀點中。由此來看，這本《帖木兒之後》所具備的「多視角」價值，便更顯珍貴。

至於在面向上，這本書也是少數除了政經軍事等「大事」之外，還將探究重點深入到物質、資本的流動，例如稻米、棉花、糖、茶等民生物資，以及賦稅制度、礦產、交通運輸，乃至教育、人口、信仰等等，凡是對當時社會或帝國發展具有深刻影響的因素，均加以檢視，且時刻不忘追索三大地區複雜且不斷變動的交互影響。這其中最令我印象深刻的兩個例子，莫過於英國在印度棉布大量進口的壓力下，催生了工業革命，因而成功防禦了亞洲製造品的競爭優勢，最後甚至將取自印度的棉花製成棉紗及棉布，回銷至印度，摧毀當地的傳統手工產業；另一方面，又轉身探討當時的中國江南也是棉布製作大區，無論就富裕程度、紡織品的生產效率及商業信貸的方便都和西北歐洲水平不相上下，糖、茶之類商品的消費可能更高。中國之於江南相當於歐洲的商業心臟地帶。而中國在技術的發明創新能力上，在這之前還優先於歐洲。何以在各項條件相仿之下，工業革命未及在中國江南出現？

這番做學問的功夫既要打破時空距離，還得講究扎實嚴密，光是史料的蒐羅研讀，就已是大大不易，作者居然還廣納各方學者門派，從史學界名家法國年鑑學派翹楚布勞岱爾，乃至於寫《國富論》的經濟學家亞當斯密、德國社會學大師馬克思・韋伯，到文化評論家薩依德……等等，令我們在閱讀這部帝國史的同時，也順帶瀏覽了一遍史學史，或曰史學思想史。當然，作為中文讀者，黃仁宇的大歷史觀也不時浮現腦際，多了層相互比較兩位學者史觀異同的樂趣。

然而最難能可貴的是，作者藉由分析、探討「歐亞革命」的成因、影響，讓我們了解偏處歐亞大陸一隅的歐西，何以能與其他的舊世界走上各自分流的道路，甚至宰制了全球政治、經濟與文化論述。但或許更令讀者掩卷三嘆的是，才不過兩個世紀不到，歐亞大陸的東西兩端卻又形成了新的均勢，東西兩方又逐漸合流，「全球化」於焉誕生。

於是，我們因此得以看到現今世界的全貌：自帖木兒死後，至今再也沒有勢力或成就大到足以稱霸世界的「中央」帝國，如今世界的權力版圖，更回到了帖木兒王朝剛結束時的均勢形態。這同時印證了書中所言，中世紀以來歐洲勢力透過帝國手段所進行的殖民、瓜分，都只是「表面」的統治和入侵，並未能深刻撼動歐亞世界許多國家及其強韌文化。同樣地，未來這個世界所走向的「全球化」，也只會是各地之間相連關係的深化，而非僅是趨同於某一種文化的簡化結果。

站在廿一世紀往回望，《帖木兒之後》絕對是日後史學家難以超越的經典大作。而身為中華帝國遺緒一員的我們，讀史之餘，不僅胸中塊壘將一吐為快，也對這方島嶼的過往、現下及未可預測的將來，有較了然的承受及期待。

導讀

帝國史的大師級著作

南方朔（作家）

二〇〇八年美國的次貸風暴和金融危機，就大歷史的角度而言，這乃是帝國內爆的徵候，它等於代表了「大美帝國統制下的和平」（Pax Americana）的走向式微。於是，有關大美帝國的研究，特別是帝國史的研究，突然之間又再次成為學術界的新主流。

當代帝國史主要學者、牛津及哈佛教授尼爾·佛格森（Niall Ferguson）最近指出，紐約的歷史協會大廳懸掛了十九世紀主要風景畫家柯爾（Thomas Cole）所畫的五幅「帝國之歷程」。第一幅「自然國度」，畫的是片蓁莽大地，只有少數採拾狩獵的人們；第二幅「牧歌國家」，畫的是田疇茂密，民生樂利的田園景象，遠處還露出希臘式的神廟，顯示社會的富裕及走向壯盛。至於第三幅「帝國的極致」則畫的是個港市，全都是石質巨大的建築物，舟楫如雲，真是帝國的繁榮氣象；第四幅「毀滅」，畫的背景依舊是帝國鼎盛的建築物，但卻混亂脫序，藤蔓已從地下往上攀升；第五幅是「荒蕪」，畫的是繁華後的荒涼，石柱依然，但已是一片荒煙蔓草，一個帝國已告結束。佛格森表示，近代史學界一度相信循環歷史觀，那就是把帝國的歷程比喻為一個生命體，由誕生、壯年，最後難免走向衰老死亡。但近代對系統學的研究，卻發現一個複雜系統的瓦解，經常會快速發生，牛津帝國史學家海瑟（Peter Heather）及韋特柏金斯（Bryan Ward-Perkins）即指出，古代的帝國如西羅馬帝國、中國的大明王朝、法國的波旁王朝、舊俄的羅曼諾夫王朝，以及鄂圖曼帝國等帝國的瓦解，都不脫在極短時間裡即快速巨變的格局。

而今天的大美帝國從立國之初，即以帝國建造為它的認知方向。在立國時，「大陸議會」的制憲代表拉姆塞（David Ramar）即已明言，美國「將會使馬其頓帝國、羅馬帝國、大英帝國等皆相形見絀」，華盛頓也明言美國的誕生乃是個「雛形帝國的興起」，傑佛遜總統任內奪取到密西西比州和密蘇里州的廣大土地，他即明言美國乃是個「自由帝國」。在過去兩百年裡，大美帝國以武力維持住了它的帝國規模，但到了今天，它肆無忌憚的窮兵黷武，將全球視為它的殖民地，美國已使得全球武裝的反殖民運動被帶到新的高點，而它自己龐大的軍費及消費支出，也使得其國家債務由二〇〇八年的五點八兆美元即將增至二〇一九年的十四點四兆美元，但美國仍遵循它的帝國邏輯，企圖將它的債務壓力以通膨輸出的方式轉嫁給全球分擔，這只會促使債務危機後快速地引發政治危機和帝國瓦解的危機。因此佛格森教授指出，帝國的歷程很可能不是緩慢的循環，而會是快速的巨變。

正因近代最後一個帝國——大美帝國已出現崩解的危機，並正展開帝國大反撲，當一個舊歷史正在成為過去，自然而然的，學術界的帝國史著作在最近也突然大量湧現。據個人有限的資訊，這方面的著作除了佛格森的大英帝國研究著作外，尚有哈佛學者邁爾（Charles S. Maier）的《帝國之比較：美國的興起及它的前行者》，牛津教授約翰達爾文（John Darwin）所著的《帖木兒之後：一四〇五～二〇〇〇年全球帝國史》，另外還有學者波本克（Jane Burbank）及庫柏（Frederick Cooper）所著的《世界史裡的帝國：權力及差異政治學》，以及派森斯（Timothy Parsons）所著的《帝國規則：帝國建造人及維持者，及他們為何衰敗》，以及殷墨門（Richard H. Immerman）所著的《自由帝國：由富蘭克林到伍爾夫維茲的美國帝國主義史》等。帝國史的重要著作相繼出現，基本上是反映了大美帝國走向沒落後的衍生趨勢，因而許多討論到大美帝國的興起與衰落的著作，多少都顯露出某種程度的惘然之感。

西方所謂的帝國和帝國主義，它的語源皆出自拉丁語的「絕對帝權」

（Imperium）。它指的是羅馬時代的參議院對它的臣民及征服地區擁有行使統治之權，而後到了奧古斯都大帝時推動「絕對王權」（Principate），整個帝國主義的說法遂告確定，並一直延續至今。帝國指的是某些國家可以依靠其國家暴力將統治意志延伸到國界之外。但古代的農業或游牧帝國，雖有土地及貿易路線的爭奪，這種帝國並不涉及意識形態的支配和話語權的壟斷，直到歐洲帝國的出現，由傳教士及人類學家先行，合理化了西方殖民主義的優越性，這就是以「科學的東方主義」為基礎的東方主義論述。歐洲帝國的興起，它所宰制的不只是土地和資源，更企圖宰制各地區人民的記憶與意識，使得所有其他地區的人民都成了沒有歷史的野蠻人。這種新帝國建構出了一種新的單向道的歷史觀，其他文明都是漫漫長夜裡的次等族群。這種單向道的帝國宰制模式，也使得近代帝國呈現出獨特的景觀，支配與反支配間的鬥爭因而更加複雜。

在目前這個時代，區域自主意識更增，但全球相互依賴也更甚，它會像許多人期望的是帝國時代的終結，或是像一九三〇年代那樣，經濟的蕭條反而造成帝國間的對立擴大，而走向帝國之間爆發戰爭之路，或者是像邁爾教授最近指出的，帝國以一種連結但臣屬的方式去重建世界秩序？但目前這個大美帝國走向沒落的時刻，其實也是世界充滿了風險的時刻，未來難免有漫長的動盪過程要經歷。

目前正值大美帝國走向衰退沒落的時刻，人類的大歷史因而面臨了可能的巨變，由於時代的變化，帝國史的研究遂風雲際會成了新的顯學，而在眾多帝國史的研究著作裡，約翰．達爾文的這本《帖木兒之後：一四〇五～二〇〇〇年全球帝國史》無疑是本相當有經典性的重量級著作。哈佛教授邁爾最近在評論相關帝國史的著作時，即推崇該書為「大師級著作」。

首先必須指出的，乃是此書以帖木兒（Timur, Tamerlane, 1336-1405）為名，有著作者獨特的寓意。遠至中國古代的漢王朝開始，世界的重心在歐亞大陸，在那個時代歐亞大陸有陸上絲路及海上絲路可通，中國使節可以平安抵達地中海東岸。絲路的暢通，縱使到了唐王朝，玄奘法師尚可獨自一人出中土，經過今日的阿富汗，而後越過興都庫什山而抵達今日的印度，絲路的暢通到了成吉思汗時達於頂峰。蒙古帝國是個橫跨歐亞大陸的大帝國，蒙古帝國統一了歐亞大陸，使得義大利商人馬可波羅及他的父親和叔叔，得以越過地中海抵達君士坦丁堡，再循陸路經過今天的伊朗、亞美利亞、阿富汗，而後越過帕米爾高原，到達蒙古帝國的中心上都和大都，即今天的北京。蒙古這種橫跨歐亞，即所謂全球帝國的局面，後來唯一的繼承者即帖木兒，他是出生於撒馬爾罕和興都庫什山一塊沙漠中的綠洲之突厥人，在十四世紀六十年代，他領導一個游牧部落聯盟而竄起，他精於用兵，征服了從蒙古到地中海的每個國家，企圖重建成吉思汗的帝國霸業，不幸的是，一四〇五年下半年他率領大軍企圖長征中國時卒於途中。他的死已意味著古代全球帝國時代的結束。後來的帝國史基本上可以說都是從帖木兒失敗之處開始，直到大美帝國以跨大西洋和太平洋這種跨洋全球帝國的出現為止。本書最後指出，帖木兒的失敗意味著歐亞世界不願接受單一制度、單一統治者或單一套規範，帖木兒的失敗乃是歷史的陰影，也是全球帝國的陰影。本書以帖木兒為名，他所寓意的其實也就是大美帝國這種新的全球帝國的困境。

其次，本書乃是廿一世紀的著作，近代自從歐美等海洋帝國興起後，即出現了由傳教士、人類學家及其他思想人物聯合創作的東方主義論述，它將工業革命及啟蒙運動以來的變化認為是現代性的起源，這是一種獨特的線性史觀，意圖用這種史觀壟斷一切歷史解釋，包括孟德斯鳩、亞當斯密，以迄韋伯為止，都是這種新的優勝劣敗史觀的參與者，經濟史上所謂的「大分流」也是這種史觀的衍生物，這種史觀以前就有荷蘭殖民史學者范洛伊爾（J. C. Van Leur, 1908-1942）提出過質疑，近代更有巴勒斯坦思想家薩伊德（Edward Said）的東方主義展開全面且深度的批判，這也就是所謂的「後殖民思想」的展開。後殖民思想的深層內涵乃是把歐美那種自我中心的價值觀全面解構，使它無法再壟斷歷史的話語權和定義現代性的權力，這等於是把歐美「去中心化」和「地方化」，只有透過這種洗禮，其他地區始有可能去解釋自己的現代性。

這本書正因為建立在這種基礎上，它在敘述帖木兒以後的帝國史時，遂能「將事實如它本來的樣子呈現出來」，而沒有以往歷史敘述的那些意識形態偏見繼續作祟，在這個意義上，本書可以說是一部「後殖民時代的帝國史」，它在敘述全球化現象時，遂能擺脫「大分流」的說法，而以「大合流」取代。

本書由於擺脫了過去的歐美中心主義色彩，它在敘述過去和現在時，對鄂圖曼帝國、俄國及中國等，遂有了更多理解，而沒有意識形態性質的不當針砭，尤其是當它敘述到蘇聯解體後，大美帝國肆無忌憚地展現出強勢帝國的作風，更是語多警告，認為這只會讓大美帝國自陷危機之中。至於對帝國的未來，作者則深信，單一帝國強權的時代已成了過去，在這個地緣政治、經濟和文化相互勾連，但世界文明又相對極不穩定的時代，各個大國都將面臨極大的挑戰。世界的帝國乃是世界史的一部分，它是人類正在寫的書頁，看來帝國間的縱橫捭闔，還有很艱難的路要走！

謹以此書獻給　卡洛琳、克萊兒、夏洛特、海倫

《帖木兒之後》一書中旁徵博引諸多史料，為利讀者查閱出處，仍保留原注記號，原注徵引之內容請參見書末「注釋」；譯注則隨頁附上。

野人文化 編輯部

人名、地名小注

撰寫一本涵蓋時空如此寬廣的書，在人名、地名的語言上，不可避免要碰到麻煩。不只名稱有所改變，而且改變本身除了反映看法、身分的改變，往往還反映掌控權的改變。在世上許多地區，改城名、鎮名、街名，乃至改國名，一直是藉以象徵舊體制（通常是殖民體制）終結，以及本土文化與認同重獲肯定的方式。我的習慣做法，乃是使用本書讀者群（以西方人和英語族群占絕大多數）所最可能熟悉的名稱，同時在該使用另一種說法時，使用該說法。有時這代表要使用對某地方當時有特殊意義的名稱。因此，我使用「君士坦丁堡」，而非「伊斯坦堡」，以指稱鄂圖曼帝國的都城。一四五三年突厥人攻占該城之後，西方有很長一段時間仍慣稱該城為君士坦丁堡。我保留此一用法，以表明它作為帝國都城的角色（大不同於現代伊斯坦堡的角色），以及它作為遭占領而亟待「收復」的基督教城市，（在歐洲人眼中）具爭議性的身分。西方人這觀念直到一九二三年《洛桑條約》簽訂才消失。

有兩個問題，特別值得一提。首先，伊斯蘭名的羅馬拼音，向來頗為紊亂——可能是無可避免的事。千百年來，歐洲人拼寫伊斯蘭名沒有固定的規則，因而使同一個伊斯蘭名出現多種不同的拼法，而其中有些不同拼法，在今人看來，顯是怪異。此外，其中某些不同拼法，反映了阿拉伯語、波斯語、突厥語（中歐亞伊斯蘭世界的三大語言）口語表達上的差異，使這問題更為複雜難解。穆罕默德這個最為人熟悉的名字，可能拼寫為Mahomet、Mehmet、Mohamed或Muhammad，費瑟可能拼寫為Feisal、Faisal或Faysal。我使用了自認會是大家熟悉且理解的拼法，而非那些被學界視為「正確」的拼法。

其次，還有伊朗這個問題。一九三五年之前，伊朗的正式名稱叫「波斯」（Persia），那是當時西方人對這個國家一般的稱呼。但在過去，在該國和該地區境內，叫「伊朗」比叫「波斯」更為普遍，為求行文簡潔，本書所涵蓋的那幾百年間，凡是提及那個地區和那地區上的民族，我一律以「伊朗」稱之。但切記，波斯語（Persian，這字眼源自「Farsi」，而Farsi是波斯語族對自己語言的稱呼）曾是強勢語言，波斯文化曾是強勢文化，「波斯人」曾用來指稱某個多民族混居地裡最大的族群。

地圖一覽表

插圖一覽表

圖片來源注明於括弧內。

前言

一四〇五年帖木兒之死，乃是世界史上一個重大轉捩點。從阿提拉到成吉思汗，一連串「世界征服者」欲建立龐大帝國，將整個歐亞世界——「世界島」——歸於一統，而帖木兒正是這一連串「世界征服者」中最後一位出場者。他死後不到五十年，歐亞世界遠西地區的海洋國家，以葡萄牙為先鋒，已開始探索日後成為諸海洋大帝國之神經與動脈的航海路線。本書就在探討接下來的歷史。

若不細究，大家會覺得那是我們耳熟能詳的歷史。畢竟，西方透過強大帝國、強盛經濟稱霸全球，乃是我們歷史認知的核心觀念之一。那觀念有助於使我們的歷史觀有條不紊，在許多正統歷史敘述裡，似乎是無法避免的。那是歷史的陽關大道：其他的觀點全是小徑或死路。歐洲的諸帝國瓦解，歐洲本身成為「西方」（唯美國馬首是瞻的世界性聯盟）的一部分時，有新興的後殖民國家取而代之。本書的宗旨有一部分在讓讀者了解，從帖木兒時代到今日這段期間的歷史，其實遠比那則傳說所顯示的更為混亂，更受偶然事件的影響，更富爭議性——一個再清楚不過的事實。但為了闡明這點，本書將歐洲（和西方）放在更大的範疇裡，放在歐亞世界其他地區建造帝國、建造國家、建造文化的宏大工程之間來探討。個人認為，唯有如此才能正確理解歐洲擴張的進程、本質、規模和範圍，當前世界錯綜複雜的源頭也才得以稍獲釐清。

若非過去二十年有關「全球」史和中東、印度、東南亞、中國、日本等地歷史的新作大量問世，本書不可能寫成。當然，歷史學家堅持從全球觀點了解過去，並非今日才有，此一傳統最早可溯至希羅多德。大部分的歷史著作對於世界其他地區照理應已發生的事，有著一套猜測而得的結論。然而，有系統地探索世上不同地區之間的關係，卻是較晚近的事。佛雷德里克·泰加特（Frederick Teggart）在《羅馬與中國》（*Rome and China*，一九三九）一書中論道，「只有充分體認到各民族都有歷史，體認到那些歷史與自己民族的歷史同時發生於同一個世界裡，體認到比較各民族的歷史乃是知識的源頭，歷史研究才有可能獲致成果。」這一挑戰，由麥克尼爾（W. H. McNeill）以皇皇鉅著《西方的興起》（*The Rise of the West*，一九六四）承接下來。因書名之累，若未認真一讀，會不知該書所探討的範圍之廣，見識之精妙。但晚近，投注於全球史與西方以外歷史的研究大增。「全球化」對經濟、政治及文化的衝擊，乃是原因之一。但或許同樣重要的因素，乃是離散（diaspora）與遷徙的影響（創造出流動的、「反民族的」歷史傳統），以及原把「歷史」視為國家私產的許多政權步上自由化之路（中國是其中最大的政權）。在新視角、新自由、希望從歷史得到新意義的新閱讀大眾推波助瀾下，大量歷史著作紛紛冒出。這一切所產生的影響，乃是替原來似乎只有一條路徑（歐洲擴張的論述）可通往的過去，打開了全新而開闊的視野。這使今人遠比二、三十年前之人，更容易就可看出，歐洲步入現代世界的過程[1]與歐亞世界其他地方的社會、文化改變，有許多共通特色，看出歐洲之稱霸世界其實比我們往往相信的還要晚，比我們往往相信的還更有局限。

我能寫成此書，得感謝其他史學家的研究成果。這由每一章所附的注釋可清楚看出。我認同世界史是相互關聯的整體，而我初次迷上這觀念，乃是受教於已故恩師傑克·賈拉格（Jack Gallagher）門下之時。他的歷史想像汪洋恣肆，無邊無際。牛津大學帝國史與全球史方面的同事——朱迪絲·布朗（Judith Brown）、大衛·華什布魯克（David Washbrook）、喬治·多伊奇（Georg Deutsch）、彼得·凱瑞（Peter Carey）——讓我獲益良多。牛津大學內外其他許多同僚的專業知識，也使我收穫不少，他們的真知灼見，我謹記在心。我在經濟問題方面的思索，因結識全球經濟史網絡（Global Economic History Network）這個組織，而更為周全、深入。那是派翠克·奧布里恩（Patrick O'Brien）所創立的組織，旨在為全球不同地區分歧的經濟變革路線的討論，提供論壇。本書中的觀念，有一些乃是在幾場「巡迴研討會」上與詹姆斯·貝利赫（James Belich）、腓力普·巴克納（Phillip Buckner）辯論時，激盪出來的——受益自如此多的英才而教之，對我的啟發自不待言。而過去二十年指導許多博士論文，也讓我的歷史知識大為增長。我特別要感謝以下幾位朋友和同事，對本書各章的最初幾版，提供了寶貴意見：Richard Bonney, Ian Phimister, Robert Holland, Martin Ceadel, Andrew Hurrell。書中若有謬誤、缺漏，責任當然在我。

我以柯林斯·巴托洛梅（Collins Bartholomew）所製作的「Mapinfo」程式為基礎，畫成地圖草圖。若沒有博德利圖書館（Bodleian Library）地圖部門尼格爾．詹姆斯（Nigel James）的指導、建議及耐心協助，我不可能完成這件事；地圖定稿則由傑夫．愛德華茲（Jeff Edwards）完成。鮑伯．戴分波特（Bob Davenport）一絲不苟地編輯本書文稿，我要在此表示深深謝意。

若沒有企鵝（Penguin）出版社賽門．溫德（Simon Winder）的熱心和鼓勵，這本書的寫成，將不會這麼平順。賽門的熱心，教任何作者都不忍拂逆其好意，只有加緊努力以報答之。為此，為了他在某些關鍵時刻適時給了我高明的意見，我要大大感謝他。

最後，我能在眾多俗務纏身之下，經歷漫長時間寫成此書，得大大歸功於牛津大學圖書館資源的豐富，以及納菲爾德學院為其研究員所提供的無比完善的研究及寫作設施。

❶ 譯按：在本書中所談到的現代，乃是根據西方的歷史分期，指中世紀結束後的歷史，其中涵蓋了我們所習用的近代、現代這兩個時期，而書中所出現的「現代初期」，約略相當於「近代」，至於「前現代」一詞則指介於上古與現代之間，即等同中世紀。

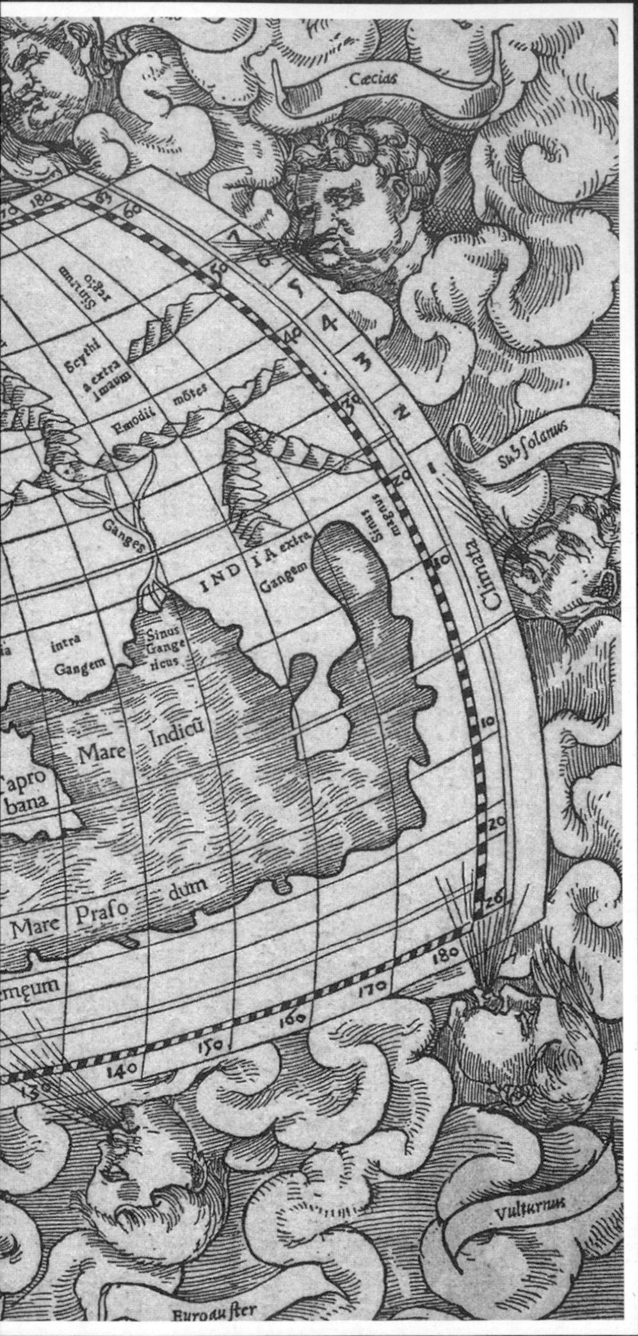

第一章

帖木兒之後

（十五世紀）

——帝國不是原罪，而是世界史上的常態

托勒密的世界地圖，十五世紀晚期之前歐洲人認識世界的基礎

帖木兒是誰？

一四〇一年，帖木兒率兵圍攻大馬士革城時，伊斯蘭大史學家伊本・赫勒敦（Ibn Khaldun，一三三二～一四〇六）正在城裡。他很想見見這位聞名於當世的征服者，便坐在籃子裡，請人用繩子將他放到城牆外。帖木兒派人將他迎進營帳，與他交談了數次。伊本・赫勒敦在自傳裡稱帖木兒是「最偉大、最強大的國王之一……熱中於和人辯論他所知和不知的事物。」[1]伊本・赫勒敦憂心阿拉伯—穆斯林文明的覆滅，而或許在帖木兒身上，他看到該文明的救星。四年之後，打算征服中國的帖木兒，死於前往中國的途中。

帖木兒（Tamerlane，有時拼作Timur或Timurlenk，後者意為「跛子帖木兒」，歐洲人即據此稱之為Timur the Lame）是曠世奇才，傳奇人物。他大概於一三三〇年代，出生在察合台汗國這個突厥—蒙古部落聯盟裡一個較弱小的氏族。成吉思汗於一二二七年去世時，其所建立的蒙古帝國已分割為四大汗國，察合台汗國就是其一。一三七〇年，帖木兒已稱霸察合台汗國。一三八〇至一三九〇年間，他致力於征服伊朗、美索不達米亞（今伊拉克）、亞美尼亞、喬治亞。一三九〇年，他入侵俄羅斯人的土地，數年後重返該地，大肆摧殘金帳汗國（即欽察汗國，蒙古人在今日南俄羅斯所建立的政權）的都城。一三九八年，他率領大軍劫掠北印度，擊潰該地的穆斯林統治者，摧毀德里而還。一四〇〇年，他再度前往中東，拿下阿勒頗（Aleppo）和大馬士革（伊本・赫勒敦逃過該城的大屠殺浩劫），接著在一四〇二年的安卡拉之役擊敗、生擒鄂圖曼蘇丹巴耶塞特（Bayazet）。之後，他才轉而向東，踏上最後一段壯志未酬的征途。

帖木兒的歷史形象是殺人如麻的暴君，而他掠奪性的征服的確野蠻殘暴，但他卻是歐亞歷史上的過渡性人物。[2]他的征服行動乃欲重現成吉思汗與其諸子所打造的蒙古大帝國，版圖從今日的伊朗綿延至中國，最遠及於莫斯科。那個帝國的誕生，促進了人員、貿易、觀念沿著歐亞大陸腰部、覆蓋青草的乾草原大走廊頻繁移動。而在經濟全面擴張的時代，蒙古人的統治可能激發了商業上和知識上的改變。[3]蒙古人甚至允許欲拉攏他們合組反穆斯林聯盟、並鼓勵蒙古人皈依基督教的西歐傳教士來訪。但到了十四世紀初期，由數個獨立政治體組成的龐大蒙古帝國，幾乎已無力維持其內部的統合。伊朗伊兒汗國內部的自相殘殺，欽察汗國與察合台汗國的相互殺伐，統治中國的元朝覆滅（一三六八），標誌著蒙古人打造歐亞帝國的實驗就此告終。

帖木兒南征北討的目的之一，就在恢復這消失的帝國，但他的方法不同。他的征討行動，有許多似乎以摧毀有意爭奪那條歐亞貿易幹道的對手為主要目的，以便獨攬那條貿易幹道的利潤，因為他的帝國就建立在那些利潤上。此外，他能叱吒風雲，不只是因為他控制了乾草原，更因為他控制了「播種地區」。他的部隊裡不只有騎馬弓箭手（蒙古人的部隊主力），還有步兵、炮兵、重裝騎兵，乃至一支大象團。他的統治方式屬於專制獨裁，既有部落民效忠於他，也有城居民和務農民為他效命，不讓哪一方勢力獨大。帖木兒也自稱是「上帝的影子」（他的諸多頭銜之一），凡是出賣、背棄伊斯蘭信仰者，均予以報復，毫不留情。他在出生地附近的撒馬爾罕建立帝都，將四處掠奪來的戰利品運到該城，在那裡建造出頌揚其蓋世武功的宏偉建築。「帖木兒王朝」模式影響整個中歐亞的帝國觀，且歷久不衰。

帖木兒之死的四個意義

儘管驍勇善戰、用兵如神，善於引導部落政治局勢以遂行其軍事征戰野心，帖木兒創立的體制在他死後即分崩離析。一如他生前可能已直覺認知到的，以乾草原為基地統治播種區，以過去的蒙古武力為基礎建造歐亞帝國，這樣的時代已不復返。鄂圖曼帝國、埃及與敘利亞的馬穆魯克（Mamluk）王朝、北印度的穆斯林蘇丹國，尤其是中國，都太過強韌，非他疾如閃電的攻勢所能掃平。事實上，帖木兒之死，在幾個方面標誌著全球歷史上一個漫長階段的終結。整個歐亞世界由遠西諸國、信仰伊斯蘭的中歐亞、儒家文化的東亞這三大勢力盤據，而他的帝國，乃是最後一個欲打破這分割態勢的壯舉。其次，他的政治實驗和最終失敗，說明權力已開始由游牧帝國轉回定居國家之手。第三，帖木兒對中歐亞所造成的間接傷害，還有部落社會在該地區所繼續擁有的過大影響力，均間接促成（即使是漸漸促成）歐亞世界的權力重心轉而落在遠東和遠西，而中歐亞則成為此過程的犧牲品。最後，他去世時，既有的長程貿易模式、他生前亟欲掌控的東西貿易路線，同時開始有了改變。他死後只數十年，以撒馬爾罕為中樞統治世界的帝國，就已成為荒誕不經的想法。在全人類四通八達的海洋上發現航路，使人類得以前往世界各地，從而改變了帝國的經濟和地緣政治情勢。此後要花上三個世紀，新的世界秩序才豁然開朗。但帖木兒死後，再沒有世界征服者崛起以稱霸歐亞，帖木兒的歐亞世界不再是已知世界的全部。

本書的三大主題：（一）全球化

本書中，我們橫越遼闊的歷史大地，追索三個主題。第一個主題是全球「相連關係」的深化，成為今人所謂的「全球化」。第二個是歐洲勢力（和後來的「西方」勢力）透過帝國手段，在這過程中所扮演的角色。第三是歐亞世界其他許多國家和文化，面對歐洲擴張時，所表現出的強韌。二十世紀時，世界變成一個半統合的龐大經濟、政治體制，一個再無哪個國家、社會、經濟或文化能完全自外於外界的共同舞台，而上述三個因素，在如此世界的形塑上，都扮演了關鍵角色。

不管題材多微小或主題多模糊，歷史都是為了幫助我們了解為何處於今日景況而寫。史學家的確經常不認同業內同行的觀點，原因之一在於對何謂「現在」（歷史的最終產品）意見不同。雪上加霜的是，我們不斷改變對現在的看法，配合紛至沓來的事件予以「更新」——如此一來，我們也更正了對過去所欲發問的問題。但至少就眼前來說，大家普遍認同我們所置身的時代，乃是在許多基本方面與一個世代前（一九八〇年前）大不相同的時代。用通俗口語來說，我們用「全球化」這個包山包海的字眼來概括說明影響我們最深的那些特色。全球化是個帶有歧義的字眼，聽來像是個過程，但我們常用它來指稱某種狀態——一段時期改變之後的終點。所有跡象均指出，世界上（不同地區與不同大陸之間財富與生產力的分配上）改變的步伐很可能會加快，至少在經濟關係上是如此。但我們可以用具體可識的方式，勾勒出「全球化世界」（全球化在現今達到的階段）的一般特色。本書所描述的歷史，就是試圖解釋這個「現在」不可預測的形成過程。

「全球化世界」的六個特色

這些特色可簡要歸納如下：

全球單一市場的出現：除了大部分普遍使用的產品（但並非所有這類產品），還有資本、信用、金融服務的供應，都出現全球單一市場；

二、地理上或許相隔遙遠，但利害關係（即使是非常小之國家的利害關係）已超出地區，擴及全球，彼此間互動密切；

三、全球性的媒體深深滲入大部分文化體：這些媒體所傳達的商業訊息、文化訊息（特別是透過「品牌」這語言所傳達的訊息），已變成幾乎是無所逃於世間之物；

四、大規模的遷徙和離散（包括被迫和自主的離散）：這一現象所創造的網絡和關聯，其影響和十九世紀歐洲人的大遷出或大西洋黑奴買賣不相上下；

五、「兩極時代」（一九四五～一九八九）告終，世界進入單一「超強」時代：這個超強的經濟力、軍力，遠遠超出其他國家，國力之強為全球現代史上所僅見；

六、中國、印度以製造大國之姿，突然重現於世界舞台。這兩國占全球經濟的比重大增，改變了全球經濟的均勢，因而已有人將它們龐大人口（分別是十三億和十億）所具有的經濟動員實力，比擬為如同十九世紀廣大新土地的開闢。

以上所列的六點，必然會引發一連串詰問。既是全球化的世界，為何會有一個國家獲致如此超強地位？中國、印度的經濟復興為何如此晚近才出現？西方諸國（這時包括日本）為何在科技和生活水準上如此長期領先他國，直到晚近才有所改觀？為何（科學、醫學、文學、藝術上）西方文化的產品大體上仍舊最令人趨之若鶩？為何各國的政治體制和其法律、規範，反映了歐洲治國術的理念和實際作為，為何領土劃分按照歐洲模式？二十世紀末期的全球化世界，並非全球自由市場下可預測的結果。我們也無法根據五百年前世界的狀態，推斷出如今的景況。那是漫長、混亂而往往充滿暴力的歷史產物，那是運氣突然逆轉和意想不到之失敗的產物。它的根源遠溯至（大家所普遍深信的）「發現時代」，甚至遠溯至帖木兒死時。

「全球化」的既有研究：韋伯與馬克思

當然，在解釋、爭辯世界史的進程上，已有無數理論和歷史著作問世。全球化的歷史（和前史），向來具有爭議。全球化的特色大部分似乎和歐洲（後來西方）的稱霸世界密切相關，引來爭議幾乎是無可避免，壁壘早早就分明。最早揣想全球化世界者，包括一八三〇、四〇年代的英國自由貿易主義者。他們從亞當斯密的觀念得到啟發，推斷全球自由貿易將會消弭戰爭於無形。如果每個國家都倚賴外國供應商和客戶，如此搭成的互賴網將堅不可破。在衝突不斷的時代裡，風光不可一世的好戰貴族將遭淘汰。資產階級所憧憬的代議制政體，藉由商人和貿易傳播出去，將普及全世界。人同此心的自利心理，將把世界改造為人人都得利的世界。但卡爾．馬克思戳破這一派樂觀的陳述。馬克思認定，工業資本主義遲早會讓市場上商品氾濫（他認為這很早就會發生）。這時，藉由降低生產成本，把工資壓到工人生存所需的成本之下，工業資本主義可以再苟活一陣子。但一旦工人暴動（他們必然暴動），屆時資本主義將瓦解，普羅大眾將當家作主。歐洲以外的世界將會陷入這一鬥爭中。歐洲資本主義者渴求市場，因此必然入侵亞洲（馬克思以印度為例），摧毀其尚未步入現代的經濟。英國蘭開夏紡織業大賺其錢，印度的織工將因此遭到淘汰。印度的鄉村體制和社會秩序正漸漸消失，而其「消失，主要不是因為英國收稅人和……軍人的粗暴干預，而是因為英國蒸汽機和英國自由貿易的運作所致。」[4]這一破壞的可取之處，在於它無意中造成的後果。那將使亞洲出現社會革命，而沒有那個社會革命（馬克思如此暗示），世界其他地方將無法抵達它應抵達的社會主義境界。

馬克思主張，將有全球經濟誕生自歐洲的需求。列寧認定資本主義倚賴經濟帝國主義，並預言資本主義會在全球殖民地人民的暴動中倒下。[5]馬克思—列寧這種半歷史、半預言式的說法，似乎道出世界史的真相。一九二〇年代起，這說法對知識界影響甚大。根據這觀點，歐洲的經濟擴張乃是統治世界其他地區沛然莫之能禦的力量。但那力量並未創造出英國自由貿易主義者所預示的資產階級烏托邦，反倒割裂世界。以歐洲（和其美國後代）為中心的資本主義—工業區，愈來愈富有，但地球其他地區卻因殖民屈從或半殖民依賴，陷入愈來愈窮的境地。資本主義者的富裕和歐洲帝國主義者的強大，攜手執行了一樁大大不公平的交易。「在非西方世界裡，自由貿易被用來摧毀舊式的工匠業，阻礙工業成長，把地方經濟困在只能生產廉價原物料的程度。甚至，由於那些原物料將一直比用它們所購買的工業產品便宜（這觀點大略如此認定），貧窮和依賴將只會日益惡化，除非催生出貧窮與依賴的那個「世界體制」遭武力摧毀，否則這現象將一直存在。」[6]

這觀點從悲觀角度看待全球化的動力與意義（但當時尚無全球化這個詞），有時且對自己所主張的革命結果堅信不移。在二十世紀大部分時候，這一觀點比那些認為經濟徹底全球化的結果即是「現代化」（例如西方社會結構的複製）的樂觀主義者的主張，更有市場。兩種觀點都無疑斷定，歐洲（或西方）是歷史變遷的唯一真正源頭。兩方都運用了德國社會學大師馬克思·韋伯（一八六四～一九二〇）的驚人洞見（和對韋伯更為驚人的研究成果）。韋伯著迷於歐洲獨特的發展軌跡，與中國或印度都不同的發展軌跡。馬克思把重點放在讓歐洲封建社會退位，而由資產階級主宰的資本主義取而代之的社會革命，韋伯則尋找使歐洲「與眾不同」的制度與信念模式。資本主義在歐亞世界之外也有出現，但只有歐洲過渡到現代工業資本主義，從而稱雄於世界。韋伯觀點的核心，認為現代資本主義最需要的乃是積極而合乎理性的精神。中國的儒家（理性但不積極）、伊斯蘭（積極但不理性）、印度教

（不積極、不理性），都不利於發展出這一關鍵的結合。「從亞洲非知識份子階層神祕的宗教虔誠所發展出的道路，無一條引向對生活合乎理性、有條不紊的掌控。」[7]但歐洲的新教（在無意間）創造了讓這突破得以實現的關鍵心理（和制度性裝飾）。

韋伯主張歐洲的獨特性必得從獨特的社會—文化特質複合體來解釋，而隨著他的著作在一九二〇年代和其後聲名大噪（且轉譯為多種語文），這一主張引發汗牛充棟的詮釋著作。馬克思主義者認為，歐洲的富強乃是得自對世界其他地方的掠奪，而對於那些不認同此一粗陋觀點的人，韋伯的上述主張特別合他們的胃口。韋伯這一主張，促使人去尋找讓歐洲轉而走向生產投資和不斷技術革新的關鍵因素。那主張似乎正好證實了一個大家普遍信持的想法（在韋伯出生之前許久就已出現的想法），即歐洲社會是獨一無二地充滿活力，其他偉大文化再怎麼燦爛輝煌，都缺乏物質進步不可或缺的元素。事實上，在這個中心議題裡，韋伯派觀點和支持馬克思「世界體制」主張者所視為理所當然的觀點之間，其實沒有差異。不管是好是壞，不管出於不良居心或毫無動機，歐洲都讓一攤死水的世界充滿了生氣。

「新全球史」的生成：去殖民化歷史興起、范洛伊爾的批評

這個以歐洲為中心的現代世界史論述，為何在更晚近時遭到抨擊，原因不難理解。一九四五年後歐洲諸殖民帝國迅速瓦解，產生許多新國家。每個新國家都需要一個以自己的進程作為論述核心的歷史，每個新國家都有帶領人民對抗歐洲文化傲慢的民族英雄。在新的「民族主義」史學家筆下，歐洲人統治（或影響）乃是不公且壓迫。歐洲人的干預不只未讓停滯不前的地區進步，反倒擋住已在前進的社會及文化態勢。一九七〇、八〇年代，「庶民歷史」（subaltern history）深入探究了許多前殖民時代社會的結構，從中揭露了強烈反抗外人宰制的複雜農民社群，那是因外人試圖以笨拙、甚至粗暴的方式強行加諸殖民「體制」，導致生活無以為繼的農民社群；[8]「去殖民化歷史」則鼓舞許多不同社會、種族、宗教或文化的群體走出陰暗角落。以暗沉的在地（local）背景凸顯歐洲人鮮明身形的那些古老殖民論述，這時似乎變得像壁畫的草圖：對一擁擠的現實，粗糙而有所缺

漏的速寫。受殖民人民（老師、作家、商人、小農、移民、少數族群）的抱負與事業，得到描寫和詳細紀錄。歐洲人向來自認是那些「停滯不前的世界」裡唯一「積極進取」的角色，但這時那些世界被認為是生機勃勃。在這個新觀點下，歐洲人不再是昂揚自信的宰制角色，反倒常被忙於自己事務的在地人占了上風、剝削，或根本遭到冷落。

早在這之前，便有史學家主張就連受殖民的民族也有值得認真研究的自主歷史。第二次世界大戰之前，年輕的荷蘭史學家范洛伊爾（J. C. van Leur，一九〇八～一九四二）就譴責從歐洲人角度撰寫的印尼史著作：「從船上甲板，從要塞防禦土牆，從貿易所的挑高長廊」的角度寫，彷彿若沒有歐洲人在場，或沒有歐洲人的挑激，那裡什麼事都不會發生。[9]范洛伊爾死於戰場，他的看法直到一九五〇年代末期才廣為人知。但他的著作為抨擊「以歐洲為中心的世界史」一事，添加了一個重大的新面向。針對歐洲人在十六世紀經海路抵達亞洲、改變了亞洲的貿易經濟這一主張，他在其著作中予以駁斥，認為那個連結中國、日本、東南亞、印度、波斯灣、紅海、東非的龐大海上貿易，乃是亞洲人所開創，歐洲人後來才進入。「全球」經濟早已存在，根本不需等歐洲商人前來妙手一點才出現。[10]如果全球經濟的合流是現代世界史的重大主題，則亞洲人（和其他非歐洲人）所扮演的角色，絕不可忽視。事實上，我們不能再把「全球化」（更廣義的全球化）視為只是歐洲人的工程。

過去二十年，范洛伊爾的創見得到進一步闡揚。全球流動的規模、離散人數的增加、穿越國界的容易、大部分國家的權力受限、工業實力的新分布態勢（特別是在亞洲），已徹底改變我們對過去的認知，改變我們想從過去知道的東西。至少就眼前來說，撰寫民族史和國別史，似乎大不如探究我們當前移動世界的源頭，探究那世界頻繁的貨物、觀念交流，那世界的混合文化，那世界流動易變的身分，來得重要。新全球史已應運而生。新全球史的研究項目，乃是地區或海洋、長距離貿易、商人網絡、流浪學者的足跡、大大小小宗教信仰在文化之間與大陸之間的傳播。從這個層面來看，歐洲與亞洲間的截然不同（較舊式世界史的中心假設）就顯得沒那麼顯著。反倒就在（在較舊式論述中）歐洲與亞洲分道揚鑣已漸成定局之時，一連串「關聯」，包括商業上、文化上的關聯，把現代初期歐亞世界的許多地區連結為一。全球性帝國的觀念、新興的「旅行文化」、千禧年末世論的謠言和幻想，流傳於從西班牙到孟加拉灣之間的廣大陸地上。[11] 就社會變遷、文化變遷來說，位在亞洲或歐洲的哪個地理位置，反倒漸漸不是那麼重要，而地跨歐亞世界貿易幹道，或位在長程旅人不必艱苦穿過森林、叢林或沼澤地的乾旱地帶，則漸漸顯得重要得多。[12]

在「全球物質進步史」這個新領域著述立說的史學家，其著重之處，也有類似的改變。一如范洛伊爾所指出的，一四九八年達伽瑪抵達印度之後，歐洲人把昏昏欲睡的亞洲震醒，乃是扭曲事實的輕率論斷。達伽瑪抵達時，亞洲已有一稠密的商業網，連接東非海岸和南中國海之間的港口和製造商。亞洲商人並非消極接受歐洲人的入主，任歐洲人擺布。不管亞洲人的政府有哪些缺點，它們絕非歐洲人所虛構的那種掠奪成性、藉由苛捐雜稅和沒來由的沒收去打壓貿易與農業的暴君。在亞洲的不同地區存有市場經濟，且在那些市場經濟裡，分工、專門化貿易、城市發展（亞當斯密所謂成長的標誌），都跟在歐洲所見者非常類似。特別是在中國，商業交易的規模、信用制度的複雜先進、科技的運用、生產量的龐大（特別是紡織業），都顯示那個前工業時代的經濟活絡程度比之同時代的歐洲經濟，只有過之而無不及。事實上，在一八〇〇年之前，真正引人注目之處，不在歐、亞之間強烈的經濟對比，而在一個「驚人相似」的歐亞世界，在那個世界，歐洲和亞洲的某些地區至少在理論上有能力大步躍進工業時代。[13]

薩伊德：東方主義

與此同時，歐洲在世界史論述中肩負的中心角色，受到大不相同的另一群人攻擊。受巴勒斯坦裔美國人愛德華．薩伊德（Edward Said）啟發而興起的知識運動，從一九七〇年代末期起，譴責歐洲人論亞洲歷史、民族學、文化的經典著作，根本是「東方主義者」的幻想之作。據薩伊德的說法，歐洲人的描述犯了不可饒恕的缺失，一是將刻板化的特質（幾乎全是帶貶意的）不經思索地套在亞洲人身上，一是不斷將亞洲社會描寫為懶散、腐敗或退化的社會，而與生機勃勃、昂揚自信、進步的歐洲社會截然相反。[14] 大量批判性著作跟著冒出，以檢查將這一非西方世界的形象傳輸給歐洲大眾的各種文藝作品所用的語言和內容。這些著作要表達的意思非常清楚：如果歐洲人的報導（不管屬實或虛構），旨在為擴張歐洲霸權這個別有居心的目的服務，或者即使是在不知不覺中做了這樣的事，那麼歐洲人的報導就只是反映了歐洲人自身的恐懼和執迷，毫無歷史價值。歐洲與非歐洲的比較研究，於是就根本背離了學術良心而一無可取；甚至可以主張（有些作家的確如此主張），歷史本身乃是與己無關的東西，乃是將對過去的了解強塞進在歐洲（和為歐洲）所捏造的觀念和範疇裡的東西。

只有少數才智之士，接受由這一後現代的極端思想所順理成章推導出的結論：無物能夠認識、所有探究皆是徒然；但較為開明的觀點（歐洲人對世界其他地區的描述，需要非常仔細地解讀）則持續受到看重。薩伊德派的批評，乃是重大改變的一部分，乃是刻意欲將歐洲「去中心化」，乃至將歐洲「地方化」的作為。歐洲人對其他文化、其他民族的描述，再怎麼全面或具說服力，都不該再被視為「權威說法」。歐洲不該再被視為改變的樞鈕，或影響非西方世界之被動文明的力量。或許，最重要的是，歐洲邁向現代世界之路，不該再被視為天經地義或「正常」之路，不該再被視為衡量世界其他地區歷史變遷的標準。歐洲人已打造出自己的現代性，但世上還有其他現代性，事實上，還有許多現代性。[15]

本書的三大主題：（二）歐洲帝國在全球化過程中的作用

「去殖民化歷史」已讓歐洲知道自己的斤兩。因為它，我們更難理所當然地認為歐洲社會天生具有進步傾向，或認為歐洲社會必然比歐亞世界（或其他大陸）的其他民族更有效率。歐洲人對「進步」的界定，一如歐洲人對世界其他地方的論點，已失去以往一言九鼎的權威。甚至有些現代作家還認為不同文化之間的任何比較都不值一顧（因為沒有人能透徹了解一種以上的文化），他們耐人尋味地深信，紛然雜陳的世界其實是由獨特、獨創的諸多文化所組成。後殖民歷史普遍懷疑歐洲所帶來的衝擊，更懷疑過去所宣稱殖民統治帶來的「改善」。後殖民歷史認為「殖民」歷史短視而帶偏見，甚至可能是騙人的，「殖民」歷史的主張帶有太濃厚為母國國內輿論服務的宣傳意味。事實上，更仔細地審視，得到的是與殖民主義者的觀點南轅北轍、令人覺得諷刺的結果。殖民統治未把落後民族帶往歐洲式的現代性，反倒較可能加諸某種「反現代性」。印度的種姓制度，象徵了印度的落後，但英國統治者為了統治之便，與婆羅門階級達成協議，將種姓制度強化為行政管理體制（具體落實在人口普查中）。[16]在殖民統治下的非洲也發生類似的過程，氏族和其成員被改歸為「部落」，主要以統治者作為他們的先祖領袖。[17]在這裡，一如在印度，殖民者精心包裝其政治策略，以示尊重當地傳統。在殖民觀點的歷史裡，種姓制度和部落都被牢牢視為印度、非洲歷史上不光彩的特色。在帝國主義者的宣傳裡，它們成為使印度人、非洲人無法當家作主的遺傳缺陷，但在「去殖民化歷史」裡，歐洲的擴張變成欲按照偽傳統路線重整非西方世界的大陰謀，目的在永遠遏制非西方世界的壯大，剝削其資源。

「商業經濟」與「領土統治權」的雙重擴張：鐵路、汽輪與領土

不管在這些或其他論點上，歐洲在世界史裡的地位，如今都跟幾十年前在傳統描述裡所占的地位大不相同。但欲將歐洲「地方化」的史學家，其論點仍有一些地方有待闡明。歐洲諸國乃是創造十九世紀末期「全球化」世界的主要力量，在一八七〇年代至一九四〇年代的「現代世界」裡密不可分的兩大轉變，它們是主要推手。第一大轉變乃是創造出一個世界經濟，在那個世界經濟裡不只有高價奢侈品的長程貿易，還有製造品、原物料、食物大量而高額的全球交易，以及伴隨而來的人員及金錢流動。這是個主要以歐洲為基地來駕馭（不必然總是駕馭良好），或主要靠歐洲人來駕馭的經濟革命，且這經濟革命是為迎合他們的特殊利益而打造。第二個大轉變與第一個密切相關，指的是歐洲人的統治權以公開和暗地進行這兩種方式，擴及歐洲以外的廣大地區。這一過程在一八〇〇年前就已開始，但在十九世紀時突然加快。這明顯可見於殖民列強對非洲、東南亞、南太平洋、（後來的）中東的瓜分；俄羅斯在北亞、英國在南亞，建造帝國的大規模冒險行動；中國人的海上勢力範圍大幅落入外國人之手；還有歐洲人（藉由人口上的帝國主義手段）占領中南非洲部分地區、美洲、澳洲。現今東

南亞許多地區、非洲、中東、太平洋、澳洲，乃至美洲的國家疆界，就在歐洲人的這番擴張中確立。

因此歐洲進行了一場雙重擴張。第一重擴張，表現於外的就是鐵路與汽輪的擴散，建構出比過去更快、更穩定，且能將大量貨物運到原本無法抵達之地的龐大交通網。港口設施、火車站、電話線路、倉庫、銀行、保險公司、商店、飯店（例如開羅的謝波德飯店或新加坡的萊佛士飯店）、俱樂部，乃至教堂，構成歐洲商業帝國的全球系統網絡，使歐洲商人得以自由遷徙，貿易得以自由進行，並使歐洲商人易於接觸到大批新客戶。第二重擴張在領土。那意味著取得要塞和基地，而得以從那些地方派出部隊和戰艦前去壓迫或征服。那意味著掌控地跨歐洲與世界其他地方往來海上要道的戰略要地：典型例子就是一八八二年遭英國占領的埃及。那意味著某種可藉以將殖民地的產物和收入恣意轉供帝國使用的統治模式。英國人在印度的統治地位一穩固，即向印度人徵稅，以支應他們在亞洲所必須維持之軍隊（印度兵軍隊）的開銷。歐洲的商業帝國和其領土帝國，並非完全重疊。但這一雙重擴張的關鍵處，在於兩種擴張相互依賴。領土帝國主義是攻堅利器，可以強行打開反對自由貿易的市場，或（一如在印度）徵用當地資源建造歐洲商人所要求的鐵公路。它能給予歐洲企業家安全保障，或者（一如在非洲常發生的）讓歐洲企業家免費取得當地土地和人力，但它也倚賴歐洲能運用的科技、工業、金融方面的資源。需要動武時，這些資源可能就是成敗關鍵（英國就靠蒸汽船和先進武器之助，打贏一八三九至一八四二年在中國的第一場戰爭），但並非在所有地方都管用。[18] 工業帝國主義的真正優勢，在於規模和速度。工業技術和資本供應，使歐洲人得以發動一連串教對手猝不及防的征服行動：得以以驚人速度鋪設鐵路，以便將兵力投射到距海數百英里的內陸；得以將大量歐洲移民移入新地區，在幾乎一夜之間改變該地區的人口結構，使原住民族慌張失措，覺得抵抗也是枉然；得以以徹底驚人的程度，將原本陌生的環境改造為熟悉的歐洲式居住地；除了引進作物和家畜，還引進野生的動物、鳥、魚、樹、花。尤其重要的，是讓歐洲人得以將即使是地球上最偏遠的地區，都改造為奶油、肉或乳酪之類日常商品的供應地，從而不必再像從前那樣只能倚賴母國的生產商。一八八〇年後在紐西蘭沿海地區大量出現的冷凍加工廠和其滿是汙垢的煙囪，正是殖民化的工業面貌。

歐洲真的那麼強嗎？解決這個問題的四個基本認定

若說歐洲人未得到盟友和助手的支持，絕非事實；但歐洲人在改造世界上的確扮演了最關鍵的角色。但從一個歐亞「相連」的世界轉變為一個全球帝國世界，如此非比尋常的轉變（似乎在一九一四年已幾乎完成），我們應如何解釋？探討這主題的著作多如牛毛，但仍有許多地方有待探明。一四九二年（哥倫布橫越大西洋）和一四九八年（達伽瑪抵達印度）這兩個魔幻年代，或許標誌著歐洲新時代的開始。但前進的步伐在最好的情況下，也是走走停停。哥倫布登陸後三百年，北美大陸大部分地區仍未遭歐洲人占領，幾乎未曾有歐洲人踏足。達伽瑪所登陸的印度那一隅，則是在將近三百年後，才落入歐洲人統治（卡利卡特於一七九二年遭英國併吞）。直到十八、十九世紀之交，歐洲人的擴張腳步才變為急衝。有待更進一步解釋的，不只歐洲擴張的時機，還有其形式和方向。鄂圖曼帝國與伊朗，比印度更靠近歐洲，為何能比印度更晚許久才落入歐洲人掌控？為何印度受殖民統治時，飽受外人侵逼的中國仍能保有其主權地位，而日本為何能在一九一四年時就成為殖民強權？如果工業資本主義是歐洲勢力擴張的關鍵，那為什麼世界許多地方在那麼久之後才感受到它的衝擊，而且衝擊之後的結果如此多樣？歐洲內部頻頻爆發死傷驚人的對立衝突，為何這些衝突未對其帝國主義野心帶來更大的傷害？還有什麼才該被視為「歐洲」？為什麼在「非歐洲」地區中，有些地區比其他地區更能抗拒歐洲勢力，或更快擺脫歐洲的掌控？歐洲的諸帝國一瓦解，「歐洲所打造的世界」還剩下多少？

第一個認定：現代世界史的進程並非單一直線變遷，而是「因緣際會」的結果

欲回答這些問題，似乎應該在過去史學家採取的路徑之外，另闢蹊徑。本書提出的論點，深受四個基本認定的影響。第一個認定，乃是我們應揚棄現代世界史的進程為單一直線變遷這個觀念，也就是不應再認為歐洲「以前進姿態」崛起，稱雄於世，然後衰落，再以「西方」一部分的身分興起。從「因緣際會時期」（conjuncture）的角度來思考，會比較有助於了解過去，也就是說，在這時期，世上不同地區同時發生某些普遍

情勢，從而助長（或抑制）貿易的擴大、帝國的擴張、觀念的交流或人員的移動。這一現象發生的方式，可能一舉改變世上不同地區間的勢力對比，使其中某地區轉而占上風，至少短期間是如此。光是一個條件，很少能撼動大局。生產者和消費者或許想做買賣，但也必須有政府和統治者同意自由（某種程度的自由）貿易（或任何貿易）才能如願。政治和地緣政治是這綜合因素裡的關鍵因素之一。戰爭的爆發和戰爭過程的不可預測，可能打破既有均勢，加諸另一種均勢。因此，十九世紀末期的貿易大擴張和其所協助促成的各種全球化，隨著第一次世界大戰的爆發，猝然停擺。一九二九年後，「去全球化」降臨，帶來重大災難。把讓歐洲得以稱雄全球的獨有突破，視為歐洲大陸某場革命不期然的結果，會比將其視為循著哥倫布腳步穩步前進的結果更為適切。貼切的意象不是河流或潮流，反倒是地震和洪水。

第二個認定：歐洲的擴張時代、現代世界史的重心必須從「歐亞世界」的角度來探討

第二個認定，乃是必須將歐洲的擴張時代，牢牢放在其歐亞環境裡探討。那意味著得將歐洲與位於亞洲、北非、中東三地其他「舊世界」文明和國家的關係，擺在「中心」位置來看待。歐洲之強行進入「外圍世界」（Outer World），進入其在美洲、澳洲、南部非洲所締造的「新歐洲」，無疑是這段歷史關鍵的一部分。沒有美國資源的開採利用，沒有美國東北部和西北歐的商業整合、形成「大西洋」經濟，十九世紀末期或許根本不可能出現全球經濟。但我們不應被美國財富的驚人（長逾一世紀的世界奇觀）帶離了焦點。現代世界史的重心在歐亞，在從歐洲的「遠西」綿亙到亞洲的「遠東」，一連串歐亞偉大文化與國家之間騷亂的、衝突的、相連的、密切的關係上。

或許教人意想不到的，這一「歐亞」觀點最有力的陳述，竟是在一個世紀前，出自英國地理學家暨帝國主義者哈爾福德．麥金德（Halford Mackinder）之口。[19]麥金德熱切提醒他的讀者，在「哥倫布時代」，歐洲海權看似已宰制世界，但該時代其實只是個插曲。海洋凌駕陸地，成為首要的移動憑藉，只是暫時，而非永遠；鐵路的問世就見證了這點。不久後，主宰世局的力量，將重回控制歐亞「心臟地帶」而得以掌控歐亞（麥金德所謂的

「世界島」）的強權（列強）之手。占據這一中心位置，加上有鐵路網可移動龐大資源，歐亞帝國可以將任何對手趕到世界的海洋邊陲（包括美洲、撒哈拉沙漠以南的非洲、東南亞島嶼區、大洋洲的「外圍世界」），甚至挑戰對手在「外圍世界」的地位。我們毋須跟著麥金德的地緣政治觀點，探討此觀點順理成章得出的結論（他的目的終究是欲戳破「愛德華七世時代」的自滿精神），但在納粹、蘇聯帝國主義時代，「心臟地帶」超級帝國的夢魘式情景，變得較可能成真。今日所能見到、或許比他看得更清楚的，乃是歐亞世界主要成員間在財富、力量上變動不居的平衡，那些成員進入全球經濟和現代「世界體系」所憑藉的不同條件，構成了現代世界史的錘子與鐵砧。

我們甚至可以主張，歐洲併吞「外圍世界」只是這歐亞史的一部分，且這在很大程度上取決於歐亞世界的情勢發展。過去，在撒哈拉沙漠以南的非洲地區和東南亞，歐洲人和「舊世界」的其他帝國、那些帝國的附屬國處於競爭態勢。約一八七〇年後，因為擔心中國、日本移民「和平入侵」整個「白人」太平洋區（澳洲、紐西蘭、北美洲太平洋岸）對黃種人產生被害妄想症。但不容置疑的是，歐洲人欲在「外圍世界」打造可長可久的殖民地，的確有賴於吸收或徵用歐亞世界非歐洲人地區的資源。印度的稅收、士兵、商人、人力（往往是契約工），協助歐洲企業（在此是英國企業）打入東非、東南亞大陸地區的某些地區、遠至斐濟的太平洋島嶼。中國商人、礦工、工匠，在後來成為英屬馬來亞的地方和荷屬東印度群島（今印尼）一地，也扮演同樣重要的角色。中國人、印度人前來，不是替中國或印度執行擴張任務，而是協助歐洲人擴張，這是至為重要的事實。

第三個認定：對於何謂「歐洲」，必須謹慎思索歐洲「國際體系」的整體穩定、俄羅斯的歐洲身分、「歐洲」的範圍須往東方和西方擴展延伸

第三個認定，乃是必須非常謹慎思索何謂「歐洲」。在歐洲頂多是個結構鬆散而內部紛爭頻仍的「聯邦」之時，將歐洲視為一個整體，必然招致反對。因此，我們談到「歐洲稱雄」時，我們真正表達的，乃是歐洲諸國（特別是在海外貿易和帝國擴張上最活躍的那些國家）的集體稱雄。困難之一在於「歐洲」這個字眼已具備至少三種不同的意涵：代表一個地理空間；一個社會—政治共同體；一個文化計畫。[20]撰寫歐洲的全球擴張時，有個行

之已久的簡便解決辦法，就是把歐陸的西北隅視為歐洲的權力中心。英國、低地國、北法、西德成為歐洲的「最典型地區」，制定了經濟現代性、文化現代性方面的「歐洲」標準。因此，欲解釋歐洲為何如此成功，就只需直接鎖定代表歐洲的那些「核心國家」的強大和效率。

從長審視歐洲在歐亞（或全球史裡）的地位，會發現這一化約辦法讓人產生嚴重誤解，而這出於三個原因。第一，西北歐諸國並非可以我行我素，而毋須理會歐陸其他地方的情勢發展，即使它們已成為歐洲最富裕的區塊亦然。它們的富裕和安全，始終有賴於歐洲「國際體系」的整體穩定。中歐或東歐動盪，或整個均勢出現大變動，就可能危及它們在歐洲或歐洲以外地區的霸權，或使它們在歐洲或歐洲以外地區得到意外的收益。事實上，在本書所探討的那段歷史裡，沒有哪個歐洲地區一直保有凌駕於歐洲其他所有地區的霸權地位。西北歐諸國的商業繁榮，受到更東邊軍力強大而人口眾多的帝國制約。民族國家的歐洲（西邊）或許瞧不起行帝制的歐洲（東邊），但還是得和後者共存。共存往往激出戰火。歐洲諸國的爭吵和衝突（在二十世紀升到可怕的高點），乃是使它們無法齊一心力讓歐洲支配世上其他地區的制約因素，且是未曾消失的制約因素。

第二，對何謂歐洲採取太狹隘的觀點，就忽略了俄羅斯這個問題。漫長的自由主義傳統，懷疑俄羅斯的歐洲身分，認為沙皇治下的俄羅斯乃是「亞洲式的專制君主統治」，太粗鄙，太貧窮，不配成為「我們的一份子」。有些俄國思想家則反擊道，俄羅斯是未受歐洲不講是非黑白的工業主義玷汙的獨立文明（和優越文明）。現實主義觀點則將俄羅斯視為在歐洲擴張行動中扮演前鋒角色的諸多邊陲國家之一，角色一如西班牙或哈布斯堡王國。[21] 西歐諸國在一八一五年後終於支配南亞大部地區一事，其實是在與俄羅斯聯手下達成（迫於形勢而不得不的聯手，頻生齟齬的聯手）。以中亞為核心的俄羅斯龐大內陸帝國，漸漸吞併北亞的許多土地。鄂圖曼人、伊朗人、中國人、日本人，前有英國人、法國人進逼，後有俄羅斯人包圍。歐洲對亞洲的龐大（但不完全的）包圍，乃是十九世紀世界鮮明的地緣政治事實。但儘管自由派和親斯拉夫民族者見解迂腐，作為俄羅斯擴張背後的「力量來源」，毋庸置疑其在歐洲的身分：歐洲國際體系第一級成員的身分所賦予的優勢；從俄羅斯整合進歐洲經濟所產生的經濟力量；十六世紀起俄羅斯人在知識上得以吸取歐洲所有觀念和文化的機會。俄羅斯人，一如其他歐洲人，聲稱他們的征服行動乃是在執行「文明開化使命」。

第三，根據有力理由，我們應將我們所認定的「歐洲」範圍，往東和往西擴延。大西洋經濟的重要，先前已提及。一五〇〇年後，包含西非沿海、加勒比群島、北美沿海、墨西哥、祕魯、巴西沿海在內的遼闊經濟空間，在商業上都被併入歐洲。這一主要倚賴奴隸為勞力的地區，對歐洲日後的工業化有多少貢獻，目前仍莫衷一是，而且未必是大貢獻。[22]但重點在於，到了十九世紀初期，甚至可能在那之前，這一大西洋世界，已有相當多地區不能再被視為歐洲的附屬邊陲。美國的「舊東北地區」和其第一大城紐約，從功能上來講，乃是歐洲最大商業區的一部分。在美國南部和中西部（歐洲的內陸帝國）的農地開闢上，它是積極任事的夥伴，後來更成為最重要的夥伴。到了一八七〇年代，它在財務上和工業上都已和歐洲最富庶國家並駕齊驅。美國的政治人物和作家大聲宣揚美國的主體性，擔心捲入歐洲紛爭的心理，支配著美國的外交作為，但美國與歐洲的關係並非冷淡或疏離。美國舊東北地區和西北歐，貨物、科技、觀念、人員的交流非常密集。在文化和科技上，那是雙向交流，且互予對方強烈影響。舊歐洲與新歐洲在斷斷續續、時進時退的互動下，正漸漸融為更大的組合物：「西方」。那是個不穩定的過程，而美國資本主義的獨特發展軌跡和其龐大的企業規模、積極的保護主義作為，對那過程影響甚大。但對於歐洲在歐亞的地位，對於歐洲稱雄世界這地位的維持和興衰，那是關鍵之一。

第四個認定：必須將「歐洲建造帝國」視為世界史上的一個階段，而非世界某個地區執行道德、文化侵略的結果

第四個認定與我們對帝國的理解有關。帝國常被視為歐洲人的原罪，因為歐洲人腐化了純真的世界。事實上，帝國的起源更古老得多，且源自幾乎普見於人類諸社會的某個過程中。亞當斯密在其《國富論》（*The Wealth of Nations*，一七七六）中論道，「交往、以物易物、交換」是人類特性之一。[23]在此，亞當斯密想到的是貨物的交換：因為交換習慣，才有分工出現，而分工是經濟活動的實際基礎。但他大有可能認為，這個哲學洞見也適用於資訊、觀念這個與貨物並存的領域。資訊、知識、信念、觀念的交換（有時是橫越長距離的交換），一如欲

透過購買或以物易物取得實用、名貴或珍奇物品的渴望，一直是人類社會的典型特色。這兩種交換都會帶來影響。舉個淺顯例子來說，供應廉價火器給只擁有稀少火器或不知火器的社會，可能使該社會內部的均勢一夕翻轉，使人類或大自然遭遇很長一段時間的暴力摧殘。基督教、伊斯蘭教的傳播，改變了皈依者對自己在世上所處地位的認知，改變了他們對鄰人和統治者效忠的觀念。一如這些例子所顯示的，綜觀歷史，貨物與觀念的交換，其破壞某些社會團結的能力，向來遠大於其他因素，使那些社會因此易於瓦解而為外人所入主。因此，人類社會裡的第二個傾向，乃是大規模積聚權力，亦即建造帝國。事實上，以民族為基礎建立自治國度，要克服文化或經濟吸引力的強力拉扯（還有軍力懸殊的問題），殊屬不易，因此，將不同民族族群統歸一人統治的帝國，一直是歷史上大部分時期自然會走上的政治組織模式。帝國通常是必由之徑。

但如果帝國是「正常之物」，歐洲人走帝國路線為何引發如此激昂的敵意，且那敵意仍強烈反映在有關此主題的大部分著作中？答案之一在於，有太多後殖民國家覺得，將其政治合法性建立在將帝國拒斥為外來邪惡壓迫力量之上，乃是順理成章的事。此後約四十年時間，這一傳統愈來愈強。原因之一在於，受歐洲人建造帝國行動影響的範圍，遠大於受（例如）蒙古人、鄂圖曼土耳其人或中國人在中亞建造帝國行動影響的範圍，因此受委屈者也就更多得多。但敵意如此強烈，也反映了一個普受信持（而表現在許多歷史著作中）的看法，即歐洲人所建造的帝國，在本質上與其他帝國有所不同。傳統的農業帝國只積聚土地和人，但歐洲帝國主義的最大特色，則是徵用和剝奪。土地遭徵用，以滿足從事長距離貿易的種植園和礦場的需求。為滿足同樣目的，殖民者需要奴工，於是遠從數千英里外運來奴工。原住民失去家園，財產權遭取消，只因為他們不懂得善用手中的土地。原住民和奴隸都失去家園，只是失去的方式不同。他們的文化和認同遭剝奪，淪為支離破碎的個體，無望恢復他們已失去的世界。他們成為沒有歷史的人。而以武力予以徵用、剝奪仍不足以達成目的時，歐洲殖民者轉而祭出最後辦法：隔離、驅逐或殺戮。法國思想家德托克維爾（Alexis de Tocqueville）走訪美國後，在一八三五年寫道，「如果從事實面來論斷，我們幾乎應該說，歐洲人之於其他種族，就如同人類本身之於低等動物：歐洲人奴役其他種族以供己所用，如果無法制伏他們，就予以殺掉。」[24]

對歐洲式帝國（實行於歐洲以外地區時）這種可怕的描述，由美洲所發生的事，似乎正得到充分證實。歐洲人在美洲比在其他地方，更能隨心所欲遂行他們的意志（第二章將探討其原因）。在約一八〇〇年之前，依當時情勢來看，在世界其他地方因為多種因素，似乎不會出現類似模式。距離、疾病、人口，似乎將有助於維持更堅強得多的抵抗。即使在已有歐洲人建立據點的地方，歐洲人似乎仍將不得不「克里奧耳化」（Creolize），在社會和文化上與非—亞人民和平共存，但最後發展並非如此。十九世紀時，歐洲人的擴張因科技、文化的變革而如虎添翼，實力大增。歐洲的入侵、干預能力，在兩個層面上得到改造。歐洲人取得在更遙遠的地區遂行其意志（若有必要即動用武力）的工具。這在印度表現得最為突出。歐洲人直接統治印度的受征服人民，向該地課稅、配置警察、制定法律。與此同時，以歐洲為中心的國際經濟成長，以歐洲為中心而擁有自身法律、規範的國際體系的擴展，以及歐洲人透過其所擁有的工具（例如電報、郵遞、汽輪方面的服務）向外擴散其觀念等，在「宏觀」層級創造了新環境。所有交通、通訊路線似乎都掌控在歐洲人手中。在在地層級以上，若不適應歐洲人的方式，沒有東西能移動。亞、非洲的受殖民人民，受困於上下夾攻的處境，因而他們將自己的處境比擬為最早受歐洲人殘害的美洲人處境，也就幾乎是不足為奇。

後面我們會說明為何這觀點太過悲觀，至少在某些例子上是如此。歐洲人即使在實力大增後，都需要在地人的合作，且必須為此付出代價。歐洲人所提供的東西，有一些迅速被在地人改造，用以「增強自身實力」，積累其建造國家和文化的能力。有一些合作，符合在地改革者的奮鬥目標。當年那些反對殖民主義最力者的主張，有一些在今日看來，愛國愛鄉之成分變少，反倒比較像是因為特權失落而發出的強烈抗議。但眼前看來，短期內我們似乎不大可能以客觀而不具政治立場的眼光，看待歐洲建造帝國的歷史。在世界上的太多地方，歐洲建造帝國所帶來的影響，還是不久前的事，因而無法將其歸為「過去」——某期間所發生的事，我們認為對現今情勢只有間接影響，那期間才叫「過去」。可能要經過很長一段時間，我們才會較冷靜客觀地將歐洲建造帝國一事視為世界史上的一個階段（或許是不可避免的一個階段），而不將其視為世界某個地區執行道德、文化侵略的結果。

「現代性」對本書的助益：闡明社群成就的相對高低，鑑定社會運用其資源、人員的程度

最後有個難題，可能需要解開。今日，談「現代」世界，將打造出「現代」世界的種種改變視為「現代化」，將獲致「現代性」視為國家或社群的歷史上最重大的改變，大家習以為常。我們稱之為全球化的那些相結合過程，通常被視為「現代性」的一部分，因為「現代」社會彼此間的互動，據認比「前現代」社會之間的互動更為密切。因此，現代化與歐洲的擴張有了密切而令人不安的關係。

但現代性是個很不明確的觀念。傳統定義以成就的高低為基礎。就政治方面來說，現代性的關鍵特性乃是國界明確而有組織的民族國家；有忠貞官員負責執行命令而職責分明的政府；有效反映輿論的工具；保護一般公民、促進「公民社會」成長的權利法典。從經濟上來講，現代性表示透過工業資本主義（和其社會性、科技性的基礎設施）獲致快速而漸增的經濟成長，個人財產權受保障（此乃必要的先決條件之一），有系統地利用以科學為基礎的知識。從文化上來說，現代性意指宗教、超自然信仰和主流思想脫鉤（透過世俗化和知識的「祛魅」），和社會行為脫鉤，讀寫能力的普遍提升（通常透過本國語而非拉丁文之類古典語言），在「民族」社群內有共同的源起認知和認同感（往往建立在語言上）。在銳意改變以走上更高層級「社會效率」的社會裡，現代性的基調變成秩序、紀律、階層分明、控制。

從中不難看出，這些檢驗標準大部分其實是在描述據認已在歐洲發生的情形。歐洲成為現代的；非歐洲在被歐洲予以現代化之前，則停留在前現代。結果往往是粗糙的二分法，把歐洲人視為世界上固守「傳統」的其他地方欲追求進步時必不可少的助力。我們已知這一觀點很難站得住腳。此外還有三個困難。首先，現代性的元素（如上所列）鮮少畢具於單一社會。在歐洲許多地區，它們幾乎是很晚近才出現。即使是那些我們認為是現代性先驅的國家，也具有濃厚的前現代特色。美國直到一八六三年才明令蓄奴為非法。維多利亞女王時代的英國，統治階層大部分是靠出身選上，宗教仍是人民躋身更上層階層和獲得社會認同的主要憑藉。二十世紀的美

國是以膚色為貴賤標準的階級社會，用膚色差異讓社會中一大群人無權享有民權和政治權，直到一九六〇年代或之後這才改觀。革命後的法國只讓男人享有公民權，女人直到一九四五年才取得投票權。從這一角度觀之，現代性的門檻就變得很不明確。納粹德國或蘇聯時代的俄羅斯現代嗎？世上是否有評斷現代性的客觀標準，抑或者「現代」只是加諸我們所認可之政權的標籤？第二，傳統定義下的現代性，其諸多主要特色中，有一些在過去也可見於距歐洲遙遠的歐亞世界某些地方，中國就是個典型例子。中國比歐洲還更早許久就發展出商業經濟、科技文化、以功績取才的「現代」行政體系。殘存有某些前現代特質的中國算現代嗎，還是算不上？西方現代性最終為非西方世界所吸取，其過程中也經過許多在地的調整。應如何看待這些調整？世上只有一種現代性，或有「許多種現代性」？第三，一如中國這個例子所顯示的，其他種現代性未必會因為那些現代性有先天缺陷而注定失敗。反倒似乎可能的（有些人會說是顯而易見的），歐洲的擴張在某些方面形同對其他民族、國家的現代化行動予以蓄意攻擊。或許致勝的關鍵不在歐洲的現代性，而在歐洲更有本事發動有組織的暴力。

現代性是很有用的觀念，不該予以捨棄。但明智的做法，或許該把它視為含糊的抽象概念，視為可姑且一用的核對清單，而清單裡所列出的社會、文化模式都是在某一特定時期有助於致富與變強者。但為讓這詞發揮正面效益，我們應該闡明，在十八世紀中葉之後突然加速被網絡至更大地區性及全球性的連結關係的不同社群，其成就的相對高低。步入現代不是個絕對狀態，而是相對狀態，其實更應該說是競爭狀態。現代性的最佳鑑定標準，或許在於社會可為某任務而動員其資源和人員到何種程度，在於社會可隨新需求的出現或新壓力的逼近而不斷重新調動其資源和人員的程度。原則上，許多社會具有這一能力。實際上，基於至今還未能完全理解的原因，一七五〇年後的將近兩百年間，動員最迅速且最善於因應流動所加諸的社會、政治壓力者，乃是西北歐諸社會（和其在大西洋彼岸衍生的社會）。他們則因此獲致遼闊的帝國和按照他們利益打造的全球經濟。

本書的三大主題：（三）全球化過程——中世歐亞大勢

一四〇〇年前，若有觀察家能實際踏查全世界，手上也只有少之又少的正確線索可供他們預測歐亞的幾大文明裡，哪個文明會脫穎而出，最後稱雄全世界。中國、中歐亞的伊斯蘭世界、歐洲，在社會—政治組織和物質文化上，各已發展到高度階段，也都展示了擴張領土的顯著能力。但因為內部對立和衰弱（還有長距離的後勤補給困難）的制約，均未能將其他兩者納入支配。

歐洲的變化

從羅馬帝國到拜占庭帝國

在這三大文明區中，十五世紀的歐洲在許多方面猶如粗鄙不文的暴發戶。從古希臘羅馬時代（西元前三〇〇年到西元後三〇〇年）和更早之時，到十五世紀歐洲突然崛起之前，西歐亞的文化和財富一直集中於東地中海的海岸、河谷和近東。那是城邦與帝國的誕生地，那裡的農業、貿易一直最進步，獲利最大。阿爾卑斯山另一頭「外圍歐洲」的廣大內陸，則是有待南方、東方文明國家探索、征服、殖民的蠻族地區。尤利烏斯·凱撒（Julius Caesar）發動的高盧戰爭（西元前五八～前五〇年），乃是已將地中海東部和近東許多地區（但非全部地區）統一在羅馬霸權之下的新強權，其對外吞併過程中最重要的階段。但儘管羅馬人渴求歐洲的財富、貨物、奴隸人力，他們未能將整個歐洲納入其帝國版圖，反倒將歐洲分割，將「蠻族」拒於從哈德良長城、沿著萊茵河、多瑙河到巴爾幹半島伊利里亞（Illyria）的邊防之外。這道防線之外的地區，太偏遠、太桀驁、太貧窮，不值得把重心牢牢放在東地中海地區的帝國勞師動眾去征服。

西元五世紀時，面對從歐洲東北邊疆一波波強行湧入的移民，羅馬人在西方的統治開始瓦解。「文明世界」的中心往東南退到拜占庭（君士坦丁堡），以守住西歐亞最富裕的地區。[26]在「外圍歐洲」，「鎮」萎縮為舊羅馬帝國道路的交匯點；社會和經濟絕大部分退回鄉村層級，只求自給自足。只有在神職人員聚會處或統治者設立貿易集散地（官方核准的奢侈品長距離貿易地點）之地，還存有城市生活的遺風。[27]西元五〇〇到一〇〇〇年間的許多歲月裡，就連原已羅馬化的歐洲部分地區，這時也變得太貧窮，進出交通太不便，因而不大受地中海和近東的商人與統治者青睞。西元六〇〇年後，西歐亞的帝國心臟地帶，本身也因伊斯蘭的崛起和穆斯林軍隊秋風掃落葉般攻占近東許多地區（包括伊朗）、埃及、北非、西班牙大部分地區而驚恐不安。拜占庭帝國（羅馬帝國的遺產繼承者）萎縮到岌岌可危的地步。一時之間，整個地中海歐洲地區似乎就要被併入伊斯蘭世界。查理曼大帝試圖在西方建造新羅馬政權，但到了八四三年終究失敗。九世紀時拜占庭帝國驚人的重振聲威，十一世紀時西歐封建體制的鞏固，正標誌著歐洲要以能獨力生存、獨立發展的世界文明之姿嶄露頭角。

中世紀歐洲的雙重特質：（一）拜占庭帝國及其影響

中世紀歐洲這一雙重特質至為重要。史學家著書立說時，常把現代歐洲寫成從查理曼帝國一脈相傳一般。事實上，現代歐洲的成形，受了以下三種事物的影響：東歐移民（例如馬札兒人、保加利亞人）遷入、文化性輸入（例如近東的隱修生活方式）、伊斯蘭近東地區對商業的促進和其對毛皮等北方商品永無饜足的需求。[28]但在西元一〇〇〇年前，伊斯蘭擴張達到巔峰時，讓歐洲得以不致伊斯蘭化，並確立基督教在歐洲勢力範圍的最大功臣，乃是有著固若金湯之都城的拜占庭帝國（「羅馬尼亞」）。拜占庭的海權協助遏制了穆斯林入侵義大利（西西里島已在九世紀初淪陷），否則中世紀西方可能被逼退到阿爾卑斯山以北。拜占庭的集權獨裁政體和陸、海軍組織模式，啟發了後羅馬時代的西歐諸國。[29]威尼斯崛起為西方與東方貿易的最大集散地，和拜占庭的重振聲威有密切關係；從文化上來看，威尼斯其實是拜占庭帝國都城君士坦丁堡設於國外的基地——由當時威尼斯的建築就可看出。當然，到了一四〇〇年，拜占庭帝國已瓦解到幾乎是名存實亡：一四五三年君士坦丁堡落入鄂圖曼人之手，為這一漫長的瓦解過程驟然劃下句點。這時，歐洲內部的均勢早已轉移到拉丁西方，但拜占庭的影響力猶在。讓拜占庭帝國的前子民（基督徒）擺脫鄂圖曼人統治，成為歐洲人念念不忘的志業。而更為重大的影響，在於拜占庭與俄羅斯的關係。對俄羅斯一地的中世紀諸國而言，拜占庭帝國乃是它們宗教與文化的核心。[30]由俄羅斯人所擔綱，向東、向內陸的歐洲人擴張（拜占庭帝國主義極致表現），其對歐亞世界史的影響，將幾乎和向海洋、向西的歐洲人擴張一樣深遠。

中世紀歐洲的雙重特質：（二）法蘭克文化的封建體制

與希臘文化掛帥的拜占庭城不同，在拉丁西方，與羅馬帝國的傳承關係這時已完全斷絕。代之而起的是風格獨特的「法蘭克」文化。法蘭克文化有一部分汲取了從拜占庭城傳來的羅馬帝國遺風，但法蘭克世界的真正獨特之處，在於社會、政治上的封建體制。封建體制的最核心特色，就是提供勞役，以換取戰士貴族階級和其隨從提供身家保護。這體制的出現，可能源於帝國政府一崩潰，課稅跟著消失，貨幣經濟急遽萎縮，大地主得以隨心所欲掌控在地居民。查理曼的短命帝國瓦解後，匈牙利人、古斯堪的納維亞人、穆斯林入侵法蘭克世界，這段入侵時期可能更強化封建趨勢。到西元一〇〇〇年時，這一封建領主制已強化為精細複雜的義務、支配結構，已成為剝削土地和勞力以發展武力的強有力機制——武力則透過騎士這個典型形式表現出來。因此形成的封建領主，擁有強大騎兵和防禦強固的據點，成為西元一〇〇〇年後開始的新一輪國家建造工程的砌石。這並非偶然發生。強勢擴及中歐和北歐不斷衍生的封建王國，乃是法蘭克貴族和其盟友征服、殖民的工具。它是攻打穆斯林在西西里、希臘、賽浦路斯、西班牙、巴勒斯坦（十字軍王國烏特勒蒙）等地勢力擴張邊陲區的攻城槌。在易北河之東，它因一波農民移民潮和城鎮、貿易的成長，而國勢增強。[31]

「新歐洲」的誕生過程：（一）在拜占庭城和「法蘭克西方」，世俗影響與宗教影響的交融

在拜占庭城和「法蘭克西方」兩地，世俗影響與宗教影響的交融，創造出凝聚力足以抵禦帝國瓦解餘震、蠻族入侵、伊斯蘭擴張的社會。在西方，神職人員一直是羅馬帝國覆滅後政治傳統的主要維繫者。他們提供任

何大型政府所需的文人學士，為統治者提供無價的神授正統來源和眼界更寬廣的君王治國抱負。新封建國家維持一統所需的意識形態，有許多來自教會的提供：基督教化乃是西元一〇〇〇年後整個北歐、東歐地區國家形成的基礎。[32]有組織的基督教，在每個地方，使團結與義務兩者的關係更為緊密。藉由神父、堂區、地區主教階層制，宗教法令與政治體制融合的程度，可以遠大於在中國或伊斯蘭世界所見。教會權威與國家權威的緊密連結（中世歐洲最鮮明的特色），使其統治菁英擁有了非歐亞世界其他地方所能比擬的社會控制權。由於王朝制國家逐漸壯大（十五世紀時這過程已進展到頗成熟階段），社會支配力的這些來源變得更受看重。

「新歐洲」的誕生過程：（二）歐洲經濟復甦

經濟復甦鞏固了在社會、政治團結上已獲致的成就。十四世紀時，歐洲已在經濟、科技的許多方面和中國、伊斯蘭近東不相上下。西元一〇〇〇至約一三五〇年間，有一段為期甚長的經濟成長期。人口增加，荒地墾殖。科技上的革新，例如水車、可翻鬆較黏重土壤的鏵式犁，增加了農產量。鎮成長為商業中心、行政中心，反映了經濟活動更趨複雜：行業的專門化；銀行與借貸業務擴大；在合夥與會計上運用了新商業技巧。這時，商業網將北歐、東歐、波羅的海歐洲的貿易與大西洋岸、地中海地區的貿易連成一體。[33]一道寬大的「雙重地峽」從北義大利延伸到低地國：一支經南德，沿萊茵河而下；另一支沿隆河而上，越過北法，抵達法蘭德斯。沿著這兩條路線，還有密集群聚在路線兩端者，乃是中世西方的商業城市，而兩條地峽本身則提醒世人，商業能穩定運行不輟，仍有賴於以來自亞洲、近東、地中海地區的產品，交換北歐的產品。威尼斯、熱那亞和阿爾卑斯山北側日爾曼諸港口城市，為何比其他城市更早繁榮，原因在此。

十四世紀中葉，歐亞爆發黑死病傳染，奪走可能近四成的人口，經濟擴張隨著此一人口浩劫戛然而止。十五世紀時經濟緩慢復甦。這時，歐洲無疑已不是伊斯蘭近東的落後腹地。歐洲人對歐亞其他地方還未占有明顯可見的優勢，但就要在近東貿易上扮演更為吃重的角色。他們已開始趁埃及、敘利亞城市衰落的機會，銷售自家製造品（通常是布料），藉此取得愈來愈多購買亞洲奢侈品、伊朗絲織品或敘利亞棉織品的資金[34]。從北非到克里米亞半島的海岸，密布熱那亞和威尼斯的商人貨棧（fondachi）。在這期間，西邊已有新的海上疆域開闢。十三世紀中葉西班牙人從穆斯林統治者手中收復失土，已促成地中海和英吉利海峽、北海諸港間出現一條固定的海上航路。里斯本、塞維爾和後來的加的斯（Cadiz），成為連結大西洋體系、地中海體系的環節。哥倫布出生之前許久，大西洋岸的伊利比半島地區，就已成為海上冒險的跳板、先進航海技術的培育所、海上探險先驅與他們所賴以借得資金的熱那亞商人、銀行業者最可能的碰面地點。

「新歐洲」的誕生過程：（三）歐洲與伊斯蘭世界的緊張關係

一四〇〇年時，新歐洲已然問世。那是個由諸多基督教國家組成而結構鬆散的聯盟，擁有共同的上層文化，大同小異的社會、政治體制，成熟的跨地區經濟。在某個層面上那是羅馬文化與法蘭克文化的巧妙融合，至於其拜占庭成分，雖在一四〇〇年後消失於政治領域，卻持續存在於俄羅斯土地上（不管那存在有時是多薄弱）。但歐洲的成形，也得力於其與伊斯蘭世界的緊張關係。當時拉丁西方對古希臘羅馬世界知識活動的理解，有很大一部分透過西班牙的穆斯林學者傳入。[35]穆斯林世界的商業活動，那時比歐洲許多地區更發達。名貴商品和奢侈品，還有金銀，從東方往西輸入歐洲，歐洲則沒有這些東西輸往東邊的伊斯蘭世界。沒有這一較富裕的鄰居，西歐從經濟衰退復甦的腳步，將會慢得多。但認定穆斯林即將入侵的危機感（特別是在南歐），還有對穆斯林掌控基督教聖城的強烈憎恨（促成十字軍東征的情緒因素）制衡了這些依賴關係。將從穆斯林手中收回的土地再度基督教化，非常艱鉅。來自外部的威脅和對內部敵人（通常是猶太人或異教徒）的普遍恐懼，使歐洲人看待不屬其文化範疇的外人時，心懷不安而富侵略性，而非鎮靜、充滿優越感。歐洲人夾處在伊斯蘭、無邊無際的幽暗大海、北方的森林、凍土之間，無法像中國那樣，自認置身在為屬國所環繞、有城牆保護的平靜「中間王國」裡。法蘭克政治體制雖然成功，十四世紀時面對穆斯林在東南歐的進逼，卻束手無策。歐洲人一度冀望與蒙古的「世界征服者」結盟，從側翼包抄伊斯蘭，但在一三五〇年後，這希望破滅。

伊斯蘭世界的風起雲湧

何謂「伊斯蘭世界」？

在舊歐亞世界的中心，坐落著伊斯蘭世界。一四〇〇年時，伊斯蘭世界的範圍西抵安達魯西亞和摩洛哥，東至北印度平原和東南亞群島（今印尼）。該世界有兩個心臟地帶並存，一個位在連接底格里斯河和幼發拉底河的肥沃月灣，一個位在伊朗高原上。七世紀時穆罕默德的阿拉伯軍隊，就在近東、伊朗兩地，拜占庭、薩珊王朝的廢墟上，建立伊斯蘭。七五〇年時，中亞大部分地區是穆斯林天下。西元一〇〇〇年後，穆斯林突厥人受前往印度謀財的熱潮吸引，入侵北印度，創立了一連串征服國。[36]十三世紀時，伊斯蘭勢力已抵達孟加拉和麻六甲海峽的貿易鎮，拿下進一步侵入馬來群島的跳板。撒哈拉沙漠以南的蘇丹地區❶，十一世紀時也開始伊斯蘭化。

伊斯蘭世界的驚人財富和先進知識，令中世紀歐洲人目眩神迷。他們有此反應，理所當然。當時，承繼上古世界知識遺產者，是伊斯蘭近東，相對於「受殖民」的西方，伊斯蘭近東保留了在西方「黑暗時代」時已幾乎蕩然無存的知識文化。近東的富裕和城市傳統，也非僥倖而致。這裡是最古老大河文明的誕生地，經濟活動在此受到雙重助力的推動。生產力特別高的農業區，分布在底格里斯河─幼發拉底河這道狹長地帶裡，也零散分布在伊朗高原上。農業革命已替這裡引進新作物；[37]水力技術克服了乾燥氣候的制約。過剩的農業生產，支撐城市菁英階層和他們的精緻上層文化。城鎮裡已興起手藝非凡的工匠階級，以滿足那些菁英人士的物質需求。但近東也是當時世界幾大貿易路線的輻輳地，連接中國、歐洲、非洲、印度的陸橋，印度洋海上貿易貨物的陸路運輸行經之處。在近東的山脈之間、沙漠之間，有商隊路線穿行，將中國貨經中亞運來，將印度貨從波斯灣運來。這些路線或終止於敘利亞的內陸諸港口城市（大馬士革是其中最大城），或更往西延伸到布爾薩（Bursa）、君士坦丁堡。有另一條橫越蘇伊士地峽的幹道，連接地中海與紅海（羅馬人原在此維持有一支海軍中隊），再繼續延伸到印度。

伊斯蘭世界「中世」政治史的背景：
一個個突厥部落領袖建立王朝、組建奴隸軍、王朝日漸腐敗，最後遭推翻

這些跨大陸的貿易要道與其在各地分出的支道，形成一道財富帶，而為穆罕默德四處征討後的七百年裡興衰更替的諸多帝國體系所汲取。近東的統治者深知其價值。帖木兒雖以凶殘暴君之名著稱，他的商業眼光卻和軍事謀略一樣高明。他摧毀裏海北方的貿易鎮，乃是欲獨占通過裏海南方的跨歐亞貿易。其他的近東統治者用心維持這些商業幹道，保護商人免受部落或游牧民族打劫，建造供旅行隊過夜而有防禦工事的大客棧（caravanserai），以降低長途交通的「保護成本」。從中獲利輕而易舉，因而，除了那些最鋌而走險或最短視的國家建造者，無不懂得善用這隻商業的金雞母。

十到十五世紀間，前後幾個蒙古—突厥裔的偉大「世界征服者」從中亞打進中東，帖木兒是其中最後一位。這些征服者所率領的游牧民部隊，由一支支善於騎射的騎兵中隊組成，組織有序，紀律嚴明，以高度機動和超強火力為作戰優勢。[38] 對這些建造帝國者而言，從滿洲綿延到匈牙利這一大片歐亞大陸乾草原，乃是取得商業財富和近乎無限之權力的康莊大道。近東、中東的貿易城，自然成為攻占目標。每次的征服都在征服地留下其移民，改造當地的政治、文化面，就像大河定期氾濫一般。這些來自東方的入侵，雖然迅猛突然，卻可視為中東政治更普遍模式的一部分。尼羅河與烏滸河（Oxus）之間，原已有國家在其上建立的定居文明土地，面對來自沙漠邊疆的外族入侵，逼近定居民族所維持的孤立「播種區」和城鎮，只能任其宰割。伊本·赫勒敦在其歷史哲學大作《歷史緒論》（*Muqadimmah*）中，說明了「播種區」的居民如何緩緩失去其對抗外來劫掠的意志，最終成為受過沙漠生活與狩獵、征戰淬煉的入侵游牧部隊理想的攻擊目標。這些游牧部隊殘酷無情、驍勇

❶譯按：非洲中北部一地區，位於撒哈拉沙漠與赤道之間，西起大西洋岸，東抵衣索匹亞高原。

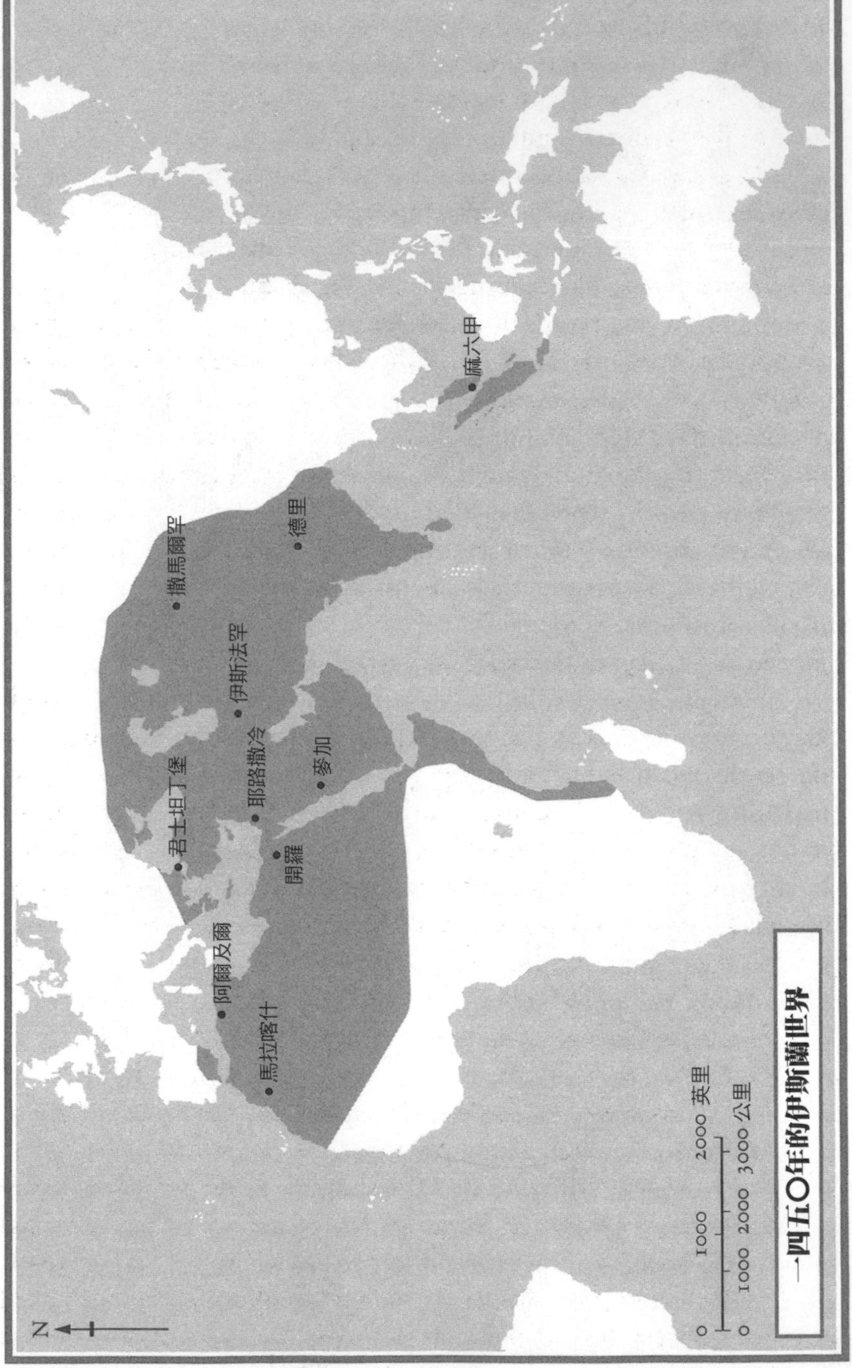

一四五〇年的伊斯蘭世界

善戰，靠著早已不見於「播種區」社會的「團結精神」（asabiyya）統合為一，在入主後形成新的統治階層，然後，經文明生活長久的腐化，最後也心志委靡，再被另一支游牧入侵部隊取而代之。[39]

伊本．赫勒敦所描述的，乃是七世紀阿拉伯人的征服行動留下不可磨滅之印記的政治世界。伊斯蘭攻占近東後，追隨穆罕默德攻城掠地的阿拉伯部落開始進駐近東的城鎮。早期幾位哈里發治下的伊斯蘭政權，倚賴由部落民駐守的要塞看守蠢蠢欲動的鎮民。那並非長久的解決之道。長住城市之後，部落的團結削弱。沒有貴族可供實行封建，而政府的難題在於掌控市鎮。最後，統治者以召募奴隸兵來解決這個問題，而奴隸兵大多來自中亞的突厥部族。[40]這些奴隸兵（即所謂的馬穆魯克〔Mamluk〕）吃苦耐勞，又未受到他們所要守衛的城居社會汙染。奴隸沒有親人或其他社會關係，死心塌地效忠於埃米爾（amir），即統治者。與後羅馬時代的西方不同的是，伊斯蘭近東有商業經濟，進而有用來購買奴隸兵的貨幣工具，因而買奴隸的財源不虞匱乏。馬穆魯克王朝（有時由「奴隸王」當政）成為伊斯蘭政體的特有形式，可見於北非的馬格里布地區（Maghrib）和中亞、北印度、埃及、敘利亞、撒哈拉沙漠以南的蘇丹地區、伊朗地區。[41]從九世紀到帖木兒死亡這期間，伊斯蘭世界的政治史主要表現在一個個突厥部落領袖的建國（或建造帝國）：建立王朝、組建奴隸軍、王朝日漸腐敗，最後遭推翻。

伊斯蘭世界「中世」政治史的特色：在創造「世界帝國」與分裂為較小部落政體或王朝政體間擺盪

中亞的塞爾柱突厥人、成吉思汗的蒙古游牧民族、帖木兒的追隨者，陸續大舉入侵近東的行動，都必須放在這一背景下審視。每一次的大舉入侵都帶來難以估量的嚴重破壞，還有我們先前已注意到的貿易、宗教蓬勃發展。對成吉思汗和帖木兒而言，入侵的目的乃是欲將伊斯蘭近東的不同地區統歸中亞的一名統治者掌控，為打造一個涵蓋整個歐亞的「世界帝國」揭開序幕。兩人都想在一個境內農耕中心、貿易中心相隔遙遠的地區內建造帝國，結果都受挫於建造過程中人員、物資的整補問題，且鞭長莫及的距離瓦解了統治者的權威。部隊大舉入侵、大規模破壞、短暫的統一、帝國瓦解，如此循環往替，使伊斯蘭世界的「中世」史迥然不同於歐洲或中國的中世史。在歐洲，大遷徙的結束，使各國得以漸漸鞏固其轄地，國家的子民受到封建領主、王朝統治者、他們的教會盟友愈來愈緊密的控制。在伊斯蘭世界，政治模式則是在創造「世界帝國」和分裂為較小部落政體或王朝政體之間激烈擺盪，而那些較小政體的統治者通常是乾草原游牧民出身，而非土生土長菁英階層出身的「文明」領袖。

伊斯蘭世界的燦爛文明及積極進取的擴張精神

如此動盪不安的政治傳統，照理來說很可能導致經濟、文化失序，使伊斯蘭世界成為雄心無由實現的荒漠，而非文學、科學、哲學、科技、藝術都遠非中世西方所能望其項背的燦爛文明。但伊斯蘭提供了穩定、持續、認同、文化凝聚力這些關鍵要素，而不致走上此途。伊斯蘭巧妙融合了宗教、法律、上層文學傳統，[42]和拉丁基督教或中國儒家一樣，提供了可供眾人依循的禮儀、一部眾所公認的「聖書」、一種眾所接受的學習語言。但伊斯蘭文明在三大方面與前二者顯著不同。或許因為近東和中東獨特的生態，在這個看重長距離貿易更甚於農業的地區，伊斯蘭表現了超越民族畛域的鮮明特色。在穆斯林眼中，個人的首要身分是烏瑪（umma，伊斯蘭信士組成的社團）一員，其次才是世俗統治者的子民。伊斯蘭教極能適應異文化，且欣然容忍泛神信仰的某些方面。伊斯蘭教通常（但並非總是）比中世紀的基督教更能容忍其他信仰，但並未到平等看待其他信仰的信徒的地步。其次，伊斯蘭未指派神職人員擔任信士與真主之間的中間人，因此伊斯蘭不像基督教那樣把個人牢牢束縛在類似修會的宗教社團裡。伊斯蘭的神職菁英階層是烏里瑪（ulama），而烏里瑪所扮演的角色是導師、法官、學者，但不是神父。蘇非（Sufi，伊斯蘭教泛神論神祕主義者）和辟爾（pir，即聖徒）行使精神上的領導權，而非宗教威權。因此，伊斯蘭社會未發展出基督教的一個重大特色：權力大而階層分明的教會組織。在基督教裡，每個領受聖餐的人，都在教會組織的監督下，被牢牢固著在由世俗單位（堂區、教區、國家）組成的體制裡，伊斯蘭教則未如此。

第三，由於第二項特色，宗教與國家的關係，在伊斯蘭世界裡，與在歐洲或中國，有所不同。世俗統治者頂多只能聲稱自己是信士的守護者，或者自稱是哈里發承繼穆罕默德的使命，致力於團結烏瑪、傳播信仰。中世紀歐洲的君王，其來自上天的授權，是透過加冕典禮正式賦予他，伊斯蘭世界的世俗統治者則不同，他未擁有半神聖的身分，未得到上天的賜福。埃米爾或許得到烏里瑪的順服，但那向來是有條件的，因為烏里瑪最首要的效忠對象乃是他們所詮釋的《可蘭經》律法，在伊斯蘭教裡沒有教會與國家結盟這回事。事實上，伊斯蘭國家通常具有一大特色，即統治者、其麾下的奴隸軍一方，與地方豪強（ayan）、烏里瑪、構成平民菁英階層的商人公會另一方，各行其道。由於沒有世俗貴族分享權力，議會也就無存在必要。伊斯蘭統治者也不願像歐洲君王那樣基於稅收考量賦予城市自治權，要到十五世紀「火藥帝國」興起，伊本・赫勒敦筆下那種治亂循環的不穩定才會遭到制止，乾草原、沙漠的入侵路線才會遭到封鎖，並催生出師法歐洲、中國的那種王朝制國家。

伊斯蘭不習慣扮演國教的角色，但伊斯蘭律法和神學，加上埃及、伊朗、肥沃月灣統治者的文化抱負，卻讓文學、藝術（特別是建築）、科學、哲學得以大放異彩。伊斯蘭多元開放的個人主義和伊斯蘭法律傳統的廣為傳布，也促進了大範圍、遠距離商業經濟的成長：一四〇〇年前伊斯蘭世界的突出特色。穆斯林商人是世界貿易的中間人。以阿曼、荷姆茲、巴林、亞丁、吉達為基地的阿拉伯航海者，來往於通往西印度古吉拉特（Gujarat）、印尼群島、華南廣東的海運航線上。[43]穆斯林在商業體制方面有所創新，發明了商業借貸所需要的法律工具，發明了名叫「commenda」的合夥方式，商人透過這種合夥方式借錢，並讓貸方得以享有部分利潤。穆斯林貿易網的廣闊，協助近東諸港市成為高價紡織品、金屬製品的製造重鎮，消費、訊息、知識的中心。十四世紀的開羅人口有六十萬，為當時西歐的任何城市所遠不能及。

一四〇〇年後，種種跡象顯示，前兩個世紀的商業活力已開始衰退。統治埃及、敘利亞的馬穆魯克帝國，當時伊斯蘭世界最富裕的經濟體，因為帖木兒入侵、大肆劫掠大馬士革和阿勒頗而元氣大傷。[44]黑死病爆發後，人口驟減。威尼斯商人對東地中海海上貿易的掌控更為牢固。歐洲紡織品開始取代當地自產的布。[45]黃金短缺加劇商業的蕭條。但若根據這些經濟改變的跡象，判定伊斯蘭世界即將把龍頭地位讓給不甘蟄伏的歐洲，又失之武斷。對伊斯蘭世界的許多地方而言，對歐洲的貿易無足輕重。伊斯蘭世界的幅員遼闊，遠非歐亞世界的遠西地區所能比擬。伊斯蘭世界的商人，在傳播伊斯蘭教上，成就斐然。麻六甲（一四二五年前就已伊斯蘭化）新貿易國的建立，乃是伊斯蘭快速傳播於東南亞群島的先聲。但伊斯蘭仍保有積極進取精神的最鮮明證據，或許在於鄂圖曼勢力在東南歐的挺進。鄂圖曼邦（小亞細亞諸多突厥公國中最積極進取者）在一三五〇年代即已越過達達尼爾海峽，進入歐洲。一三八九年，獨立的塞爾維亞亡於科索沃（Kosovo）之役；一三九四年，保加利亞落入鄂圖曼人之手。尼可波利斯（Nicopolis）之役（一三九六），鄂圖曼人擊潰以十字軍自居的歐洲聯軍。一四〇二年鄂圖曼人遭來犯的帖木兒擊敗，但強韌的鄂圖曼人並未就此一蹶不振，一四五三年更攻下君士坦丁堡，標誌著這個新興的王朝制國家已然屹立，其軍力比歐洲人歷來在東方所遭遇的敵人更為強大。一四八一年征服者穆罕默德（Mehmet the Conqueror）去世時，貝爾格勒以南的整個巴爾幹半島，還有多瑙河口，都在鄂圖曼人統治下。「火藥時代」似乎預示伊斯蘭擴張的火爆新階段開始到來。

中國的一統性與困境

一四〇〇年左右，伊斯蘭諸社會仍是歐亞上最富活力與擴張精神的成員。但在富與強上首屈一指者，乃是中國。雖頻頻遭遇改朝換代的動亂和外族入侵的破壞，中國在政治和文化上展現了非歐洲或伊斯蘭世界所能比擬的一統性，而且這一統性捱過嚴厲的考驗。中國也遭遇蒙古帝國主義的衝擊。一二七九年蒙古帝國（元朝）滅亡南宋之後，統治全中國將近百年。蒙古入侵，兵荒馬亂，意味著貿易停擺，而疾病（黑死病）的蔓延，可能使人口由一億減少為六千萬。從較正面的角度來看，元朝時期也可視為延續了宋朝的商業擴張，使中國與中歐亞的貿易、文化交流更為開放。一三七〇年後，在新王朝明朝治下，中華世界回復大一統，一統性更為強化。

一統性的關鍵特質：農業經濟、商業經濟與政治公權力互相支應

這種一統性的關鍵特質，或許可在中國的社會、文化源頭裡找到。中國發祥於西北，藉由集約農業的漸進擴張而形成。西北地區細而肥沃的黃土，特別利於集約耕種。持續不斷的農業墾殖過程，把這一「中華」文化散播到華北平原各處，然後傳播到長江流域，再傳播到南方。在華南，農業的基礎改變，由較乾燥北方的小麥、小米轉而改種水稻。這一往南的大擴張，把新土地、新民族吸納進中華世界，是中國「形成」過程的重大階段。這使中國的農業經濟增加了種稻地區（一年可兩熟或三熟的地區），使亞熱帶南方的新作物、新貨物往北流動，促進了國內貿易。十三世紀一位作家寫道：「過去華北靠著華南所從來沒有的海棗和小米獲利，如今，華南靠著華北所從來未曾生產的香水和茶賺得厚利。華北得利於其野兔，華南得利於其魚。兩者皆非華北、華南所曾有。」[46]往南擴張也促使靠水道網連結各地理區的商業經濟，在九〇〇至一三〇〇年間更快出現。由於這些條件的到位，專門化的腳步加快（因為民生必需品可由遠處運來）；複雜的借貸體系興起；紙鈔的使用促進商業的擴張。比起歐亞世界其他任何地方，中國更早且更大規模的匯集了市場經濟的基本要素。跨地區的交易和因此促進的技術變革，讓中國獲利。一三〇〇年前，已有多種農業上和製造業上的創新（那時棉織業已在長江下游牢牢立足）廣被採用，創新發明的文化有助於新技術的傳播。

這一出色的成長途徑，其發展軌跡大不同於歐亞其他地方，且不只影響了中國的經濟史，也影響了政治史。使中國得以如此富裕的商業經濟，遠比歐亞其他任何地方更需要公權力的積極支持，尤其是在建造水道和維持水道暢通上。中國的通訊，還有脆弱環境的管理（中國倚賴水力，而水力受洪水威脅），需要中央、省、地區三者間的官員聯繫得特別緊密，才能成事。其次，慘痛的歷史教訓表明，南北方若未統一，驅動商業經濟的跨地區交易模式，在最好的情況下都會運行不順。因此，只要能有效控制一個比歐洲大陸其他任何國家都大得多的土地，政權就能長保。第三，靠著取得遠至南海之濱的遼闊富庶腹地，華北才得以應付其地緣政治上的最大挑戰——但並非每次都能擊退挑戰。中華帝國，以其高度發展的農業文化，迎戰如火山爆發般在中亞乾草原猛然冒出的游牧帝國。事實上，華北許多地方因靠近游牧能量的核心而時受威脅——這些能量核心則通常在乾草原

與「播種區」接到最近時形成。中華帝國的首要任務，乃是守衛邊界，以免突然爆發的游牧力量入侵，危害其複雜農業世界的土地和政治。這場對抗邊疆入侵者的戰爭是無休無止的消耗戰，而支應此一消耗戰所需的資源，大大倚賴南方在糧食和貿易上的貢獻。因此，中國和中歐亞許多地方一樣受到蒙古帝國野心的劇烈衝擊，打擊卻一直較輕。來自乾草原的入侵者很快就知道，如果想汲取中國的農業財富，就必須維持帝國統治的機制，必須「漢化」；隨著漢化日深，他們所賴以建立其僱人力量的部落忠誠，也一點一滴蝕毀。動員南方資源對抗外來征服者，使中國得以比中歐亞（突厥部落和奴隸兵是這地區政治變遷的主要受惠者）更完整地保有穩定而延續的政府。

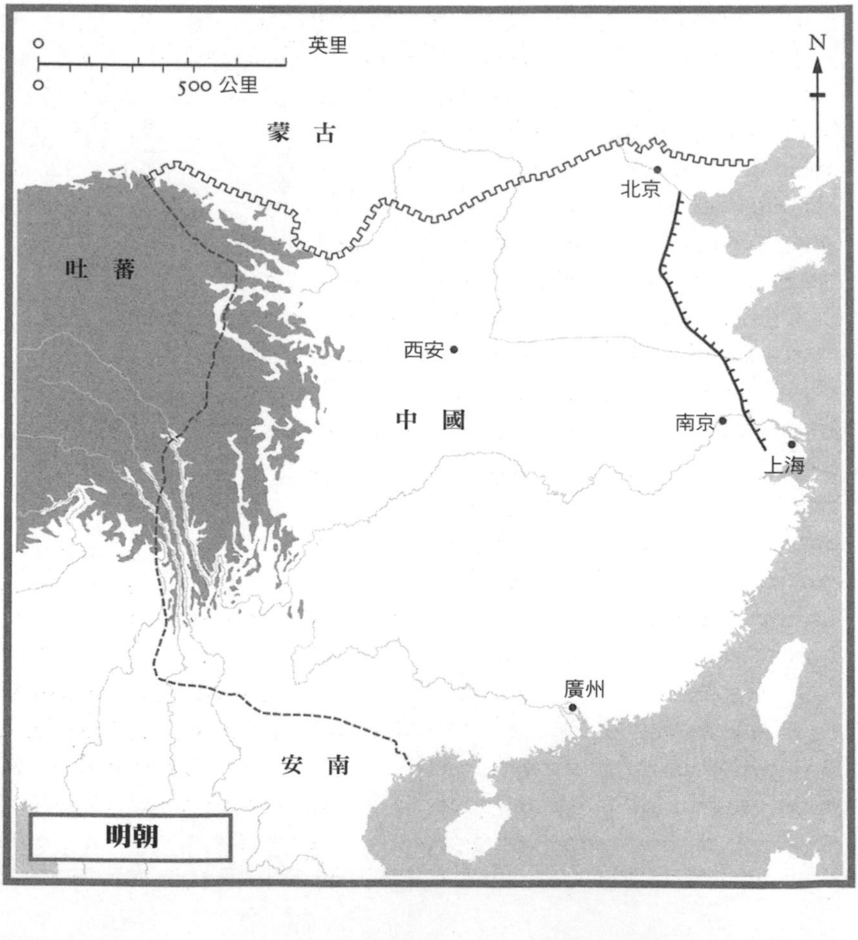

明朝

一統性的儒家文化因素和出色成就

但中國的一統性並非全是商業上和策略上追求自身利益的結果，還有賴出色「上層文化」的加持。那是個立基於古典時代思想而講究文學表現的文化，其道德觀點和哲學觀點源自儒家典籍。儒學牢牢扎根於文人菁英圈和朝廷之徵用文人為官，對中國的形成至關緊要，且或許就和南北的接合一樣緊要。儒學和作文本事（寫科考官所要求的「八股文」），一旦成為入朝為官的門票，立刻就成為中國各地文人士子埋頭鑽研的對象。各省士人的採納文人理想（和出仕抱負），乃是中國從大地主掌權的半封建社會過渡到農業帝國過程的重要階段。而這得以遂行，靠的是特殊的帝國體制：這帝國體制的運行，大大倚賴地方菁英在「文化上」效忠於這時候與他們的個人威望密不可分的帝國觀念，而遠較少倚賴帝國中央的高壓統治（在如此大的國家，這是個拙劣又耗成本的選擇）。以這方式將威權廣被於廣土眾民，既驚人的高明，也驚人的成功。

中國朝廷的威儀堂皇，中國城市的富裕繁榮，中國工程師和工匠的本事高超，中國消費品（例如絲、茶、瓷）的品質優良，中國藝術與文學的深奧微妙，儒學的思想魅力，廣受東亞、東南亞的欽羨推崇，自然不足為奇。在韓國、日本、越南（越南有部分地區作為中國的一省長逾千年，直到九三九年才脫離），中國被視為文化成就與政治體制的典範。中國商人也已發展出遼闊的貿易網，產品外銷到東南亞。[47] 中國水手的航海、導航本事（包括使用磁性羅盤）比起阿拉伯或歐洲水手，即使不是更出色，也不相上下。

中國的困境：（一）放棄拓展海權、排拒異族，帶來文化上的封閉

一四〇〇年左右，任何見多識廣的觀察家，大概都會覺得，中國稱雄「舊世界」的地位不只牢不可破，而且很可能還會更強大。明朝推翻蒙古人的異族統治，同時也打破蒙古人欲征服全歐亞的帝國雄心。明朝皇帝更加強其對地方官員的掌控。皇帝在宮中使用太監，除了為防其嬪妃遭染指，也為防範皇帝的文人顧問對皇帝圖

謀不軌。朝廷投注龐大心血改善農業和水道網。然後，一四〇五至一四三一年間，皇帝派三寶太監鄭和七次遠航印度洋，宣揚中國的海權。鄭和率領載有兩萬多人的艦隊出海，最遠航行至紅海的吉達和東非沿岸，並在斯里蘭卡展現國威，將拒不聽命的該地統治者押到北京。歐洲人取得航入南大西洋（和返回）所需的航海知識之前，中國已準備好隨時在東方海域展現其海洋霸權。

如此耀眼的未來並未到來。十五世紀初的歷史表明，中國雖然仍是世上最強的國家，其征服海洋的雄心卻已告終。在十八世紀中葉清朝平定天山南北路之前，中國沒有再把腳步跨到東亞之外。鄭和的海上冒險在一四二〇年代突然停止（一四三一年那一次下西洋乃是後來所追加），只表明這問題的一部分。明朝已驅逐蒙古人，但蒙古人的威脅仍在，因此不得不將愈來愈多的資源投入北疆的防禦。北疆防禦成為明朝的地緣戰略包袱，而這包袱明顯可見的影響，就是促使明朝急於建成完整的長城。明朝放棄拓展海權，或許是朝中文人官員施壓所致（文人官員厭惡太監干預朝政），但那也是國庫有限和朝廷把政權存亡擺在第一位之下，不得不然的抉擇。明朝這項決定，或許還反映了更深層的制約因素。明朝的立國原則，乃是嚴斥蒙元所支配的內亞❷影響力。這一原則使中國團結一致對抗不屬於中華文化的異族，確立中華文化的排外精神。包含漢民族與非漢民族的「大中國」，與明朝眼中的儒家君主國相忤。拒外到底的大戰略，必然帶來文化上的封閉。[48]

中國的困境：（二）商業經濟的非凡創造力漸漸消失

此後還有一個變化，其影響乃是當時觀察家無人能完全理解者。中國歷史的最大謎團，乃是創造出世上最大最富裕商業經濟的非凡活力，為何似乎在一四〇〇年後慢慢消失。中國在技術發明和社會創新（市場經濟的必要條件）上所保有的領先已不復見。快步邁向工業革命並快速完成工業革命者，不是中國，而是西方。關於中國的經濟發展軌跡，歷來爭辯激烈，未有定論。但三十多年前馬克・埃爾文（Mark Elvin）所提出的假說，至今未遭推翻。[49]埃爾文特別指出宋朝時中國「中世經濟革命」所達成的進步，但認為中國脫離明初的經濟蕭條（有一部分肇因於大瘟疫）時，已陷入某種技術停滯狀態。產量增加，開墾的土地增加，人口也增加。但此前促成科技創新、組織創新的動力，這時已消失，且未重現。中國在量上有所成長，質卻未提升。埃爾文主張，眼光轉而朝內，乃是造成這個現象的原因之一：隨著明朝放棄海洋，中國與外界的接觸變少。知識份子不再徹底探求自然界。而從某方面來看，問題出在新開闢地的地力耗竭，因此，在滿足填飽肚子的基本需求之後，可供種植工業作物（例如棉）的土地愈來愈少。還有一個較不易察覺的因素，也在暗暗影響。中國因為太成功而反受其害。前工業時代的中國經濟的確有效率，然而這效率本身反倒阻礙生產技術激烈變革（即使在十九世紀，遼闊的水道網仍使鐵道顯得多餘）。地方面臨短缺、瓶頸、阻礙時，本來可能激使該地前進，以脫離困境，但由於中國龐大的內部市場裡，各地區相互連通，前述不利處境可由其他地區的資源挹注而得到紓解，為脫困而改變現狀的契機也跟著被打消。前工業時代的中國已達到「高度均衡狀態」，達到經濟成就的高峰。此一狀態的不幸，在於失去了更往上爬的誘因：高度均衡狀態反倒成為困境。[50]

我們不該期望太高。那要到三百多年後才有人注意到。

❷ 譯按：Inner Asia，指有別於漢人居住區的滿洲、蒙古、新疆、西藏，又譯中國疆部。

第二章

誰發現，發現誰？

（十六世紀）

——地理大發現的新世界奪走了聚光燈，東方舊世界的繁盛竟少有人「發現」

十六世紀中葉的君士坦丁堡

事後回顧可以看出，「舊世界」三大分區間約略平起平坐的關係，最終將被十五世紀末期、十六世紀初期的諸多事件所打破；但那些事件的深遠影響，當時的人們大體上還未能識出。一四八〇年代後，從葡萄牙、西班牙出航的歐洲人以驚人速度改變了東方與「舊世界」其他地方的地緣政治關係。歐洲不再是歐亞世界面朝「幽暗海洋」的遠西，到了十六世紀中葉時，它已成為全世界海洋貿易新興的集散地，不僅是營運網涵蓋從中國到廣大地區的航海企業總部，也是前往只供其開發之新跨大西洋地區的出發點。

「大發現」的意義須放在「歐亞擴張主義」的世界史背景上來審視

但我們也應客觀而合理地審視這一重大轉變。「大發現」並不必然促成歐洲崛起為全球霸主。我們不該誇大歐洲人所動用來從事遠航、征服的資源，也不應誤解讓他們得以在亞洲、美洲建立據點的手段，尤其不應把航海家、征服者的冒險活動，解讀為有心建立世界帝國的行動——儘管埃南多·科特斯（Hernando Cortés）的確曾宣稱西班牙在美洲的領地與哈布斯堡家族在歐洲的轄地不相上下，想藉此討得查理五世[1]的歡心。歐洲勢力在漫長十六世紀期間的「爆發」（一四八〇～一六二〇）雖然高潮迭起，但有很長時間，其影響有限。在很大程度上，這一爆發有賴東方當地情勢的配合，有賴接觸與征服方面的專門次文化逐漸發展成形。那不是如某些史家所主張的無所逃的經濟命運，也不是科技優勢必然帶來的結果。

還有一個易犯的迷思，我們也應避免。今人審視歐洲的「殖民」史，常將其與更大的世界史背景脫鉤，予以孤立看待。彷彿從約一五〇〇年後，只有歐洲積極進取，只有歐洲在擴張，世界其他地方全停滯不前。我們應該謹記，達伽瑪或阿爾豐索·德·阿爾布克爾克（Alfonso de Albuquerque）在印度洋上、科特斯和佛朗西斯科·皮薩羅（Francisco Pizarro）在美洲意氣風發的同時，明朝鞏固了其專制政權，鄂圖曼帝國裡出現一個新世界強權，伊朗在薩法維王朝（Safavids）下復歸一統，伊斯蘭在東南亞快速擴張，一五一九年後一個龐大的新伊斯蘭帝國在北印度出現。要真正了解大發現的意義，就得放在歐亞擴張主義這個更大的歷史背景上審視：要把「舊世界」叫進來，以平衡「新世界」。

西方勢力爆發

葡萄牙的海權擴張

葡萄牙人是歐洲人向海洋擴張的先驅。葡萄牙王國是位在大西洋岸的弱小國家，但到了約一四〇〇年，葡國統治者和商人已懂得善用其寶貴資產——里斯本港。這時，歐洲的大西洋岸已是地中海與西北歐之間重要的貿易路線。里斯本正位在歐洲兩大海洋經濟區（地中海、大西洋）的交會處與部分重疊處。[1]里斯本是貿易與商業情報的集散地，也是海運與航海技術觀念的交流重鎮。[2]它是殖民大西洋島嶼的跳板（馬德拉群島於一四二六年遭葡萄牙占領，亞速群島於一四三〇年代成為葡萄牙殖民地），而一四一五年葡萄牙拿下摩洛哥之休達（Ceuta）的那場十字軍戰役，戰船也是從里斯本出發。因此，在葡萄牙人於一四三四年大膽航越博哈多爾角（Cape Bojador）之前許久，他們已在建造帝國之路上摸索過多種方法。他們的地理觀念不只受到對亞洲主要貿易路線（以地中海為西端盡頭的貿易路線）的認知影響，還受到十字軍意識形態的影響。[3]諷刺的是，十字軍意識形態認為，葡萄牙位在已知世界的西端盡頭，十字軍的目標乃是往東朝位在世界中心的聖地❷挺進。或許正因為這觀念，還有葡萄牙人在

❶譯按：哈布斯堡家族出身的神聖羅馬帝國皇帝暨西班牙國王。
❷譯按：巴勒斯坦。

一四一五年後對北非的頭幾次襲掠（葡人在北非得知摩洛哥的黃金來自西非），使得葡人的探索行動先往南、往東，而非往西橫越大西洋。與祭司王約翰（Prester John）的基督教帝國（據說位在埃及南方某處）結盟的憧憬，使航海家、商人、投資者、統治者滿懷希望，以為藉由從海上繞過北非伊斯蘭諸國的側翼，找到該基督教帝國，再聯合包夾伊斯蘭後，基督教勢力將大振。[4]

祭司王約翰只是個傳說，他的帝國亦然。但到了一四六〇年代，葡萄牙人已更往南推進，以尋找一條通往印度的路線。一四九八年，達伽瑪成功達成此目標。[5]但葡萄牙能將其海上勢力伸入印度洋，靠的不只是航海本事。因為非洲兩項關鍵因素的配合，葡萄牙人的海上冒險才得以進入亞洲。第一個乃是西非黃金貿易的存在。西非黃金從森林帶往北流向地中海和近東。一四七〇年代時，葡萄牙人新闢的大西洋海上路線，已截走一部分的西非黃金貿易。一四八二至一四八四年，他們運石頭到非洲，建造名叫聖喬治・達・米納（San Jorge da Mina，今迦納的埃爾米納）的大型要塞，作為黃金貿易的貿易站（貿易站是以圍牆圍住的場所，通常築有防禦工事，供外國商人在其中居住、貿易）。這是至為關鍵的一步。米納的獲利龐大。一四八〇至一五〇〇年，該地的獲利就幾乎是葡萄牙王國總稅收的兩倍。[6]一四七〇、八〇年代，葡萄牙人為繞過非洲最南端，往更南方展開數次航海探險，最後在一四八八年由巴托洛梅・狄亞士（Bartolomeu Dias）繞過風暴角（後改名好望角）。而這些所費不貲又危險重重的航海行動，就靠米納的獲利挹注資金。第二個關鍵因素，乃是葡萄牙人在非洲大西洋岸的茫茫海上，未遇到當地人抵抗。在摩洛哥以南，沒有哪個大國有意願或工具來反對葡萄牙人使用非洲沿海水域。大部分非洲國家眼光朝向內陸，把海洋視為杳無人煙的水上荒漠，而（在西非）把乾不見水的撒哈拉沙漠視為通往遙遠市場的真正要道。

在這些有利條件下，葡萄牙人航過空蕩蕩的海洋，繞過好望角後折而向北，在尚比西河（Zambezi）河口附近發現印非貿易路線的南端終點。從那裡開始，他們有當地知識可資依循，依靠當地領航員的指引前往印度。一越過尚比西河口往北，達伽瑪隨即再度進入人類已知的世界，彷彿在毫無路徑的荒野繞了長長一段路後重新回到文明世界。抵達印度馬拉巴爾（Malabar）沿岸的卡利卡特時，他透過旅人與商人所使用的中東路線，與歐洲恢復聯繫。這一趟他展現了高超的航海本領，但在其他方面就不盡然那麼幸運。當地婆羅門帶達伽瑪到某座廟宇時，他以為那些婆羅門是失聯已久的基督教徒。他在一女神像面前跪下，以為那是聖母馬利亞，其實是印度教女神帕瓦蒂（Parvati）。在這期間，該港的穆斯林商人明顯不友善，一陣打鬥之後，達伽瑪決定早早打道回府，於是啟航返歐。

但葡萄牙人既已找到不欲為人知的、經由大西洋前往印度的路線，接下來他們有何作為？即使海路運輸成本較低，光靠幾艘葡萄牙船在印度洋，也不大可能使印度洋貿易大半改走繞過非洲南端那些冷清而漫長的海上航線。事實上，葡萄牙人很快就展現了實力，而馬拉巴爾沿岸是理想的下手目標。那地區沿岸分布有一些不成氣候的小羅闍③，當地的生計倚賴貿易（東南亞與中東之間的主要路線行經該地區沿岸）。達伽瑪航行到卡利卡特後不到四年，葡萄牙人就駕著一隊重武裝的多桅小帆船（caravel），浩浩蕩蕩回到該地。在阿爾布克爾克率領下，他們開始建立築有防禦工事的基地，藉以控制印度洋上的海上貿易。第一個建立的基地在科欽（Cochin，一五〇三），再來在卡納諾爾（Cannalore，一五〇五），然後是果阿（Goa，一五一〇）。在好言商量而遭峻拒之後，他們在一五一一年拿下麻六甲，東南亞首要的貿易國。到了一五五〇年代，葡萄牙人已設立約五十座要塞，最西是位於莫三比克的索法拉（Sofala），最東則是華南的澳門，「黃金果阿」則已成為葡屬印度（Estado da India）的首府。

葡屬印度既非領土帝國，也非貿易帝國。從某方面來說，葡屬印度的成立，乃是欲壟斷胡椒（外銷歐洲獲利最高的香料）貿易。但葡萄牙人沒有實力壟斷這貿易，胡椒貿易仍有很大部分不受他們掌控。[7] 結果，葡屬印度反倒成為向東南亞、西印度、波斯灣、紅海之間的海上貿易強索保護費的機構。亞洲商人得在葡萄牙「貿易站」（果阿、第烏或荷姆茲）買安全通行證（cartaz），否則就可能遭葡屬印度的船隻打劫。在第烏海戰殲滅埃及海軍之後，葡屬印度在印度洋上已無敵手，但其實力未強大到足以封鎖曼德海峽（Bab-el-Mandeb Strait），控制紅

③ 譯按：raja，印度的酋長、王公或貴族。

海。印度洋周邊的國家，海軍科技水準無一及得上葡萄牙，葡萄牙的多桅小帆船因此成為所向披靡的海上武器。除了麻六甲，大概沒有哪個印度洋國家把海洋貿易看重到必須建造龐大艦隊。南亞諸大國大部分把眼光朝向內陸。從事海上貿易者，只剩那些沒有社會威望和政治影響力的沿海商人社群。[8]因此葡萄牙海軍得以輕易稱霸印度洋。馬來半島以東，則非如此。在南中國海或日本附近，葡萄牙人行事謹慎得多。他們在這裡從事長程貿易，找到了發揮空間。當時的明朝帝國不讓其子民出海，且不願與日本直接通商往來，葡萄牙人正好扮演中間人，從事中、日兩地間的轉口貿易。

因此，葡屬印度的角色，漸漸由十字軍兼劫掠者，轉變為由葡萄牙人社群和他們娶的當地女人所組成、結構鬆散的網絡型組織。那些葡萄牙人社群的成員，大部分是移居者（casado）。這些葡萄牙人不是欲瓜分龐大內陸帝國的征服者，他們沒有這樣的實力，或許也沒有動機這麼做。一五四〇年代，索法拉和澳門之間的所有葡國殖民地，葡人只有六、七千人，五十年後或許又增加了一倍。[9]他們在經商上也非積極進取，不只未能讓昏昏欲睡的亞洲貿易轉趨活絡，反倒壓抑亞洲貿易的發展。葡萄牙人靠著在北大西洋所練得的駕船本事，打進亞洲貿易世界。但他們的獲利大體上來自「搾取」亞洲既有的海上貿易，直到一五五〇年後巴西發展起來，才有所改觀。[10]一如我們待會就會看到的，西方人能在亞洲貿易經濟牢牢立足，乃是拜他們對美洲幾乎同時進行的冒險活動所賜。在這期間，對印度洋、東南亞的本地商人和海運業者而言，葡萄牙人的存在，令人焦慮不安。對麻六甲而言，那已是個浩劫。但對於與葡萄牙人有所往來的諸多更大國家而言，他們再糟糕也只是惹人厭，而最好的情況下，則的確有所助益。

令人費解的是，離母國如此遙遠的一連串要塞和「貿易站」，怎能抵住它們周遭社會的吸力而屹立不搖。到了十六世紀末期，亞洲諸港間的在地「國家貿易」，比繞過好望角的零星貿易更有利可圖得多，這時，葡萄牙人仍能維持那些要塞和「貿易站」，又更令人驚訝。使葡萄牙「帝國」不致瓦解的因素，不在較優勢的國力或較先進的技術，而在商人離散族群所具有的某些較平凡無奇的優勢。葡萄牙人在亞洲的存在，乃是由各據點連成的網絡，並靠宗教和語言維繫住那網絡，比起亞洲本地的同業，他們更善於取得長程貿易的市場情報。[11]

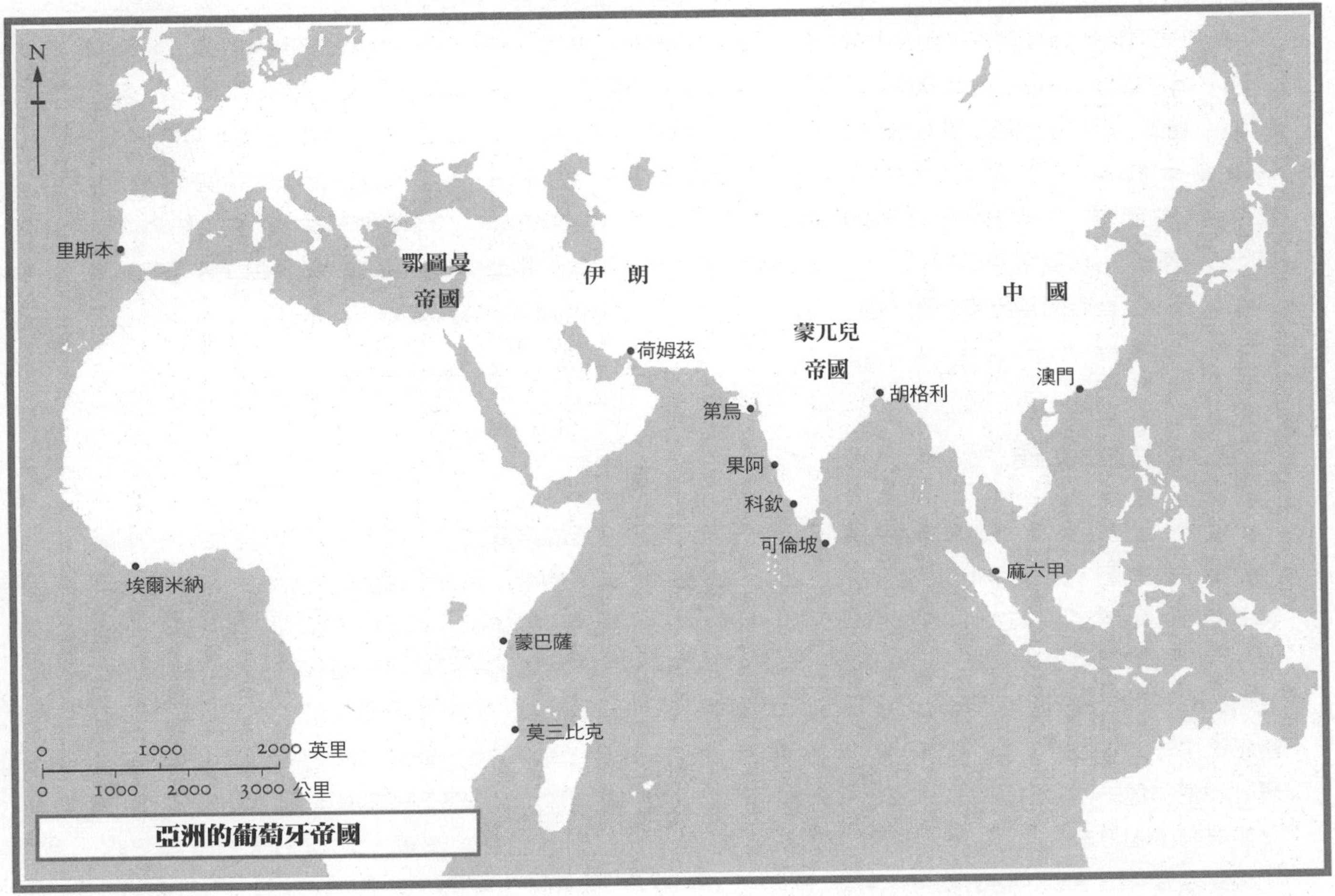
N
里斯本
鄂圖曼帝國
伊朗
中國
蒙兀兒帝國
荷姆茲
澳門
胡格利
第烏
果阿
科欽
可倫坡
麻六甲
埃爾米納
蒙巴薩
莫三比克
0 1000 2000 英里
0 1000 2000 3000 公里
亞洲的葡萄牙帝國

葡萄牙語成為亞洲海域的共通語。葡萄牙人作為在海上活動的外來次文化族群，在當地社會屬於邊緣角色，而這樣的角色有助於他們為不信任自己商業社群的當地政府所接納。事實上，許多葡萄牙人以自由工作者的身分維生。在胡格利（Hugli，位於今加爾各答北方），有位敢衝敢闖的商人，得到蒙兀兒皇帝阿克巴（Akbar）的同意，建造了一處貿易站，好將中國奢侈品走河路往上運到他的皇宮。在不遠處，另一群商人在若開王國（Arakan kingdom，今緬甸北部的沿海地區）保護下，從事奴隸買賣和海上劫掠維生。當時，該王國正努力阻止蒙兀兒勢力染指東孟加拉地區。一名出身高貴的穆斯林婦女（此婦女後來「改信基督教」，嫁給葡萄牙船長），遭從事奴隸買賣的葡萄牙人帶走時，為此遭池魚之殃的乃是胡格利那些商人。若說這些棲身在亞洲世界邊緣海域的「海上人」，會是日後西方宰制亞洲的開路先鋒，當時亞洲的大部分統治者肯定會笑其為無稽之談。

西班牙的劫掠征服

歐洲人在一四九〇年後幾乎同時進入亞洲沿海地區與美洲沿海地區，乍看之下，這巧合得令人吃驚，但原因其實不難說明。伊比利半島的西南角，雖然位處歐洲的臨海邊陲，卻是善於放貸、經商、航海的熱那亞人與當地海員（葡萄牙人和西班牙人）攜手合作之處。本身是熱那亞人的哥倫布，在里斯本習得貿易本事，和葡萄牙航海家及他們背後的金主一樣，認為國際上的爾虞我詐和地理上的探索，乃是為了讓世界中部地區擺脫異教者統治的聖戰。[12]為了航越大西洋，他尋求葡萄牙、英格蘭、法國支持，皆未能如願。此事或許反映哥倫布的地理看法確有不可信之處（哥倫布認為中國位在歐洲西方約四千公里處），或者反映了當時人們認為繞行非洲是較保險的看法。他的冒險事業最後能得到卡斯提爾王國的支持（當時新誕生的西班牙王國由卡斯提爾和亞拉岡兩王國合成，而亞拉岡對哥倫布的計畫興趣缺缺），除了得歸功於哥倫布訴諸十字軍聖戰的慷慨陳詞，打動了剛完成收復失土運動（Reconquista，將穆斯林逐出伊比利半島的運動）的西班牙王廷，或許也得歸因於卡斯提爾覬覦葡萄牙的大西洋野心和隨之可能得到的財富。一四九二年初攻下穆斯林的格拉納達（「摩爾人」在西班牙的最後一個據點），使西班牙人的聖戰狂熱和宗教使命感大為高漲，從而有助於讓哥倫布得到支持，踏上西航之路。

一如葡萄牙探險家，哥倫布得益於殖民大西洋島嶼期間葡萄牙人所積累的風向、海流知識。一四九二年九月，他從歐洲世界的最西端加納利群島戈梅拉島（Gomera）的聖塞瓦斯蒂安（San Sebastián）再度啟航，十月十二日登陸巴哈馬群島。勘察過古巴和伊斯帕尼奧拉（Hispaniola）後，哥倫布途經亞速群島返回歐洲。憑著驚人的航海本事，他確立了此後三百年西班牙與加勒比海之間沿用不輟的航行路線，且在此後一百五十餘年間，幾乎無人能以比他更少的時間航行於這兩地。但他此次遠航的目的，乃是欲找出前往中國的海路，就此而言，他的這趟遠航一無所成。相對的，他的第二次西航帶有殖民目的，帶了約一千五百名歐洲人前去，以像先前殖民亞速群島、加納利群島那般，殖民伊斯帕尼奧拉島。[13]一四九八至一四九九年和一五〇二至一五〇四年的第三、四次西航，哥倫布探查了鐵拉菲爾梅（Tierra Firme，今哥倫比亞、委內瑞拉）與中美洲的海岸。

西班牙征服阿茲特克

到這時為止，西班牙在美洲的冒險可視作是伊比利半島人民移居大西洋島嶼行動的大膽延伸，歐洲世界微不足道的擴張。但在哥倫布首次踏上美洲的不到三十年後，西班牙人科特斯和其冒險團隊征服阿茲特克帝國，則標誌著歐洲人的擴張行動，在西班牙人入侵美洲後進入了另一番局面，其歷史意義和歐洲人對其海洋邊緣的零星殖民或葡萄牙人對亞洲貿易的劫掠，不可相提並論。今人很容易就認定，征服中美洲陸地乃是哥倫布「任務」順理成章的延續，認定阿茲特克皇帝蒙特朱馬（Montezuma）的敗亡是歐洲先進科技必然促成的結果。但更深入檢視讓嘗試性的海上勘察轉變為掌控遼闊內陸高地的動機和資金之後，卻發現若沒有地理上、文化上、人口上獨特的機緣和合，歐亞世界強權在「外圍世界」（美洲、撒哈拉沙漠以南的非洲地區、南太平洋）完成的這第一樁征服偉業，不可能實現。

西班牙轉型為殖民強權的最大關鍵在加勒比海。大西洋風向與洋流的特性，使加勒比群島（美洲地理上往歐洲突出的部位）成為西班牙或葡萄牙水手第一個登陸的地方。與格陵蘭、紐芬蘭這兩個近海大島不同，加勒比群島適於人居、墾殖，且利於海上入侵者登岸。歐洲人可以用蠶食方式逐島征服，並很快從歐洲得到增援，鞏固據點。島上原住民沒有足夠抵禦歐洲人的軍事組織，且抵擋不了跟著歐洲人而來的「舊世界」疾病，病死者眾。至為重要的是，這些島嶼與馬雅、阿茲特克這兩個強大陸上帝國未有往來，且不受它們掌控，因而這兩個帝國未能預先得到外人入侵的示警。更糟糕的是，這些島嶼還為西班牙人提供了適應水土和偵察中美洲沿岸地形的重要跳板。在伊斯帕尼奧拉等島嶼上，他們可以利用對付阿拉瓦克人（Arawak）的機會，摸索戰法和控制、剝削的方法，供爾後運用於更大規模的征服上。占領幾個加勒比島嶼（一五一〇年時古巴已成為西班牙人的主要活動地）使兵力分散，也助長由各單位所自行發動，以破壞或掠奪為目的對大陸武裝「突襲」（entrada），而非由中央統籌，可能招致全軍覆沒的單單一次大陸性遠征。加勒比群島給了西班牙人摸索、修正的寶貴緩衝空間。特別是，加勒比群島產金。

沖積金礦的發現（首先發現於伊斯帕尼奧拉島）對西班牙人的擴張，起了推波助瀾的關鍵作用。因此產生的淘金熱，使來到該島的西班牙人在一五〇二年時達到約一千五百人，並鼓舞他們往加勒比諸島和大陸進一步冒險。一五〇八年後殖民者所自行組織的「突襲」行動，其行動經費來自從印第安人那裡搶來或役使奴工開採來的黃金，而非來自西班牙本土的黃金。進一步挺進美洲大陸，不是歐洲母國的君主或資本家所下達的指示，而是在島上金礦很快就耗竭之後，渴求黃金的邊遠地區居民，利之所趨下的自發作為。若非加勒比諸島和附近鐵拉菲爾梅的淘金熱潮旋即結束，往美洲大陸開疆拓土的衝勁不知要等到何時才會燃起，或肯定要等到西班牙人已無法讓阿茲特克人出其不意、驚愕之後才會燃起——西班牙人能戰勝阿茲特克人，出其不意、驚愕是致勝關鍵之一。因此，加勒比的橋頭堡，提供了這場征服行動所需的一大部分動機和一部分資金。

從一五一九年到一五二一年大勢底定，西班牙第一位偉大征服者科特斯，花了如此短暫時間，就拿下這個擁有一千一百多萬人口、盛產貴金屬、以種植玉米為物質基礎的帝國政權。科特斯的大膽行動，讓他突然擁有一塊龐大的殖民地，；相對的，那些行事謹慎、不敢貿然實行征服計畫（認為征服行動必定失敗收場）的歐洲人，活動範圍則一直局限在亞、非洲沿海地區，兩者的結果呈強烈對比。科特斯能夠成功，原因之一可能在於阿茲特克人稱霸墨西哥高原還不算很久，以及被阿茲特克人征服的民族對阿茲特克人心懷敵意，致使科特斯能與他們結盟，得到幫助；另一原因則在於西班牙人的軍事科技較占上風。[14]但在亞、非洲，並不難找到具有這些看來有利外人征服之條件的地區。

西班牙人能以摧枯拉朽之勢擊垮阿茲特克，真正關鍵在文化上和生物學上的因素。有人主張，阿茲特克帝國如此不堪一擊，乃是因為其指揮高層摸不透來犯的歐洲人來自何處、來此的目的、動機，或想不出歐洲人為何突然出現在其境內，致使心理上慌亂，不知所措，從而摧毀阿茲特克皇帝的抵抗能力。[15]在此之前阿茲特克文明與「舊世界」毫無接觸，且該文明欠缺四處流動而能將消息和謠言帶到境內最偏遠地區的朝聖者、兜售小販、商人、傭兵族群，致使陡然面對這個非任何儀式、獻祭或禱告所能左右的「超自然」事件時，惶惑不知所措。因此一交戰，必然就是兵敗如山倒。但西班牙軍事征服的神速和徹底，人民抵抗意志的瓦解，還是個生物學現象。莫名所以地慘敗，帶來文化震撼，接著因對「舊世界」的疾病缺乏免疫能力，大量人口病死，又遭遇生物學震撼。從科特斯到來到十六世紀結束，墨西哥的人口由約一千兩百萬銳減為一百萬出頭，減少達九成。[16]原住民心理所受到的衝擊，可想而知。在有形的層面，行政管理的基本前提則遭到在熱帶非洲、印度或中國無法想像的方式突然翻轉，因為統治者對被統治者的比例和移居者對原住民的比例，由一個極端一下子擺盪到另一個極端。

西班牙征服印加

西班牙人在中美洲的統治，就在這些奇特的情況下（比較像科幻小說而非歷史）迅速擴及中部高原（阿茲特克心臟地帶）、馬雅猶加敦半島、靠近今日美國新墨西哥州的乾燥台地。這是西班牙帝國主義的北方攻勢，推動者是來自海上強權西班牙之加勒比海中心當地的移居者和冒險家。在這同時，已有一股較偏南的移動，把西班牙尋金者帶到南美大陸的鐵拉菲爾梅和名叫黃金卡斯提爾（Castilla del Oro）的地峽區。西班牙人對前哥倫布時代第二大帝國的征服行動（事實表明又是一場閃電出擊即得手的征服行動），就是從這裡（從一五二〇年代初在巴拿馬建立的殖民地）發起。

從許多方面來看，西班牙人征服安地斯高地的印加帝國，比打敗阿茲特克人更令人吃驚。印加帝國距離西班牙的加勒比海橋頭堡更遠得多，從海上進入較不容易，且版圖更大得多——從今日的厄瓜多直到玻利維亞的北部。西班牙人稱之為Altiplano的廣闊內陸高原，構成該帝國的核心。印加帝國的礦物比阿茲特克墨西哥更為豐富，生態也更多元。[17]印加人已將安地斯高地所有屬於穩定小農文化的地區，全併入他們的帝國。他們的課稅體系處處比墨西哥的課稅體系複雜且有效率，課稅目標既為積聚貴金屬，也為積聚大量農產品。藉由這課稅體系，印加帝國得以維持常備軍隊，獎賞地方和軍隊的菁英階層。藉由課稅積聚財富，藉由徭役制度（mit'a）徵用人力，印加人得以建造出色的道路網、要塞、軍火庫、橋梁、梯田、灌溉設施，以及在庫斯科建造出人口十至三十萬的堂皇帝都。[18]一五三二年，皮薩羅率領一百六十七人（卡哈馬爾卡諸人〔Men of Cajamarca〕）進入這個帝國。

一如後來某些「突襲」中美洲的行動，皮薩羅的遠征開銷，一直是靠劫掠印第安人的財物來支應。迦斯帕爾·艾斯皮諾薩（Gaspar Espinosa）是皮薩羅背後最大的支持者，就靠這劫掠發大財，成為巴拿馬最有錢的移居者。[19]皮薩羅，一如科特斯，占了奇襲的優勢，且擁有印加人所不知的武器。西班牙人靠著殘酷政變，幾乎一舉就讓整個印加政局陷入動盪，而這一政變能夠成功，上述兩因素是關鍵之一。一五三二年十一月十六日，皮薩羅在北祕魯的卡哈馬爾卡會晤印加皇帝阿塔瓦爾帕（Atahualpa）。阿塔瓦爾帕可能認為，如此一小撮陌生人，靠他龐大的侍衛隊就可輕易予以擺平，或認為他們是傭兵，用錢財就可讓他們改投他的陣營。他沒料到對方野心那麼大，因而對方一動手，便毫無防備。皮薩羅進入卡哈馬爾卡的廣場才幾小時，阿塔瓦爾帕就淪為階下囚，他最親密的政治心腹非死即傷，他的軍隊有數千人死於西班牙騎兵之手。這場大屠殺幾乎就滅了印加帝國。印加人反擊無效，志得意滿的征服者為爭奪戰利品，開始自相殘殺，最後祕魯由位在遙遠馬德里的西班牙當局有效掌控。

一如征服墨西哥之役，征服祕魯之役能夠成功，一部分可歸因於西班牙人碰上的帝國政權太不堪一擊。一如阿茲特克帝國，印加人的統治倚賴許多少數民族的合作，而那些少數民族都是新近才降服或對帝國懷有二心。或許也不容置疑的是，西班牙人入侵時，這兩個帝國的擴張都來到臨界階段，惡化的後勤補給和愈來愈少的收益，已使統治者開始新的搾取和不得人心的改革，在前哥倫布時代，墨西哥境內已出現滅亡預言，而祕魯境內爆發不折不扣的內戰，正表明內部情勢的緊繃已到危險程度。[20] 但這兩個帝國面對一小撮海上來的入侵者，竟如此罕見的不堪一擊（在美洲大陸其他地方，海上入侵者的掠奪性屠殺，並非如此一面倒的大勝或根本以失敗收場），並非只因為上述情勢。這兩個前哥倫布時期的大帝國，其特殊之處，在於其中央集權政體過於複雜。這政體以全能的神君為軸心運作，神君突然被捕，整個帝國機器就無法運轉。文化孤立則使這情況雪上加霜，造成那些全能的統治者對陌生入侵者了解不足。由於沒有預警，他們在國家治理和國防上都未能預先採取審慎的因應之道。西班牙人的武器和戰術，特別是他們的火器和戰馬，給予了致命一擊；「舊世界」疾病造成的生物學震撼（某種無意間發動的細菌戰）則在印加和阿茲特克兩帝國，都發揮了殲滅有生力量的強大效果，使他們無法發起第二波抵抗。若非如此，隨著各地開始感受到遭外族征服的痛苦，反抗運動很可能在各地風起雲湧。就是這幾個不同因素相輔相成，西班牙人與這大陸上兩文明的遭遇，才會變成幾乎不費吹灰之力的閃電征服。或許，換上歐亞世界哪個大國來此，都會有類似的輝煌戰果：蒙特朱馬若遇上帖木兒，大概三兩下就被解決掉。西方運氣好，占了地利之便（最接近前哥倫布時代兩大帝國的加勒比海前廳），因而得以搶先占有「外圍世界」的新土地。

西班牙殖民統治在經濟、宗教、語言、種族、社會、文化方面的影響

這時候，西班牙征服者還未必能將推倒阿茲特克、印加兩帝國的龐大劫掠性遠征，轉化為西班牙財富和勢力的更持久擴張。他們能將意外得到的龐大財富化為經濟體制，在美洲建造一新歐洲嗎？從經濟上來講，至少新西班牙（墨西哥）和利馬（祕魯）這兩個由總督治理的大殖民地，在這方面似乎卓然有成。先前，猝然興起的淘金熱隨著金礦快速耗竭而大落，促使西班牙人離開伊斯帕尼奧拉與古巴，向外探險，但在墨西哥和祕魯，這

種現象並未出現。早期發現的金礦，讓第一批征服者獲致他們怎麼也想像不到的龐大財富，而在發現這些金礦後不久，他們又在一五四〇年代於墨西哥的薩卡特卡斯（Zacatecas，今玻利維亞的大山波托西〔Potosí〕），發現藏量極大的銀礦。十六世紀下半葉時，兩殖民地已開始透過一年一度行經印度航線（Carrera das Indias）的龐大船隊，將大量金銀塊運回西班牙。這股源源流入的礦物財富，對後世有多重重大影響。這吸引更多西班牙人移入美洲，為將非洲奴隸運往美洲一事提供了資金，支應了比征服初期半封建政權還更複雜的殖民政府和司法體系運作的開銷，也有助於支應天主教會大舉進駐的開銷。天主教會的大教堂、教堂、墓地、無所不在的偶像、公共儀式，乃是西班牙人殖民美洲最具體可見的標記。[21]光是在墨西哥，在十六世紀結束時，天主教會就已在人口銳減的約一百萬名印第安人中，安置了約三千名神父。到了一六二二年，西班牙美洲境內已有三十四個教區。簡而言之，黃金，還有主要是白銀，把殘酷的征服變為殖民統治結構。

天外飛來的龐大金銀財富，在某種程度上促使「新世界」的經濟、文化在一六二〇年時牢牢融入「大西班牙」，但我們不該誇大這影響的程度。西班牙人的有效占領區，為一個個孤立的小塊地區，然而並未包括「西班牙」美洲境內數個廣大地區：委內瑞拉的亞諾斯平原（llanos）；中美洲的熱帶低地；北墨西哥的沙漠；安地斯山脈東邊的濃密森林；一路綿延到拉普拉塔河（Río de la Plata）河口的草原。在那些地方，因沒有礦物財支持，西班牙的影響力薄弱或根本沒有影響力。作為將歐洲與美洲兩地經濟結合的工具，美洲白銀也非全然可靠，供需不穩定。十七世紀初時，墨西哥運到歐洲的白銀數量（但並非墨西哥本地產的白銀）逐漸減少。墨西哥與東亞的商業關係（墨西哥白銀大部分出口至東亞）變得愈來愈重要。隨著一六二〇年後歐洲的人口成長和商業活動雙雙衰退，歐洲對西班牙─美洲白銀的渴求降低：殖民地宗主國與殖民地漸漸分道揚鑣。[22]在文化上，征服帶來的結果也是有好有壞。在墨西哥、祕魯兩地，西班牙人狂暴的殘害（包括刀槍加身的直接殘害和借助疾病的間接殘害），已使前哥倫布時期的宗教體制迅速瓦解。到一五三一年，西班牙人已毀掉兩萬尊神像，光墨西哥一地就拆掉六百座神廟。[23]原來的祭司菁英階層遭罷黜，廣大受征服人民被迫接受外來宗教，幾無抵抗採納了基督教禮拜儀式和節日。[24]印第安人權貴在某種程度上被吸納入政府體系。在較卑微的階層，西班牙服裝取代了天主教會所不喜的原住民傳統服裝。[25]

但西班牙的文化衝擊，因客觀環境的制約而減弱。西班牙移民人數有限，且集中住在城鎮，因而與內陸地區的印第安人只有零星接觸。[26]西班牙政府決定不讓官員和神職人員眼中移民者腐敗、剝削的行為，去接觸、危害印第安人社群，更強化這一趨勢。加上內陸許多地區（特別是安地斯高地區）地處偏遠、交通不便，使得原住民的古老宗教和巫術得以在這片大地上保存下來。即使在印第安人較直接受到西班牙人殖民影響的地方，其結果也往往不明確。「新西班牙」一地的行政區劃，在很大程度上重現了前哥倫布時期的古老「城邦」，地方的統治菁英在那些「城邦」裡，仍在相當程度上續坐統治之位。摧毀征服前的宗教結構，並不表示傳統信仰療法術士、預言者、占卜者就此走入歷史，巫師（conjuro）在鄉間仍享有崇高地位。[27]西班牙語當然也未能取代征服前的語言。晚近某份研究主張，進入十七世紀許久之後，西班牙語才開始影響印第安人語言的文法結構：在那之前，西班牙語的影響，只見於某些外來語的使用。[28]

西班牙治下的美洲仍頑強保有印第安人的文化，但在種族組成上，該地也變得更為多元。在墨西哥、祕魯兩地，的確有許多西班牙人移入（包含男女兩性和形形色色的職業出身者）而建造出「完整」的社會，得以按照「舊世界」的方式保存、複製西班牙社群。[29]但從征服初期，西班牙男人就已和原住民通婚，創造出梅斯蒂索混血兒（mestizo）。原住民原本就沒意願替西班牙人出賣勞力，且人數還愈來愈少，為補充人力短缺，西班牙人在十六世紀中葉就已引進非洲黑奴，且和黑奴通婚，形成穆拉托（mulatto）混血族群。十七世紀中葉時，「新西班牙」的人口包括約十五萬名白種西班牙人、十五萬名梅斯蒂索混血兒、十三萬名穆拉托混血兒、八萬名非洲奴隸，以及約一百萬名印第安人。類似的人口組成，也可見於祕魯；一六四〇年代時，整個西班牙治下的美洲黑奴人數可能已有三十三萬人。[30]如此的結果，便造就出結構複雜而種族之間階級分明的社會，在那些社會裡，職業與地位反映了種族出身，政治與經濟權力大體掌握在白人手裡，不管那是西班牙出生的白人，還是人稱「克里奧爾」（criollo）的當地出生白人。

這時西班牙已以歐亞「舊世界」所無法想像的程度，瓦解前哥倫布時期美洲最強大的社會，且在實質上滅絕了該地一部分較弱小的社會。西班牙已為後征服創造了可以接納西班牙之需求與觀念的社會，開闢了空間。但到了十七世紀中葉，西班牙入主美洲一百五十多年後，西班牙完成的乃是征服而非吸併其美洲領地。「新西班牙」將不會是另一個西班牙王國，不會是卡斯提爾王國的翻版，征服的結果反倒是創造出新的種族結構，以及獨具特色但仍保有多元色彩的西班牙—美洲文化，新的克里奧爾社會。

俄羅斯的一連串擴張

葡萄牙航海家和西班牙征服者，乃是促成十五、十六世紀西方勢力爆發最受矚目的功臣。對日後歐亞均勢影響同樣深遠的，乃是莫斯科大公國（一四八〇年時還是蒙古欽察汗國的屬國），只花了百餘年勢力就橫越乾草原，直抵裏海邊，在一六三九年時建立一個經西伯利亞森林直達太平洋海濱的龐大毛皮貿易帝國。俄羅斯人透過一連串瘋狂擴張，在中國或日本勢力還未能稱霸北亞那片更廣大地區時，就先下手為強。他們堵住中亞乾草原民族屢次藉以逼近東歐的北方出入口，在鄂圖曼人或新興薩法維王朝的統治者還未能將四分五裂的欽察汗國納入其新帝國體系時，就先占領伏爾加河下游。

莫斯科大公國的崛起與擴張

比起葡萄牙人或西班牙人，俄羅斯人更是和中世歐洲諸大國大體隔絕的邊陲民族。有位西班牙作家便論道，「俄羅斯和西班牙（乃是）歐洲大對角線的兩端。」[31] 俄羅斯人最早是往東遷移到森林區邊緣的斯拉夫人，到該地後他們碰上乾草原和乾草原上的戰士游牧民（俄羅斯人所謂的「韃靼人」）。第一個俄羅斯國以基輔為中心，維京人或瓦蘭吉亞人（Varangian）出身的統治階層在基輔建造了貿易集散地，利用從拜占庭城、近東到波羅的海歐洲的水上貿易路線牟利。九世紀東正教傳入之後，基輔俄羅斯人成為「拜占庭西方」重要的文化代理人。拜占庭藉由他們，將其文化打入東邊的乾草原民族（欽察人、哈札爾人、佩切涅格人）與西邊的多神教立陶宛人

（即西俄羅斯人）之間，切斷這兩個地區的文化聯繫。基輔成為龐大傳教事業的總部，傳教士在遠至白海（White Sea）的北方森林創建了一座座隱修院。十三世紀，在諾夫格羅德（Novgorod）、斯摩棱斯克（Smolensk）等其他俄羅斯國家的競爭下，基輔國勢衰退，然後毀於蒙古人入侵浩劫。一二四〇年，基輔城遭蒙古人夷平。森林區的諸多俄羅斯國成為欽察汗國的屬國（欽察汗國是一二五九年成吉思汗的世界帝國分裂後，繼起的四大汗國之一）。俄羅斯諸統治者，特別是太接近開闊乾草原而無險可守、無力防禦的莫斯科大公國統治者，不知不覺成為遙遠裏海邊薩萊（Sarai）一地欽察汗的代理人和受保護者。但至為重要的是，東正教會與拜占庭牧首仍保有若即若離的聯繫，而俄羅斯人透過東正教會的文化影響，保住鮮明的西方認同。[32]後來改信伊斯蘭教的蒙古人，則樂於包容東正教會和其教義。

莫斯科大公國能崛起成為諸俄羅斯國的霸主，在很大程度上得歸功於其君主的機會主義作風，懂得與乾草原可汗結盟、合作。[33]蒙古人的支持，使莫斯科統治者在一三三一年後取得大公的頭銜；與莫斯科為敵的立陶宛大公國（強大的西俄羅斯國），其擴張則遭到蒙古人擊退。原信仰多神教的立陶宛大公國，於一三七〇年代接納天主教，並與天主教波蘭保有同歸一君主統治的關係。莫斯科透過其對蒙古人的影響力，透過其領導群雄對抗天主教立陶宛的身分，贏得東正教會這個宗教、文化上重大盟友的支持。[34]一三八〇年代，庫利科沃平原之役（Battle of Kulikovo Pole）後，莫斯科大公國趁欽察可汗內訌，無暇他顧，取得短暫的獨立地位。但影響莫斯科大公國的命運，最決定性的因素乃是帖木兒從中亞根據地四處征討帶來的巨大地緣政治衝擊（十四世紀末期時中亞仍是世界史的中樞）。帖木兒最終未能建造出如成吉思汗帝國那般遼闊的新帝國，但他摧毀了蒙古的殘餘勢力，包括漸漸瓦解為克里木（Crimea）、阿斯特拉罕（Astrakhan）、喀山（Kazan）、西伯利亞（Sibir'）四汗國的欽察汗國。到了一四四〇年代，莫斯科大公瓦西利二世（Vasily II）已享有實質獨立的地位。一四八〇年，他的繼位者伊凡三世（一四六二～一五〇五）擊退了乾草原民族最後一次欲將其重新貶為屬國的企圖。

一四八〇年後的一百年，乃是莫斯科大公國擴張的關鍵時期，左右了西方人入侵歐亞世界中部、北部的整個進程。莫斯科大公國的領土核心位在伏爾加河上游，該公國因此成為北、東方（最遠及於亞洲太平洋濱）的龐大森林帝國和裏海、南烏拉爾地區辛苦打下的乾草原帝國之間的樞紐。[35]但莫斯科的統治者，若只轄有東俄羅斯的一個小公國，且該公國的擴張受制於信仰天主教的波蘭—立陶宛，又遭到北俄羅斯富裕對手（例如擁有毛皮帝國、與漢撒同盟城鎮有貿易往來的諾夫格羅德）挑戰，那麼莫斯科統治者幾乎不可能實現其帝國野心。俄羅斯勢力要崛起於北歐亞，必須靠莫斯科大公國鞏固其對信仰東正教諸俄羅斯國的統治，以及採取積極攻勢，防止那些國家遭波蘭—立陶宛這個雄心勃勃的聯合王國吞併——一五〇四年時這個聯合王國的版圖，已涵蓋從黑海到波羅的海的廣大地區。不管喜不喜歡，莫斯科大公若想保住國脈，唯一辦法就只有進入歐洲外交體系（尋求盟友對付波蘭），以及（同樣重要的）在文化上、意識形態上與十五世紀歐洲的新式君主國一較長短。此後的俄羅斯歷史，有很大一部分將取決於兩項事物之間的微妙平衡，一是體現在俄羅斯東正教會上的獨特拜占庭文化遺產，一是因政治、經濟上的需求而不得不向中歐、西歐文化取經的作為。

波蘭—立陶宛在十五世紀下半葉已在快速進行其文化「現代化」工程（人類第一部印刷書就在一四二三年印製於克拉科夫〔Cracow〕），[36]欲在政治上和文化上與波蘭—立陶宛一較長短，理所當然的做法，就是將伊凡三世征服的俄羅斯土地改造為王朝制國家。於是，大諾夫格羅德（Great Novgorod）的寡頭政治傳統遭根除。伊凡以歐洲式大君主的形象出現，結合了拜占庭、西方的王朝統治方式。一四九二年，他改封自己為「莫斯科大公與所有俄羅斯人的大公」。在羅馬教皇支持下，他與拜占庭公主索菲婭·帕里奧洛加斯（Sophia Palaeologus）聯姻。他向歐洲各地派出特使，並延請義大利工匠、建築工人、建築師到莫斯科。他以一套「衡平法院」為核心改組政府，打造出職司保存紀錄與行政治理而層級分明的複雜組織。[37]伊凡四世（恐怖伊凡）登基時，舉行了全規格的加冕典禮，典禮本身根據已不再使用的拜占庭皇帝登基儀式精心改造而成。或許為和天主教的反宗教改革運動互別苗頭，伊凡四世鼓勵重拾隱修生活。[38]他敵視以波蘭為主要代表的「拉丁世界」（Latinstvo），為此向日耳曼人、英格蘭人、荷蘭人敞開俄羅斯大門，以為制衡，於是有士兵、移民者、工程師、商人從日耳曼、英格蘭、荷蘭三地湧入。十六世紀時，他陸續發動多場戰爭，以將波蘭勢力阻絕在西俄羅斯，防止莫斯科大公國境內蠢蠢欲動的波雅爾❹受波蘭人煽動而作亂。波雅爾享有的獨立地位，令莫斯科大公如芒刺在背，必欲剷除而後快。[39]

❹ boyar，地位僅次於王公的封建貴族階層。

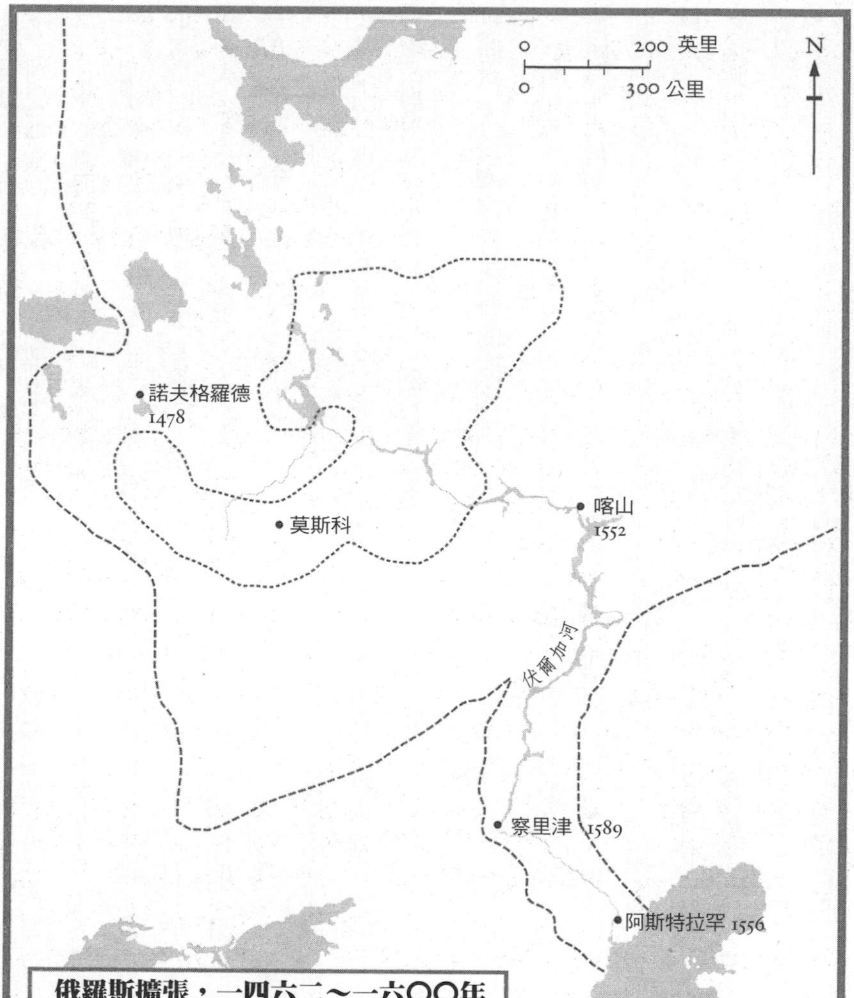

俄羅斯擴張，一四六二～一六〇〇年

與波蘭的敵對，刺激莫斯科大公國從事內部改造，而這內部改造有助於說明俄羅斯人為何能牢牢守住他們在森林和乾草原開疆拓土的驚人成果。在諾夫格羅德共和國於一四七八年遭莫斯科大公國吞併的許久以前，該共和國就已替北方森林的毛皮貿易帝國打下基礎。一四八三年，莫斯科往烏拉山脈的另一頭派出其第一支探勘隊。到一五五〇年代，已有衝勁十足的史特羅加諾夫家族在西伯利亞打造商業帝國，運出得自森林原住民的毛皮。這使他們與西伯利亞汗國起了衝突，因為後者也以毛皮貿易和掌控毛皮供應來源為經濟命脈。一五八二年，由史特羅加諾夫家族僱來的哥薩克冒險家埃爾馬克（Ermak），攻占西伯利亞汗國都城。史特羅加諾夫家族的民間帝國主義行動，隨著埃爾馬克於一五八五年去世而瓦解。但莫斯科官方接手此擴張行動，在博里斯·戈東諾夫（Boris Godunov）主導下，於十六世紀結束前完成對西伯利亞西部的軍事征服，從而替往西伯利亞急速擴張的民間毛皮貿易商（promyshlenniki）掃除障礙，開闢了坦途。[40]一六〇九年，這些毛皮貿易商抵達葉尼塞河，一六三二年抵達勒拿河，一六三九年抵達太平洋濱，一六四三年抵達中國滿洲邊境的黑龍江。一六四五年時，在烏拉山以東已有約七萬名俄羅斯人。[41]戈東諾夫此一決定性干預所遺留的影響，將可見於改組後的莫斯科大公國政府對其遙遠森林殖民地的行政控制上。

莫斯科大公國遂行併吞的原因

俄羅斯人能夠較輕易就征服北亞森林區，原因之一在於俄羅斯人遇到了沒有建立國家的森林區居民，其政治組織和科技能力都屬於低水平。俄羅斯的火器占有重要的科技優勢。但一如史特羅加諾夫家族所發現的，直到西伯利亞汗國勢力崩解，俄羅斯人才得以在該地自由貿易，恣意征服。西伯利亞汗國是連接森林與乾草原的關鍵環節。俄羅斯人在一五五二年和一五五六年，分別併吞了鄰近兩個汗國喀山和阿斯特拉罕，並在一五九〇年代時已鞏固對這兩個汗國的掌控。沒有鄂圖曼人撐腰，又不像克里木汗國（躲過遭併吞命運的汗國）有貿易網可賴以生存，欽察汗國在西伯利亞的最後殘存勢力，實力無法抵抗俄羅斯人的進逼。

乍看之下，俄羅斯人征服乾草原諸汗國的過程，與科特斯、皮薩羅在美洲的征服有相似之處：幾乎是一次出擊，就讓歷來無法征服的一大片遼闊乾草原（果戈里〔Nikolai Vasilyevich Gogol〕筆下似乎充滿無限可能的「金綠色海洋」）[42]落入莫斯科之手。但西班牙征服者所享有的優勢，俄羅斯人大部分無緣享有。俄羅斯人為他們的敵人所熟知，不可能被誤當為神。雖然伊凡四世攻打喀山時，帶了一百五十門火炮和他新成立的滑膛槍步兵團（strel'tsy），但在開闊乾草原上，俄羅斯人不敢奢望享有決定性的戰術優勢或戰略優勢。整整一個世紀後，俄羅斯人攻打克里木汗國，因無法克服乾草原戰爭的後勤補給問題，混亂中兵敗而返。[43]

從十六世紀伏爾加河諸乾草原社會所面臨的社會、政治危機，可更有力說明俄羅斯人為何能迅速征服這廣大地區。那些汗國都不是王朝制的君主國，且從未像莫斯科大公國已在進行的，轉型為君主政體。它們類似結構鬆散的部落聯盟，可汗在部落聯盟裡的領導地位，倚賴各部落首領的支持。它們的經濟倚賴貿易（特別是與中亞的貿易），倚賴向定居族群課稅，倚賴聯盟裡最強大的游牧部落襲掠北方、西方營定居生活的俄羅斯人。但到十六世紀時，這一政治經濟體陷入混亂。這時，維繫乾草原命脈的亞速（Azov）、阿斯特拉罕、烏爾根奇（Urgench）這三座貿易大城，都已毀於帖木兒之手，[44]因此造成的貧困，可能加速定居化的過程，從而使韃靼游牧部落的古老平等主義體制，更快轉變為由地主和無地小農組成的二元分裂世界。[45]由於軍力衰退（前述狀況造成的結果），內部團結不如從前，各汗國內部的政治衝突因此變得更難解決。此外，欽察汗國瓦解後繼起的喀山、阿斯特拉罕、克里木、西伯利亞四個汗國，為控制乾草原，彼此也處於敵對態勢。莫斯科大公國（欽察汗國瓦解後繼起的第五個國家），利用各汗國間的勾心鬥角，在乾草原國際外交上縱橫捭闔。在一四七〇年代，它與各汗國交好，確保其防禦脆弱的乾草原邊界局勢平靜，以便專心征服北方。[46]藉此，到了十六世紀初期，莫斯科大公國國力大增，喀山或阿斯特拉罕已遠非其敵手，甚至，除了以築有防禦工事的新墾殖地蠶食喀山的領土，還在一五五二年之前的幾個時期，將喀山納為某種受保護國。到了一五五二年，喀山汗沙・阿里（Shah Ali）已成為俄羅斯的傀儡，已有許多韃靼「王公」改投入俄羅斯陣營（有一些已改信基督教），還有該汗國裡某些重要部族，例如諾蓋人（Nogai），與莫斯科大公國合謀推舉新汗。一五五二年恐怖伊凡攻打喀山時是否一開始就打算併吞該城，如今不得而知。但該城的反抗和征服該城的慘烈，使併吞變得不得不然。接著，莫斯科大公國在諾蓋人協助下，發起第二場閃電戰役，征服、吞併喀山汗國旁邊的阿斯特拉罕汗國。

莫斯科大公國擴張的意義與影響

乾草原上這場帝國主義擴張劇力萬鈞，但我們不應誇大其當下的影響。莫斯科商人（和莫斯科大公國政府）或許因為更便於和伊朗、中亞貿易而得利，但莫斯科大公國並沒有豐富礦藏可支應帝國龐大基礎設施的建造開銷。[47]伏爾加河流域土地從此可供俄羅斯小農墾殖，但在該河沿岸地帶以外，俄羅斯人的掌控並不穩定，伏爾加地區仍是局勢不靖的邊疆地區。韃靼人仍從克里米亞半島前來襲掠。甚至，在一五九二年時，莫斯科都遭到克里米亞韃靼人襲掠，其郊區遭焚毀。俄羅斯人耗費龐大人力、物力，建造由防禦工事構成的防線（cherta），以阻止韃靼人入侵或在韃靼人來犯時示警。其中有道防線，貝爾格羅德防線（Belgorod Line），長逾八百公里。十七世紀初，大批卡爾梅克人（Kalmyk）來到裏海北部乾草原，俄羅斯人不得不與他們共存。[48]在更南方的高加索地區，俄羅斯勢力受到新興薩法維王朝的遏制。[49]得到十八世紀末期，俄羅斯人才征服克里木汗國，將整個伏爾加乾草原邊疆地區（烏拉山脈與裏海之間所謂的「烏拉門戶」）全納入掌控。

莫斯科大公國努力將自己改造為王朝制政權，以便吸併北俄羅斯諸國，抵抗波蘭—立陶宛勢力東擴，收服伏爾加河流域諸汗國。對於俄羅斯最終能成為歐洲人向北歐亞擴張的主力，以此姿態出現於歷史舞台，這段奮鬥過程乃是關鍵階段。一六〇〇年時，莫斯科仍未能擺脫波蘭—立陶宛欲將其往北、往東逼往烏拉山脈的威脅，但已採取關鍵措施，讓自己與歐洲國際體系連結（十七世紀初波蘭人入侵，莫斯科就在瑞典援助下予以擊退），取得維持三百年帝國主義擴張所需的種種體制。莫斯科的統治者靠著蒙古遺產的加持和東正教會的支持，完成了一場雙重革命。他們將波雅爾各擁子弟兵的舊軍事體制，轉化為由滑膛槍兵、炮兵組成的火藥軍隊。他們透過軍事采邑制（pomestia）將土地持有權收歸中央，在這制度下，貴族必須承諾向中央貢獻軍事或行政勞務，始能持有土地。波雅爾原可以自由選擇其效忠對象，但這時候，他們被束縛在嚴格講求忠誠與義務的嚴謹結構裡，而新成員（所謂的「國家僕人」〔state servitor〕）則獲授予征服來或沒收來的土地。第二個革命伴隨第一個革命發生。有地階級負有提供稅收和人力，以支應莫斯科征戰需求的責任，而在貧窮的農業經濟裡，有地階級要能履行這樣的責任，必得對此前一向流動、自由而往往桀驁不馴的農民族群享有嚴密掌控才行。[50]因此，對於小農，莫斯科祭出了與約束波雅爾效忠對象類似的做法，透過農奴制，將小農綁在固定的土地上。農奴制靠國家威權、貴族權力、教會勢力三管齊下，嚴酷加諸小農身上。作為歐洲勢力的東擴先鋒（而非波蘭與乾草原間的薄弱緩衝國），俄羅斯成為歐亞世界的斯巴達，在十七世紀結束前，已擁有超過十萬兵力。[51]但西有更富裕歐洲國家的威脅，南有韃靼人越過仍不設防的乾草原邊境入境襲掠，莫斯科大公國轉型為「俄羅斯」或「大俄羅斯」（Rossiya）的過程，多災多難，備嘗艱辛。在這過程中，出現了內部恐怖主義（一五六五至一五七二年恐怖伊凡的恐怖統治時期）和「動亂時期」（Time of Troubles，羅曼諾夫家族於一六一三年即沙皇位之前的無政府時期）。莫斯科於一六〇五、一六一〇年兩度遭波蘭軍隊占領。[52]在美洲，為歐洲海上帝國主義付出生命者，大部分是原住民印第安人和由外引進的黑奴。「舊世界」的陸上擴張，則遭到較強硬的抵抗、較嚴酷的環境。因此，西方勢力爆發在此所付出的代價，乃是一個對社會和政治日益加重壓迫的國內政權，而此一發展的影響，最後將擴及從波羅的海到太平洋濱的廣大地區。

伊斯蘭反制

今人很容易就忽略，在歐洲海上擴張如火如荼之際，在伊斯蘭世界也同時發生深刻的變化。兩股強有力的趨勢在十六世紀匯合，加重了伊斯蘭對歐洲安全的威脅，使伊斯蘭在對外擴張上，絲毫不遜於西方在歐亞以外的「外圍世界」的擴張。第一股趨勢乃是伊斯蘭國家變得更強大、內部更團結。隨著火藥徹底改變了作戰方法，中亞游牧民的大規模入侵跟著消失。第二股趨勢乃是伊斯蘭在擴張主義驅動下，深入東南歐、撒哈拉沙漠以南的非洲地區、南印度、東南亞。如果說西方因其大發現時代而變得更強大、更富裕，則伊斯蘭世界同樣因其擴張時代而有同樣的轉變。

鄂圖曼帝國擴張的豐功偉業和方法動機

伊斯蘭擴張的西向前鋒，由鄂圖曼帝國擔綱。隨著一四五三年拿下君士坦丁堡，取得該地區的堂皇帝都，還有愛琴海、黑海海上貿易的控制權，鄂圖曼人稱霸南巴爾幹半島的大業至此完成。鄂圖曼人繼續以君士坦丁堡（突厥人稱之為伊斯坦堡）為都，直到帝國於一九二二至一九二四年瓦解為止。一四五三年後的幾十年裡，「征服者」穆罕默德陸續將希臘南部（摩里亞，一四五八）、塞爾維亞（一四五九）、波士尼亞（一四六三）、阿爾巴尼亞（一四七九）、赫塞哥維納（一四八三），納入鄂圖曼人直接統治。穆罕默德之後的幾位鄂圖曼統治者，將摩達維亞、瓦拉幾亞（Wallachia，構成今羅馬尼亞的大部地區），正式納為附庸國（一五〇四），一五二〇年攻下貝爾格勒；在蘇萊曼大帝（Suleiman the Magnificent）當政時，將匈牙利納入鄂圖曼帝國北疆的受保護國之列。直到一五二九年進攻維也納受挫，鄂圖曼人挺進中歐那股似乎勢無可擋的攻勢，才走到極限（當然，這可以說是事後的論斷）。哈布斯堡外交官吉塞林・德・布斯貝克（Ghiselin de Busbecq），親眼見識了鄂圖曼人的軍事組織，對他而言，即使在一五六〇年代，情勢仍極悲觀。他認為，完全是因為伊朗轉移了鄂圖曼人的注意力，才使鄂圖曼人暫時擱下其對維也納的突厥式殺戮。否則「下場會是如何，還需懷疑？」[53]

一四五〇年後的八十年裡，鄂圖曼人把他們在歐洲的版圖擴大了一倍多。他們在非、亞洲的攻城掠地，戰績同樣驚人。對南安納托利亞的掌控更為穩固之後，他們於一五一六至一五一七年發動閃電戰，消滅了以開羅為都城，統有埃及、麥地那、麥加兩聖地、肥沃月灣大部地區的馬穆魯克帝國。[54]將伊朗的薩法維王朝統治者逐出東安納托利亞後，鄂圖曼人在一五三四年牢牢掌控巴格達，然後在一五四〇年代結束前牢牢掌控波斯灣。靠著位於蘇伊士的海軍基地，他們占領並支配葉門。一五七〇年代時，從利比亞到摩洛哥，幾乎整個北非海岸

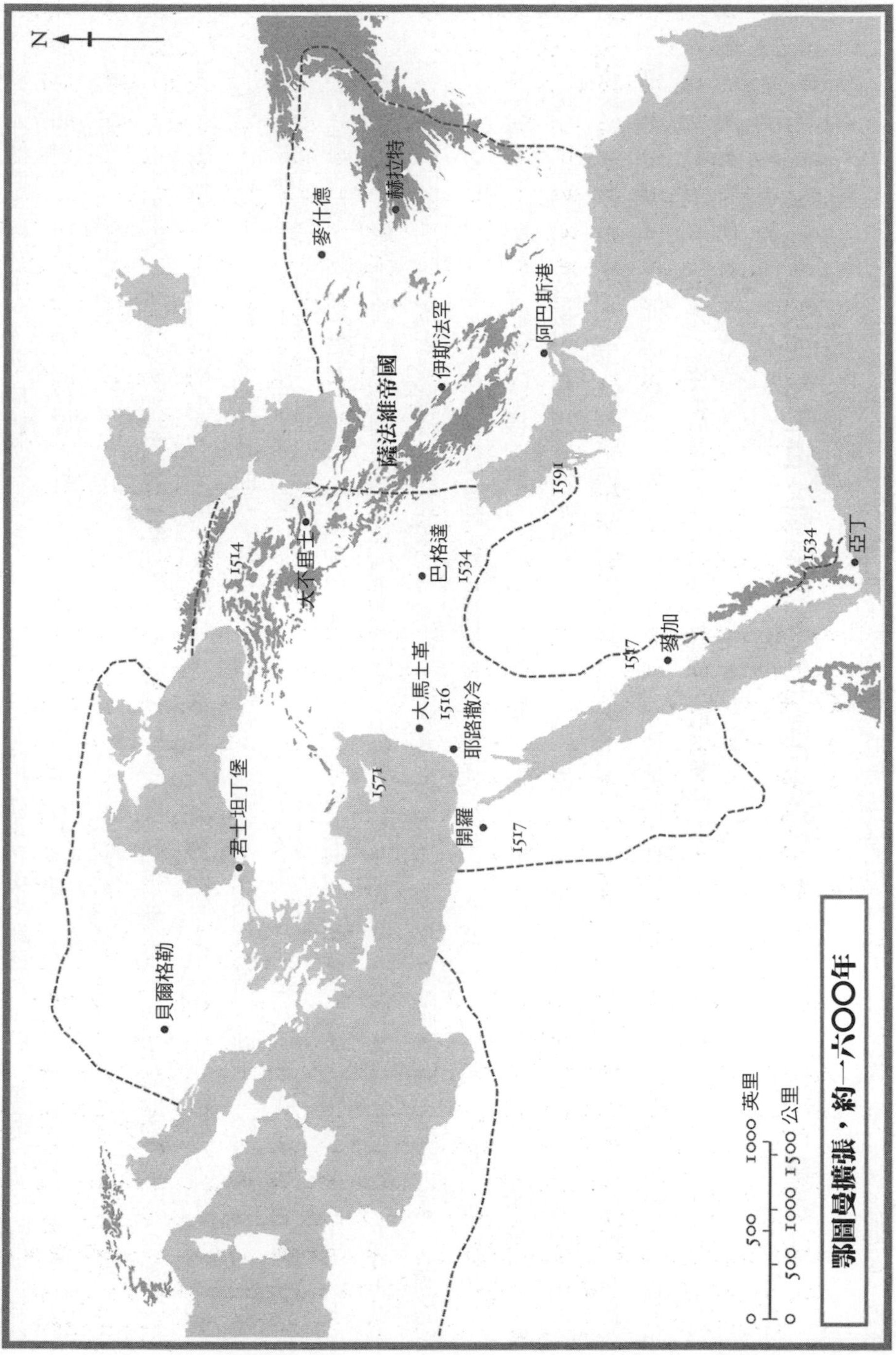

鄂圖曼擴張，約一六〇〇年

線都在他們掌控之下或遙奉他們為宗主國。地中海西端的西班牙正在美洲開疆拓土時，鄂圖曼人已打敗更難纏得多的對手，已以更宏大的格局，打造出地跨歐、亞、非三洲的大帝國，將「整個東方的力量」（布斯貝克驚嘆語）全掌握在手中。[55]

在很大程度上，這些勝利可歸功於鄂圖曼人能維持一支龐大的常備軍[56]、運用紀律嚴明的步兵團（名叫Janissary的禁衛軍）、高明的海軍武力調度[57]、冷酷無情的外交手腕。鄂圖曼人很幸運，在歐洲和非、亞洲所碰到的對手，彼此不合，給了他們乘隙而入、各個擊破的機會。在歐洲，他們就善用不同王朝間的對抗和天主教、東正教間的敵對，替自己創造有利條件。而在亞、非洲，他們的兩大伊斯蘭對手，埃及的馬穆魯克王朝、伊朗的薩法維王朝，未能聯合對付強敵，且馬穆魯克王朝對葡萄牙海上武力的不安，可能使馬穆魯克人在戰略上更為瞻前顧後，優柔寡斷。但鄂圖曼人的帝國主義擴張，不只倚賴武力和外交上善於審時度勢的機會主義作風。對付西方的歐洲時，鄂圖曼蘇丹可以利用加齊（ghazi，征服異教徒使改信伊斯蘭教的聖戰）傳統，鼓舞士氣。他們的總目標（看來非常可能）乃是恢復拜占庭帝國（既是他們的榜樣，也是他們的敵人）全盛時期的版圖。事實上，他們的拜占庭「傳承」，驅策他們走上這樣的路。一如這之前和之後其他主要的帝國主義者，鄂圖曼人不知不覺受到帝國「邏輯」的驅策。欲威嚇他們眾多的附庸國和盟邦，欲防止敵對勢力結合，欲將已無法間接掌控的地方納入直接統治，欲藉由更牢牢掌控戰略路線和要塞以保護重要的農業區、商業區，就必須採取積極擴張策略。鄂圖曼統治者對商業目標也非漠不關心。他們的海軍進入紅海和波斯灣，他們努力確保印度洋的海上霸權，其目的可能一如葡萄牙、西班牙、後來荷蘭的海上擴張，乃欲獲取貿易網的利益。[58]

鄂圖曼帝國稱雄的成功之道及蘇萊曼大帝的真正成就：為鄂圖曼「聯邦」奠基

這些方法和動機或許有助於解釋鄂圖曼的征服模式，但無法說明鄂圖曼人為何能成功入主廣大地區，或鄂圖曼人的統治為何能維持得如此久。鄂圖曼人能夠稱雄，有其未外顯的成功之道，那就是謹慎調解伊斯蘭的宗教、法律、文化體制與由統治菁英超越民族畛域的治國之術所塑造的王朝式專制政體兩者之間的差異，使它們並行而不悖。共同的信仰，對沙里亞（Sharia，伊斯蘭教法）的共同認可，有助於使鄂圖曼人的統治為肥沃月灣、埃及、北非的人民所接受，而蘇丹作為對抗基督教異教徒的伊斯蘭捍衛者，這樣的角色使他可以順理成章地要求穆斯林對其效忠。在鄂圖曼人治下的歐洲，突厥裔穆斯林和改信伊斯蘭教的當地人，組成政治、行政上層的核心，成為鄂圖曼人統治當地的最重要憑藉。提倡同樣價值觀的共通伊斯蘭上層文化，對於使遼闊帝國內各地方、地區的菁英效忠於帝國中央，是大功臣之一。鄂圖曼人的過人之處，在於藉由幾種高明的創新，強化這一透過伊斯蘭獲致的內部團結。在歐洲和小亞細亞施行的提馬爾（timar）制度，讓地方菁英得以掌控鄉村莊園的收入，而地方菁英必須向鄂圖曼政府提供軍事或行政上的服務，作為回報。米勒特（millet）制度讓非伊斯蘭教的宗教族群享有某種自治權，藉此使基督教徒和猶太教徒和平共處，這些自治團體由教會領袖或宗教領袖治理，這些領袖則如君士坦丁堡的東正教牧首，由蘇丹指派，被征服人民中最具影響力的份子因此被牢牢綁在帝國體制上。鄂圖曼人統治的特色，在於徹底執行律法和定期徵稅（有別於隨意強徵的苛捐雜稅），至少在「鄂圖曼和平時期」的初期是如此。對歐洲境內許多信仰基督教的鄂圖曼子民而言，鄂圖曼人統治帶來有秩序且穩定的帝國好處，一如後來讓英國人得以博得廣大印度小農效忠的帝國好處。鄂圖曼帝都是個民族多元的國際性城市，外國人在此自認可得到合理對待。[60]

鄂圖曼體制真正的創新，乃是德夫舍梅（devshirme）制度。鄂圖曼蘇丹為防突厥裔貴族在政治、軍事領域勢力獨大，於是從基督教家庭強徵男童（一年可能七、八千名），集中培訓，要他們改信伊斯蘭教，長大後組成奴隸軍隊，以為制衡。這一制度，就叫德夫舍梅，沿用到進入十七世紀許久後才廢除。德夫舍梅的徵才方式，抹除了前現代統治者所深深恐懼的親族臍帶和地方臍帶。這制度為派駐帝國各地的禁衛軍（兩萬五千人的常備軍）提供了兵員，也為蘇丹提供了藉以覓得最資深顧問的人才庫——辦事員和官員。[61]鄂圖曼帝國受過教育的上層統治階級（askeri），其骨幹份子培養自這制度，這些人看待事情時，從帝國的角度，而非從地方或種族或宗教的角度出發，他們的首要效忠對象是王朝，而非某個地方。在布斯貝克眼中，鄂圖曼帝國這種以才智、能力為依據來遴選菁英的做法，使該帝國的菁英遠優於歐洲的菁英。鄂圖曼帝國的活力蓬勃，令當時的歐洲人驚訝、駭異，而鄂圖曼體制則似乎是帝國裡宗教與政治的巧妙綜合體。布斯貝克在一五六〇年感嘆道：「在他們那邊……肯吃苦、團結、有秩序、紀律、節儉、戰戰兢兢。我們這邊則是官家貧窮、私人豪奢、積弱不振、精神委靡。」[62]

但一五六〇年代常被視為鄂圖曼帝國的巔峰時期，蘇萊曼（一五二〇～一五六六）當政時期，則常被視作是鄂圖曼帝國日趨「落後」而國力急速衰退的先聲。許多主流說法把這段歷史當作某種道德劇般來描述，把鄂圖曼的「墮落」與現代初期歐洲的積極奮發相比較，把那「墮落」歸因於在上位者領導無方、貪腐滋長、鄂圖曼君主政體的制度性缺陷、內部叛亂、中央權威的低落、商業和技術缺乏創新、政府未能採取能創造財富的政策。[63]這問題的充分探討，得留待下一章進行，但這一衰落的論斷，再怎麼看都下得太早。沒錯，鄂圖曼體制到十六世紀中葉時已開始變化。鄂圖曼人不再往歐洲擴張。他們的封建騎兵（sipahi）退位，換成「火藥」部隊。鄂圖曼軍力愈來愈倚賴提馬爾制度，而愈來愈少倚賴稅款包收人的稅收。省級政府對稅款包收人的管轄權似乎提升，而中央對稅款包收人的管轄權則減弱。十七世紀德夫舍梅制的衰落（可能是突厥裔菁英階層施壓所致）和禁衛軍確立為世襲階級（禁衛軍的設立本意是不想讓軍隊成為世襲階級），也可能削弱了十五世紀所打造的專制政體。十六世紀結束時安納托利亞地區的宗教性、社會性叛亂，或許正象徵著鄂圖曼帝國陷入了「動亂時期」，與俄羅斯拚命擴張後，在約略同時所發生的「動亂時期」一模一樣。但這些改變所帶來的影響，不應遭到誇大。比較明智的看法，或許是將它們視為適應新穩定局勢的表徵，實施更複雜（且更耗成本）之地方治理方式的表徵，造福地方豪強之經濟成長模式出現的表徵。[64]中央威權所謂的「衰落」，可能只是個假象。[65]一如大部分前現代的國家，鄂圖曼帝國缺乏可藉以嚴密管理其子民的手段，中央集權時期和權力下放地方時期在其歷史上交替出現。該帝國在十六世紀真正的成就，乃是為權力下放地方但內部驚人團結的鄂圖曼「聯邦」（版圖從馬格里布地區到波斯灣、從哈布斯堡王朝邊界到薩法維王朝的龐大「聯邦」）打下基礎。蘇萊曼大帝和其前幾位統治者所真正遺留的東西，不是個專制國家，而是個由「鄂圖曼化」菁英所統治的伊斯蘭諸多社群所構成的網絡型組織，那些菁英享有地方自治權，但同時仍效忠並倚賴帝都君士坦丁堡所具有的權威、威信、合法性。在歐洲人眼中，鄂圖曼「聯邦」不像早期幾位蘇丹的侵略性獨裁那麼可怕，而後來的發展表明，鄂圖曼「聯邦」國祚驚人綿長。要到十八世紀中葉，才有人懷疑它的存續。

鄂圖曼的競爭對手：薩法維帝國

如果說鄂圖曼人未能對東南歐的基督教國家、未能在地中海地區打一場決定性的勝仗，這至少有一部分得歸因於他們和東方的伊朗薩法維王朝打了百年的戰爭，使他們沒有資源再用兵於西方。伊斯蘭世界這場百年戰爭，就相當於現代初期摧殘歐洲許多地區的那些「宗教戰爭」。[66]從鄂圖曼人的觀點，這場戰爭，比往匈牙利或克羅埃西亞開疆拓土，遠更攸關他們帝國的穩定。東安納托利亞和亞塞拜然不穩定的邊境，乃是位在鄂圖曼帝國心臟地帶的突厥部落和支配伊朗高原許多地區的突厥部落之間的來往通道。鄂圖曼人在小亞細亞的統治，還有鄂圖曼人在肥沃月灣許多地方的支配地位，有賴這不穩定地區的部落忠心耿耿於他們。因此，面對薩法維勢力興起於突厥政治與文化所繫的要地，鄂圖曼蘇丹反應如此激烈，也就幾可說是不足為奇。[67]

薩法維帝國的崛興富強及其意義

薩法維帝國的創建者是伊斯瑪儀一世（Ismail I），其父親是某什葉派好戰教團的領袖。該教團以阿爾達比勒（Ardabil）為根據地，因成員戴著鮮明的紅頭巾，而有「紅頭巾軍」（Qizilbash）之稱。薩法維體制的最重要特色，乃是透過對信持什葉派教義的宗教領袖一致效忠，結合成牢固的部落聯盟。[68]什葉派是伊朗高原上的伊斯蘭教主流支派，該派與在伊斯蘭教裡占多數的遜尼派（正統派）勢如水火。哈里發政權成立頭幾年，因誰是穆罕默德合法繼承人的問題，內部起了紛爭，導致伊斯蘭分裂為什葉和遜尼兩派。什葉派的對抗激情，很大一部分來自該派偉大領袖侯賽因（Hussein）殉教的催發。每年穆哈蘭節（Muharram）時，什葉派悼念遭遜尼派部隊打敗、殺害的侯賽因。什葉派伊斯蘭有自己的學術傳統和神學傳統，有自己的聖城和朝覲中心（位於今伊拉克境內的納傑夫、卡爾巴拉）。什葉派教義裡，也有極類似基督教中基督將復活並為王一千年的觀念，深信他們的領袖伊瑪目（他們可向之禱告的對象）只是暫時隱遁，有朝一日終將返世，剷除邪惡，撥亂反正。他們還認為什葉派終將戰勝，把正義不彰的遜尼派世界納入統治。或許因為這些觀念，什葉派伊斯蘭在歷史上向來不如遜尼派那麼尊敬世俗統治者的權威，反倒把目光投向毛拉（mullah），即宗教導師。[69]伊斯瑪儀的過人之處，在於向部落聯盟（帖木兒死後西伊朗地區通常的建國方式）灌輸，在教團領袖致力於聖戰之時，應對其本人和其繼任者效忠的觀念，藉此強化部落聯盟的戰力。[70]靠這強大的精神武器，他獲致驚人成就。一五〇一年，他在大不里士（Tabriz），西北伊朗最大城，自立為王。一五一〇年時，他的軍隊已征服裏海沿岸的亞塞拜然、吉蘭（Gilan）、馬贊德蘭（Mazanderan）三地，征服哈馬丹（Hamadan）、伊斯法罕、亞茲德（Yazd）、克爾曼（Kirman）、法爾斯（Fars）、今伊拉克許多地方，以及最西遠至狄亞貝基爾（Diarbekir）的安納托利亞地區（今土耳其國土深處）。同一年，他還在呼羅珊（Khorasan）的謀夫（Merv）擊敗烏茲別克人，為日後薩法維帝國以其伊朗文化將今日阿富汗許多地區納入版圖打下基礎。但四年後，在東安納托利亞的恰爾德蘭（Caldiran）一役，伊斯瑪儀遭鄂圖曼軍隊以優勢火力徹底擊敗。此後一個世紀，薩法維王朝繼續挑戰鄂圖曼人在東安納托利亞、高加索、伊拉克的統治（薩法維王朝在一五〇八至一五三四年間，和一六二三至一六三八年間兩度統治巴格達），但事後的發展表明，兵敗恰爾德蘭乃是一轉捩點：把薩法維王朝的權力中心趕離安納托利亞，趕到伊朗高原。一五三〇年，都城由難以防守的大不里士遷到加茲溫（Kasvin），最後在一五九八年落腳於伊斯法罕。

薩法維王朝最初的統治基礎，這時已有大幅修正。在伊斯瑪儀和其子塔赫瑪斯普（Tahmasp）當政時，軍力靠由土庫曼部落徵來的兵員支持，賴以治理愈來愈龐大之帝國的軍隊菁英和行政菁英，則由土庫曼部落酋長「埃米爾」來擔任。為讓部落繼續效忠於薩法維王朝，統治者一直將征服來的土地分封給各部落，以為拉攏。這一政策的代價，就是營游牧生活而反對穩定之領土治理的部落，彼此間出現派系鬥爭，有時且爆發公開衝突。但薩法維王朝第五任國王阿巴斯一世（Abbas I）於一五八七年即位後，政治出現革命性的改變。阿巴斯採行與鄂圖曼的德夫舍梅制非常類似的策略，使自己擺脫倚賴突厥部落支持的險境。他從喬治亞和外高加索地區的基督教徒聚落，召募來庫拉爾（qullar），組成軍隊和行政體系。[71]庫拉爾又名戈拉馬尼（gholamani），是改信伊斯蘭教的奴隸，對阿巴斯忠貞不二。他在位末期的一六三九年，薩法維王朝已有過半省分由庫拉爾治理。阿巴斯還打造了一支由滑膛槍手（由伊朗語族，而非突厥語族充任）與庫拉爾騎兵、炮兵組成的皇家軍隊，經費則由直接治理的「哈薩人」（Khassa）省分（這樣的省份愈來愈多）的稅收支應。阿巴斯政權刻意稀釋薩法維精神裡的舊突厥特色，愈來愈倚賴伊朗語族和採納波斯文化而非突厥文化的外來奴隸。以伊斯法罕為帝都，不惜巨資大興土木改造該城，由皇家贊助裝飾工程，乃至伊斯法罕獨特哲學學派的誕生，凡此種種，代表了一種新波斯上層文化的問世，而這文化將博得這個帝國（全盛時期版圖從大不里士到一六二二年被阿巴斯征服的坎達哈）內多種民族之菁英的共同尊敬和欣賞，並影響他們的思想和語言。

薩法維王朝的重新一統「大伊朗」許多地區，以及使內部（相對較）平靜和有秩序，也有助於促成該王朝統治者所極力推動的商業復興。薩法維王朝運用其日益增多的稅收，改善貿易路線，建造供旅行隊過夜的客棧。在阿巴斯治下，伊朗的出口大宗生絲，其貿易由王室壟斷（以亞美尼亞商人為國王代理人），[73]伊斯法罕和姊妹城新朱爾法（New Julfa）成為繁榮的貿易中心，在十七世紀結束前，該貿易中心有約兩萬名印度商人僑居。[74]一六七七年約翰．佛萊爾（John Fryer）因商務前往該地出差時（為免引人注目，他走在街上時一身波斯人打扮），發現有個布料市場，規模比倫敦著名的布萊克威爾館（Blackwell Hall）還要大，他還發現四座天主教教堂。一五九八年，阿巴斯已准許奧古斯丁修道會修士建造一座教堂，甚至支應該教堂的裝飾工程經費。[75]阿巴斯當政時國力的強盛，由一六二二年摧毀葡萄牙人在荷姆茲的殖民地，以利其位於阿巴斯港的貨物集散中心發展，可見一斑。薩法維王朝欲建造龐大農業帝國，在帝國內打造由國王掌控的繁榮商業，打造超越地域畛域的上層文化，但一如後面會看到的，因為未能完全制伏境內的突厥語族部落，這個計畫最後功敗垂成，而這或許正反映了伊朗高原上定居農業和游牧生活兩者間輕重失衡所帶來的不利影響。[76]但藉由施行什葉派伊斯蘭信仰，藉由將該信仰定為「國教」，[77]藉由將波斯語恢復為官方和上層文化的用語，薩法維王朝使其遼闊版圖內的文化達到相當高度的統一。他們把統治與宗教統一、人民信教虔誠掛鉤，在這方面，鄂圖曼帝國的統治遠遠比不上，而這或許有助於說明為何薩法維王朝覆滅後所留下的領土，比他們過去的鄂圖曼對手所留下的還來得大。

新的帖木兒王國：蒙兀兒帝國

鄂圖曼帝國和薩法維伊朗，都是帖木兒從一三八〇至其死時的一四〇五年間所打造的短命世界帝國的繼承國。十五世紀時帖木兒帝國已分崩離析，但該王朝在圖朗（Turan，即中亞河中地區或西突厥斯坦）的舊帝都撒馬爾罕，仍是伊斯蘭世界主要的文化重鎮。圖朗仍是有意往西、往南、往伊朗高原和近東、或進入北印度平原建立帝國者的跳板。圖朗的突厥—蒙古菁英，具備崇高的上層文化、宏大的君主政體構想，且掌控商業、外交網，乃是一念念不忘於建立帝國的統治階層。

但或許因為帖木兒王朝殘餘的統治力量，再無力保護圖朗地區綠洲免遭乾草原戰士—游牧民攻擊，一五〇〇年時，帖木兒王朝對其圖朗心臟地區的掌控，已遭烏茲別克人打破。落敗的帖木兒王朝王公遭逐出撒馬爾罕，其中之一的巴伯爾（Babur）避難於喀布爾。[78]但帖木兒王朝建立宏圖霸業的本能仍很強。一五一九年，巴伯爾帶著約一千五百人的軍隊，猶如亞洲的皮薩羅般，下到北印度平原，以開闢新的帖木兒王國。他進入印度斯坦，不是以來自中亞乾草原的掠奪性蠻族的形象出現，而是以伊斯蘭世界最先進、文化水平最高之社會的代表降臨。在德里附近的帕尼帕特之役（Battle of Panipat），巴伯爾打敗統治北印度的穆斯林王朝（洛蒂〔Lodi〕掌政的德里蘇丹國），自封為北印度之王。這一勝利得歸功於他個人的英勇、用兵本事、中亞的作戰武器優勢和戰術上的機動靈活。[79]但他能夠成功入主北印度，也有賴於他的帖木兒家族威望和他掌控北印度與中亞之間的諸多貿易路線（印度最昂貴的出口品可能有一半經那些路線出去）。[80]巴伯爾本人欣喜於印度斯坦將帶給他的財富，同時卻以瞧不起落後殖民地的帝國心態，來看待當地的文明生活福利設施付諸闕如。他抵達亞格拉後，想建造一座體現伊斯蘭天堂景象的「樂園」（char-bagh）——有流水和百花的伊朗式庭園——卻嫌惡該地的醜陋。但工程還是開始：「然後，在那醜陋而雜亂的印度，一塊塊庭園……以井然有序而對稱的面貌出現……在每個狹長花壇裡，有布置完美的玫瑰花和水仙花。」[81]巴伯爾的真正意圖，很有可能是想利用北印度的資源，恢復帖木兒王朝在帖木兒帝都撒馬爾罕的統治，並無意在此久留。因為他的早逝（值得注意的是，他的遺體按照其生前意思埋葬於喀布爾），還有其子胡馬雍（Humayun）的政策，才使轉戰到此的帖木兒王朝，轉而專注於治理北印度。

　　巴伯爾繼位者即將統治的北印度世界，自十一世紀起就已被突厥人或阿富汗人出身的穆斯林戰士菁英掌控。他們所征服、建立的大蘇丹國，包括德里、

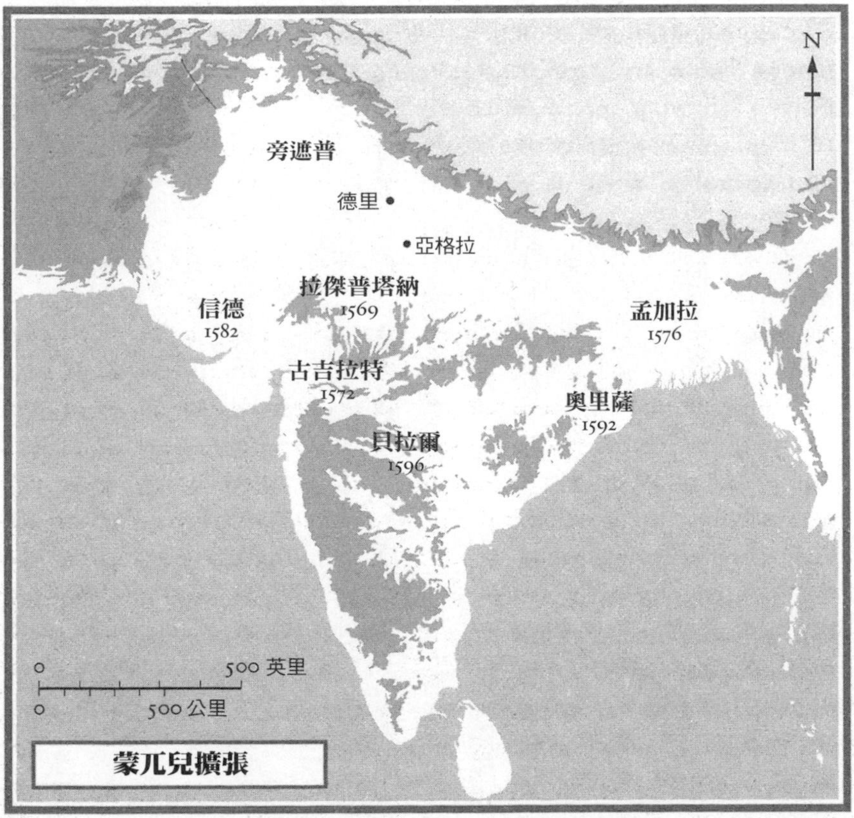

蒙兀兒擴張

孟加拉、古吉拉特、德干（一五〇〇年時已分裂為五小國）、肯代什（Khandesh）、木爾坦（Multan）、喀什米爾，在一五〇〇年時已瓜分掉印度次大陸許多地方。只有在梅瓦（Mewa，拉吉普特人在北印度所建的國家）和毗闍耶那伽羅（Vijayanagar）兩地，還有印度教徒國家抵抗這股入侵的伊斯蘭洪流。那些穆斯林殖民菁英（ashraf），汲汲於鞏固自己族群的完整。他們維持一個由神學家、講道者、法官所組成的知識份子「權勢集團」，以確保他們本身的文化不致被周遭廣大的印度教徒同化。[82]為確立他們無所不在的統治威權，他們建造清真寺、學院、聖陵、宏偉公共建築，例如位於孟加拉小潘杜亞（Chhota Pandua）的宏偉宣禮塔。[83]在這些蘇丹國裡，他們的權力建立在以授予土地換取軍事服務的半封建體制上，最根本來講，則靠印度教徒農民的剩餘農產維繫其政權，特別是在印度河–恆河平原上的北印度廣大「肥沃月灣」。

巴伯爾「突襲」（如西班牙征服者從加勒比島嶼「突襲」美洲大陸）北印度所建立的霸業，一開始並不穩固。逃到東印度的德里統治者，靠舍爾沙（Sher Shah）的庇護重振聲威。一五三九至一五四〇年，舍爾沙將胡馬雍趕出印度。但舍爾沙死後，繼位者未能建立團結的北印度帝國，帖木兒家族於一五五五年再度入主德里。帖木兒王朝之蒙兀兒帝國的真正基礎，則是在巴伯爾之孫阿克巴（Akbar，一五五五～一六〇五）在位時打下。阿克巴連續擴張領土，到十七世紀初時，除了遙遠的南方，整個次大陸幾乎都納入他的版圖。這並非是個過渡性的獨裁政權，不是組建得快、解體同樣快的掠奪性帝國。阿克巴反倒運用帖木兒王朝傳統，建造了比先前任何穆斯林統治者在印度所建立還要宏大、還要持久的帝國體制。

阿克巴帝國的富裕、魅力及其意義：反映蒙兀兒的經濟規模和生產力

阿克巴帝國的核心，乃是由曼沙達爾（mansabdar）所組成，是個為帝國服務，但非世襲的龐大貴族集團。曼沙達爾意為持有帝國官階者（其中大部分是中亞裔或伊朗裔人士），[84]帝國內的埃米爾（高層文、武官員）由他們擔任。阿克巴讓他們分享從土地徵得的龐大收入，以回報他們的服務（並確保他們的忠貞不二）。阿克巴體制的高明之處，在於將歸屬札吉爾（jagir）的土地收入和對該札吉爾居民的行政治理權或司法權的行使，予以仔細切割。札

吉爾是統治者授予軍事菁英階層的小塊領地，獲授予者被稱作札吉爾達爾（jagirdar）。在這類小領地裡，札吉爾達爾有權收取該地的收入，但沒有統治權，政治事務由帕德夏（padshah，即皇帝）所指派的官員全權處理。[85]藉此，帝國中央防止了分權式封建制度的出現。阿克巴政府在各地普遍實施定期估量收入的新規定，藉此確保札吉爾達爾所收得的收入，大部分流入政府之手。有時，迫於政治上的權宜考量，阿克巴的朝廷大臣不得不向地方上強大的土豪（地方勢力盤根錯節而無法輕易拔除的土豪）讓步，但他們卻能將國庫收入制度（收取可能相當於農作物產量一半價值的現金），[86]一致施行於阿克巴的帝國全境。[87]

這筆源源不絕的龐大收入，乃是蒙兀兒帝國國力的真正基礎。師法帖木兒帝都撒馬爾罕而進行的大型文化工程，軍隊的維持，都靠這收入支應，阿克巴遵循帖木兒所採行的突厥－伊朗傳統，把自己的形象打造為統治多民族子民的專制君主，而非穆斯林戰士－國王。[88]他的正式家譜宣稱他是帖木兒和成吉思汗兩人的後代，[89]因此理當傳承他們「世界征服者」之位。蒙兀兒的宮廷禮儀（特別是阿克巴每日出現〔darshan〕在高台〔jaroka〕上的儀式）特別著重於表現就連他最傑出、最富裕的子民都臣服於帕德夏的無上權威的形象。蒙兀兒宮廷獎勵文學不遺餘力。它提倡研究穆斯林的「理性科學」，提倡寫詩——詩是伊斯蘭世界主要的文學形式。但蒙兀兒宮廷文化在文學和藝術上，以波斯或中亞為師。波斯語是官方用語和知識界的用語。蒙兀兒詩人從伊朗（而非印度）的生活和景致取得靈感，他們筆下的世界是遠離「受征服人民不良影響」的世界。[90]阿克巴也和帖木兒一樣，大興土木，他在法特赫普爾西克里（Fatehpur Sikri）所營造，但不久後即遭廢棄的帝都，就是其中最令人嘆服的成果。阿克巴的政權超越民族、地域偏見，展現兼容並蓄的精神，彰顯了作為文化輻輳之地，其來自中亞的影響。他在一五七〇、八〇年代欲強化中央集權（導致一五八〇至一五八二年的大叛亂）而功敗垂成一事，甚至有可能是透過帖木兒帝國的撒馬爾罕居間傳遞，而遙遙受到中國科考取才官僚制度的啟發。[91]阿克巴令人稱道之處，乃是摒棄將穆斯林信士社團烏瑪（Umma）和非穆斯林嚴予區分的傳統伊斯蘭做法。他在一五七九年廢除吉茲亞稅（jizya，對非穆斯林課徵的人頭稅），有心想宣揚一種兼採伊斯蘭教、印度教教義的新宗教。

阿克巴帝國的富裕和魅力，反映了蒙兀兒經濟的規模和生產力。蒙兀兒帝國有人口六千萬至一億，還有到處是肥沃沖積土的「肥沃月灣」，其所掌控的經濟體，比鄂圖曼或薩法維更大、更富裕。[92]蒙兀兒印度是貿易大國，輸出大量食品、棉織品、菸草、糖、靛藍染料，特別是輸出到其鄂圖曼、伊朗、烏茲別克鄰邦。印度商人維持一遼闊的貿易網，布哈拉（Bukhara）、伊斯法罕、乃至莫斯科大公國統治下的阿斯特拉罕，都在這貿易網內。手工製造業（特別是紡織業）廣布鄉間各地，而據某些估計，印度製造業的最高產量，在現代初期，遠超過歐洲。蒙兀兒人的入主，促進了印度的國內外貿易。他們的稅收體系很有效率，創造出大量的盈餘，持有稅收的特權階級（曼沙達爾和札吉爾達爾）因而有錢購買奢侈品和製造品，有錢養大批隨從。地區與地區間的貿易，因為蒙兀兒人所打造的承平社會，因為國內交通的便利與安全（這一點曾見於來印度的歐洲人筆下），而降低成本，因此更為容易。[93]事實上，蒙兀兒統治者把中亞地區保護、促進貿易的傳統帶了進來（中亞地區統治者是絲路的守護者）。他們建造要塞和供旅隊下榻的客棧，建造新鎮，擴大古老的貿易重鎮。當然，與伊斯蘭世界的突厥－伊朗心臟地帶、中國和西方三地的對手文明相比，蒙兀兒印度在某些方面的確展露出「落後」或「殖民」特色。蒙兀兒帝國的科技不如前三地先進，工具的缺乏是靠印度工匠令人嘆為觀止的靈巧手藝彌補過來。政府積極有為，但幾無證據顯示，那些收受稅收的特權菁英階級，把個人財富投入於提升農產量或改善其他種行業的生產力。[94]或許，嚴酷而不穩定的環境阻止他們這麼做。[95]但在阿克巴死時，幾乎沒有理由教人認為，蒙兀兒國力的經濟基礎，擔當不起維持一龐大帝國和該帝國所代表之伊斯蘭文化的重任。

東亞漫長的十六世紀

中國明朝的內政外交、日本的國際貿易與中日的商業往來

在東亞這片由中國、日本、朝鮮、「內亞」（中國疆部）占據的廣闊地區，漫長的十六世紀也是個格外充滿

活力的時期。經歷漫長的蒙古異族統治後，漢人的政治及文化傳統在一三六八（明朝建立）到一四三〇年代的明朝初期，在中國土地上再度確立其強而有力的地位。明初的幾位皇帝重振官僚體制政府和官僚體制所倚賴的科舉制度。他們拔除前朝大臣，創立獨裁專制政府。他們宣示服膺儒家正統，鼓勵儒家典籍的蒐集和刊布。大運河建成，使北方得以從盛產糧食的長江流域得到穩定的糧食供應，北京隨之在一四二〇年重拾帝都之位。從上述種種方面來看，此後一直延續到一九一一年辛亥革命才遭廢除的中國政府體制，其實是明朝所建立。[96]儒家學說在明朝時重新取得文化上的至尊地位，且這地位維持了和前述政府體制幾乎同樣長的時間。

明朝的原始支持者，認為蒙元的統治充斥腐敗、壓迫、橫徵暴斂，而明朝的興起，就代表對蒙元這一統治的激烈反動。[97]明朝皇帝遵循儒家思想，抱持視土地為真正財富的農民意識形態，把財富牢牢繫縛在對上、對下的社會義務上。社會秩序和文化一統（帝國穩定的最重要條件）與農民生產體系牢牢掛鉤，而王朝威權就靠農民生產體系的完糧納稅支撐。鑑於社會脫序促成元朝的覆滅，且深怕農民不滿而造反，因此，儘管邊防支出龐大，構成財政壓力，明朝仍不願課以重稅。到了十六世紀，明朝皇帝所掌控的官僚體系，已是人力不足、薪資過低、能力不足應付龐大帝國治理所需。[98]稅基過窄，又不讓政府機關從事貿易，財政隨之出現危機。欲藉由屯田讓軍隊自給自養，以減輕國防支出的企圖，到了十六世紀末期，也已完全落空。[99]這時，農村脫序的程度（在明朝的大部分時期裡脫序程度相對較低）也已開始急遽惡化。

明朝的外交方針，乃是穩住外部環境，以維護內部穩定。從這觀點來看，鄭和奉永樂帝之命下印度洋的那幾次著名遠航，就屬反常——可能是擔心遭帖木兒和其繼位者攻擊而有此作為。永樂帝，「第二開國皇帝」，在位期間為一四〇三至一四二四年，是個格外堅毅且積極進取的君王。派海軍下西洋的帝國主義作為，將越南併入版圖❺，對「內亞」游牧民族用兵，或許都是他欲確立中國在東亞之霸權的策略（功敗垂成之策略）的一部

❺譯按：但二十一年後越南再度脫離中國。

分。[100]但此一策略太耗國力，非明朝所能負荷。他之後的皇帝斷然改弦更張。擴張海權的冒險作為，迅即遭廢。民間的海外旅行、貿易遭禁。而在防範乾草原游牧民族入侵華北，或阻止華北與游牧民族沒必要的接觸上，他們不像永樂帝訴諸軍事遠征，而較倚重長城防禦。長城大體上是一四七〇年後，根據前人所建的邊防設施予以延伸，並強化其防禦而成。長城在接下來的幾世紀裡逐漸築成，一六四四年明朝覆滅時，長城還在興建。[101]

因此，後來的明朝統治者選擇以強調自身文化的統一和拒絕對外通商，來維護中國在東亞的地位。那意味著不再涉入元朝時所曾大力干預的「內亞」政治事務。欲將沿海、「內亞」兩地的貿易強行納入中國僵固的獻貢架構，需要持續不懈地防堵獻貢之外的非法通商行為，而到了十六世紀初期，防堵已力不從心。乾草原游牧民對中國布匹和穀物的需求，遠非透過官方貿易管道所能滿足。邊境戰事隨之加劇。[102]對中國周邊的游牧民而言，中國不願賣給或禁止賣給他們的商品，只有透過襲擊、掠奪來取得。在沿海，在中國感受到歐洲商業入侵的初期效應，和日本政、經轉變的初期效應時，同樣的限制性政策也逼出猖獗的走私、海盜。

從十二世紀末期起，日本一直透過妥協式的權力安排來治理國家，即讓天皇享有最高的統治大位，但實際權力掌握在獲朝廷正式認可為總督或攝政的幕府將軍手中。幕府將軍是（或試圖成為）世襲的軍事獨裁者，通常出身自天皇底下的將領階層。但幕府將軍真正的權力基礎，在於他糾集諸封建領主組成的聯盟和那些領主的武士。但在足利幕府時，這一「體制」瓦解為各領主交相征伐的「封建無政府狀態」。混亂局面從一四六〇年代開始，直到十六世紀中葉才結束。約略同時，十五世紀日本經歷了一段商業顯著擴張期。栽種新作物，出口新貨物，包括銅、硫磺、武士刀。明朝管制對外貿易，因此日本商品主要透過走私販子、海盜進入其主要市場中國。但幕府垮台（幕府將軍同樣不喜非官方的貿易），「大名」（占有大量登記入冊之土地的大領主）興起，其中許多「大名」本人對貿易有興趣，從而促成日本人海上活動劇增。到了一五五〇年代，日本商人、掠奪者、倭寇海盜，活動範圍遠至泰國、緬甸、印度。大量的白銀生產，使日本成為「亞洲的墨西哥」，成為已進入太平洋的葡萄牙人、西班牙人的主要貿易夥伴之一。[103]一五六七年，明朝皇帝不再禁絕非法貿易，開放中國口岸——但不對日本開放。[104]一五七八年廣州開放外國商人入境。日本准許一五七一年定居長崎的葡萄牙商人入境。

東亞展開這些開放作為時，正值基督教傳教事業的一個輝煌階段，傳教總部位在葡屬印度的首府果阿。教皇委以葡萄牙向異教徒傳教的重任，並認可葡萄牙壟斷亞洲探勘、貿易的權利，作為這重任的一部分。數十名傳教士經果阿進入亞洲。耶穌會創辦人之一的聖方濟・沙勿略（St Francis Xavier）於一五四二年，一身襤褸，光著腳，來到果阿，十年後死在中國華南沿海。他死後肉身奇蹟似不腐，遺體後來運回果阿埋葬，每年一次公開供人瞻仰。不腐的肉身在基督徒裡威名遠播，以致教皇堅持至少要割下他一條胳臂運回羅馬。其他耶穌會士則前去蒙兀兒皇廷，有位叫羅貝托・迪・諾比利（Roberto di Nobili）的耶穌會士，在南印度待了數年，試圖將天主教義、印度教義的差異調和到讓婆羅門滿意的程度，但終歸徒勞。但耶穌會士中，成就最斐然者，大概非利瑪竇莫屬。他在一五八〇年代前往中國，經過數年耐心的周旋，終於在一六〇一年獲准前去北京。他以中國文人的談吐、作風巧妙包裝他所帶來的西學，然後靠著這身學問，一到北京，就得到皇上召見。利瑪竇繪製了中國第一幅描繪有美洲的地圖。他在地圖繪製、醫學、天文學方面的本事，成為耶穌會傳教團的標記和獲得敬重的主要憑藉。利瑪竇的真正目標（讓信奉儒學的知識份子相信，他們的上天觀念其實和他的上帝觀念沒有二致）就大不如傳播西學那麼成功。但他死了許久以後，傳教團仍是歐洲人了解中國事務的最可靠管道，直到約一七五〇年後歐洲商人大量來到華南才改觀。

但對明朝而言，不管是商業上的讓步，還是安撫邊境游牧民敵意的作為，都只是短暫緩解壓力。在日本，一五七〇年後，經歷了群雄逐鹿以再度一統天下的激烈爭奪局面，織田信長、豐田秀吉兩人，在滑膛槍、火炮這兩樣新火藥科技協助下，先後以無情手段在交相攻伐的「大名」之間脫穎而出，稱霸天下。豐臣秀吉決意掌控經朝鮮沿海的中國、日本貿易路線。受挫於明朝政府的拖延之後，他擬定了先滅朝鮮再下中國的驚人計畫。一五九二年他帶著二十萬大軍入侵朝鮮。明廷派兵援朝後，豐臣提議談和，要求讓日本在朝鮮享有一定權力，要求與中國自由貿易，作為撤兵條件。明廷拒絕，他於一五九七年再次發兵入侵朝鮮，但隨著秀吉猝死，戰爭迅即結束。秀吉野心勃勃，但其軍力不足以支撐其野心。龐大的明朝並非其所能擠開。但朝鮮戰爭真正的傷害，在於明朝財政和政府。

中國清朝和日本德川幕府的內政外交共同建立了東亞秩序

明朝已擋住日本的威脅，但仍面對蒙古游牧民族在長城沿線不斷的侵逼。明朝最危險的敵人女真，已開始在中國邊疆建造帝國，並在一六二〇年後讓明軍節節敗退。一五九〇年代，效法成吉思汗模式崛起的游牧民統帥努爾哈赤，已建立起滿人政體。這政體結合了來自森林與乾草原的部落和中國東北邊疆地區營定居生活的農業聚落。在明朝因財政危機和日益混亂的國內情勢而國力日衰時，努爾哈赤加強其對邊疆蒙古人和漢人的掌控。對這些邊疆居民而言，他的掌控是實在而直接，明朝的威權則是名存而實亡。一六〇一年，他建立以「旗」為單位的常備軍，這種「旗」制既強調滿族的民族身分，並將軍隊分割為主要的社會、行政管理單位。一六一五年，他最後一次派人赴北京進貢。三年後，他發出討伐檄文，以「七大恨」譴責明朝之不是，宣示推翻明朝。一六三六年，努爾哈赤的繼任者靠著武力征服，並同時贏得中國有力人士的歸服，實現了這一抱負；但清朝的正式成立，要到攻陷北京之後，因此傳統上均以一六四四年作為清朝國祚的開端。

這一「天命」上的改變，還有一五九〇年後日本的復歸一統，對後世有何影響？兩者一起中斷了一五五〇年後在東亞所嘗試的「開放」實驗。十六世紀下半葉，日本在商業、海上的同步擴張，中國的開放、歐洲貿易的滲入，已刺激了人員、貨物、觀念的流動。[105]中國人、日本人移入東南亞；歐洲人抵達日本和中國。在中國，瓷器與絲織品的海外新市場，促進城市的成長。日本、美洲兩地的白銀透過購買中國貨物的方式流入中國，使中國經濟和其歲入制度貨幣化——對沒有貴金屬的國家來說，這是重大的獲益。[106]有著龐大人口（可能是一千兩百萬，當時不列顛人口的三倍）、海上活動、白銀礦藏的日本，可能是促成這開放的最關鍵力量。一五八〇年後耶穌會士抵達時，基督教所建立的據點是日本西南部的貿易港。耶穌會士巧妙利用基督教在動亂年代凝聚社會人心的功用，推廣其宗教。[107]但豐臣秀吉的一統天下，標誌著日本「基督教世紀」和開放海外貿易的短暫時期漸漸步入尾聲。在他之後，德川幕府的第一位將軍德川家康（一五二四～一六一六），有計畫地削弱「大名」的自治權。幕府將「大名」的反抗歸咎於基督教，尤其是在九州（該地於一六三八至一六三九年爆發一場大叛亂）。許多基督徒被殺，一六四〇年基督教在日本完全遭禁。德川家康曾想控制對外貿易，他之後的幕府將軍，則傾向於將歐洲人完全逐出。一六二四年西班牙人遭逐出日本，那時英格蘭商人已離開。葡萄牙人只能在長崎港中的出島活動，然後，一六三九年，也被迫離開。一六三五年後，幕府禁止人民出國。中國商人和工匠仍可前來：長崎有其「中國城」。中國的文化影響仍然極強。但對世界其他地方來說，日本的鎖國政策幾乎是滴水不漏。

對外鎖國的同時，以江戶為都城的德川新幕府，在國內有計畫的重新宣揚儒家思想。德川幕府讓「大名」仍擁有領地，維持封建體制的表面形式，但修正其實質部分。幕府讓村擁有自治權，將武士由歸屬某地的戰士階級，改造成比較像是受僱領俸祿（以稻米支付），為幕府治理「大名」領地的高地位者。為合理化新統治體制，早期的德川幕府贊助儒學思想家和教育者。他們宣揚儒家的士農工商四階級觀，要人在井然有序的社會裡追求社會與自然的和諧。[108]在清朝中國，也有類似的發展。儒家學說未隨著改朝換代而遭揚棄，反倒被刻意確立為新滿人政權的官方意識形態。滿族統治者不像明朝皇帝那麼本能性地敵視對外通商，但對於對外通商在長江以南沿海地區所可能產生的政治效應卻深感疑懼。長江以南的沿海地區距北京遙遠，難以控制，且是反清復明殘餘勢力的藏身地。[109]但清朝最重大的成就，乃是扭轉了明朝邊疆政策那種最終釀成大禍的內縮傾向。滿人高明的理藩策略，協助促使內蒙古成為緩衝區，協助中國勢力深入「內亞」。危及中國穩定的北方內陸威脅，遭有效率的化解。一度是搗亂份子的日本，這時遁入籠罩新儒家精神的鎖國中，安穩過其太平日子，朝鮮、越南則受儒家思想的牢牢掌控。滿人在這種環境下入主中國，建立清朝，預示了東亞世界秩序不凡的恢復。歐洲勢力，以遙遠的爪哇為基地，只能在中國大門的鑰匙孔裡活動。原先對直接貿易、外交往來感興趣的荷蘭人，這時興致缺缺，荷蘭與中國變成互不感興趣：一六九〇年時荷屬東印度公司已不再派船到中國。[110]在這同時，清朝中國國勢臻於巔峰。

與歐洲相比

欲比較十五、十六世紀時歐洲與歐亞世界其他地方的差異，（對歐洲讀者而言），心理上需要有所調整。我們對歐洲的了解，比對其他地方的了解，更詳盡得多，因而很容易就把歐洲視為文化、政治上繁忙活躍的蟻丘，而與「遲鈍」的「東方」諸社會截然不同。歐洲眾國林立，各有自己的統治者、軍隊、法律、財政制度，為求生存而彼此競爭。這一現象更強化了歐洲為繁忙而有活力之文明的印象。但我們不該把這些活動（和它們所製造的浩瀚文獻）當作證據，證明歐洲諸國已找到讓他們稱雄全世界的方法。

宗教改革引發歐洲內部的反叛、褊狹、獨斷和宗教戰爭

實情與此大相逕庭。歐洲現代初期文化中，那些最富活力的元素，它們所預示的與其說是重大轉變，不如說是破壞性混亂的症候群。知識界對中世紀晚期經院哲學的反抗，更浩瀚古典文學典籍的「重新為人所發現」，構成「文藝復興人文主義」的主要成分。共和制羅馬的歷史、政治、修辭學，對北義大利和法蘭德斯置身城市、官僚體系環境而具有階級意識的人特別有吸引力，[iii]同時也催生出一種新的世俗國家觀，這種國家觀使神職人員享有特權之主張再也站不住腳。它們在宗教信仰和知識探求上塑造出某種氣氛，而在那種氣氛下，人們對天主教會的教義和體制的抨擊，可以遠比零星異端份子或社會叛逆份子對它們的攻擊來得徹底而全面。新教徒的宗教改革能有如此驚人的成就，有賴於該改革運動迅速得到知識份子的敬重，有賴於該運動打動了薩克森選侯等世俗統治者（路德宗能夠掀起風潮，該選侯的保護是關鍵因素），有賴於該運動與城市或小國國君保衛自治權，不願屈服於君王和帝國建造者之索求的心態相契合。

事實上，在社會衝突因人口成長和價格膨脹而激化的時期，宗教異端會輕易被視為是對社會、政治、道德

方面秩序的毀滅性威脅。宗教異端的蔓延令羅馬教會驚恐，促成教皇提出教會改革計畫，並於一五四五至一五六三年召開的特倫特公會議（Council of Trent）上通過該計畫，也促使伊莉莎白一世急急在英格蘭推出英國國教會的中庸之道（via media）。但天主教與新教之間狂暴的意識形態戰爭，在一五六〇年後並未減緩，於是而有法國的宗教戰爭和荷蘭新教徒反抗其信仰天主教之哈布斯堡王朝統治者的叛亂。如果文藝復興的人文主義已創造出一種新社會（雅各．布克哈特〔Jacob Burckhardt〕所揣想的自覺的、競爭的、為自己算計的個人主義社會）[112]，並將國家由習慣的聚合體改造成「藝術作品」，[113]宗教改革則是注入一股可能使相互競爭的西方政治實體變得無法無天的反叛、褊狹、獨斷的精神。

王朝統治引發歐洲內部的激烈對立和王朝戰爭

或許因為這原因，這時代最當紅的政治觀念乃是王朝統治。王朝統治者是理想的擬訂法典者，透過血緣而享有統治合法性（而有別於靠自己打下天下的專制君主），得到子民拳拳服膺的效忠。王朝統治，結合世俗行政系統的新觀念和將君王視為學術與藝術之迷人贊助者的新觀念，就成為動員社會資源與促成政治穩定的有力工具。事實上，歐洲的客觀環境大大降低了王朝制的潛力。地方實權仍大體上掌握在貴族豪強和眾多受他們保護的人手中。他們的野心和對立，往往比國王的命令，更能左右地方。他們能喚起地方利益至上的地方本位主義，能鼓舞地方固守舊有習慣，反抗王朝統治者的中央集權計畫，能登高一呼支持宗教異議者（或積聚保守勢力反抗施行改革的政權）。最宏大的王朝統治計畫，莫過於查理五世欲將哈布斯堡家族在日耳曼、西班牙、低地國的土地統歸一人統治，以創建一個大帝國的計畫，但日耳曼諸小國國君和新教改革者結盟，破壞了他的大計。

在國家林立的大陸上，王朝制也是個使局勢不穩的力量。王朝的前景和政策繫於不可測的統治者生死上，而生死是引發王位爭奪與紛爭的無窮無盡禍源。王朝的「統治邏輯」，無視地方自治權或文化認同的存在，無視國際均勢，引發激烈對立。十六世紀上半葉法國瓦羅亞王室（Valois）與哈布斯堡王室間的多場戰爭，就是這種激烈對立的典型例子。王朝的「統治邏輯」也使歐洲諸國無法團結對抗鄂圖曼人在東南歐或地中海的擴張。日耳曼諸國國君在一五五一年宣布，他們寧可與突厥人談和，也不願接受未來的腓力二世統治。[114]對異教徒的恐懼，並未妨礙法國人於一五三六年和突厥人達成協議，聯手對抗哈布斯堡王朝，也未讓腓力二世因此在一五八〇年後停止其對荷蘭人叛亂的鎮壓，將西班牙的力量集中於對付地中海地區的突厥人。[115]歐洲的治國手腕執迷於內部衝突，完全未想到將歐亞世界其他地方納入其宰制。由歐洲將新世界的財富用於支持王朝統治者的野心，就可窺知此點。一五八〇年後腓力二世靠著美洲白銀，財力大增，使他得以支應為建立王朝霸權所發動的諸多戰爭的開銷——但即使有這龐大的意外之財，仍未能使他在一五九六年時免於破產。[116]

因此，十六世紀歐洲知識界和政治界的精力，有許多被耗費在蹂躪歐陸的宗教戰爭和王朝戰爭中，而那些戰爭直到該世紀結束時，才因國力耗竭，無以為繼，而自然結束。根據這時代背景，也就不難看出為何歐洲擴張對當時的伊斯蘭諸帝國或東亞的諸大國，只是微不足道的威脅。歐洲的思想和學術研究，似乎主要沉迷在神學論辯的燦爛火花中。科學探求尚未能擺脫大部分受教育人士所相信的巫術、星象預測觀念。在政治與知識領域普遍內傾的時代氛圍中，海上次文化的驚人成長，蔚為一大異數。

歐洲海上次文化的成長和局限

人稱「諸半島之半島」的歐洲，四周環繞眾多「內陸海」（地中海、波羅的海、北海、英吉利海峽、愛爾蘭海），因此歐洲會發展出稠密的海上交通體系，幾乎是不足為奇。更不足為奇的是，海上環境的多樣（特別是在大西洋歐洲）催生出形形色色的船隻和航行技巧。歐洲有可通達的內陸、多樣生態、稠密人口，比起其他沿海地區，例如（連接東非、波斯灣、西印度的）西印度洋或東南亞的島嶼地區，條件更為優厚。因此，早在一四〇〇年之前，歐洲就出現一些強大的「海上國家」：地中海的威尼斯、熱那亞、拉古薩❻、亞拉岡；西南歐的葡萄牙；北方的丹麥、挪威、漢撒同盟、英格蘭、荷蘭。在這些海上國家中，海上冒險活動靠著有利可圖的漁業、貿易、海上掠奪三管齊下而欣欣向榮（碰上對手使用武力阻止他們從事商業活動時，他們即訴諸海上掠奪）。[117]海上冒險活動得到政府的支持，因為政府需要海上貿易所創造的收入。地圖繪製和航海輔助工具，成為最快將科學實驗轉化為實用技術的主要領域，絕非偶然。到了一五七〇年代，托勒密的世界地圖（十五世紀時在歐洲「重新為人所發現」的地圖），已被亞伯拉罕・奧特利烏斯（Abraham Ortelius）根據歐洲旅行家、航海家的見聞報告所繪製、更精確得多的世界地圖取代。該世紀結束時，已有大量關於亞洲、美洲的知識印刷問世，遊記熱（不管是嚴肅的、科學的、或純粹譁眾取寵的遊記）正如火如荼。[118]

到了十六世紀，已可清楚看出歐洲比歐亞世界其他文明更勝一籌之處，在於它搶先一步發展海上活動。與美洲、印度兩地的長距離貿易同時成長，就是這優勢的表徵之一。另一個表徵，乃是北大西洋出現龐大的鱈魚捕撈業，至一五七〇年代時，該捕撈業已僱用了約三百五十艘船（西班牙、法國、葡萄牙、英格蘭的船）。[119]歐洲水手特別善於利用海上武力作為貿易之外的替代事業，或利用海上武力來協助發展貿易，最搶眼的例子就是葡萄牙的葡屬印度。十七世紀初時，歐洲人已蓄勢待發，準備在遠洋貿易和遠洋運輸上稱霸全球（在內部紛擾的情況下），在長距離貿易上占得一處利基。但除了征服美洲這個鮮明的例外，幾乎沒有證據表明，他們的活動能超出這一利基活動通常的執行範圍——未深入內陸的沿海灘頭堡。也沒有證據表明，這些離鄉背井的「海上人」的習慣和整體觀念，在他們所接觸的歐亞世界其他社會之間，受到特別的看重。只有在俄羅斯的乾草原邊境（在些許特殊的情況下），歐洲人才順利擴張進另一個歐亞世界社會的心臟地帶。相對的，在東南歐，優勢仍不在歐洲一方。

到這時為止，歐洲人所創造最接近於世界帝國者，乃是統有多處領土的西班牙帝國。西班牙帝國幅員遼闊，勢力跨到大西洋彼岸，從智利一路往北到新墨西哥。西班牙勢力還跨到太平洋彼岸的菲律賓群島，

❻ 譯按：Ragusa，義大利西西里島東南部城市。

一五六五年後，西班牙人將墨西哥白銀運到菲律賓，換取從中國運送到該地的奢侈品。一五六五至一八一五年間，每年有一艘西班牙大帆船從馬尼拉出發，經六個月的航程，抵達太平洋彼岸的阿卡普爾科（Acapulco），其中至少有一趟，乘客和船員全病死或餓死，大帆船卻仍像天藍聖母號❼一般在海上繼續航行。帝國的偏遠據點阿卡普爾科，就靠這一年一次孤單一艘船的漫長航程，和帝國其他地方連結。[120]但儘管有如此驚人的版圖，這個帝國仍未能如臂使指般完全掌控分處各地的領土。這是個意外誕生的帝國，隨著歐洲、中國兩地對白銀的需求，應運而生的帝國。這是為獨家掌控美洲白銀在全球流通而建造的帝國（一四九四至一八五〇年間全球白銀超過八成來自美洲），但這帝國欠缺將歐洲貿易更深入亞洲市場的手段或意志。這帝國沒有擬出讓西班牙成為世界經濟中心的「宏大戰略」：事實上，縱有這樣的計畫，也將是徒勞。實際情形反倒是腓力二世將「王室的五分之一」（王室在這白銀流量裡所分得的份額）用於對付歐洲對手和叛亂份子，以維持西班牙在歐洲的霸權。美洲與西班牙本身的資源，未被用於實現稱霸全球的遠景，而是用於滿足國王「救世主式帝國主義」（他捍禦天主教信仰、對抗天主教之新教徒敵人的使命）無可滿足的要求。[121]

結論：大發現時代的歐亞三大文明世界仍各自發展，壁壘分明

西班牙人的征服美洲，歐洲與亞洲南部海岸的海上貿易及俄羅斯的挺進北亞乾草原，大大擴展了歐洲人的視野，大大激發了歐洲人的雄心。[122]但在漫長的十六世紀結束時（約一六二〇年），幾無跡象顯示歐洲人已促成世界經濟的出現或削弱歐亞世界其他地方之古老文明的文化自主權。歐洲人已打造出將美洲與歐亞世界相連的新商業網。美洲白銀的供應，讓他們得以進入對純歐洲產品幾無需求的亞洲市場，影響了歐洲和鄂圖曼、明朝兩帝國的物價和貨幣供應。但在這新全球交易裡流通的商品，不是日常必需品，而是奢侈品，而奢侈品的流通數量甚小。在十六世紀，一年平均有五十至七十艘船離開里斯本前往東方；[123]瓷器或紡織品之類製造品的運輸，

主要是往西流向歐洲，而非往東流向亞洲。

也沒有多少跡象顯示，東西方技術上或文化上的優劣態勢已大幅改變。在十六世紀，輸出最廣的科技或許是火藥武器，而歐洲人在這上面享有技術領先。鄂圖曼炮兵運用歐洲專家。日本的「封建」戰爭因歐洲火器的輸入而改頭換面。但不管在日本，在伊朗，還是在蒙兀兒印度，其社會體制、政治體制都能夠因應軍事創新。技術「落後」也未使歐洲諸國和歐亞世界其他國家，在軍力上出現懸殊差距；實情正好相反。鄂圖曼人進一步擴張的威脅籠罩歐洲，直到一六九〇年代才消除。歐洲的偏處一隅，使歐洲地面戰的模式，幾乎未對印度和東亞帶來任何影響。差不多是基於同樣原因，歐亞世界其他地方的消費模式、社會禮儀規範、階層組織觀，少有跡象顯示正受歐洲人作風的影響。「舊世界」、「新世界」兩地天然產物的「哥倫布交換」，使歐亞世界農業因玉米、馬鈴薯之類新奇作物的引入而變多元，但並未導致對歐洲供應者的依賴關係。[124]歐洲人在美洲的活動，只引來歐亞世界其他地方微乎其微的關注。[125]伊斯蘭世界與東亞兩地的宇宙論，面對歐洲學問，或面對歐洲宗教與儀式的猛然抬頭，一如以往昂然自信。

帖木兒死後的兩個世紀間，歐亞仍由我們目前為止所探索過的三大文明世界和我們默然略過的其他一些文明世界（佛教和印度教的文明世界）所分據。幾無證據顯示，它們之間的文化差異已開始縮減。甚至正好相反的，歐亞各地正如火如荼進行的建國運動，還有知識（透過歐洲、東亞兩地的印刷書）的傳布更廣，使它們之間區隔彼此的差異更難消除，從而立下文化認同的界樁。當然，有時候，不同文化的交會，帶來好壞參半的感受。奇妙的佛牙故事，說明了心態可以如何在一夕之間從漫不在意變為宗教狂熱。一五六〇年，果阿總督率軍突襲佛教王國賈夫納（Jafna，位於今斯里蘭卡境內）。葡萄牙人奪走的戰利品中，包括佛教世界至為崇高的遺物：佛牙。不久，佛牙遭奪的消息，就傳遍孟加拉灣周遭諸國。緬甸國王表示願付巨款讓佛牙安然返回原地，果阿總督同

❼ 譯按：Marie Celeste，一八七二年在葡萄牙近海發現的船隻，發現時船全速航行，船上卻空無一人。

意。但此事還未正式敲定，宗教裁判所就介入。果阿的宗教裁判所權勢很大，不斷在肅清（非基督教的）迷信和異端。幾年後，該組織強迫果阿當局在印度境內的諸多葡萄牙人殖民地查禁印度教儀式。該組織不把佛牙當作是有利可圖的東西，反倒把佛牙落入基督教徒之手，視作上帝賜予的勝利，視作摧毀敵人至為有力武器的機會（因為教會清楚知道聖徒遺骸有何力量）。總督不得不把交易作罷。佛牙遭取出，磨碎，燒掉。在此，一如在其他地方，歐亞世界的「大發現時代」促成更多武力的交鋒，但未促成心靈的交會。在「大發現時代」之後繼起的「商業時代」裡，情形是否會改觀，仍在未定之天。

第三章

現代初期的均勢

（十七世紀到十八世紀中葉）

——歐洲稱霸之路受阻於伊斯蘭，難與明朝、德川幕府匹敵

巴達維亞港（今雅加達），荷屬東印度群島的殖民首府

「舊世界」全球模式將維持多久？其中的哪些社會能稱霸更廣大的世界？

歐洲在漫長十六世紀的擴張，以英格蘭人、法國人在北美洲北部建立殖民地，和荷蘭人、英格蘭人抵達東印度群島的貿易世界告終。但在一六二〇年代至一七四〇年代之間，歐洲人磅礡的擴張力道，勁力大衰。誠如我們已了解的，現代初期歐洲的「稱霸之路」在許多方面是個錯覺，是後見之明所加諸的不實論斷。即使在歐洲人掠奪「新世界」、入侵印度洋之時，他們仍認為自己是左支右絀在對抗氣勢昂揚的伊斯蘭。在政治、軍事、商業組織上，他們的成就比起鄂圖曼王朝、薩法維王朝、明朝或德川幕府的成就，只是旗鼓相當，或者更遜一籌。國家建造和文化創新是現代初期歐亞世界（而非只是歐洲史）的鮮明特色。

當然，在挺進「外圍世界」上獲致最傲人成就者、已拿下美洲龐大的新資源基地者，開闢了新的長距離貿易路線，將東南亞、印度、西非洲、美洲連成一氣者——乃是歐洲人。但我們不該認為，歐洲人藉由這些作為，已為稱霸全球一事奠下基礎，或這時已蓄勢待發，準備包圍、孤立、征服歐亞世界其他社會和文化。例如，這時仍完全看不出歐洲人已擺脫長期以來對昂貴亞洲製造品的依賴；他們在組織人事物（行政與軍事）上的本事，已使他們相對於歐亞其他民族占了特殊優勢；他們的上層文化已比其他地方的上層文化產生更大的物質益處，或已預示了他們終將在知識領域凌駕其他上層文化；自羅馬時代末期以來將歐洲人關在歐亞遠西地區的地緣戰略劣勢，已因為海上運輸和海上戰爭上的創新而一舉扭轉。西方人已將舊歐洲擴大為新的歐洲（大西洋「世界」），藉此取得和伊斯蘭世界或東亞同樣多樣、遼闊的腹地。但在現代初期的後段，這一領土上的大增是否也促成今人所認定的，歐洲後來得以稱雄的因素（內部轉型），證據又更薄弱許多。

事實上，相較於撼動人心的地理發現與征服（十七世紀初期時歐洲人已勉強接受發現、征服所帶來的影響），十七世紀或接下來更長的時間裡，歐洲步入了其與歐洲以外世界的關係更漸進式改變的階段。「地理發現」帶來意外的好處，但這等好事在此時期不會再有；歐洲—大西洋世界的政、經條件，限制了進一步擴張的範圍。歐洲諸海上強權，念茲在茲於大西洋地區的權力角逐，對於在亞洲建立帝國一事，興趣缺缺；與此同時，伊斯蘭世界與東亞諸國反倒健壯得很，與日後許多歐洲生龍活虎而亞洲衰敗不堪的論述裡呈現的形象大相逕庭。伊斯蘭化文明的世界繼續擴張；中華帝國的國勢，在十八世紀下半葉臻於極盛；印度、中國兩地的製造品，在西方所受到的重視，達到史上最高點。從這角度來看，英國征服孟加拉（一七五七年）之前的一百五十年，不只是「歐亞革命」（歐洲藉以宰制「舊世界」其他地方的行動）的漫長前奏，還是歐亞世界幾大社會之間，以及在「外圍世界」的部分地區，入侵的歐洲人與本土族群之間，均處於近乎勢均力敵的時期。這時仍有待探明的，則是由「舊世界」諸社會的地緣擴張和那些社會之間更密切的經濟互賴所打造出的既競爭、又合作且共存的全球模式，將會維持多久；若有社會將克服科技上、組織上、文化上的障礙，稱霸更廣大的地區，將是哪些社會。

雄心的局限：在更廣大世界裡的歐洲人

大西洋貿易世界的殖民與商業

因此，在這時期的大部分時候，歐洲人汲汲於鞏固他們在大西洋世界的勢力範圍，更甚於占領新土地。雖有某些人堅持不懈於地理探索，但整體而言，這時期地理探索的範圍相對來說相當小。在歐洲人繪製的地圖上，地球上仍有大片地區不得不以空白呈現，即使是歐洲列強競奪最激烈的北美洲亦然。哈德遜灣的位置在一六一〇年就已探明，但要到一六八二年才有勒內—羅貝爾·拉薩勒（René-Robert La Salle），走遍從蒙特婁到密西西比河口的整條曲折河路。[1] 加利福尼亞普遍被視為一座大島，直到約一七〇〇年才改變。[2] 維圖斯·白令（Vitus Bering）證實亞洲與美洲之間沒有陸橋相接，但這認識直到一七四〇年代末期才為人所知。一七五〇年前，歐洲人普遍認為在哈德遜灣周邊的高地後面，有片龐大的內陸海「西海」。[3]南美洲的地理探明得較清楚，但在較偏遠的內陸，特別是在亞馬遜河流域和巴塔哥尼亞高原，直到進入十九世紀許久後，仍有許多地方屬於terra incognita（未探明地區）。[4]在太平洋，歐洲人的地理思維受制於「南方大陸」（Terra Australis）的錯誤認知，直到庫克船長在一七六〇、七〇年代進行幾次偉大航行後才改觀。[5]在西非、東非、中南非，歐洲人除了對奴隸販子和其他商人所涉足的狹窄沿海地帶有所認識，對其後的內陸地區幾無第一手的了解。因此，一七五〇年時，歐洲人仍深信尼日河從東非往西流，經甘比亞河、塞內加爾河匯入後注入大西洋，進而因為這錯誤認知，使後兩條河受到過度的看重。

如此大範圍的地理無知，使歐洲人在「外圍世界」的活動，只能靠錯綜複雜的通道，彼此連接孤立的殖民聚落、礦場、貿易站，且那些通道得時時投注心力維持，才能保持暢通。歐洲人無法進行更大範圍的勘查，原因之一在於技術上的諸多障礙：陸上移動成本高昂；氣候與疾病摧毀人員的速度驚人；原住民統治者不願讓間諜和不速之客侵入，以免危害他們對重要財源（毛皮或奴隸）的壟斷地位。在西非洲，歐洲商人不得不小心行事，以免觸怒隨時會以行為不當的罪名懲處他們的當地統治者。他們的武力也敵不過當地統治者所能糾集的軍隊，在達荷美❶尤其是如此，因為該地的部隊配備有進口火器。[6]勘查活動（exploration）其實是誤導認知的字眼，因為這字眼通常意味著透過當地人提供的訊息，替既有的貿易路線「繪製地圖」——除了官方提供極有限的資金外，通常是靠可取得商業利益或新移居地的心理憧憬在驅動。但來自經濟需求或人口需求的驅動力，頂多也只是零星爆發。一六九〇年代巴西的淘金熱，吸引移民湧入，鼓舞聖保羅的邊地墾荒者（bandeirante）赴內地荒漠❷尋找新金礦。但西班牙人治下的美洲，歐洲人移入的人數於一六二五年後銳減。[8]英格蘭對北美的殖民腳步緩慢，一直到一六七〇年代，科特斯登陸墨西哥的一百五十年後，大陸上的殖民地才在經濟上站穩腳跟，在安全上不怕遭印第安人反擊。[9]對英屬加勒比海地區的移入則較活躍，因為該地區的經濟前景似乎較佳。最近某份研究顯示，當時牙買加的白人，富裕程度是英屬美洲大陸上的白人的十倍。但亞熱帶氣候和當地本有、外來的疾病，使殖民者傷亡慘重。從一七〇〇至一七五〇年，有三萬至五萬名歐洲人移入牙買加，但一七五二年的白人人口只有一萬。[10] 一七〇〇年，在英屬的美洲、加勒比海地區，可能有二十五萬名白人殖民者。[11] 大陸上的殖民腳步緩慢：直到一七五〇年代，無所不在的殖民地土地投機者和他們在政府中的友人，才開始將他們的網子撒到阿帕拉契山脈的另一頭。移入新法蘭西（魁北克）、阿卡迪亞（Acadia，今新斯科細亞）、路易斯安納的法國殖民者，人數甚少，一七五〇年代時可能只有六萬人。

到十八世紀中葉，在西班牙、法國、英國、葡萄牙的美洲殖民地，歐裔居民總數在三百萬至四百萬之間，可能是當時歐洲（含俄羅斯）人口的百分之五。但橫越大西洋到美洲的人口中，絕大多數當然不是自由之身的歐洲人，而是奴隸之身的非洲人。根據某可靠的估計，到一八二〇年時，抵達美洲的非洲人，人數已是抵達美洲的歐洲人的四倍之多，也就是約有八百萬名非洲人和兩百萬名歐洲人。[12] 非洲人在熱帶加勒比海地區的死亡率也很驚人。巴貝多的類殖民地原本倚賴來自不列顛群島的契約工，但在一六七〇年後驟然改為倚賴奴隸。[13] 使用奴隸，對歐洲人的移入帶來兩大影響。奴隸一引入，種植園經濟便不再需要歐洲提供勞力，而非洲疾病的傳播，很可能提高了歐洲殖民者的死亡率。弔詭的是，奴隸的引入促進了種植園經濟，從而創造出讓後來抵達的歐洲人得以從中獲利的當地市場（對糧食、建材、輕製造品的需求）。因為「新世界」的農業殖民，只有藉由集中栽種某些亞熱帶商品作物，且以奴隸為栽種人力，才有利可圖。一六六〇年代起，甘蔗是主流作物，菸草遙居其後，可可和巧克力殿後。[15] 但比起祕魯和墨西哥所開採的白銀（前者白銀產量愈來愈少，後者則愈來愈多），糖的重要性又相形見絀。這時期的大部分期間，美洲白銀產量漸減，要到一七五〇年後才反轉遽升，但白銀仍是這時期美洲出口的最大宗。[16]

加勒比海地區的產糖殖民地，乃是歐洲擴張的奇特產物。使那些殖民地有利可圖所需的東西（土壤除外）全

❶ 譯按：Dahomey，西非國家貝寧的舊稱。

❷ 譯按：sertao，巴西東北部乾旱的內陸區。

來自外地：資本、「管理階層」（歐洲裔種植園主和管理人）、勞力（非洲奴隸）皆是，就連甘蔗本身都是從加納利群島引進加勒比海。不管是主人，還是奴隸，時時都活得提心吊膽：擔心敵對的歐洲人來犯；擔心奴隸造反；擔心遭報復心切或壞脾氣的白人懲罰；擔心生病；擔心暴風雨、颶風的氣候威脅。在英屬殖民地，例如巴貝多、背風群島（Leewards）、牙買加，種植園主不改在英格蘭的生活習慣，戴假髮、穿毛料衣服，吃大量麵包和肉（大部分是來自北美殖民地的鹽醃肉），喝大量酒（為了止渴，也可能為了讓腦袋一片空白）。已經是十八世紀了，英屬西印度群島仍是不折不扣的「化外之地」。有位總督追求女子不成，憤而剪掉那女子的頭髮，還有個總督痛斥種植園主「變態、可怕的獸慾」，為此，總督在入夜後巡邏街頭，以遏制他們的惡習。因此，或許不足為奇的，那總督事後於總督府遭圍困，經一場動用到火炮的交火後，遭被憤怒的公民殺害，接任的總督則因偷取教堂白銀而入獄。難怪牙買加首府羅牙爾港（Port Royal）於一六九二年毀於地震和水災時，那災難普遍被歸因為天譴。

大西洋貿易世界是「舊制度」的重要支撐，而非歐洲經濟體「工業轉型」的有力因素

白銀、（來自巴西的）黃金、糖、菸草（價值高到扣除長距離運輸的成本仍有利可圖的商品），乃是跨大西洋商業的生命線。但在提升歐洲經濟的效率和生產力上，它們的貢獻有限且間接。糖和菸草這兩種消費財，在歐洲的需求快速成長（就糖而言，一七五〇年後的需求成長更快得多）[17]。白銀和黃金促進了歐洲諸經濟體的貨幣化。但有許多白銀再出口到東方，以購買亞洲的紡織品、瓷器、絲織品、茶、香料：這時期荷蘭、英國對印度的出口，絕大部分是「財寶」：白銀和黃金。[18]美洲產品助長了對亞洲商品的需求，而未替新製造品或新科技的誕生提供基礎。在這個講究商業規章的重商主義時代，美洲諸經濟體也未能為歐洲提供足以促進歐洲商業和製造業發展的活絡出口市場，只有歐洲某些地方和行業因此受益。十八世紀時，靠銀塊、糖、菸草而繁榮的美洲殖民地是英國重要的市場，英國對這些市場的出口，在該世紀時明顯增加。[19]但加勒比海地區的種植園主得把許多收入花在奴隸上，[20]美洲人口中，有很大比例是生活僅足溫飽或無法溫飽的奴隸或半奴隸勞工。印第安人中，有許多是無錢無勢的邊緣人或遭邊緣化為這類人。在加勒比海地區，付給船運業者、居間代理商、放款人的費用，還

有匯回給遠在他地的業主的款項，吃掉種植園的利潤，降低了當地的需求。重商主義政府靠大量金錢支持的上層結構，還有該政府一大票因酬庸而當官的貴族、領退休金者，該政府一小撮享有特權的商人，可能是美洲這部分意外之財的主要獲益者。殖民地產品補強了歐洲內部的貿易：它們廣受需求，因而協助化解了地區間的失衡。[21]把大西洋貿易世界看作是商業「舊制度」（ancien régime）最重要的支撐，而非促成歐洲經濟體（甚至最先進經濟體）工業轉型的有力因素，或許是比較明智的看法，至少在一七五〇年之前是如此。

成長緩慢的歐洲經濟所支撐的「舊制度」

事實上，歐洲與亞洲、美洲兩地跨洋貿易的模式，反映了在「危機時代」歐洲本身經濟表現的不穩。貫穿這整個時期的根本問題，乃是人口：十七世紀時人口成長遲滯，且因戰禍而更形惡化；一七〇〇年後才緩緩增加。得不到人口成長所產生的額外需求，貿易不振。西歐、南歐對東歐穀物的需求減少，且隨著玉米、稻米被用來取代本土作物，這需求又更降低。幾無證據顯示當時的農業生產力有全面提升，而進入十九世紀後，饑荒仍是定期降臨的威脅。遠離河道和人工水道的內陸交通仍不穩定、緩慢且成本昂貴。在約一七五〇年前也沒有多少跡象顯示，農業生產力因製造過程有計畫地使用科技創新而提升——可以確定的是，科技創新的使用，其效益還未大到讓這類商品運到本國或歐洲以外消費者手上的成本大幅降低的程度。大量的歐洲人（或許是愈來愈多的歐洲人）被農奴制度（普見於俄羅斯和東歐的制度）困在鄉村，無法自由遷徙。

這是個經濟成長緩慢的漫長時期，而在此時，地理位置最有利於提升境內經濟的國家，乃是北歐的濱海諸國。低成本的海上交通有利於專門化，而效率有助於提升專門化帶來的獲益。[22]這些國家得以取得最多樣的貿易商品（包括殖民地商品），使它們將綿密商業網（商品與書面信貸在最多的目的地下，輕易而頻繁地交換）的利益最大化。因此，這時期的顯著特色，乃是集這些優勢於一身的人港市興起，包括倫敦、漢堡、阿姆斯特丹。從一六六〇至一六九〇年，英格蘭的經商船隊規模大了一倍。[23]整體來講，隨著大城市（除了大港，還有首府）愈來愈大，而較小的中心城市相應萎縮，都市化程度提高。新財富和新生活格調在這些大城興起，消費模式的轉變在大城最為快速，對進口食物、藥物、飲料、紡織、家用物品的需求，在大城裡最為熱切。[24]社交生活、勞力、休閒的商業化，也是在大城裡最為明顯。[25]

基於這些原因和其他原因，人們不免會認為，這一時期最重要的轉變，乃是興起一批商業性海上國家。這些國家形成一個被歐洲「邊陲」和殖民「邊陲」所圍繞的先進「核心」，而歐洲「邊陲」和殖民「邊陲」的經濟發展則愈來愈受制於實力、財富、專門技術方面與先進「核心」的懸殊差距。在這期間，那些「核心」國家為了在商業、帝國主義擴張上稱霸，彼此間又展開更進一步的鬥爭。[26]但這些「海上國家」雖然在克服這時期的經濟制約因素上最為成功，我們仍不應以後見之明誇大他們的實力和重要性。他們的海上商業活動，有許多是充滿風險而無利可圖，[27]一如英國的皇家非洲公司和南海公司、荷屬西印度公司和東印度公司的下場所顯示的。[28]歐洲之外的商業競爭，伴隨這競爭而來的基礎設施（要塞、船隊、重商主義規章），使這些國家的作業成本大增，有時甚至成本高昂到讓他們本身元氣大傷。[29]遠距離的商業作為和軍事行動相當危險，且往往無效：英國和荷蘭在海軍軍力和財政實力上都占上風，但兩者都未能完全打進西班牙人在美洲的商業體系。海上強權的金融部門也極難抵禦戰爭和政局動盪的衝擊：一七四五至一七四六年，宣稱英國王位應由他坐的「英俊王子查理」（Bonnie Prince Charlie）入侵，使倫敦的金融陷入恐慌。西北歐的海上經濟體雖然較先進，但也未能以它們的製造品、商業網、主張官方干預與規範的「財政」觀，明顯支配大陸內部的陸上經濟體。歐洲內陸國成功抵住「海上強權」的支配一事，反倒更值得強調。在歐亞世界或全球這個更大的經濟競爭舞台上，歐洲經濟的海上部門雖然成功發展出橫跨大西洋的商品貿易，在美洲的歐洲移民裡成功找到市場，但由於規模太小，經濟與人口上的實力太受限，無法在前工業時代生起稱霸全球經濟的雄心。

這一成長緩慢的歐洲經濟，乃是維持由宮廷、政府機構、教堂、貴族組成的複雜社會—政治上層結構所必需。經過十七世紀初到中葉的幾場大戰和內部動亂，歐洲許多地方的社會、政治威權在十七世紀後半漸趨鞏固。農民暴動和地區性叛亂變得較不頻繁。隨著政局更趨穩定，政府的掌控更為有效，政府的支出和人民的稅賦也穩定增加[30]——特別是不成比例加諸窮人身上的間接課稅。但政府必須付出與根深柢固的貴族勢力徹底妥協的代價，才會走上這日益專業化、日益系統化之路。在法國，這意味著要與貴族在省區的勢力網密切合作；[31]在英格蘭，貴族擁抱議會制政府，則是建立在擁有地位、退休金和可用公帑操弄選舉上；在哈布斯堡君主國，為了讓貴族效忠國王，付出的代價是讓一小撮大家族進行寡頭統治，以及政府支持讓鄉村農奴制作為社會體制的基石。[32]

更富條理的「舊制度」漸漸出現在歐洲大部分地區，並不表示歐洲劃分為界線分明的一個個統一民族國家。「日耳曼」仍是個地理名詞，三百多個國家林立在廣大土地上，其中大部分國家面積非常小。版圖涵蓋今日比利時（一七一三年後）、北義大利、匈牙利（一六八三年後）、中歐、巴爾幹半島北部的哈布斯堡君主國，幾可說只是個由不同王國組成的鬆散結合體，在皇帝這個共主下勉強維持統一局面。即使在法國，透過聯姻、外交手腕、武力征服統合各省，也是備嘗艱辛：一七二〇年時，巴黎當局還得粉碎因經濟困頓和財政負擔而怒不可遏的布列塔尼地區貴族欲脫離中央獨立的陰謀。不列顛群島的統一，建立在合組君主國這個不穩固的基礎上，一七〇七年，英格蘭、蘇格蘭合併，為統一之路踏出試探性的一步，此後，統一之路受到兩場蘇格蘭叛亂的嚴厲考驗，且不斷受到愛爾蘭人不滿情緒的威脅。對東歐的諸「內陸帝國」，還有歐洲最西邊的臨海諸國而言，對外政策大體上仍圍繞著邊陲省分的效忠問題運轉。

「舊制度」政治整合所衍生的殖民擴張局限

從各大「舊制度」國家所達成的有限政治整合，衍生出兩個重大後果。首先，這些國家通常無法實質掌控其受征服子民和公民在歐洲以外地區的活動。他們的殖民政策受制於商人遊說團體、貴族勢力、王廷三者的拉扯而未能得出定論，其結果往往是訴諸某種「善意的忽視」，[34]讓殖民者或商人貿易據點自己看著辦。其次，大部分歐洲人國籍觀念薄弱，因此對他們而言，對王朝的效忠，乃是唯一切實可行的政治活動基礎。事實上，王朝的至高權力遭到捍衛既有自由和特權的諮詢性或代議性組織稀釋，但歐洲沒有可供外銷到其他地方或可輕易移植到海外異國環境的「舊制度」意識形態或政治典範。每個國家（和每個單位）裡權利與君權的平衡與否，取決於由地方利益團體所承繼並捍衛的地方習俗和慣例。這種思維已由西班牙、英格蘭的殖民者帶到美洲殖民地，有助於說明帝國中央每次欲申明其威權時為何會困難重重。[35]因此，當時的人覺得，很難有哪個歐洲國家能遽然擴大其海外領土，同時又不致危及攸關其國內局勢穩定的脆弱政治機制。因此，難怪以下的主張會成為政治評論家口中的老生常談：勿追求大而無當的領土，以免王權與貴族、商人、宗教、自治市、地區的特權之間的平衡，變得完全無法掌控。[36]

事實上，美洲雖然代表了歐洲勢力的驚人擴張成果，卻也為「舊制度」國家的擴張主義有其局限，提供了證明。在英格蘭和西班牙各自轄下的美洲地區，帝國主義擴張的代價，一直是殖民地的享有實質自治。[37]一六七六年維吉尼亞富裕的種植園主納撒尼爾．貝肯（Nathaniel Bacon），指控該殖民地總督對帕蒙基族（Pamunkey）印第安人太過寬厚，於是率眾叛亂，燒掉位於詹姆斯敦（Jamestown）的該殖民地首府。而此事發生後，倫敦當局幾乎是束手無策。或許，天佑倫敦，貝肯還沒來得及鞏固他的叛亂政權，就死於「血痢」。[38]帝國母國政府普遍不願將本就不足的陸軍、海軍軍力用於保護或拓展殖民地，殖民地的領袖不得不在遠離母國的諸般不利條件下，與各種遊說團體、派系、利益團體爭奪君王與大臣的關愛。當時的倫敦、巴黎、馬德里政府，當然很想保住從海外貿易得到的收入，一旦有對手國欲阻斷這收入來源，他們不惜動用武力：英國船長詹金斯在加勒比海地區遭西班牙海岸防衛隊割下一隻耳朵，為此，英、西兩國引發爭執，久久未決，終至在一七三九年兵戎相向，爆發詹金斯的耳朵戰爭（War of Jenkins's Ear）。但英、法、西三國政府通常不願將殖民地擴張視為他們治國策略的核心，[39]且很可能把殖民地視為他們贊助體系一時方便的擴延，而非國力的擴張。[40]

「舊制度」歐洲諸國受均勢外交和王朝政治影響，無法拓展海外霸業

因為這種種原因，「舊制度」歐洲的諸國，在政治上並沒有能力大膽展開征服歐洲以外世界的行動。撇開俄羅斯這個重大例外不談，幾無誘因鼓勵這些國家的貴族階層擔起擴張領土的重擔。但如今偶有人主張，歐洲國際體系的競爭、多元特質，還有其多國林立、各大國相敵對的現象，不只助長了軍事戰術、軍事組織的進步

（使歐洲人因此在幾乎是無心插柳柳成蔭的情況下，具備了支配世界的動機和工具），還催生出最終不可避免擴及到世界其他地方的戰爭。

「舊制度」歐洲無疑投注了巨資在陸軍和海軍上，十八世紀期間歐洲諸君主國的公共支出裡，約有百分之五十四用在陸、海軍的戰爭開銷。[41]歐洲軍隊的員額在一六六〇年後急速增長。[42]法國兵力在一六九〇年代達到高峰，約四十萬人，人口少得多的英國和尼德蘭，在西班牙王位繼承戰爭期間（一七〇二～一七一三），各有超過十萬兵力。軍事組織也愈來愈職業化，漸漸引進普及全軍的制服、訓練方法和常備軍官團。[43]戰爭頻繁和外籍軍官、士兵的普遍使用，促進新技術快速普及全歐。但一七五〇年代之前，甚至在那之後，幾無證據顯示，在作戰技能方面搶先一步的發展，使歐洲人在世上其他大部分地區大大占了上風。這有幾個原因。歐洲軍隊確已發展成高度專門化的作戰機器，但那作戰機器是用於歐洲各國「彼此間」的戰鬥，而非用於和「戰略信條」與歐洲截然不同的軍隊戰鬥。一七五〇年代英國軍隊與美洲原住民的幾次遭遇戰，就血淋淋點出這事實。[44]布雷達克將軍（General Braddock，賭博經驗比戰場歷練更豐富之人）率領英國部隊挺進樹林，在今匹茲堡附近與原住民交戰時，他們緊密的隊形和亮麗的制服（歐洲人作戰時井然有序、紀律嚴明的關鍵所在），反倒引他們走上死亡之路。歐洲戰爭慣見的圍攻、機動調度戰法，無法全盤適用於地緣政治條件大不相同的其他地方，即使能部署所需的兵力亦然。歐洲式戰爭已開始倚賴補給方面複雜的基礎設施，一旦欠缺這基礎設施，仗就打不成。即使在歐陸，歐洲軍隊在多瑙河流域[45]或黑海北部龐提克乾草原（Pontic Steppe）[46]之類邊陲地區，也打得很差。特別重要的原因，乃是熱帶疾病的駭人殺傷力。在海外，熱帶疾病對歐洲軍隊的殺傷力，比任何軍事反抗還要厲害。一七四一年，英國派遣遠征軍奪占西班牙加勒比海地區的卡塔赫納（Cartagena），結果有超過四分之三的兵力不久就無法上場作戰。曾當過海軍軍醫的作家托比亞斯．斯摩萊特（Tobias Smollett）寫道：「膽汁熱……爆發，來得又凶又猛，遭此病襲擊的眾人，有四分之三死掉，死狀悽慘；他們的膚色，因體液腐敗到極點，漸漸變成炭黑色。」[47]就連海軍也擺脫不了其中某些因素的制約。軍艦是成本極高昂的設備，而其價值在惡劣環境下快速貶值。海戰也以謹慎和機動為首要原則。海戰成敗，攸關重大：遭徹底擊潰的結果，可能是入侵或商船隊遭殲。因此，海軍通常不離基地太遠。歐洲人從一五〇〇年起就已熟悉加勒比海的航行環境，儘管如此，對加勒比海地區偶爾施行的突襲，仍因氣候和疾病因素，風險極大；在印度，十月北季風開始時，可能遭遇颶風或不利的風向，這時若逗留在印度沿海，可能遭到不測。[48]當然，在火力上（有時在速度和操控上），歐洲戰艦通常比歐洲以外地區的戰艦占了很大優勢。但歐洲人很少一次動用大批戰艦，而歐亞其他地方的內陸帝國或陸基國家，大體上未受到在歐洲戰爭裡扮演吃重角色的海軍騷擾。

這種種因素，限制了歐洲戰爭擴及到他們尚未殖民之歐洲以外地區的程度。事實上，歐洲的國際政治通常太專注於歐洲內部事務，而無法對歐亞其他地方構成太大威脅。歐洲的國際政治也無法控制地不穩，因為歐洲的外交受兩個相激盪的有力因素支配。第一個是欲在歐洲國際體系裡，國力強弱不等的眾多成員之間，維持大略均勢的力量。[49]第二個是王朝因素。因為王朝野心，還有出身、性格這兩項偶然因素，王朝是個不可預測的力量。王朝大位的歸屬紛爭，引發了一七〇二至一七一三年大規模的西班牙王位繼承戰爭，促成俄羅斯與瑞典之間的大北方戰爭（Great Northern War，一七〇〇～一七二一），在普魯士的斐特烈二世（Frederick II）奪占奧地利的西里西亞時，激起奧地利王位繼承戰爭（一七四〇～一七四八）。王朝政治的混亂，在某種程度上受到歐洲諸大國欲建構保守外交「體系」（一六八〇年之前是西班牙「體系」，繼之以法國「體系」）[50]的趨勢所抵消，但任何穩定下來的模式都不斷受到大範圍不穩定區所發生的事件威脅。這些不穩定區包括搖搖欲墜的哈布斯堡王國、東南歐的邊疆地區、無政府的波蘭和波羅的海地區、（十七世紀後半葉）動盪不安的不列顛群島。但均勢時代最突出的特色，乃是在歐洲沒有哪個強權強大到足以宰制其他所有強權，或強大到足以不受歐洲境內對手國的挑戰，放手展開海外征服霸業。

歐洲內戰對歐洲的局限及其反映的思想、文化、觀念

這一歐洲特有的不穩定局勢和這局勢所孕育出的好鬥心態，使歐洲付出昂貴代價。不管戰爭對技術和商業發展有何促進之功，拿戰爭所招致的破壞、稀有資源的虛耗、經濟不穩定（在前現代的環境下，經濟不穩定就已是嚴重

不利投資和企業的因素）的加深相權衡，都是弊大於利。[51]歐洲諸國間的相爭，也讓歐洲以外地區的人（阿帕拉契山脈以西的印第安人和或許受益最大的鄂圖曼人）漁翁得利。鄂圖曼人巧妙利用歐洲內部的衝突，保住他們四面受圍的帝國邊境地區直到一七六〇年代。一六九九年，哈布斯堡皇帝就因為亟需將對付鄂圖曼人的部隊，抽調去對付法王路易十四，才與鄂圖曼蘇丹議和，簽訂《卡洛維茨條約》（Treaty of Carlowitz）。西方人的侵略、競爭對象，大體上鎖定歐洲自己人，因而使他們在科技、商業上的長才無法在更廣大的天地發揮。

這些局限歐洲人能力和野心的東西，鮮明地反映在歐洲人的思想和更廣大的文化裡。當時大部分歐洲人，嚴予區分歐洲與美洲的關係和歐洲與非、亞洲（已知世界的其他地方）的關係。當時有股科學思潮，認為美洲這塊「新」大陸環境惡劣、不適人居，該地的居民體形，顯示出強烈的退化傾向，[52]儘管如此，美洲卻是歐洲人心嚮往之的地方。歐洲人深信他們有權利和工具將美洲「打造成」或改造成歐洲的翻版，或甚至「打造成」青出於藍而勝於藍的舊大陸翻版，為此對美洲興趣盎然。這一思維上的帝國主義，部分源自歐洲人可輕易入主美洲和原住民勢力徹底瓦解。但那也建立在一套約翰・洛克（John Locke）所表述的著名社會性、文化性假設上。洛克主張，印第安人未能發展出歐洲人所熟悉的物權體系，因此，歐洲人對美洲土地的殖民掠奪，乃是順理成章之事。[53]但洛克雖毫不掩飾地把鄂圖曼帝國視為可惡的獨裁政權，希望遭它征服的基督教徒反抗其統治，卻未對歐洲有權利征服、占領亞、非洲，表現出類似的篤定——即使歐洲有工具遂行此事。在此，博覽當時遊記和地理學著作的洛克，大概正反映了當時論鄂圖曼、薩法維、蒙兀兒、中國諸帝國的最有影響力著作中，[54]對這些帝國的尊敬心態。萊科（Rycaut）、德夏瓦涅（de Chavannes）、貝尼耶（Bernier）、杜哈爾德（Du Halde）描述了歐洲人可能不喜歡、甚至鄙視的國家和文明，但他們並未理直氣壯地認為，歐洲人征服它們乃是天經地義，更未說那是切實可行的事。當時歐洲人對中國的了解，幾乎全透過耶穌會教士的轉介，而耶穌會教士所傳播的中國形象，乃是個由文人官員治理、仁慈而井然有序的政權。[55]十八世紀的歐洲評論家，高舉薩法維伊朗和清朝中國為借鏡，以反照出歐洲的偏執、好戰、政治不修。孟德斯鳩在《波斯人信札》（*Lettres persanes*，一七二一）中，對於歐洲人在美洲的殖民作為，表達了廣受肯定的保留態度——「帝國就像是耗盡樹幹所有元氣的樹枝」[56]；

然後，在《論法的精神》（*The Spirit of the Laws*，一七四八）中，他形容中國是個強大而有效率的專制國家，在那兒，宗教和社會秩序緊密結合，非任何外來影響（包括基督教）所能滲入。[57]事實上，孟德斯鳩的主張有許多體現了地形和氣候對社會秩序、政治秩序有決定性影響的當紅觀點——暗暗強調歐洲人入侵歐洲以外世界為危險且違背自然之舉的理論。他認為，「在那裡（美洲）扎根落戶的人，置身在與家鄉大不相同的氣候下，無法適應那裡的生活，生活上的所有便利器具，不得不全取自母國。」[58]另有人說得更簡潔，「流氓行徑乃是那種氣候下的必然」，牙買加某英國海軍軍官在一七三一年如此寫道。[59]在此同時，文藝復興初期堅信基督教文化能普及世界的樂觀信念，早已被強調宗教與文明根深柢固的多樣性觀念所取代。[60]

內陸帝國主義：從莫斯科大公國變成俄羅斯

因此，這時期歐洲人的主要成就，乃是更全面發展他們的歐洲－美洲海上經濟。但歐洲的擴張有兩個面向，一是向海，一朝內陸。一六二〇年代至一七四〇年代，歐洲人最勇猛的陸上擴張，出現在俄羅斯的邊疆地區。

俄羅斯在歐洲擴張史上扮演的角色

俄羅斯在整個歐洲擴張史上所扮演的角色，向來莫衷一是。對十九世紀下半葉的俄羅斯史家，例如索洛夫耶夫（Solov'ev）或克留喬夫斯基（Kliuchevskii）而言，整部俄羅斯史，與俄羅斯的殖民作為和俄羅斯轉型為與中歐或西歐最強國家平起平坐的大帝國的波瀾壯闊過程，密不可分。另一方面，在許多西歐觀察家眼中，俄羅斯似乎往往是個半開化的「亞洲」國家，薄薄的「西化」外表勉強掩住沙皇獨裁統治的東方淵源，完全掩蓋不了鄉村生活的落後。[61]在歐洲稱雄世界的大業中，俄羅斯已在更晚近時被委以一個含糊不清的重任。有部探討「現代世界體系」根源的權威性著作主張，十七、十八世紀期間，俄羅斯由自治經濟區轉型為歐洲資本主義「準邊陲地區」的一部分：成為歐洲「核心」地區稱雄野心的合作夥伴、工具、受害者，最後（一九一七年後）又反抗歐洲「核心」地區的稱雄野心。[62]將俄羅斯稱為「準邊陲地區強權」，貼切凸顯了它按照西方路線所進行的局部經濟、社會改造，它自認與西方有別的心態始終未曾消失，以及「西化派」、「現代化派」一方，與「舊信徒」、斯拉夫派、民粹派（narodnik）一方，兩者間的長久鬥爭。歷史上，後一陣營屢屢痛斥俄羅斯臣服於外來（西方）文化。但這樣的說法同時也帶來嚴重誤解。俄羅斯的「現代化」再怎麼局部，俄羅斯（或許在一七〇〇年後，無疑在一七六二年後）一直是叱吒歐洲權力舞台上的五或六個強權之一。它成為繼英國的亞洲第二大帝國強權，還成為殖民主義大國。它的官方文化，表明俄羅斯人具有與英國人或法國人一樣強烈，欲透過帝國擴張使落後民族文明開化的使命感；在俄羅斯境內，也有異議運動反對侵略擴張主義者自認帝國主義傳播現代性的主張。特別重要的是，歐洲得以在十九世紀成就其主宰歐亞世界的大業，帝制俄羅斯無疑與西方諸海上強權扮演了同樣吃重的角色：協助包圍伊斯蘭世界、削弱各大伊斯蘭國家的政治結構、協助摧毀東亞以中國為中心的古老世界體制。身為歐洲在亞洲擴張的陸上前鋒，俄羅斯在創造一九〇〇年時所確立的「現代世界體制」上，居第一功。

還有一個理由，讓我們無法接受以下的世界史觀：把俄羅斯貶為次要角色，認為它既是歐洲「核心」諸巨頭幕後操縱的資本主義巨獸的代理人，也是其受害者。任何時期的歐洲（甚至是「政治上的歐洲」，以有別於勢必得將鄂圖曼人治下的巴爾幹也納入其中的「地理上的歐洲」）都不能簡化為由資本主義「上層強權」與依附它們的「邊陲國家」、「準邊陲國家」所組成的階層體系。過去的歐洲，幾乎一直是個由文化相似的諸國組成的鬆散「聯盟」，且經濟實力只是影響那些國家彼此關係的幾個重要變數之一。宗教歸屬、對王朝的忠誠、意識形態、族群凝聚力，以不可捉摸的方式和經濟力量互動，使某些政治單位、文化單位倖存下來，其他政治、文化單位則合併或消失。結果就是出現彼此差異明顯的諸國林立的模式，而這些國家間的競爭和衝突，不只源於欲成為

「上層強權」或欲主宰「核心」的野心，還源於它們在王朝利益、宗教利益、戰略利益、領土利益、還有商業利益上，定期性的（可能是慣見的）水火不容。歷史一再表明，這一多元性太過根深柢固，無人可以將其抹除，以創建一同質性的歐陸——就連拿破崙的過人天賦亦辦不到。歐洲對歐洲以外世界的集體衝擊，一再受到這一多元性的強力制約。最後，影響歐洲以外世界最歷久不衰的一股歐洲內部衝突，或許是朝陸地發展的帝國主義大國與其朝海上發展的對手之間的衝突。因此，俄羅斯不只大大協助了歐洲稱雄歐亞世界的大業，還在關鍵時刻，以關鍵的方式，顛覆了歐洲稱霸世界的計畫。

一旦承認歐洲的多元性，就必然不能接受以下的論點：俄羅斯是自成一格、與眾不同、與歐洲文明大相逕庭的文明（一如某些歐洲人和俄羅斯人一直以來所深信的），因此「真正的」歐洲乃是北義大利、法國、西德、低地國、英國：某種原型歐洲共同體。事實上，中世紀晚期的俄羅斯已和中世晚期的西班牙一樣，是基督教歐洲的文化版圖裡重要的一省。十六世紀的俄羅斯和西班牙一樣，致力於大規模的殖民行動。莫斯科大公國的統治者和西班牙君王一樣，汲汲於保住征服來的土地，以讓個人、王朝在競爭舞台上取得優勢。但兩者間有重大差異。俄羅斯的宗教特色和俄羅斯東正教對天主教的強烈反感，使得將西班牙與天主教歐洲其他地方連成一氣的那個強有力的相互影響管道，在俄羅斯幾乎毫無作用：直到十七世紀下半葉，歐洲天主教理念才成為俄羅斯境內主要的文化力量之一。其次，西班牙因殖民作為賺進龐大財富，有助於西班牙的哈布斯堡王朝遂行其雄圖霸業，俄羅斯的殖民作為則未帶來如此龐大財富。但商業上的孤立，不代表俄羅斯在西伯利亞、伏爾加河下游所獲得的殖民利益，不易為歐洲海上列強所掠奪或滲入。商業上的孤立，還使沙皇更易於牢牢掌控帝國的商業獲利和領土擴張成果。文化上、商業上的相對孤立，使個人在俄羅斯的擴張大業上扮演更吃重的角色。

俄羅斯的擴張大業

俄羅斯在十七、十八世紀的擴張規模，令人瞠目結舌。根據某項計算，俄羅斯的土地面積，從一六〇〇年約五百四十五萬平方公里，擴增為一個世紀後約一千五百二十八萬平方公里。[64]俄羅斯的毛皮貿易商在一六

○○年時已在烏拉山以東牢牢立足，到了一六二○年已掌控葉尼塞河流域諸河道和河與河間的陸上運輸路線，再十年後抵達勒拿河。一六三九年，他們的先頭部隊抵達鄂霍次克海和太平洋。[65]在此同時，其他商人抵達貝加爾湖（一六四三年「發現」）以東地區，一六四三年抵達大河黑龍江。黑龍江流經滿洲注入大海，俄羅斯人抵達黑龍江時，正值滿人征服中國。俄羅斯人花了四十年時間，勢力就籠罩北亞，但那只是個脆弱的貿易路線網。即使在西伯利亞西部，俄羅斯占領的地方仍局限於北方森林，乾草原仍是吉爾吉斯游牧民的天下。移入的俄羅斯人需要從俄羅斯取得糧食，困居在要塞裡，移民人口成長非常緩慢，直到一六六○年代，俄羅斯人加強軍事掌控，使俄羅斯人得以漸漸殖民開闊平原，情形才改觀。儘管如此，俄羅斯西伯利亞地區的男丁人口，到一七六○年時仍然只有約四十萬。[66]往南，情況類似：俄羅斯地主和其農奴，從廢棄或地力耗竭的土地往東遷移，慢慢占領開闊的乾草原。一七二五年奧倫堡（Orenburg）建立，這一武裝殖民過程從此進入一關鍵階段。[67]隨著一連串防禦性的利姆（lime，動用大批人力建成，築有防禦工事的屏障），阻斷游牧民貿易、襲掠的路線，乾草原上的舊社會慢慢窒息而死。即使如此，在俄羅斯人這一邊，通訊不良和男丁短缺，仍使鄉村拓殖非常緩慢。在歐洲的中亞邊境地區，人口擴張長久以來似乎和一七五○年代之前的北美大陸一樣緩慢。

對彼得大帝（一六七二～一七二五）和其後的幾位沙皇而言，攸關俄羅斯存亡的最大威脅，來自西方和南方人口稀疏的烏克蘭。一五九八至一六一三年俄羅斯陷入「動亂時期」期間，強大的波蘭─立陶宛共和國（Polish-Lithuanian Commonwealth），曾威脅以熊抱之姿消滅莫斯科大公國。一六一三年後，羅曼諾夫王朝的沙皇面臨波蘭的陸上對抗，還有產銅王國瑞典的新威脅──這時瑞典正致力於打造廣大的波羅的海帝國。一如波蘭人，新興的瑞典強權揚言要將莫斯科大公國轄下的俄羅斯逐出歐洲，摧毀其欲「重新統一」俄羅斯民族的雄心，透過與不滿俄羅斯人統治的哥薩克人達成機會主義式結盟，連根拔除莫斯科在烏克蘭的勢力。彼得的偉大成就，在於打破瑞典這一帝國主義企圖。他占領肥沃的波羅的海埃斯特蘭地區（Estland），為新帝都聖彼得堡（他於一七一六年遷都至此），取得重要穀倉和外圍防禦縱深。大北方戰爭結束，俄羅斯、瑞典簽訂《尼斯塔德條約》（Treaty of Nystad，一七二一），俄羅斯從此躋身歐洲大國之列，瑞典、波蘭從此不再構成俄羅斯的嚴重威脅。彼得本人揚棄

「莫斯科大公國」這個舊稱呼，改採「俄羅斯帝國」這個更堂皇的頭銜。他在其所成立的參議院演說時，宣稱俄羅斯「已加入政治國家的大家庭」。[68]

在烏克蘭的勝利，對俄羅斯的東擴特別關鍵。一六五四年簽訂《佩雷雅斯拉夫條約》（Treaty of Pereyaslav）之後，沙皇與烏克蘭境內享有自治權的「哥薩克首領轄地」（Hetmanate）享有特殊關係❸。哥薩克首領轄地的成立，代表波蘭控制下屬於半殖民地的烏克蘭境內，有一部分地區不受波蘭掌控。在哥薩克首領轄地內，新興的地主階級（starshyna），擔心波蘭人進一步擴張，且憂心南方哥薩克邊境的動亂惡化，於是求助於莫斯科大公國治下的俄羅斯，把俄羅斯視為最有可能穩定社會秩序的救星。[69]由於菁英階層對國家未來走向意見對立，烏克蘭諸領袖，例如富領袖魅力的哥薩克人首領馬澤帕（Hetman Mazeppa），欲藉由和鄂圖曼人、波蘭人或瑞典人結盟以確保自主地位的舉動，就必然使國家陷入險境。彼得大帝對馬澤帕的壓倒性大勝，還有一七〇九年的波爾塔瓦之役（Battle of Poltava）讓瑞典國王查理十二世負傷，標誌著彼得大帝將東烏克蘭有效併入帝國版圖，從而替俄羅斯取得可供貴族殖民的新土地，以及（在哥薩克人裡）取得寶貴的作戰人力庫。取得烏克蘭，打開了通往黑海的道路，在俄羅斯建立歐亞帝國的過程中，這一階段或許就相當於英國在一七五七年後征服孟加拉的階段。

促成俄羅斯帝國誕生的動力

龐大的俄羅斯帝國，這時已在歐洲東翼建立一強有力的領土擴張引擎（誠如哲學家萊布尼茲以不安口吻所說的「北方突厥人」），而什麼力量促成這一帝國的誕生？俄羅斯的擴張受羅曼諾夫王朝沙皇的恐懼和野心所驅動，沙皇巧妙利用東正教會和靠對中央提供服務以保住地位的貴族階層對敵人入侵、社會混亂的憂懼，遂行其霸業。一六五〇年後，沙皇政權強化其對教會與貴族的掌控，廢除東正教牧首的轄區。仿歐洲軍隊打造的新常備軍和彼得大帝推出的「官階表」（貴族地位與軍官、文官等級之間的關係，因這「官階表」而正式定型），強調君王的權力和權利。領土擴張與經濟成長，順利納歸中央一手掌控。藉由承諾征服新地區後賜予土地，還有其他措施，沙皇確保了貴族的順服。賜予土地成為許多貴族發財致富的來源，卻也成為俄羅斯轄下烏克蘭境內哥薩克人持續不滿的原因之一。透過官方商人（gosti），沙皇還控制、剝削對內、對外貿易中有利可圖的部分（包括鹽的買賣），[70]彼得大帝還建立官方工廠和兵工廠，供應軍需。最後，取得新領土，擴增了帝國的稅收來源，使彼得大帝的稅收得以增加兩倍，而將埃斯特蘭、烏克蘭納入莫斯科大公國治下的俄羅斯，使生產力增加了幾乎一倍。[71]因此，就像西班牙在「新世界」的征服行動，俄羅斯人以擴張養擴張，靠著征服得來的意外獲利，支持進一步的擴張。

即使如此，這也只是答案的一部分。十七世紀莫斯科大公國治下的俄羅斯，對來自歐洲其他地區的文化影響、知識影響，也有迅速回應。彼得暗地赴荷蘭參觀了幾趟造船廠，但他之前的幾位沙皇，就熱中於採用歐洲幾個更大君主國的治理方法和外交方法。俄羅斯的統治者和神職人員，吸取中歐巴洛克藝術和建築的理念，根據本地傳統予以改造，創造出新式巴洛克風格。[72]東正教會對天主教勢力的憂心，也使希臘、拜占庭的文化遺產重新得到關注，並催生出規矩更複雜、更嚴格的禮拜形式。就是一六五〇、六〇年代這一「俄羅斯宗教改革」，引發東正教會與「舊信徒」的分裂。這些改變的重要之處，在於它們使新興的俄羅斯國（有別於舊的莫斯科大公國），擁有了文化威望、文學資源、深奧的意識形態，以使埃斯特蘭的日耳曼男爵、烏克蘭的半波蘭化貴族、俄羅斯本身的貴族忠貞不二。另一條道路（退回俄羅斯舊傳統的原始社群、傳統禮拜（「舊信徒」所標榜的作風）之路），則與領土擴張、吸收其他文化、追求躋身歐洲大國之列的作為（這時已得到勢力龐大的既得利益集團支持的作為），背道而馳。

最後，一如前幾任沙皇，彼得大帝了解他政權的存亡，有賴於歐洲國際體系一員的身分和利用這身分取得的外交助力；他與丹麥結盟聯手對付瑞典，就是取得外交助力的一例。若遭波蘭或瑞典逐出「政治上的歐洲」，後果將不堪設想。出於這樣的憂心，他才迫不及待引進西歐的治理方法、技術，甚至衣著，以在與歐洲

❸ 譯按：宗主國與藩屬的關係。

鄰邦的地緣政治生存競爭中占上風。一六九八年赴歐洲觀摩之後，他下令禁止蓄鬍，且親自剪掉他底下幾大貴族的鬍子。俄羅斯的傳統衣著（寬鬆袍服（kaftan））也遭禁止，「日耳曼式衣著」則廣受推行。彼得遊歷歐洲期間見到袒胸露肩連衣裙，大為欣賞，回來後命宮中婦女跟進，但女人將牙齒塗黑的古老習俗，似乎比保守端莊的舊式婦女穿著更晚才式微。就連死時，彼得大帝都不忘指明國家該走的路。他身穿鮮紅色大衣，穿靴子和馬刺，佩勛章和劍，躺在棺木裡，遵照西方喪葬禮儀。

彼得大帝具有組織長才，深富謀略；但他能成功，也得益於波蘭政治制度的紊亂、瑞典國力在約一七〇〇年時耗竭、鄂圖曼人在關鍵時刻不願出手對付。[73]事實上，俄羅斯擴張背後的動力，不在於哪個單一因素，而在於一六一三年後的一百年裡種種有利因素的和合：社會體制得到鞏固——那社會體制的殘暴懲罰反映了「武裝兵營」（armed camp）心態；[74]能以開放心態接納來自歐洲其他地方的文化創新；俄羅斯作為歐洲與中東之間的貨物集散地，從中獲利；[75]俄羅斯開闊的陸上邊疆地區，有助於進一步擴張和獨裁政權的興起；俄羅斯在「乾草原外交舞台」上扮演的中樞角色；拜地緣戰略之利所賜，一七一〇年後其歐洲對手無一能進入黑海北方的整個歐亞地區。在此，俄羅斯人在西方海上強權的擴張模式之外，樹立了另一種歐洲擴張模式。

東亞的創新

東亞的重建，使東亞文明更能承受歐洲擴張的全面衝擊

從西方的角度來看，東亞歷史最引人注目的特色，乃是在經歷過十七世紀上半葉的動亂之後退回鎖國孤立。在中國和日本，新政權成立後都致力於鞏固國內政治、文化的一統，刻意減少與海外的外交接觸、商業往來。因此，乍看之下，東亞與西方差別有如天壤，東亞在懼外外交的政治障礙下，遁入文化靜滯和經濟停滯

的境地，而歐洲則是文化開放，海外貿易熱絡，政治上相互競爭。根據這思路，不免就會有人斷定，歐洲因一六二〇年後的漫長經濟下滑而突然中斷其擴張，只是個「養精蓄銳的停頓」，那停頓掩蓋了活力西方與囿於保守閉鎖心態而停滯不前之東方之間日益擴大的差距。

下此論斷之前，我們得仔細檢視德川幕府和清朝進行偉大創新所帶來的結果。兩者所創立的政治體，都維持了約兩百五十年。兩者統治期間，都出現了人口快速成長、大面積農業墾殖、內部貿易規模變大、對書籍需求升高的現象。對於鐵口直斷般靜滯與停滯的論斷，我們不應貿然相信，也不應遽然推斷：中國在約一六九〇年後對國際貿易的參與非常有限一事，代表中國已被貶入歐洲「世界體系」的附屬「邊陲」。[76]事實上，更仔細審視後可能會發現，東亞在約一六二〇年後的重建，對於強化東亞文明，使之更能承受歐洲擴張的全面衝擊（一七五〇年後歐洲以外許多地區都感受到的衝擊）功不可沒。

中國清朝初年平定內亂外患，奠定了十九世紀抵抗歐洲侵略的地緣政治先決條件

一六四四年清軍攻陷北京，明朝覆滅，新王朝清朝正式開始。[77]但清帝國的真正創立者是康熙（一六五四年生，一六六一～一七二三年在位），他漫長的在位時期，對大清江山的鞏固，就像阿克巴漫長的在位時期，對蒙兀兒王朝在印度統治地位的鞏固，一樣重要。康熙登基時，帝國能否長治久安仍然堪慮。作為統治菁英的滿人，尚未走出乾草原游牧社會所慣有的氏族體系。[78]他們對王位繼承的觀念（帝國統治持續不斷的必要條件）很陌生。氏族政治意味著不斷在爭奪權力和影響力，掠奪來的財富由最大的幾個氏族和其領袖瓜分（和往下再瓜分）。這種政治體制，與在漢朝時（西元前二〇六～西元後二二〇）得到鞏固、在明朝時臻於獨裁巔峰的儒家帝國體制，格格不入。因為這原因和其他因素，華南大部分地方、大部分文人菁英仍不甘於接受滿清統治。鑑於這形勢，且因為滿人從一開始就倚賴漢人盟軍來克服明朝的反抗，滿清不得不重用漢人將領，委以平定南方、西南諸省的重任。事實上，一六七〇年代時，其中三位將領（即所謂的「三藩」）還享有幾乎完全不受北京管轄的自治權，未來他們據地稱王，建立自己的王朝亦非不可能。除了這種種難題，滿清還面臨了其在「內亞」的威權可能不保的

新威脅。這包括來自卡爾梅克人的威脅，來自西藏達賴喇嘛神權帝國的威脅，還有在貝加爾湖南方、東方地區，來自沙皇官員和俄羅斯毛皮商人的威脅。在此同時，明朝覆滅，還有海上貿易所創造的機會，已在清朝東南海疆孕育出鄭成功的獨立政權。這個從事貿易和海上私掠的政權，以固若金湯的台灣島為基地，看來非常穩固。[79]

可能危及滿清王朝的諸多威脅中，最迫在眉睫的，乃是未能實質掌控華南。康熙還未決心拔除三藩，三藩就搶先一步，在一六七三至一六七四年公開叛亂。三藩中勢力最強的吳三桂，踞傲地向清廷提出分治天下的提議，要滿人只統治滿洲和朝鮮。[80]較可能的結果，乃是劃江而治，讓長江以北和帝都北京失去其生存所必需的糧倉，把北京貶為在邊疆危顫顫勉強存活的小國。經過漫長的交鋒，到了一六八〇年代初期，康熙已占了上風，而這有一部分是因為吳三桂在一六七八年死於痢疾，[81]還有一部分可能是因為三藩得不到南方反清復明人士的支持，以及士人寧可在滿人統治下過太平日子，也不願受軍閥統治。到了一六八三年，康熙也終於消滅鄭成功的叛亂王國，將台灣納入版圖，二十餘年前為使鄭軍得不到資源而施行的堅壁清野政策[82]（沿海二十至三十華里內不得有人居），自此得以廢除。因為同樣原因而嚴格禁止的對外貿易，隨之重啟。[83]一六八〇年代更晚時，華南局勢已大略平靖，康熙得以轉而經略「內亞」。

滿人入主中國的策略，乃是在乾草原建立邊疆國家，以乾草原經濟和農業經濟的融合為基礎，使國力壯大到讓漢人不再效忠於中原王朝。如此打下天下的滿清王朝，其皇帝非常清楚若有乾草原上的新挑戰者走滿人的路子崛起，會帶來多大危險。一六七〇年代，卡爾梅克（即衛拉特）可汗噶爾丹開始統合各部，建立足以威脅清朝的龐大乾草原帝國。他以蒙古西方的準噶爾盆地為基地，征服今新疆境內的綠洲和貿易城市。一六八八年他入侵外蒙古，挑戰北京威權。[84]在此同時，俄羅斯人出現在蒙古北緣和黑龍江流域，預示了這兩支入侵中國的勢力可能互為奧援，各得其利。或許，天佑康熙，這雙重的「內亞」挑戰同時撲來時，清朝已解決「中國本部」❹的問題（三藩和台灣問題）。但沒有哪個中國皇帝在身心素質上，比他更能勝任邊境戰爭的重任。康熙熱中打獵，聲稱殺了上百隻老虎、數十頭熊和豹、將近百隻的狼。他把追逐獵物當作行軍打仗的練習，而他頻頻遠赴邊疆地區遊獵、探視部隊，使他對衝突地區的地形，對清朝欲打勝仗所需的戰術和後勤補給，有了第一手認識。[85]

一開始，俄羅斯人和滿清都還不甚清楚對方的實力或目的。一六五〇年代中期，莫斯科已漸漸了解到，東方的神祕君王「博格第王」（Prince Bogdoy）不只是個微不足道的小統治者，而是像鄂圖曼、伊朗或蒙兀兒皇帝那般，不能等閒視之。[86]俄羅斯人一直希望滿清會同意外交往來，開放通商。這時，透過伏爾加河口的阿斯特拉罕，俄羅斯與中亞、印度的貿易正日益熱絡。一六三〇年代起，俄羅斯人與卡爾梅克人、蒙古人一直互有使節定期往來。康熙願意甩開中國與外國往來時僵固的天朝禮儀會見沙皇特使，但決心將俄羅斯勢力逐出東亞。一六八四年，他警告蒙古人勿再與俄羅斯人貿易。一六八五年，他的軍隊夷平雅克薩城（Albazin，俄羅斯人在黑龍江流域所建，最逼近中國的要塞）。俄羅斯人退而復返，而噶爾丹在一六八八年征服外蒙古，使北京可能得打一場大耗國力的漫長邊境戰爭。但俄羅斯人與卡爾梅克人的結盟胎死腹中，一六八九年，在西伯利亞東南部的尼布楚，康熙的大軍團團圍住俄羅斯的談判人員，迫使俄羅斯宣布放棄滿洲北方的遼闊土地。俄羅斯的擴張在此受挫，直到一八六〇年才扳回。一六九〇年，清軍使用火炮打敗噶爾丹。六年後，噶爾丹再遭潰敗，自殺而死。[87]中國對「內亞」的支配，要在約六十年後，平定天山南北路，才告完全鞏固。但康熙在位時，已恢復北京在東亞大陸的威權。這一由雍正（一七二三～一七三五）、乾隆（一七三五～一七九六）接續完成的偉大功績，乃是清朝得以在內部統治上卓然有成，以及（更長遠來看）在十九世紀頑強抗拒歐洲外交上、商業上的索求，最關鍵的地緣政治的先決條件。

---

❹ 譯按：指漢人居住的地區，又稱漢地十八省，與「中國疆部」／「內亞」為相對的概念。

清朝長治久安的法門

事實上，這一戰略上的大勝利，為中國歷史上一個格外充滿活力的時期開闢了坦途。雍正皇帝將滿人帶進來的氏族政權，改造為明朝專制政權的翻版，但恢復了明朝政權早已失去的活力，國力更強於明朝。滿人的「旗兵」（在入主中國上扮演關鍵角色的王公私轄軍隊）納歸帝國控制，或發予退休金使其退役。[88]這避免了王位繼承時派系戰爭的威脅。雍正設立更能貫徹皇帝意志的新機構「軍機房」（後改稱軍機處），取代議政大臣會議和都察院，作為決策核心。[89]第三項改革，「奏摺」制度，使皇帝得以源源不絕掌握省級官員貪贓枉法的情資。費心革新科舉制度，乃是康熙帝與中國文人修好的一部分作為。科舉制度是將帝國中心、各省的士人階層、知縣（知縣的衙門等於朝廷的耳目）連成一體的最重要紐帶。只要士人渴望透過以傳統典籍和儒家學說為核心的科舉考試入朝為官，且朝廷有忠心耿耿的滿族預備軍駐在由城牆包圍的城市，以這些城市控制中國大地，叛亂就不可能蔓延或持久。清初的皇帝還堅持儉省開支，以減輕人民稅賦。憑著龐大的稅收盈餘，且已消滅、懾服敵人或與敵人修好，清朝皇

一七六〇年為止的清朝擴張

帝找到了內外長治久安的法門。

經濟成長與文化復興

這樣的環境，有利於經濟成長和文化復興。根據某些估計，中國的人口在雍正、乾隆兩朝期間，增加了兩倍。耕種面積大增，從一六五〇年到一八〇〇年，可能增加了一倍。[90]漢人移民拓殖南方、西南方的森林地區。朝廷修復損壞的水道，興建新水道。[91]玉米（由葡萄牙人引進）、甘薯（十八世紀引進福建）之類新糧食作物，增強了稻米之外的糧食供給；茶樹、槐藍、甘蔗之類商品作物，則種植以供外銷，特別是福建、廣東之類沿海省分。長江中游湖南省的官員，以規勸、稅賦優惠、供應種籽的方式，鼓勵同季雙重輪作。[92]十八世紀的中國，廢除了農奴制（由雍正廢除），[93]人民得以自由買賣土地。定期舉行集市貿易的集鎮數量，穩定增加。在長江下游的江南地區，水路交通發達，促進了商業大城的興起，以村為基地的工匠，在這地區大規模製造棉布。上海往內陸輸出紡織品，最遠及於內陸一千三百公里處。鐵製品、絲、瓷器，貿易網廣大。[94]商業經濟發達，私人企業供應紙鈔，商人可藉由購買合同，承諾日後供鹽（需求格外穩定的大宗商品）給政府來借到錢。中國在國際貿易上的角色或許相對較小，但中國的國內貿易，即使規模沒有當時的歐洲大，也和歐洲相當。[95]

但清朝統治最引人注目的特色，或許在於它促成一段格外蓬勃的文化復興時期。康熙本人很喜歡召耶穌會士進宮聊天（改朝換代之後，耶穌會傳教士未被逐出中國），甚至懂得彈羽管鍵琴。但他未接受中國與歐洲定期往來的觀念。「中國與西方沒有共同關切之事」，他簡明扼要論斷此事。[96]西方人，一如耶穌會士，清朝歡迎其前來，但來了之後得住下（不能想來就來，想走就走），且要入境隨俗，遵從儒家的倫理觀。教皇致函康熙，請其送回被羅馬當局懷疑有異端言行的歐洲人，遭康熙拒絕，康熙還在回函中語帶挖苦說道，他會把他們砍了頭再送回去，好讓教皇知道他們已被「改造」。[97]教皇如何回應，不得而知。康熙最關注的事，乃是中華文化。他和繼任者資助古代典籍的蒐集和刊印；康熙本人親自找學者編纂百科全書。識字率提升，刊印的書冊增加以滿足閱讀需求。[98]小說、詩、歷史著作、傳記、地名辭典、百科全書、作品選集、古玩收藏研究著作，刊行於世。

這是個倡導儒家典籍之價值與傳統的士大夫文化：主張追求社會內部的和諧、人與自然的和諧；強調階級倫理（特別是不同輩之間的倫理）和有助於維護社會秩序與團結的行為規範；呼籲人應自我克制、壓制個人欲望。透過文學與藝術，還有作為民間宗教重心的官訂「膜拜」、祭祀規定，儒家文化影響的散布之深廣，前所未見。[99]藉此，中國的政治、經濟整合，與日益深化的文化統一，相輔相成，齊頭並進，而在達成這日益深化的文化統一之後，中國迎來的是與西方來往更為密切、然後更為暴力的時代。

清朝的局限

但清朝的成就有其局限。中國境內有許多不在其龐大水道網所及的地方，仍受制於地方主義的禁錮，但當時歐洲大部分地方可能也是如此。更嚴重的是，中國未能重振約三個世紀前所拋棄的海權。東南亞的華商和華人移民得不到清帝國的保護，華人在西班牙治下的菲律賓慘遭屠殺，北京置若罔聞。[100]歐洲人著迷於中國（不管是多無知、多膚淺的著迷），但中國知識份子對歐洲興趣缺缺，而這或許在某種程度上反映了他們對自己文化的信心，以及他們對體大思精、數千年綿延不斷的古典文化傳統的崇敬。在某些方面，中國的閉鎖傾向愈來愈明顯：一七二七年，雍正皇帝廢除了自蒙古人統治以來對基督教傳教士有限包容的政策。[101]即使在歐洲思想仍繼續輸入時，歐洲思想在中國也似乎起不了作用或乏人聞問。[102]由透視法在中國的遭遇，就可充分說明此點。中國藝術理論並非「未能」發明透視法：中國理論認為單一固定視角的畫法不值一顧，反倒強調從多個視點看物體或風景；[103]但更深層的問題（從技術變遷、科學變遷的角度來看），或許在於清朝社會根本的保守精神。清朝社會把許多社會力量投注在其行政體系，投注在公會之類法人團體和攸關社會階級倫理之維持的家族權威或氏族權威上。清朝統治或許替無疑已牢不可移的社會趨勢，添加了意想不到的轉折。畢竟清朝雖大力宣揚儒家文化，骨子裡仍是由異族王朝和其同族追隨者施行的帝國統治，且這王朝透過居住、婚姻方面的規定，隔離滿人和居人口大多數的漢人。一如世界史上其他殖民政權，滿人發現，穩定的代價就是要和支配地方的豪強結盟，要謹慎避免社會風險或政治風險。因此，滿人在一六八〇至一七五〇年間鞏固政權的「時機」，就影響深遠。在與西方更密切接觸的前夕，中國特有的政治發展軌跡（仍受到其與「內亞」之共生關係支配的發展軌跡），未驅使中國走向包攬一切權力的東方君主專制政體（歐洲人想像中的中國政體），而是更進一步走向中央政府幾乎將所有主動權下放給地方（且通常保守）勢力的「有限統治」。中國的十八世紀「經濟奇蹟」轉壞時，政治改變的空間相對很狹窄。[104]

「鎖國」前後的日本

日本，一如中國，在十七世紀和十八世紀初經歷了一段政治統一、經濟成長的不凡時期。幕府將軍之職，由德川家族世襲擔任。天皇宮廷仍存於舊都京都，但徒有名器而無實權。幕府將軍在京都也設有巍峨宮殿，供其定期前往京都時居住。政治穩定的關鍵，繫於德川家族對氏族、氏族所分得的領地和對統治氏族的「大名」所擁有的無上權力。幕府還施行惡名昭彰的「參勤交代」制，以補強其武力統治。在這制度下，「大名」得將妻、子留在幕府的都城江戶當人質，且每隔一年要在江戶居住。在江戶時，「大名」得每個月上幕府朝廷兩次，得在江戶城裡和城周遭執行行政職務。與此同時，世襲的戰士階級，也就是武士，聚集在領地的城下町（圍繞領主的城堡發展起來的城鎮，例如姬路或名古屋）裡，或跟隨「大名」赴江戶「參勤」。武士在不同程度上轉型為食俸祿而有地位的階級，倚賴其所屬氏族發的俸祿為生，愈來愈著迷於儒家所宣揚的君子理想，而儒家的社會秩序觀正有助於支持他們的新地位。

社會承平，人口隨之遽增，從一六〇〇年的一千兩百萬增加為一七二一年的約三千一百萬，比西歐人口大國法國的人口還多了二分之一。[105]都市化有相當程度，江戶（約一百萬人口）、京都（三十五萬）、大阪（三十六萬），就世界標準來看，都是大城。[106]一七〇〇年，江戶的面積是倫敦的兩倍。耕種面積從一六〇〇至一七二〇年成長了一倍。[107]紡織品、金屬製品、陶器、出版方面，有一大型先進的手工生產基地。[108]地區經濟的專門化程度升高，促進了內部貿易。大企業家控制以大阪為中心的內部貿易。大阪有「天下的台所」（日本的廚房）之稱，具有龐大的稻米市場、肥沃的腹地，且接近京都，而京都這時仍是文化首府，製造業（特別是絲織品）重鎮。與西歐截然不同的是，現代初期的日本仍是「木頭世界」，這或許是因為日本位處地震帶，木造房子便宜且重建快速。日本的城市，放眼望去淨是低矮的木造建築。但走訪日本的歐洲人，個個都清楚日本是個先進而富裕的文明國家，都很想和日本人貿易。[109]

誠如之前說過的，在約一五四〇至約一六四〇年（正好是歐洲人來到這地區時）東亞、東南亞貿易的擴大上，日本扮演了積極促進的角色。日本商人和倭寇善用了日本、中國、東南亞三角貿易的新商機，而日本白銀產量的激增，促進了商業發展，使日本能買進更多外國進口貨。[110]根據某些估計，一六〇〇年時日本的白銀產量占全世界產量的三分之一[111]（歐洲人如此熱中於到日本做買賣的原因之一）。日本的西南諸港成長快速，特別是長崎，出現了中國工匠和商人定居的「中華街」。[112]一六一八年，光是長崎一地就約有兩百名中國人。[113]但江戶幕府對這日益擴大的貿易，卻充滿矛盾。江戶幕府成立未久，其對遙遠氏族領地的掌控，可能因那些領地不受規範的對外接觸而削弱。在江戶幕府眼中，天主教特別是與叛亂、顛覆密不可分，因而對其大力迫害。一六三〇、四〇年代，前來做買賣的中國人、荷蘭人（唯一獲准入境的歐洲人），只准在長崎和出島（長崎港中的人工島）活動。中國漫長的動亂和一六六一年後各口岸對合法貿易關上大門，進一步扼殺了東亞的對外貿易。但一六八五年後，東亞對外貿易復盛，幕府卻愈來愈憂心日本白銀外流，於是在一六八八年禁止白銀出口。一六九八年，幕府加強對長崎的管制，對商業與訊息的流動監控更為嚴密。[114]

日本走上「鎖國」，一部分是因為擔心白銀外流，使國家財富失血（這種憂心，當時歐洲多國政府也不陌生），一部分是因為不安於與中國的關係。中國是該地區的超級強權，其所主導的東亞「世界體系」，不承認日本的獨立地位。鎖國這消極辦法，解決了中日關係這一難題，且日本可能有意藉由鎖國，使清朝統治者打消侵日的念頭，畢竟四百年前元朝兩次入侵日本，差點就得手。但鎖國並不表示完全阻絕外來文化。中國思想和文化令日本人著迷，且得到德川幕府刻意推動。中國是穩固、安定、帝制國家的偉大典範。中國文學和藝術構成禮教社會的基調：嫻熟中國語和中國繪畫風格，在社會上備受重視。[115]日本人投入大筆心血改造儒家思想，以符合日本環境。因此，與其說長崎是個關上的門，不如說是個狹窄的門口和監聽站，幕府從來到這裡的船隻蒐集情報（船長得撰寫「近況報告」以便轉呈江戶），透過這裡進口書籍。「蘭學」（經荷蘭人傳入日本的歐洲學術、文化、技術的總稱），在武士、教師、學者圈子慢慢傳開。

「鎖國」帶來的經濟革命

江戶幕府在政治上走上鎖國，並不表示經濟就此陷入停滯。一場令人讚嘆的雙重革命，推動了一六〇〇年後日本經濟的成長。首先，隨著「大名」和武士定居於城下町，江戶幕府的政治體制創造了日本前所未有的大型城市經濟。最引人注目的例子，就是江戶本身。「參勤交代」規定，把數百位「大名」和他們的妻小、大批侍從武士帶到江戶。[116]到了一七〇〇年，江戶百萬人口中，有一半是侍從武士，他們住在一個個氏族大院中，而這些大院占了江戶城區將近四分之三的面積。「大名」與武士集中於一地，為都市商人、工匠、臨時工的服務業、製造業，帶來龐大的上層消費人口。他們的購買力來自其領地的稅收，而從領地送來的稅收有時是實物，存放在江戶水岸邊的大倉庫，有時則是將收繳的米稅在大阪市場出售後所得的現金——江戶的糧食有很大部分來自大阪市場。這一體制大大促進了國內貿易和銀行業，促成一個為中心市場製造糧食和製造品的大型統合經濟。而城市上層消費者對稅收的需求，反過來又促進鄉村領地的生產力。與「大名」駐留江戶一事同樣促進經濟的，乃是他們在領地與江戶之間的定期往返。「大名」的參勤隊伍有時多達兩千多人，促成客棧出現於沿途，催生出海路、陸路的固定路線網。

其次，這一上層消費模式並未像歐洲一樣倚賴對外貿易。在對外貿易已變得較無利可圖時，日本人能夠實行重商主義自給自足政策，且執行得非常成功。例如，與英格蘭不同，日本自產白銀，不須透過貿易取得貨幣的基礎，而在現代初期歐洲，必須透過貿易取得貨幣的基礎，乃是令經濟學家大為困擾的問題。對於國內的奢侈品、新食物需求，日本人的回應也極富創意。朝鮮陶器長久以來在日本奇貨可居。一五九〇年代豐臣秀吉入侵朝鮮之後，將高麗陶工帶到日本，本土的製陶工業隨之確立。日本多樣的氣候環境，使棉花、絲、菸草、糖這些新商品作物，得以在其境內各自找到生根發展之地。絲和棉在京都、大阪製造，糖的生產則達到自給自足；漁業在十七世紀也有長足發展。日本在上述種種方面成功利用格外富饒而多元的自然環境，發展出與歐洲不相上下的富裕商業經濟，卻未承受殖民主義的成本和風險。甚至在一七二〇年後經濟成長因資源耗竭、欠缺新土地而中斷，人口停止成長之後，又有更集約農業的「工業革命」適時出現，協助保住前一世紀的經濟成就和德川幕府所打造的政治、社會統一局面。而這一「工業革命」的出現，有一部分乃是官方透過實驗農場和引進中國植物學論著所促成。[117]

現代初期日本在東亞世界秩序裡的地位

現代初期日本的經濟活絡創新和後來之轉向「重商主義孤立」，在很大程度上都是日本在東亞世界秩序裡所占地位的結果。中國的重振聲威和中國古老外交傳統的復活，使日本的影響力在東亞大陸幾無發揮空間。既害怕受強勢大陸文明支配，又深深著迷於該大陸文明的文化產品和社會價值觀，如此微妙的關係實在不易拿捏。日本一旦開始短缺白銀，外來物產的本土化一旦變得可行，透過封閉性商業政策以追求經濟、社會的穩定，而不去冒海洋擴張的極端風險，就有了充分理由。諷刺的是，日本與英國同時開始限制外國紡織品的進口，但成效更大得多。對日本穩定與獨立的真正威脅，主要不在外來思想或科技的滲入（這兩者都可以漸漸予以消化、本土化），而在某種環境上或外來的衝擊。睽違百年的饑荒，在一七二〇年代重新降臨，可能破壞經濟體制或促成迅猛的改變。在十六世紀時吸進外人的東亞世界秩序，再度變得不穩，從而可能打斷日本所細心守護的自身世界的完整。但在一七五〇年代時，這一不祥的未來，還看不出什麼跡象。相反的，隨著清朝在一七五九至一七六〇年更進一步擴大其邊疆版圖，日本靠其獨特的地緣戰略位置所得到的優勢，似乎前所未有的大。

飽受壓力的諸伊斯蘭帝國

現代初期伊斯蘭世界發展大勢

現代初期的後段（一六二〇年代～一七四〇年代），伊斯蘭世界比東亞諸國、諸文明，更無法躲開歐洲的影響和競爭。由於伊斯蘭世界和歐洲的勢力範圍，都已隨著十五至十七世紀長距離貿易的成長而擴大，在從東南亞到非洲大西洋岸之間的無數點上，歐洲的軍人、水手、商人、傳教士、外交官與穆斯林的軍人、水手、商人、傳教士、外交官短兵相接。誠如前一章談過的，十五至十七世紀在歐洲歷史上被譽為「大發現時代」，而同樣在這個時期裡，穆斯林世界誕生了三個大帝國：鄂圖曼、薩法維、蒙兀兒。也是在這個時期，東南亞於一五〇〇年後出現一波迅速且強勁的伊斯蘭化浪潮，該地區與印度、中東的商業往來更為熱絡，伊斯蘭受到貿易國和國土更廣之王國的青睞，成為它們的宗教。[118]西非洲，另一個遼闊的伊斯蘭地區，十一世紀起就屬於伊斯蘭勢力範圍。在西非洲，一四六八年後有桑海（Songhay）帝國在尼日河中游興起，在更東邊的卡欽納（Katsina）、卡諾（Kano）[119]之類豪薩族（Hausa）國家，伊斯蘭勢力更為壯大，博爾努（Bornu）則在馬伊・伊德里斯・阿勞馬（Mai Idris Alawma，約一五七一～約一六〇三年在位）[120]統治下歸於一統，這些發展說明了伊斯蘭的宗教教義、文化觀念、政治思想，仍持續從伊斯蘭世界的心臟地帶往南、往西奔流，擴張力道不減。

相對的，現代初期的後段（約一六二〇年後），常被視為諸伊斯蘭帝國和伊斯蘭文化停滯不前而即將衰退的時期，伊斯蘭在這時期走上內向、保守，與歐洲思想的創新相比，占了下風。[121]今人很容易就遽下論斷，認為歐洲這時已具備了物質進步所必需的科學精神，而讓其穆斯林鄰居困在宗教泥淖中。事實上，十八世紀後半葉之前，歐洲科學家在科技與商業活動上所扮演的角色，在最好的情況下都微不足道，反倒是地位卑微的工匠，角色吃重得多。[122]但在十七、十八世紀時，已有某些跡象顯示，諸伊斯蘭大國和它們所支持的伊斯蘭文化，已失去前一階段的積極進取。商業蕭條和一六六〇年後東南亞主要的伊斯蘭國家（望加錫、萬丹、馬塔蘭）落入荷蘭人之手，是伊斯蘭的重大挫敗。在西非的撒赫勒地區，桑海帝國一五九一年的覆滅（諷刺的是亡於摩洛哥人的入侵），開啟了尼日河中游地區漫長的政治解體時期，阻扼了伊斯蘭勢力的進一步擴張。[123]而鄂圖曼、薩法維、蒙兀兒三個穆斯林大帝國，各走上地方勢力坐大、中央威權日衰的道路，從而削弱其內部團結，較無力抵抗外來攻擊。儘管如此，在十八世紀中葉之前，幾無跡象顯示，這些變化代表伊斯蘭社會、歐洲社會的強弱對比，已走上無可挽回的逆轉，毋寧只是表示全球均勢較細微的調整。

對於現代初期鄂圖曼帝國的傳統觀點：軍事、政治、經濟上的失敗導致帝國衰弱

乍看之下，鄂圖曼帝國的歷史充分表明，伊斯蘭國家和文化注定走上無可阻擋的倒退和每下愈況的衰落。從一六八三（穆斯林戲劇性未能拿下維也納）到一七三九年，鄂圖曼人喪失數大塊領土，十六世紀鄂圖曼人進軍歐洲心臟地帶那股擴張勢頭，已然逆轉。與奧地利打了十六年戰爭後，鄂圖曼蘇丹簽訂《卡洛維茨條約》（一六九九），被迫將匈牙利、川西瓦尼亞（Transylvania）割予哈布斯堡皇帝。一七一六至一七一八年，這兩個帝國重啟戰火，戰敗的鄂圖曼人，在一七一八年的《帕薩羅維茨和約》（Peace of Passarowitz）中付出慘痛代價。西瓦拉幾亞（Western Wallachia）、泰梅什堡（Temesvar，今羅馬尼亞的蒂米什瓦拉〔Timişoara〕的巴納特〔Banat〕，「邊境地區」）、塞爾維亞，還有扼控多瑙河下游地區入口通道的貝爾格勒邊境大要塞，均割讓給維也納。前一世紀憑著作戰衝勁和高超戰技打下無數勝仗的鄂圖曼禁衛軍，面對以新方式操練而由蒙特庫科利（Montecuccoli）、薩瓦的歐根親王（Prince Eugene of Savoy）之類將軍率領的哈布斯堡軍隊，似乎變得不堪一擊。從鄂圖曼人的角度來看，或許更糟糕的，乃是一七〇〇年後他們在巴爾幹－黑海地區所面對的敵人不只一個，而是兩個。面對哈布斯堡、羅曼諾夫兩王朝的擴張威脅，鄂圖曼人失去了他們作為現代初期東南歐「超強」的特權地位。憑著那地位，鄂圖曼人可以我行我素，不必捲入歐洲內部錯綜複雜的外交活動。但到了一七四〇年，為了救亡圖存，鄂圖曼人已不得不更全面地參與歐洲的國際體系，從而得承受那必然帶來的代價、風險、妥協。[124]

戰場和會議桌上的失利，可視作是這個戰敗國政治、經濟失敗的表徵，只是它政治、經濟上的失敗，不如軍事上的失敗那麼一眼可見。或許不足為奇，鄂圖曼帝國一六〇〇年後的政治「衰落」，一直受到史學界的熱切探討。針對領導、政策、體制上的無能，歷來史學家找了各式各樣的原因：蘇丹和其嗣子深處宮中，不利了解外界大勢，還有宮廷政治出現明來暗去、陰謀橫行的風氣；替蘇丹的政府和軍隊提供人力的德夫舍梅制遭到廢除（由此制度培養出的奴隸人才，忠於蘇丹，且不受地方勢力左右）；禁衛軍團和政府行政官員，遭敵視蘇丹威權而更關注重要人事任命權之利益的穆斯林權貴所取代；中央對收稅事務和省級政府愈來愈無力掌控，使地方豪強（ayan）和稅款包收人的勢力日益坐大。根據這一論點，隨著中央威權的衰落，地方愈來愈混亂，愈來愈不安定：省督（dey）、馬穆魯克、叛離中央的地利貝伊（derebey，「谷地領主」），建造自己的兵馬，為掌控省的大權而交戰。

日益深重的經濟無力感，更加重政治上的分崩離析。轉口貿易對於地中海岸或地中海附近的鄂圖曼諸城仍很重要，但海上貿易則幾乎全落入歐洲商人之手。鄂圖曼的經濟定位，愈來愈偏重於替歐洲市場生產原物料和大宗商品，特別是棉花。這一倚賴歐洲製造品（例如紡織品）的趨勢，隨著時日愈來愈強。手工業沒落。雪上加霜的是，鄂圖曼政府給予歐洲商人貿易特權，免除他們的交易稅和關稅，且這特權遭廣泛濫用。鄂圖曼人未施行保護自家生產者和商人的「重商主義」政策，反倒似乎特別照顧外人利益，[125]結果使歐洲商人的經濟勢力長驅直入，日益深入這帝國，削弱了手工業和手工業所支撐的城居社群，把這個原本經濟一體的帝國，巴爾幹化為數個弱小的經濟區。

可想而知，這些典型的「邊陲化」症狀，已被有些人視為是文化普遍鬱結不適症的一部分。知識份子的無能，促使了政治失敗和經濟衰退的惡性循環。知識界陷入死守聖典的強烈保守風氣，且因穆斯林受教育階級日益受制於政治力的支配而更無法擺脫這桎梏，於是知識份子對於以觀察為依據的探索或有系統地轉化外來思想幾乎毫無興趣。探究歐洲的念頭，仍然不大——有人主張，這乃是鄂圖曼擴張時代文化界輕視歐洲的遺風所致，以及歐洲多語並立的文化對鄂圖曼學者構成的語言障礙所造成。[126]官方對歐洲地理的無知教人驚駭：

一七七〇年代時，鄂圖曼政府還認為俄羅斯艦隊係經由中歐的某條水道來到地中海。[127]沒有方法或意願以新藍本（注重經驗主義、偏重科技）來改造教育。鄂圖曼人的伊斯蘭文化已變成倒退、充滿錯覺的一攤死水。

鄂圖曼帝國在現代初期仍是矗立在歐洲側翼的多民族帝國、正統伊斯蘭教在近東心臟地帶的政治化身

這一切形同以鐵證如山的口吻，說明鄂圖曼帝國是如何無能。但這建立在兩個未必站得住腳的假設上。第一個假設，乃是鄂圖曼與歐洲之間不言而喻的反差，鄂圖曼「落後」，歐洲則井然有序、進步。但歐洲並非是個凡農家皆歡樂、凡城鎮皆熱鬧、整體發展一致的地方。東歐和南歐行農奴制，定期發生饑荒，鄉村的不滿遭殘酷鎮壓。在西班牙內陸、北義大利或蘇格蘭高地，旅行一直不易，且往往危險。鄉下盜匪猖獗，特別是受十七世紀戰禍蹂躪的地區。甚至在西歐，距巴黎不到一百六十公里的省區，經濟也只是勉強維持在僅足溫飽和饑荒之間，農業技術自中世紀以來幾乎完全沒變。[128]舉西歐的英法兩國為例，這兩國政府在宗教上的不容異說，與鄂圖曼人對宗教的寬容，殊若天壤。其次，誠如研究鄂圖曼的史學家晚近所指出的，認定鄂圖曼衰落的論點有很一大部分認為，在該帝國擴張期間，該帝國擁有極富效率的中央集權政府，但後來政治失修，效率隨之蕩然。[129]

即使在受到戰爭的嚴厲考驗時，都無法斷定鄂圖曼帝國在一七四〇年時已陷入無可救藥的衰落。鄂圖曼人已失去匈牙利和川西瓦尼亞，但在一七三九年的《貝爾格勒條約》，他們收復了一七一八年在帕薩羅維茨所失去的土地，包括貝爾格勒城本身。誠如蒙特庫科利（最英明的哈布斯堡將領）所警示的，鄂圖曼軍隊展現了不凡的復原能力。一七一一年，他們在今日羅馬尼亞邊界的普魯特（Pruth）戰役中，大大羞辱了彼得大帝所率領的俄羅斯軍隊，表現令人震驚。面對裝備完善、火炮數量多得多、配有龐大騎兵團的鄂圖曼部隊，人數居於劣勢且糧秣嚴重不足的俄羅斯入侵部隊，完全失去戰鬥意志。俄羅斯部隊拱手讓出亞速（Azov），彼得大帝倉皇撤離戰場。[130]君士坦丁堡的蘇丹政府（因各大臣的辦公機關位在大城門邊，西方因此常以「Porte／城門」一詞指稱蘇丹政府），繼續

主掌一橫跨三洲的大帝國，而這大帝國的歐洲「正面」，只是其地緣戰略包袱之一。但由其大體上成功守住領土完整來看，鄂圖曼社會比「衰落論」史學家所要告訴我們的，要更靈活應變、更有韌性、更有內聚力。

那份韌性有一部分有賴於強大的地緣政治地位，而在一七六〇年代時，那地位大抵仍在。失去匈牙利和川西瓦尼亞之後，鄂圖曼人倚賴喀爾巴阡山這個天然屏障。收回貝爾格勒（一七三九），使他們再度掌控哈布斯堡歐洲與鄂圖曼巴爾幹之間的戰略要道。他們掌控黑海，將它當作海上交通幹道，鄂圖曼人和受其保護的克里米亞的吉雷人（Crimean Giray）因此得以在沙皇拚命想拿下彼列科普（Perekop）、亞速時，挫敗俄羅斯人進逼黑海的攻勢。俄羅斯部隊欲橫越烏克蘭乾草原進攻鄂圖曼，後勤補給是難以克服的難題，因此黑海仍是「鄂圖曼人之海」（mare Ottomanicum），無價的資產。貝爾格勒的要塞、喀爾巴阡山的天然屏障、黑海所提供的內線移動優勢❺，三者護體，使鄂圖曼人得以擋住西方的攻勢。強大的文化防禦，又更進一步鞏固其抵禦能力。除了巴爾幹半島上的穆斯林社群，鄂圖曼人還可倚賴幾未從天主教奧地利的勝利得到好處的希臘東正教神職人員的忠心耿耿。在北非（該帝國最偏遠、防禦力最薄弱的海上邊疆地區）對天主教西班牙的恐懼和厭惡，對海上劫掠的經濟依賴，促使馬格里布地區諸省繼續效忠於遙遠的帝國都城。[131]

若沒有地緣戰略上的高枕無憂，一六〇〇年後中央權力的下放地方，不可能出現。這時候，城市豪強在省區統治和收稅上（擔任官方的稅款包收員）扮演較吃重的角色，似乎並非反映帝國已瓦解為盜賊統治❻盛行的國家，反倒是反映對省區新興菁英階層的適時承認，表明他們的合作乃是維持社會秩序和收稅所不可或缺。[132]在阿拉伯諸省和埃及，類似的權力下放模式，使駐防地方的世襲禁衛軍部隊和開羅的馬穆魯克人，取得相當多的地方權力。[133]羅馬尼亞地區，由來自君士坦丁堡的「法納爾人」（Phanariot，居住在君士坦丁堡的希臘裔有錢基督教菁英

---

❺ 譯按：指地區內部的移動路線短於地區外的移動路線所提供的優勢。

❻ 譯按：kleptocracy，政府官員和統治階層犧牲人民利益以擴大個人財富和政治權力的統治方式。

階層）治理。在馬格里布地區，擁有廣泛自治權的地方王朝，在摩洛哥、阿爾及爾、突尼斯、的黎波里牢牢掌權。但幾無證據顯示，在一七五〇年之前，君士坦丁堡的帝國中央已無力掌控這些地方利益集團，事實上，後者的管轄權和統治合法性仍取決於他們對鄂圖曼中央的忠貞。鄂圖曼政府的首要職責，乃是抵禦外來干預，避免軍事挫敗，以維持蘇丹的威權（daulat）。

在經濟上，鄂圖曼帝國的表現也不是始終低迷。手工業不敵歐洲的競爭而衰落，但君士坦丁堡、伊茲米爾（Izmir）、開羅仍是商業大城。以開羅來說，其商業繁榮得益於新興的葉門咖啡龐大貿易。[134]棉花、羊毛、菸草之類大宗商品的生產，至少使某些地區獲致前所未見的繁榮，並反映在大量冒出的新建築上。[135]供應大部分消費需求的內部貿易，仍掌握在地方人士手中。[136]一七四〇年時，鄂圖曼帝國在手工生產或農業改善方面，顯然不如歐洲最繁榮的地區，也沒有方法按照歐洲重商主義的典型路線，將自己改造成民族國家或民族經濟。但鄂圖曼政府已在無心插柳或刻意而為的情況下，替帝國在十七世紀中葉之後面臨更為艱鉅的處境時，找到驚人成功的救亡圖存之道。一七三九年後，他們針對西方的戰略防禦似乎比此前數十年還更穩固。他們已懂得玩歐洲的外交遊戲，利用法國對哈布斯堡王朝的反感，奪回貝爾格勒。「鬱金香時期」[7]的改革政策，或許在激烈的對立中功敗垂成，但鄂圖曼統治者仍能在歐洲買到所需的「現成」軍事專門技術和科技，而不致於招致更雄心勃勃的改革計畫所可能引來的文化、社會動盪。他們在「授予貿易特權」（Capitulations）體制下所授予外國商人的商業特權，也非純粹是單方面受益。他們既鼓勵對外貿易，同時隔離外國商人，降低西方對穆斯林社會的吸引力。主權地位穩如泰山，身為聖地（麥加、麥地那、耶路撒冷）保護者的地位未遭到挑戰，又是伊斯蘭世界文化、知識首府開羅的最高統治者，鄂圖曼人因此得以在其獨特體系的不同成員之間保持微妙的平衡：矗立在歐洲側翼的多民族帝國，正統伊斯蘭教在近東心臟地帶的政治化身。

蒙兀兒帝國的興衰

十七世紀中葉時，伊斯蘭世界最富裕、最富活力的地區，乃是蒙兀兒帝國。蒙兀兒帝國的核心地區，乃是北印度的「肥沃月灣」：從遙遠西北邊往東綿延到孟加拉和恆河三角洲的印度河─恆河平原。該帝國的戰略中心是德里「三角地」，這裡扼控了這兩大河系之間的通道和喜馬拉雅山麓丘陵與德干高原之間一百六十公里寬的「走廊」。一六四八年，蒙兀兒人將都城由亞格拉遷到德里，遷到為此特地興建的皇城沙迦汗城（Shahjahanabad），[137]工程之浩大，反映了這個平原帝國的統治者所能支配的龐大財富。一六五〇年代時，這個新帝都已和當時的巴黎一樣大，無數貴族集居在皇宮周邊。

蒙兀兒帝國的興起，乃是影響現代初期世界史的關鍵因素之一。蒙兀兒人統一並平靖了北印度，促進印度的貿易活動進入中亞和中亞以外地區。蒙兀兒人征服孟加拉，加速了孟加拉叢林、沼澤地的農業墾殖，[138]促進孟加拉的紡織品貿易沿恆河而上，抵達印度斯坦的內陸平原。[139]葡萄牙人來到蒙兀兒統治地區時，歐洲商人為與「莫戈爾」❽貿易，來到西印度的港口大城蘇拉特（Surat），從蘇拉特有貿易路線往北、往東通往德里、亞格拉。阿克巴高明的統治手腕，把來自中亞的穆斯林戰士貴族、來自伊朗（仍是伊斯蘭世界的文化中心）的穆斯林書吏和辦事員、信奉印度教的拉吉普特軍閥、婆羅門階層的知識份子，納入一穩定的政治體制，從而有利於該帝國的經濟擴張。隨著擁有土地的地方「王朝」鞏固其統治並利用農業財富，他們增加了對製造品和奢侈品的消費，促進了城鎮和市場（ganj）的興建。由於有龐大人口（印度次大陸的人口至少和當時的歐洲人口相當）、肥沃農地、不虞匱乏的原物料，印度成為全世界最大的紡織品生產中心，棉布外銷到歐洲和中東、西非。印度棉布的種類

---

❼譯按：Tulip Period，一七一八～一七三〇。

❽譯按：Mogor，對蒙兀兒的另一種稱呼。

多樣、品質優良且較便宜（據當時的某項估計，印度人力成本是歐洲的七分之一），[140]使其在歐洲市場占了很大優勢。十七世紀後半葉時，英屬東印度公司早已不再如過去執迷於購買東方香料，轉而專注於進口印度紡織品再轉手賣出。[141]這時，孟加拉漸漸成為該公司業務的最大中心，印度最富活力的地區，該公司所買進的印度紡織品，來自孟加拉所占的比重愈來愈高。

從這些方面來看，印度商人和工匠是國際貿易成長（現代初期的一大特色）的大功臣之一。除了葡萄牙、荷蘭、英國三國公司所保存的文獻，相關的翔實紀錄付之闕如，但印度與中東的海上貿易（印度最重要的進口市場）的海上貿易，似乎很可能大部分由印度商人和船東掌控。[142]若沒有印度生產者的有力回應，那些日益熱絡的海上貿易路線（讓行走其上的歐洲人獲利滾滾的貿易路線）大概仍是冷冷清清而氣若游絲。[143]印度人積極投入日益擴大的國際貿易網，其在政治上、文化上所帶來的影響，就是使印度次大陸願意接受外來影響。在蒙兀兒只能局部管轄或根本從未完全管轄的南印度沿海地區，就是如此。但在蒙兀兒權力中心所在的北印度亦然。十七世紀時，該帝國的所有大城，都可見到前來經商、行醫、當工匠的歐洲人身影。[144]蒙兀兒軍隊裡，有歐洲炮手效力。耶穌會傳教士獲准講道、傳教，但他們的講道對象似乎主要鎖定流浪的歐洲人，[145]且寥寥可數的改信者全來自窮人圈子或賤民階級。蒙兀兒人的品味，特別是文學品味，仍最推崇波斯文化。但耶穌會士所引進的宗教圖像和肖像繪製法，明顯影響了蒙兀兒藝術。[146]

印度從未有哪個統治勢力統一南印度，就像明朝在中國那樣，達成全印度在文化和政治治理上的統一（就連統治手腕高明而老練的蒙兀兒王朝亦然），關鍵可能在於印度敞開大門接納來自伊朗、中亞的商業和文化，接納經由其遼闊海岸線傳入的海上影響，加上德干高原阻絕外人進入的崎嶇地形。一五六五年，信奉印度教的維查耶納伽爾（Vijayanagar）帝國覆滅後，由穆斯林菁英統治南印度的數個主要國家。但穆斯林菁英欲降服德干高原的印度教上層人士，欲實施蒙兀兒的土地授予制度，以換取印度教菁英在行政治理和軍事上提供服務，卻激起聲勢愈來愈浩大的暴動。暴動中心是薩塔拉（Satara）、浦那（Poona）周邊的馬拉塔（Maratha）地區，暴動的領袖則是有錢的印度教軍人席瓦吉（Sivaji）。據英格蘭觀察家約翰・萊斯卡利奧特（Revd John L'Escaliot）的描述，席瓦吉

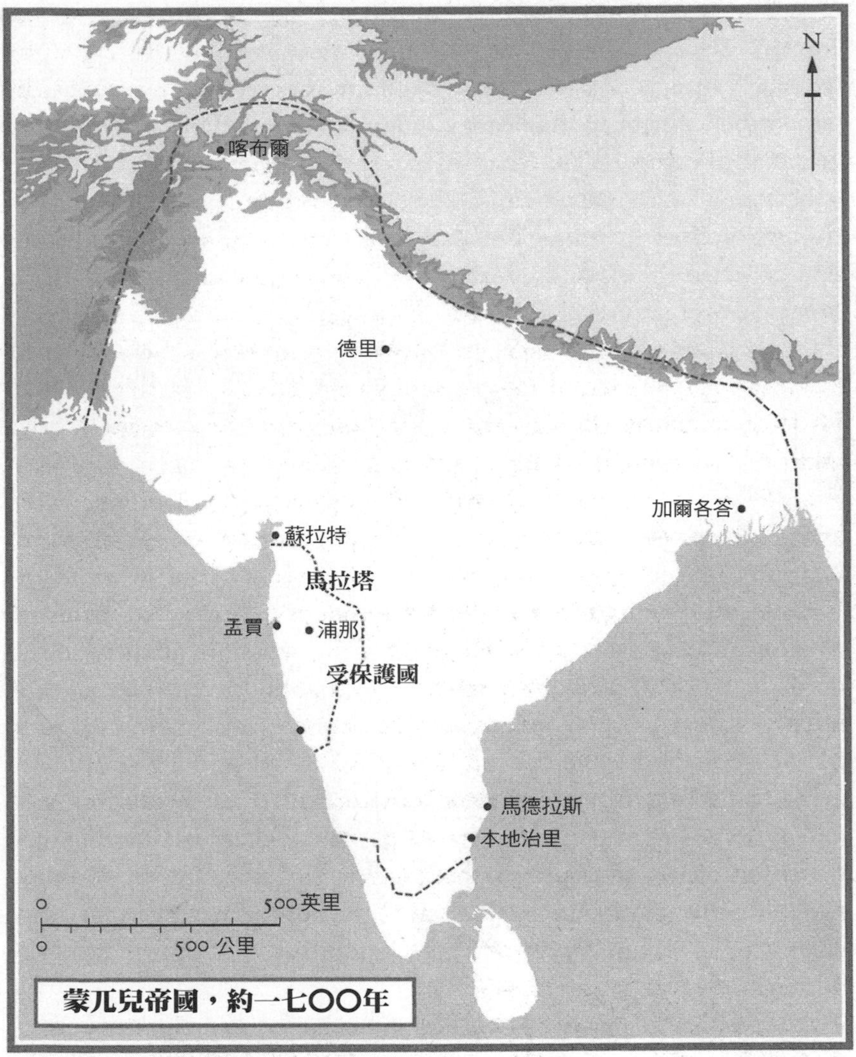
N
喀布爾
德里
加爾各答
蘇拉特
馬拉塔
孟買
浦那
受保護國
馬德拉斯
本地治里
0 500英里
0 500 公里
蒙兀兒帝國，約一七〇〇年

「身材中等……比例非常勻稱……不信任人、作風神祕、狡詐、殘酷、不講信義。」[147] 一六七四年，英屬東印度公司從孟買派遣使節團前去萊里（Rairy），參加席瓦吉在其城堡的加冕典禮。在典禮上，按照印度教的國王登基傳統，以黃金為砝碼秤出他的體重。[148] 事實上，到了一六七〇年代，席瓦吉的叛亂勢力已坐大到令蒙兀兒王朝寢食難安，以致皇帝奧朗則布（Aurangzeb，一六五八～一七〇七年在位）不得不離開沙迦汗皇城，御駕親征。他為征服馬拉塔人而不斷四處征戰，直至去世才罷休。一六九〇年，奧朗則布獲勝，但勝利果實不久又失去（席瓦吉已在一六八〇年去世）。奧朗則布去世時（一七〇七），蒙兀兒勢力已被逐出西印度，[149] 一七一九年，蒙兀兒王朝終於在皇帝詔書（farman）中正式接受這場挫敗。日後史家把奧朗則布在位時期視為蒙兀兒帝國的鼎盛時期，他的死則代表印度進入帝國瓦解的新黑暗時代，直到一七六五年後英國人介入，才把印度從這黑暗時代救出。受到馬拉塔人的羞辱，無力遏止省督（subahdar）日益坐大，又受到錫克教在旁遮普興起的挑戰，蒙兀兒的威信最終在伊朗國王納迪爾沙（Nadir Shah）的入侵下蕩然無存。事實上，納迪爾沙一七三九年的勝利，代表混亂時代的開始。馬拉塔、羅希拉（Rohilla，阿富汗）、品達里（Pindari，傭兵）的軍隊，還有小軍閥的部隊，肆虐北印度。在此弱肉強食、殺伐不斷的環境下，貿易與農業雙雙衰落。經濟跟著政治解體而瓦解。難怪蒙兀兒印度會是一七五〇年後第一個落入歐洲人之手的歐亞大國。

蒙兀兒帝國晚期：建構新貿易網和新地區性國家

這一流於簡化、「晦暗」的印度前殖民時期歷史，晚近大體已遭改寫。蒙兀兒晚期不再被視為殖民統治的混亂序曲。印度遭英國人征服一事，箇中原委複雜得很，不是說過度擴張的帝國注定瓦解，歐洲統治者以更高一籌的政治手腕擺平瓦解後交相征伐的地方勢力，就可盡詮。對於以一七五七年普拉西之役（Battle of Plassey，英國殖民征服印度的開端）為句點的那五十年，較切合實情的描述，乃是強調印度人在建構新貿易網和新地區性國家上所起的作用。一七五〇年代使印度人措手不及、無力回應的諸危機，就是在這作用的推波助瀾下引發。

事實上，在十七世紀末期、十八世紀初期的諸多改變背後，可以看到貿易擴大、人口成長、鄉村經濟日益茁壯的影響。城市的繁榮和鄉村菁英階層的日益富裕，使省區利益集團更不願忍受德里中央的指揮。馬拉塔人的暴亂，就是此一心態的體現。長期以來，馬拉塔聯盟❾，都被說成是使北印度陷入無政府狀態的一幫掠奪者。但在它的興起背後，可以看到比掠奪者聯盟還更有意思的東西。馬拉塔人攻城掠地的特色，不在焦土作為，而在其精細複雜的稅制，如今在浦那，仍保存有卷帙浩繁的該稅制文獻。[150]馬拉塔領袖的目標不在片甲不留的破壞，而在將蒙兀兒人的領土漸漸吸納進他們的「主權」（svarajya）領域。他們的目的，主要不在徹底推翻蒙兀兒王朝，而在迫使該王朝下放權力，因此才會汲汲於讓他們的統治得到蒙兀兒王朝的明令認可。[151]有份現代研究主張，應將馬拉塔人的反抗行動視為新興的印度教菁英階層，在其首領（sardar）領導下，欲分享蒙兀兒之主權與稅收，以反映這新興地主族群日益升高之地位的作為。[152]在蒙兀兒帝國的其他地方，隨著省督為滿足地方豪強的需求而試圖削弱德里中央的掌控，也可見到類似的模式出現。在孟加拉、阿瓦德（Awadh，又名烏德〔Oudh〕）、海德拉巴、旁遮普（旁遮普境內的錫克教因貿易衰落而勢力日盛），德里控制權日益旁落的主要結果，不是這些地方漸漸陷入無政府狀態，而是進入地方統治者紛紛自建國家的新階段。這些統治者個個欲以舊帝國政權的合法代表之姿，據地稱王。[153]

可想而知，隨著蒙兀兒體制為迎合不同地方強權的需求而改造，這一趨勢大有可能催生出一個權力下放程度更大的蒙兀兒「共和國」。以強大軍力為憑恃的馬拉塔勢力，大有可能成為和過去的蒙兀兒一樣廣大的帝國。但兩個破壞平衡的強大力量介入，使情勢未往上述方向發展，反倒使蒙兀兒的「衰落」，變成革命的序曲。第一股力量是來自中亞的新一輪入侵活動的衝擊——入主印度的新霸主，自古以來都來自中亞。一七三九年，蒙兀兒大軍在卡納爾（Karnal，位在通往德里的路線上）向入侵的伊朗人投降。逃離現場的馬拉塔大使悲嘆道：「察合台（即蒙兀兒）帝國完了，伊朗帝國誕生。」[154]伊朗統治者納迪爾沙接著拿下德里（他騎著駿美的戰馬進城，戰

❾ 譯按：Maratha confeceracy，又稱馬拉塔帝國，席瓦吉開創的印度教國家，一六七四至一八一八年。

敗被俘的蒙兀兒皇帝則被關在轎子裡押進城）；一七五〇年代，又有阿富汗人入侵，使蒙兀兒王朝威信盡失，摧毀了孟加拉與北印度之間的古老貿易路線。因為戰敗，蒙兀兒帝國失去其心臟地帶的一部分重要地區：印度河西側、喀布爾周邊。[155] 一七六一年在帕尼帕特的另一場戰役，阿富汗人大敗馬拉塔軍隊，殺死馬拉塔聯盟的宰相（peshwa）。

印度沿海地區的國際貿易

促成南亞次大陸改變的另一個強大力量，來自印度沿海地區的迅速融入國際貿易。在孟加拉，沼澤地和森林迅速墾闢為稻田，龐大的棉織、棉紡人力（可能有一百萬或更多），創造出格外蓬勃的經濟，而歐洲人以白銀購買孟加拉的棉和絲，導致白銀流入，又助長該地經濟發展。在今日泰米爾納德邦（Tamil Nadu）境內，馬德拉斯南方的科羅曼德爾（Coromandel）沿岸，類似的農業發達、紡織品生產模式，在同樣是孟加拉灣與印度洋貿易匯集地的地區裡，造就出繁榮的商業經濟。[156] 在這裡，一如在印度其他沿海地區，已有某種獨特的商業資本主義興起，以為紡織品和其他大宗商品的生產、銷售、配送提供融資和管理。[157]

十六世紀末期起，許多歐洲人來到印度，想在宮廷中和商業領域闖出一片天，但印度沿海的貿易才是吸引歐洲人前來的主因。十八世紀時，從蘇拉特到加爾各答的次大陸沿岸，已密布歐洲人的倉庫和貿易站。有些歐洲人，例如外號「鑽石」的湯瑪斯・皮特（Thomas Pitt），「逕自闖入」印度，不理會特許公司主張的壟斷權。有些歐洲人，例如外號「暹邏人」的撒繆爾・懷特（Samuel White），則轉為個體戶。懷特於一六七六年抵達馬德拉斯，但不久就橫越孟加拉灣，前往當時暹邏（泰國）首府大城府⑩。他以大象買賣（將大象經海路運到海灣另一頭之印度的危險生意）闖出名號，然後成為暹邏國王的首席商業代理人。[158] 但大部分歐洲商人隸屬於公司。鑑於長距離貿易成本高昂，需要大型武裝船隻（「東印度人」大貨船）、需要設立沿岸據點（和派駐據點防範其他歐洲人或當地亂民攻擊的部隊）、需要有外交機構與地區統治者和蒙兀兒皇廷打交道，長久以來，來此打天下的歐洲商人都不得不組織成股份公司。這些公司是現代公司的先行者（具有股東、董事會、管理機構），享有獨占其母國與印度之間直接貿易的特權。但它們徒具形式的現代性，當然不表示歐洲商人是開放經濟的先驅者或市場的支配者。事實上，它們能賣的東西少之又少，為了買進它們所需的印度商品，不得不將大量白銀輸入印度。它們的商業政策，乃是將歐洲人所趨之若鶩的印度紡織品，進貨價壓低，進貨量提升。因此，相互競爭的歐洲公司（一七二〇年後主要是英屬、法屬東印度公司），不斷想方設法吸引印度織工投入其貿易鎮，例如馬德拉斯或本地治里（Pondicherry）。在這些貿易鎮，這些公司已獲准建造貿易站，掌控織工和商人，以規範所生產布料的價格、種類、品質。[159]這使它們與當地統治者有了密切但往往陷入齟齬的關係，而地方統治者也倚賴貿易利潤和將稅收在商業與信貸之間轉移，獲取財富和權勢。但到了十八世紀初時，威脅實施杯葛或封港，已成為這些公司對外折衝時的有力籌碼。但它們還是覺得，將定期來訪的蒙兀兒使節奉為上賓，必恭必敬對待，刻意穿上蒙兀兒的袍服盛裝出現，才是明智之道——因為穿上蒙兀兒皇帝所賜的袍服，象徵對皇帝的順服與忠貞不二。[160]一七三九年蒙兀兒的大敗，震動南亞。但年輕的羅伯特・克萊夫⑪在一七四四年登上馬德拉斯岸上時，若有人說，有哪個歐洲公司將會成為印度的陸上強權（更別提統治整個南亞次大陸）肯定會被視為異想天開。以在馬德拉斯設有要塞，但要塞破舊不堪的英屬東印度公司來說，在當時更不可能有此非分之想。

十八世紀前半葉的南亞，不該被視為從停滯不前漸漸過渡向無政府的地區。在北部內陸，馬拉塔人、蒙兀兒人、翻山而來的入侵者三者間的衝突，也是「地方菁英」族群和「戰士」族群之間的鬥爭，前者努力想打造由城鎮、市場、定居農業構成的定居型穩定體制，後者則是北印度與中亞之間高地平原上古老游牧傳統的一部分。[161]蒙兀兒主政下的漫長承平時期所導致的經濟、社會改變，使這兩者間的衝突達白熱化。與此類似的，在印度沿海地區，商業擴張正快速改變經濟、社會秩序，改變該地與印度內陸、外部世界的關係。在此，一場雙

⑩ 譯按：Ayudhya，位於今泰國南部。

⑪ 譯按：Robert Clive，英國將領，一七五七年占領孟加拉，為首任總督，一七六五～一七六七年再任孟加拉總督兼駐印英軍總司令。

重革命正在醞釀：一個即將把南亞推進現代、殖民時代的「巧合」就要出現。但在一七四〇年，只有最洞燭機先的預言家才可能預知到，那場革命的結果將使整個南亞次大陸落入僅僅一個歐洲公司之手。在那公司的歐洲商人眼中，光是要在印度的氣候下保住性命，往往就是生死存亡的挑戰。死亡、染病的機率實在太高，每兩個從歐洲來此的人裡，就有一個可能在來到印度的第一年死掉。但誰料想得到，這樣的歐洲人最終將宰制印度。

來自中亞的雙重革命：蒙兀兒帝國的滅亡

一七三九年，納迪爾沙率兵入侵北印度，曾是其得力心腹的艾哈邁德沙・杜拉尼（Ahmad Shah Durrani）在一七五〇年代也率兵入侵北印度（納迪爾沙已在一七四七年遇害）。這兩次入侵和幾世紀以來擾亂北印度平原的部落民族興之所至的隨意入侵，有所不同。它們代表了欲效法帖木兒建造帝國的最後一次壯舉，在其過程中摧毀了蒙兀兒和薩法維兩王朝。薩法維王朝是第一個受害。西邊是鄂圖曼所掌控的美索不達米亞與安納托利亞，另一邊則是往東、往南綿延到今阿富汗境內赫拉特（Herat）、坎達哈（Kandahar），散居著部落民族的廣闊內陸地區，薩法維伊朗夾處在這兩者之間，一直代表了一股欲排除萬難、將城市和定居世界的威權加諸乾草原和沙漠之上的力量。薩法維王朝的奴隸軍和行政系統，主要從喬治亞召募新血，而喬治亞特別難以抵禦鄂圖曼與俄羅斯的壓力。[162]在政治上，薩法維王朝一直是突厥部落聯盟與伊朗知識份子合組而成，但兩者從未真正融合，因而這王朝根基並不穩。一七〇〇年時，這不穩固的結盟已面臨日益嚴重的內憂外患。

以伊斯法罕為都城的薩法維王朝統治者，和蒙兀兒統治者一樣，未能建構出版圖穩定的帝國。他們曾拿下巴格達，後來又失去。他們對呼羅珊、赫拉特與坎達哈城、坎達哈地區的掌控，從未穩固過。坎達哈在一六二九年遭烏茲別克人攻占，一六三四年轉落入蒙兀兒之手，一六五〇年才由阿巴斯二世（Shah Abbas II）收復。一七〇九至一七一一年，薩法維王朝又失去坎達哈，該城落入南阿富汗最強大部落吉爾宰（Ghilzai）之手。一七一八至一七一九年，赫拉特、呼羅珊也脫離薩法維的掌控。一七二二年，吉爾宰人領袖馬赫穆德（Mahmud）在古爾納巴德（Gulnabad）大敗薩法維軍隊，攻占伊斯法罕，拿下薩法維國王所拋棄的王位。

彼此可能互有戒心的俄羅斯和鄂圖曼，急忙趁薩法維王朝的覆滅擴張版圖。彼得大帝拿下裏海沿岸的傑爾賓特（Derbent）、拉什特（Resht）、巴庫（Baku），鄂圖曼人則占領提弗利司（Tiflis，一七二三）和包括哈馬丹（Hamadan）、埃里溫（Erivan）、大不里士在內的西伊朗大部地區。阿巴斯一世所遺留的龐大帝國，在這動盪的十年裡，瞬間瓦解。

但在這解體之際，冒出一股新政治勢力，趕走了鄂圖曼人、俄羅斯人、吉爾宰人。以薩法維國王自居的塔赫馬斯普，得到納迪爾．庫利（Nadir Kuli，一六八八～一七四七）加入其大業。納迪爾是呼羅珊軍閥，當過牧羊人，出身寒微，但有拿破崙般的軍事才華和雄心。[163]他的戰略謀畫謹慎，但善於運用震撼戰術和輕騎兵，且注意到輕炮兵、軍隊操練、火槍隊的用處。[164]一七三〇年時，他已收復麥什德、赫拉特兩城，消滅梅赫曼多斯特（Mehmandost）一地的阿富汗部落，重新占領伊斯法罕和設拉子（Shiraz），讓一度趾高氣揚的吉爾宰人吃下毀滅性的大敗。一七三五年，他已從鄂圖曼人手裡收回提弗利司和埃里溫，迫使俄羅斯人吐出馬贊德蘭、阿斯特拉巴德（Astrabad）、吉蘭、傑爾賓特、巴庫。一七三六年，他自立為王。一七三七至一七三八年，他攻下坎達哈，隔年，攻占蒙兀兒的德里。喀布爾和印度河右岸，亦併入他的新伊朗帝國，一七四〇年，納迪爾把矛頭轉向布哈拉和希瓦（Khiva）。後因心智失常和令人髮指的殘酷（可能因疾病發作而加劇），他於一七四七年遭暗殺，這一驚人的征服功績，就此早早夭折。但有新的帝國主義者，效法納迪爾之路崛起。艾哈邁德沙．杜拉尼，他麾下的阿富汗軍官之一，承繼了納迪爾所征服的印度、阿富汗土地。他的杜拉尼帝國，全盛時期的版圖，西抵呼羅珊，東至恆河，北起阿姆河，南迄阿曼海。[165]直到木爾坦（一八一八）、喀什米爾（一八一九）、白夏瓦（一八三四）落入英國人之手，才被逼回阿富汗高地。

雙重革命的結果：「大伊朗帝國」建造失敗，阿富汗首度建國，伊朗恢復統一

這兩樁建造帝國的壯舉，主宰了印度、伊朗之間廣大的交界地區達半世紀，大大衝擊了整個南亞次大陸的政治情勢，而什麼力量促成這兩大壯舉？有種說法認為，它們反映了反抗官僚體系定居國家（俄羅斯、薩法維、蒙

兀兒）統治的「部落暴動」。但帝國建造大業的接連出現，其領導者的帝國主義雄心，表明還有某種更深層的力量在運作。已有人主張，納迪爾、艾哈邁德沙東征西討時，綿延於北印度與俄羅斯之間，且往更遙遠西邊的麥什德、伊朗延伸的那條商業走廊，其經濟地位正好陡然上升。[166]當時，俄羅斯白銀的購買力剛催生出一熱絡的貿易體系，而最南及於今日喀拉蚩的北印度，乃是該貿易體系的一部分。如果真是如此，那麼，這新一波建造帝國的浪潮，目的就在掌控該地區的商業財富，而可進一步掠奪該地區財富的憧憬，則為建造帝國的大業增添了動力。游牧經濟的社會緊張和其走向人口過剩的長期趨勢，可能為此波行動醞釀了發動的環境。在軍事上，這波擴張利用了游牧民自古以來的優勢（戰術速度和戰略機動），將手槍融入騎兵作戰中，[167]而在納迪爾沙當權時還運用了火炮，甚至海上武力。[168]從這觀點來看，不管是納迪爾，還是艾哈邁德沙，其作為都不能視為向蠻族時代的大倒退。他們反倒是尋找新成功之道的國家建造者。他們結合了帝國風格和殘酷的部落政治原則。我們甚至可以想像他們所可能懷抱的政治藍圖：效法滿人之路（把游牧民族的戰士菁英階層，改造為農業國家的世襲治理階層）建造大伊朗帝國。

但實際並未如此發展。帝國建造大業失敗——或許是因為其農業基礎太薄弱，無法支撐其帝國規模；或許是因為帝國仍建立在部落聯盟上，而部落聯盟天生不穩定；或許是因為外部壓力（特別是英國勢力在印度的推進）使其無法有足夠時間完成向更穩定政權的關鍵過渡。然而，有個重大遺產保留下來：拜艾哈邁德沙之賜，阿富汗首度成為國家（一七四七），以及在阿夫沙爾部族（Afshar）的卡札爾王朝（Qajar dynasty）統治下，伊朗終於恢復一統（該王朝的國祚持續到一九二〇年代）。

歐洲在歐亞世界的地位

史學家常喜歡將現代初期後段的歷史，視為歐洲稱雄的恢宏序曲，喜歡揣想由商業先進的西北歐「核心」國家所支配的全球經濟即將降臨的勝利。事實上，採取如此決定論式的觀點看待這段歷史，並沒有充分的根據。這段時期最鮮明的特色，就是歐洲諸國所能加諸歐亞大部分地方的影響有限。從歐洲的角度來看，最重大的改變，不是在歐洲與印度－伊斯蘭世界的關係或與東亞諸文明的關係上，而在歐洲－大西洋世界裡由殖民地、貿易、蓄奴所建構起來的龐大地區得到鞏固。這個龐大地區包括了西非洲、巴西、祕魯、墨西哥、加勒比海、法國與英國在北美東部的殖民地。歐洲殖民地的擴大，相對來說仍屬緩慢，但在約一六五〇年後以奴隸為基礎建造起來的新種植園經濟，為歐洲的出口和航運創造了很有價值的新市場。來自美洲的珍奇產品，促進了歐洲消費者的胃口。美洲的壯觀奇景，也對歐洲人的想像帶來類似的衝擊。歐洲人突然間掌控一個全「新世界」，對至目前為止苦於重重問題的次大陸諸社會，其所帶來的知識衝擊、文化衝擊，可說是無以復加。作為知識、創新、經驗的來源；作為充塞金銀的寶庫；作為商業資本的使用者；作為遼闊的航海區：大西洋彼岸諸省已協助歐洲壯大，使歐洲在十八世紀初期時可能已是「舊世界」最富裕、最富活力的文明。

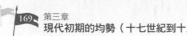

但我們不應率爾斷言，這財富和活力已足以使歐洲的勢力更深入歐亞世界。誠如前面已談過的，除了近東的部分地區，歐洲人在開闢亞洲的新市場上進展不大，而除了在一些歐洲人占有優勢的地點，歐洲人在確立其實質支配上進展更小。歐洲勢力在亞洲的大前鋒是強大的荷屬東印度公司，一七二〇年後不堪治理、軍事開銷的重負，腳步已開始踉蹌，終至陷入赤字和「無利潤的成長」。相對的，印度紡織品外銷的龐大，可能擊垮英國本土的製布業，英國於是祭出保護性關稅以保護自家商業利益。歐洲消費（而非歐洲生產）制約了歐洲、印度、中國三者間的貿易。如果印度人和中國人著迷於歐洲的藝術和科技，反方向的流動同樣龐大。

不過，我們可能會被以下主張改變看法：歐洲最繁榮的地區已在一七四〇年時，在經濟體制、社會體制的「現代性」確立了無可打破的領先地位，為歐亞世界其他地方望塵莫及，且這一領先地位遲早會轉化為稱霸全球的地位。畢竟，尼德蘭已首開先河，創立「現代經濟」，英、法則緊追在後。在這裡可見到經濟現代性的一般特色：大宗商品和生產因素（包括土地和勞力）都有「還算自由而普遍的」市場；農業生產力的規模足以支撐複雜的分工；官方提倡財產權和遷徙、承包的自由；科技與商業組織的水準，足以支撐持續不輟的發展、豐富的物質文化、市場導向的消費行為的擴散。[170]但這些特色無一能讓尼德蘭免於十八世紀的經濟衰退。快速發展帶來無法預見的環境惡果，傷害到水質和農業。都市化和內部遷徙破壞了婚姻模式，抑制了人口成長。高生產成本和因貿易對手提高關稅導致的出口市場喪失，危害製造業，把資金趕向政府在國內外的放款——十八世紀結束時的政治、外交危機打壞這一策略。整體來看，荷蘭試圖建構前工業時代的現代性，卻因現代初期歐洲特有的三項因素而功敗垂成：封閉市場和商業自給自足的「重商主義」傾向：亞當斯密在《國富論》中嚴厲抨擊的壓抑貿易政策；前工業時代製造業的高成本，加上環境對農業成長的限制；歐洲內部衝突對歐洲諸國財政體系的激烈衝擊。荷蘭人的經驗表明，前工業時代現代性的限制，不久後英、法兩國也會感受到，而歐洲式經濟要能順利殖民歐亞其他地方（和全世界），得先經歷科技、政治、地緣戰略上的一場革命。

第四章

歐亞革命，東西大分流

（一七五〇年代到一八三〇年代）

——工業革命並非歐洲擴張的唯一解釋，
富裕自足反使東方缺乏變革誘因

提普・蘇丹潰敗

歐亞革命不只是「工業革命」，而是由地緣政治革命、文化革命、經濟革命三者相輔相成

一七五〇年代到一八三〇年代，諸文化和諸大陸的漫長均勢遭歐亞革命打破。在這段期間，歐洲諸國首度取得凌駕歐亞其他地方的支配地位，得到將其勢力投射進亞洲諸大帝國心臟地帶的工具，而非只集中在沿海邊陲。史學家回顧這一改變時，通常把目光焦點放在讓歐洲人獲益的巨大經濟改變。歐洲的新權力，來自科技與經濟組織上的「工業革命」，似乎毋庸置疑。事實上，那並非歐洲擴張的唯一解釋，或者說那並不足以說明歐洲何以能擴張。歐亞革命其實是三場革命，分別發生在地緣政治上、文化上與經濟上。歐亞革命並未帶來歐洲全面稱雄的時代。一八三〇年代，歐洲對世界的支配仍是局部且有限的，反抗的空間似乎仍很大。在亞―非洲的內陸深處，幾乎可說是只有耳聞，而未實際淪入歐洲支配。然而這卻為歐洲掌控地球其他地方的帝國體制，開闢了坦途。

這三場革命緊密相連且相輔相成，每一場革命都強化了另兩場革命的效應，擴大另兩場革命的範圍，提高另兩場革命的力道。商業擴張加劇歐洲沿海諸國的對立，使歐洲與歐亞其他地方（特別是與印度）的貿易變得更重要，但也使歐洲更難抵禦該貿易突然中斷所帶來的傷害。鑑於亞洲商品（特別是棉、絲、瓷器）在歐洲大受歡迎，歐洲製造商為了和亞洲製造商競爭，為了求生存，無不希望取得這些商品的「工業製造」方法，來予以仿造；藉由增加這些商品流入歐洲的數量，商業擴張也可能促成這些方法傳播至歐洲。歐洲的海外貿易無法獨力生存，歐洲商人的優勢在於他們的信貸制度和對海上航路的掌控；但在一七五〇年之前，他們在歐亞許多地方，地位都談不上穩固。沒有「工業」商品，他們占不了上風。沒有多少東西可吸引亞洲消費者，他們不得不付出金或銀購買他們所需的商品，而歐洲諸國的政府對於金、銀如此有去無回，大為苦惱。雪上加霜的是，他們的固定成本（主要來自船隊和要塞）高得吃不消：主要是因為歐洲內部諸國間的敵對。最後，在印度和中國這兩

個歐洲對外貿易的最大市場，歐洲人要入境通商，取決於當地統治者同意與否，而當地統治者可能視其為政治危險而予以拒絕（如在孟加拉所發生的），或遽然予以限制（如中國的「廣州公行制度」）。

因此，必須在地緣政治出現大轉變之後，歐洲人才能扭轉對亞洲貿易的失衡。而徹底改變運輸和紡織品生產方式的機器科技，反過來加大且深化歐洲脅迫、征服的效應。文化改變使歐洲人得以想像、解釋、合理化他們聲稱在物質成就上，還有道德上、知識上均更勝一籌的主張，而科學探究與技術創新所產生的可見益處，則以類似前者的方式，強化那些文化改變所帶來的衝擊。但地圖、沿岸地形圖的繪製、人種誌資料的蒐集、植物的採集、古蹟的參觀、古董的購買（形成全球性思想世界的關鍵先決條件），全都必須在能取得資訊、能前往當地、具有設備來處理所積累資訊、具有讓人想如此做的直接動機下，才能辦到。理論上，沒有「地緣政治」勢力，還是能辦到，但沒有英國在一七六〇年後在印度所享有的軍事、政治優勢，英國對印度人的了解將會大大不同，且少得多。如果庫克得倚賴毛利人和土著的合作，或曾遇上非歐洲國家的海上強權，他在太平洋的三次航行就不會進展得如此迅速。在此，一如在印度，地緣政治實力左右了貿易的提升和知識的生產。

歐洲為何突然稱霸歐亞，這是怎麼發生的？

這是貫穿本章大部分段落的論點。在此，我們所關注的是個非常錯綜複雜的劇變，而欲層層解開如此複雜的劇變，必須戰戰兢兢。但使歐洲與歐亞其他地方之關係產生革命性變化的直接原因，不在較強的經濟效率，因為要到十八、十九世紀之交，工業化才開始；原因也不在於對科學與科技的運用較亞洲人更為純熟。汽輪問世之前，歐洲科技並未賦予歐洲人多少優勢，即使在戰場上亦然，這一點，英國人在印度就有親身體驗。歐洲突然間稱霸歐亞，不是商業成功或科學高人一等的結果，而是一連串非法強行闖入或強行推翻所致；每一次的強行闖入或推翻，根源都可歸於闖入者和本地人之間的爭執。這些作為共同構成從克里米亞到廣州遼闊的歐亞世界摩擦邊界。但這也必須放在更大的環境裡來觀照，因為這一革命時代真正令人震驚的特色，在於不只發生於歐亞、且發生於全世界的地緣政治變動。這些變動在歐洲本身達到劇烈程度（從一七五〇到一八三〇年幾乎有一半的時間歐洲戰爭不斷），但有些變動則是由與歐洲活動幾無關係的壓力所觸發。我們也無法斷定，這些變動所累積的衝擊真能讓歐洲得利；在一七九〇年後歐洲最動亂的時期裡，這些變動不利於歐洲，似乎反倒比較可能。但這模式於一八三〇年代出現時（當時許多人如此深信），它所揭露的鮮明事實，乃是歐洲的勢力範圍、占領區、統治區得到驚人的擴大；不只是歐洲在歐亞的地位改變，整個全球均勢也改變了。

為何發生此事？又是如何發生？

地緣政治革命

十八世紀中葉，世界仍維持「不穩定的均勢」

十八世紀中葉，歐洲、伊斯蘭、東亞三個世界的諸國、諸帝國之間的關係，仍以不穩定的均勢為特色；歐亞諸強權與「外圍世界」（美洲、撒哈拉沙漠以南的非洲地區、東南亞、太平洋）的諸原住民社會之間的強弱態勢，亦帶有同樣特色。然而，這並不表示各自地位固定不動。歐洲列強與鄂圖曼帝國的交界，從十八世紀初屢屢前後移動。儘管鄂圖曼人於一六八〇年代最後一次大舉入侵歐洲之後，節節後退，但在一七三〇年代之前，他們已收復失土，對於奧地利在巴爾幹半島的攻勢，他們也已穩穩守住。在北方，鄂圖曼人面臨俄羅斯的持續擴張，但通往黑海的要道，仍掌握在他們的穆斯林藩屬克里米亞的吉雷汗手裡（這時黑海仍是鄂圖曼人的內海，仍是他們北方諸省的戰略屏障）。在北非、黎凡特地區❶沿岸，歐洲海上強權幾乎無意（或欠缺工具）推翻鄂圖曼在當地仍享有的霸權。更東方的裏海周邊，俄羅斯人從伏爾加河三角洲往南推進，進展甚微，但俄羅斯城鎮與伊朗、中亞、北印度之間的商業往來非常活絡。[1]

在印度，一七四〇年代是動亂年代，伊朗人、阿富汗人、馬拉塔人入侵蒙兀兒帝國的心臟地帶，而印度沿海地區的該帝國古老屬國（特別是孟加拉）愈來愈不聽命於帝國中央。英國、荷蘭、法國的特許公司已在南亞沿海廣設要塞和貿易站，且在一七四〇年代彼此兵戎相見。但在一七五〇年，若預言北印度平原的群雄逐鹿，將由歐洲帝國主義、而非亞洲帝國主義的勝利劃下句點，則似乎仍是異想天開。較可能的結果，似乎是北印度平原由阿富汗、馬拉塔的帝國建造者瓜分，印度沿海地區則走上較超越民族畛域而不同的發展道路。在當時的最大帝國裡，地緣戰略劇變的威脅看來不如以往嚴重。這時清朝正準備對「內亞」乾草原上的游牧民族武力，東亞「世界秩序」最悠久、最致命的威脅，給予最後一擊[2]。這一大業完成時（新疆於一七五九年完全平定），這個天朝帝國會更強悍地抵禦外來的擾亂，在糾纏不休的歐洲人叩其海疆後門時，更不願做出任何讓步。情勢看來大抵如此。

在「外圍世界」也沒有多少跡象顯示，即將發生有利於歐洲人稱霸該地區的決定性變動。英、法兩國在北美洲的僵持（兩國在歐洲關係的延伸），法國人與內陸印第安人的權宜性結盟，已使歐洲人的殖民腳步在阿帕拉契山脈東山麓丘陵沿線停下。從墨西哥大本營往北推進的西班牙人，攻勢也遭阻擋。半乾燥的北美大平原和大平原上行蹤飄忽而好戰的原住民，擋住了一線擴張；加利福尼亞海岸線的偏遠和看似不適人居，則阻撓了另一線的擴張（西班牙人直到一七七〇年代才占領舊金山地區）。在南美洲，遼闊的森林區、彭巴大草原區（位在智利、阿根廷、亞馬遜流域）擋住克里奧爾人和（西班牙出生的）白人的微弱攻擊。在撒哈拉沙漠以南的非洲地區，穆斯林勢力擴及熱帶稀樹草原的西部，且沿著尼羅河往上，進逼科普特基督教會的據點衣索匹亞；[3]穆斯林勢力把東非沿海地區拉向波斯灣和印度。但在大西洋非洲地區，歐洲人的活動範圍大抵僅限於奴隸買賣的灘頭堡，幾乎未涉險

❶ 譯按：Levant，指地中海東部的西亞大片地區。

進入那些灘頭堡後面的內陸地區。在遙遠的南方，開普敦內陸地區進行「大遷徙」的南非白人，遭到北邊、西邊桑人（San，舊稱布希曼〔Busmen〕人）和東邊恩古尼（Nguni）族群的包圍。[4]最引人注目的是，雖已有歐洲航海家多次越過太平洋，對太平洋地理的了解仍出奇的少。澳洲的形狀和生態、太平洋島嶼的位置和文化、今日加拿大的太平洋沿岸，在歐洲地圖上仍是一片空白或虛構不實。一七七四年，仍有一份權威地圖把阿拉斯加當成島。[5]這些仍是尚待探索的地區。

一七五〇年後，世界地緣政治遭到雙重改造：歐亞內部的衝突和對外衝擊性提高

歐亞世界處於均勢，不代表平靜。一七〇〇年至一七五〇年，除了伊朗人、阿富汗人、馬拉塔人、蒙兀兒人之間的戰爭，歐洲諸國間、歐洲人與土耳其人間、土耳其人與伊朗人間，也爆發大戰。但一七五〇年後，地緣政治舞台遭到雙重改造：歐亞世界衝突的規模和強度升高許多，它們對「外圍世界」的衝擊，令「外圍世界」更加恐慌。促成這一轉變的因素，至今仍未完全探明。但從兩股長期趨勢的猛然合流，或許可找到部分答案。

奪取利潤高的市場與貿易

這兩股趨勢都與十八世紀中葉商業經濟的加速發展有關。第一個是欲取得、擴大利潤愈來愈高的市場和貿易，並保護這些市場與貿易，免遭對手（即掠奪性入侵者）奪走的壓力。亞洲商人和統治者、美洲商人和殖民者、歐洲君王和大臣，都感受到這股壓力（並加以傳送出去）。為此，大有可能爆發一波為爭奪土地和貿易的短期戰爭。但商業成長促使一個較隱伏的趨勢進入關鍵階段。

貿易擴張提升了發動戰爭的能力，金融資源成為戰爭成敗的關鍵

在十八世紀的歐亞，國家武力的強弱取決於財政實力和財政穩定。這不只表示要有厚實的收入基礎和健全的稅收制度，還表示官員與管理金融市場（金融市場的最大客戶通常就是政府）的利益集團之間，要有密切且互蒙其利的關係。擁有發展成熟而能迅速、低成本調度資金的金融體系，乃是維持忠貞且裝備完善的軍隊所不可或缺。因此，貿易擴張直接提升了發動戰爭的能力，金融資源成為戰爭成敗的最終裁決者。深知這兩個道理的腓特烈大帝如此論道：「金融體系……的不斷改善，能改變一個政府的地位，它能使原本捉襟見肘的政府變得很富裕，進而改變歐洲大國之間的均勢。」[6]一八一五年，倫敦的政府歲入已是一百年前倫敦政府的十倍。走上「財政—軍事國家」，不必然就會製造衝突和危機，但藉由改變強弱勝敗的規則，為新強權模式的出現開闢了坦途。

英法爭霸、俄羅斯的擴張與「新歐洲」的誕生

十八世紀中葉歐洲列強爭霸的歷史背景：法國「保守」霸權及其所維持「均勢」的崩解

十八世紀中葉的歐亞，有兩處地緣政治騷動的中心，第一個位在歐洲。造成歐洲情勢緊張的直接原因，看來似乎再明顯不過。當時的歐洲國家，大部分具有擴張主義本性。在前工業時代，歐洲人認為國力的強弱端視領土和人口的多寡，或是否壟斷熱帶產物貿易（因為擁有這種壟斷，代表大有可能擁有金塊、銀塊盈餘）。王朝野心和相互猜忌，更激化了領土爭奪。在西歐，前一個世紀法、西、英、荷四強的爭霸戰，這時已演變為英、法兩強誰將脫穎而出，稱霸大西洋歐洲，掌控歐洲在南、北美洲大西洋沿岸擴張區的海上進出通道。歐洲列強對立的另一個舞台是「內陸美洲」：廣大開闊的東歐邊境地區。[7]這地區理論上由四個主權國共有，分別是俄羅斯、奧

地利、波蘭、鄂圖曼帝國。但波蘭、鄂圖曼積弱不振的形象，勾起強大鄰邦的領土併吞野心，加深彼此間的猜忌。在一七五〇年代中期之前，衝突頻仍的歐洲，其搖搖欲墜的穩定局面，主要靠法國（歐洲世界的最強國）維持。即使法國在路易十四當政時未能獨霸歐洲，法國仍是歐洲外交舞台的仲裁者。在歐洲，就屬法國人口最多、政府收入最多、軍力最強，[8]加上法國文化的尊榮地位、發展成熟的商業、龐大海軍、最先進的外交、情報機構，構成一個看來所向無敵的國家。即使法國未能宰制歐洲，至少會希望以確保本身霸權的方式規範歐陸事務。

這個目標透過細心的制衡外交來達成。法國支持波蘭某一黨，以抑制俄羅斯萌發的支配勢力和羅曼諾夫王朝沙皇的歐洲野心。法國與普魯士結盟，以持續向奧地利施壓，與鄂圖曼帝國結盟，以挫敗奧地利、俄羅斯的擴張。法國、西班牙的波旁「同盟」（兩國君王都是波旁家族出身），意在捍衛地中海和義大利的現狀。法、西兩國艦隊加總，艦數通常勝過英國海軍，因此兩國結盟也有助於制約英國在大西洋的海上擴張。藉此，法國的「保守」霸權，無意中協助維持了歐亞世界與「外圍世界」的更大範圍均勢，還協助了鄂圖曼帝國抵抗排山倒海而來的歐洲諸敵國聯合勢力，抑制了英屬東印度公司在南亞的影響，並以固若金湯的魁北克要塞所主導的「印第安」外交，阻止了北美沿岸英國殖民地將勢力伸入北美內陸。

這套法國體系涵蓋極遼闊的地域，也帶給法國沉重的負擔。法國得擁有歐洲最強的武力，得維持隨時可以發兵日耳曼對付奧地利或普魯士的常備軍；法國得擁有足以抗衡英國海軍的海軍武力，以維持大西洋「均勢」，保護其在加勒比海的殖民帝國（法國在該地區擁有和英國不相上下的產糖殖民地）。法國還必須是地中海強權（法國土倫駐有一支艦隊以保護其在義大利的利益），必須維持鄂圖曼、奧地利（法國在歐洲的頭號勁敵）在近東的均勢。維持如此龐大的海軍、陸軍、殖民統治機器的金錢開銷，壓得波旁王室及其政權大呼吃不消。一七一三年後，路易十四時代的龐大陸軍（兵力超過四十萬），不得不裁減掉一半。到了十八世紀中葉，情勢已演變成法國不得不思索國家未來該寄託在大西洋貿易和其殖民地的成長上（兩者攸關南特、波爾多、拉羅謝爾諸港的經濟榮枯），還是寄託在保住並強化其在歐陸的地位上，以及思索這個波旁國家的收入能否同時支撐這兩個重擔。

一七五〇年代中期，法國霸權所支持的脆弱穩定局勢開始崩解，法國「體制」同時遭到東西方勢力的挑戰。破壞穩定的力量，乃是在法國軍力已達到舊制度下的擴張極限時新興的英國、俄羅斯兩大強權。俄羅斯已強大到不能再被排除在歐洲之外；英國的金融實力則已足以撐起一支能打贏戰爭的海軍、兩支美洲陸軍，並供應其歐洲盟邦所需的援助。結果就是爆發一場海陸戰爭，擊垮波旁王朝的外交體系。一七五六至一七六三年的七年戰爭，摧毀了法國霸權，但並未代之以新霸權，反倒引發地緣政治上的大變動。之後的戰爭、革命年代，持續了五十多年，直到一八一四至一八一五年的維也納會議上，五大國（英、法、俄、普魯士、奧地利）重新劃定歐洲的政治版圖，擬出實驗性的五強「協調」（concert）新體制才停止。

英法爭霸

英法在北美洲殖民地的攻防

裂痕最先出現在法國的大西洋防禦上。在奧

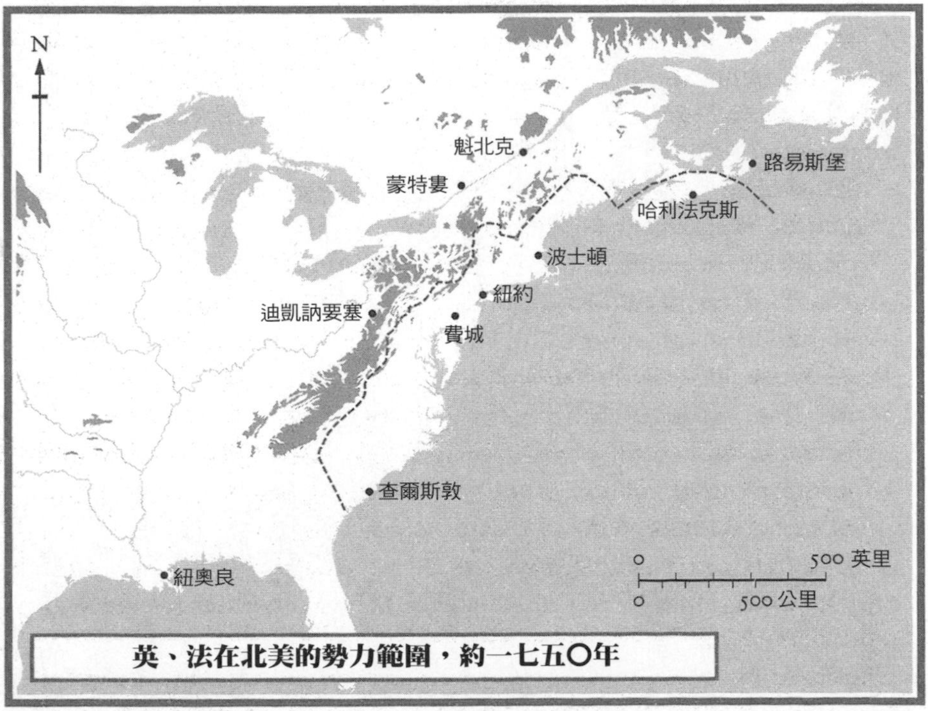

英、法在北美的勢力範圍，約一七五〇年

地利王位繼承戰爭（一七四〇～一七四八）中，法國的霸權地位絲毫未損。但在北美洲，卻出現了明顯可見的衰弱跡象，位在路易斯堡（Louisburg）的法國大要塞，扼守船隻進入聖羅倫斯河（法國人進入北美洲內陸的主要管道）的通道。結果，這要塞遭由英國人、印第安人組成的殖民地軍隊，在英國海軍支援下攻克。戰爭結束後，被迫交還路易斯堡的英國人，在新斯科細亞（Nova Scotia）的哈利法克斯（Halifax）建了一個新基地。在更南方，來自北美十三殖民地的英國商人使出渾身解數，與法國人爭奪和內陸印第安人貿易的機會。較短的供應線（相較於曲折連接俄亥俄河谷和蒙特婁、魁北克的聖羅倫斯河）和較低利的信貸、較便宜的商品，使英國人占了上風。鑑於情勢日益嚴峻，到了一七五〇年代初期，法國人不得不興建迪凱訥要塞（Fort Duquesne，位在今匹茲堡），以確保其對俄亥俄部落的影響力，防止英國商人接近。但來自英國邊境的壓力也愈來愈大，地圖戰爭已然爆發。英方於一七五五年出版的一張地圖，把其領土往西畫到遠及密西西比河。商人、殖民者、土地投機者，甚至傳教士，都決意挑戰法國對內陸地區的領土主張。[9]這時，法國對內陸的掌控，倚賴其與原住民結盟的支持（看起來不堪一擊的支持），和由軍人、牧師、法裔加拿大林區人組成的薄弱部隊。在英國諸殖民地，民選議會和地方利益集團的勢力極強大。[10]對這些殖民地來說，要讓經濟發展免於停滯，唯一的出路似乎就是往西擴張，且倫敦所指派的諸多總督有許多都支持這觀點。針對防禦薄弱的法國壟斷地位，找出其罩門，就成為不得不採取的行動。接著，其中一次由維吉尼亞年輕測量員喬治·華盛頓率領的摸底行動，點燃了一場大西洋戰爭。

華盛頓的冒險行動以慘敗收場。他的小部隊遭法國人和法國的印第安人盟軍團團包圍，部分部眾遭到殺害，他則被遣回維吉尼亞。但雙方對這場擦槍走火的邊境意外，反應激烈。在法國人眼中，這似乎正好證明英國人打算再度攻擊他們的內陸帝國和該帝國在魁北克的總部。於是隔年（一七五五年），法國派來增援部隊。但在倫敦看來，法國人試圖加強其對內地路線的掌控、建造迪凱訥要塞、對待華盛頓的方式，都具有挑釁和威脅意味，等於是挑明要終結英國在北美的殖民事業。英國的「美洲」利益集團和其政界友人發出強烈抗議，英政府於是派出艦隊，以在法國援軍抵達大西洋彼岸前予以攔截。雖未能攔截到，但接下來所發生的小海戰，開啟了另一場大西洋戰爭。

法國霸權的崩潰：波蘭主權和北美內陸帝國總部魁北克淪喪、國庫破產

這類戰爭原本未必會危及法國的地位。英國試圖拿下魁北克（法屬北美的大要塞）本來有可能失敗（過去就失敗過多次），而且英國原有可能因其在歐洲的利益受威脅而打亂原有計畫。但英、法兩國的美洲紛爭引爆第二場爆炸，地點在東歐。腓特烈大帝一七五七年寫道：「歐洲不知不覺陷入的那場動亂，始於美洲……拜本世紀歐洲的治國手腕之賜，如今世上的每場衝突，再怎麼小的衝突……都可能把整個基督教世界捲入其中。」[11]

這個問題的核心在於波蘭的政治解體。波蘭是個治理無方的貴族共和國，廣大的國土從波羅的海綿延至黑海。波蘭是法國東歐外交政策的成敗關鍵。波蘭的存在遏制了普魯士勢力，使普魯士更需與法國打好關係；波蘭的存在也制衡了奧地利，限制了俄羅斯干預歐洲的能力。但到了一七五〇年代時，由選舉產生的波蘭國王已是俄羅斯的傀儡，這一趨勢使波蘭貴族益發不滿。原就有心插手波蘭對立政局、再度挑戰奧地利日耳曼霸主地位的普魯士國王，這時更難壓下那股野心。[12]他可能曾寄望盟邦大國法國玉成此事，但波旁政府決意維持東歐現狀，特別汲汲於阻止奧地利在英、法鬥爭中加入其宿敵英國一方。[13]向來勢如水火的波旁、哈布斯堡兩王朝，破天荒一笑泯恩仇，聯手壓制想造反的普魯士。這是十八世紀的「外交革命」，其令當時人震驚的程度，一如一九三九年八月納粹突然與蘇聯簽訂互不侵犯條約。法、奧同盟把歐洲最強的兩國湊在一塊，照理說應能促成「穩健保守」的和平，協助法國解決其與英國的殖民地紛爭。結果，腓特烈大帝藉由頑強抵抗和一連串令人讚嘆的軍事大捷，羞辱了法、奧這兩個大敵。事實證明，他所創建的軍國主義組織，比起他的昔日盟友法國和治理無方的奧地利，打起仗來毫不遜色。腓特烈大帝未能徹底擊潰敵人，但靠英國的援助和英國正在施予法國的大西洋利益的傷害，他苦撐了下來，終至把敵人逼上談判桌。

法國的霸權地位隨之迅速土崩瓦解。腓特烈大帝在歐洲權力舞台打下一片天時，英國也已緩緩集結了征服北美「新法蘭西」所需的兵力。一七五九年，「勝利連連那一年」，英國海軍控制了大西洋，使加拿大的法國人得不到母國增援；九月，冬季即將降臨，聖羅倫斯河即將封凍，屆時英國艦隊不得不後撤的關鍵時刻，沃爾

夫（Wolfe）將軍拿下法國在美洲的大本營魁北克。這是石破天驚的一擊。因為（雖然在一七五九、一七六〇年之交的嚴冬時，魁北克差點遭反擊法軍奪回），從此英國可以拔除法國在北美內陸建構的勢力網。在法國於大西洋的勢力已如風中殘燭之後，英國開始威脅與法國同夥的小老弟西班牙，西班牙的美洲帝國這時已暴露在英國陸海軍的攻擊範圍內。決定大局的一年是一七六二年：英國攻下哈瓦那。對西班牙的加勒比海而言，哈瓦那的戰略地位猶如地中海的直布羅陀。西班牙拚命求和。法國已快要破產，事實上，一七五九年拖欠借款之後，法國嚴格來講就已破產。俄羅斯見風轉舵，對腓特烈大帝大為嘆服的新任沙皇，停止對普魯士的戰事。

俄羅斯的擴張

一七六三年簽訂的《巴黎條約》，其實是打得兵疲民困後的暫時休兵。法國被逐出美洲大陸，保住富產蔗糖的加勒比海島嶼和紐芬蘭附近的漁業平台（聖皮耶島和米克隆島）。路易西安那轉給西班牙，西班牙則割讓佛羅里達給英國。但《巴黎條約》的真正決定，乃是法國不再是歐洲事務的仲裁者。法國「體制」已瓦解。接下來三十年，歐亞世界和「外圍世界」兩地的舊地緣政治均勢均逐漸解體，再無人可阻擋英國的擴張。在東歐和中歐亞，法國衰落的主要受益者是凱薩琳女皇（Catherine the Great，一七六二～一七九六在位）當政的帝俄。失去以往老大哥的撐腰，波蘭共和國遭一階段一階段生吞活剝。第一次瓜分是在一七七二年，俄羅斯、奧地利、普魯士各咬了一口。俄羅斯分到波蘭東部邊境，剩下的波蘭實際上是俄羅斯的受保護國，以事事聽命於俄羅斯的史坦尼斯勞斯．波尼亞托夫斯基（Stanislaus Poniatowski，凱薩琳女皇的情人之一）為國王。這項波蘭協議使俄羅斯得以傾全力完成其對鄂圖曼人的戰爭（一七六八～一七七四），實現其長期夙願：靠著一七七四年的《凱納甲湖條約》（Treaty of Kuchuk Kainardji）在黑海邊的赫爾松（Kherson）牢牢立足。一七八三年，俄羅斯併吞克里米亞半島，將黑海北岸掌控在手。葛利高里．波將金（Grigori Potemkin，凱薩琳女皇的寵臣兼情人）擔任「新俄羅斯」總督，大力推展俄羅斯南疆的殖民事業。[14]鄂圖曼人為了收復失土，與俄羅斯人又打了一仗，結果敗北，再丟了一些領土給俄羅斯。

一七九三年，俄羅斯建立敖得薩（Odessa），成為這個新南方帝國的首府。征服高加索、甚至君士坦丁堡之路，已然開通。在俄羅斯崛起為全球強權之路上，這是關鍵時期之一。

「新歐洲」的誕生：（一）美國獨立始末及獨立後的領土擴張計畫

英國的擴張，則大不如俄羅斯輝煌。英國已感受到戰爭對國家財政的壓力，客觀形勢讓英國必須妥協。在財政捉襟見肘下，新美洲帝國幾乎是個累贅。想到要再投注資源於該地，他們大為驚恐。於是英國政府眼中的當務之急，乃是穩定新占領地的局勢，而非開發那些地方。他們安撫魁北克省境內的法裔加拿大人，拒絕從北美十三殖民地移入的人民設立民選議會的要求。英國政府決意將魁北克當成軍事殖民地來治理，由該地監管北美洲中西部的原法國勢力範圍。一七六三年英王發布詔諭，沿著阿帕拉契山脈畫出一條詔諭線（Proclamation Line），把該山脈以西的土地仍保留給印第安人。為維護和平和金融經濟，該山脈以西地區由帝國官員維持治

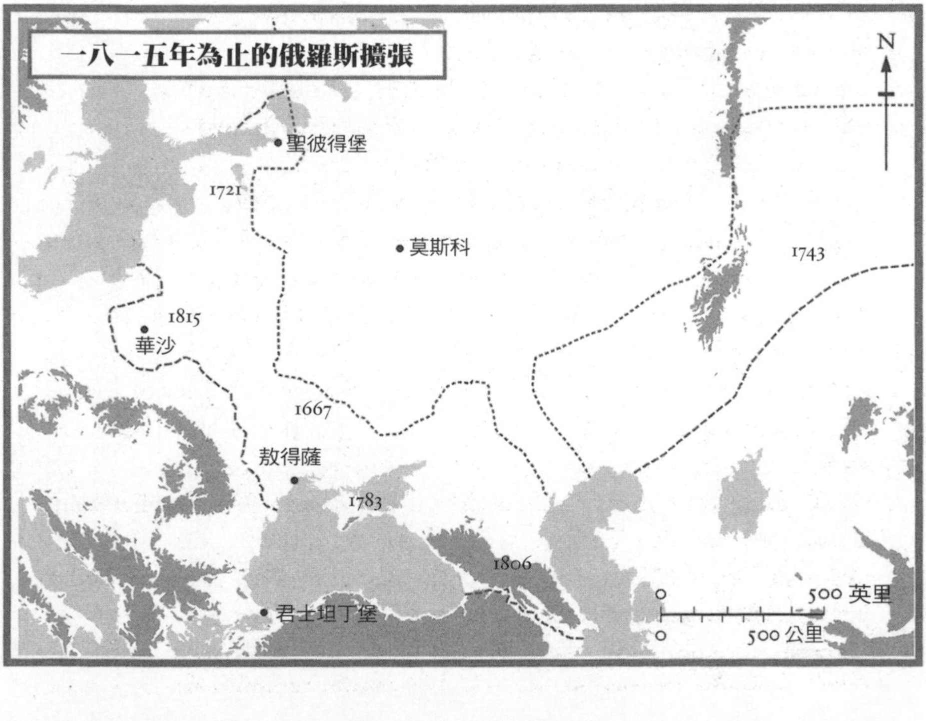

安，殖民地人民不得越過此線向西拓殖移民。殖民地人民原以為辛苦打敗法國人之後，可以得到北美內陸這塊戰利品，因此英國政府的限制措施令他們大為憤怒。好像這還不夠似的，英國還決意強迫北美殖民地人民支應帝國防務的部分開銷，於是要他們繳納帝國稅，例如惡名昭彰的印花稅。英國政府還決定更嚴密管制殖民地貿易，執行其未經英國港口轉口的商品不得運往北美殖民地的航海條例規定，壓制猖獗的走私。

接下來的發展，人盡皆知。殖民地人民叛亂，英國派兵平亂，最終以失敗收場。橫越北大西洋的補給線漫長又不穩定，這場戰爭先天就對英國不利。[15]隨著英國人無法迅速解決殖民地叛亂，他們在一七六三年所取得的大西洋戰果變得愈來愈岌岌可危。他們的海上對手本來就很想恢復大西洋均勢，北美戰事正好讓他們找到報仇機會。一七七八年，殖民地戰爭爆發三年後，法國、西班牙、荷蘭加入戰局。孤立且海上武力處於劣勢的英國，在關鍵時期失去其對大西洋的掌控，為其平亂戰爭敲下喪鐘。一七八一年，在約克鎮（Yorktown），英國在北美殖民地的主力部隊投降。英國海軍雖然在海上反敗為勝（挫敗了法國、西班牙、荷蘭的企圖），卻還是不得不在一七八三年簽訂《凡爾賽和約》，讓北美殖民地獨立，但加拿大仍歸英國掌控。

美國獨立，提供歐洲人長驅直入的空間

表面上，英國一七六三年的大勝，僅二十年時間就幾乎完全遭到扭轉。但如果從全球的角度思考，可以看出英國白人殖民社會成功脫離帝國掌控，其實代表了一七六三年「暫時性」勝利的最後底定。北美內陸終於完全敞開，可供大西洋沿岸「新歐洲人」盡情施展身手。這場戰爭一結束（事實上甚至在戰爭還在進行時），殖民地人民就已經開始大批越過阿帕拉契山脈，進入內陸。「美利堅合眾國」成立後的初期作為之一，乃是在一七八七年通過《西北土地法令》（Northwest Ordinance），訂定領土擴張計畫。隨著一波波移民湧入俄亥俄河谷和「舊西南區」（Old Southwest，今阿拉巴馬、密西西比兩州），與原住民不可避免產生摩擦，進而引爆一連串邊境戰爭。印第安人力量分散、槍炮火力不如美軍、人數日趨劣勢，一路被往西趕，他們拋下的土地則為白人和白人的奴隸所填補。到了一八三〇年，白人殖民浪潮已抵達並越過密西西比河。[16]在北美大陸上，一個「新歐洲」就從在

「均勢時代」掙扎求生的諸殖民地中誕生，前後只花了五十年。

「新歐洲」的誕生：（二）澳洲、紐西蘭的殖民

這個位在北美洲、「外圍世界」裡最富饒的地區，自此被撬開，供歐洲人長驅直入。但一七五〇年後對「外圍世界」令人震撼的入侵，發生在地球的另一頭。英國海軍在勝利的昂揚情緒下、稱霸（全球）的新奇感覺中，開始有計畫地繪製海洋、風力、水流的地圖：帆船時代稱霸海上的最重要情報。獲委以這類測繪任務者中，包括了詹姆斯・庫克（James Cook）。他在一七五九年攻擊魁北克之役時，展現高超航海本事而嶄露頭角，受到海軍部和皇家學會的注意。九年後，他率船展開他三次太平洋遠航中的第一次遠航，以觀察、記錄金星凌日的過程，並確認是否「可在西南太平洋區找到一塊大陸，或相當大的陸塊」。[17] 此後他展開十年探索，然後在夏威夷與島民起紛爭之後去世。庫克的勘查報告（和約瑟夫・班克斯之類隨船科學家的報告）問世後，蔚為轟動，揭露了歐洲人幾乎一無所知的廣大太平洋世界。太平洋島嶼上的社會和文化，讓歐洲民眾驚為熱帶伊甸園，恬靜純真的樂園。但庫克所揭露的，不只影響到文化層面。他赴今日加拿大太平洋岸的那次遠航，暗示了在北美的毛皮產區和有利可圖的中國市場之間，可以開出一條新貿易路線。但庫克最了不起的發現在南太平洋。他打破了有個南方大陸往南綿延到世界底部的迷思，精確測繪了孤懸海中的澳洲大陸，並在一七七〇年八月二十二日宣布該大陸東半部為英國所有。在此之前，他已繞航紐西蘭一圈。庫克死後不到十年，英國政府已在東澳洲建立第一個犯人殖民地，而這或許有部分是為了加強掌控印度洋與中國之間的南方海路。到了一七九〇年代，歐洲、美洲的捕鯨人、獵海豹人、商人、傳教士及海濱流浪漢，已大量移入包括紐西蘭在內的太平洋島嶼。由於距離問題，又有法國干擾的威脅，這個離歐洲仍太偏遠的地區，殖民進展仍舊緩慢；但到了一八三〇年代，對澳洲的殖民已跟著迷途羊的腳步，如火如荼地進行中。一八四〇年，英國移民抵達紐西蘭。第二個「新歐洲」（可能和美洲不相上下的「新歐洲」），逐漸成形。

歐亞「舊世界」均勢的劇變

歐洲稱霸全球的雙重基礎：「舊世界」的劇變、掌控土地的暴增

因此，一七六三年後的三十年裡，歐洲所掌控的地球土地資源暴增，只是這些「新土地」的財富還尚待開發。使這一發展更顯意義重大的，乃是在此同時，歐亞「舊世界」的均勢有了同樣劇烈的轉變，為十九世紀歐洲稱雄全球奠下雙重基礎。這一轉變可見於伊斯蘭世界、印度，還有一八三〇年代的東亞。俄羅斯勢力在一七七〇、八〇年代（浩浩蕩蕩）推進到黑海北岸，代表歐洲政治、商業影響力之打入伊斯蘭近東，邁入一個關鍵階段。

鄂圖曼帝國的劇變：黑海戰略利益的喪失與帝國領土遭歐洲列強瓜分

由此所產生的全部影響，要一段時間後才顯現。但對鄂圖曼人而言，失去克里米亞乃是戰略上的大挫敗，貽害深遠。在此之前，黑海一直是土耳其人的內海，鄂圖曼帝國交通網的一環。藉由獨占黑海的使用權，他們得以相當輕易守住從北方進逼該帝國的要道。誠如彼得大帝早已發覺的，沒有海路的補給，俄羅斯要入侵鄂圖曼的巴爾幹半島相當困難，甚至辦不到；在黑海另一邊，若沒有海上運輸的支持，要進入高加索山脈西緣的高加索地區更是難上加難。黑海是鄂圖曼帝國的海軍屏障，縮小了鄂圖曼人碰上歐洲人來犯時必須防守的戰略邊境。歐洲人要入侵，必須經由西巴爾幹，而西巴爾幹是不宜人居的地區，易守難攻。如此一來，與鄂圖曼為敵的大國，實際上就只有一個足以構成威脅，即是與它相鄰的哈布斯堡帝國。這使鄂圖曼帝國海軍得以集中兵力於東地中海，得以防守愛琴群島、通往君士坦丁堡的要道、埃及與黎凡特地區沿岸，而幾乎不用擔心遙遠的歐

洲海上強權（英、法、荷、西）來犯。或許，最重要的乃是黑海的戰略利益影響了政治。它所帶來的安全感，讓鄂圖曼帝國敢把權力下放到地方，而權力下放是該帝國十八世紀時得以保持穩定、團結的關鍵因素之一。

在北方的海上門戶緊閉下，君士坦丁堡的鄂圖曼政權捱過了此前驚濤駭浪的十八世紀時期。鄂圖曼人的帝國統治者威信已飽受打擊，但尚未破滅。在歐洲爾虞我詐的外交遊戲中，鄂圖曼仍是受看重的結盟對象。但一七八〇年代時，鄂圖曼帝國賴以屹立的基石遭拔除；法國勢力的衰落，更擴大此事的不利影響。在希臘的基督教徒社群裡和北巴爾幹半島上，開始出現新動亂。幾乎在不知不覺間，這個帝國漸漸由眾所公認（但厭惡）的大國，淪落為眾所爭食的地區，開始有一大群歐洲掠食者圍著這塊肥肉，準備分食其廣大領土。

印度的劇變

不過這個淪落為「歐洲病夫」的過程，主要是一七九〇年後那場地緣政治革命第二階段的特色之一。而在那之前許久，同樣的淪落效應就已開始出現在十八世紀歐亞另一個主要的地緣政治動亂中心。在上一章中，我們知道一七五〇年代初期時，印度境內已開始一場「雙重革命」。使南亞次大陸大部分地區得以維持政治一統的蒙兀兒帝國舊殼，已開始出現裂縫。在該帝國的內陸心臟地帶，蒙兀兒政權遭到兩方的攻擊。伊朗、阿富汗的冒險份子，先後遵循中亞建立帝國的舊路子，利用中亞的「部落」人力，入主北印度的農業平原區——一如先前蒙兀兒人所為（或滿人在中國所為）。他們的目的或許在控制北印度與中亞之間的商業交通要道，當時仍是世上最繁忙的貿易路線之一。他們入侵的同時，馬拉塔人也在西印度地區發動決定性攻勢。由多個印度教國家組成的馬拉塔聯盟，致力於將北印度平原的蒙兀兒心臟地帶納入其統治和土地稅收體系。[18]不堪政治、社會、經濟改變所帶來的壓力，蒙兀兒帝國瓦解（或突變）為較鬆散的政權，與爭奪領土、貿易、收入的數個新「次帝國」共存。在印度沿海地區，也出現類似的威脅。在此，促成改變者，乃是商業經濟與海外貿易的快速擴張。新財富和新收入，使地區性的次統治者愈來愈不甩蒙兀兒中央的監管，愈來愈不願上繳他們應繳納的貢賦。但自主權愈來愈大，有其代價。有心據地稱王者，靠商人和銀行業者出錢才得以掌權，必須密切注意這些金主的動向；對於已加緊掌控印度海外貿易的歐洲利益集團，也必須予以嚴密監視。當歐洲人有意將其紛爭帶入印度次大陸時，這又更顯重要。英、法之間隨時準備開打，使英、法成為印度當地的軍事強權，並把爆炸性的新元素注入本已不穩定的政治局勢。

英屬東印度公司的擴張：征服孟加拉

衝突的主舞台位在孟加拉。孟加拉是最活躍、最繁榮的印度沿海經濟體，該地已出現產量龐大的棉織業，以滿足急速成長的世界市場。恆河河網及其三角洲河網，以及在新砍除林地上所種植的作物，乃是支撐這一出口經濟的重要支柱。政治權力落在名義上由蒙兀兒帝國指派的省督（subahdar，又稱nawab）和跟隨省督的穆斯林權貴之手❷。這兩者都樂於見到蒙兀兒帝國衰落，以順理成章接收地方權力。但在這個暴得大權的世界裡，穩定是奢望。一七五六年，新上任不久的省督西拉吉·烏德—多拉（Siraj ud-Daula）性格相當神經質，政治上有數人與他為敵。印度教商人和銀行業者，例如財大勢大的賈各特·塞斯（Jagat Seth）掌控金融業，對他的施政構成掣肘。孟加拉的租金和收入仰賴貿易，而貿易由他們掌管。他們與歐洲商人，特別是英屬東印度公司過從甚密。該公司在加爾各答設有貿易站，理論上（憑著蒙兀兒皇帝敕令）不必聽命於孟加拉省督。該貿易站築有防禦工事，據當時人的描述，是個「形狀不規則的大地方，比德特福德（Deptford）、羅瑟希思（Rotherh ithe）稍大。」[19]這位省督懷疑該公司窩藏圖謀不利於他的份子，孟加拉緊張不安的政局陷入危機。該公司不肯交人，情勢演變成硬碰硬的較量。[20]一七五六年六月，該省督攻占加爾各答，將該公司未及逃走的官員關入牢裡（著名的「黑洞」）。一時之間，這場政變似乎表示即將有一個重商主義新國家、可以獨立自主的東方荷蘭在南亞興起。

西拉吉·烏德—多拉的不幸，在於該公司有報復手段。該公司不得不報復，因為失去加爾各答已使其損失兩百多萬英鎊。六個月後，一隊船抵達恆河，船上載了來自馬德拉斯的英國部隊，部隊指揮官是羅伯特·克萊夫。克萊夫迅速收回加爾各答，找不滿省督而急欲他垮台的地方權貴共謀大計。一七五七年六月，克萊夫在孟加拉首府附近的普拉西展示武力，省督部隊隨即瓦解，西拉吉・烏德－多拉垮台。這時，由誰當孟加拉王操之在他。克萊夫告訴他父親：「我們完成了一場革命……一場史上幾乎絕無僅有的革命。」[21]但克萊夫不願讓英屬東印度公司統治孟加拉。「要一個商業公司管這麼大一個自治體……若沒有國家援助，可能管不來。」他這麼想。[22]扶植穆斯林權貴為新省督，似乎較明智。結果實驗失敗，東印度公司職員私底下搞個人買賣，不願受省督管轄，不願繳該繳的稅。一七六四年時，摩擦已升高為武裝衝突。在伯格薩爾之役（Battle of Buxar），該公司軍隊擊敗省督和省督盟友，阿瓦德的統治者。隔年，該公司接掌孟加拉、比哈爾（Bihar）、奧里薩三省的財政部門（diwani），從此，稅和收入歸該公司掌控，不歸省督掌控。省督「除了頭銜和虛權，一無所有」。[23]

英屬東印度公司的擴張：消滅邁索爾

這些變動令人吃驚，但印度這場革命才剛開始。關於進軍德里的構想，克萊夫本人擔心拖垮英屬東印度公司，因此無意採納。英國並非印度變動的唯一受益者。在次大陸西部和中部，馬拉塔人勢力的不斷坐大，比起英國人似乎不遑多讓。一七八四年入主德里者，就是馬拉塔人。在印度南部，海德拉巴（Hyderabad）和邁索爾（Mysore）的情勢顯示，從蒙兀兒帝國衰落的廢墟中可建立新國家。特別是在邁索爾，有錢的穆斯林軍人海達・阿里（Haidar Ali），靠著比馬德拉斯的英屬東印度公司更充沛的收入、更強大的軍隊，在一七六一年後開始建造新式的財政－軍事國家。在他兒子提普・蘇丹（Tipu Sultan）當政時（一七八三～一七九九），這些變革更為深化。政府投身貿易，補助造船業，出資建造包含炮兵和步兵的大型常備軍，軍隊的訓練和戰術和英屬東印度公司的軍隊一樣「現代」。[24]海達和提普對該公司勢力打消耗戰，使該公司的財政瀕臨崩潰。若沒有在孟加拉取得的資源（靠孟加拉的人力挹注，該公司的兵力從一七六三年的一萬八千人增加為十八世紀結束時的超過十五萬人）[25]，沒有英國母國

❷譯按：從一七一六或一七一七年起，孟加拉省督的任命已非蒙兀兒中央所能主導，孟加拉形同獨立王國。

的海陸軍援助、沒有印度銀行業者給予的貸款，該公司能否保住其在南印度的勢力，實可懷疑。而英國人雖在一七九九年擊敗（並殺死）提普，但如果沒有在歐洲衝突的第二大階段（接下來就會談到）中獲勝，英國能否迫使馬拉塔人接受英國人統治，同樣是未定之天。事實上，到了一七九〇年代，歐亞世界地緣政治劇變的兩大舞台，已幾乎合而為一。

征服孟加拉得到的原棉與鴉片，促成英、印、中的三角貿易，也改變了歐洲和南亞的地緣政治

克萊夫的孟加拉革命，已開始讓歐亞三大地區間的關係有了更顯著的轉變。在歐洲人進入印度洋之前許久，印度沿海地區就已扮演接合東亞貿易和中東、西方貿易的樞紐角色。十八世紀時歐洲人已提升其與中國的貿易關係，但清朝政府只同意前往中國經商的歐洲人在廣州港短暫居留。英屬東印度公司支配對中貿易，主要輸出白銀到中國，以換取中國商品（主要是茶葉），滿足英國消費者日益高漲的需求。但不管是要擴大對中貿易，還是要放更高

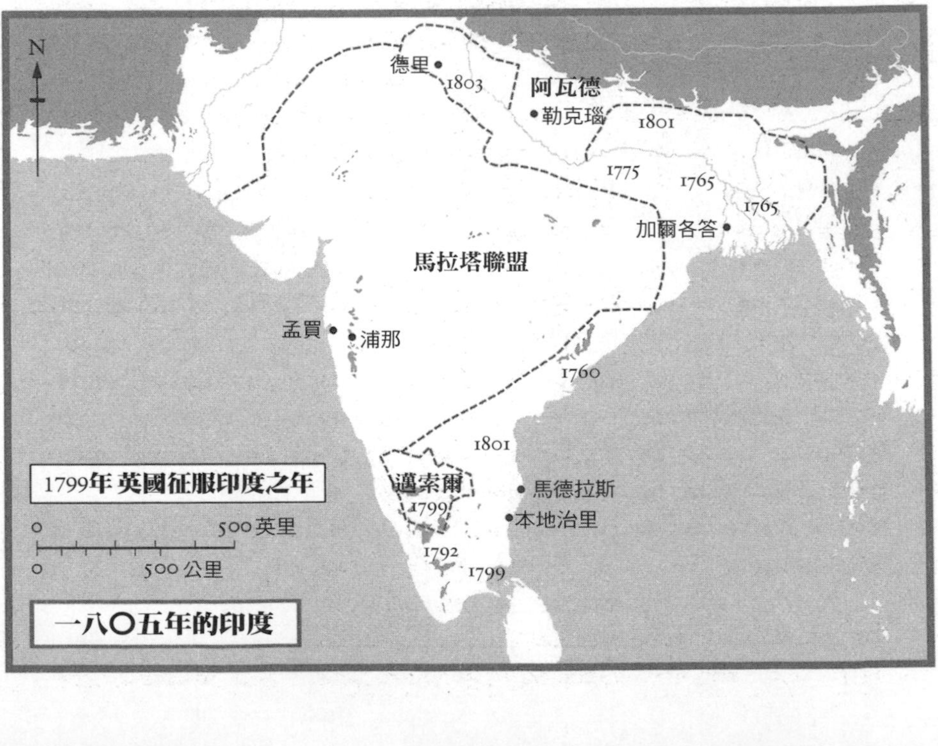

一八〇五年的印度

額的貸款，還是要以更吸引人的產品吸引中國消費者，英國都是巧婦難為無米之炊。而征服孟加拉，把這三個問題全解決了。有了孟加拉的收入挹注，英屬東印度公司便能在不必動用白銀或外銷更多產品到印度的情況下，買進中國買家想要的印度產品：原棉、棉織品、鴉片。但該公司的收入大增，只是促成這時期地緣政治變動的因素之一。該公司基於自身利益而容忍公司職員暗地裡從事「私人買賣」，而且這種「私人買賣」所扮演的角色愈來愈吃重。一小票歐洲人（受該公司之聘到印度工作的軍人和平民）仗著該公司財大勢大，以劫掠或特權貿易賺大錢（這些發財歸國的歐洲人，即所謂的nabob，返回英國後引來社會的大加撻伐）。將所賺錢財匯回英國，有個最有利可圖的辦法，就是把錢投資在運往中國的船貨。船貨脫手後，交易所賺的錢票交予壟斷買茶生意的英屬東印度公司，以換取回倫敦後領取英國貨幣的票據。私人貿易也是鴉片銷售的媒介，因為法令禁止該公司從事鴉片買賣。透過這種間接方式，征服孟加拉一事為一場大大影響地緣政治的商業革命，提供了有利條件。[26]隨著孟加拉出口急速成長，華南經濟被拉入英國與印度之間的三角貿易愈來愈深。最大的一條魚開始上鉤。

藉此，歐洲與南亞的地緣政治變動，為歐亞不同地區之間的關係和歐亞與「外圍世界」之間的關係的重大改變，提供了有利條件。在一七九〇年後的第二階段，此一變動所及的範圍愈來愈明朗，十八世紀末期隱約可見的新全球秩序的模糊輪廓，這時有了明確形狀。但是要到歐洲政治局勢爆發第二次危機，新全球秩序出現，使哪個強權將支配歐洲、哪個強權將可以放手走上全球霸權之路塵埃落定之後才會發生。

從法國大革命到拿破崙帝國：欲恢復法國失去的歐洲霸主地位

危機由法國大革命引起。這時波旁王朝已愈來愈不穩。它不得民心，原與它站在同一邊的貴族、中產階級愈來愈不滿；啟蒙思想家所發起的小冊子戰爭和通俗作家較為粗鄙的猛烈抨擊，已削弱其在知識界和文化界的眾望。就十八世紀的王朝制國家來說，這些並非什麼特別的缺陷。俄羅斯凱薩琳女皇在一七八〇年就寫道：「目前每個強權都陷入危機。」[27]這些危機之所以對波旁政權危害這麼大，乃是因為其所扮演的重大角色，守衛法國在歐洲和世界舞台持續獨領風騷的角色，同時垮掉。一七八〇年代末期，這個歐洲「大國」已失去其睥睨群雄的地位。對波旁王朝的威望來說，是很大的打擊，但最迫切的危機，乃是財政崩潰。經過短時間的承平，法國在一七七八年投身戰場，與反英的北美十三殖民地結盟，以一雪一七六三年《巴黎條約》的恥辱，恢復其在大西洋的地位。這是場豪賭，而收穫微不足道，代價則是債台更為高築。沒錯，法國的國債不如英國的國債多；癥結在於法國償付國債的能力遠不如英國，國債對其財政的負擔遠比英國重。大革命前夕，光是支付利息就耗去國家支出的一半。[28]一七八九年，波旁王朝的威望降到谷底，財政破產，王朝陷入體制改革的大漩渦中，不得不把實質政治權割讓給「第三等級」（六月時改組為「國民會議」）的領袖。隨著財政亂象日益嚴重，社會秩序瓦解，以奧地利為首的保守強權干預法國內政的威脅也愈來愈大。人民深怕國王與那些保守強權合謀，撕毀他在一七九一年九月簽署的憲法，法國政局因此走上激進之路。一七九二年春，法國與奧地利交戰，大敗，人民普遍憂心外國入侵，使較溫和的改革者失勢，導致君主政體於一七九二年九月遭到廢除。[29]路易十六和王后瑪麗·安東尼（Marie Antoinette）於一七九三年一月遭處決時，法國已整個改頭換面。歐洲「舊制度」的支柱、王朝制國家的典範，已變成好戰的革命共和國，致力於向外傳揚其顛覆性的「人權」理念。

法國政治動盪的直接結果，就是進一步削弱其在歐洲和歐洲以外地區的影響力。在東歐，法國的衰弱使波蘭失去了靠山，終於導致波蘭在一七九三至一七九五年遭瓜分而亡國。奧地利與普魯士的軍隊於一七九二年進入法國時，俄羅斯軍隊進入波蘭。[30]俄羅斯瓜分到的戰利品（包括西烏克蘭），使俄羅斯的黑海帝國版圖陡然大增。但到了一七九〇年代中期，法國的革命政權已發展出非凡的動員能力，其徵用人力、物力、財力以供作戰的規模，已非那些保守君主國所能企及。法國公民軍隊狂熱的愛國情緒和選拔將領時唯才是用的作風，使法國再度躋身為軍事強權。對外攻城掠地，支應了部分軍費支出。[31]在拿破崙掌政下，這一轉變因他的群眾魅力和軍事天才達到最高潮。在義大利的戰場大捷，使他成為戰爭英雄。他擔任第一執政官（一七九九～一八〇四）和皇帝（一八〇四～一八一四），成為法國獨裁者。他的使命之一，乃是恢復遭革命搗毀的社會紀律和行政體制，但他也決意恢復並擴大波旁王室所失去的歐洲霸權地位。這對歐洲與「外圍世界」（美洲、撒哈拉沙漠以南的非洲地區、乃至太平洋）的關係，衝擊必然很大。對歐亞世界的近東、中亞、印度（進而中國）的影響，也不遑多讓。

即使是拿破崙，也難擋宰制海洋的英國

這場爭鬥的第一回合，乃是爭奪埃及。一七九八年，拿破崙和法國外長塔里蘭（Talleyrand）擬訂了埃及征服大計。對以亞歷山大大帝為軍事偶像的拿破崙來說，埃及的吸引力自不待言。據說他曾興奮地說道：「歐洲是個鼴鼠丘，所有豐功偉業都來自亞洲。」[32]但他和塔里蘭的推論，說明了他們對十八世紀中葉以來地緣政治的變動程度了解極深。[33]控制埃及將使法國得以讓歐洲與印度之間的蘇伊士路線恢復活絡，反制日益壯大的大西洋貿易勢力。埃及帝國將彌補法國喪失的美洲殖民地：一七六三年失去的魁北克和路易西安那。這將有助於遏制俄羅斯對其最終目標鄂圖曼帝國首府君士坦丁堡的攻勢（似乎正急遽加快腳步的攻勢），而這將在關鍵時刻提高英國在印度擴張的風險。法國一旦進駐位於紅海頂端的蘇伊士，法國的勢力投向波斯灣和伊朗，英屬東印度公司的外交、軍事地位將大幅削弱。英國要鎮住錫克人、馬拉塔人、海德拉巴、邁索爾將困難得多，甚至可能辦不到。如果成本和風險變得太大，英國在東方的帝國主義實驗就可能一敗塗地。

一七九八年七月，拿破崙率領四萬部隊（龐大兵力）登陸埃及。他還帶了天文學家、數學家、化學家、物理學家、機械工程師、營建工程師、土木工程師、土地測量員、建築師、動物學家、藝術家、作曲家、經濟學家、古文物收藏家、印刷工、內外科醫生、藥劑師，總共超過一百六十五人。他們的任務乃是為拿破崙記錄埃及的過去，規畫其未來。七月二十一日，金字塔之役結束馬穆魯克王朝的統治。拿破崙堅稱法國人是前來解放埃及人民，使其擺脫馬穆魯克王朝的殘暴統治，並承諾尊重伊斯蘭宗教，甚至與烏里瑪（ulama，伊斯蘭宗教學者的總稱）領袖討論讓其士兵大批改信伊斯蘭教的條件（結果未成，而割禮問題是未成的原因之一）。他派人向最遠至摩洛哥的北非沿岸諸穆斯林統治者，向達富爾（Darfur）的蘇丹及印度的提普·蘇丹示好。波斯灣的馬斯喀特（Muscat）遭英國懷疑已被法國納入勢力範圍。拿破崙擬訂了進軍敘利亞的計畫，以使法國控制整個黎凡特沿海地區，還有肥沃月灣西半部。拿破崙最終想建立多大的帝國，至今仍不得而知。他想必打算，由於他的閃電入

侵所產生的地緣政治震撼，將使局勢轉而有利於法國，將把老戰友鄂圖曼人拉回自己的陣營，合力對抗俄羅斯和奧地利。但事與願違。他抵達開羅才幾天，英國海軍上將納爾遜就在阿布基爾灣（Aboukir Bay）海戰大勝法軍，殲滅法國艦隊，切斷拿破崙與法國的聯繫。埃及太窮、太弱、太無防禦之力，承受不住法國統治的重負，無法在無外援的情況下支撐一支軍隊。叛亂和反抗運動蜂起；名義上為埃及宗主國的鄂圖曼人對法宣戰。遠征敘利亞的行動，以失敗收場；對穆斯林所做的外交工作毫無成效。一七九九年八月拿破崙偷偷返回法國時，提普·蘇丹已死（五月時遭英國人擊敗、殺死）。法軍繼續堅守，但巴黎沒有任何援助過來。一八〇一年六月，開羅遭英國與印度派來的部隊拿下。拿破崙的東方計畫結束。

鬥爭還未告終，但拿破崙欲在海上和英國一較長短的希望，不久就破滅。一八〇五年十月在西班牙岸外的特拉法爾加角（Cape Trafalgar）附近，爆發決定性戰役，他的死對頭納爾遜重創法、西兩國艦隊至無望復原的地步。這時拿破崙已放棄美洲大陸，一八〇〇年從西班牙手裡收回的路易西安那已賣給美國，以換取現金。法國最富裕的殖民地聖多明尼克（St Dominigue，今海地），一八〇四年因黑人暴動而失去。英國擁有制海權，便得以封鎖法國在亞洲的帝國：英國人於一八〇六年拿下好望角，一八一〇年拿下法屬法蘭西島（Ile de France，今模里西斯），印度洋成為英國的內海；一八一一年，英國人奪下荷蘭王國（拿破崙的附庸國）所掌控的印尼帝國。

拿破崙戰敗的影響：促成維也納會議，創造歐洲百年和平

拿破崙或許想恢復以法國為首，由法、鄂圖曼、伊朗組成的同盟，以反制俄羅斯在歐洲的勢力擴張和其他目的，[34]但幾乎一無所成。他的主要目的仍在稱霸歐洲。爆發特拉法爾加之役那個月，他在奧斯特利茨（Austerlitz）獲勝，朝稱霸大業更邁進一步。他滅掉奧地利、普魯士，重劃日耳曼政治地圖，建立新附庸國萊茵邦聯（Confederation of the Rhine），讓亡國的波蘭以華沙大公國的身分復國。一八〇七年，他在蒂爾西特（Tilsit）與沙皇亞歷山大會晤於木筏上，議定法俄互不侵犯。平定歐陸後，拿破崙將矛頭轉向英國。一八〇六年在柏林和次年在米蘭，他下令禁止英國貨在他的控制區內販賣，斷絕整個歐陸與英國的貿易，以擊垮英國經濟，吸乾其

白銀，迫使倫敦屈服。英國也祭出反封鎖，利用其強大海軍封鎖歐陸港口。如果說英國想稱霸海上，拿破崙的作為似乎就在表示，他要把英國人溺死在他們最如魚得水的地方。

如果他成功，或許可以收復自兵敗埃及之後法國所失去的地盤。但幾可確定的是，為時已晚。意在堵死英國貿易的「大陸封鎖」（continental system），像篩子一樣漏洞百出。這政策還毀了歐洲接受拿破崙式帝國的機會。他的前任祕書以挖苦口吻寫道：「為確保這政策成功，就必須征服並占領每個國家，而且絕不從那些國家撤兵。」[35]拿破崙的名號，深深吸引那些不滿老舊君主體制的歐洲人民，在他們眼中，他就如同救星，但他所建立的帝國卻成為無法忍受的沉重負擔。俄羅斯拒絕接受大陸封鎖的商業枷鎖，且要求拿破崙承諾絕不讓波蘭人恢復其王國。到了一八一二年，拿破崙已斷定，唯有征服俄羅斯，才能確保和平。災難隨之降臨。該年，拿破崙大軍征俄無成，被迫在嚴冬中撤離莫斯科，沿途又遭俄軍痛擊，死亡枕籍。一八一三年十月，萊比錫爆發「諸民族之役」（battle of nations），法軍遭奧、俄、普擊潰，從此失去反擊力量。法國本土遭敵人從東方、南方（來自西班牙的英軍）入侵，拿破崙流亡厄爾巴島。他的帝國瓦解。拿破崙的最後一次奪權行動（一八一五年的「百日復辟」）隨滑鐵盧之役的敗北而結束，原本陷入爭執而無定論的維也納和會，隨之得以達成結論。事實上，該會議所做的決定，即使不是以全球為範疇，也是以歐亞世界為範疇。與會者理解到，已不可能回復「舊制度」時代王朝混戰的局面。二十五年的革命和戰爭，使這種未來場景變得讓人想都不敢想。於是，與會者針對領土爭執達成協議，以確保奧、普、俄、法、英五大強權間的均勢，沒有哪個國家可宰制其他四個國家。他們創造了「歐洲協調」（Concert of Europe）機制，五大國將藉由這個機制仲裁歧見，維持這個新的權力分配狀態。[36]事實證明，維也納解決方案極耐用，歐洲有將近一世紀未再爆發總體戰爭。這促成的結果之一，就是穩定了歐洲局勢，使位於「兩側」的強權（英國和俄羅斯），得以放心大膽在歐洲之外擴張（但擴張作為危及歐洲和平時除外）。維也納會議為歐洲之從南、北兩方包圍亞洲，開啟了大門。

歐洲諸國間和平無事，得以專心擴張印度、中國、東南亞的貿易，自由貿易逐漸成形

拿破崙的戰敗和其帝國大業的落空，影響不只在歐洲。我們一路探索其進程的那場地緣政治大變動，其激烈衝擊，拿破崙終未能使它轉向，而拿破崙的失敗正是那場大變動的真正頂峰。英國一擺脫他所加諸的威脅，立即將印度次大陸納入自己囊中；對中國的商業滲透（一八〇〇年前已開始）這時開始加快腳步。英國雖然將戰爭期間所占領的印尼群島交還給新成立的尼德蘭王國（為防堵法國在歐洲擴張而成立），但仍保有新加坡島，並將該島打造成東南亞大部分地區的貿易中心。在西半球，西班牙經過一八〇五年特拉法爾加的大敗，海上武力元氣大傷，很快就無力再掌控其美洲帝國，西班牙美洲帝國的貿易門戶因此遭到打開，而且主要開向英國。因此，拿破崙失敗而英國大勝所產生的長期效應，乃是將舊重商主義體制的殘餘一舉摧毀。以艦隊、要塞、特許公司、商業壟斷相對抗的貿易帝國，已隨著英國的「宰制海洋」而成為昨日黃花。就連英屬東印度公司，都不得不在一八一三年開放非該公司的商人入印度經商，但它對中國的貿易壟斷直到一八三三年才遭廢除。妨礙貿易擴張的最大一顆石頭（商業帝國的相互對抗所帶來的龐大固定成本），已被搬除。私人貿易（即「自由貿易」）將如何快速利用這大變動所帶來的新機會，仍有待觀察。

大分流：歐洲的經濟革命

地緣政治革命的效應，打破東亞閉關自守的商業政策

這場地緣政治革命有三大效應。透過占領、殖民「外圍世界」諸地區，這革命打破了歐洲擴張領土的障礙。北美內陸和南太平洋很快就會遭併吞，成為西北歐的人口延伸區，成為「新歐洲」。其次，在一八〇三年

（歐洲戰爭經歷過最短的暫停後重啟）之後的關鍵階段，英國海軍武力摧毀了將世界貿易劃分為數個排他性集團的重商主義分區制度，其摧毀方法乃是打破該制度所倚賴的海上武力均勢：西、法、荷三國艦隊的綜合武力。長距離貿易的固定成本和風險、商業壟斷的理由（在過去是以高成本的保護來合理化）、對新入場競爭者的障礙，都遭到砍除。第三，一七五七至一八一七年（馬拉塔人勢力遭打破時），南亞經數階段所完成的大轉變，帶給英國意想不到的龐大獲益。英國掌控了印度最富裕地區孟加拉的收入和貿易，藉此一舉取得他們強行打開華南經濟門戶所需的槓桿。以印度作為航運、信貸基地，英國在東亞、東南亞的地區性貿易，可以更輕易和亞、歐間的長距離貿易掛鉤。英國終於可以挑戰東亞世界閉關自守的商業政策。

但若非歐洲諸國與歐亞其他地方的經濟關係有更進一步的大改變，這三項突出的進展，大概也只能帶來短暫的獲益。使歐洲與歐亞其他大部分地方的商業交流無法進一步拓展的主要障礙，乃是雙方貿易規模小得可憐。貿易幾乎只限於奢侈品，而奢侈品體積小且市場有限。根據揚・德・佛里斯（Jan de Vries）的估算，一年下來從亞洲進口的貨物，幾乎塞不滿今日一艘貨櫃船。這問題有一部分出在歐洲除了白銀，幾無可打動印度或中國顧客的貨品可賣，因此來自印度的棉花和鴉片，才會讓在廣州購買茶葉的英屬東印度公司代理人覺得如獲至寶。欲撬開亞洲消費市場的大門，只有一個穩當辦法，就是找出亞洲普遍需求的歐洲產品，並想方設法將那些產品行銷各地。否則，貿易量與貿易額的成長，很快就會停滯：他們所打開的大門，有可能遭更堅定的統治者關上，而來自印度的意外獲益將很快被征服與統治的成本吃掉。

這在實際層面所意味的，就是靠地緣政治而得以擴大並重整的歐洲對亞貿易，若要免於成長停滯，就得靠科技變革來增強動力。科技必須轉型，歐洲生產者才能打破亞洲競爭同業長久以來的優勢：亞洲手工業的生產成本低廉許多。如果不想讓交易規模因隔絕內陸諸地區的運輸成本而停滯不前，亞洲（和其他地方）的運輸科技就必須有類似的改變。最後（但不是最不重要的），不管是在亞洲、非洲，乃至拉丁美洲，若要打破或「壓制」當地統治者天生不願和外人通商、不願以大略平等的條件貿易的心態，歐洲人就得以合理的成本，將其武力投射到極遠處。由於在這之前，歐洲人相較於歐亞其他國家（或非洲國家），並未享有明顯的軍事優勢（除了在大海上），因此這也暗示了一個訴諸科技的解決之道。

「大分流」的原因：歐洲科技打破亞洲的競爭優勢，並在工業、軍事、行動速度上廣泛運用與精進

當然，我們知道歐洲人找到這些「解決之道」，但並非同時找到，且這些解決之道並非到處都管用。關於歐洲—大西洋世界的經濟發展過程和歐亞其他大部分地方與非洲的經濟發展過程，兩者之間何時開始出現那個已被簡稱為「大分流」（great divergence）的現象，史學家莫衷一是（更別提那現象是如何開始的）；但顯然的，約在一八〇〇年即已開始。[37]在接下來兩個世紀的大部分時間裡，兩者的貧富差距愈來愈大（得天獨厚的地區除外），在某些例子裡，這種現象存在的時間又更久。乍看之下，原因出在只有歐洲能將其經濟工業化，使產出大增，遠超過前工業時代經濟體或非工業經濟體所能達成的增產程度。歐洲人在機械化生產上達成初步創新後，又在這方面不斷精益求精，並善加利用此精進成果，藉此加快技術更新的腳步，逐漸拉大他們與非工業化競爭國在生產效率上的差距，從而使歐洲變得比世界其他地方更富裕許多。這些工業上的新科技，還帶給歐洲另外兩個至關重大的益處，從而更進一步拉大兩者間的貧富差距。它們（以較低的成本）提供了科技手段，使歐洲得以將原本看來不可能宰制的地方納入歐洲的宰制，並以在前工業時代所無法想像的規模達成這些宰制。武器的進步（連發槍、機關槍、長程火炮、蒸汽戰艦），擴大了攻擊半徑，大大增強了歐洲海陸軍或由歐洲人領導的海陸軍的威力。機械化的海上、陸上運輸工具，使武力的投射距離更遠，並以（就前工業時代的標準來看）近乎風馳電掣的速度投射出去，從而使歐洲人得以將較小批的部隊，一再投入可能相隔數千英里遠的不同戰役中。英國部隊可以往來於南非、印度、中國，甚至紐西蘭之間。蒸汽引擎運兵船和「戰略性」鐵道（例如一八六〇年後在印度所建的鐵道），使歐洲人不必再維持那麼龐大的駐守部隊，就能保住其控制區。電報和海底電纜產生了類似的作用，使歐洲人得以在幾小時內（而非幾星期內）下達指令、發布警訊，並請求援助。情報成為歐洲軍火庫裡的隱形武

器，其價值相當於數千部隊和數百萬英鎊。工業主義❸帶來的另一項重大好處，也是速度的產物。入侵者的現身、移民者的湧入、新貿易路線的形成、新港市的建成，速度驚人（全都靠工業技術以不同方式加快其腳步），使歐洲人對於在某些人眼中行動遲緩的非洲—歐亞世界所展開的擴張行動，宛如閃電式攻擊。面對這些歐洲不速之客，非洲—歐亞世界幾無時間反應，且往往搞不清楚歐洲人的意圖，難怪他們有時難以遏制歐洲人的入侵。

「大分流」中的變化：歐洲成為歐亞海上貿易的控制者、全球的商品供應者和資本供應者

當然，一如大分流觀念所表明的，改變的徵候可能出現得又急又猛，但經濟的改頭換面卻是經過數十年才完全定型。然而，在歐洲這時期結束時（一八三〇年代）已開始出現的，乃是一組與約一七五〇年前存在的經濟關係截然不同的經濟關係。歐洲的工業化不是只關乎自家的事，它在根本上改變了其與世界其他所有地區的交流、長距離貿易的數量和內容、貨物與人員在全球的流動。隨著歐洲部分地區為全球性（至少是具有全球性潛力的）市場擔下了一套專門職責，上述改變催生出新的分工。事實上，歐洲人已形同壟斷了歐、亞之間的海上貿易。這貿易擴大時，其「指揮和控制」（船隻擁有、保險、進出口、信貸）輕易就集中於歐洲人之手，且透過歐洲人在商業「情報」（內部消息）上的相對優勢進一步強化。但真正的革命性變化，在於歐洲取得「全球範圍內製造品主要來源」的新角色，而這新角色主要建立在產量的大增和機械化所帶來的實質成本大降上。據經濟史家保羅・拜羅克（Paul Bairoch）的估算，到了一八一〇年，使用紡紗機的英國工人一小時所紡製的棉紗，比使用傳統方法的印度紡紗工的產量要多出九到十三倍，在更高品質的棉紗上，這落差更高達四百倍。[38] 紡織品是非工業

❸譯按：指主要依賴工業來獲得財富的社會體制。

化經濟體製造品的最大宗（可能占到八成），因此不難了解，在這個幾乎是所有社會裡消費最廣的製造品上，工業歐洲為何會成為全球性的供應者。到了十九世紀中葉，這一工業領先地位，也可見於歐洲所能提供的其他形形色色的消費品（特別是金屬器皿）上，以及機器製造過程和工業生產過程的巨幅擴展上。歐洲的工業區已成為全世界的作坊、工廠、技術實驗室，如此大幅的進展乃是一八〇〇年前想像不到的。

在這變化中或許還隱含了歐洲所發揮的第三種全球性作用，只是（一八三〇年時）那作用還幾乎隱而未顯：工業歐洲（特別是英國）成為全球首要的資本供應者。在儲蓄達到足夠規模時，貿易網與商業信貸網、工業的獲利、藉由建造工業基礎設施（例如鐵道、港口）以增加交通量所帶來的益處，就使這成為自然而然的發展。歐洲一旦成為全球首要的資本供應者，其在長距離貿易、工業生產、資本輸出上的支配地位，就變成一股近乎所向無敵的力量，這三者相輔相成，重新塑造了全球交易的整個模式。乍看之下，工業歐洲擁有創造新全球經濟的改造力量，能使世上大部分地區變成原物料的供應者、製造品的消費者、資本的借入者。製造手工出口商品（特別是布）的亞洲生產商，則會在這場大重建中垮掉。因此，歐洲以外地區的未來，將明顯寄託在鄉村，寄託在種植原物料以供外銷、然後購買進口商品（例如棉布）作為交換的辛苦小農。大量船運到歐洲以供加工的各式大宗商品（棉花、絲、茶葉、糖、咖啡豆、棕櫚油、菸草、鴉片、可可豆、米、金雞納樹皮、黃麻纖維、橡膠、古塔膠、阿拉伯樹膠、胡椒、香草、靛藍、藤黃、象牙、鳥糞、蟲膠、獸皮、檳榔膏），其商業生產將是「他們」獲取財富、改善生活的憑藉，促使他們遵守社會秩序和社會紀律的關鍵誘因。這套說法大概就是如此。一八三〇年時，這其中大部分要到日後才會出現。誠如我們後面會看到的，往這個方向演進的過程中曾出現抵抗，且往往緩慢而不穩定，但已成定局，無法逆轉。

「大分流」成因的傳統看法及其他解釋

工業革命是長期的改變過程，而非一夕促成

這就是使歐、亞兩端最富裕社會的財力對比改變的「大分流」。但何以致之？究竟發生了什麼事，讓歐洲最富裕的地區得以如此遙遙領先亞洲最富裕的地區？在西方史學界最受青睞的解決方式，一直是祭出「工業革命」。某些歐洲社會具有發明科技性解決辦法並予以應用的獨特能力，才有這樣的突破。就這麼簡單的一句話來說，這論點無可反駁，但成堆疑問幾乎立即湧現。什麼因素使歐洲人在科技發展上領先如此多步？畢竟，在發明能力上（誠如我們已了解的），在這之前歐洲人往往落後於中國。就有利於科技變革的大環境來說，也看不出歐洲的大環境比其他地方（例如中國）的大環境要更有利。此外，歐洲的工業轉變，並非是一場「大霹靂式的爆發」所致。英國經濟成長得相當緩慢，意味著那場工業轉變是長期的改變過程，而非中樂透頭彩般突然一次就成。[39]

工業革命是因為煤炭與殖民地，甚至是機緣的巧合、乃至無心的防禦性反應

有一個具影響力的說法（部分得益於韋伯學說的啟發）強調諸多關鍵機緣以不可預測且近乎隨機的方式和合，而促成工業革命。因為那些機緣的和合，使歐洲得以避開此前獲利減少、資源耗竭的宿命。國與國間的競爭（使異議和自由思想得以存在）、對政府權力的限制（使財產更有保障）、獎勵有效率之作為的市場經濟、擁有儲備充足糧食和燃料的良性天然環境、可供歐洲利用而數量驚人的美洲意外財富，構成「歐洲奇蹟」（獨一無二且不可能再見的奇蹟）的諸要素。[40]另有一種觀點，徹底改變這論點的平衡。根據這觀點，在一八〇〇年之前，西北歐與歐亞其他地方最先進的經濟體不相上下。歐洲的優勢不在其社會結構或政治結構，甚至不在其科學思想上的進步，而是來自其擁有的煤（地理上的偶然結果）和殖民地（掠奪的結果）：就這兩者使歐洲得以免於走上前工業時代經濟成長必然的下場。[41]還有一種思路，認為歐洲的「分流」主要不是因為其有得天獨厚的資源、心智或制度，而主要是對全球力量和趨勢的反應。在這觀點下，歐洲的工業化甚至可視為防禦策略，而那策略在無心插柳之間帶來非比尋常的結果。[42]

「大分流」的重要現象：歐洲成為世界經濟中心，中國經濟發展深受限制

首先，我們不妨承認十八世紀末期的歐亞世界有兩個地區非常突出。其中一個地區是歐洲，但當然不是整個歐洲，因為當時的南歐和東歐有許多地方，即使以當時的標準來看，都是貧窮而落後的。農業技術原始、欠缺「改善」（例如築籬、排水）、道路差或根本沒有道路、工匠技藝不足、識字率非常低、放貸或放款的金融機構付諸闕如、人身和財產缺乏保障、農奴制仍未廢除：在歐洲大部分內陸鄉村地區，仍可見到這類情況。最繁榮的地區，可見於法國、不列顛本土、低地國、萊茵地區、北義大利、加泰隆尼亞部分地區、南日耳曼與東日耳曼的商鎮、奧地利帝國。這些地方擁有亞當斯密在《國富論》裡所稱，已牢牢扎根的那種先進商業經濟。專門化程度提升和分工，使生產力得以提高，使市場得以在良性循環裡成長，進而推動了經濟成長。製造技術的日益精進和土地利用的逐漸改善，產生了同樣的影響。此外，來自貿易的獲益也是經濟成長的推手，這包括了歐洲內部貿易和大陸間的貿易。長距離貿易的影響很難估量，但很可能加快了往大眾消費社會推進的腳步（藉由提升對糖、咖啡、茶之類熱帶產物的喜好），並刺激了行銷、管理、商業情報的蒐集與利用上的創新。但這些有利情況，即使不是大部分，也有許多可在中國見到。

江南（長江三角洲）是個大製造區，製造棉布供「出口」到中國其他地方。江南有三千多萬的稠密人口（每平方公里約兩千五百人），[43]有眾多城市，還有繁密的水道網將其與長江中上游（廣闊的腹地）和中國其他地方（藉由大運河）相連，角色相當於歐洲的商業心臟地帶。有力證據顯示，江南作為市場經濟，富裕和生產力同西北歐一樣高。紡織品生產程度差不多，[44]而糖、茶之類商品的消費則可能更高；技術創新普見。此外，中國受惠於對土地買賣管制較歐洲寬鬆的法令，受惠於農奴制已幾乎廢除（而與歐洲不同）的勞力市場。這是個井然有序、規範周密的社會，稅賦低，官方積極推廣較有效率的做事方法（通常是在農業上），因而看不出有什麼理由符合亞當斯密學說的物質成長（經濟學家所謂的「亞當斯密式成長」），不該以和歐洲相當的規模無限期發展下去。

鄂圖曼帝國與伊朗成長有限，印度缺少整合型經濟的條件

在歐亞其他地方，物質成長的障礙較大。在鄂圖曼帝國和伊朗，沒有江南式的核心地區出現。除了埃及這個例外（該地尼羅河三角洲有許多地方當時仍未排乾），稠密、富生產力的農耕區，分布零散且為數不多。在安納托利亞和伊朗，有數大片地區仍是游牧民的天下。較惡劣的環境人煙稀疏，且如此惡劣的環境，有時還遭遇激烈的動亂（例如十八世紀中葉的伊朗）。除了沿海地區，貨物要大量運輸極難。這有助於使地方的製造品供應商不致受到外來競爭。但到了十八世紀中葉，與歐洲相鄰的地理位置，已開始將鄂圖曼推向以大宗農產品換取歐洲進口製造品之路。[45]伊朗的絲織品出口已崩垮：伊朗可供出口的大宗商品寥寥可數，更別提製造品。[46]在印度，情況則不同。印度的製造業，生產力高。十八世紀時全球的出口製造品，可能有六成是印度製，印度是全球最大的紡織品生產國。印度的麥斯林紗（muslim）、白棉布（calico），在當時的歐洲被視作奢侈品，銷量極佳，而較廉價的棉織品則在運到歐洲後再轉口到西非洲換取奴隸。[47]古吉拉特、馬拉巴、科羅曼德爾、孟加拉，都是與國外往來密切的商業區，可耕地充裕。但和中國、歐洲不同的是，建構大規模整合型經濟的機會，嚴重受限。在南亞次大陸許多地區，內陸運輸受阻於缺乏可通舟楫的水道。北印度的貿易路線因蒙兀兒帝國衰落而嚴重中斷。貿易和商人當然未因此滅絕，甚至可能還很興旺，但政治版圖的變動頻仍（使菁英階層的需求和保護因地而異），不利於穩定「核心地區」的出現。[48]技術（科技進步的要素之一）的擴散，受阻於以職業為劃分基礎的種姓制度。不利的生態妨礙長期投資，一七五〇年後普遍出現的政治動亂亦然。或許同樣真確的，維持在小農、織工水平的印度社會太難治理、太流動，而無法接受（例如）加諸在英國工廠工人的「勞動紀律」。

江南為什麼沒有發生工業革命？機械化無從誕生、缺乏工業化的誘因

問題就變成：江南（和中國）為何未能獲致和歐洲一樣的經濟擴張，而無法阻止以歐洲為中心的世界經濟出現？目前最具說服力的答案，乃是其無法克服前工業時代典型的成長束縛。[49]十八世紀末期時，江南面臨糧

食、燃料、原物料成本暴漲的問題。日益增加的人口、日益擴張的產量，爭食面積大致沒變的土地。糧食需求抑制了原棉產量的增加。從一七五〇到一八〇〇年，長江三角洲的原棉價格大概漲了一倍。[50]燃料（木頭）需求，造成童山濯濯，環境退化。理論上，要擺脫這困境，並不是沒有辦法。照理江南應從更遠處取得必需品，應藉由機械化擴大市場，進而擴大其供應來源，減少生產成本，應轉而用煤來滿足燃料需求。但事實上，這些改變實現的機會不大。它面臨了來自許多內陸中心城市的競爭，且那些城市的糧食和原物料更便宜，又同樣可利用中國發達的水路運輸網。中國商業經濟的成熟，使新生產者得以用同樣的科技水平，相當輕易地進入市場。在這些情況下，機械化（即使科技條件足以實現機械化）可能從無機會誕生。而中國雖產煤，但煤產地離江南很遠，無法以低成本運到江南。因此，就整個中國來說，走上工業「大道」的誘因和工具都過於薄弱或付之闕如。

歐洲最發達的地區，則沒有這些限制。即使把商業制度、信貸與資本的供應、有用知識的擴散這些事物，在歐洲是否比在中國得到更有效率的組織（因而較有可能走上科技進步）這個備受爭議的問題撇開不談，日益升高的糧食、燃料、原物料需求，似乎都無疑較容易滿足。歐洲的「資源邊境」一直未遭關閉，新土地可取得（例如在南俄羅斯），而農業改善已提升現有農地的生產力。在燃料需求最強的地方，可藉由可取得之煤的充足供應而滿足那需求。歐洲還額外受惠於殖民貿易，殖民貿易的利潤有部分來自奴隸勞力的貢獻。歐洲擁有意外得來的「無主」土地，特別是在北美洲。這兩者可能有助於（但非決定性的）使歐洲免於走上江南的下場。整體的結果，就是歐洲的「核心地區」有較多時間利用技術進步所帶來的機會，且有更有利的機會來完成其科技上的大躍進：使用以煤為燃料的蒸汽動力。

「大分流」的代表：十八、十九世紀英國的經濟發展與工業革命

英國經濟發展的三項特色：製造業勞力大幅提升、大量製造紡織品、使用蒸汽動力

如果真如證據所顯示的，這一分道揚鑣的現象，在一八〇〇年左右已開始出現，那麼，一場大革命就的確已在醞釀。這場革命的實際過程比我們知道的更精采。歐洲某個地區的經濟變化特別洶湧澎湃，那地區就位在英國。英國的經濟發展軌跡比歐陸較繁榮地區的發展軌跡，還更急陡。之所以如此，三個特色至關緊要。第一，一七六〇年後的八十年裡，農業與製造業所僱用的勞動力，出現大幅消長。該時期開始時，工業僱用了約百分之二十四的男性勞動力，到了一八四〇年，這數據升高為百分之四十七。工業雖吸走了人力，但農業生產的成本（工業擴張的關鍵條件）卻未提高。事實上，一七六〇年時，一名農業工人可餵飽一名工業工人，八十年後，卻可餵飽將近三人。[51] 第二，英國工業革命的顯著特色，既表現在工業勞動力如此龐大的擴增（而非整體生產力的急遽上升），也表現在工業生產大大集中於紡織品（特別是棉織品）的生產上。生產力的提升，主要體現在紡織業。理察·阿克萊特（Sir Richard Arkwright）在一七六九年發明水力紡紗機，撒繆爾·克朗普頓（Samuel Crompton）在一七七九年發明使用水力的走錠紡紗機（mule）。拜這兩項發明之賜，紡織品製造得到機器的協助，從而能以遠比傳統手紡方式還要低廉的成本，製造出更強韌、更細緻的棉紗，[52] 工業逐漸由倚賴具專門技能的工人，轉為倚賴不具專門技能的工人。生產出的棉紗供外銷，但棉紗也是製作布料的原料，因而拉低了布料的製作成本。一八〇一年時，光是棉製品一項就占英國外銷品將近四成；三十年後，占超過五成。廣大的新市場正在海外漸漸成形。

第三，英國首開先河應用蒸汽動力，以工業規模使用煤。當然，在這之前許久，就已經有人知道蒸汽驅動的原理。十八世紀初就已經有人使用蒸汽引擎，但那些引擎體積笨重，燃料消耗量龐大。直到一七七五年，馬休·布爾頓（Mathew Boulton）和瓦特製出他們的模型，較有效率的蒸汽引擎才問世。蒸汽和煤相輔相成，相互提攜。蒸汽引擎抽出礦坑中的水，沒有它們，英國的煤礦生產大概會一直停滯在一七〇〇年的水平。[53] 拜蒸汽引擎之賜，一八〇〇年時，一年的煤產量已達一千一百萬噸，其所提供的燃料，相當於英格蘭一半國土上一年所生長的樹木。蒸汽使英國的成長不致如前面所提過的中國那樣，受到燃料上的束縛，從而為需要動用大量能量的工業過程開闢了坦途。煤和焦炭是增加生鐵供應量不可或缺的東西，而在一七八八至一八〇六年間，生鐵產量增加了兩倍多。[54]蒸汽與鐵聯手，製造出比木頭所製更耐用的工具、人工製品、機器。它們協助創造出新的「工程文化」，而這「工程文化」的不斷成長，有助於使物質世界在一八〇〇年後改頭換面。一七九〇年代時，蒸汽動力也已用於紡織業的紡紗上，有助於進一步壓低其生產成本。到一八二〇年代，蒸汽動力已開始用於水上、陸上運輸，而這項創新不久就使其使用者取得商業上、戰略上的大優勢。

主客地位逆轉：英國的棉紗竟回銷至印度，印度從輸出國變成輸入國

受惠於蒸汽動力和煤帶來的這些好處，英國的經濟能力大幅提升，遠超過歐亞世界所有競爭者的提升幅度。當然我們也應該知道，即使到了一八三〇年，這些好處仍有許多還未成為事實。以蒸汽和煤為基礎的經濟，其益處可能要到一八五〇年代才得以全面實現。[55]但在一八三〇年之前許久，英國工業化的第一大階段已改變了歐洲與亞洲之間最重要的商業關係。歐洲對印度棉無止境的需求，印度布料在歐、印以外市場的競爭優勢，自十七世紀以來一直是東、西方貿易最重大的特點。到了一八〇〇年，英國製造品在本國市場上已大體取代印度貨，在白棉布的外銷上也已超過印度，不久後也將更廉價的同類產品趕出其他海外市場。但更引人注意的乃是到了一八一七年，印度織工已開始進口英國製的棉紗，且進口量逐年遞增。一八二〇年代時，印度已成為棉紗的淨進口國。[56]動力織造技術在一八三〇年後問世之後，英國在棉紗上的優勢擴及到棉布上。到了一八三〇年代中期，棉製品占了英國對印度出口的一半以上，印度已成為英國第二大的棉製品市場。[57]主客地位的逆轉，教人吃驚。英國摧毀了印度紡織品長期以來在全球市場的龍頭地位，藉此將其貿易打入英國所能打開的任何亞洲市場。印度的門是被英國以帝國主義武力強行打開的。這一力量是否也能用在其他市場上，仍在未定之天。

海外貿易促進了英國的信貸與金融網絡

英國不只在殖民北美洲、擴張奴隸買賣、確立歐洲對印度的掌控上扮演了最活躍的角色，在工業化的開路

上也扮演了同樣的角色。而這一現象，可能並非只是巧合。英國在十八世紀期間已能大規模擴張其海外貿易，擴張了有四倍之多。[58]對加勒比蔗糖的需求暴增，使西印度群島對英國製造品和來自北美殖民地其他必需品的消費節節上漲。北美殖民地所賺的錢也花在英國，從而擴大了大西洋貿易額。英國對美、非兩洲的出口，從一七〇〇至一七七四年成長了八倍，超越了英國對歐洲的出口額。[59]加勒比海也是奴隸勞力買賣（惡名昭彰）的大市場，一七八〇年代時，英國出口的棉製品可能有四分之一運到非洲以購買奴隸。[60]這一切所代表的重要意義，有一部分在於其促進了英國（特別是已成為對美洲、西非洲貿易主要商港的利物浦）的信貸與金融網絡。這對以工業製程為基礎的新貿易成長，創造了一個現成可用的網絡：原物料的供應首先來自西印度群島，棉製品則送到存在已久的市場。沒有障礙或瓶頸阻止這些製造品的出口快速成長，或妨礙它們所需的進口原物料的供應。工業化之前英國外貿就已規模龐大一事，還帶來其他重大影響。在歐洲，沒有哪個政府比英國更關注貿易與製造的需求，更用心於保護金融體制使免於失去信任，或更願意動用海軍保護其商業利益。除了尼德蘭這個例外，其他國家的統治階層沒有一個像英國那樣投入商業投資，或那樣倚賴商業擴張來取得收入。歸根究柢，這和印度有關。

歐洲的工業革命，其實是對亞洲製造品的防禦性反應

關於歐洲工業轉變的肇因，先前有提到一個頗有意思的說法：歐洲的工業轉變，源自其對亞洲在製造品出口上稱霸全球的防禦性反應。一七〇〇年時，印度的摩擦軋光印花棉布和白棉布，已令英格蘭消費者趨之若鶩。英國小說家丹尼爾．狄福（Daniel Defoe）在一七〇八年寫道：「我們看到我們那些有身分有地位的人，個個把印度毛毯穿在身上。」[61]為保護本土羊毛業，從印度進口的印花紡織品屢屢遭禁，但需求總是餵不飽。英國棉織業的誕生，始於欲以本土製造的棉織品（引進印度的素面白棉布再加上彩色圖案）攻占本土市場。英國棉織業是「東印度貿易的產物」，[62]英國棉織業的產品被冠上印度名。[63]一七七〇年後，紡棉紗的新機器問世，使蘭開夏郡的白棉布和麥斯林紗足以和印度貨一較高下。因此，撒繆爾．奧德諾（Samuel Oldknow，麥斯林紗的龍頭製造商）

的倫敦代理商如此回應政府的詢問：「他們（紡織品製造商）想達成的目標，乃是……在英國建立某種程度上足以和孟加拉織物業一較長短的製造業。」[64]但英國征服印度（特別是孟加拉）帶來的結果之一，就是東印度公司所進口的棉織品如潮水般湧入英國本地市場，拉低價格，危及這本土新興產業的存亡。[65]替奧德諾作傳者說道，來自印度（和來自勞工便宜的蘇格蘭）的競爭，「為工廠體系的採用推波助瀾，而這工廠體系不只包含紡紗和最後的處理過程，還包括織造過程。」[66]為了不讓印度貨進來，一七九〇年代關稅提高了兩倍，一八〇二至一八一九年更提高了八倍，[67]而印度進口貨的確在一八〇二年後銳減。因此，歐洲勢力滲入亞洲市場時，是以模仿、保護、機械化三管齊下，才得以攻克其主要的攻堅領域紡織業。在替英國出口品強行打開進入印度的門戶時，若沒有這股欲將來自印度的競爭商品逐出市場的勢力，結局可能大不相同。

諸文化的比較：歐洲的文化革命和心態革命

領土擴張和工業技術，乃是最能彰顯歐洲破天荒凌駕歐亞其他地方的特色。但這個新的失衡狀態，還有第三個特色。歐洲人就在這時期首度主張，他們的文明和文化比其他所有文明和文化優越：不只在神學上是如此（對當時歐洲人而言這早已是老生常談），在知識上和物質上亦然。這一主張是否屬實，不在我們探討之列。較值得注意的，乃是歐洲人認定此為真，並且在行為上表現出來。這表現在他們熱中於蒐集、分類從世界其他地方所採集來的知識，表現在他們將這知識安入以他們自己為中心的思想體系時的那種自信。歐洲實質支配歐亞其他地方之前，先在知識領域吸併了那些地方。這表現在這時期結束時（如果將法國入侵埃及納入，則是更早的時候），歐洲人欲將非─亞洲部分地區，如「打造」「新世界」那般，予以「重新打造」的雄心。這最終表現在一個非比尋常的信念上，即只有歐洲能與時俱進，世界其他地方則處於「停滯狀態」，等著歐洲來點化，賦予其活力。稍候我們會更仔細探討這個「心態革命」。但在歐亞其他地方，情況又是如何？

中國文化

承平盛世：清朝平定新疆，成就相當於歐洲征服美洲

在一七五〇年代至一八二〇年代的中國，文化方向不會有大改變，中國在更廣大世界裡的地位不會遭到傷筋動骨的重新評估，對傳統文化無疑未有任何批駁；也沒有任何顯而易見的理由，要中國該有那些改變、重估、批駁。這是個富裕、繁榮、先進的士人社會。[68]乾隆皇在位期間（一七三五～一七九六），政治穩定，社會繁榮，（「中國本部」）一派承平。以當時的口號來說，這是個「盛世」。乾隆皇用兵天山南北路（新疆），平定這動亂的乾草原區，為清朝在平靖、重新統一、加強控制、穩固中國疆域的成就上，劃下完美句點。在中國作為統一國家的漫長歷史裡，邊疆蠻族的攻擊一直是危及王朝存亡揮之不去的威脅；隨著新疆的平定，這威脅終於解除。若中國得確立其在文化與科技上的優越，平定新疆等於是在最攸關其利害之處確立了這樣的地位。畢竟這是一場在地理範圍上和地緣政治的重要性上（甚至經濟價值上），與歐洲在美洲的成就不相上下的勝利。

思想與宗教

當然中國仍有其社會壓力和文化壓力。對緬甸、越南用兵失利；官員貪腐日益嚴重；主張救世主將會降臨的民間宗教（如白蓮教）引發的暴動，全指出清王朝已開始衰落，王朝所賴以取得統治正當性的「天命」正漸漸流失。[69]但儒家傳統仍極強勁，其主要理念認為，社會由深受孔子家父長主義、階層體制學說薰陶的士大夫來治理，將能得到最大福祉。含有道家成分（主張人應儉樸、天人和諧）的儒家學說，未遭到知識界的重大挑戰。宗教在中國所扮演的角色，與歐洲大不相同。道家在知識界頗有影響力，道教的神祕信仰在民間很流行，但道教未有正式地位，遭儒家官僚體系猜忌。救世主義信仰不為官方所喜。[70]佛教主要流行於西藏和蒙古。皇帝尊敬佛教，以換取佛教菁英份子接受王朝統治。在「中國本部」，佛教遭邊緣化。和尚一如道士，被視為會破壞穩定、惹出亂子的人。[71]

學術發展

士大夫和士大夫出身的受教育士人階層，因而未遭到有組織之神職體系的競爭。未有宗教狂熱份子，從社會菁英階層內部提出挑戰；官員的傳統學問，也未遭到新式「科學」知識的威脅。因為種種原因（史學家爭辯已久的原因），科學實驗傳統早已式微，可能在一四〇〇年時就已經式微。原因之一可能在於儒家思想裡明顯缺乏「天上立法者」這個角色。天上立法者是訂定自然法則的神，[72]在歐洲，對如此神界人物的信仰，對「祂的目標與宏大計畫」的探求，一直是科學探索的主要動機之一（甚至或許是最大動機）。歐洲人基本認定，宇宙由一套彼此協調的自然法宰制，且那些自然法可透過觀察來證實，但在中國，沒有這樣的基本認定。即使是十八世紀學界興起的考證運動，強調應從各種科學領域、技術領域廣搜言而有徵的資料，仍不願接受「『宇宙是受自然規律支配、通體一貫、可透過數學預測』這樣的觀念。」[73]考證運動應被視為批判、評注「古典」知識這一悠久傳統的一部分，而不應視為是在抨擊「古典」知識的假設。

皇帝和國家都是世界的中心

這一切並不表示學術辯論在中國付之闕如。文人菁英就為寫作而存在。行政體系的運行，倚賴源源不絕的報告和調查，經過編纂、傳送，然後歸檔。文人針對公眾關心的事務撰文，以吸引有權有勢者賞識，出人頭地。儒家文人在富裕而都市化的長江三角洲（江南）地區特別多，而這地區長久以來被視為反清思想的溫床。乾隆皇一七五〇年代耗費巨資平定新疆一役，就引來江南文人的批評，批評文章從江南往外流通。然而，辯論受到中國政治體制本質的束縛。中國與歐洲的情形不同，在政治權力場上，異議知識份子沒有可棲身的「自由空間」。公開反對皇帝威權，可能引來殺身之禍。作家若惹上煽動騷亂的嫌疑，絕不會有好下場。[74]畢竟是滿人當家，重要的文、武職位都刻意保留給居少數的滿人。滿人住在城鎮裡的特殊地區，自成一體；滿清統治者不許滿人和居多數的漢人通婚，想方設法保存自己的語言和文學。十八世紀中葉清帝國開疆拓土的豐功偉績，反倒有助於強化滿人在這王朝政權裡的獨尊地位。遼闊的邊疆版圖，使皇帝不只是中原儒家正統的君王，這時更是全天下的君王。[75]這帶來的影響，可能就是強化儒家文化的保守性格。對於士人（儒家傳統的旗手）來說，不管如何牢騷滿腹，在清朝治下，世界似乎比以往任何時代還更安定。「高水平均衡陷阱」（high-level-equilibrium trap，東西太好而不值得予以改變）一說，用來解釋經濟活動的技術性保守，看來頗有道理，而在文化領域，這說法也同樣成立。這時的中國並未完全排拒外來影響，但外來影響遭精心剪裁，以符合單一中心的世界觀。拿朝中負責繪製地圖的耶穌會士為例，就可清楚看出這點。官方版的耶穌會地圖拿掉了經緯線，以保住以中國為中心的世界觀；[76]中國官方對歐洲地理的了解，一八〇〇年後仍錯得離譜。[77]在歐洲人大舉抵達東亞海岸前夕，中國知識份子反倒更無意於將自己的文化加諸外在世界或預測外來影響將對自己的道德世界有何衝擊，實乃一大弔詭。一七九三年馬戛爾尼爵士來到中國，希望說服乾隆皇與英國建立外交關係，結果悍然遭拒。為了讓朝中官員對英國的創造發明大開眼界，他帶了禮物和精巧器械同行，結果那些東西遭斥為不值一顧的奇技淫巧。乾隆發給英王喬治三世的敕諭裡寫道，中國「從不貴奇巧，更毋需爾國製辦物件」。[78]

伊斯蘭世界的文化

伊斯蘭世界的「衰敗」及因應之道

一七五〇年後，伊斯蘭世界的文化自信更為低落。在政治上，伊斯蘭似乎陷入包圍。鄂圖曼、伊朗兩帝國軍事上皆受挫，被迫割地（主要割給俄羅斯）。法國在一七九八年占領埃及，後來遭英國人逐出；蒙兀兒帝國在一七六〇年後已成為空殼；穆斯林孟加拉成為英國一省。穆斯林統治的邁索爾，一七九九年遭英國消滅。在中亞，新疆的穆斯林遭清朝牢牢掌控。在東南亞，英國於一八一一年入侵爪哇，為日後英國將該殖民地交還荷蘭後，荷蘭重新確立其對爪哇內陸諸穆斯林國的殖民統治鋪下坦途。伊斯蘭世界似乎正遭受歐亞世界兩端帝國主義勢力的重擊。

面對歐洲的帝國主義擴張、商業擴張、文化影響，最無抵禦之力的伊斯蘭國家，就是最大的伊斯蘭國家鄂圖曼。一七六八至一七七四年俄土戰爭，[79]鄂圖曼失敗，帝國出現崩潰跡象，令鄂圖曼官員和烏里瑪（伊斯蘭學者總稱，除了解釋伊斯蘭教法與神學的學者，還包括率領穆斯林作禮拜的伊瑪目）大為驚恐。這時鄂圖曼帝國已開始僱用歐洲專家，例如著有引人入勝之《自傳》（*Memoirs*）的軍事工程師德托特男爵（Baron de Tott），強化鄂圖曼防禦設施，以歐洲方法訓練軍隊。鄂圖曼作家開始關注歐洲政局和歐洲列強的軍事資源；些許地理、軍事題材的歐洲書籍得到譯介；少數穆斯林赴歐洲遊歷，其中有些人寫下個人遊記提供給鄂圖曼政府。這帶來多少衝擊，不得而知。當時熟悉歐洲語言的穆斯林學者不多，十八世紀前可能連一個都沒有。[80]對歐洲的動態，幾乎沒有最新的了解。[81]事實上，十八世紀末期鄂圖曼人的文化活動，大體上幾乎不受當時西方騷動的影響。伊斯蘭傳統知識的勢力仍極強，且盤據神學、法律（知識階層所最關注的領域），牢不可破。在文學領域尤其如此，且反映在建築與設計沿用一成不變的本土圖案上。[82]

或許有人會將此貶抑為「衰敗」的跡象：原本生氣勃勃的傳統無力回應歐洲勢力進逼所帶來的知識挑戰。如此論斷失之膚淺。歐洲的地緣政治攻擊，來得又急又猛。但歐洲「威脅」的更深層本質，只是慢慢在展開，其「意義」連當時「熟悉內情」的歐洲人都幾乎無法理解，更別提由內往外看的穆斯林觀察家。憑著後見之明，史學家往往批評鄂圖曼帝國和其他穆斯林社會一樣，遲遲才採用其歐洲對手的文化模式：民族國家的觀點和精神、自由主義倫理學，以及工業化經濟的「技術」精神。事實上，關於這些信條，歐洲人自己都尚未有定論，而在穆斯林思想家眼中，若擁抱這些信條，將不只是冒險，還是最毋庸置疑的自找死路，屆時從內部開始的崩潰將使外來的攻擊更快得手。因此一仍舊慣，零碎而非全盤吸取歐洲的專長，根據鄂圖曼或伊朗的需求改造外國技術（如當時薩法維和蒙兀兒統治者之所為）似乎較為明智。

服從伊斯蘭教及其聖典，而非祖國和政權統治者

為何會走上這樣的因應之道，並不難理解。在鄂圖曼帝國和該帝國以外，伊斯蘭的文化活動表現出超越民族、地域畛域的鮮明特色。受過教育的男子，可能在巴爾幹半島到孟加拉之間的任何地方闖天下。史學家阿布杜・拉提夫（Abd al-Latif，一七五八～一八〇六），生於波斯灣的舒什塔爾（Shustar），在伊朗受業於數名學者，但為求出人頭地，他來到印度（當時他的兄弟已在印度的阿瓦德行醫），成為海德拉巴統治者派駐加爾各答英屬東印度公司政府的代理人（vakil）。他看待印度史時，是從伊斯蘭而非「印度」的角度切入。[83] 伊斯蘭的知識份子深深無法接受以鄂圖曼或伊朗或蒙兀兒為「祖國」，而必須對「祖國」效忠的觀念。以民族國家為唯一效忠對象的觀念，根本毫無意義。在鄂圖曼帝國，穆斯林（一如基督教徒和猶太教徒）以聖典和宗教，而非語言或種族概念為認同來源。[84] 在多宗教、多種族的帝國裡，穆斯林是軍人、官員、律師、地主，地位最高。若出現穆斯林民族國家，領土裡的居民全部或大部分是鄂圖曼穆斯林，等於表示帝國終結；事實上，要到一九一八年該帝國瓦解，這情形才會出現。文化的守護者也不支持較強勢政府（意味提升統治者權力）的觀念。在伊斯蘭政治實體裡，負責闡釋伊斯蘭教法的烏里瑪和負責執行、維持伊斯蘭教法的統治者，兩者的關係一直很緊繃。欲讓權力天平倒向統治者一邊的「改革」，必然引來懷疑。從這觀點來看，鄂圖曼蘇丹塞利姆三世（Selim III，一七八九～一八〇七年在位）師法歐洲軍隊創建「新軍」（nizam-i jadid），就比較像是用來對付國內的反對者，而非外來侵略者。伊斯蘭謝赫（烏里瑪領袖）發布法特瓦❹，譴責塞利姆三世的新軍，預示了該蘇丹在一八〇七年遭罷黜的下場。在伊朗，此一心態更為強烈。[85] 伊朗的烏里瑪懷念在過去的薩法維政權（一五〇一～一七二二）時代，他們在教法學界的權威地位，認為約一七九〇年後的卡札爾王朝國王，都是不合法的暴得大權者。王儲阿巴斯・米爾札（Abbas Mirza）也建立了新軍，卻只能偷偷學軍事操練方法。反對他的烏里瑪說他不適合繼承王位，「因為他已成為佛朗機人（亦即歐洲人或基督教徒），穿佛朗機靴。」[86]

❹譯按：fatwa，指權威教法學家針對有爭議的重要法律問題所發表的正式見解。

以伊斯蘭傳統抵禦世變

即使穆斯林已對歐洲的今非昔比有更切實的了解，即使「改革派」菁英已擁有較大影響力，仍有多重障礙不利徹底改革。伊斯蘭世界沒有獨立於宗教之外的「輿論」可供動員，以壯大改革聲勢。學術與文化的權威，廣泛分散在由學者把持的無數穆斯林經學院裡。在學者階層之外，識字率低落。阿拉伯文印刷機在一七二〇年代就已引進鄂圖曼帝國，但後來遭禁止，直到一七八〇年代才開放。該帝國第一份報紙直到一八二八年才問世，而且是在開羅（當時已是一自治總督轄地的首府）發行。曾遊歷歐洲或精通歐洲語的穆斯林少之又少，因而鄂圖曼、伊朗的統治者與歐洲諸國打交道時，往往倚賴從自己境內的基督徒少數族群（希臘人或亞美尼亞人）找來的代理人。隨著這些代理人所屬的族群，覺得靠向歐洲、更廣泛地使用歐洲方法，對自己較有利，這些代理人的忠貞不免受到懷疑。在這些情況下，驚恐於世局變化的穆斯林，更可能從伊斯蘭傳統裡尋找指引。前去麥加朝覲的穆斯林，返鄉後在家鄉疾呼更嚴格遵守傳統教法，或將他們朝覲途中所結識的學者之著作散播出去。[87]阿拉伯半島的瓦哈比運動（該運動追隨者在一八〇三至一八〇五年陸續拿下麥加、麥地那），就認為《可蘭經》以外的影響，全是腐化人心、引人造惡的根源，而嚴予拒斥。該運動的支持者活動範圍極廣，最遠達到爪哇。以神祕儀式、守護聖徒、遺骨、符咒為特色的蘇非教團，則是伊斯蘭世界民間宗教最主要的體現。蘇非教團遭到烏里瑪菁英的嫉妒，但作為群眾抒發其對改變方向之不滿的潛在管道，它們的勢力不容小覷。[88]就連親眼目睹穆斯林如何敗於歐洲人之手而精於世道的人，例如十八世紀末期印度的學者兼史學家，大體上都把失敗解釋為腐敗統治者的「道德」失敗，以淡化其嚴重性。重建以伊斯蘭教法為基礎的國家，仍是他們共同的理想。[89]即使在入侵的震撼中見識了歐洲人的厲害，仍無法改變穆斯林的想法。鄂圖曼埃及晚期的大史學家賈巴爾蒂（al-Jabarti，一七五三／四～一八二五），對法國占領政權的速度和效率大為佩服，卻對其殘暴和不信神的作為大為反感。他寫道，它「建立了……不信神的基礎、不公義的堡壘、各式邪惡的創新。」[90]穆斯林最普遍的心態是憤怒，而非好奇。

當然，我們不該低估穆斯林社會整軍經武抵抗歐洲人入侵的能力，或採納新觀念的能力。一八二六年是希臘暴動最嚴重的時刻，鄂圖曼蘇丹馬赫穆德二世（Mahmud II）肅清了禁衛隊，與烏里瑪聯手拉下其前任蘇丹的傳統部隊。接著，在最高階烏里瑪的默許、甚至允許下，馬赫穆德二世展開一連串改革，包括廢除戴頭巾的習俗，改戴非斯帽（fez）。但在一八四〇年之前，推動文化、知識變革的力量相對較薄弱，而這或許是因為歐洲此時加諸的激烈挑戰，伊斯蘭世界尚未察覺；我們也不該認為伊斯蘭本身全面在倒退。例如在西非洲，十八世紀末期時，伊斯蘭勢力的擴展大有斬獲。穆斯林軍閥和蘇非教團擴大了統治與宗教的版圖。時機是關鍵。奧斯曼・丹・佛迪奧（Uthman dan Fodio）在一七八六至一八一七年間創立其聖戰國索科托（Sokoto，在今奈及利亞）時，他和西蘇丹地區（今馬利）的建國者，一起打下了阻止不久後到來的基督教傳教士和隨之而來的西方殖民活動進入西非洲的屏障。[91]

歐洲文化亦是內向而具有排他性，並未過於獨特

中國、伊斯蘭世界的文化領域，儘管有種種差異，卻有幾個共同特色。它們都非死氣沉沉或「衰落」。學者辯論、建築師設計、藝術家作畫、詩人默想、鎮民找樂子、學生求知；律師和醫生接連培養出來、富人渴求可炫耀其財富的商品；社會或經濟上的變化，激起衛道人士或宗教界的憂心；神啟或救世主降世預言挑戰知識正統。會有蘇非派、瓦哈比運動或白蓮教在境內壯大興盛的世界，不可能是停滯不前的世界。但似乎有三個不變的東西，框住那世界。首先，在伊斯蘭世界和中國，古典文學傳統都處於支配地位。遵守該傳統的美學規矩、倫理規戒，仍是文化活動的基礎。解釋自然世界的知識如何與該傳統的形而上真理相吻合，成為知識份子殫精竭慮、展現才智的真正所在。第二，在這兩個世界裡，文化權力和知識權力都大大集中在能讀寫的菁英份子手裡，而這些人的特權地位有政治權力予以大力支持。公開質疑知識正統或宗教正統的行為，因而受到

限制。第三，除了某些無關緊要的例外，兩者大體上都對歐洲（還有對彼此）不感興趣，對歐亞之外的「外圍世界」興趣不大。

歐洲雖然獨特，但不應誇大其獨特。歐洲人在文化上也是內向，也牢牢執迷於自己的宗教事務和知識問題。歐洲人大體上受縛於其宗教信仰，而且非常不能容忍其他宗教信仰。神職人員團體（教會）手握大量財富，掌控教育；教會與國家關係密切。在大部分歐洲人眼中，教會與國家少了一方，另一方就無法生存，似乎是再清楚不過的事。神職菁英與世俗菁英一起治理國家，君王必須得到神職人員的加持，統治才具合法性。科學與宗教的關係，在二十世紀似乎是水火不容，但在那時並非如此。牛頓的物理學橫掃知識界，但他認為自然界由上帝管理，上帝的干預調整了自然界的不完美。在大部分歐洲思想家眼中，自然秩序是固定的，達爾文眼中的適應，是無法想像或沒有必要的，社會—經濟體制亦然。科技、工業變革的衝擊，對啟蒙時代大思想家影響甚小。他們既願意相信進步，同樣傾向於相信進步、衰退的周期。畢竟他們所置身的世界，農奴制仍盛行於歐洲大片地區，政治權利遭嚴格限制，最富裕的幾個國家在奴隸買賣和蓄奴上最為投入。

懷疑、實驗、探索世界

但到了一七五〇年代，歐洲的文化開始踏上一條與歐亞其他地方大不相同的發展道路。在知識菁英圈子，可以公開質疑宗教。皮耶・培爾（Pierre Bayle，一六四七～一七〇六）「腐蝕人心的懷疑主義」[92]和大衛・休姆（David Hume）對基督教神蹟信仰的連番嘲弄，對一般人的看法影響甚微。信仰基督教（不管是哪個教派），仍是獲得社會接受的條件之一。但宗教信仰漸漸成為見仁見智的事，教會必須藉由辯論而非強制規定，才能拉住信徒的心。一七五〇年後湧現的書籍，說明了神職人員在保住信徒信仰上面臨了何等嚴重的挑戰。光是一七七〇年一年，在法國就出版了九十本替基督教辯護的書。[93]

這一包容質疑的現象，反映了文化假設上一個更深層的轉變。洛克的《人類理解論》（*An Essay Concerning Humane Understanding*，一六九〇）問世後，對西歐的知識界影響甚鉅，顯示他的個人主義心理學和哲學深深打動人心。眾所周知，洛克不認為人是藉由上帝所植入的「固有觀念」來理解自然界，而是倚賴「感官印象」去了解外界，倚賴理性將那些印象整理為統合一致的模式。[94]洛克主張，凡是與理性、經驗相忤的真理，即予以摒棄，乃是人的天職，且是教育所應培養的知識探究習慣。[95]人不應不假思索全盤接受前人傳下的看法，人可以藉由經驗和實驗發現新的真理。事實上，洛克深信「理性的實驗與正規的實驗」非常重要，而他大半生所置身的知識圈就極力奉行此做法。到了十八世紀中葉，這個做法已成為歐洲文化的主要活動之一。細心觀察自然界，透過經驗驗證「自然法則」，成為探求知識的習慣做法、受過教育的圈子裡當紅的嗜好。這並不代表宗教的創世論述已經失勢，許多科學探求都以神造萬物、有必要解開神的計畫為前提。但即使是神造論都必須不斷更新，以符合觀察結果。「古典」知識的神諭地位已遭廢除，一去不復返。

除了懷疑主義和實驗，我們還可以加上第三個特色：歐洲人對時、空的看法。中世紀晚期，探明世界其他地方的強烈欲望就已是歐洲文化的一個顯著特色。這或許肇因於歐洲人普遍認為歐洲位在世界邊緣而非中心。一四〇〇年後的航海活動和航海報告，使反映這好奇心的著作大增。商人與殖民者開疆拓土的實際需要，使地理資料的需求高漲，而商業爭議（例如出口金銀是否明智）則使精確掌握亞、非貿易資訊，變成當務之急。在知識探求、商業還有戰略上，地圖與地圖繪製愈來愈受重視。到了十八世紀中葉，有系統地彙整地理知識，已是歐洲人念茲在茲的大事。仔細觀察人文、自然現象的「科學」旅行，備受推崇。庫克南太平洋航行報告所引起的轟動、為促進非洲大陸探勘活動而創立非洲協會（African Institution，一七八八年）、拿破崙為「描述埃及」計畫（一七九八年）投入的龐大人力、物力、財力，以及范洪堡（van Humboldt）《南美遊記》（一七九九～一八〇四）對知識界的衝擊，在在顯示了「全球性」世界圖像的形成，已如何深植於歐洲人的想像中。誠如不久後就會了解的，這一對空間的著迷，可能協助打造了新的時間觀。

進步史觀

因此，歐洲文化與歐亞其他大部分地方的文化，兩者的「大分流」在十八世紀中葉時已經展開。今日稱之為歐洲「啟蒙運動」的那場知識運動，事實上在十七世紀就已扎根。[96]該運動最大的特色，就是學者對「古典」知識的壟斷逐漸瓦解，但在同一時期，「古典」知識在伊斯蘭、儒家文化裡仍被奉為圭臬。為何這會發生在歐洲，仍是歷史謎團。歐洲的多國林立、本土語言印刷書籍的問世、未曾彌合的宗教分裂、歐洲文藝復興的「遲遲」才降臨、「閱讀大眾」的興起（這本身有部分得歸功於宗教辯論），或許創造了使讀書識字、自成一體的菁英無法主宰知識的環境。除此之外，歐洲歷史另一個大不同之處，或許也是原因。只有歐洲人取得「新世界」。這在多大程度上改變了歐洲經濟發展的方向，仍無定論。但美洲對歐洲人思想的衝擊，肯定大得驚人。隨之而來的，不只是取得並整理龐大的知識，以利貿易和統治。美洲讓歐洲人發現自己有能力透過奴役、侵占、改變宗教信仰、遷徙、經濟剝削的方式，徹底改變其他社會。美洲讓歐洲人看到某文化或某民族可將其他文化或民族摧殘殆盡，那是在歐亞其他地方未曾有的衝擊。最重要的是，美洲讓歐洲人發現世上有人過著似乎較原始的生活，而且歐洲人推測，那種生活方式可能也曾盛行於歐洲。洛克說道：「最初，全世界都是美洲。」[97]結果，就是使歷史往過去更大大延伸（遠超過聖經中的創世年代），對於歐洲社會成為現今形式之前想必走過的各階段，有了新的探索方式。[98]

美洲徹底改變了歐洲人的時間觀。它促使歐洲人擬出一個可將世界其他地方之國家與民族安置進去的歷史架構，它間接催生出訴諸揣測的進步史，而歐洲在那進步史裡已躋身最高階段。十八世紀下半葉，歐洲在全球體制裡躋身首位的觀念，因三個極具影響力的看法而更為牢不可破。第一個是認為商業是有力的文明開化手段，休姆和蘇格蘭啟蒙運動的作家都如此主張。[99]在《國富論》（一七七六）中，亞當斯密極力強調商業自由是獲致物質進步的最穩當途徑，而康德在其《永久和平》（*Perpetual Peace*，一七九八）中，則採納了不受約束的貿易是獲致全球和諧的辦法這樣的見解。[100]不久之後，就有人（例如維多利亞時代的自由貿易論者）主張，歐洲應引領世界其他地方走上全面自由貿易，就有人把世界本身視為廣大的單一市場。第二則是啟蒙運動思想家格外篤定地認為，人類制度，甚至人類行為，都可以按照「理性」準則予以重建。在這點上，最信心滿滿的，莫過於英格蘭哲學家邊沁（Jeremy Bentham）。他的功利主義演算法（追求最大多數人的最大幸福），提供了驗證世上任何地方之法律與體制的依據。[101]有了這個演算法在手，（來自歐洲的）開明立法者可以比囿於迷信與落伍偏見而愚昧無知的當地人，擬出更好的法律。在他的追隨者穆勒（James Mill）眼中，印度史表明「印度教徒的生活方式、制度、成就已停滯了許多年」（他認為從西元前約三〇〇年以迄當時），[102]他並將這一論斷，也粗暴地套用在中國身上。[103]歐洲的點化是印度與中國重新踏上進步之路的唯一指望。第三個看法同樣令人震驚。十八世紀結束時，歐洲人愈來愈深信，將其福音傳播到全世界，乃是歐洲基督教社會刻不容緩的職責。特別值得注意者，乃是這股傳播福音的衝動在新教英國所產生的力量。畢竟英國是歐洲最富強的海上強權，且在一八一五年時已是稱霸南亞的最強大海權國家。

因此，在十八世紀後半葉，對於歐洲在世界舞台上的地位，有一嶄新而獨特的觀點成形。認為歐洲文明有其局限和奇特之處的觀點（均勢時代的特色），此時遭揚棄，換成深信歐洲的信念和制度放諸四海皆準的心態。這一自信滿滿的心態，因領土、貿易、影響力的擴張（征服印度就是個鮮明例子）而牢不可破。這心態建立在以下信念之上：歐洲思想已解釋了歷史各階段，歐洲科學可以有系統地提供了解整個地球所需的所有資料。稱雄全球的新心態形成，其所需的要素這時已經湊齊。

多視角的檢視

歐亞革命將歐洲帶向世界的中心

接下來我們就可以從三個面向評估這場歐亞革命。我們可以看出，這場革命啟動了國際關係的大重整，最終促成日不落帝國時代的出現，歐洲取得看來無可動搖的霸權地位。一八三〇年時，那尚未出現、但歐洲人與新歐洲人所建置的大型新橋頭堡，他們難以捉摸的衝突及征服模式，已產生兩個重大結果。第一個是猛然打開北美內陸。（新）歐洲人及其奴隸迅速占領北美內陸，使歐洲經濟實力在十九世紀中葉時大增。第二個則是歐洲境內戰爭和南亞境內戰爭所產生的彼此密切相關的結果，其影響就是打破已使歐洲對亞洲貿易成本升高，使該貿易的成長陷入持平的舊商業帝國體制。英國一旦控制了通往印度、東南亞、中國的海路，結束了印度洋上漫長的海權爭霸，隨之即有新一批心懷憧憬的歐洲人前來蘇伊士以東的世界闖天下，投身於促進該地區的商業、傳播基督教、殖民。「自由貿易」的時代即將展開。

原因之一在於歐洲諸經濟體（特別是英國經濟體）令人費解的旺盛活力，以及這一活力賦予它們在商業上、科技上的優勢。歐洲人將亞洲製造商擠出其原有的出口市場，然後又將他們從自家門口排擠掉（在英國人於印度販賣他們所製的棉紗時），使過去的製造業對手淪為地位較卑微的原物料供應者，但並非一夕之間就辦到，且從未到全面擊潰的程度。科技變革，特別是蒸汽動力與高能過程上的科技變革，開始賦予歐洲人多重優勢：在更易進入內陸地區上（使非沿海國家失去了以往的安全屏障），在移動的速度上（特別是部隊的移動），在傳送訊息上。到了一八四〇年代，凡是缺乏這新通訊、運輸科技的國家，在長距離的權力投射上，無一拚得過擁有這科技的國家，結果就是使那些國家時時處於守勢，使它們在戰略上受到包圍，差不多就和新商業模式已在經濟上包圍住它們一樣。

事實上，這場正在進行的轉變，幾乎可以迅速而粗略地概括為歐洲對某個虛構之「中心地」的逐漸占領，歐洲一旦占領那「中心地」，就可據以促使世界其他地方的外交和商業朝對歐洲有利的方向發展。（貨物、觀念、人員的）國際交流大道，已在歐洲勢力（例如英國海軍）的監控下。在上一節中，我們了解到位居中心、睥睨天下——文化能量的主要來源、知識的總部、世界貿易的中心、（對福音傳播者而言）真理的集大成處——所予人的陶陶然快感，已在十八世紀結束時，成為幾乎是歐洲人共有的感受。就連中國都無法續保其神祕氛圍。馬戛爾尼爵士在其一七九四年徒勞無功的任務結束時寫道：「中華帝國是一艘老舊不堪的第一流戰艦，一百五十年來，僥倖有一連串能幹而警覺的軍官奮力掌舵，才不致沉沒，且純粹靠其龐大身形和外表唬住四鄰。」一旦由才幹平庸的人掌舵，那艘船的下場，將會是撞上岸，砸得粉碎。[104]

「商業化」打破了歐亞及世界均勢，攸關國家存亡

歐亞世界均勢（進而世界均勢）這場大變，何以致之？有個支配一切的原因，決定了西歐亞（和附屬它的北美洲）的命運，決定了「世界島」其他地方的命運？有人主張貿易的成長是最關鍵的因素，而支持這主張的理由看來似乎也頗有道理。由於分工、專門化、市場擴大，在整個十八世紀的歐亞世界，不只出現長距離貿易，還出現商業活動的成長。商業化既是經濟現象，也是政治現象、文化現象。商業化動搖了舊習慣，催生出新品味，創造出新的不滿，使舊統治者失勢，壯大新利益集團的勢力。商業化擴展社會結構，使社會結構因不勝負荷而變脆弱。商業化既帶來自滿，也引發驚恐，而且在最富裕的那些國家裡或許最為明顯。對新財富的厭惡和對新財富來源的懷疑，在漢諾威王朝（一七一四～一九〇一）晚期的英國創造出新的道德風氣，奴隸買賣（在一七八〇年代達到高峰）在這股新風氣之下，受到激進、保守雙方愈來愈猛烈的抨擊。[105]

根據這個論點，真正緊要之處，乃是歐亞世界有些地區在因應商業化的需求和利用商業化的益處上，比其他地區更為成功。事實上，國家社會的存亡治亂這項重大議題，可以更精確地描述為統治者能否控制新的財富流，以強化國力，對抗外來攻擊。有四個不同的例子，或可說明這個道理。在西北歐，英國政府藉由悍然動用海上武力和商業規制，得以消滅荷蘭在大西洋貿易的競爭，得以對英國的新財富課稅以支應全球化戰爭的開銷。在中歐亞，鄂圖曼帝國拒斥英國所青睞的重商主義法則，任由航運、貿易（和兩者可能帶來的收入）落入外國商人與得到外國「保護」的基督徒「黎凡特人」之手。到了一七八〇年代，資助更強大國力所需的財政資源，因此空虛或沒有著落。在印度，有兩個地方本有可能出現強盛的重商主義國家。第一個是孟加拉，但毀於一七五六至一七五七年的危機，成為英屬東印度公司的經濟殖民地。第二個是邁索爾，其政治領袖精明許多，英國花了三十年、三場戰爭，才滅掉該國。最後一個例子是東亞，在一八三〇年代末期之前，面對歐洲勢力的進逼，東亞是勝是敗仍在未定之天。因為在東亞，中國、日本的統治者保住了其對外貿的掌控，在這點上，比

歐洲以外的其他地方都要成功。比較不確定的，乃是他們對國內財源的掌控，能否讓清廷和江戶幕府擋住西方勢力的入侵。

其他國家對變局的因應

鄂圖曼帝國差點解體，埃及成為王朝制國家

但我們不該認為，歐洲以外的國家都已被逼到死角。鄂圖曼帝國在一八三〇年代經歷了一場恐怖危機，在一八三三和一八三九年差點解體。在這兩次事件中，它主要都是靠歐洲列強的干預，才免於覆滅，因為歐洲列強私底下都認同，鄂圖曼是達達尼爾、博斯普魯斯兩海峽的守護者，是巴爾幹半島許多地區、安納托利亞、阿拉伯地區的統治者，其存亡攸關歐洲戰後均勢的穩定。馬赫穆德二世（一八〇九～一八三九在位）和阿布杜勒·梅濟德（Abdul Mejid，一八三九～一八六一在位）利用外部壓力，強迫施行旨在強化其對帝國體制的掌控和收回地方權力的改革。[106]諷刺的是，鄂圖曼政權最大的威脅並非來自歐洲人，而是來自其叛離的藩屬埃及。一八〇五年就已奉鄂圖曼中央之命，來到埃及擔任總督的穆罕默德·阿里（Mehemet Ali，本身是阿爾巴尼亞裔的馬穆魯克），利用舊制度遭拿破崙摧毀後的局勢擴張權力。他消滅殘餘的馬穆魯克勢力，收回被稅款包收人掌控的土地稅收，把埃及的（棉花、穀物）出口納為國家專營。一八一六年，他開辦了一家紡織廠。[107]一如邁索爾的提普·蘇丹，阿里的目標在建立一個可以掌控該地區的財政—軍事國家[108]。一八二〇年，他入侵尼羅河上游河谷（今蘇丹），在尋找黑奴、為其新軍隊提供兵員的過程中建立喀土木城。到了一八三〇年代，他已擁有一支由埃及小農組成的龐大徵兵部隊，已迫使鄂圖曼蘇丹承認其「大埃及」（除了埃及本身，還包括敘利亞、克里特、蘇丹）自治權。若非一八三九至一八四〇年歐洲的干預，這個強悍的冒險家和他實行軍事體制的國家，很有可能吞併鄂圖曼帝國在亞洲的大部分領土。[109]擴張雖遭阻止，阿里卻已將埃及改造為王朝制國家，經濟之蓬勃為地區之冠。

伊朗為改革爭取時間

在伊朗，一七四七年納迪爾沙死後，同樣出現令人意外的由亂返治現象。納迪爾沙死後，伊朗陷入群雄割據，最後由其中一名地方勢力領袖──贊德（Zand）部落領袖卡利姆汗（Karim Khan）──掃平群雄，統治伊朗西部地區。他並未稱王，而以薩法維王朝的一名總督自居（至少名義上是如此），[110]北部和東部（呼羅珊）仍不在他掌控之中。卡利姆汗死後，內亂再起，但到了一七九〇年代中期，另一個來自北方的突厥裔氏族已收復薩法維王朝原有版圖的大部分。卡札爾王朝第一任國王，阿格哈·穆罕默德（Agha Mohammed），一七九六年即位。繼位的法特·阿里沙（Fath Ali Shah，一七九七～一八三四在位），面對高加索地區積極擴張的俄羅斯將領，不得不讓出喬治亞的宗主權和亞塞拜然部分地區。阿里沙不甘任人宰割，結果招來一八一三、一八二八年兩個喪權辱國的條約。但藉由與心懷疑慮的烏里瑪達成有所保留的修好，藉由小心翼翼翻新古老的帝國傳統，藉由以馬基維利式手法對付掌控伊朗大部分地區的桀驁部落[111]，再加上挑動英國對付俄羅斯以從中漁利的手法愈來愈純熟，卡札爾王朝逆轉了內部衰落之勢，替改革爭取到時間。[112]

天高皇帝遠，歐洲人無法入主東南亞：緬甸、暹羅、越南

在東南亞大陸地區，遭歐洲人支配的可能性似乎還更低。以伊洛瓦底江上游的阿瓦（Ava）為都城的緬甸帝國，十八世紀中葉時（約略普拉西戰役時）因境內孟族、擇族叛亂而陷入危機。但該帝國並未分裂，反倒在貢版（Kon-baung）王朝統治下，國勢復振。[113]一八二四至一八二五年的第一次英、緬戰爭，並非肇因於英國入侵，而是該王朝朝喜馬拉雅山脈往北擴張而引發。一七五〇年後，在暹邏可見到類似的王權鞏固模式。一如緬甸國王，暹邏的卻克里（Chakri）王朝收取印度與中國之間「國家貿易」的利潤，以擴大勢力和文化威望。最引人注目者，乃是一八〇二年在阮氏王朝統治下，分裂已久的越南復歸一統。在這些例子裡，地方勢力割據和衝突（有利於歐洲人入主印度沿海地區和印尼群島的因素）均明顯付之闕如。[114]

倚恃歐洲擴張：阿曼、尚吉巴

當然，歐洲的進逼也並不必然是歐洲以外地區擴張的障礙。歐洲的市場和商人，還有歐洲的政治情勢，有時反可倚為擴張的助力。馬斯喀特的伊瑪目就善用了這三個外力。該伊瑪目所掌控的阿曼地區，扼控波斯灣入口；阿曼商人和水手與東非沿海往來，歷史悠久。一八二〇年代時，他們已從莫三比克葡萄牙人手裡搶走東非沿海的奴隸買賣，並將尚吉巴（Zanzibar）打造成吸引英、德、美船隻前來的商業中心。中東的奴隸需求和歐洲的象牙需求上升，促使東非大陸地區—商業帝國更加快速壯大。到了一八四〇年代，尚吉巴已經相當繁榮，致使馬斯喀特伊瑪目遷都該處。[115]然而自一八〇七年起就一心想肅清海上奴隸買賣的英國人，為何對該伊瑪目特別施恩，未祭出全面禁止買賣奴隸的禁令？因為他對英國的波斯灣海上武力來說是非常有用的盟友，是英國影響伊朗國王的主要管道。印度總督就提醒道，粗暴禁止他那項有利可圖的買賣，可能使「即使是我們忠誠的老盟友，馬斯喀特的伊瑪目……都因此與我們疏遠。」[116]伊瑪目思索其季風帝國的成長時，或許已經想到，那是一道對任何人都沒好處的惡風。

日本：厲行鎖國卻自給自足，江戶曾經是史上第一大城

最後，我們該瞧一瞧這其中最有意思的例子。有個歐亞大國至這時為止，仍幾乎未受到歐洲擴張的影響。比起清朝皇帝保護中國的作為，德川幕府厲行鎖國，態度更為積極徹底。德川幕府允許少數荷蘭商人到位於長崎港中的出島，同意他們偶爾前往江戶（似乎是為了一睹野蠻人古怪的言行，從中取樂）；德川幕府還同意與中國進行某種程度的貿易（長崎有中華街）。他們極敵視基督教，視其為顛覆勢力，但允許「蘭學」（西方知識）在學者圈內有限度流通。但他們對「間諜」活動的提防，已到了被害妄想症的地步。有個前來做科學訪問的歐洲人，行李中搜出日本地圖，因此入獄一年；與他有接觸的日本人，則遭嚴刑懲處。

厲行鎖國的日本，這時已絕大部分自給自足，對外貿易額極小。國內經濟劃分為多個自成一體的「藩」，

但擁有百萬人口的江戶（可能是當時世上最大城市），其需求已創造出龐大的內部貿易，特別是糧食上的貿易。十八世紀時，穩定人口（不似中國人口遽增）和「工業革命」（更集約的農業和家庭人力投入紡紗、織造）已使經濟繁榮程度頗有增長。但也出現某些警訊，顯示農業生產這時已逼近極限。惡劣氣候導致一七八〇年代的饑荒，經短暫喘息後，一八三〇年代饑荒再現。鄉村生活的困苦，使鄉村情勢愈來愈動盪。武士的貧困和幕府收入的減少（兩者都肇因於農民抗稅，使土地稅徵收困難），引發有關社會體制和政治體制的辯論。雪上加霜的是，一七九〇年代起一連串警訊皆顯示，日本長久以來不受歐洲干預的狀態已然告終。一七九二年一支俄羅斯探勘隊出現在北海道；十年後，俄羅斯人再度來臨，要求同意他們到長崎貿易。更令日本人恐慌的是，一八〇八年一艘英國大型戰艦突然來到長崎港，語帶恐嚇地要求補給，日本人滿足其要求後，它才離去。自從一七七〇年代歐洲—大西洋地區局勢變動之後，這是江戶幕府所收到的第一個有關該變動的警訊。其他的不速之客（前來找水和食物的捕鯨船）則提醒日本人，西方船隻已開始在北太平洋逗留，而日本正位在美洲與中國之間的主要航海路線上。但在一八四〇年代之前，這一切所帶來的衝擊，出奇地有限。日本學界的主流觀點，極力強調「神國」相較於西方蠻人和西方有害思想的內在優越性。不准外國人上岸的禁令，執行得更為嚴格。[117]事實表明，日本有利的地緣政治位置（距歐洲勢力最遠且有中國（歐洲首要的關注對象）為屏障）使日本得以再鎖國二十年（或許是關鍵的二十年）。但與時間的競賽，未來就連日本也躲不掉。

第五章

與時間賽跑

（一八三〇年代到一八八〇年代）

——西歐邁向世界經濟，

亞非爭取時間自強

海軍准將培里進入東京港，一八五三年

歐亞革命之後

那場歐亞革命，已表明諸大陸與諸文明間的關係開始出現劇變，也改變了現代初期世界的地緣政治。俄羅斯人拿下克里米亞半島時，像撬開牡蠣般打開了鄂圖曼的防線，為羅曼諾夫王朝一八〇四年吞併喬治亞攻下了跳板。喬治亞是通往裏海地區伊朗諸省的門戶，不久，隨著《古利斯坦》（Gulistan，一八一三）、《土庫曼查》（Turkmanchai，一八二八）兩條約的簽訂，這幾省就脫離伊朗卡札爾王朝的掌控，落入俄羅斯人之手。由於防禦能力大不如前，鄂圖曼人眼睜睜看著藩屬埃及陸續遭法國人、英國人占領，然後在不聽中央號令的總督穆罕默德·阿里統治下，埃及形同獨立。這一近東地緣戰略上的劇變，使鄂圖曼人、伊朗人遠比以往更無法抵禦競相擴張勢力的歐洲列強進逼。但淪入如此境地者，不只他們。在南亞發生與此類似的革命性變化，以孟加拉為大本營的一個「公司國」英國，經過五十年的戰爭，在一八三〇年代已成為南亞最強的軍事強權。英國這時可以從其孟買港市，將勢力伸入波斯灣，橫越印度洋，進入南阿拉伯半島（亞丁於一八三九年遭英國占領）、尚吉巴、東非。英國也是從東印度和他們在東南亞的據點（「海峽殖民地」）派出部隊，打破閉關自守的中華帝國，迫使清朝於一八四二年開放沿海口岸。

歐洲人入侵亞洲諸國（在北美殖民地人民於一七八三年擺脫英國帝國統治之後）、歐洲人立即進入北美內陸、歐洲人在南太平洋建立的諸多據點、歐洲人對西非洲、南非洲的零星侵入，顯示他們已大大擺脫現代世界初期的諸多束縛。我們已看到，歐洲消費者對大西洋商品和亞洲奢侈品的需求，如何刺激出他們的機會主義作風。歐洲宗教界、知識界愈來愈深信，自己的信念及理念不受民族、文化或宗教的畛域限制，放諸四海皆準，從而為這些征服行動提供了合理化藉口，為征服的成功提供了解釋，為進攻提供了方針。科技創新使（某些）歐洲人的生產力超過亞洲人，不再倚賴從亞洲進口的奢侈品，特別是紡織品和瓷器。到了一八三〇年代，歐洲人已開始秣馬厲兵，準備在領土上、商業上、文化上，將六十年前他們都還無法染指的地區，納入其支配。那些地區的文明國家曾使位在歐亞另一頭的歐洲人敬畏，覺得無法征服。

歐洲並未重啟內鬥、外圍世界爭取時間自強

但即使在一八三〇年代，這一歐洲稱雄的局面亦尚未成定論。若非歐洲諸社會改變其在歐洲以外世界施加影響力的做法，以發揮最大影響力，第二波的發現和入侵，還有歐洲商業擴張、軍事擴張背後的技術創新，可能也只是池塘裡的波瀾。若非那些改變，不難想像將會是何種情景：歐洲新一波擴張將趨緩，或者完全受阻。最有可能的障礙是歐洲內部本身重啟衝突。一八一五年的《維也納和約》，已為拿破崙帝國主義擴張劃下句點。但一個靠歐陸諸國聯手才予以擊敗而蠢蠢欲動的超強；暴烈革命遺留下的意識形態；外強中乾的國家（例如荷蘭）；失去獨立地位的民族（例如波蘭）；統治中歐、南歐的脆弱王朝（哈布斯堡帝國）——這諸多的因素，使歐陸的和平變得很不樂觀。若發生新一輪戰爭，或甚至各擁重兵下的和平（冷戰），其衝擊範圍將廣泛許多。那將會堵住貿易管道，促使全體回到經濟學家羅伯特·馬爾薩斯（Robert Malthus）所預測的重商主義自給自足，結束英國的工業主義實驗（馬爾薩斯說道：「就目前所知，在現代沒有哪個商業、製造大國，賺取到比歐洲其他國家的平均值還高的利潤。」）。[1]那將使開啟一八三〇年後歐洲鐵路時代的資本、科技擴散，因此延後。[2]那將使從歐洲往外的移民潮（只有在海上航道安全而徵兵不多的時期才可能有的移民潮）因此中斷。事實上，只要十九世紀時歐洲爆發總體戰爭，就會改變那個世紀的世界面貌。屆時，一如先前的戰爭，歐洲諸國會將其爭端帶進其他大陸。他們將必然會找上亞洲諸大國結盟，以壯大自己陣營的聲勢。事實上，即使英、法、俄三國彼此相安無事時，三國都極力爭取鄂圖曼人、埃及人、伊朗人、中國人站在自己那一方。亞洲諸國統治者若與歐洲結盟，在軍隊現代化、政治變革步伐的掌控上，可能就會順利許多。在此同時，在美洲與澳洲的海外「新歐洲人」人數，將會隨著他們所倚賴的貿易、資金、人力的流動受阻或停止而停止成長。經過一七五〇至一八三〇年的劇變之後，世界本來會趨向一個新均勢。受惠於歐洲內部的嚴重對立，歐亞其他地方和「外圍世界」許多原住民族本來會取得喘息

空間，而得以重新勘察，重新武裝、改革。

結果，情勢的發展卻使他們陷入與時間的賽跑之中：要趕著在歐洲憑其武力與財富攻破他們的防線前「自強」。歐洲諸社會未重啟內鬥，反倒偃旗息武，在有所提防、有所限制、有所爭議的自由主義這個意識形態大旗下，戰戰兢兢地嘗試政治、經濟的合作。「大歐洲」出現，把俄羅斯與美國納進一個廣大區域中，而歐洲人面對頑強抵抗的大自然、心懷敵意的原住民或「亞洲」競爭者，升起共同的「歐洲身分」意識（「美國身分」意識與此類似，但屬於下一層級，尚未自成一體），從而緩和了那廣大區域裡的政治及文化差異。那是個至關緊要但未曾在意料之中的發展，歐洲整體實力隨之大增，物質力量大幅增強。因為歐洲若要超越舊有的歐亞局限、掌控世界，就得改頭換面。它得把身分改換為「西方」。

發明西方

強權主導下的和平：維也納協議促成協調體制出現

若說從美國西部到俄羅斯東部這一大片北半球地區，在十九世紀中葉幾十年期間，處於由某一強國支配的和平狀態下，可能會有人覺得奇怪。畢竟，一下子就可想出六個不符之處。歐洲諸國間戰爭頻頻：英、法、鄂圖曼帝國打俄羅斯一國的克里米亞戰爭（一八五四～一八五六）；將法國、皮埃蒙特—薩丁尼亞（Piedmont-Sardinia）、那不勒斯、奧地利、普魯士捲進其中的義大利統一戰爭（一八五九～一八六〇）和德國統一戰爭（一八六六）；丹麥諸公國戰爭（一八六四）；一八七〇至一八七一年的普法戰爭。在俄國與鄂圖曼之間（一八七七～一八七八）、法國與北非穆斯林之間、英國與埃及人之間（一八八二），都爆發了歐洲邊境戰爭。時間最長、死傷最慘重的戰爭，在美洲大陸開打，即一八六一至一八六五年的美國南北內戰。戰爭雖多，死傷雖慘重，但這些戰爭沒有一個是將大歐洲諸國、諸社會全數捲入的總體戰爭。克里米亞戰爭有三大強權參戰，且差點把第四個強權（奧地利）捲入，但戰場實際上局限於黑海和波羅的海。義大利、丹麥、日耳曼的統一戰爭，還有普法戰爭，都是為時不長而相對有限的戰役，且未直接涉及的強權皆拒絕參戰。一八七七至一八七八年的俄國、鄂圖曼戰爭，從開打到結束，都未引發歐洲列強兵戎相見。美國南北戰爭未有其他強權捲入，只有在北軍封鎖南軍時差點招來英國的干預。

更值得注意的是，這些戰爭的結果，都未引發爭奪大陸霸權或半球霸權的大範圍戰爭。在義大利、德國、美國，這些戰爭的主要影響，乃是摧毀地區間的藩籬，從而有助於建造內部更團結的民族國家。這些「西方戰爭」使捲入其中的士兵和平民死傷慘重，但其有限性，可能促使以下看法普及於人心：武裝衝突乃是解決國際紛爭、「建造民族國家」的可行方法，甚至可能是必要方法。但什麼力量使歐洲未走上互相毀滅的無限戰爭？畢竟，他們在一八一五年前曾投身這樣的戰爭，而一九一四年後又重拾這樣的戰爭，造成更慘重的傷亡。

最重要的影響，乃是一七九二年後橫掃歐洲一個世代、令人記憶猶新的大戰。戰役、衝突的不斷發生，眼前的和平看來都只是短暫、革命動亂與軍事壓迫的經驗，戰爭所揭露的民族國家社會體制的可怕脆弱，在歐洲廣大民心烙下深刻印象，使得已無力維持和平的「舊制度」，以及這時顯得對人性如此悲觀、機會主義濃厚、如此不負責任的舊式外交手法，遭到唾棄。那表明了聯手對付看來會威脅整體和平的任何大國，乃是當務之急，也凸顯了重建歐洲、使之恢復地緣政治穩定的重要。一八一五年的維也納協議和為確保該協議而擬訂的「協調體制」，乃是時時以「絕不重蹈覆轍」來惕勵自己的政治家苦心孤詣的成果。[3]

為落實《維也納條約》而形成的組織化集體力量，旋即瓦解，但「協調體制」的主要原則卻維持了許久。那些原則嚴禁任何足以破壞歐洲五大強國之間均勢的片面行為；奧、英、法、普、俄五大國，等於是歐洲公共事務的「管理委員會」。凡是要更動對歐洲小國的控制權，或變動歐洲王朝制帝國的版圖，都必須得到維也納會議與會五強的集體同意。當然，五大國之間出現紛爭時，這項條款即形同具文：一八五九年法國和皮埃蒙特就利用五大國的不和來對付奧地利，俾斯麥也是利用這點先後對付過奧地利和法國。但整體來講，這一基本準則發揮了極強的約束力。就連一心想控制博斯普魯斯、達達尼爾兩海峽，而常被貶為歐洲外交領域粗魯無禮之惡態的俄羅斯，也尊重這項協調理念。俄羅斯對巴爾幹的外交作為，遠不如英、法批評者口中常描述的那麼投機冒進。[4]

「協調體制」能發揮作用，源自自私心態：不只是害怕戰爭，還對地緣政治變動感到不安。英國領袖有時喜歡譁眾取寵，譴責其歐洲鄰邦的政治作為，奧地利在北義大利和匈牙利的鎮壓，就是其喜歡抨擊的靶子之一。但即使好戰如帕默斯頓勛爵（Lord Palmerston）的大臣，通常都偏愛動口而非動手。[5]一種遠比協調原則還要有力的關係，將奧、普、俄統合成未言明的保守聯盟。這三國都統治了東歐大片地區，而且對那些地區的統治禁不起任何民族原則的檢驗。這三國全都有理由擔心（特別是在一八四八年諸革命後），他們之中有任何一國垮掉，就會引爆一場全面的劇變，而在那劇變中，受征服的波蘭（遭三國瓜分的波蘭）將會第一個揭竿而起，發出最強烈的反抗怒火（一八六三年的波蘭人暴動正及時提醒了他們這點）。因此，俾斯麥（來自易北河東岸的普魯士貴族地主）儘管好談「鐵與血」，儘管以強權政治著稱於世，卻雅不願劇烈重組歐洲政治版圖。他在一八七一年所建立的「日耳曼帝國」，謹慎保留了日耳曼邦聯的舊邦和君主國，否定了將所有日耳曼人（包括哈布斯堡王朝治下的日耳曼人）統合成單一國家的「大德意志」理想。事實上，在一八七〇年之前，維也納體制的最大挑戰者，不是普魯士，而是法國。一八五一年稱帝，陰謀推翻奧地利在義大利霸權地位者，就是拿破崙的侄子路易（Louis Bonaparte）。但即使是法國人（特別是路易的支持者農民），都無意發動革命戰爭，而他們出手干預的弔詭結果，不是如願在北義大利扶植出附庸國，而是出現一個純義大利的地中海對手。十年後的一八七〇年，以歐陸霸主自居的法國，其外強中乾，在敗給普魯士大軍的色當一役中，殘酷地表露無遺。

「大歐洲」的地緣政治穩定，利於有限度自由主義

因此，若說一八三〇年代至一八八〇年代「西方區」普遍處於和平狀態，可能言過其實，但若斷言那時期

維持了廣泛的地緣政治穩定（強權主導下的和平）倒也不無道理。那穩定帶來幾個重大結果。首先，英國的海上霸權雖從未穩如泰山，[6]但是「大歐洲」內部（特別是北大西洋）的航海路線，以及歐洲與世界其他地方之間的航海路線，在這段期間卻始終保持暢通安全。[7]大陸與大陸間可靠而迅捷的往來，以歐洲為中心的貿易逐漸擴展，都與此大有關係。若非海上交通安全可靠，一八四〇年代起投入巨資建造新蒸汽船船隊的現象便不可能出現。第二，歐陸諸國間細心維持的勢力平衡，加上英國的海上武力，讓北美、南美都不致受到外來干預，美國便得以在不必分心於防禦外敵的情況下埋頭發展。這一天大的好處，使美國得以專心發展經濟，自行解決時時可能使美利堅合眾國分裂的內部激烈對立（一八六五年北軍戰勝南軍，局勢底定）。第三，歐洲的外交結構賦予俄、法、英（一八八〇年代之前的「世界性」三強）相當大的自由，去追求自己在歐陸以外的國家利益，同時又阻止它們走上帝國擴張的混戰。一八一五年後用心保留荷蘭在東南亞的殖民帝國，還有一八四二年後大部分歐洲國家在中國享有平等的貿易權利和領事權利（主要靠英國以武力取得），正說明了歐洲列強政府是如何用心避免其在亞洲或「外圍世界」的利益彼此激烈碰撞。第四，「大歐洲」的地緣政治穩定，有利於「有限度自由主義」（limited liberalism）這個原本少有人青睞的意識形態壯大（漸漸的、有起有落的、受到質疑下的壯大）。

「有限度自由主義」這個主張，似乎也將在一群體制各異的國家（從人民民主政體（美國），到公民權受限的議會制政府，到位於政治光譜另一端的準神權統治沙皇專制政體）裡，受到強烈青睞。毋庸置疑，歐洲的政治思想家以宣傳小冊發起意識形態戰爭，痛批（或頌揚）君主制、共和制、社會主義、資本主義、無政府主義、帝國主義和其他諸多思想。以這時期歐洲為題的歷史著作，生動描述了自由主義者、激進份子、社會主義者，在面對國王、皇帝、貴族、小農根深柢固的保守心態時，其內心的沮喪。在一八四八年的失敗革命中，自由派、激進派、民族主義運動，遭到有士兵、官員、神職人員支持的保守派敵人擊敗。但到了一八七〇年代，歐洲諸國（包括俄羅斯），幾乎都至少有了自由主義體制的雛形。

大歐洲興起自由主義，源自對舊制度的反省

歐洲的自由主義源遠流長，但能落實在現實政治裡，得歸功於一七八九至一八一五年歐洲那幾場政治大危機。該時期的劇烈變動帶來雙重警訊，顯示出即使是最強大的「舊制度」國家，都可能被由下往上湧現的運動推翻。舊式專制政體，抵擋不住人民掀起的動亂。社會穩定和政治穩定，光靠思想單純的「王位繼承正統主義」（回歸過去）是無法辦到的。第二個警訊同樣令人膽戰心驚。法國的革命暴力遭到控制，卻是透過拿破崙的專制統治才辦到。拿破崙遺留的東西，有好有壞。拿破崙在建造國家上展現的非凡創意，受到後人讚佩，特別是在義大利和法國兩地。這些創意結晶包括法典、行政體系的對稱、教育改革，整頓、改善國家的藍圖，還有最重要的，唯才是任的用人作風。但在歐洲其他地方，甚至在法國，拿破崙留給人們最深刻的印象卻是野心駭人：剷除和扶植統治者、國家、制度時，手段一貫殘酷。自封為皇帝的拿破崙如秋風掃落葉般消滅敵人、稱霸歐陸。[8] 如果「舊制度」歐洲難以抵禦人民動亂，則面對「現代」專制政體，似乎可說只能任其宰割。

十九世紀中葉自由主義的核心理念，源自對歐洲這段可怕歷史的深刻反省。欲擺脫周而復始的戰爭、革命周期，就需要能使國家不管面對人民暴動，還是新當道的專制統治，都能屹立不搖的政治體制。統治者的「合法性」必須予以強化，他們需要更多種族群和利益集團的效忠，他們的僕人和官員必須受到制衡。而理想辦法，就是受到代議機構的制衡。這就引出誰來代表誰的問題，最重要的，這引出政府對其公民的社會活動、經濟活動應管到何種程度的問題。自由主義對此的解答，乃是自由主義能獲得青睞的關鍵，自由主義政治理論的基本前提。

瑞士裔法國人班雅明．康斯坦特（Benjamin Constant），對此有高明而扼要的描述。他的政治著作激烈駁斥革命暴力和拿破崙式獨裁。他主張一般人必然反抗對其私人生活和社交生活的干預，官方的獨斷行為摧毀了人與人之間的互信，而互信是所有社會關係、商業關係的憑藉。他區別了行使公權力的適切（且狹窄）領域，與以私人利益的自我調整為主要精神的更廣大領域（我們今日所謂的「公民社會」）。他認為，現代社會太複雜，無法仿照

古代城邦的方式（先前許多作家〔包括盧梭〕所呼籲的典範）用政治力來治理。差異、多元、地方觀念，乃是穩定與自由的祕訣。第二，負有監督行政部門之責的立法機關成員，應遴選自最不可能助長獨斷權或最不可能受煽動家蠱惑者。政治應是有產階級的保障，而有產階級將對「窮苦勞動者」施予正面（且富見識）的影響。有產階級是公共利益的真正保護者。第三，財產權和其他公民自由，必須受到明確嚴格的規範保護，暗示了將法律法典化與設立執法機關的努力目標。[9]

康斯坦特為其自由主義體制提出了一個更為重要的支持論據：只有該體制能與社會進步並行不悖。各種獨斷獨行的政府，遲早都會走上整肅異己之路。沒有思想自由，任何社會都必然停滯不前，因為觀念的表達和交流乃是各種領域進步的憑藉。事實上，觀念無法自由流通的話，政府本身會幾乎不知何去何從。不管是康斯坦特，還是追隨他的自由主義思想家，都無意促成眾聲喧譁、各吹各調的觀念混亂。他們真正在意的，乃是受過教育、觀念開明而有產的人士，在知識探求上享有自由。因為（他們大概如此認定）這些人才是真正的政治民族，才是自由的捍衛者，才是改善方案的規劃者。在他們的指導下，公民社會將不只自由，而且充滿活力。

當然，圍繞這些觀念而發的論點多如牛毛。以世襲君主為國家元首可靠嗎？或者共和制是唯一安穩的代議政體？女人可以是政治民族的一部分，或她們的「體弱」是個關鍵障礙？商業財富和工業財富使這些財富的擁有者占有政治優勢，或者說政治優勢只取決於有無地產？宗教是思想自由的敵人還是社會道德的最重要支柱？法律應體現「國家的習俗」（而成為歷史探索的題材），還是（一如邊沁的「功利主義」信徒所深信的）應使社會擺脫過去的「不散陰魂」掌控？然後，有了使自由主義大為苦惱的質問（其他主義對此，可能都不如自由主義如此苦惱）：「民族」（共通的種族認同、語言認同和〔有時包括〕宗教認同）的形成，是自由主義體制得以充分運作的基本前提嗎？而如果對民族的追求與自由主義綱領的主要原則（思想自由、嚴格限制政府權力）相衝突，該怎麼辦？民族主義是高瞻遠矚的意識形態，還是（除了在某些得天獨厚的「前進」社會）落伍而愚昧的信條？

引發爭辯的同時，自由主義綱領的主要理念，在一八三〇年代至一八八〇年代之間，廣泛散播到「大歐洲」各地。那並不表示那些理念得到一致的採用。代議制政體在英、法最為根深柢固，但在英國，貴族仍享有特權（雖然那特權即將成為絕響），而在法國則爆發一次次革命性、拿破崙式的狂熱活動。在日耳曼國家普魯士和奧地利，自由主義理念協助掃除了農奴制殘餘（一八四八年），使議會制政體，在日耳曼帝國、奧匈帝國（從一八六六、一八七〇至一八七一年兩場戰爭誕生的兩個中歐大國）裡牢牢確立。一八六〇年新誕生的民族國家義大利（擁有民選議會、一套與宗教無關的觀念和態度、王權受限的君主制），反映了資產階級自由主義的希望。在自由主義批評者眼中，一八四〇、五〇、六〇年代的新歐洲，似乎沉悶、自私、商業掛帥、粗俗追求物欲。湯瑪斯．卡萊爾（Thomas Carlyle）和馬克思，就痛批資產階級資本對待普羅勞工的無情。在抱持百分之百自由主義立場的其他作家眼中，「公眾輿論」崛起成為影響民族形成的關鍵力量，可能把個人壓死在流行偏見的重壓之下。[10]巴塞爾貴族菁英階層的一員、史學家雅各．布克哈特（Jacob Burckhardt）就遺憾於「舊歐洲」的消失，譴責新歐洲不事思考、拘泥細節、充滿官僚習氣的心態，以及新歐洲自信滿滿認定必然不斷進步的看法。[11]

自由主義在俄羅斯：廢除農奴制

在歐洲許多自由主義者眼中，俄羅斯是幸福快樂故事裡的大怪胎，沙俄君主制的專制主張，不只在俄羅斯是自由的敵人，在歐洲境內，只要是其勢力範圍內的屬地亦然，但即使俄羅斯都未能免於自由主義理念的入侵。貴族階層裡有派有力人士認為，反拿破崙入侵戰爭，透露了專制政體的缺陷，顯示將帝國建立在農民大眾的忠誠這個牢固的基礎上，乃是當務之急：一八一二年的入侵災難，俄羅斯就靠農民大眾的奉獻，才得以保住其帝制政權。他們所憧憬的政權，乃是由來自貴族—紳士階層的受教育、開明人士來治理國政的政權，並由他們將廣大的受支配農奴打造成忠貞的民族。一八二五年「十二月黨人」政變失敗（十二月黨人領袖之一的謝爾蓋．沃爾孔斯基，曾是班雅明．康斯坦特在巴黎社交沙龍的成員之一，但為時不長），[12]倉促的改革無緣實現，新沙皇尼古拉一世隨之開始建立長達三十年的反動政權。十二月黨人的支持者遭流放西伯利亞，或退入以暗碼、寓言表達思想的文學懷抱中（這一文學將成為俄羅斯的悠久傳統）。對紳士階級的審查、監視更為嚴密。凡是加入激進或革命團體，均遭嚴懲。一八四九年，作家杜斯妥也夫斯基因加入某社會主義團體而被判死刑，後來在緊要關頭，減刑為流放囚禁於西伯利亞。但在政治表象底下，欲將俄羅斯重新打造為具有自己民族文學、音樂、藝術的「民族」社群，以取代舊階級社會（以受過教育者講法語或德語而俄語是小農語言為特色）的壓力，卻急速上升。現代俄羅斯文學的奠基者是普希金（Alexander Pushkin，一七九九～一八三七），其著作典型反映了欲以歐洲理念構思俄羅斯，但又保有俄羅斯自身獨特文化和特色的雄心。托爾斯泰的大作，一八六五年出版的《戰爭與和平》，原名《十二月黨人》，其背後也懷有同樣的雄心。[13]俄羅斯於克里米亞戰爭落敗後，新沙皇亞歷山大二世（尼古拉一世於一八五五年去世）開始大舉改革。

改革的重點在廢除農奴制（一八六一年二月下令廢除）。落後使俄羅斯付出一八五六年戰敗的代價，而農奴制就是其落後的象徵。農奴得到自由，並獲授予主人莊園的土地，但土地屬村社（mir）所共同擁有。為改造鄉村社會而施行的諸多措施中，包括創立選舉機構（zemstvo），以讓紳士階級透過該機構在地方扮演活躍而「改善鄉村生活」的角色。司法改革帶來「現代歐洲司法體系」。[14]陪審團制度獲引進，並設立治安法官（Justices of the Peace）以將現代法律觀念傳播到鄉間。[15]一八六三年頒布的《大學法》，使俄羅斯教授得到與美國教授一樣的自由。[16]審查規定放鬆，對個人自由的限制方面，較嚴厲的規定取消；一八六五年後，甚至可在街上抽菸。許多俄羅斯作家和藝術家以歐洲的方式，堅決保持本身傳統的美學特點和道德優越（英格蘭人也有此習性）。儘管如此，在文學和音樂、自然科學、法律、政治理論方面，俄羅斯與歐洲其他地方愈來愈接合。在斯拉夫派（Slavophile）眼中，「西化派」在文化上向歐洲思想和歐洲作風「卑躬屈膝」的作為，乃是背離傳統且不敬神的，但即使如此，斯拉夫派認為俄羅斯是個基督教斯拉夫民族國家，且這國家的改革菁英將會在精神上、宗教上支持農民大眾。拜自由主義改革之賜，報紙廣為發行，城市居民識字率提升（一八六〇年代聖彼得堡的識字率已超過五成五），[17]俄羅斯文學百花齊放，俄羅斯的文化威望急遽升高，俄羅斯與歐洲其他地方的知識交流大幅增加。

當然，從許多標準來看，俄羅斯仍是個極不自由的社會。俄羅斯仍是專制官僚政治，給予人民的批評自由，給得快，撤得也快。但一八六〇年代的改革，代表沙皇認知到俄羅斯若不想落於其他強權之後，不想放棄自彼得大帝以來就與羅曼諾夫王朝脫離不了關係的歐化大業，就得局部仿效歐洲自由主義者所頌揚的諸多自由。沙皇的改革觀念和十二月黨人的自由主義，再度申明了俄羅斯的自我定位：以殖民、教化其廣大「亞洲」內陸為職志（十九世紀俄羅斯最偉大的史學家瓦西利・克留切夫斯基〔Vassilii Kliuchevskii〕所謂的大主題）的歐洲國家。[18]因此，當亞歷山大二世在國內施行「自由化」政策時，其軍人和外交官同時往東亞黑龍江流域的帝國邊境進逼，深入泛裏海中亞地區，就絕非偶然。在此，有個弔詭現象逐漸成形。俄羅斯在歐洲擴張上的貢獻（很大的貢獻），得力、得助於對歐洲自由主義所揣想的有力社會遠景：歐洲自由主義的進步觀；其對經濟自由的強調；其在西方自由與東方「掏空思想的一致」之間所做的對比。但俄羅斯帝國的多民族特質、其社會團結的脆弱、其薄弱的基礎設施，時時在提醒該帝國統治者：若沒有獨裁統治這個「鋼骨架構」，龐大帝國可能在一出現動亂跡象時隨即崩解。看來俄羅斯可以是建立在自由主義模式之上的民族國家，或者帝國，但不可能兩者皆是。

自由主義在美國：驚人的民主政治、民粹主義的缺陷

美國是自由主義世界的西翼，一如俄羅斯是其東翼。傳統（暨美國）觀點下的美國史，特別強調美國孤立於歐洲之外，與歐洲分道揚鑣：形成其獨特政治傳統，形成美國「例外」。歐洲人困在自己的歷史裡，注定要在王朝鬥爭、階級鬥爭、民族鬥爭上拚個你死我活，拚出個慘痛而動亂的結果。但美國可以自由創造自己的未來，可以追求自由，而沒有「舊世界」不平等、對立的枷鎖在身。這種觀點下的歷史，大部分只是殖民者迷思的浮誇翻版：在十九世紀的大部分殖民社會裡，在那些社會的二十世紀大部分「民族主義」史學著作裡，可以見到該迷思各種大同小異的版本。美國的歷史其實平凡得多，它是「大歐洲」往西延伸的邊陲。

當然，從意識形態來看，美國的確有某些獨特之處。一七八九至一八一五年歐洲的大動亂，對歐洲的自由主義留下無法抹滅的深刻影響，而美國憲法在此之前就已制定。美國對行政權的獨大是出了名的疑慮，而這主要得歸功於十八世紀英國的「在野派」（country party）傳統，而非康斯坦特的自由主義。在歐洲人眼中，擁有遼

闊版圖（即使在兼併德克薩斯之前和在一八四六至一八四八年的墨西哥戰爭使領土大增之前）、中央權力高度下放的美國，幾乎談不上是個國家。美國沒有國家層級的外交政策、沒有國家統轄的陸海軍（一八一五至內戰這段期間），幾乎沒有政府。一七八三年後掌控北美洲將近一半地區的英國，比較不擔心自己的領地遭美國刻意攻擊，反而擔心當時的美國總統權力太弱，無力防止邊境軍閥對英國領地的劫掠。歐洲人也困惑、驚恐於美國的民粹主義：人民（白人）中享有公民權的比例甚高，公職（甚至法律官員或司法官員職務）普遍走上民選。英格蘭激進人士愛德華・吉朋・韋克菲爾德（Edward Gibbon Wakefield）痛批美國社會漂浮無根的流動性、美國社會的毫無地方感、傳統感或歷史感，還有特別糟糕的，（他所認為）在缺乏有閒、受過教育的菁英定調之下所必不可免的庸俗化。「我看到一群沒有古蹟、沒有歷史、沒有地方歸屬感……沒有愛鄉情懷、沒有愛國心的人。」[19] 一八三〇年代走訪過美國的亞歷克西・德托克維爾（Alexis de Tocqueville）欣賞美國民主政治的驚人活力，但懷疑其民粹主義最終恐怕不利於其知識上的獨立。[20] 但美國民主最弔詭的特點，乃是其容忍黑奴存在。這是一八六三年廢除蓄奴前，造成英、美關係緊張的主要因素之一，並使大西洋彼岸更加懷疑美國民粹主義乃是歐洲自由主義粗糙、退化的翻版：粗暴、種族歧視、不穩定。英格蘭史學家湯瑪斯・巴賓頓・麥考利（Thomas Barbington Macaulay）論道，美國西部就像是十七世紀英國的蠻荒地區，靠刀槍來伸張正義。

當然，民粹主義的缺陷，美國人也有許多人注意到。「輝格黨」政治人物譴責「傑克遜主義」不顧後果的擴張心態、不尊重與美洲原住民簽訂的條約、粗糙的平均地權論、敵視舊東北地區既有的商業、金融體制。[21] 一八五〇年代，廢奴主張的興起、蓄奴州與反蓄奴州對西部控制權的爭奪（兩方的對立引爆堪薩斯邊界戰爭），催生出標榜「自由土地」、「自由勞動」而大受歡迎的新意識形態。內戰前夕，由林肯籌組的「共和黨」聯盟統一了東北、中西部地區，聯合對抗南方，摧毀了傑克遜主義的殘餘勢力。一八六五年北方打贏內戰，美國的政治與歐洲的自由主義國家模式，差異不再如此鮮明。擊垮蓄奴的南方，確立了舊東北地區（美國的工業、金融中心）及其大港口城市紐約在美國全國的龍頭地位。華爾街銀行業的興起和托拉斯、卡特爾的掌控金融，創造出一群在政治、社會上呼風喚雨的新商業鉅子。財閥統治（貴族統治的暴發戶老表）降臨。一八六五年後的鍍金時代❶，美國政治的腐敗，惡名昭彰。馬克．吐溫挖苦道：「我們擁有世上最昂貴的議員。」在此同時，工業僱用人力之多、大城市急速成長、龐大勞動階級的出現、「未被占用」土地（在此之前是紓解工業東岸社會緊張〔理論上〕的安全閥）的舊邊境即將消失，清楚表明美國雖仍不同於歐洲（更自由、更富裕、更安全），卻面臨與歐洲同樣多，甚至類似的政治與社會問題。從美國人對歐洲諸國帝國主義擴張的看法逐漸改變一事，就可看出這點。美國人的「反帝國主義」心態，源於殖民社群對帝國統治的普遍敵意，還有對遭第一大城紐約的商人、銀行家、船東、供應商剝削的憂心。在一八六〇年代之前，南方人民對英國反蓄奴主張的痛惡，舊東北地區和英國對北美大陸商業、金融霸權的激烈爭奪，更加深這一心態。但到了一八八〇年代，舊東北地區已打贏那場爭霸戰，該地區的菁英份子已開始出現帝國主義心態，社會的觀念和態度已遠比以往更支持英國社會的觀念和態度。英美關係的「大修好」，已是萬事具備。

「廣義自由主義」對「大歐洲」擴張主義、帝國主義的重大幫助

不容否認，一八三〇至一八八〇這五十年間，美國人與俄國人、英國人與法國人、德國人與義大利人的政治看法差異很大。但這些差異必須從宏觀角度來觀照，以給予恰如其分的評價。雖然有這種種源自本地傳統和個別歷史的差異，然而這時期引人注目的特色，乃是「大歐洲」各地區以穩定的步伐，朝某種「廣義自由主義」逐漸趨同。這帶來數個巨大好處。一八一五年後的十九世紀歐洲，擺脫了十七世紀時撕裂歐洲的激烈宗教爭議、十八世紀時好大喜功而頻頻引發衝突的王朝野心，也未遭二十世紀時帶來生靈塗炭、種族屠殺的意識形態戰爭纏身。意識形態的趨同（遲疑的、局部的、勉強的趨同），使「大歐洲」諸國（一八六〇年代時已涵蓋北半球一半地區的「原型西方」）得以走上與歐亞其他地方、「外圍世界」截然不同的命運。這證明他們的進步觀和積極進取觀（廣義自由主義所強調的觀點）是正確的，並拉大了他們與亞洲「停滯不前諸國」的差異。最重要的是，這賦予

施行擴張主義的「大歐洲」諸多社群，一份可幾乎通用於解讀、組織、合理化他們與歐洲以外民族之關係的「道路圖」。「文明開化使命」（而非使異教徒改信基督教的使命），乃是既打動美國西部的拓荒人，也同樣打動俄羅斯帝國官員的自由主義信念（不管是以如何粗暴的方式打動）。與歐洲擴張主義者過去所宣揚的意識形態（十字軍式帝國主義、重商主義、王朝專制主義）不同，事實證明，廣義自由主義至少極受部分被殖民者的欣賞。該主義的價值觀乃是（或似乎是）普世歡迎的：它們受到印度、中國、非洲、阿拉伯菁英人士歡迎的程度，幾乎和受歐洲人歡迎的程度相當。在此，歐洲人的擴張勢力呈現出令人吃驚而前所未有的第三面向。那使他們（也就是搞起意識形態政治，手法較高明的人）在西方以外的世界裡尋找結盟對象時，有了一個靈活的新武器；那有助於歐洲人打開用其他威脅利誘手法都打不開的社會；那是（或者說後來在其憤怒的仇敵眼中）歐洲帝國主義的特洛伊木馬。

邁向世界經濟

地區性交易體系、地區性定價與信貸體系的瓦解

無可諱言，在十九世紀中葉促成全世界改變的最有力因素，乃是歐洲人遠比以往更能深入地伸入亞洲、非洲、南美洲及太平洋諸經濟體。欲交易更多商品、欲找出新市場、欲找到「新」產品和新大宗商品、欲將世界商業拉進以西方諸大港口城市（倫敦、利物浦、漢堡、波爾多、馬賽、紐約）為中心的廣闊網絡，乃是促成「世界經濟」（單一的全球貿易體系）在一八六〇年代至一八八〇年代逐漸成形的最大動力。這是一八四〇年代經濟蕭條

❶ 譯按：Gilded Age，美國南北戰爭後三十五年間的繁榮昌盛期，語出馬克・吐溫的著作。

後，到一八七〇年代中期經濟成長嚴重減緩之間，一個價格穩定成長的時期，也是對原物料的需求不斷上升的時期。當然，世上仍有數大片地區因為進出交通太不便、太窮，或者因為內部政治或宗教的掌控太強而無法與外界接觸，因而仍不受國際商業的影響。「世界經濟」的特徵不在國際貿易的無所不在，而在較古老的地區性交易體系、地區性定價與信貸體系、地區性商人勢力的層級組織（例如讓東非沿海阿拉伯商人擁有如此財富與權力的這類組織）遭瓦解的方式。「世界經濟」出現後，貿易物不再以奢侈品為主。一八八〇年左右，基本大宗商品（例如穀物）的價格已由它們在世界市場上的成本決定，[22]信貸與商業投資的供應，反映了國際需求（而不只是地區需求）的程度：由西式商業銀行傳播到亞洲、拉丁美洲部分地區，可看出此一改變。總部設在西方的船運業者、商人、銀行家及保險業者，往往使地區性商人菁英在國際貿易中失勢，或將他們納入掌控。[23]

西方經濟的整合與英美貿易的專門化

全面和平和意識形態上很大程度的趨同，乃是崛起的西方得以確立其經濟霸權、打造出符合其需求的世界經濟的兩大關鍵因素；但西方諸國之間經濟日益整合，也是關鍵因素。沒有這因素，國際貿易的數量與金額，幾乎不可能大幅成長。從一八二〇至一九一三年，國際貿易量成長了二十四倍，成長速度最快的時期則是一八四〇至一八七〇年。國際市場得以有更大範圍的整合，大體上歸功於西方本身已在很大程度上成為單一經濟區。[24]

這一主張背後的理由，稍候會探討。但首先我們應注意到，即使在世界貿易驚人高速成長的時期，國際貿易最突出的特色仍表現在西方諸國之間的貿易量。一八七六至一八八〇年，歐洲與北美的出口占了世界出口的百分之七十六，其進口則占了在國際貿易領域流通之進口品的百分七十七。[25]英國是十九世紀最大的貿易國。一八五〇、一八六〇、一八八〇年，英國與歐陸、北美的貿易占了其對外貿易的六成多，剩下的三成多則落在與亞洲、非洲、南美洲及太平洋的貿易上。[26]英國光是與美國的貿易，就比其與整個亞洲的貿易多了五分之一：一八八〇年，英國從美國的進口額，就與英國和亞洲的整個貿易額相當。[27]這一模式也不令人意外。地理上的鄰近，可以局部說明這個現象：畢竟，英國若未與較近的鄰邦有較大比重的貿易往來，反倒會令人覺得奇怪。但英國與隔著大海、相距五千公里的美國的貿易，比其與法國、比利時、荷蘭三國的貿易總和還要多，儘管這三個國家在人口、商業發展上與英國相當。推動貿易並塑造這商業關係模式的因素，乃是專門化。在最有利可圖的領域追求最大產量，乃是獲致財富的法門，但那需要貿易夥伴間有高度互賴才行。促成專門化的積極因素，乃是交通、通訊的快速、可靠、便宜。「大歐洲」諸國就靠這個，取得凌駕歐亞其他地方和「外圍世界」的決定性優勢。

電報（傳送商業情報，特別是價格）的快速普及，還有汽輪（最初主要用於運送郵件和乘客），在一八三〇年代和一八四〇年代後，協助統合了從密西西比河到烏拉山之間這整個廣大區域。電報問世後，通訊社跟著誕生：哈瓦斯（Havas，總部設於巴黎）成立於一八三五年；紐約的美聯社成立於一八四八年；倫敦的路透社成立於一八五一年。[28]但促成經濟連成一體的最有力工具，無疑是鐵路。隨著鐵路運輸愈來愈有效率，鐵路刺激了鐵路所進入地區的經濟成長。在沒有水道可倚賴的地方，鐵路能將陸上運輸成本減少高達八成。原本只能奉行自給自足經濟的地區（因為陸路的散裝運輸，運輸距離一超過約三十公里，就無利潤可言），從此得以將其產物運送到更遙遠的市場。依賴和專門化（經濟成長的雙重因素）變得可行。因此，透過鐵路里程的長短，可看出經濟整合的程度和經濟整合帶來多大的好處。在這方面，亞－非洲與西方的差距，非常驚人。一八五〇年，西方諸國有三萬八千六百公里的鐵路線，亞、非、拉丁美洲加起來卻只有四百公里。[29]一八六〇年，這數據變成十萬四千公里對兩千九百公里。即使在一八八〇年，英國統治下的印度正大舉鋪設鐵路之時，西方諸國的鐵路公里數（約三十三萬八千公里）仍比世界其他地方的總和多出九倍。一八七〇年（和一八九〇年之前），「大歐洲」裡發展程度最低的大國俄羅斯，其鐵路公里數仍比人口多出它兩倍的印度還要長。一八九〇年時，中國境內幾乎沒有鐵路。

金融基礎設施的興設，與將貨物快速而低成本地運送於西方諸國之間的能力，起了相輔相成的作用。愈來愈多招商銀行和金融機構興起，以提供長距離貿易所需的資金。倫敦提供的借貸工具（「倫敦開立的票據」），成為國際商業的通用貨幣。倫敦、巴黎的銀行家（羅斯柴爾德家族在兩地均有開設銀行），成為募集外國貸款的中間人——最初主要提供給歐洲、美國的政府，但到了約一八六〇年時，為私人企業（特別是鐵路建設公司）提供這項服務的比例亦逐漸升高。一八五六年後，俄羅斯政府轉而倚賴外國（主要是法國）投資人取得現代化改革所需的資金。成立證券交易所，商業銀行也出現。[30]在歐洲、北美以外地區，這幾種金融關係似乎只在貿易往來特別活絡的某些孤立地區，或金融體制受帝國強權監管的殖民地（例如印度）才可能出現。

運輸、金融上這搶先一步的發展，有助於說明為何西方諸國間的貿易占了世界貿易如此大的比重。還有一個因素，幫助「大歐洲」成為世上商業活動最蓬勃的地區，那就是人力資本的盈利。一八三〇年後，歐洲的人口外移從涓涓細流逐漸膨脹，到了一八五〇年代已成洪水一般。一八五〇至一八八〇年間有八百多萬名歐洲人移出，其中絕大部分移往美國。這股龐大的移民潮，帶來雙重影響。這紓解了「舊世界」過度擁擠的鄉村人口，將「舊世界」過多的人口轉移到貧困移民可成為更大型生產者和消費者的地區。其次，歐洲的工匠技藝（因為並非所有移民都是窮人）透過人口外移，傳送到格外有利於開展事業的環境，為美國（一八八〇年代時已成為全球最大經濟體）的經濟成長，注入了新動力。

美國的經濟發展及其影響：歐洲帝國主義擴張的幕後推手

美國就是靠這個獨特的經濟成長模式，成為歐洲世界極有價值的延伸部。美國最引人注目的特點，在於其擁有廣大的「無主」土地，等著白人移民和（在一八六五年之前的南方）他們的黑奴組成的機動大軍來開發。透過武力或透過向其他聲稱擁有土地者（法國人、墨西哥人、印第安人）購買來取得土地，成本驚人的低。美國的農地有「儲存（千萬年）的肥沃地力」可供揮霍，只需一丁點的幹活和照料（就歐亞標準來看）就能有收成，所以美國農業的收入非常高，即使在一八三〇年代，美國農業的生產力都比英國（廣施化肥耕做法的發源地）要高上一半，比歐陸高上兩倍。[31]迅速接收到這筆豐美的土地，使美國的產品源源輸往大西洋彼岸的歐洲，並同樣源源不絕地從歐洲進口產品。一八四〇年後美國的出口有七成輸往歐洲，進口有六成來自歐洲。[32]這一貿易是歐洲最富裕地區（濱大西洋地區）得以日益繁榮的大功臣之一。歐洲最富裕的國家英國，一八六〇年時與美國的貿易量，比與北歐或西歐最富裕國家的貿易量都還要大。[33]資本和技術（特別是工程技術）乃是從「大西洋歐洲」（英、法、比、荷），往東、往南擴散到歐陸其他地方。[34]但美國這個「意外得到的寶地」能為歐洲帶來如此特別的助益，靠的是美國人自己在自身成長的速度和規模上所付出的努力。

理論上，開墾如此廣大的未開發區，（除了土地成本還）需要龐大沉重的投資（運輸上）、製造品（工具和消費品）的大量供應、讓農民取得貸款和將農民貨物運往市場的複雜商業網絡。一八八〇年代以前的拉丁美洲經濟史，表明「新國家」的開發可能如何的緩慢和不穩。但美國的經濟發展，與此截然不同。從獨立之初（事實上甚至在獨立之前），美國的商業活動（集中在費城、波士頓、紐約、查爾斯頓四個港口城市）在複雜和效率上，都已與其在西歐的對口港市不相上下。獨立革命之後，美國商人與英國貿易夥伴的往來仍與革命前一樣密切。他們在借放款上和英國商人一樣內行，而這新共和國的投機風氣，可能已使金融冒險的習性傳播到比「舊世界」更廣的地區。因此，外資（主要是英國資金）雖然在鐵路建設的融資上扮演了關鍵角色，但打造現代經濟（美國的陸地面積從一七九〇年到一八五〇年增加了兩倍）所需的龐大資金有九成多，可能九成五由美國人自己供應。[35]一八六〇年代，紐約崛起為美國最大港（已有三分之二進口、三分之一出口經由該港），創造出一個龐大的商業中心、市場情報中心、（拜銀行大增之賜）金融權力中樞。到了內戰前夕，紐約人口已增加到八十多萬，城區規模已漸漸和倫敦不相上下。由於擁有自信滿滿的經商菁英（包括外來移民，例如擁有絕佳海外人脈的奧古斯特·貝爾蒙特〔August Belmont〕）深入內陸的運河和鐵路、沿著大西洋沿岸南北的航運線，紐約具備了發揮其內部投資的最大效益、利用其海外信貸取得最大槓桿效用，所需的專門技術、情報、資源。紐約市的興起，意味著美國這個充滿活力的大經濟體，其商業、金融需求很大部分可由內部來滿足。[36]

再者，美國經濟雖以農業為主，但在製造品的取得上並非完全倚賴歐洲。從立國之初，美國就有可觀的工

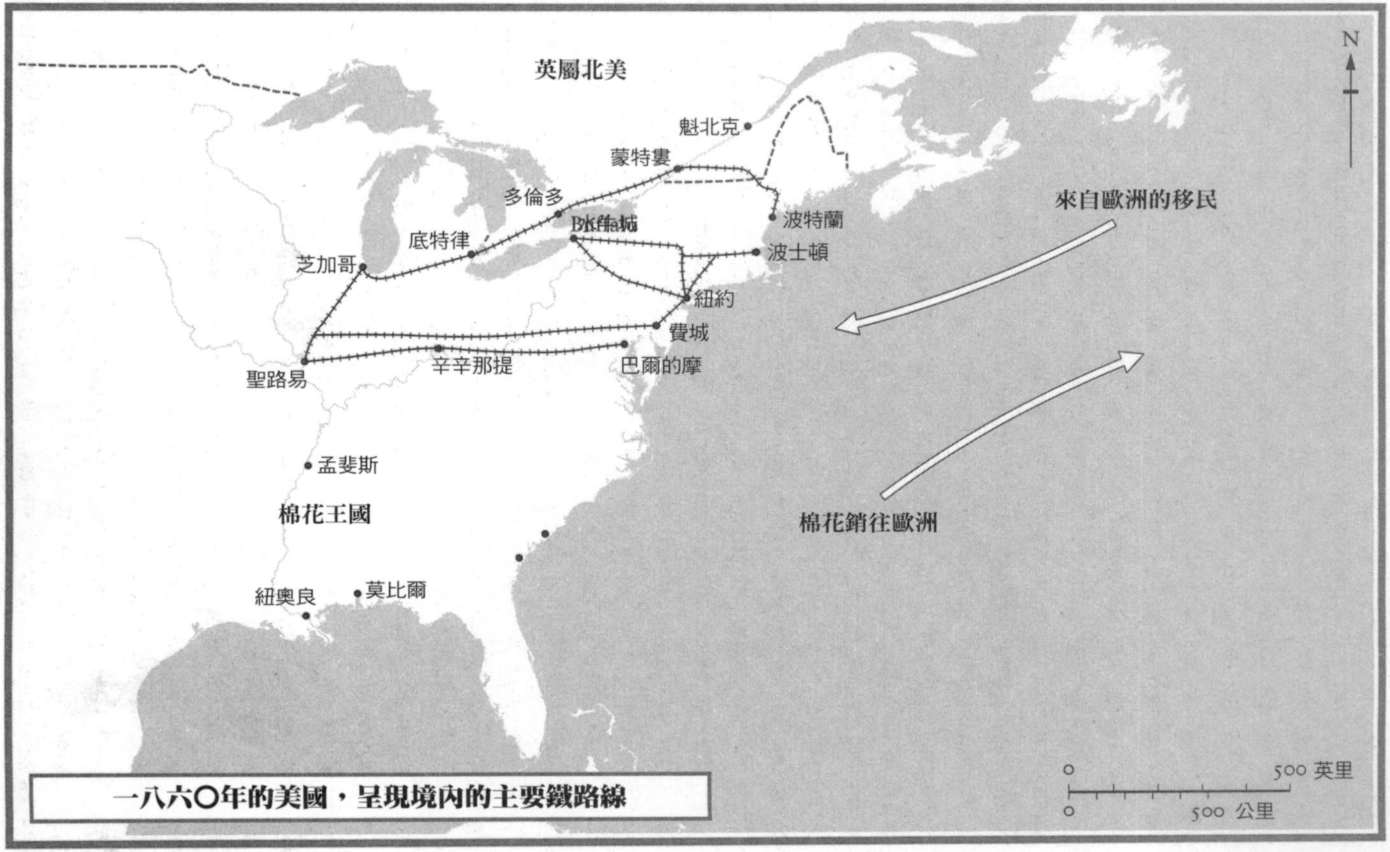

一八六〇年的美國，呈現境內的主要鐵路線

業生產力，只是在一八六〇年代之前，那生產力有很大部分是透過作坊而非工廠組織起來。一八三〇年代時，美國的工業產量就已和比利時、瑞士並居世界第二，僅次於英國，而勝過法國。[37]到了一八五〇年，美國的國民生產總值，已有約百分之二十二來自製造業和礦業（英國的相應數據是百分之三十四）。[38]包括新英格蘭、紐約、賓夕法尼亞在內的舊東北地區，在美國的角色，變成如同英國的蘭開夏、約克夏、英格蘭中部地區。這地區的生產，愈來愈能滿足龐大農業部門（到了一八五一年，賽浦路斯·麥科米克所經營的芝加哥工廠，一年已能生產一千部收割機）的需求，[39]和遽增人口（從一八三〇年代的不到一千五百萬人增加為一八七〇年代的超過四千四百萬人）的需求，同時愈來愈不需倚賴英國、歐洲的工業生產。一八五四至一八八〇年間，英國從美國的進口額，從七千七百萬英鎊增加為一億七百萬英鎊，輸往美國的出口額，成長則較和緩，從兩千一百萬英鎊增加為三千一百萬英鎊。[40]

這時應該就可以看出，在歐洲崛起成為歐亞霸主上，「大歐洲」邁向稱霸全球之路上，美國扮演了何等舉足輕重的角色。傳統觀點在敘述歐洲十九世紀帝國主義時，總把美國排除在外，認為它是在一八九八年美西戰爭時才進入這個舞台。事實上，美國獨特的成長過程，對十九世紀歐洲的帝國主義擴張影響極大。美國的農業開發區雖然龐大，但靠著工業及金融實力，成為推動歐洲擴張與整合的大西洋「核心」的一部分。美國的對外貿易，協助其大西洋夥伴致富，卻未消耗夥伴太多的可用資本。美國在農業、採礦、水力、鐵路方面的技術創新，輕易就擴散到歐洲擴張所占領的其他邊遠地區。電報是美國人發明的，對歐洲人征服亞—非洲貢獻極大的其他三樣工具（加特林機槍、馬克沁機槍、撒繆爾·科爾特〔Samuel Colt〕所發明的左輪手槍）亦然。在通信和武器上，美國人的創新發明，大大增加了歐洲人遂行殖民時所能使用的工具。但在美國經濟史裡，或許有個關鍵因素發揮了更具決定性的影響。

幾乎整個十九世紀期間，原料棉都是美國出口的最大宗，在一八三〇至一八六〇年間占了總出口的一半，直到一九一三年都還占了四分之一。[41]一八三〇年後，隨著「棉花王國」在喬治亞、阿拉巴馬、密西西比三州誕生，在棉田奴隸體制下，棉花產量爆增。棉花貿易是美國經濟的潤滑劑、紐約得以登上商業龍頭的憑藉。美國棉的最大市場是英國蘭開夏的紡織廠。棉花供應的低廉、穩定、數量龐大，動力織造機的問世，使蘭開夏成為世界的紡織品工廠，使其擁有一樣在幾乎所有未受保護的市場裡都所向無敵的產品。棉織品是英國初次打進亞洲市場所仰賴的攻城槌，但在中國，英國還在那攻城槌頂端加上鴉片這個鋼質銳器。掠奪的時代一消退，英國就靠著對棉製品的需求，將印度打造成龐大的經濟資產：一個除非跟著設定關稅，否則無法放心讓其自治的壟斷市場。有了印度在手上，英國成為從蘇伊士到上海以至印度洋周邊地區的超級軍事強權。「棉花王國」及其蓄奴體制、蘭開夏紡織業、英國在印度的統治，遂被一獨特的共生關係綁在一塊。在這方面，一如在其他許多方面，美國人的政治立場再怎麼「反殖民」，美國人都是歐洲向亞洲內部擴張時不可或缺的幕後夥伴。

「大歐洲」的邊界地區

用商業來擴張版圖

「大歐洲」在地緣政治、意識形態、經濟上的特色，促使它在一八三〇年後成為一個規模遠比先前幾世紀還要大得多的龐大擴張主義綜合體。航海大發現，成就非凡。歐洲人能闖入印度洋的貿易世界，拜其高超的海陸軍作戰本事所賜。拿下前哥倫布時期美洲幾個富產礦物的國家，則是大膽的劫掠行動帶來的驚人回報。以奴隸、金塊銀塊、蔗糖生產為基礎所建立的大西洋經濟，則表明大西洋歐洲在遠距離貿易和長期信貸上超前的發展，如何為歐洲經濟增添一個可帶來超高利潤的附屬經濟區。但這對於歐洲人在全世界的影響力，尤其是在歐亞其他地方的影響力，一直未有決定性的影響，必須等到一七五〇年後的歐亞革命後才有所改觀。在亞洲諸海域，歐洲人之前曾以「經商戰士」的身分找到合適的棲身之所，在亞洲諸國的海疆沿線從事挑釁性的巡航。在陸地上，歐洲人也連續猛攻鄂圖曼、伊朗兩帝國的城門。歐洲人的奴隸買賣對非洲商業和人口所帶來的衝擊，深入到西非洲、安哥拉、剛果河流域的內陸地帶，儘管如此，在幾乎整個非洲地區，直接派駐的歐洲人卻微不足道。

一七五〇年後的動亂時期，對歐洲擴張的許多地理限制和某些商業限制，開始消失。歐洲人在印度、中國、太平洋乃至熱帶非洲，窺見了許多大好新機會。蒙哥・帕克（Mungo Park）的《西非洲遊記》，讓英國人認識熱帶非洲。亞歷山大・麥肯錫（Alexander Mackenzie）橫越今日加拿大，梅里韋澤・路易斯（Meriwether Lewis）和威廉・克拉克（William Clark）在一八〇三至一八〇六年完成從今日匹茲堡橫越到太平洋岸的壯舉，[42]日耳曼的偉大地理學家亞歷山大・范・洪堡（Alexander von Humboldt）橫越了南美洲，使歐洲人對南北美洲不再只是熟悉其輪廓，而對其細部一無所知。求知熱情滾滾而起；貪婪的憧憬倍增。但要到一八三〇年後，歐洲人才開始強化他們對其他大陸的掌控，為拿下一八八〇年代時已似乎是他們囊中之物的全球霸權，鋪下坦途。

此一強大的擴張主義動力，以三個能源為燃料：文化上、商業上、人口上的能源。一如第四章提到的，在歐亞革命時期大為勃興的，不在於歐洲人對世界其他地方的好奇，反倒在歐洲人用來蒐集資訊的工具上，在整理出安置新知識的知識架構上。休姆、亞當斯密、邊沁、穆勒（其《印度史》於一八一七年問世）等人，針對社會進步、商業進步、文化進步提出看來言之有理的新普遍性進步模式，袪除了歐洲人是否有能力（和權利）大幅改造他們所闖入或潛入的異質社會這個舊疑慮。十八世紀下半葉，在印度的早期英國征服者仍震懾於南亞次大陸文化的悠久和複雜。到了一八〇〇年後，這態度被強烈自信所取代，英國征服者轉而認定，印度的思想體系和那些體系所支持的社會習俗，都是墮落或過時的，都應視情況予以忽視或根除。在這種新的求知熱情下，歐洲人往往將非歐洲民族的觀念批得一文不值，而在背後推動這種熱情的，乃是一股即使不是在歐洲歷史上首次出現、但也正處於激烈復興陣痛期的力量：四處傳教的基督教。

到了一八三〇年，傳教士已成為傳播歐洲影響力的積極媒介，甚至是無所不在的媒介，但在某些方面，又是個充滿矛盾的媒介。這時歐洲境內的傳教事業，已因為對啟蒙運動理性主義的反彈心理，因為革命戰爭的恐怖經歷，因為社會、經濟急速變遷所喚起的道德不安（這在英國最為明顯）而再度興起。藉由直接行動或透過傳教會以拯救異教徒的福音使命，紓解了躁動不安的宗教焦慮。但在非洲內陸、中國沿海（漢名郭實臘的Charles Gutzlaff

是最早來此傳播福音者之一）、偏遠的紐西蘭，傳教士既是宗教使節，也是歐洲的眼線。他們的信件、報告、援助請求、巡迴募款、傳教性「報紙」和宣傳性自傳，促使國內的意見化為行動：募更多款，催促政治人物干預，乃至併吞。一如在紐西蘭所見，其動機往往是為了保護一群新皈依者或極有可能皈依者，以免他們受到壞歐洲人的掠奪活動侵害（販賣蘭姆酒或買春）或（一如在東非所見）遭到阿拉伯奴隸販子的毒手。所有傳教士暨宣傳家中，成就最傑出者是大衛·李文史東（David Livingstone）。他在維多利亞時代英國所享有的崇敬，說明了這一落實於具體行動的宗教狂熱是如何打動人心。

就連傳教士都借助商業變遷之力推動其傳教事業，若非如此，他們的影響力、活動、資源將會小得多。事實上，郭實臘或亨利·威廉斯（Henry Williams，在紐西蘭）之類的傳教士，樂於結合傳教與做生意。郭實臘布道時就兼賣鴉片。歐洲（特別是英國）商人及其工業供應商，要求讓他們進入一度封閉的非、亞、美洲市場，並施壓當地政府，若有必要，以武力強行進入。商人遊說團體已在一八一三年和一八三三年，陸續打破東印度公司由來已久對印、對中的貿易壟斷地位。商人壓力促使倫敦打了第一場鴉片戰爭（一八三九～一八四二），然後，透過一八四二年的《南京條約》，使中國首次真正對歐洲開放通商。靠著正在工業化的歐洲所生產的商品（特別是機器製造的紡織品），歐洲商人終於有了幾乎無處不受歡迎的商品，因為便宜棉布乃是幾乎任何地方都有銷路的消費品，甚至能打敗當地工匠的競爭。唯一的條件，就是要有讓歐洲貨在不受關稅障礙或官方禁止的情況下，自由販賣的「開放」市場。歐洲商人最在意的是「自由貿易」，而非征服或政治統治。

這一商業掛帥心理，有助於解釋一八三〇年後西方擴張的獨特模式。歐洲人欲將市場「全球化」、欲販賣自家製造品、欲將船隻載滿船貨返國的念頭，在世界許多地方，創造出一種遠遠談不上殖民統治的新商業控制方式。商人及其所屬政府，常藉由與當地統治者或菁英談成對彼此有利或看來對彼此有利的協議，取得入境經商權。畢竟，商人也必須買進貨物，才能販賣貨物。商人向控制當地之人所賜予的好處，乃是為控制當地者無法在附近賣掉的農產品提供市場，因為當地土地充足且農產品便宜。原本只能經營自給自足經濟的地主，只要願意種歐洲人會買的作物，從此就可以當消費者，消費衣服、家具、鐵製品、食品雜貨（如茶或咖啡）、工具。在這種商業協議運作最平順的地區，例如拉丁美洲部分地區，歐洲諸國幾無動機策畫征服行動。在當地人短期內無意合作而當地統治者又決心禁止外貿或嚴密管制外貿的地方（最著名的例子是中國），商人基於商業利害，即要求本國政府採取行動。但即使在中國（英國政府強行打開通商門戶的地方），這一強行干預行動（在一八三九至一八四二年和一八五六至一八六〇年的兩場鴉片戰爭中）都只是在中國沿海和長江沿岸的一連串孤立「條約口岸」，創造出海事共管區。在這區域內，歐洲人享有自由貿易特權，但在一八七〇年代欲深入中國內陸，似乎仍是難如登天。

事實上，在西方以外的許多地區，歐洲商人不得不接受一粗略而現成的分工。在歐洲商人無法進入內陸的地區（被本地商人逼趕，或因貨幣、信貸、配銷的難題而無法進入），一如在中國和非洲內陸常見的，歐洲商人除了倚賴當地中間人，幾無其他選擇。歐洲商人待在沿岸的「貨棧」（godown）裡，或航行於沿海（在西非洲常見的做法）。[43]在印度（一八五〇年前殖民統治範圍急速擴大的地區），細部做法有所不同，但模式類似。「代理行」（一八三五年時加爾各答有四十七所代理行）裡的英國商人，專注於主要港市的進出口貿易，供應內陸地區寥寥可數的外國人的需求，但他們幾無意染指內地貿易或龐大的農業經濟。商業失敗的風險，幾乎無一處不高。極端氣候、不可靠的情報、易波動的貨幣、海難或政治動亂，皆加劇長距離貿易原本就有的一般風險，因此印度、中國境內歐洲商行的「陣亡率」甚高。這是商業開拓者發光發熱而禍福難料的時代，他們航行於東方海域尋找可滿載而歸的貨物，這情景在小說家約瑟夫・康拉德（Joseph Conrad）的生花妙筆下活靈活現。

儘管風險如此的大，歐洲的貿易勢力在一八三〇年後的五十年裡，以穩健步伐逐漸深入亞—非洲。在東亞，第一批大量湧入的商人落腳香港。香港是第一次鴉片戰爭後，英國從中國取得的土地，作為英國人在中國沿海的安全棲身之地。受鴉片貿易的暴利吸引，到一八六〇年，在香港設立的英國商行已有四十多家。[44]此外還有來自孟買的帕西人（Parsi）商人，以及少許的其他國籍歐洲人和美國人。第二次鴉片戰爭後，條約口岸大增，歐洲人在中國大城內部（或附近）建造擁有公園、廣場、銀行、辦公機關的歐式小鎮，自成一個聚居區。這時，上海已成為中國真正的貿易中心，歐洲、美國貨物進入中國的主要港口。這時，歐、亞之間正快速形成一條大幹道，上海就位在那幹道的東端。幹道沿線經過孟買、可倫坡、仰光（作為稻米、木材貿易中心正快速成長），穿過新加坡這個海上十字路口。新加坡城在一八一九年才創立，但到了一八七〇年代，人口已超過十萬。[45]一八四〇年後，歐、亞之間出現大體上規律而快速的通信網絡，反映了這一商業成長。那一年，半島東方航運公司（Peninsular and Oriental Steam Navigation Company，簡稱P&O）取得倫敦、亞歷山卓之間郵務專營的皇家特許權。兩年後，該公司包下蘇伊士、斯里蘭卡、馬德拉斯、加爾各答之間的郵遞業務；到了一八四五年，該公司的服務擴及新加坡和中國。一八六〇、七〇年代，印度、中國透過電報與歐洲相連。但最大的改變，伴隨一八六九年蘇伊士運河的開通而來。該運河使前往印度的海上航程縮短了數星期，加速了人員、郵件的運送，打破了原本似乎將歐洲與「東方世界」隔開的障礙（既是有形的天然障礙，也是心理障礙）。約瑟夫・康拉德在一九〇二年寫道：「打穿蘇伊士地峽，就像打掉水壩，讓大量的新船、新人、新貿易方法，滾滾湧進東方。」[46]進出歐洲更為便利，使商人對從這條海上主航路岔出去而原本乏人問津的落後地區，開始感興趣。原本是阿拉伯獨桅或雙桅三角帆船天下的波斯灣和東非沿海，開始吸引總部設在孟買的英國商人注意。[47]一道新的商業前線已然開闢。

但這時仍無多少跡象顯示，這一活絡的商業活動將擴大歐洲人在亞－非洲的統治範圍。以英國人為龍頭的歐洲人取得飛地❷、基地、要塞、貿易中心，例如亞丁、新加坡、西貢、香港、拉哥斯（Lagos）或塞內加爾的聖路易。歐洲人的商業活動和政治影響力，從這些和其他橋頭堡投射出去。他們與當地人簽訂條約（或強迫簽訂條約）以禁止奴隸買賣或根除海盜。準保護關係支撐聽話的統治者，結果往往不明確或不如人意。但在一八八〇年代以前，似乎沒有哪個全面的帝國瓜分計畫是值得一試的、必要的或切實可行的。主要的例外，出現在印度（特殊情況適用之處）、接近俄羅斯裏海諸省的中亞部分地區、非洲最西北端和最南端、東南亞。在東南亞，英國人、法國人、荷蘭人不安地進入馬來半島、中南半島、印尼群島的「外圍諸島」。這些「不穩定帝國」在一八八〇年代的新全球環境下版圖大增，開啟了西方稱霸世界的巔峰期（一九一四年才崩潰）。

用人口來擴張版圖

在世界許多地區（與非洲人、亞洲人互動的區域，而非有意吸併的區域），「大歐洲」的邊界模糊而不明確。傳教士和商人的擴張，不管是在追求神或追求利上，都得倚賴當地人的合作。但它們絕非歐洲擴張的唯一舞台或最重要舞台。一直到一八八〇年及其後許久，歐洲最富活力的擴張在人口上，在歐洲人拓殖疆界的擴張上。這方面的擴張幅度驚人。一八三〇年，美國境內的白人移民已拓殖到密西西比河。到了一八八〇年，他們已征服或占領日後美國四十八州（阿拉斯加和夏威夷除外）的幾乎全境。在加拿大，他們已占領東部耕地，準備挺進大平原（後來，這一準備拖了好久才付諸行動）。在澳洲，一八八〇年代時，兩百二十五萬名移民已擴散到耕地或綿羊養殖地的大部分地方，只剩乾燥、遼闊、荒無人煙的內陸未有他們的拓殖足跡。在紐西蘭，歐洲人於一八四〇年才開始拓殖，但到了一八八〇年，除了北島的毛利人據點外，大部分可用地都已遭歐洲人占領。在上述這些地方，大量湧入的白人移民，趕走他們遇到的任何住民：移走或趕走原住民，把他們圈入「保留區」，往往毀掉他們的生計，使他們只能依賴白人施捨過活。一八八〇年後，只剩四個區域可供歐洲人大規模殖民：加拿大大平原、阿根廷彭巴大草原、巴西南部的溫帶地區、西伯利亞。在第五區，被全力打造成「白人家園」的南部非洲，白人能支配黑人族群，但人數太少，無法趕走黑人，或者說如果沒有黑人提供勞力，就無法生活。在第六區，地中海非洲地區，歐洲人殖民地，從開始（一八三〇）到結束（一九六二）都是法國武力所創造、體質孱弱而又遭到冷落的地區。

這一波瀾壯闊的擴張運動，永遠改變了全球的經濟、政治、文化版圖。到十九世紀結束時，就連未樂昏頭的評論家，都可能推斷未來是歐洲人的天下。據英國傑出統計學家羅伯特・吉芬（Sir Robert Giffen）的估算，一八

❷ 譯按：enclave，指一國境內隸屬另一國的領土。

〇〇年時「新」、「舊」歐洲的人口已有一億七千萬，到了一八八〇年是四億。相對的，除了印度，「歐洲人之外的人種一直停滯不前……文明的力量，碰上黑色、黃色人種的力量，已幾乎是所向無敵。」[48]他認為，到了西元二〇〇〇年，「歐洲人」會有十五億到二十億，中國人則只會有四億。吉芬對未來的估算流於高估，但當時「大歐洲」的人口遽增千真萬確。不過在一八〇〇年，除了在北美洲東部部分地區之外，歐洲人的領土大掠奪，其實只是一連串的領土主張，移民定居那些土地，仍只是腦海裡的盤算。那麼此一移民定居活動為何發生，如何發生，又為什麼、靠什麼進展得這麼快？

移民離鄉背井的原因和移入地的要素

歐洲人口擴張的先決條件，乃是有許許多多歐洲人想離開家鄉，並有這樣做的自由。一八八〇年之前的移民，大部分來自可輕易抵達大西洋諸港的歐洲地區，絕非偶然。但這不可能是唯一的理由，因為來自法國的移民，乃至來自西班牙的移民，在十九世紀末期之前少之又少。人之所以會想離開家鄉，乃是因為預期在家鄉生存困難，而海外有謀生機會。在十九世紀最後幾十年之前，不列顛群島都是移民的主要來源，而且在一九一四年之前一直是最大來源。不列顛群島也是最早受到工業主義之社會、經濟影響的歐洲地區。土地使用上的改變（例如將蘇格蘭不符經濟效益的耕地轉為綿羊牧場）把人趕離家園，趕進城鎮或趕往海外。在英格蘭部分地區，古老鄉村產業的沒落帶來類似影響。而在不列顛群島，並沒有（如法國）由農村構成的廣大腹地，以吸納這些失業者或大材小用者。最悲慘的情況出現在愛爾蘭，一八四五年後爆發的可怕饑荒，奪走近兩百萬人的性命，迫使數百萬人離開家園，其中有些移到英國本土。這些人既已離開家園，來到英國城市後再移往美國（大部分）或澳洲（一些），也就較無眷戀。海上航路安全，沒有阻止移民的法律規定。而且這時候的運輸體系可將大批乘客運到港口，再用船快速而低成本地將他們載到大西洋彼岸。

在這方面，工業主義的實體成果促使人遷徙，然後又幫助人遷徙。工業主義的社會影響、文化影響，也發揮了作用。被迫離鄉的人，有許多先落腳英國的城市。如果城市環境是另一種面貌，且安全網較強韌，可能會有較多人留下。但實際上，城市裡勃興的是流動文化，那文化靠移民經紀人、航運公司、移民會社、土地公司、宗教狂熱份子的熱烈鼓吹而興盛不墜，且靠印刷品（工業主義的另一個結果）低成本地四處傳播。這股肇因於貧窮與經濟恐懼的移民衝動，因為移民可改善生活這個信念的加持，而更為勢不可遏。在一群移民「企業家」（移民是門生意）巧妙吹噓下，移民憧憬以驚人速度深植於社會人心。

但移民不只是有心、有夢想就能成事，更何況單程船票也不便宜。許多移民是靠「打頭陣移民」匯回的錢，支付遠渡重洋的費用。一個帶一個去的「連鎖移民」（一如今日第三世界移民所採行的方式），是大量貧窮移民得以遠赴他鄉的唯一可行辦法。但「連鎖移民」也等於是為特別受青睞的目的地和先行者的發達致富，掛上了保證。移入端社會若不肯接納新來者，其經濟若無法吸收新來者，一八四〇年後那種遷徙規模便不可能出現；移入地的經濟環境若不理想，因貧窮而來的人，下場將是窮愁潦倒於異鄉（安全網更弱的地方），移民鏈將為之中斷。一想到將有一大群窮人移來，壓低工資，充塞勞力市場，「先住民」很快就會關上大門，不准新移民進入。那場大遷徙也將會戛然而止。

美國拓荒史

工業主義的衝擊

美國是大部分移民的落腳地，而美國非凡的經濟發展過程說明了這場大遷徙為何得以出現。什麼因素使美國如此吸引人？更貼切地說，什麼因素使美國的經濟有這麼強的吸力？美國驚人的天然財富，顯然是答案之一：未開發的遼闊沃土；廣大的森林；蘊藏鐵、煤、鉛、銀、金；深入內陸而可運出內陸產品的河道網。但美國能吸納這麼多移民的關鍵，不在於對這些天然財富的逐漸開發、利用，而在於這些天然財富投入市場經濟時速度的驚人。美國人口能成長得如此快速，能吸納這麼多歐洲人進來而未出現更多的社會緊張跡象，關鍵就在速度。定居美國（除藉由移民，也藉由自然增加）的人口成長如此快速，「大歐洲」這個邊境地區如此充滿活力，歸根究柢（又）是工業主義（自外移進的美國工業主義）衝擊所致。

我們可從幾方面看到這衝擊的作用。大規模的農業墾殖需要工具、社會組織、各式各樣的服務（特別是金融服務），除非移民者只想當個離群索居、無知、貧困、僅足溫飽的農民就滿足。這些需求若要達到令人滿意的「客製化」且不會昂貴得令人卻步，就必須透過當地來滿足。一如戰鬥部隊需要龐大的「後方」提供補給、情報、指令，移民大軍也需要有位在附近的城市「後方」，提供農耕設備、市場情報、文化設施。沒有這些東西，移民大軍很快就會陷入停滯不前的困境。美國往西開拓的過程，其令人注目的特色，與其說是西遷農民的人數之多，不如說是他們抵達之後城鎮興起的快速。城鎮規模的成長比城鎮人口的成長還要快。[49]城鎮吸引具工業技能的工匠移入。一八二〇、三〇年代，在這些新興的美國西部城市裡可以看到鑄造車間、碾磨廠、冶煉廠，提供所在城鎮的腹地需求，生意興隆；蒸汽動力早早就出現在西部。一八三〇年之前許久，已有數百具蒸汽引擎在西部製造，其中許多具用於航行在俄亥俄河、密西西比河的汽船。既擁有工程技術、工業技術，且鐵路鋪設快速，那麼將工業時代的運輸工具直接引進開發區邊緣，也就不足為奇。鐵路與汽輪不只帶進人潮，還把人帶去尋找新機會，加速了將移居地工業化所倚賴的人口流動。

新舊世界的結合

這一成功故事（不斷成長的良性循環）的更深層因素，可在美國身為「大歐洲」的一部分所享有的有利環境中找到。沒有外部威脅（使權力下放的「創業」文化，而非處處管制的官僚體系經濟，更容易維持）[50]是原因之一，殖民時代留下的跨大西洋貿易遺產，是另一個因素。拜這兩者所賜，舊東北地區成為歐洲規模的商業、工業區，在從大西洋歐洲最先進地區引進技術與專門技工並予以重新運用上，極有效率（語言是原因之一）。因此，美國的西部不純粹是「舊世界」的附庸。一如先前已了解的，它只需要少量的歐洲資本。它以本土技能、產量、制度的「附加價值」，提升其進口的貨物和資本數量。它是「舊世界」與「新世界」的有力結合，而這結合是它成功的基礎。在澳洲和紐西蘭（距離歐洲本土最遠的「大歐洲」邊境地區）可以看到同樣的刺激因素在發揮作用，但規模小得多。紐、澳的天然資源不如美國豐富，兩者都比美國離歐洲更遠，而距離愈遠，成本愈高。[51]它們沒有美國在一八〇〇年所享有的先起跑優勢，反而更倚賴歐洲的挹注。但在其他方面，紐澳的歐洲人利用了同樣一組工業時代工具，將環境改造成符合外來移民的居住所需。他們引進動植物，鍥而不捨地改變環境（往往用火），以滿足他們的需要。有人就語帶挖苦地說，一盒火柴是拓荒者最管用的工具。他們在改變自己以適應環境上，不如改變環境以適應歐洲生活方式上來得大。若沒有工業文明的器具（實體器具和知識器具），要在距「母國」如此遙遠、且保持殖民勢頭於不墜所需的規模下，做如此大如此快的改造，大概不可能。[52]

淘金熱

拓荒故事還有個至關重要的類似之處。邊境地區通常是苦幹實幹、經濟平穩成長的地方，但那也往往是突然之間「蜂擁而至」的地方：除了為土地，還為淘金、淘銀。那是個狂熱、追求金錢的投機地，其成因主要是一窩蜂的狂熱心理，而非冷靜的經濟算計。這種心理是以流動為特色的工業文化裡的狂熱傾向，而它產生幾個重要結果。爭奪熱潮不只改變了移民擴張的步伐，也改變其方向，創造出預料之外的新前進路線。對人口的影響，有時非常驚人。黃金的發現，使澳洲和紐西蘭的人口在一八五〇、六〇年代各成長了一倍。在美國，往太平洋方向緩緩西遷的拓荒農民潮，在一八四九年加州中部河谷發現黃金後，變成滔滔洪流。舊金山作為「遠西」的礦業第一大城，一下子繁榮起來。[53]舊金山在商業、金融、技術方面的影響力，很快就沿太平洋岸南北擴散，朝遠及內華達、猶他、愛達荷的內陸擴散。[54]加州的新財富，加速電報（一八六一）和聯合太平洋鐵路（一八六九）的降臨。一八五八年在洛磯山脈（位於移民區邊緣以西一千公里處）發現黃金後，短短一年出頭，就有十萬人湧進科羅拉多州。[55]一八六三年維吉尼亞市發現黃金後，另一股淘金人潮湧向北邊的蒙大拿，一年湧進三萬人。這造成的影響，不只是在經濟上。

移民推進的速度擊潰了原住民

目前為止，我們一直忽略了對這些邊區拓荒史影響重大的一個因素：原住民對流離失所或征服的反抗。一八八〇年代，美國、加拿大、澳洲、紐西蘭境內的原住民反抗力量，已大體上遭到排除（但因地區而有些微差異）。一八七六年，拉科塔族（Lakota）印第安人在小大角（Little Big Horn）大勝喬治・阿姆斯壯・卡斯特（George Armstrong Custer）率領的美軍，或一年後內茲佩爾塞族（Nez Perce）印第安人的大勝，都無法扭轉大局。但印第安人、澳洲土著、紐西蘭毛利人的反抗，為何在四十年或更短的時間裡，就潰敗得如此徹底？武器不如人是原因之一，[56]但原住民也取得了先進火器，且運用有成，大敗卡斯特軍隊就是一例。在美國平原上，環境的驟然改變（營利性獵人和現代步槍消滅了野牛群），摧毀了原住民生計與文化的大半基礎。但白人推進的速度之快，則是擊潰幾乎所有地方之原住民勢力的根本原因：原住民幾無時間進行政治重組、重新調度社會資源、形成較廣大的結盟或發展較有效的戰術。白人的蜂擁而至，在這裡就影響甚巨。白人並非以穩定步伐推進，他們成群往前衝，方向飄忽不定，為了搶奪金、銀或「無主」土地，一下子就衝到極遠的另一個地方。達科塔淘金熱引來的人潮，就把印第安人趕離他們依條約所占有的土地，從而引發以卡斯特大敗開場的雙方對決。在其他地方，蜂擁而至的投機性人潮不斷從側翼包抄原住民，或使他們遭遇絕無可能打贏的敵人——人數、組織、資源、裝備、運輸工具都帶有工業主義標記的敵人。在溫帶拓殖地區，歐洲人在一八七〇年代時已贏定那場與時間的賽跑。

不穩定的帝國

歐洲帝國主義征服全球前夕的不穩定

在其他地方，情勢則遠不如這裡明朗。歐亞革命使歐洲人強行進入在一七五〇年前，他們頂多設了灘頭堡或貿易站的亞－非洲部分地區。由於新科技、更富吸引力的商品、更佳的情報在手，他們可以更有自信地冒險進入內陸。在有利的條件下，他們能將擋路的統治者及其軍隊推開，或用錢收買使之聽命，或用錢叫他們下台——這一過程在印度次大陸最為明顯（原因下面會探討）。到了一八三〇、四〇年代，歐洲人已開始攻打中國的大門、強行進入鄂圖曼帝國以便通商，滲入伊朗在裏海、波斯灣的勢力範圍，並將基督教推進中南半島，甚至開始偵察日本。歐洲人已擬出殖民尼日河谷的計謀，法國人入侵了信仰伊斯蘭教的阿爾及爾（法國打造龐大北非帝國的起點），英格蘭冒險家詹姆斯·布魯克（James Brooke）在婆羅洲贏得了一個私人帝國。一八三九年，英國拿下荒涼多岩的亞丁。

儘管在商業上、政治上、慈善事業上如此積極活躍，歐洲對亞－非洲國家和民族的實質帝國主義掌控，在一八八〇年代前仍是例外，而非通則。在亞－非洲許多地區，一八三〇至一八八〇年這段期間，乃是（大部分）亞－非人與歐洲人在權力、財富、武器、流動性、資訊方面日益擴大的差距達到巔峰前「養精蓄銳的停頓」。一八八〇年後，新式「世界經濟」和新的「世界政治」體系才結合，創造出以歐洲為中心的世界秩序和正式、非正式殖民主義近乎普及全球的擴張。

在此同時，歐洲勢力的推進運動露出一再出現的遲疑、不確定跡象。要求往更深更廣處推進的壓力，要求擴大歐洲勢力橋頭堡的壓力，紛至沓來。商人抱怨貿易受限；傳教士想拯救更多靈魂，或想拯救他們已說服的靈魂；軍人想拿下險要的山丘；水手渴求更深水的泊靠地。殖民地總督聲稱，殖民地愈大，治理成本愈低。這些團體個個都倚賴國內的遊說團體催逼政府出手干預或征服，個個都利用自由貿易的動人辭藻、「文明開化使命」、宗教職責、「帝國防禦」或叛亂威脅，在報紙上、國會裡或向輿論大肆鼓吹其主張，增加自己的民意後盾。有時，歐洲政府覺得與其抗拒，還不如順從他們的要求較省事。但如果用兵失利或財政困難削弱激進政策的民意支持，他們同樣毫不遲疑就抽手。事後來看，這像是一八八〇年代帝國主義全力施展之前，伺機而動的把戲；但在當時人眼中，諸亞─非帝國的邊界、規模、穩定，甚至建立這些帝國的目的，似乎都是推測的、有爭議的、不確定的。

形成這心態的最重要原因，乃是歐洲人普遍懷疑建立這些帝國恐怕得不償失。建立這些帝國所要付出的成本，可能來自建立後必須予以保護，以免遭歐洲對手國搶奪。但引發疑慮的最直接原因，通常來自歐洲人欲收服統治者和民族時，若對方決意反抗到底，很難收服成功。在亞─非洲許多地區，「養精蓄銳的停頓」是個反抗時期。在北非的馬格里布地區，法國人雖把阿爾及爾重建成歐洲城市，但征服阿爾及爾後面的內陸地區卻花了數十年。在西非洲，法屬塞內加爾總督路易·費德爾布（Louis Faidherbe）將法國勢力往塞內加爾河上游和大西洋沿岸擴張。但一八六〇年後擴張停頓，直到一八八〇年代才又開始。[57]在黃金海岸（今迦納）沿海，已萎縮的英國殖民地隨時可能遭內陸的阿善提（Ashanti）王國併吞，因而在一八六〇年代是否要撤掉該殖民地的問題，搬上了討論台。即使在南非，波爾人（Boer）雖已在一八四〇年後征服了高原內陸地區，但白人真正支配南非，卻要拖到一八八〇年代。川斯瓦爾（Transvaal）共和國❸，因一八七六年那場征討佩迪人（Pedi）而以失敗收場的戰爭，耗竭國力，祖魯「威脅」則長久籠罩英國的納塔爾殖民地，直到一八七九年的英國、祖魯戰爭後，才消除此威脅。

在亞洲許多地區，欲確立歐洲支配地位的行動，也遭到類似的挫敗。在北高加索（今車臣），俄羅斯人打了一場漫長而死傷慘重的戰爭，才在一八六四年消滅切爾卡西亞人（Circassian）的反抗勢力。在此之後，俄羅斯人通往中亞的道路才打通。俄羅斯對該地的統治逐漸穩固，但要到一八七〇、八〇年代才完全鞏固。英國兩次入侵阿富汗（一八三八～一八四二，一八七九～一八八〇），都鎩羽而歸。緬甸王國於一八二六、一八五二年遭英國人奪走其沿海省分，但這個內陸國未亡國，直到一八八五年才遭推翻。在中南半島，法國人於一八五八年以保護東京❹天主教徒為名出兵，最後占領交趾支那（湄公河三角洲），將鄰國柬埔寨納為名義上的受保護國。但要到一八八〇、九〇年代，法國人才真正掌控越南其他地方、老撾諸國、柬埔寨。在東南亞島嶼區，情形類似。荷蘭已掌控蘇門答臘大部分和爪哇。但在亞齊（位於今蘇門答臘北部）、峇里、東婆羅洲、蘇拉威西和往新幾內亞延伸的列島，要拖到十九世紀結束，甚至其後，荷蘭人才將它們納入掌控。

反抗征服的有效利器：團結、網絡、安全區

這一反抗為何如此有效？這反抗通常無法完全趕走歐洲勢力，但的確使歐洲人的宰制野心較晚才能得逞。當然，在某些例子裡，小小的反抗，就讓缺乏財力、人力和堅持下去之動機的歐洲入侵者吃足苦頭。地處偏遠和貧窮可能是最佳的防禦。但面對歐洲人入侵或攻擊時，反抗能否成功，通常有賴於亞—非國家和社會保持高度的團結。事實上，這些國家對付歐式的殖民戰爭時，有許多國家的裝備出乎意料地完善。殖民強國的部隊（英、法、荷、俄、美的部隊）擁有某些優勢。他們（大體上）是由職業軍人組成，通常火力較強。在可由海上進抵的地方，他們可以突然出現（例如一八五八年出現在越南峴港外的法軍），取得奇襲效果。有時，他們可使用海軍火力威嚇守軍，例如第一次鴉片戰爭時英國就如此對付中國。但殖民戰爭極受制於報酬遞減法則。沒有哪個帝國主義強權，禁得起讓許多士兵無限期給綁在邊遠地區。那太耗成本，而且其他地方需要那些士兵。第二，外國部隊留駐愈久，補給就愈難確保，部隊鬥志就愈難維持。在整個十九世紀期間，熱帶地區的歐洲部隊一直飽受疾

❸ 譯按：波爾人統治的獨立國家。
❹ 譯按：越南北部一地區的舊稱。

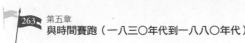

病摧殘。第三，奇襲的壞處，就是往往缺少關鍵的情報。亞—非人或許不知道歐洲人要來，但歐洲人對他們所要去的地方，卻也所知甚少。由於幾無情資可據以判斷當地統治者的計畫、實力、弱點、補給、兵力，入侵部隊的處境往往淪為如蒙眼抓人一般。因此，許多殖民戰役都按以下模式進行：先摧毀宮殿或燒掉都城，以取得象徵性勝利，然後一副凜然不可犯，實則心虛的模樣，退到海岸。約瑟夫・康拉德在《黑暗之心》（*The Heart of Darkness*）中描述某法國巡洋艦漫無目標地「向大陸開炮」，[58]就是在嘲諷這種漫無計畫的暴力行動。

打敗或遏阻殖民主義入侵，清楚表明亞—非洲國家若要抵抗歐洲人的接管，需要什麼東西。真正的關鍵在於大體保持國家本身通訊和交通網絡的完整，使人員、貨物、觀念、情報的流通得以暢行。只有最原始、最貧困的社會，才不需要或未發展出這樣的網絡。如果統治者、菁英階層和他們的城鎮希望糧食、收入供應無虞，如果想維持的不只是最地方性的政權，如果經濟想超越僅足溫飽的層次，幾乎在任何地方，這都是必要條件。最重要的是，富強的亞—非洲國家（和許多又窮又弱的亞—非洲國家），倚賴複雜的網絡去收取並分配稅收、糧食、奢侈品、基本民生物資（如鹽）。統治者的威望和其統治的穩固程度，往往不在於控制領土的多寡，而在於對貿易路線、收稅途徑、（有時包括）朝聖路線掌控到何種程度。貨物、金錢的流通，支持有錢的商人階層，而後者為維護自身利益而忠於統治者，有助於穩固政權。關鍵之處在於這網絡要能保住自己的腹地，保住一個不必面臨外來競爭或混亂風險的「安全區」。

一八四〇年後逐退歐洲人進犯的國家，都是能保住安全區（大到能支持統治上層結構的腹地）的國家。當然，大部分國家還有其他資源，藉以強化內部團結面對外來的歐洲人，使歐洲人得不到他們幾乎必然要倚賴的內應。最重要的資源，或許是宗教。忠於儒家君主政體的文人，一八六〇年代組織了越南人民抵抗湄公河的法國人。[59]民間佛教為緬甸帝國擊退英國入侵助了一臂之力。在蘇門答臘北部，亞齊人的反荷蘭統治運動，由宣揚對基督教入侵者發動泛伊斯蘭聖戰的穆斯林領袖領導。宣揚領袖神祕魅力的伊斯蘭教信仰，在北非、西非的穆斯林地區協助頂住法國人的進逼。科普特基督教教會賦予衣索匹亞帝國團結對抗外來攻擊的精神，掩蓋住該帝國搖搖欲墜的治理結構。在只要是與外界接觸、幾乎都會危及社會團結的惡劣環境裡，通敵的誘因可能會比較小。

對歐洲人而言，這類地方通常利害關係不大，除非位在歐洲人前往較富裕之地的路徑上。[60]

如果安全區和網絡是國家生存缺一不可的憑藉，那麼它們也（可能）是國家生存的兩個罩門。如果歐洲人能打斷那網絡，就可以拆散那國家，使該國最有勢力的成員不再效忠於國家。如果歐洲人能利用手上的武器（蒸汽動力的機動性、工業化的消費商品、較低成本的信貸）打斷當地經濟賴以維持一體的環節，其效應將猶如電線短路。受此傷害的國家若要修補損壞，將採取無情手段。但這「療法」可能太急太猛，而使該國政治失去穩定，改變了反抗運動的本質。我們可以在一八三〇至一八八〇年這段「中間期」，看到此一過程。隨著歐洲殖民、商業、宗教的勢力範圍擴大，與亞—非洲國家的摩擦必然變多。誠如先前提過的，在許多情形下，接下來的干預都不是底定大局的行動。但往往不管是無意或精心計畫，歐洲人都能藉由間接方法，使他們鎖定的政治體陷入混亂，這種現象在馬來西亞世界的沿海國家之類的例子裡最為明顯。這些國家的海上貿易（財富和收入的主要來源）被西方競爭者奪走，但結果並非是它們就此成為歐洲帝國主義的囊中物。統治者垮台之後，原遭統治者控制的野心份子隨之壯大；如果統治者的網絡破損，原來被壓制住的地方強人或社會掠奪者很快就會乘勢坐大。邪教（例如宣揚會有救世主降臨的緬甸佛教教派）走私、海上劫掠或強擄為奴的行徑（例如在東非），可能會成為新社會體制的基礎。新社會體制可能比舊政權更為山頭林立，且往往較仇外而暴力。它以另一種反抗來對付歐洲人，從而使歐洲人再無疑慮地確信，亞—非洲許多地方是危險而野蠻的。但那體制通常太分裂，太不穩定，因而最終擋不住歐洲人對將地區與地區、地方與地方結為一體的路線、環節、聯繫日益嚴密的掌控，或無法阻止歐洲人藉由掌控移動而建立地方聯盟。最後，純地方性的反抗可能徹底遭到擊潰，或在殖民地邊緣逐漸自行瓦解。

但這個「最後階段」都是漸漸才顯現。在亞—非洲許多地方，那意味著在一八八〇年後、甚至一九〇〇年後才顯現。在此之前，在歐洲人尚未有辦法打破地方網絡、代之以他們自己網絡的地方，帝國統治的可能性看來都很渺茫。具有哲學素養的旅行家溫伍德．里德（Winwood Reade）認為，在西非許多地方實現某種穆斯林統治，比實現歐洲人統治機率更大。他寫道：「萬一土耳其人被趕出歐洲，很可能會成為非洲的皇帝，而就文明開化來說，那會是件好事。」[61] 曾探勘湄公河的法國海軍軍官，語帶怨恨地寫到法國人對他所揭示的帝國遠景

「置若罔聞」。在沒辦法迅速取勝或得不到當地人支持以利永久統治之下，歐洲諸國政府沒什麼興趣跟飄忽不定的敵人打無休無止的「土著戰爭」。他們可能准許部隊從已建立的據點發動零星攻勢，嘗試一舉就擊倒對方。但在亞—非洲許多地方，他們不得不讓大國本土政權繼續存活，不得不容忍小國的抵抗。

英國對印度的征服與統治

印度是個大例外，它可能是現代史上最引人注目的帝國主義擴張例子。一八二〇年時，英國人已成為印度次大陸上的最大勢力，一八五六年，印度反英暴動前夕，英國人已平定信德、旁遮普，併吞阿瓦德。他們似乎決定直接控制印度每個地區，包括承認他們為宗主的那些土邦。但征服印度既不迅速，也並非沒有爭議。征服行動進行於經濟蕭條時代（經濟蕭條有一部分肇因於對新征服殖民地人民課加重稅），代價極大，並非倫敦所樂見。東印度公司（仍是英國統治印度的代理人）可能因軍事開銷的拖累而破產，使倫敦當局不由得擔心一七八〇年代那場嚴重的國會危機會再度爆發。征服行動在印度社會引發的緊張關係，最終導致一八五七年的反英大暴動。在英國許多激進派人士眼中，印度是腐化英國政治且看來必然將英國拖進無休無止的亞洲戰爭的專制統治累贅。

儘管有種種反對意見，擴張的勢頭幾乎始終是強勁不衰。倫敦心有不滿，但不敢反對那些好大喜功的殖民地總督。暴動敉平，東印度公司名聲掃地，英國政府乾脆親自治理印度。由於保護印度免遭來自北方、西方的對手入侵的戰略負擔，已成為英國外交上最憂心的事項之一，英國政府願意插手治理印度，就更顯得非比尋常。暴動過後所需的軍事改組，使情勢更為惡化。為了避免「歷史重演」，英國派了高達七萬人的部隊常駐印度，使在印的兵力，英國兵、印度兵分別占三分之一、三分之二。這用掉了英國陸軍兵力的三分之一到二分之一（可能是暴動前駐印英軍的三倍），讓大英帝國其他地方的軍事防禦大為吃緊。於是，就有兩個問題需要回答。為什麼印度比亞—非洲幾乎任何其他地方更早遭到征服，而且征服得更徹底？為什麼英國人願意並有能力負擔

「統治印度」這個大風險和龐大成本？

印度的開放和「現代性」是英國入主印度的關鍵

要回答第一個問題，就得回頭審視印度是在什麼情況下經歷一場雙重革命，英國是在什麼情況下首度將恆河下游納入掌控。在那場雙重革命中，蒙兀兒人（北印度、中印度名義上的統治者）因為陸續遭納迪爾沙（伊朗的拿破崙）及其阿富汗人繼承者艾哈邁德沙．杜蘭尼的陸上入侵，而一蹶不振。幾乎在此同時，沿海地區（特別是紡織業發達的孟加拉）變得更加倚賴對外貿易，與外國商人的對立更為加深。英屬東印度公司與當地盟友聯手推翻孟加拉省督西拉吉．烏德－多拉，扶植傀儡統治者後，很快就發現德里中央對孟加拉幾乎已無力掌控。到了十九世紀初期，該公司已沿著恆河一路往上推進，占領德里，把蒙兀兒轉化為傀儡王朝。該公司的行政管理人員從公司的勢力擴張中獲利良多，因為該公司掌控貿易，從中帶來源源不絕的收入，該公司日益龐大的行政體系，則產生大量職缺。凡是威脅該公司利益的統治者，均遭該公司消滅。很快的，人人都認為該公司擴張得如此順利，要歸功於英國堅持消弭印度混亂與死氣沉沉現象的決心。事實上，英國人得以入主印度的關鍵，不在印度的落後和怠惰，而在印度的開放和易於進入，在印度金融、商業活動的複雜先進。

印度的開放，在幾個方面幫了英國人。開放是那場雙重革命的原因之一。與中國不同的是，印度沒有長城可阻擋中亞勢力進入印度斯坦平原，也不像中國那樣，限制外國商人只能在廣州之類的城市活動。歐洲人蒐集起有關印度的知識，比蒐集有關中國的知識要更容易許多；歐洲商人與印度商人打交道，也沒那麼困難。印度的商業經濟（十八世紀世界紡織業的中心）遠比中國的商業經濟外向，印度的銀行業者和商人也遠較不受統治者控制。在印度沿海地區，英國遇到幾個貿易邦，而非遇到須聽命於遙遠皇帝且帶有敵意的官僚體系。在沿海地區，英國人的利益受到當地統治者威脅時，不難找到對統治者心懷不滿的人民聯手反抗。他們的組織化部隊雖然兵力有限，但結合從東印度公司的貿易獲利而不想失去該利益的當地人，力量陡然大增。

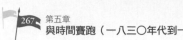

但光憑這一點，還無法充分解釋英國人挺進南亞次大陸內部為何比較容易。在此，還有印度現代初期的「現代性」所帶來的其他三個好處，可供英國人利用。第一，改變次大陸各地均勢的信貸體制，已將印度大部分地區連成一氣。在英國發動的眾多戰爭中，英國可結合貿易利潤的運用和印度銀行家的金融服務，因此一旦用兵失利仍能存活，撐得比敵人還久。[63]第二，他們首先拿下孟加拉（印度最繁榮的地區），藉此得以利用該地運作已久的土地稅徵收體系，取得寶貴資金。他們養得起龐大的部隊，然後奪取新的收入來源，取得新戰爭所需的經費。這是一種靠自力推動的殖民統治方式，而這種方式在亞—非洲這類較不發達的地區幾乎無法運作，在沒有稅收體系的非貨幣化經濟體裡，則根本無法施行。第三，印度低地區已發展出職業區隔分明的階級體系和傭兵部隊（與此相對的是以氏族為效忠對象的作風和以封建方式徵集的部隊），東印度公司不難召募到（一如其養得起）效忠於外國雇主的印度籍職業軍隊。一八三五年，孟加拉軍隊已有約六十四個「土著步兵」團，而該公司的印度籍部隊比英國在國內外的所有軍隊還要龐大。[64]有了這支常備軍為打擊利器，再頑強的對手碰上該公司幾乎都只能俯首稱臣。

東印度公司宰制印度的影響

藉此，印度為入侵的英國人提供了可轉用於征服任務的資源。[65]因此，東印度公司很早就打造出自己的「安全區」，使自己成為印度次大陸上的強權之一，以印度的方式和次大陸上的印度對手競爭。該公司還可以利用印度社會的流動性，增加自己的優勢。西印度長期以來接納外國商人菁英，特別是來自伊朗而最終主宰孟買這個港口城市的帕西人。帕西人自然而然成為該公司經商上的夥伴。在孟加拉，新的印度教菁英階層婆陀羅洛克（bhadralok，「可取之人」）迅速崛起，取代觀念守舊的穆斯林菁英，為該公司提供了它賴以統治該地的受過教育的合作者。靠著這類盟友，該公司可以打造出搾取（最終扼殺）任何印度對手之貿易和收入所需的在地網絡。影響所及，就是把大部分的成本和風險，由英國（印度帝國的最終受惠者）轉移到首次出現在孟加拉「橋頭堡」的「英—印」混合政治實體上。征服印度的戰爭開銷，由英—印而非英國支付。倫敦派部隊來幫忙時，該公司支付僱請他們的費用——英國政府對於派兵到印度，比派更小型的部隊到紐西蘭或南非的貧窮殖民地更為乾脆，這是原因之一。

東印度公司的龐大規模和財富，還帶來另一個影響。從早期開始，在能進入東印度公司商業、行政部門或部隊軍官團服務的英國人（特別是蘇格蘭人）心目中，它就是充滿機會的理想工作場所。到了一八三〇年代，這些人及其家庭已形成一勢力龐大的既得利益集團，從該公司的壯大中得到許多好處。他們所寫的著作和自傳，形成英—印迷思的基礎，而那迷思的中心思想，就是認為印度是英國得以稱雄天下的最大功臣。最引人注目的是，曾遭愛德蒙·勃克（Edmund Burke）痛斥的征服印度這項曠世功業，這時已被功利主義人士和自由派合理化為理性改革的偉大範例。文明開化的現代性，正在掃除無知與迷信的殘渣。印度是個大事業，而不是弊害。事實上，維多利亞時代中期英國兩位最有影響力的作家，都極力支持統治印度。兩人都替該公司效力過。史學家T. B.麥考利在該公司的印度政府當過法律員（Law Member）。他論羅伯特·克萊夫（一八四〇）、華倫·黑斯廷斯（Warren Hastings，一八四一）的兩篇文章，稱他們兩人是羅馬傳統一脈相傳、觀念進步的帝國建造者。自由個人主義的宣揚者約翰·穆勒，曾在該公司的倫敦總部任職。他在《代議制政府》（*Representative Government*，一八六一）一書中，為英國統治極力辯護，稱那是社會進步的唯一途徑。

這些影響有助於說明，倫敦為何那麼容忍該公司的帝國主義作為。有個因素或許同樣有力，那就是到一八四〇年代，印度已成為貿易帝國的主要資產之一。一八五〇年時，有將近一萬兩千名英國人住在印度最大的兩座港口城市加爾各答和孟買。[66]一八三〇年後，英國對印度的出口始終超過其對英屬西印度群島（大英帝國貿易原來的明珠）的出口。英國用印度兵強迫中國開放口岸，用印度兵保護英國在東南亞的貿易。隨著金雞蛋愈下愈多，金雞母的健康很容易就被忽視。以如此狂暴速度建造帝國所積累的緊張關係，終於在一八五七年的一場大暴動爆發出來。

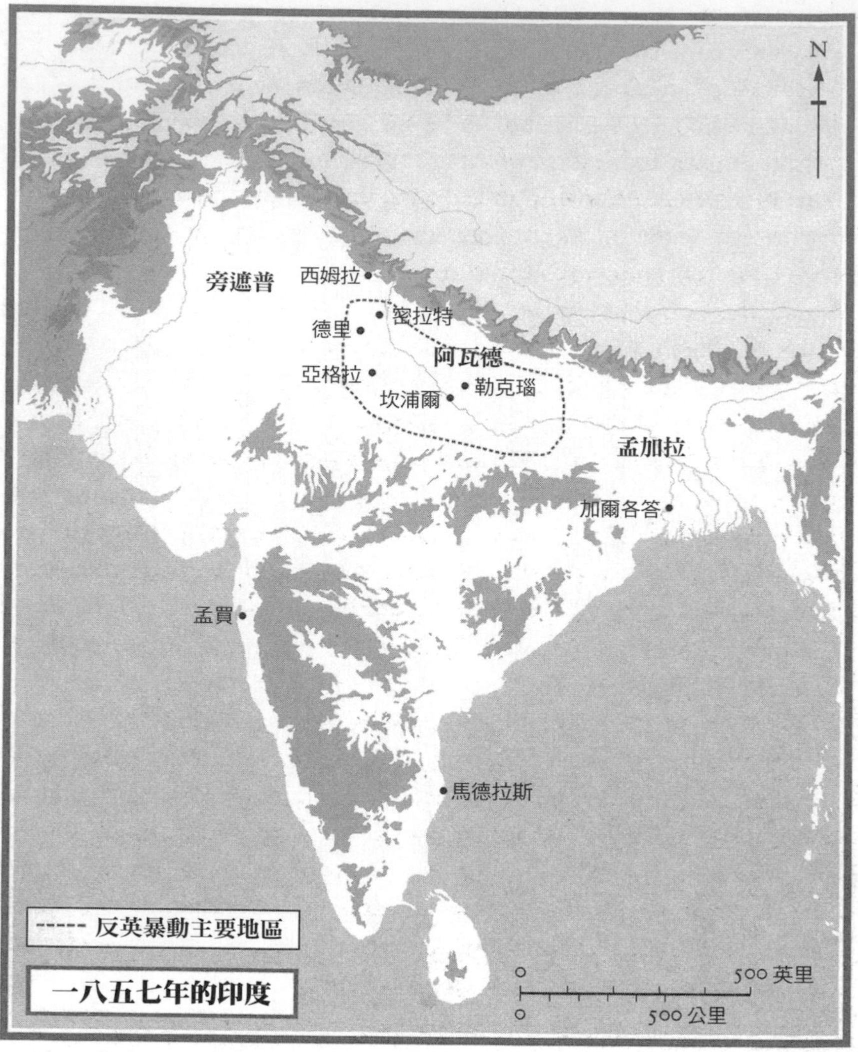
N
旁遮普
西姆拉
密拉特
德里
阿瓦德
亞格拉
勒克瑙
坎浦爾
孟加拉
加爾各答
孟買
馬德拉斯
----- 反英暴動主要地區
0
500 英里
0
500 公里
一八五七年的印度

印度的反英暴動

這場暴動的起火點，乃是德里東北方約六十公里處密拉特（Meerut）的印度籍士兵，因反對使用遭獸脂弄髒的彈藥而譁變。暴動的幕後原因，乃是孟加拉軍隊印度籍軍官所策畫的一項大陰謀。薪餉低、白人軍官素質差、油水變少、對低種姓充員兵稀釋了高種姓軍隊所生起的強烈怨恨，促使他們決意造反。他們的目標乃是推翻英國人統治，重新為印度本土統治者效命。[67]但英國軍力的看似瓦解，使譁變士兵之外更多原已不滿英國統治的人，敢於群起響應，加入造反行列，叛亂隨之如星火燎原般迅速傳開。暴動之所以擴大，有三個潛在原因。首先，蒙兀兒傳統心臟地帶的穆斯林菁英普遍認為，蒙兀兒皇帝威望的衰落（自一八〇三年起一直是傀儡統治者）威脅印度穆斯林的生存，因而反英暴動，有一部分就成為穆斯林對異教徒統治的反抗。譁變士兵於一八五七年五月進入德里時，即承諾恢復蒙兀兒的統治實權。第二，在東印度公司日益緊縮的掌控下，某些地區性豪強已失去權力（或認定即將失去權力），而在他們眼中，英國統治勢力在恆河流域的突然瓦解，正好給了他們收回或鞏固權力的機會。前一年甫遭該公司併吞的阿瓦德王國，還有在中印度高原的諸地方統治者，尤其懷有這想法。在坎浦爾（Kanpur），納納．薩希布（Nana Sahib）奪取了大權。他一心想恢復一八一八年遭該公司打破的馬拉塔聯盟。第三，該公司對土地使用所課徵的重稅，該公司規範土地所有權、契據的作為，讓某些地方利益集團獲益，卻惹惱其他許多利益集團，結果就是引發難以捉摸的農民暴動。在北印度一大片地區，各自為政的反殖民統治陣線裡，這三個因素匯而為一。

英國統治遭遇嚴重危機。東印度公司面臨一場漫長而所費不貲的平亂戰爭，外部的危險和母國國內猛烈的政治批評，使情勢更為棘手。跡象顯示反英暴動已延燒到其他土邦，因為那些土邦的部隊也開始反抗其歐洲籍軍官。事實上，反英暴動在邊陲的丘陵、森林裡一直亂到一八五九年，但在暴亂的心臟地帶，僅一年出頭就被平定。一八五八年七月，英軍收復阿瓦德。同年四月，英國人已有約九萬名白人部隊和同樣龐大而效忠英國的印度人部隊，叛軍兵力則頂多六萬。[68]暴動雖然聲勢浩大，卻因四項關鍵弱點而無法成事。首先，暴動局限於北印度，未擴及孟加拉、孟買、馬德拉斯（英國統治的核心地區），而只在這些地區出現某些警訊。英國人可從這些「忠心」地區抽調部隊和軍需，可向母國求援。第二，英國人牢牢抓住叛亂區裡某些重要據點，包括亞格拉和貝拿勒斯（Benares，今瓦拉納西〔Varanasi〕），並保住他們新取得的省分旁遮普（該地的英國人得到電報的及時示警）。旁遮普攸關整個大局。一八五七年九月收復德里的軍隊（印度兵居多），就來自旁遮普，而收復德里，打掉了凝聚叛軍向心力的唯一可靠中樞。第三，由於叛軍內部的不和與缺乏共同目標、共同意識形態或共同領袖，英國人一開始大舉反攻，反抗勢力即一個地區接一個地區地遭到消滅。第四，叛軍來不及在英軍反攻前摧毀東印度公司的網絡，代之以自己的網絡。在北印度，未能有新蒙兀兒國家興起，德里和勒克瑙的叛軍政權甚至沒錢支付其軍隊薪餉。英國人走掉時，許多印度地方豪強決定與叛軍站在同一邊，但英國人一旦再度出現，他們即因為個人利害考量而不願賣力反抗。英國人平亂手段的凶殘（可見於洗劫德里和將穆斯林逐出德里）表明毫無政治妥協的餘地。[69]

但毋庸置疑的是，反英暴動的衝擊深深影響了英國人對其印度帝國的看法。暴亂的發生，完全是他們始料未及的。暴動如野火燎原迅速蔓延。數百名白人遇害，包括許多婦孺（在坎浦爾有兩百多名婦孺遭戮）。印度人忠心、仁慈的表現屢見不鮮，不信任的氣氛卻不可避免地腐蝕了印度人與英國人的關係。種族情感變成洪水猛獸，必須極力防範。許多英國人深信，反英暴動肇因於穆斯林的陰謀：「印度兵只是穆斯林手上的工具。」[70]英國統治必須倚賴武力的主張，變成主流。[71]因此，反英暴動的恐懼，從此在英國官員心中揮之不去。英國的統治變得更謹慎而保守。保衛印度使免遭內外攻擊的帝國包袱，似乎更為沉重。但在另一方面，英國也得到豐厚的補償。一八六〇年後因為鐵路廣為鋪設，印度作為原物料來源和英國最大出口品棉織品的最大市場，發展更為迅速得多。儘管防衛印度是個沉重包袱，卻未花到英國納稅人一毛錢。事實上，一八六〇年後，大英帝國的常備軍（包括英國兵和印度兵，總數約三十三萬）有三分之二是用印度的稅收而非英國稅收來養，而且位在印度的部隊可用於從馬爾他島到上海之間的任何地方（事實上也是如此）。隨著一八八〇年後加快對亞—非洲的瓜分，印度的經濟價值和地緣政治價值成為英國政策的根本原則。不穩定的帝國已是無可避免。

與時間賽跑

亞—非統治者的兩難與兩場競賽

如果歐洲人需要警訊，以事先了解他們帶著各式新武器（商業、文化、軍事上的新武器）到歐亞其他地方和非洲後，可能會發生什麼事，那麼，印度所發生的事就是個警訊。亞—非世界的統治者和菁英在大體上有所察覺的情況下，陷入了一場競賽。他們必須想辦法將其結構往往已經鬆動的國家變得緊實，強化文化一體感，鼓勵貿易，增加稅收，而且必須及時。他們一再面臨兩難。如果想以「歐洲」方法（歐式軍隊、官僚體系、學校、科技）奮力「自強」，得冒很大的險。他們所企求的社會團結，可能在與傳統文化的守衛者（老師、神職人員、文人學者）的爭執中瓦解。追求政治一統，可能觸怒在省區當王的地方山頭。加強貿易管制，可能觸怒商人及其顧客。如果他們讓更多歐洲人（商人、顧問、專家）進來，可能引來反彈，招來懦弱乃至背叛的指控。他們也沒把握這些享有特權的入侵者不會危害他們，帶來亂子。但如果想趕走這些入侵者，自強計畫可能會成不了。更糟糕的是，可能在還未準備好的情況下引來他們的攻擊，招來大禍。這些統治者和菁英必須同時跑兩場競賽：既要趕在歐洲人大舉來臨前完成自強計畫，又要趕在內部歧見摧毀所有成功希望前完成「改革」。

歐洲以外的所有歐亞大國中，日本（還有特別是中國）向來是最富裕、最強大、最不受歐洲影響的國家。一八三〇年代之前，歐洲人似乎幾乎無法攻破中、日兩國；到了一八四〇年，這免疫力在中國已失效，在日本則即將失效。兩國都受到歐洲人日益強力的進逼；帶頭者是英、俄、美。他們要求自由進出東亞港口，要求自由與中國、日本商人貿易，要求廢除把西方人視為蠻夷，認為西方文化、政治都不如中國的那套外交禮儀。他們提出這些要求的同時，展示武力並動用武力，還提出領土要求；海上強權英國要求的是不算大（但也絕非微不足道）的沿海領土，陸上強權俄羅斯要求的領土則大得多。不足為奇的是，這一國際地位上教人揪心的轉變，對中、日兩國政治、文化、經濟帶來深遠影響。到了一八八〇年，兩國都經歷了一連串內部改變：中國的同治中興、日本的明治維新。[72]兩場維新都是內憂外患交逼下的產物。但一如我們後面會看到的，兩者的發展軌跡，它們所預示的改革規模，卻都大不相同。

中國的自強

中國的外患

中國比日本早一步感受到歐洲不好惹，起因是中國用來規範它與歐洲貿易的「廣州公行制度」瓦解。在這制度下，廣州是唯一合法的對外貿易港，且歐洲人只能與嚴密管制的中國商人公會貿易。歐洲人可以在碼頭上保有貨棧，但不准在廣州城永久居留，貿易季一結束就得離開，前往澳門。東印度公司壟斷英國貿易的特權於一八三三年被撤除，販賣鴉片（幾乎是白銀之外，中國人唯一願意用茶葉來換取的大宗商品）的「自由」英國商人人數遽增，並帶來危機。中國當局眼見「對外貿易必須透過廣州」這項規定形同具文，眼見鴉片大量流入和白銀（中國的貨幣基礎）隨著購買鴉片而大量流失，大為驚恐，於是想重新予以管制。中國當局趕走派來監管鴉片貿易的英國官員，沒收違禁鴉片。倫敦得知後大為憤怒，決定動武。一八四一年二月，皇家海軍抵達廣州岸外，摧毀中國艦隊，英軍登陸廣州。中國人搪塞拖延，英國於是派另一支部隊進入長江三角洲，占領上海，擊潰清軍，封鎖長江和大運河（中國內部貿易的主動脈）。一八四二年八月，英國人已兵臨南京，準備進攻該城。清朝皇帝屈服，中國簽下第一個「不平等條約」。[73]

根據一八四二年的《南京條約》，清朝向西方開放五口通商，香港島割讓給英國，歐洲人獲准在開放口岸設置領事，行之已久的廣州公行制度則被自由貿易取代，中方承諾對進口品只課徵百分之五的關稅。這是中國與西方相對地位的大逆轉，但其重要性（在這階段）不應誇大。這條約讓中國當局很不是滋味，但也不是沒有好處。外國人都得離北京大老遠，不能自由遷徙，而且在領事裁判權的制度下，將不歸中國政府管轄。[74]對一個龐大的農業陸上帝國而言，蠻夷在遙遠沿海地區的叫囂，乃是可藉由巧妙外交手腕處理掉的小麻煩。

但這條約只是麻煩的開始。接下來，中國人與歐洲人齟齬頻生。到了一八五四年，英國人已開始催逼清廷修改條約，要求開放更多口岸，讓歐洲人可以自由進入內陸拓展貿易。一八五六年，中國扣押一艘據稱懸掛英國國旗的船隻，引發「亞羅號」事件，英國以此為發動第二波軍事壓迫的藉口。清廷遲遲還不肯落實一八五八年所簽的新條約，於是英法聯軍開抵天津，攻陷北京，燒毀皇帝夏宮圓明園，以報復所遭的損失。第二個主要條約《北京條約》，使中國開放更多口岸（最北為天津，還有內陸長江沿岸多個口岸），賦予歐洲人（包括傳教士）在中國內陸自由遷徙的權利。此外，迫使清朝皇帝同意歐洲派使節長駐北京，徹底消除了中國以天朝自居所引發的外交摩擦。這時候的中國，似乎已在不由自主下，被屈辱的條件整合進歐洲的國際體系，頂多只能稱作是二流強權。

對於憂國憂民的中國官員和學者（中國官員選拔自最聰明能幹而精通古典文學的學者）來說，這些巨變需要釐清，以找出因應之道。他們的結論是堅定改革。他們的方法已失敗，改革刻不容緩。必須找出和蠻夷打交道的更好方法，必須有系統地譯介、傳播西方知識，必須改善運輸和通訊。最重要的是，中國必須取得現代武器，以免帝國的戰略要地幾如不設防般任由西方攻擊。主張改革的學者馮桂芬（一八〇九～一八七四）寫道：「而今顧靦然屈於四國（俄、美、法、英）之下者，則非天時地利物產不如也，人實不如耳……彼何以小而強，我何以大而弱？」[75]但馮桂芬寫下這篇文章時，清帝國已窮於應付內部危機而焦頭爛額，且那是場看來比歐洲人零星侵逼還更危險的危機。一八五〇、六〇年代，華中、華南部分地區（中國最富饒的部分地區）落入叛軍之手，貿易停擺，清廷收不到該地稅收，「天命」（王朝統治的合法性來源）看來就要離清朝而去。

中國的內亂

這些大規模民變中，危害最烈的是太平天國之亂。太平軍始於中國西南，以一位千禧年先知楬櫫的理想鼓舞人心。該先知所宣揚的教義，結合了得自傳教士的基督教義，以及飽受貧困壓迫的廣大農民的痛苦吶喊。洪秀全自稱耶穌之弟，一八五一年宣告建立新王朝太平天國，自稱天王。他的拜上帝會以驚人速度集結部眾，組成農民軍，接連攻下清政府的孤立要塞，勢如破竹般地攻進清帝國的長江流域心臟地帶。到一八五三年初，太平軍已拿下南京。但洪秀全的目標乃是推翻清朝，統治中國。一八五五年，他的部隊攻抵天津，似乎就要拿下都城北京。太平天國聲勢至此臻於極盛。此後，他的部隊漸漸被逼回長江流域，但要到一八六四年，洪秀全死亡，南京遭清軍攻陷，太平天國才覆亡。[76]

太平天國之亂、肆虐長江以北廣大地區，而直到一八六八年才平定的捻亂、[77]西部的回亂（一八六二～一八七三），說明了清朝的政治、社會、經濟秩序已急遽瓦解。這或許肇因於農業經濟的破敗。一八三〇年後，中國的農業經濟遭遇一連串打擊。在此之前，中國的農業生產在十八世紀時曾有驚人成長。新耕地的開闢、舊耕地更為集約的使用，使人口雖然暴增（一八五〇年已達約四億三千萬），糧食供應在一八三〇年之前仍綽綽有餘。商業化和

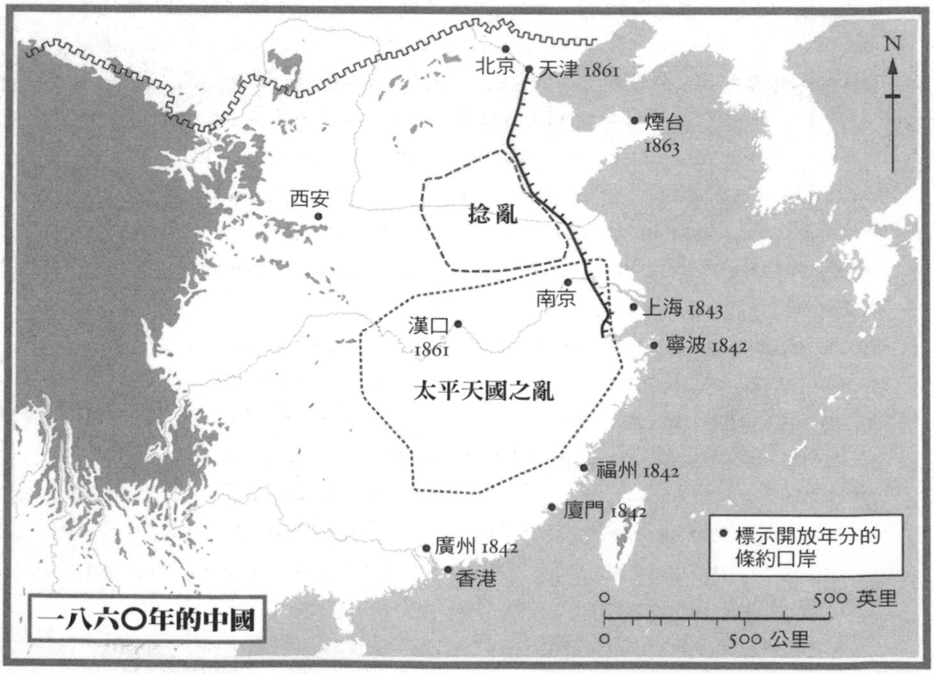

國內貿易的興起，使農民得以藉由專門化和交易，提升產量。隨著對外貿易成長，白銀供應量日增，這個前工業時代的富裕經濟體，因此得到源源不絕的貨幣潤滑。[78]但在一八五〇年之前許久，經濟成長的三個來源就已枯竭。隨著鴉片進口暴增，白銀流入變成大量外流：[79]一七〇〇年起所積累的白銀，可能在一八二〇年後的一些年內流失了一半。[80]貨幣供應量的急遽減少，使價格下跌，商業蕭條。新土地的供應，再也無法應付人口增加的壓力。既有土地的糧食產量已達極限，而欲增加既有土地產量的作為可能引發生態浩劫，森林遭砍伐，土壤流失，河川淤積，地力下降。在中國中北部，黃河一八五五年的改道造成大規模環境災難。在這種種天災人禍下，社會緊張——收稅人與納稅人之間、地主與佃農之間、在先前世道好時吸引了外鄉人前來謀生的地區裡本地人與新來者之間、居少數的民族、宗教信仰者與居多數的漢人（在前一世紀的殖民運動時大量漢人湧入西部地區）之間的緊張——隨之升高。努力維持社會穩定、收土地稅、維持水道暢通、管理備糧的政府官員，面臨不滿人民日益升高的反抗。隨著特權商人對收稅、水資源管理、糧賦體系的掌控變大（很容易伴隨官場腐化而生的一項改變），這些官員的權力和威信，已被商業擴張時代的「私有化」削弱。太平天國的行動綱領要求給農民更多土地，要求回歸更儉約、更自給自足的時代，絕非偶然。太平天國痛斥吸食鴉片亦然，而這立場無疑招來西方商人及其政府的激烈敵視。

同治中興

一八六〇年，治理清帝國的士大夫階層面臨了災難。他們的威信和自信，正遭受英、法、美、俄的連番打擊（俄國人已藉一八五八年的《璦琿條約》從中國奪走黑龍江左岸大片土地）。他們的國內威權，以及支持整個帝國統治上層結構的稅收基礎，都已因叛亂蔓延中國疆部和中國本部而開始瓦解。在這危急存亡之際，他們力挽狂瀾，成就非凡。曾國藩（一八一一～一八七二）、李鴻章（一八二三～一九〇一）之流的新將領，遏阻、削弱、最後殲滅這些龐大叛亂勢力。他們在省區培訓配備西式武器的新軍；透過由西方人管理的海關，向商業和外貿課徵新稅。民亂漸漸平息時，曾、李尋求中國「自強」之道。他們鼓勵引進科學知識，設立兩座大型兵工廠建造現代武器，以給予補助和獨占權的方式鼓勵中國商人投資現代企業，特別是船運業和礦業。甚至欲向西方買下一支配有歐洲人軍官的現代海軍，但最終未成。推行這些「現代化」措施的同時，他們在鄉村致力於輔導人民移居遭叛亂摧殘的土地，修復水道，重建士大夫的權威。[81]

這一浩大改革所無法達成的（且無意達成的），乃是將中國改造成西方模式的現代國家。一八八四年八月，中、法為越南糾紛爆發戰爭，中方不光彩的挫敗（法國戰艦炸碎中國的新（但木殼造的）艦隊）使曾、李「自強」運動的局限，表露無遺。[82]官、商合作或許已找到促進工業的方法，但這遠遠談不上經濟更全面的工業化。十九世紀中葉農業危機和政治動亂的交相逼迫，使這任務更難達成。例如，要以長江三角洲的中國最富庶地區（十八世紀中國商業經濟的核心）為中心，建造新中國，已是奢望。經過太平天國之亂的蹂躪，該地區民生凋敝，滿目瘡痍，且該地區無力抵禦西方勢力的滲入，根本無法擔負重振中國的龍頭重任。甚至可以說，這場「自強」運動真正的重點，乃是恢復儒家政權的威權和講究儉約、社會紀律的儒家精神，而不在打破儒家模式。[83]但即使改革派士大夫未能完成其工業轉型的目標，他們富國強兵運動的影響，卻不容低估。基於現實需要，十九世紀中葉的改革已使省和省級士人的權力大增。鄉村的復原計畫，協助恢復了小農與士人統治者之間未形諸文字的契約。但藉由滿人高官漸為漢人高官所取代，士人與帝國的結合也更為緊密：隨著漢人在菁英階層的比重加大，中國日益成為漢人國家，但晚近的研究顯示，滿人是否大權旁落仍未有定論。[84]中國在工業產量或現代武力上或許不及歐洲列強，但中國已在一八九〇年後的危機歲月降臨之前，及時強化其文化一致和社會團結。

在此同時，歐洲諸國也未能將中國化為準殖民統治的邊陲國家。歐洲列強原打算以開放的口岸作為進入中國經濟的橋頭堡，藉此複製印度的模式，使西方製造品源源流入中國經濟。但對外貿易雖然成長（大大造福了鄉村經濟），中國商人卻不願讓外國企業進入中國內部經濟。外國人不得不透過中間人（買辦）與中國顧客打交道。[85]在競爭激烈而又充滿變數的市場裡，獲利不易。企業淘汰、更替速度極快。到了一八七〇年代，除了怡和洋行（Jardine Matheson）、太古洋行（Butterfield Swire）這兩個最大的外商之外，其他企業都已垮台，或者讓位給新進來的企業。[86]與印度相比，人口多它一倍的中國是個規模更小、更難經營的市場，進口額只及印度的一半。一八八〇年代初期，市場突然崩潰時，歐洲人所憧憬的賺錢樂土似幾乎化為泡影，[87]但對中國政治、經濟的獨立來說，真正的考驗，尚未到來。

日本的自強

日本的內戰

在一八五〇、六〇年代，種種跡象顯示，日本應會在更為劇烈的衝擊下遭遇和中國一樣的命運。隨著十九世紀初期起歐洲人漸漸打開北太平洋，俄國（其「蠻荒東部」距日本北部僅數百英里）、英國、美國的船隻，在日本周邊海域的活動已愈來愈頻繁。一八五三年，日本幕府將軍在緊張不安中接待美國海軍准將培里（Perry），結束了鎖國時代。五年後，在一八五八年的「不平等條約」中，日本賦予西方列強入境特權（與一八四二年他們從中國強索的特權類似）。外國人可以自由前來各「條約口岸」通商（其中最重要的口岸是東京附近的橫濱），而在這些口岸，他們仍受自己國家領事的保護，享有不受日本管轄的領事裁判權。這些口岸將騰出土地，供他們建造辦公機構、倉庫、住所。除了低稅率，日本不得課徵關稅，以鼓勵「自由貿易」，俾有利於西方製造品的普及。沿襲已久的鎖國一被打破，日本看來比其亞洲大陸的鄰邦大國中國更難逃過西方的支配。日本的人口（約三千兩百萬）在歐洲人眼中絕非小國，但比起中國少得多。日本的主要城市均曝露在西方海上武力的攻擊範圍內（日本沒有海軍）。俄國已入侵庫頁島（一八〇六年首度登陸該島），威脅人煙稀疏的北海道島（日本列島的第二大島）。一八六〇年代初期，日本的政治體制因德川幕府和位於西方、南方的最強大藩屬爆發內戰，而瀕臨瓦解。

歐美列強大舉進逼（一八五六年後他們聯合侵逼中國的附屬行動）的同時，自十七世紀初一直統治日本的德川幕府政權也陷入危機，兩者交相激盪，使日本情勢更為危急。向來從強大的諸德川氏族中選出一人擔任的幕府將軍，形式上是代表天皇行使權力的總督，天皇則住在距江戶幕府所在地數日行程的京都皇宮，享有崇隆地位。事實上，將軍的實權建立在許多半自治的「藩」和藩的氏族統治者，願意以家臣地位臣屬於幕府將軍之上。藩必須向幕府納稅，藩主必須每隔一年在江戶住上一年，藩主的妻小則須常住江戶當人質，以示沒有二心。根本來講，幕府將軍的政權穩固，有賴諸德川氏族（「親藩」）的效忠和其他世襲藩主（「譜代大名」，即關原之戰前從屬德川家的大名）的支持，以壓制住「外樣大名」（關原之戰後從屬德川家的大名，與德川家淵源最淺）。[88]但幕藩體制的穩固，除了倚賴大範圍的商業整合（將各藩納入以大阪、江戶為中心的單一市場），還倚賴盛行於武士階級而強調效忠於天皇的儒家精神。

一八二〇、三〇年代，這一「舊制度」陷入格外緊張的時期。根本的原因，可能是農業產量這時因環境限制而無法再提升。砍伐林地和更集約的耕種，無法再大幅增加產量：難以耕種的土地極易受不可測之氣候的傷害。[89]一八三〇年代的天保饑荒，以東北地區最為嚴重，影響涵蓋整個日本。藩主既要向江戶盡義務，又要照顧本藩需求（特別是要賜予「藏米」俸祿給這時已大部分文職化為官僚階層的武士菁英），陷入左支右絀的境地。在某幾個大藩領地裡，統治集團採取積極措施（拒絕清償債務，抨擊獨占制度，鼓勵種植新作物和生產新製造品，積聚白銀）以恢復清償能力。[90]這些統治集團也對於對外貿易和更有系統取得「蘭學」，愈來愈感興趣。薩摩藩的統治集團對於對外貿易，興趣尤其大，該藩長長的島嶼末端，伸入往台灣延伸的琉球，長久以來都是與中國貿易的管道。「蘭學」則是有關西方與西方文明的知識，透過出島港（位於長崎港灣中的荷蘭人貿易站）這個小孔流進來。在此同時，南方、西方的兩個最大藩長州藩和薩摩藩，深切察覺到西方干預的威脅愈來愈大，西方勢力若來犯，它們首當其衝。因此，到了一八五〇年代，兩藩都已開始購買現代火器、火炮、汽船，並摸索西方的冶金術以自行製造武器。

這些變革必然使他們與江戶幕府衝突。幕藩體制內部的均勢已開始改變。一八五八年簽訂的不平等條約，與幕府將軍對外國壓力的讓步，使幕府內部分裂，權威削弱，開始有仇外人士要求幕府「鎖國」。幕府本身重整軍備的作為謹慎而猶疑不定，但反對照某些改革派的呼籲向西方全面開放，深恐其意識形態威信一夕瓦解。隨著西方勢力侵逼加劇，政治氣氛趨於焦慮而火爆。長州、薩摩兩藩在一八六三至一八六四年與西方兵戎相見，在實際接觸中發現對方的長處和自己的缺點。接下來三年，隨著長州、薩摩兩藩與其他藩結盟，試圖贏得天皇的支持，削弱德川家的威權，幕府向長州藩開戰以為回應，日本情勢急速惡化為內戰。諸藩要求更大的自治權，幕府將軍則決心重申中央的最高權威，雙方互不相讓。一八六六年，日本西南諸雄藩結盟，對抗幕府將軍。到了一八六八年一月，武器較精良而統御更高明的長州、薩摩聯軍，已打敗德川家，迫使幕府將軍退位。為填補權力真空，合法化他們的叛亂行徑，叛軍領袖宣告大政奉還，恢復由天皇治理國家。

明治維新

到這時為止，日本的危機都循著一套非常熟悉的模式發展。與外部強權的密切接觸，還有該強權之貿易與科技的誘人魅力，已鬆動地方對中央的效忠，使統治者名聲掃地。地方山頭崛起，爭奪大位，舊政權分崩離析，外國干預的時機隨之成熟：併吞，或納為受保護國，或強加以更不堪的「不平等條約」。日本最終沒有落入這種下場，而這有一部分是因為西方列強不願插手日本的內戰[92]（或許因為內戰結果難料，沒有哪個列強有把握能從中得利），但更大的原因，乃是新政權建造現代國家，步伐迅速而又意志堅定。[93]改革的速度和規模都令人咋舌。明治天皇的五條誓文（一八六八年四月六日），承諾設立「萬機決於公論」的政府（此一承諾延宕許久才落實），「廣求智識於世界」。仿效西方設置政府部門，包括外務局。更重要的乃是「版籍奉還」（使全國土地與人民脫離藩主掌控，統歸天皇管轄），將世襲的藩主改造為可由中央任奪的地方官，一八七一年更進一步廢藩置縣。封建綜合體從此轉型為以東京（一八六九年江戶改名東京）為唯一都城的統一國家。一八七二年，舊的納貢體制廢除，代之以用現金支付而全國一致的土地稅，一八七三年實施全國皆兵的徵兵制，取代武士和封建藩兵。政府付錢（而非米），讓武士退休。在一八七〇至一八七三年雷厲風行的改革下，法律平等、覓職自由、賣地權利，乃至推行西曆，使德川幕府時代的社會面貌為之一新。一八六八年前躊躇不前的西化改革步伐，這時已變成朝著歐式「現代性」一往無前的猛衝。在這場與時間的賽跑中，日本已成為短跑冠軍。

兩個疑問出現。這個新政府的改革為何如此迅猛，為何能使極度保守的社會，更別說恐外的社會，完成如此激烈的改變？照理，討伐幕府的諸藩在推翻德川幕府後，比較可能的做法應該是自建幕府，自居大位。但他們無法如此。討幕諸藩無一個強大到足以單靠自己一藩取代德川家，而且這麼做會使內戰打到不知何時才能結束。廢藩是確保政局長治久安的唯一法門。第二，討幕聯盟的領導人物，決意使日本「自強」，以使國家能與西方抗衡，而且在他們所出身的藩地裡，人們普遍認知到外貿、外國知識、外國方法大有助於「自強」。當務之急乃是按照西方模式建造一支軍隊。要養這樣的軍隊，就得要有通行全國的稅收體系。第三，對於商人階級要求廢除對經濟活動與商人地位的嚴格管制，領導這新政權的改革派武士，以至今仍未能完全探明的某些方法予以支持。但施行如此浩大的改革是一回事，讓質疑者和異議者接受如此改革又是另一回事。特別是龐大的武士階級（超過百萬人），照理應會反對廢除其享有的世襲地位和軍事職責。居人口大多數的小農，承受更為沉重的稅負，更沒理由歡迎這些改革。西方列強在旁準備著，決定只要其國民或貿易受到不當對待，即出手教訓。

事實上，改革過程一點也不平順。新政權的領袖，有許多人遭誓報血仇的武士殺害。提倡西學最著名的人士福澤諭吉回憶道，有好幾年，他深怕遭人暗殺，不敢在夜間外出。[94]一八七七年的薩摩叛亂，有三萬名武士及其部眾投入戰場，最後遭東京的新軍擊潰。農民起事多起。但日本改革派所處的環境，比帝制中國的改革派要有利得多。首先，新政權一開始就控制了占全日本領土四分之一強的德川氏領地，還有重要的財庫和龐大人口。第二，武士階級龐大的社會力量，原可能是極危險的不定時炸彈，但新政府將這威脅化為助力。這是改革得以成功的重要關鍵。西鄉隆盛、山縣有朋之類領袖的威望，[95]卸除了武士的憂懼，大批武士任職明治政府，擔任軍人、官員、警察、辦事員。他們長久以來所扮演的維持社會紀律的角色（特別是在鄉村），有助於壓制農民騷動，而不致出現中國那種幾乎推翻清廷的大規模民亂。第三，日本有萬世一系的天皇可供重新確立為新政權的權力象徵，確立為具有神社和官設祭師的民間宗教（神道教）的信仰核心，而這在中國遠不可能出現。[96]第四，日本民族超高的同質性，化解了潛在的內部分裂根源，有助於這個新國家一致對外。

改革派若未能在第二戰線獲勝，這一政治實力將無足輕重。經濟上的自強，和政治上的自強一樣重要。經濟若失敗，將會使外國勢力得以乘機將日本納入掌控。外國勢力可能以幾種方式達成此事。西方商人可能要求更自由進出，脅迫母國政府加大干涉。厲行現代化的東京政府，可能向海外大舉借款，在財政上開始倚賴西方放款人，而在較不知不覺間受制於西方。最糟糕的是，費盡千辛萬苦進入多變的國際貿易世界，帶來嚴重的破產風險，而破產的政權在國內失去民心，又難以抵禦外國勢力侵逼，面對外國干預，幾無招架之力。日本人未落入這些險境，成就令人讚嘆。當然，我們不該誇大這些成就。工業化腳步相當緩慢。一八八〇年，日本的出口貨裡，有三分之二是生絲和茶葉。一八八七年，日本的海外貿易，或許有九成操在外國商人之手。[97]到一八九〇年時，西方仍往往將日本視為風景優美，而清償能力倚賴少數幾樣大宗商品之出口的東方國度。事實上，經濟獨立與工業進步的基礎，這時已然奠定。在棉織品這項關鍵產業上，一八八〇年時國內產量已和進口量相當，一八八三年開始出口。[98]商業與工業成功背後的關鍵機制（專門化的外貿銀行、結合製造業與貿易的大財閥、政府補助制度）都已到位。一八七〇年代的劇烈通膨（肇因於紙鈔發行浮濫），在通貨緊縮的一八八〇年代遭強力壓下，穩定的貨幣確立。在這關鍵的過渡階段，日本幾未向外借貸。日本已繞過現代化的合恩角——金融崩潰和社會暴動。

日本的轉型獨一無二：武士資本主義

表面上，日本的維新之道和清朝改革者所主張的方法沒有兩樣。政府鼓勵商人投入工業和航運業，補助商人營運。政府把製造現代武器列為優先事項，並認知到外國商人會要求合理的出入境自由、商業安全、低稅。但到了一八八〇年代，日本的革新已比中國卓然有成，雙方的落差到了一九一四年已很驚人。在某種程度上，這或許得歸功於明治日本繼承了德川幕府時代的有利遺產。「傳統」日本一直是個高識字率而工匠技藝高超的社會，也是個以大阪、江戶為中心而高度集中的經濟體。財閥的發展源自日本歷史上存在已久的大銀行家—商人，例如十七世紀初就發跡的著名公司三井。明治維新之前許久，就已有某些大藩追求外貿和西方科技。但這些論點可能流於誇大。德川幕府時代的日本，並非自由市場經濟，其收入水平「遠低於」十九世紀成功工業化的其他國家的初始水平。[99]經濟轉型的陣痛，大有可能導致退縮或混亂。對於像日本這樣較晚才進入國際經濟的國家，需要強大的政府和特別守紀律的社會秩序，才有可能順利進入國際經濟。因為這點，日本才顯得與眾不同。武士階級支配這個新國家，明治維新就由該階級的領袖主導完成。由武士領導的政府向大銀行家－商人借錢，然後將政府資助成立的企業廉價賣給他們，作為回報。[100]為了對付西方，防止國內動亂，這是不得不然的結盟；廣大農民則是輸家。靠著新建的「國」軍和警察，明治政府得以壓制鄉村不滿，以前所未有的方式向農民收稅，將鄉村的經濟大權掌握在地主手中。[101]一八八〇年劇烈通貨緊縮拉低物價時，受害的是農民。日本擁抱西方方法、規則、制度，確屬事實，但「武士資本主義」的核心，乃是無情剝削農民，為工業、商業獨立的實現提供助力。

鄂圖曼帝國的自強

「坦志麥特」改革

或許就是這些特色，使日本的轉型顯得獨一無二。先進的前工業時代經濟，明治維新時所塑造出的格外強固的社會、政治體制，較遠離西方和西方火力攻擊的地利，在西方勢力於一八九〇年後全面伸入亞洲太平洋區之前即得以展開「自強」運動的天時，乃是日本在這場與時間的賽跑中得以獲勝的關鍵因素。在第三個例子鄂圖曼帝國中，引人注目之處，在於這些特色的付之闕如或這些特色反倒帶來危害。到了一八八〇年代晚期，這所帶來的結果，就是陷入某種經濟託管的處境，帝國瓦解、遭西方列強整個瓜分的危機日益加深。西方列強在處置這「歐洲病夫」上意見不和，有時似乎反倒是該帝國得以存活的主要原因。鄂圖曼政府所承繼的地緣形勢，的確比中國或日本所承繼的更為不利得多。鄂圖曼帝國既非小巧紮實如日本，又未如中國擁有遼闊、富饒的農業心臟地帶（中國本部十八省）。它橫跨三大洲，到了一八三〇年代時，已有多個地方曝露在歐洲海上武力的攻擊範圍之內。除了在巴爾幹半島有與歐洲接壤的「外在」邊境，它還必須防守一連串「內部」邊境，以防部落、游牧民、沙漠居民入侵。這些「內部」邊境分別位在安納托利亞（防範庫德人）、傑濟拉（Jezireh，位於今伊拉克，什葉派居民占多數）、敘利亞（境內的沙漠阿拉伯人進逼耕種區邊緣，勢力愈來愈強）、遙遠的葉門（該帝國最南端）。該帝國的地緣戰略均勢，到了一八三〇年代，可說已遭到無可復原的傷害。[102]但鄂圖曼的領袖比中國人、日本人更早且更全面地認知到，帝國的存亡繫於將西方技術小心翼翼移植到其伊斯蘭帝國的社會、政治結構上。

這個過程在一八二〇年代，該帝國撤除權力過大的禁衛軍，而逐步代之以較歐洲式的軍隊時，就已開始。一八三〇年代，俄羅斯人從北方入侵和鄂圖曼的埃及總督在法國人撐腰下欲脫離自立的舉動，使該帝國差點滅亡。因為這場嚴重危機，徹底改革變得更為刻不容緩。為了安撫英國這個重要盟邦的不滿，君士坦丁堡於一八三八年同意對外國商人開放市場。然後在一八三九年，鄂圖曼帝國宣布推動名叫坦志麥特（Tanzimat）的大範圍改革——目的之一無疑是為了改善該帝國在國外的形象，贏得歐洲列強的支持。在玫瑰院敕令（Edict of Gulhane）下，所有鄂圖曼子民享有同等權利（廢除了穆斯林與非穆斯林之間的舊區別），保障人身和個人財產安全，全面改革課稅與軍隊、司法體系的管理，並大體上以法國之類「先進」歐洲國家為師，進行這些改革。在接下來展開的「坦志麥特」革新時期（一八三九至一八七六年），鄂圖曼兩位蘇丹，阿布杜勒·梅濟德（Abdul Mejid，一八三九～一八六一）、阿布杜勒·阿濟茲（Abdul Aziz，一八六一～一八七六），似乎全心投入於有計畫的「自強」運動，「自強」若成功，似乎將使帝國得以應付來自歐洲的經濟、政治、意識形態壓力。這時的鄂圖曼帝國已是地方山頭林立，令不出於中央，而四位改革派政治家，雷希德（Reshid）、法德（Fuad）、阿里（Ali）、米德哈特（Midhat）四位帕夏，決心大幅強化中央政府和政府官員對地方的掌控。他們改組軍隊，透過徵兵制大幅擴充兵力（從一八三七年約兩萬四千人增加為超過十二萬人）。[103]一八六四年，他們頒行省區（vilayet）管理法，使省區治理體制更為一致，裁減地方豪強的權力。他們推廣世俗教育，以西方的科學方法、技術、法律方法培訓新一代官員和軍官，削弱穆斯林神職人員的勢力。他們設立財政部和預算制度，創立鄂圖曼帝國銀行以發揮中央銀行的部分功能。最重要的是，他們竭力推廣新的鄂圖曼公民的權利、義務觀念，以取代地位較低的非穆斯林族群（millet），如眾星拱月般圍繞居「核心」地位的穆斯林族群（蘇丹歷來仰賴這個族群的效忠以鞏固帝國統治）這種講究親疏差別的舊體制。改革工程浩大。

「坦志麥特」改革的挫敗

到了一八八〇年，這一大張旗鼓的改革，獲益似乎微不足道，代價卻高昂得令人卻步。一八七八年，鄂圖曼帝國接連喪失領土，民心士氣深受打擊。位於歐洲境內，基督教徒占人口比重極大的那些省分，幾乎全被奪走。一八二〇年代取得自治地位的瓦拉幾亞和摩達維亞兩省，成為獨立的羅馬尼亞。尼希（Nish）省遭塞爾維亞併吞。保加利亞成為自治體，數年後獲准與其南部三分之一地區，即所謂的東盧米利亞（Eastern Roumelia）合併。小小的蒙特內哥羅成為主權國。就連波士尼亞與赫塞哥維納，住著許多穆斯林的地區，都被哈布斯堡王朝納為保護地。雪上加霜的是，自一五七一年來一直屬鄂圖曼所有的賽浦路斯島，都遭英國以協助對抗俄羅斯，鄂圖曼必須有所回報為名，加以占領（但非正式併吞），俄羅斯則奪走東安納托利亞的卡爾斯（Kars）、阿爾達漢（Ardahan）兩地區。在這連番喪失土地之前，鄂圖曼政府已被迫接受黎巴嫩、克里特兩地境內的基督教徒聚居區受外國監管的特殊體制。在克里特，操希臘語的基督徒曾在一八六六至一八六九年間起事叛亂。而不久之後，嚴格來講皆受鄂圖曼統治的埃及與突尼斯，分別遭到英國（一八八二年占領埃及）、法國占領。一八七〇年代的大危機，也並非只是政治危機。財政崩潰使那場危機的衝擊加劇。一八七五年，鄂圖曼政府拖欠其外國借款，宣告破產。為恢復財政穩定，鄂圖曼不得不接受嚴厲的檢查、控制制度。一八八一年後，由歐洲銀行家和官員派任職員並由他們監督的鄂圖曼公債局，享有鄂圖曼國家稅收的第一優先使用權，以償還債權人債務，剩下的錢才撥交蘇丹政府。從物質上和象徵上來看，這個帝國似乎都已淪落到形同附屬國。

從這點來看，坦志麥特革新未能促成自強，反倒促成自殘或更慘的結果。事實上，坦志麥特革新者，其所面對國內外交相逼來的壓力，遠大於東亞中、日兩國所面對的壓力。在戰略上，鄂圖曼人擋不住俄羅斯的武力侵略（除非俄羅斯的歐洲對手國能壓制沙皇的侵略野心），而且鄂圖曼海上武力的遽然衰退，使鄂圖曼的處境更加危險。[104] 一八七七年俄羅斯的入侵，導致鄂圖曼在一八七八年的柏林會議上失去數塊領土。然而根本的弱點，乃是居人口少數的基督徒拒絕鄂圖曼統治，以及鍥而不捨地籲請歐洲諸國為他們出手干預。隨著十九世紀漸近尾聲，這問題愈來愈嚴重。「民族觀念」傳播至歐洲其他地方，必然使這些鄂圖曼少數族群也受到感染，畢竟他們與帝國之外的同族人一直往來密切。該帝國歐洲裔商人（例如希臘商人）從經濟變化得到的好處，更大於該帝國穆斯林商人得到的好處，而這一經濟變化催生出更大一批訴求更明確的政治權利擁護者，且往往削弱了蘇丹所賴以治理基督教少數族群的較高層基督教神職人員的權力。這些新的「民族主義者」主張，認同必須在擁有明確版圖的國家中（而非教堂成員的身分中）尋求。坦志麥特改革本身，已使帝國更倚賴受過教育的基督教徒。在這些情況下，改革者希望基督徒接受共有的鄂圖曼公民身分，將其與穆斯林的差異泯滅在對蘇丹的共同效忠中，就無異緣木求魚。事實上，米德哈特帕夏於一八六〇年代在保加利亞試行其改革計畫，就陷入四面受敵的困境。[105]在許多穆斯林看來，稀釋帝國的穆斯林性格乃是大逆不道的事。那意味著烏里瑪（精通伊斯蘭教法、神學專門知識的伊斯蘭宗教學者總稱）將被打入冷宮，意味著帝國的基礎將不再建立在穩固的穆斯林忠誠磐石上，而是在與基督教徒合作的流動沙地上。坦志麥特改革的中央集權措施所激起的痛恨，數十萬穆斯林難民遭俄羅斯人逐出高加索的悲慘遭遇所激起的憤怒，加劇了反改革情緒。[106]事實上，這些難民移居鄂圖曼數省，似可能使原有的民族、宗教對立在一八七〇年代白熱化。

可想而知，鄂圖曼若能打造出擁有實權又財政充裕的中央政府，大概就能如願收伏地方山頭，更有力地嚇阻外敵入侵。但在這方面，改革者同樣受挫。克里米亞戰爭（一八五四～一八五六）的高昂成本，使他們不得不向外借貸，然後，在接下來借款交涉時，他們又嚴重失策。到了一八七〇年代，因借貸而來的每年應付款項，已相當於國家總收入的約三分之二，在某筆借款上，他們一年要支付三成利息。[107]他們雖使總收入增加了約五成，卻未能革除稅收業務外包的舊習，因而未能直接掌控收稅業務。他們希望貿易成長能挹注國庫，但鄂圖曼的貿易成長幅度遠低於全球平均值，[108]而政治動盪傷害鄂圖曼商業和該帝國的信用等級。政府領導的工業化行動軟弱無力，原物料出口則助長港口周邊土地上，出現不受本國政府管轄的外國地盤，而落後的陸上交通更助長此一趨勢。[109]政府借來的款項，幾無一筆用於鐵路之類基礎設施的建造。與明治日本的對比再強烈不過，不僅民族多元，欠缺武士之類的階級來維持社會、政治秩序，更因為經濟發展走上由外力「全面」控制的境地而使情勢更為惡化。[110]

儘管遭遇外力連番重擊，鄂圖曼帝國並未瓦解或淪為歐洲人統治。帝國的歐洲省分大量喪失，使這個帝國更趨近土耳其、阿拉伯、穆斯林國家。在蘇丹阿布杜勒·哈米德二世（Abdul Hamid II）在位期間（一八七六～一九〇九），鄂圖曼統治當局變得更支持泛伊斯蘭運動，更意識到自己作為聖地守護者的國際角色，而這時，愈來愈多伊斯蘭教徒搭汽輪和火車從印度、東南亞前來聖地朝覲。在此同時，坦志麥特的舊計畫得到推行。國家機器緩緩現代化；鐵路網擴大；對阿拉伯諸省的軍事控制、行政控制更為深入。鄂圖曼人已無心再維持其在十六世紀所建造的多元民族大帝國。一八八〇年後，他們投入另一場與時間的賽跑，要在與歐洲的進一步對抗或阿拉伯民族主義的興起，瓦解阿布杜勒·哈米德的帝國之前，鞏固剩下的領土。

埃及的自強

埃及的興盛

另外兩個中東國家，也被拉入這場與時間的賽跑，但命運將不同。第一個國家是形式上仍屬鄂圖曼帝國一部分的埃及。將法國入侵者逐出埃及之後，鄂圖曼蘇丹派穆罕默德·阿里為埃及總督，而在他的治理下，馬穆魯克王朝時代形同獨立王國的地位變得更為明確。他以新建的軍隊為核心，建構了獨裁國家。[111]他的真正野心乃是建造版圖從蘇丹到敘利亞的埃及帝國，統治阿拉伯地區。他兩度差點將鄂圖曼蘇丹拉下台，都遭歐洲列強阻撓而功敗垂成。他被迫向歐洲開放邊境通商，放棄其所費不貲的國營製造業計畫。穆罕默德·阿里死於一八四九年，但他的宏大計畫至少有一部分在繼任的賽義德（Said，一八五四～一八六三在位）、伊斯瑪儀（Ismail，一八六三～一八七九在位）治下，得到逐步推行。

對這兩位統治者而言，最終目標乃是為其王朝贏得與鄂圖曼蘇丹正式平起平坐的地位和主權獨立地位，使其對外關係不必再受鄂圖曼政府控制，軍隊規模不必再由鄂圖曼決定，或者（最起碼）不會再遭鄂圖曼撤職

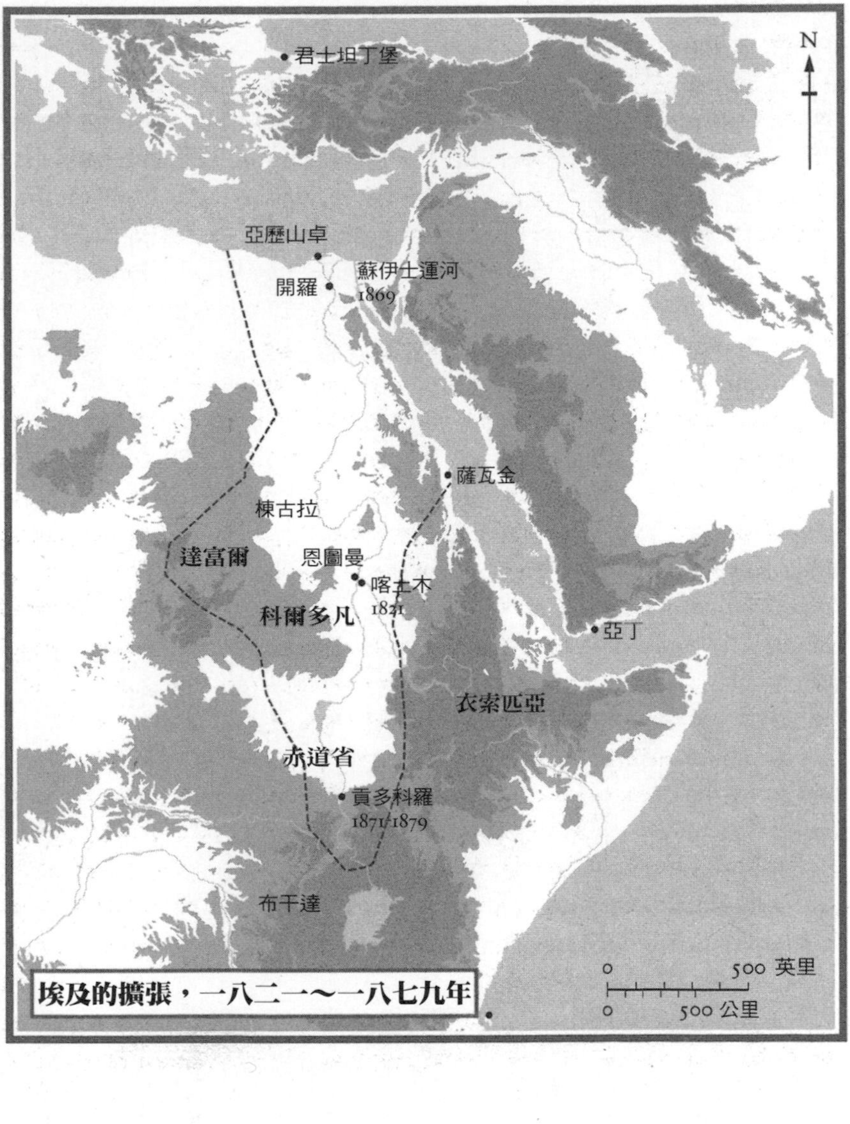

埃及的擴張，一八二一～一八七九年

（一八七九年就真的發生這事）。兩人所欲建立的，不是「民族國家」，而是統治者擁有無上威權的君主制國家。他們將讓「突厥－切爾卡西亞人」菁英（結合了舊馬穆魯克統治階級和穆罕默德·阿里之突厥裔、阿爾巴尼亞裔部眾的階層），在阿拉伯人居大多數的社會裡擁有特權地位，以回報該菁英階層對其主子與保護者的忠心支持。兩位統治者都理解到，成敗取決於農業財富能否快速成長。

情勢顯示大有可為。工業歐洲對埃及長絨棉的需求似乎幾可說是永不滿足，但要滿足這需求需要農業革命。可耕地面積從一八一三至一八七七年增加了六成。[112]開羅下游的三角洲沼澤地被排乾，開墾成農地。水道網、攔河壩提供了經年不斷的灌溉用水，耕種不必再倚賴尼羅河一年一度的氾濫，產量因此加倍。到了一八六〇年中期，外人投資已開始增加，外國銀行迅速出現，以服務新興的有地階級。亞歷山卓作為出口經濟的地中海港市，迅速繁榮。鐵路鋪設。開羅境內，沿著尼羅河興建了歐式城區，內有新王宮、證券交易所、歌劇院、仿自巴黎的開闊林蔭大道。[113]中央集權政府、有地菁英階層、具自由主義精神的物權法、龐大的外國人社群（一八七〇年時有超過十萬人；相對的，在伊朗的外國人遠不到一千），埃及似乎成為「開發」國家的典範，改革卓然有成的國家，伊斯蘭世界裡的日本。

埃及吸引了具冒險精神的歐洲人前來效力，例如外號「中國人」的查爾斯·戈登（Charles 'Chinese' Gordon，後來人稱「喀土木」的戈登），被派去治理蘇丹，根除奴隸買賣（還有什麼比這更能說明統治者的現代性？）。到了一八七〇年代，埃及獲致完全獨立，似乎是早晚的事。說不定，一旦鄂圖曼再碰上一場大危機，這自然而然就實現了。在此同時，某份權威性的埃及指南，以奉承口吻如此描述伊斯瑪儀（已在一八六七年獲鄂圖曼蘇丹授予更崇隆的頭銜「赫迪夫」）：「陛下說起法語和巴黎人一樣溜……不管你是工程師、商人、記者、政治人物、具有實際經驗的農學家，或幾乎其他任何種行業的人士，都會很快發覺你在專門知識和訊息上碰到了對手。」[114]

埃及的衰敗

對賽義德和伊斯瑪儀而言，只有開鑿蘇伊士運河，個人功業才算圓滿。代價會很高，但回報也很大。[115]該運河的收入將帶給他們新財源。另建運河（即「淡水運河」〔Sweetwater Canal〕）連接蘇伊士運河與尼羅河後，將帶給埃及一塊密集耕種的新地。特別是，蘇伊士運河將帶來龐大的地緣政治效益。埃及統治者一旦成為世上最值錢水道的守護者，歐洲列強將會認知到必須保護他免受任何侵略的威脅，並將看出他獨立自主的重要。因此，德雷賽布（de Lesseps）成立公司以興建該運河時，賽義德欣然同意大筆入股。一八六〇年代，產棉重鎮美國南方遭到封鎖，棉花無法運出，後來又遭入侵而受損嚴重，棉花價格隨之攀升，這時，伊斯瑪儀很容易就在歐洲借到錢，最後國債高達一億英鎊。但隨著棉花價格於一八七〇年代中期下跌，蘇伊士運河（一八六九年開通）的營運尚見不到獲利，投機性榮景轉為金融崩潰。一八七五年，伊斯瑪儀不得不將其運河公司股份，以四百萬英鎊的價格（可能是實際價值的四分之一）賣給英國政府。一年後，他和埃及——宣告破產。

這場與時間賽跑的代價，自此開始全面展露。埃及社會體制的急速改變，早已累積無數民怨。有地階級一心欲壓制統治者的獨裁作風。烏里瑪（其位於開羅愛資哈爾清真寺暨大學的埃及烏里瑪大本營，乃是伊斯蘭世界裡地位最高的學術中心）厭惡統治者擁抱外國異教徒的離經叛道作為，厭惡其貪腐網絡，厭惡其豪奢的生活方式。在軍中和政府官員中，受阿拉伯語教育的階層痛惡國家大權一直掌握在突厥—切爾卡西亞菁英手中（在賽義德表示要採行較「阿拉伯」的政策，而最終流於空言之後，突厥—切爾卡西亞菁英在伊斯瑪儀當政時重獲寵信）。這些懸而未決的衝突裡，全飽含著瀰漫社會的隱隱不安：對歐洲投機人士的疑懼；對於鄉村農民（fellahin）階級（農業變遷的最大受害者）遭到嚴重剝削，生起的道德不安。[116] 造反的情緒此時在已開始出現的記者、報紙裡，得到新的抒發管道。因此，外債（和歐洲人要求實質掌控埃及財政）所引發的外部危機，很快即引爆這些外國所加諸的負擔最後將落在誰身上的爭議，進而轉變為國內危機。原欲藉以一舉獲致完全獨立的蘇伊士運河，變成外國宰制埃及的特洛伊木馬，外國強權藉以入侵埃及的途徑。

伊朗的自強

內憂外患侵逼下的救亡圖存

伊朗較為幸運，其統治者較謹小慎微，畢竟他們能施展的空間較小得多。穆罕默德·阿里憑藉其軍力和棉花外銷的收入建立國家。約略同時掌握大權的卡札爾王朝統治者，則沒有這些資源。欲建造軍隊，抵擋外來侵略，壓制內部異議，遠較困難：事實上，他們只有四千人的御林軍可湊和著使用。[117]神職菁英（什葉派烏里瑪）厭惡伊朗國王，而他們的社會影響力遠大於埃及的烏里瑪。[118]為了坐穩大位，伊朗國王不得不倚賴部落聯盟，已到了若無部落聯盟支持，大位即會不保的程度，因游牧民占了伊朗超過三分之一的人口（甚至可能占了一半），為既有軍隊的主力。伊朗國王沒有「新」土地來獎賞順服的菁英，或資助成立較龐大的官僚體系。伊朗經濟雖然大為復原，擺脫了十八世紀末期的混亂失序，卻不像埃及可藉由棉花吸引外國投資，藉棉花收入推動公共建設，改善灌溉、鐵路或公路。伊朗仍處於地方化嚴重的階段，部落和次部落、村莊、工匠公會、城中聚居區、派系、宗教或語言，仍是認同的主要來源，分裂對立的主要原因。簡而言之，欲建造埃及那種強大王朝制國家所需的資源、工具，伊朗幾乎是一無所有。

但卡札爾王朝面臨的外部威脅，卻和鄂圖曼帝國所面對的至少一樣嚴重。俄羅斯勢力伸入高加索，已使他們損失慘重。古利斯坦（一八一三）、土庫曼查（一八二八）兩條約，已使他們不得不放棄對喬治亞、亞美尼亞的領土主張，割讓亞塞拜然大部分地區。英國海上武力在波斯灣的增強，必然使他們坐立不安。那使伊朗南部的幾大部落更不願聽命於中央，可能使其沿海聚落，例如大謝赫為阿拉伯人的穆罕梅拉赫（Mohammerah），不再效忠卡札爾王朝。畢竟，即使在十九世紀末期，要從波斯灣到德黑蘭，搭船經黑海、裏海再往南，要比直接走陸路快得多。一八五六年納西爾丁（Nasir al-Din）拿下赫拉特（位於今阿富汗境內，但在薩法維王朝時代為伊朗國王極看重的領土）時，英國炮轟布什爾（Bushire），派兵到穆罕梅拉赫，藉此逼他吐出到手的肥肉。若開打而敗於英國人之手，或喪失一省，他的威信可能盡失，他所賴以維繫其多民族帝國於一統的威權可能瓦解，這樣的風險，沒有哪個伊朗國王敢於不顧。

納西爾丁在位期間（一八四八～一八九六），卡札爾王朝採取了某些措施以強化王權。鄂圖曼的坦志麥特革新模式，影響甚大。[119]他設立一所大學，以傳播西方知識，培育一批新的治理人才。但在這短暫的「革新」時期，伊斯蘭異端教派巴布教派（Babism）同時興起。該教派某些人痛斥統治者的腐敗，更有其中一人謀刺國王。該教派隨即遭到剷除，國王與烏里瑪自此捐棄前嫌，攜手合作。改革大臣被打入冷宮，後遭殺害。但伊朗國王雖然仍倚賴對族群與利益團體的巧妙操控以穩固大權，卻有跡象顯示一個更加統一的政治實體正慢慢浮現。一八四七年，伊朗終於確定其與鄂圖曼的邊界；一八六六年，德黑蘭確立其對錫斯坦和俾路支斯坦（Sistan and Baluchistan）的控制權；一八七二年，議定其與阿富汗的邊界。[120]什葉派伊斯蘭（文化認同的主要來源）的影響力得到強化，而這有一部分是與巴布教派鬥爭的結果。[121]行政體系的管轄範圍逐漸擴大，在財產權的規範上，國家法律取代了伊斯蘭教法。[122]德黑蘭與部分省分有電報相通。鴉片出口使伊朗西部更為富裕。但到了一八七〇年代，已有不祥徵兆顯示危機就要降臨。

伊朗的危機

俄羅斯進逼是一眼即可看出的警訊。一八五九至一八六〇年，沙皇軍隊已進入裏海以東的廣大中亞地區。一八六六年，塔什干遭俄國併吞。一八七三年，俄羅斯人已進入希瓦（Khiva），逼近伊朗的東北部地區和聖城麥什德（Meshed）。納西爾丁財政拮据，難以抵抗。他的收入漸少，物價則陷於不斷急劇惡化的通貨膨脹。他前往歐洲爭取新援助。需錢孔急促使他做出一項引發軒然大波的協議：「路透特許權」（Reuter's Concession）。根據這項協議，伊朗境內任何新事業（鐵路、礦物、灌溉設施、工廠）的獲利，都讓予外國企業家（尤利烏斯・路透，路透社創辦人），以換取四萬英鎊現金。協議引發抗議浪潮，納西爾丁不得不倉促予以撤銷，他想趁俄羅斯入侵之前及時強化伊朗國防的盤算，看來已然落空。但他反倒採行日後看來雖有風險但無可避免的做法：讓外國商業利益團體進入伊朗。或許他估算他們會相互制衡。英、俄對立的確是伊朗的最佳護身符，使英、俄任一國都無法宰制伊朗。伊朗的地緣戰略位置和地方山頭林立的政治情勢，加上伊朗宗教菁英的勢力龐大，的確使外國勢力很難全盤掌控伊朗。但在這個幾乎見不到西方人的地區，卡札爾王朝和伊朗的獨立地位，是否能捱過紛至沓來的外國入侵壓力，[123]很快就會揭曉。

其他許多亞—非洲國家，包括阿比西尼亞（今衣索匹亞）、暹羅（今泰國），面臨了和十九世紀中葉中國、日本、鄂圖曼帝國一樣的挑戰。他們擔心西方人入侵，擔心法理上歸他們所有但實際上難以掌控的邊境地帶被奪走。他們覺得歐洲商人別有居心。他們急切想將軍隊和稅收體系現代化。他們希望挑動歐洲人相鬥以從中得利，希望透過間接方法保住自己的自由。他們考慮由政府主導提升經濟成長（有時藉由賦予歐洲人特許權或鼓勵移民），但並未認真施行。他們全都面臨了一個兩難，即在中央政府權力衰弱的國家施行激烈改革，可能引發混亂和叛亂，從而更可能引來外力干預。他們全都面臨了一個現實狀況，即到一八八〇年代時，歐洲與這些亞—非國家在科技資源、財政資源、人口資源上的差距似乎已開始急速拉大。一八八〇年後這場與時間的賽跑，勝負即將揭曉。

第六章

全球殖民主義

（一八八〇年代到一九一四年）

——大歐洲獨霸全球，確立了自由貿易的模式，也助長了優越錯覺的確信

義和團之亂時，天津的法國士兵

帝國的限制

一八八〇年後，「大歐洲」的疆界急遽擴大，彷彿西方以外的世界完全落入西方宰制，只是早晚的問題。這一趨勢最明顯的跡象，乃是此前幾十年地球上那些未遭歐洲殖民者染指的地區，急速遭瓜分。最著名的例子是非洲，在一八八四年後一連串驚人交易中，遭英、法、義、葡、西、德、比利時國王分割（比利時國王將搶得的非洲土地當作個人的領地）。遭此命運的不只非洲，東南亞和南太平洋也遭此下場。「大歐洲」的擴張也不只在領土上。「大歐洲」的擴張倚賴國際貿易的大幅成長，流往先前被貶為風險太大或無利可圖地區的資金（從開始的小額）劇增。在這擴張的同時，移出歐洲的人口暴增，其中大部分移往北美或南美，但還剩下足夠的人，得以為殖民熱帶非洲和亞洲提供先頭部隊，在俄羅斯的北亞地區建立更大的橋頭堡。這擴張使歐洲人更前所未有地確信，推動全世界的物質進步、提供全世界宗教真理和哲學真理，乃是歐洲的文化使命，且這確信又回過頭來助長其擴張。歐洲人以多種不同方式主張，由於他們在自然科學上、社會上或宗教上的演進過程，歐洲人是獨一無二的進步人種。歐洲人的「種族優越」論，在此得到確立。最後，但不是最不重要的一點是，「大歐洲」的擴張，擴及他們先前覺得太偏遠或太難馴服的亞—非地區，似乎正說明了歐洲的科學、科技如何的獨霸全球。歐洲人與其他（大部分）民族之間的「知識差距」，在十九世紀結束時看來更加擴大，而非縮短。在西方以外的世界尚未運用煤和蒸汽時，歐洲部分地區已進入電與化學物的第二場工業革命。

這結果就是世界史上頭一遭，把有形力量、經濟力量、文化力量的全球性階層體制，強加在全世界。這階層體制透過一組在第二次世界大戰之前大體上一直支配世界的機構、習慣作為、傳統觀念來運作。一九〇〇年的世界是帝國主義擅場的世界，帝國主義在當時的擴張程度，即使在離當時不算太久的一八六〇年都無法想像。在那個世界裡，帝國的疆域廣布全球，而其他地區則受到由貿易、不平等條約、（歐洲人享有）治外法權（和用來強索治外法權的駐軍和炮艇）所構成的非正式帝國宰制。歐洲人發明的國際法觀念，除非涉及的國家符合歐洲人所認可的「文明標準」，否則便視他國所提出的主權主張為無物（並合理化外國干預作為）。在經濟理論上，這一帝國主義世界意味著必然要走上分工，實際上也愈來愈往這方向走。帝國主義強權，同時也是工業強權（但工業化程度因國而異）。它們供應（或試圖供應）製造品、投資、技術、技術熟練的人員。殖民地和「準殖民地」（例如中國或阿根廷）的職責，乃是製造工業世界想要的糧食、原物料、大宗商品，進口工業世界的製造品和資本——這一經濟規則意味著強迫地方利益集團和他們的受保護市場接受自由貿易。在人口上，帝國主義世界是白人當家的世界。歐洲人大體上可以隨心所欲（如果不受戰爭或經濟蕭條影響的話）遷往他們想去的地方，謀生不成問題。帝國統治者鼓勵自己人移往亞—非洲以發展其殖民地，無視當地社群不准外人進占其土地的要求。帝國主義世界的這項文化理論，可能是該世界最普遍可見的特色。歐洲人深信並說服其他人相信，歐洲以外的文明和文化雖然充滿異國風味、迷人、浪漫或美麗，然而再怎麼好都是一連串死胡同。只有歐洲之道才是業經證明可通往「道德提升與物質進步」的道路（「道德提升與物質進步」是英治印度政府發行的年度報告名稱）。

當然，我們知道這一強有力的歐洲支配體系從未完成，亦不持久。該體系裡最強大的成員是大英帝國，而一八九〇年出生的該帝國公民可能在有生之年就看到該帝國的衰退和瓦解。近代世界史的最大疑問之一，乃是這為何會發生，答案大部分可在一九一四至一九四五年的世界大危機中尋得。但在那之前的時期裡，也可找到某些線索。「全球殖民主義」是一棟令人嘆為觀止的堂皇建築，但它蓋得很快，根基不深。或許更貼切地說，它的平穩倚賴一組不可能保持穩定的條件。歷史證明，帝國主義的外交就像其經濟和意識形態，含有一無藥可救的「基因缺陷」。

帝國的遠景

全球化蓬勃與亞—非洲衰敗並存於世

一八八〇年後，「世界已縮小」一說變得稀鬆平常。這部分源於便捷交通、通訊設施的迅速普及。從一八三〇、四〇年代起，汽輪、鐵路、電報就在歐洲和北美洲廣受採用；到了一八七〇年代，它們已進入世上的廣大新地區，為原本遷徙困難（且成本高）而資訊缺乏的地區打開進出的通道。一八六九年蘇伊士運河的開通，使汽輪航運公司及其定期航班服務往東延伸，創造出一路綿延到上海、橫濱的商品航運大幹道。海底纜線和陸上電報，這時能在數天內將東亞的商業、政治消息送到歐洲，後來更縮短到數小時。但最重要的是，鐵路徹底改變了人們的距離觀。十九世紀末期是鐵路擴張的鼎盛時期。英國人、法國人在非洲西部、東部、南部的殖民地鋪設鐵路，以連接動盪不安的內陸與他們設在沿海的橋頭堡。泛裏海鐵路（一八八〇～一八八八）將俄羅斯勢力帶進中亞。西伯利亞橫貫鐵路（一八九一～一九〇四，所有帝國工程中最浩大的一項），意在將俄羅斯的「蠻荒東部」改造為歐洲的延伸部。歐洲人還大膽規劃了其他路線，但都未能完成：連接漢堡與巴斯拉（和波斯灣）的巴格達鐵路（Bagdadbahn）、連接歐洲與印度的「橫貫波斯」鐵路、從好望角綿延到開羅，貫穿英國整個非洲統治區的鐵路，即所謂「塞昔爾・羅德斯的夢想」（Cecil Rhodes's dream）。英國偉大地理學家哈爾福德・麥金德（Halford Mackinder）認為，鐵路將改變世界史。海權掛帥的「哥倫布時代」，即將讓位給掌控龐大資源而幾乎堅不可破的陸上大帝國擅場的新時代。[1]

十九世紀結束時，可以說世上沒有哪個地區不受這場交通革命的效應所影響。在世界的經濟關係上，還有世界的戰略本質上，世界都已成為（或者更快速成為）單一空間。距離消失，成為維多利亞時代晚期的陳詞濫調。歐洲人在其擁擠大陸上所習慣的那種親密貼近，將以全球規模複製。歐洲人所熟稔的好鬥傾向（商業對立、外交摩擦、文化敵意）將需要全球性的解決之道，而非只是局限於歐陸。歐洲人與歐洲以外國家的接觸愈來愈頻繁而規律，在這情況下，國際社會（歐洲人提出的概念）得擴大，以包容那些國家。從這些方面來看，很容易就讓人覺得那時代的走向乃是邁向全球互賴，而在理察・科登（Richard Cobden）之類十九世紀中葉的自由貿易主義者眼中，全球互賴正是全面進步與和平的最佳保障。但實際貫穿這一「世界性」未來（許多自由主義思想家所深深信持的未來）者，乃是與此背道而馳、事後看來構成這一時代之特色的趨勢。

前幾章中，我們已了解日益富強的歐—美如何侵犯許多亞、非洲社會的地盤。有些社會遭征服，有些遭分裂，還有些則被告知若不迅速革新，想繼續保有自治國的地位，機會渺茫。但在一八七〇年代之前，是否一定會發生如此大規模而迅速的改變，仍有可疑之處。歐洲資源有限，在他們既有的領地裡所發生的反抗或叛亂，已使歐洲列強政府遲疑該不該再接新包袱。一八七五年《泰晤士報》論道：「在中國的我國國民應該知道，我們無意把另一個印度攬在身上。」[2]當時人們仍認為，亞—非洲諸國有可能振衰起敝，恢復國勢。一八七〇年代有了重大改變。該年代結束時，大規模的地緣政治危機已開始席捲仍保有獨立地位的亞—非諸國：北非的馬格里布地區；撒哈拉沙漠以南的非洲地區；鄂圖曼、埃及、伊朗三國構成的中東；中亞諸汗國；東南亞大陸地區，以及中國。這些地區存在著看來日益衰退的國家，即當時某位政治家所謂的「諸垂死民族國家」和另一位政治家所謂的「苟延殘喘的東方諸國」。它們的政治體制似乎在瓦解邊緣，內部秩序正在崩潰，財政紊亂；它們的國界往往劃定得不明確，且無法保衛邊境；它們無法保護外國財產或外國人：暴力、盜匪、宗教狂熱行徑，危及它們的舊社會秩序。問題是：它們的下場會是如何？

對於帝國未來的三種想像

世界「正全球化」，歐洲以外諸國則衰弱或衰敗，兩種現象並存於世，激起當時人們對各種族、各文化體之未來的想像，並為之驚恐。這有助於說明歐洲政治人物、外交官、商人、殖民者、傳教士討論其「帝國」未來時，為何充滿急迫之情。三種不同的可能情景，形塑了他們對未來的期望。作為「單一體系」的世界，被堅固的鐵路線和無形的金融、商業繩綁得愈來愈緊實，前景富饒繁榮。貿易會擴大、投資會暢旺、會有更多土地用於營利性生產。歐洲的勢力範圍，特別是歐洲宗教的勢力範圍，會相應擴大。一連串投機事業猛然爆發不足為奇，特殊利益的遊說團體出現：以募集資金、廣為宣傳、向所屬政府求援。但第二種可能情景，就比較沒那麼讓人放心。世界變得四通八達，不再受到「距離」這道護城河保護，而在這種感覺出現的同時，也普遍憂心起世界正被快速「填滿」。一八九三年，美國年輕史學家佛雷德里克·傑克遜·特納（Frederick Jackson Turner），發表「美國開放邊境已然關閉」的著名主張，緊接著在澳洲和紐西蘭也有人提出類似警告。[3]全球溫帶地區已無「空地」可供歐洲人施展拳腳，因此歐洲人將會為了控制熱帶地區和「諸垂死民族國家」的土地、商業，而互不相讓。[4]在這些地方，本土體制衰弱，外國的強大勢力將主宰一切。一個條約、一條鐵路、一個銀行或一座基地，就能使當地變成形同受保護地、外交附庸、排他性的貿易區。機會主義和警戒之心，乃是在這即將來臨之世界體制裡存活所要付出的代價。但其結果將是歐洲列強之間的對立日益激烈，他們兵戎相向的機率愈來愈高。

再來是第三種可能情景和第三組焦慮。在日本、中國、印度、中東、非洲觀察家眼中，危險似乎在於歐洲人可以用其傲慢的干預，輕輕鬆鬆就破壞他們的社會團結和文化自信。歐洲人愈是易於在他們國家走動、貿易，外國利益團體和影響力就愈容易衝破他們的防禦，在他們境內攻下不受他們政府管轄的地盤，顛覆當地政權。即使在東亞，都不難想像在不久的將來，西方貿易、海上武力、基地、條約口岸、傳教士將使該地區分裂，文化瓦解，任人宰割。日本的史學家和中國研究專家內藤湖南說道，世界已經變小。歐洲和美國已包圍東亞，種族鬥爭即將到來。[5]在歐美社會裡，與亞—非洲大型社會的社會—經濟關係可能更趨緊密，則引發另一種不安。歐洲人可能主宰全世界，但一如史學家出身的政治人物詹姆斯·布萊斯（James Bryce）指出的，歐洲人之大舉入侵較「落後」社會，已產生一「世界史上的危機」。[6]他認為，「基於經濟目的，全人類正快速融合為單一民族」，而在這單一民族裡，「落後國家」將淪為不具專門技能的普羅大眾。避免接下來會發生的「種族敵對」將相當不容易，因為通婚（最佳的解藥）不為白人所喜愛。[7]將個人稅務工作歷練與社會研究相結合的班傑明・吉德（Benjamin Kidd），在其極具影響力的大作《社會演進》（*Social Evolution*，一八九四）中警告，只有堅持不懈追求「社會效率」，歐洲人才得以保住其稱霸地位，因為膚色、血統及智力都不是他們得以稱霸的關鍵。在這新全球經濟裡勞力的流動性，則是令歐洲人憂心的另一個根源。許多移民國家（加拿大、美國的太平洋岸諸州、澳洲、紐西蘭、南非）擔心日本、中國、印度、非洲的廉價勞工湧入，從而滋生出害怕遭異族不知不覺入侵的被迫害妄想。

因此，在得意洋洋預言歐洲將稱雄全球的同時，歐洲人對未來還懷著更悲觀的隱憂。為防止種族摩擦持續不斷，種族隔離將有其必要；為防止白人以外的人種大量湧入溫帶諸「白人」國家，必須徹底拒絕他們移入（一如澳洲的「白澳」政策）；必須嚴厲控制新征服的民族，以免國力出現衰弱跡象時發生叛亂。儘管如此，查爾斯・皮爾森（Charles Pearson）在《民族生命與性格》（*National Life and Character*，一八九三）裡思忖道，未來發展仍有可能不如人願。他認為，一旦所有溫帶土地都被占滿，再無地方宣洩歐洲多餘人口，經濟停滯必然降臨。而由於「劣等人種」的人口增加速度，比「高等人種」快得多，歐洲得意的日子必然短暫。他警告讀者：「這一天終會到來，或許距今已經不遠。」

屆時，歐洲觀察家舉目四顧，將看到一道綿延不斷的黑人、黃種人居住區圍繞地球一圈，黑人、黃種人將不再虛弱得擋不住侵略，或將不再是受保護者，而是享有獨立自治地位或幾乎獨立自治的地位，壟斷他們所在地區的貿易，限制住歐洲工業的發展；屆時中國佬和印度斯坦諸民族、中南美洲諸國（那時已由印第安人占人口大多數）……剛果河與尚比西河流域受外國強勢階級統治的非洲諸民族，將受邀派出艦隊來到歐洲海域參加國際會議，將在文明世界的衝突中以文明世界盟友的身分受到歡迎……我們將赫然發現自己被我們視為具有奴性而永遠只能扮演滿足我們需求之角色的人推擠，甚至可能被他們擠到一旁。唯一令人感到安慰的，將是這些改變已無可避免。[8]

非洲與有關瓜分的地緣政治

歐洲人爭奪非洲的原因和「大規模外交協議」的爭奪模式

一八八〇年後歐洲入侵勢力的更形壯大，乃是全世界的現象。但說到歐洲帝國主義擴張得最快速或最全面的地方，則非撒哈拉沙漠以南的非洲地區莫屬。在此之前，歐洲人對「黑暗大陸」內陸的占領腳步明顯緩慢。因此，非洲這段歷史才如此令史學家著迷。歐洲人在一八八〇年代對非洲大陸的「爭奪」、「瓜分」、「征服」，在一個多世紀後引發激昂情緒和不安的討論。原因之一在於它們冒犯了當代人的種族正義觀，另一個原因則在非洲的後殖民處境，使其殖民過去比起其他更幸運地區的殖民過去，更真實得令人不忍正視。歐洲接管非洲的急猛與粗暴，也使某些人主張那是歐洲帝國主義的「典型」範例。事實上，歐洲人在熱帶非洲的擴張，比起在拉丁美洲、中國的商業帝國主義、在北美、澳洲的殖民者帝國主義、或英國人在印度次大陸的統治帝國主義，並無特殊之處。若說帝國主義勢力在歐亞世界廣大地區的爭奪是主秀，在非洲的爭奪則只是串場。但非洲的確比其他地方，更可清楚看出一八七〇年後有助於歐洲稱霸世界的部分地緣政治條件。那也可能促使我們去思索，在歐洲人有意願且有能力瓦解其他社會時，為何非洲諸社會比亞洲大部分社會更難以抵禦這外來的瓦解力量。

什麼因素驅使歐洲人突然大舉深入非洲？根源在於歐洲人將用於其他地方的進入方法，漸漸用於這最不易進入的大陸。非洲沿岸菁英階層及其內陸盟友，欲竭力保住對自己商業腹地的壟斷地位，而拜汽輪和鐵路這兩項攻堅利器之賜，歐洲商人才得以打破他們的壟斷。在非洲西部、東部、南部，一八七〇年代是歐洲人正擬訂計畫以將勢力更伸入內陸的時期。而有此野心的，不只歐洲人。埃及人（在今蘇丹南部）和尚吉巴人（在大湖區），也希望打造新商業帝國。這些人之所以會覺得其冒險計畫切實可行（且可能有利可圖），不只是因為有便利的新運輸科技，還因為其他三個因素。第一個因素是環繞非洲海岸的商業「幹道」變得日益熱絡，降低了將非洲貿易與全球主要貿易路線相連的成本，這在東非尤其明顯。在東非，蘇伊士運河和歐、亞間繁忙的交通，使印度洋和東非海岸的商業有了革命性變化，[9]但這情形也出現在西非洲和南非洲。第二個重要因素是現金的供應。一八七〇年代時，歐洲（特別是倫敦一地）金融機構的發展，已使募集資金以便往幾無所知的地區進行投機活動，變得遠比以往容易許多。「外國投資」這習慣變得更為根深柢固，且歐洲資產階級投身此道者變得比以前多。「宣傳行銷」的不實手法（商業宣傳、公司行銷、內線交易）大行其道，肆無忌憚吹噓其實根本是天方夜譚的發財之道，把貪婪之人和無知之人耍得團團轉。第三，這些發財夢之所以能讓人深信不移，乃是因為在非洲部分地區的確有珍貴礦物發現，讓某些人發了財。一八七〇年代時，南非境內已發現鑽石和黃金，為一八八〇年代的大淘金熱揭開序幕。這吸引了大筆投機資本流入往更北邊尋找黃金的活動中。塞昔爾・羅德斯及其友人以其新商業集團德貝爾聯合公司（De Beers Consolidated）控制住慶伯利鑽石礦場後，立即利用其獲利，從事最終使今日的辛巴威和尚比亞成為一龐大私人帝國（他們「英屬南非公司」之領地）的大規模劫掠遠征行動。[10]英國國內許多人熱中於買進羅德斯大企業的股份，成為其股東。

但這只是一部分情況。歐洲的擴張，如果是透過民間利益團體（有些是商業團體，有些是慈善團體）的逐步入侵，透過官員、軍人在既有殖民區邊緣積極追求個人事功的作為，勢力範圍和管轄範圍的擴大會很緩慢，那將是個毫無章法的過程。進攻受挫、激烈的商業對立、冒險事業破產、反抗行為、邊境戰爭，會拖慢歐洲人的占領腳步，會使征服過程遠比征服北美慢得多；更何況歐洲人移入非洲的人口數，比移入北美的人口數少得多。但這並非歐洲人爭奪非洲的模式。這過程格外迅速，而且（用地圖繪製學的術語來說）出奇的全面。尤其重要的是，歐洲諸國政府積極介入那過程——即使只是藉由同意瓜分條件並接下統治的職責。殖民地歐洲人的在地活動，一下子被捲入大規模的外交協議，何以致之？

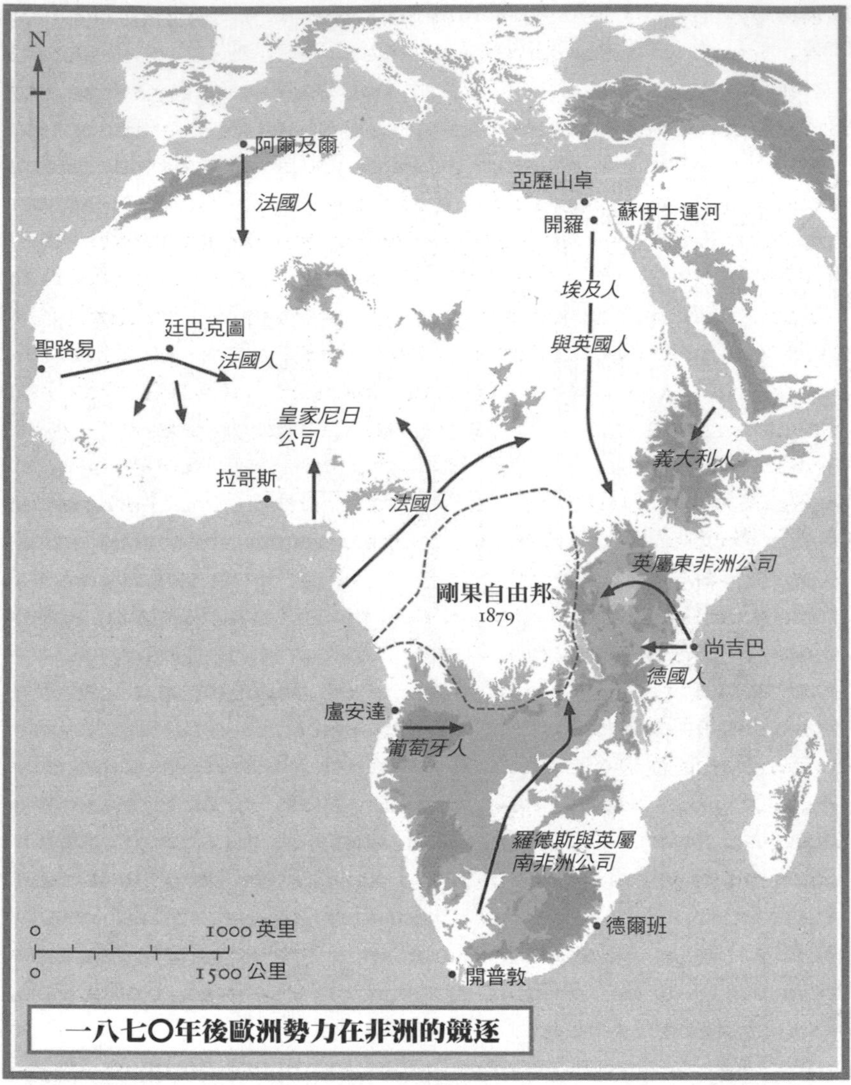

一八七〇年後歐洲勢力在非洲的競逐

瓜分非洲的起點：從英國占領埃及到柏林西非洲會議的「有效占領」原則

原因主要在於他地發生之事所引發的連鎖效應。一八七〇年代，歐亞世界有幾個歐洲以外的大國陷入危機，其中又以鄂圖曼帝國面臨的危機最為深重（該帝國的財政困境前面已提過）。一八七五至一八八一年，該帝國動盪不安，政府破產，國家遭入侵，在接下來的和會中被迫割地。有幾年的時間，該帝國本身的存續都遭到懷疑。該帝國一八七五年的破產，連帶拖垮其名義上的屬地埃及。在此之前，銳意革新的埃及王朝，以蘇伊士運河這個浩大工程（十九世紀最偉大的工程成就之一）為核心，以幾乎不顧後果的衝刺速度，致力於將國家現代化。開羅的統治者為此向歐洲大舉借貸，債台高築。但一八七〇年代中期，埃及稅收下跌，歐洲人隨之不願再借款給埃及，沒有新資金流入，開羅政府即還不出錢來。[11]

埃及的赫迪夫伊斯瑪儀不敢賴歐洲債權人的帳。他很有可能擔心債權人的政府出面干涉，但他也急於重啟攸關他王朝存亡的現代化工程。因此，他同意指派兩名歐洲監察人監管他的財政，直到具有清償能力為止。這是風險很大的實驗，必然會激怒那些將因此而利益受損的人，也會引來埃及官員和大臣的激烈反彈，削弱他的威信，而且會使這個穆斯林國家（伊斯蘭最重要的學術重鎮就位在開羅的愛資哈爾清真寺暨大學）的人民懷疑，那是異教徒欲接掌政治大權的陰謀。（幾乎是）可想而知，那兩位監察人很快就發現他們的「改革」無人理睬。他們向本國政府告狀，促使英、法兩國政府要求埃及採行更為嚴格的管理制度，即所謂的「雙重控制」，而英、法兩國對這制度的監控將更為嚴密。但此舉的主要結果，乃是催生出反對外人干預和反對赫迪夫專制統治的民間民族主義運動。「雙重控制」體制試圖裁減軍隊，結果於一八八一年引發叛亂，帶頭者是極具群眾魅力的軍官，上校阿拉比（Arabi）。

倫敦和巴黎這時均陷入窘境，更別提赫迪夫伊斯瑪儀。赫迪夫不得不指派阿拉比進入政府擔任要職。但很顯然的，阿拉比唯有反抗統治者，打破「雙重控制」體制，才能繼續得到追隨者的支持。英、法兩國內閣受到埃及當地自己人的抨擊和歐洲記者聳人聽聞的警告，飽受壓力：在一八八一至一八八二年間，光是《泰晤士報》就有將近七百篇文章報導這場「埃及」危機。憂心之士認為，阿拉比將會領導一狂熱政權，外國資產將會泡湯，借款將永遠收不回來，居人口少數的基督徒將會遭穆斯林暴民迫害（或者更糟）。在倫敦，還有另外兩個層面影響內閣的思考。雖然幾無證據顯示蘇伊士運河已直接受到威脅，但由於印度若再發生暴動（且第一次反英暴動的記憶猶新），該運河將是英國派兵前往印度平亂所行經的主要路線，因而其戰略價值已是無可估量。其次，對於視伊斯蘭狂熱主義為印度英－印統治政權最大威脅的英國治印官員來說，若在通往印度的幹道上有反抗歐洲勢力的暴亂得逞，那將是他們至高無上的威信絕不能接受的挑戰。那可能點燃導火線，引發規模更大的燎原大火。[12]

政治、財政、戰略上的種種論點交相施壓，促使英國格拉史東（Gladstone）的自由黨政府，拙劣地轟炸亞歷山卓（以威嚇阿拉比），接著在一八八二年九月大剌剌入侵埃及（法國決定不參與）。阿拉比落敗，被迫流亡國外。赫迪夫的威權得到確立，但也受到限制。英國在埃及政府裡安插本國顧問，在英國授意下，埃及起草了新憲法。情勢一穩定，出身銀行家族的埃弗林・巴林（Evelyn Baring）即在一八八三年前來埃及督導英軍撤離。但一八八〇年代結束時，英國人反倒決定無限期居留，而巴林本人更留了二十四年。埃及已成為「蒙上面紗的受保護國」，英國人聲稱他們占領埃及只是暫時，他們在此只是為埃及政府提供施政建議，但事實上，他們在開羅駐軍，在東地中海有海上武力巡弋，把埃及牢牢掌控在手中。

對英國政府而言，陷身埃及可能惹禍上身，能免就應免——英國拖了好久才決定留下，主要原因在此。其他強權強烈不滿英國奪取鄂圖曼帝國這個大省（埃及的法定地位）的方式。若因埃及問題而使英國陷入孤立，英國在其他地方的利益可能連帶遭受重大損害。早早撤離也不是簡便的解決辦法。英國人將需要有權處理埃及債務的歐洲列強主動同意。若不迅速改革財政，埃及的危機會惡化。倫敦將面臨難堪的兩難：要放掉埃及（和英國在當地的利益），還是不顧諸大國的不滿，強化對埃及的掌控。為免陷入即將發生的「受縛於埃及」（語出《聖經》〈出埃及記〉中以色列人受縛於埃及，後由摩西帶領他們出埃及的故事，當時人喜歡引用《聖經》比喻時事）的困境，英國人採取安撫策略，他們在（對自己）最無關緊要的地方主動讓步。在非洲西部、東部、南部的部分地區，在英國已在無他國競爭下自然取得非正式霸權的地方，英國同意法國和（特別是）德國的利益要求。英國還同意以一組新規則來決定領土主張出現爭議時領土的分配。一八八五年的柏林西非洲會議（舉行地點至關重要），事先敲定以「有效占領」作為權利裁定的主要標準。為降低商業衝突的發生機率，宣布尼日河、剛果河兩流域為自由貿易區。[13]

這場「非洲」交易足以降低針對埃及的外交紛爭，分化批評英國的陣營，但在一九〇四年英國承認法國支配摩洛哥的主張成功收買法國之前，占領埃及一直是教英國難堪的麻煩之一。完成這交易的諸公似乎認為情勢不大可能會有激烈變動，特別是在非洲。他們大有可能認為，藉由確立「有效占領」原則，他們將無限期拖延歐洲人正式擴大其在非洲內陸的勢力範圍。事實上，這原則反倒成為瓜分非洲大陸的起點，原因與歐洲諸國政府刻意採行的任何政策都關係不大。若非當地已有決意建造帝國者，決心不顧遙遠官員的看法，也要追求個人名利或升遷，這場瓜分不會如此如火如荼。唯一的大例外，乃是比利時國王利奧波德二世（Leopold II）。他在一八八四至一八八五年間，說服諸強權同意他的剛果自由邦（Congo Free State）對剛果河流域的領土主張（或許是因為這解決了如果不把這個地區給他，那麼應該給誰的難題），但即使如此，這剛果自由邦仍是屬他個人所有的私人帝國，而非屬比利時政府所有。在非洲其他地方，「柏林規則」則成為促使歐洲冒險家爭取母國政府支持其領土野心的公開誘因。他們的盤算很簡單：一旦把其他歐洲人趕走，獨自掌控擁有他們所覬覦之土地、人力、貿易的非洲社群就會比較容易。真正令人意想不到的，乃是他們遊說母國政府同意他們的領土主張時，竟出奇順利。

爭奪非洲

從一八八〇年代中期到一九〇〇年左右，這場「爭奪」（scramble，這名詞似乎在一八八四年九月已被《泰晤士報》創造出來）進行得非常迅猛。指揮官路易．阿希納爾（Louis Archinard）所率領的一群法國海軍軍官和他們的黑人士兵，一路打敗或吸納阻擋他們擴張的任何非洲國家，而在沙漠與森林之間的西非洲一片廣大地區創立一處軍事采邑。[14]這群人稱「蘇丹軍官」（officiers soudanais）的軍人，無視巴黎的怒責，先征服再尋求母國的認可。[15]他們質疑政治人物的批評帶有私人利害考量。通俗報紙報導他們的英勇行徑、報導閣員在派系林立的參眾兩院的軟弱表現，使他們免於被召回及羞辱。在此同時，在尼日河下游地區，軍人出身的強悍英國生意人喬治·戈爾迪（George Goldie），已把一搖搖欲墜的家族商行改造成新式企業。隨著汽輪問世而出現的激烈競爭，還有西非主要出口品棕櫚油的價格陡落（一八八〇年代後半降了三分之一），已使掌控供貨來源成為存亡關鍵。[16]經過鍥而不捨的遊說，戈爾迪終於在一八八六年贏得倫敦政府的皇家特許權——實際上是允許他對其公司貿易業務所在的今奈及利亞南部部分地區，行使最低限度行政控制的特許權。但戈爾迪將其「皇家尼日公司」（Royal Niger Company）打造為地區性強權，擁有私人軍隊和從英格蘭運來的輕型火炮。[17]從此他可以向與他競爭的非洲商人課稅，形同壟斷該地區經濟命脈所繫的棕櫚油貿易。不久後，該公司的軍隊在另一位擁有豐富非洲閱歷的退役軍官佛雷德里克·盧迦爾德（Frederick Lugard）的統領下，開始與今奈及利亞西北部地區的「蘇丹軍官」一較長短。

在西非，歐洲入侵者得以集結到剛好足夠讓他們從沿海挺進內陸，擊敗當地對手（有時是在極驚險的情況下打贏）所需的火力。戈爾迪就提醒他麾下的軍官，他們碰上的非洲對手極善於在作戰時用火，只要讓對方有機可乘，就難逃被燒死的命運。[18]面對三萬人的非洲軍隊，「我們只靠十二磅和九磅炮彈（的大炮），就免於遭殲滅」，幾星期後他向倫敦如此回報。[19]在東非（一八七〇年前是與外界隔絕得更遠的地區），就在拜蘇伊士運河開通所賜，而使抵達該地區更為容易、成本更低之際，尚吉巴蘇丹國（來自波斯灣的阿拉伯王朝）陷入政治危機，給了歐洲人趁虛而入的大好機會。大衛·李文史東（維多利亞時代英國的傳教士聖徒）廣泛刊行的個人遊記和他更廣為周知的死訊，使人道主義者開始關注東非奴隸買賣和從事該買賣的阿拉伯商人。這時候，尚吉巴蘇丹已被迫明令禁止奴隸買賣。在蘇格蘭，欲將「基督教、商業、文明」（他的著名座右銘）帶到他在今日烏干達、馬拉威從事其最後幾趟偉大旅行的地方，以尊崇他的貢獻的念頭，尤其強烈。有家公司在以孟買為大本營的生意人威廉·麥金農（William Mackinnon）主導下成立，並透過遊說在一八八八年成功取得特許權。但尚吉巴蘇丹日益衰落的大權，已促使卡爾・佩特斯（Carl Peters）之類的德國商人爭取俾斯麥支持，設立「保護區」——英國在一八八四至一八八五年就已同意的構想。麥金農的公司試圖在爆發穆斯林與基督徒內戰的烏干達賺到錢，卻未能如願。經過更為大力的遊說，加上英國政府擔心尚吉巴的「帝國」整個被德國人和法國人搶走，英國政府於一八九五年宣布兩個遼闊的受保護國（涵蓋今烏干達和肯亞）為英國領土。東非就此遭到瓜分。

在南部、中部非洲，爭奪行動大抵出自兩位擁有無窮擴張野心的巨頭之手。在利奧波德的剛果自由邦，一群施行寡頭統治的半薪軍官（大部分是比利時人）和流浪漢，開始替他治理和西歐一樣大的廣大地區。為了替自己的政權打造正派形象，利奧波德曾想僱用維多利亞時代英國另一位名人，外號「中國人」而深具福音傳播熱情的查爾斯・戈登為總督；但戈登拒絕，轉而選擇前往喀土木。但亂無章法之利奧波德「政府」的真正目的，乃是逼迫人民從事收集象牙、採集橡膠的工作（兩者都是利潤極大的商品）。這個政權以駭人的殘酷手段施行統治，造成種族滅絕般的後果（可能有一千萬名剛果人直接、間接死於其統治效應）。[20]二十多年後，這個利奧波德的私人王國，才因其殘酷統治引發的公憤而不得不收掉，改組為比利時政府轄下的殖民地。[21]

塞昔爾・羅德斯的野心則更大，但手段沒這麼殘酷。羅德斯非常樂於用錢去買到他所需的影響力（他公司的董事會裡多的是需錢孔急的貴族），樂於去欺騙投資人，樂於用殘酷武力對付反抗他的任何非洲社群。他的公司在今日的辛巴威境內與恩德比利人（Ndebele）、紹納人（Shona）作戰，為他和他的追隨者奪取非洲土地（今日辛巴威許多地方就以這種方式首度遭瓜分）。[22]但羅德斯的目標不只是奪取土地或致富。他決意將南部非洲幾乎全境，統一為名叫「英屬南非」的單一大國。這不只是為了確立英國在該地區的統治，因為羅德斯所嚮往的，乃是將當地的英裔和立場傾英的白人移民納入掌控，把整個廣大的次大陸打造成類似加拿大或（他所大為嚮往的偉大典範）美國的「白人國家」。但沒有倫敦的協助，羅德斯終究缺乏讓他的當地對手（擁有意志與資源為捍衛自己自由大打一仗的兩個波爾人共和國）接受他計畫的實力。

瓜分非洲為何如此理所當然？種族文化歧視、善於操弄媒體、占領成本低廉？

「爭奪非洲」的獨特進程，引發一連串疑問。為何歐洲諸國政府一開始就深信他們有權利提出搶奪非洲所該依循的規則？畢竟他們並未針對中東、中國或拉丁美洲制定類似的計畫。答案有很大一部分在於他們對非洲諸國和諸文化的敵視。他們對非洲內陸所知甚少，而所知的當中，大部分只是反映了傳教士、探險家、已在該地闖出一番事業而看法不盡可靠的生意人的自私偏見。我們有充分理由相信，旅行家視為真實而寫出的「黑暗大陸」事物，有很大一部分是在酒醉糊塗、藥物（為防生病而一次服下的多種藥物）作怪、滿腦子追求名利的夢想下虛構出來的東西。[23]在當時的歐洲人眼中，沒有哪個非洲統治者（除了信仰基督教的衣索匹亞皇帝可能是例外）能行使完全的主權功能。他們普遍認為非洲內陸國家是混亂野蠻的國度，奴隸買賣盛行，文明停擺。在「柏林規則」下，瓜分非洲的歐洲列強被認為應壓制既有的政權，扶植新政權。但這無法解釋歐洲諸國政府為何願意讓邊遠地區的商人和軍人牽著鼻子走，把它們通常基於（某種）風險或成本考量而不願承擔的重任攬在身上。

原因可從三方面來說。首先，邊遠地區利益集團深諳如何透過國內支持者遊說政府。他們懂得操弄愛國情操和商業貪婪，還有宗教情感與人道情懷。他們抓到在物價下跌時代（直到一八九〇年代中期才止跌）經濟焦慮的罩門，他們把通俗報紙（例如擁有百萬讀者的《小日報》）這項新宣傳工具的功用，發揮得淋漓盡致。[24]非洲資訊的來源通常掌控在他們手中，因此他們對事態的陳述往往難以反駁。在像羅德斯之類呼風喚雨者的手中，除了這種種有利因素，再加上能拉攏才智、權貴人士為己所用的非凡本事，而拉攏辦法往往是贈以他公司的豐厚股份。第二個因素與財政有關。邊遠地區利益集團的擴張若會加重財政負擔，再怎麼高明的遊說，恐怕都無法讓母國政府同意拿錢出來資助。這擴張若意味著要花掉大筆納稅人的錢，其好處恐怕會受到質疑，政治人物恐怕會比較謹慎，爭議恐怕會更大。但事實上，占領非洲的開銷驚人的低——大眾對此的熱中在一八九〇年代末減反增，這是原因之一。利奧波德、羅德斯的私人帝國，都未花到納稅人一毛錢。「蘇丹軍官」征服西非，帶給法國的帝國將近五百萬平方公里的土地，為此付出的代價則只相當於五百萬英鎊。[25]第三，在爆發戰爭的可能性上，情形也差不多。政治人物公開辯論殖民地領土歸屬問題時，常叫囂要出兵解決爭端，但大家心知肚明，絕不會為此鋌而走險，引發歐洲戰爭。就連長久以來欲將英國人逐出埃及的法國，都想過透過外交途徑解決此事：在國際會議上德國支持「解決」埃及問題。[26]這條路行不通之後，法國派遠征軍赴尼羅河上游，在一八九八年末期，該遠征軍在法紹達（Fashoda）與霍雷修．赫伯特．基欽納（Horatio Herbert Kitchener）的軍隊相遇，結果只冒出些許煙硝味，法軍就自己摸摸鼻子認輸撤走。[27]

非洲建造國家不易，往往藉由歐洲統治者達成某種程度的自治

後面兩個論點都需要進一步檢視。占領非洲內陸，為何只耗費如此低的成本？非洲當地的統治者為何未讓歐洲人付出較高的代價，就讓出獨立地位？概括而論失之武斷，而且我們對前殖民時期非洲的大部分地區仍所知不多，但史學界大體同意一個重要事實：在當時撒哈拉沙漠以南的非洲地區，幾乎每個地方都人力不足，而留下大片無人居住或無人使用的土地。這可能肇因於出奇惡劣的環境、奴隸貿易的衝擊、疾病的摧殘，這造成的結果至關緊要。在前殖民時期的非洲，建造國家格外艱難，要讓勉強接受統治的子民繳稅或盡義務，不管在哪裡都相當難；但在只須離開、找個小聚落棲身，就能反抗國家統治的地方，建立國家則更是難上加難。在某些特別有利於國家統治的地方（例如西非部分地區），統治者可以牢牢掌控貿易，但除此之外，非洲的國家就歐亞世界的標準來看，都仍小而弱。它們的地理位置不佳，無法從國際貿易的成長中得利；它們之中幾乎沒有哪個國家有錢購買現代武器，或養一支兵力強大到足以擊退歐洲人持續攻擊的部隊。或許最糟糕的，乃是普遍缺乏較大範圍的政治統一或文化統一，使非洲當地的統治者都擺脫不了一個難以察覺的罩門：在幾乎每一場對抗中，歐洲入侵者都很容易找到當地人襄助。在後來成為法屬西非的地方，「蘇丹軍官」用一支黑人部隊打下他們的戰士國，而那些黑人的薪餉以奴隸支付，這就是那場征服行動花費如此低的原因所在。在英屬東非，馬賽族（Maasai）戰士協助英國人征討基庫尤族（Kikuyu）和恩布族（Embu），而以所擄獲牛隻的一部分作為報酬。[28]對非洲當地統治者而言，最有可能實現的前景乃是保有某種地方自治地位。如果他們能讓子民和追隨者繼續效

忠，且與他們的新歐洲「主子」達成尚可接受的協議，這一前景實現的機率就大為提高。在奈及利亞北部、西部，以及布干達（Buganda，今烏干達部分地區），前殖民時期的統治者在這方面大有所成。

但歐洲列強為何如此不願意為他們的非洲帝國兵戎相見？瓜分非洲過程平和（至少就歐洲人來說是如此）。有劍拔弩張的外交折衝，有報紙上的憤怒陳詞，有歐洲人在非洲爭搶、揮舞拳頭，但歐洲諸國之間並未開打。在非洲的歐洲人，其母國政府玩兩手遊戲。它們深怕觸怒勢力龐大的殖民者遊說團體，或深怕面對殖民地領土糾紛時被指責為軟弱。總是有政治人物想藉由揮舞帝國大旗來提升自己的政治地位，有些政治人物則深信，若未在即將到來的全球瓜分中分到應有的一杯羹，國力衰落是必然。但對歐洲所有政府而言，歐陸均勢的維持，乃是比任何殖民擴張事業更重要的問題。他們的歐洲觀極為保守，認定如果發生危機，不值得為了保住非洲帝國而去冒讓歐洲情勢大亂的風險，因為他們都認為從那大亂中得不到好處。他們願意去思索在非洲建立殖民地盤，但那必須是在不危及自己國家在歐洲的安全這個前提下。他們也認定，歐洲人在非洲的領土糾紛應盡可能在歐洲和平解決，而不應在當地動用武力。非洲局勢的發展果如他們所願，因為歐洲諸國外交官都認定，除了蘇伊士和好望角（英國人唯一願為之而戰的地方），非洲各地與他們的利害關係都不大，主要須費心在調和不同遊說團體間的分歧。因此，歐洲人為瓜分美洲而兵戎相向，且時時揚言要在中東如此做，但在瓜分非洲時，他們卻出奇地融洽。這帶來兩個重大影響：一是使非洲當地領袖利用歐洲諸國間不和而漁翁得利的空間變小，從而快速淪為歐洲人的階下囚，也意味著非洲各殖民地的疆界一旦劃定，就可以不必防範任何歐洲敵人侵犯疆界（在第一次世界大戰之前）。

瓜分非洲的弔詭

爭奪非洲一事，清楚說明了歐洲日益高漲的稱霸全球野心，還有歐洲為遂行這野心能動用的所向披靡之實力。但那也是個弔詭。首先，歐洲諸國政府對於將控制範圍擴及非洲內陸興致不大，他們是在遊說團體的強烈要求下勉強回應；其次，一旦劃定自己的地盤，只要能在名義上控制條約所劃歸他們的人民和土地，他們即心滿意足。他們不覺得必須立刻贏得非洲當地人的效忠，或立刻著手打造殖民地人民的愛國精神。殖民國仍是架構粗疏的政治體：由少數一群外國人施予低度的統治，極度倚賴當地「合作者」的支持，而那些「合作者」的濫權行為即使被發現，也罕能予以制止；第三，「文明開化使命」（爭奪非洲時揮舞的意識形態大旗）顯現奇怪的雙重性格。它的心（在歐洲）或許強韌，它在非洲的肉卻始終軟弱。全球殖民主義的非洲經歷為何格外殘酷，原因之一就在對統治義務存有這不當一回事的漠視。剛果或許是極端的例子，但有充分證據顯示，歐洲人認為使用肢體暴力乃天經地義，且認為非洲人財產一詞是自相矛盾的說法，種族歧視和文化歧視是原因之一。但歐洲諸國政府同意讓他們的非洲子民任由商業利益團體或殖民利益團體（主導瓜分的那些遊說團體的後代）擺布，也是原因。在人口稀少的艱困環境裡，若不以光明正大或卑劣手段捕捉、控制非洲勞力，沒有哪個企業能生存。因此，在使非洲如此輕易就被征服，繼而如此輕易就淪入歐洲人惡劣政權（歐洲人在世界各地所成立的最惡劣政權的一部分）統治的諸多理由中，就帶有令人驚駭的對稱性。

瓜分時代的例外：白人與白人之間的南非戰爭

在這些規則所支配的瓜分時代，非洲某個地區出現了例外情況。一八九九至一九〇二年的南非戰爭中，白人與白人兵戎相見，數萬名白人（包括婦女和小孩）死於暴力或疾病或囚禁。白種男人摧毀其他白種男人的財產，燒掉他們的農場或搶走牲畜；黑人也被捲入這場白人戰爭，受到類似的傷害。[29]這場戰爭究竟為何而起？

在撒哈拉沙漠以南非洲的歷史中，南部非洲是個異數（且長久以來都是如此）。那是在十九世紀末期之前許久，歐洲人就已建立永久殖民地的唯一地區。從一七〇〇年左右開始，操荷蘭語的農民（波爾人）就從好望角往北遷移，將沿途遇到的非洲人慢慢納入支配。一八三〇年代末期，他們在一連串「遷徙」中向前猛衝，占領了今日南非高原地區的北半部。一八七〇年後，這股本土化的歐洲殖民勢力受惠於新發現的礦物財富（先是鑽石，繼而是黃金），實力猛然大增。對一八一五年後就支配好望角地區的英國政府來說，這是使這落後地區擺脫連續不斷又所費不貲之邊境戰爭的絕佳機會。他們希望將南非打造成類似加拿大的地方：一個經濟進步、立場「英國」、效忠大英帝國的聯邦自治領地。屆時英國貿易會興盛，好望角將為英國的印度洋海上交通提供安全保障。這也是羅德斯想要達成的目標，而倫敦為何願意支持他對今日辛巴威、尚比亞的領土主張，主要原因就在這裡。一位極敬佩羅德斯的索爾茲伯里勛爵（Lord Salisbury）說道：「他已為一宏大帝國奠下基礎。」[30]但北部內陸地區自立門戶的波爾人卻別有想法。一八五〇年代起，他們一直享有幾近完全獨立的地位。一八八〇年代初期，英國人試圖將川斯瓦爾人（Transvaaler）搖搖欲墜的「共和國」納入殖民地，未能得手；到了一八九〇年代，由於蘭德地區（Rand）金礦的收入遽增，一度破產的川斯瓦爾漸漸成為整個南非最強大的國家。其強悍的總統、老邊境戰士保羅・克魯格（Paul Kruger），以惡名昭彰的詹姆森襲擊事件（Jameson Raid，一八九五）挫敗了羅德斯的宏大計畫，打掉了羅德斯的政變企圖。他展現過人本事，成功分化了湧入蘭德地區的移民社群（大部分是英國人），打發掉英國人主張讓那些移民擁有完全政治權利的要求。但一八九九年九月，他似乎在公開要求完全獨立時（例如有權與外國強權直接往來），觸及英國的痛處。英國認為這可能推翻其在該地區的支配地位，使外交威信和戰略安全都連帶嚴重受損。幾個星期後戰爭爆發。將近三年後，戰事戛然而止，川斯瓦爾和奧倫治自由邦（Orange Free State）兩地的波爾人不得不承認他們是英國的子民，但白人仍統治整個南非的黑人。

世界五大強權的競爭性共存

瓜分非洲是說明歐美以外的世界將淪入殖民（或半殖民）統治的最鮮明證據：受占領、統治或對歐美產生某種經濟依賴。東南亞和南太平洋也遭歐洲人瓜分，使法、英、荷、德、（一八九八年後）美的支配範圍擴及歐亞世界的海洋邊緣地區。一九〇〇年後，地球上大部分地區在政治上、法律上已成為歐洲的延伸部，認為世界其他地方（特別是東亞大陸和中東）遲早會步上後塵，似乎是合理的推斷。事實上，的確有許多警訊顯示瓜分即將到來——只要列強談妥如何瓜分。

美國的帝國主義之路

瓜分並非十九世紀末期世界政治面貌上唯一的改變。一八八〇年後的三十年裡，被認為將共享全球支配權的四大或五大「世界性強國」，國力增強。其中有兩個是新登上帝國主義舞台者，最搶眼的是美國，另一個是德國。美國與舊歐洲的共生關係日趨緊密。愈來愈多歐洲人橫越大西洋，移入美國。義大利人、波蘭人、俄羅斯人、猶太人和其他許多國籍的人，與歐洲幾乎每個地區都建立了橫跨大西洋的連結關係，使歐洲的影響力在美國社會與文化裡擴散，開枝散葉。到了一九〇〇年，美國已擁有世界上第二多的歐裔人口（在包括黑人在內的九千兩百萬總人口中，占了八千兩百萬），僅次於俄羅斯，且歐裔人口的母國涵蓋歐洲各國。美國也已成為世上最大的工業經濟體，一九一〇年時所生產的生鐵和鋼超過英、法、德三國生產的總和。湯瑪斯·傑佛遜口中由獨立自由農民組成的共和國，已變成大工廠林立的地方：挖鐵、挖煤，製造紡織品和鋼，建造火車頭、船乃至汽車，加工處理食物和飲料。美國有龐大的勞動階級，其中有些勞動人口一如社會調查者雅各·里斯（Jacob Riis）向憤慨的大眾所揭露的，住在與歐洲貧民窟極類似的環境裡。[31] 比起歐洲的一般情形，美國的生活水準較高，階級區隔較寬鬆，社會流動遠大得多，但十九世紀結束時，已有上層社會階級清楚成形。該階級的人讀名校，仿效歐洲的上流社會作風，哀嘆美國政治的民粹走向和粗鄙不文；該階級的人也表現出與大西洋彼岸名門通婚的耐人尋味傾向，與英國貴族聯姻，二戰時的英國首相邱吉爾就出身自其中一樁聯姻。

美國仍以民主民粹主義及其公開實行種族隔離，而與歐洲大相逕庭；但在其他方面，美國這時候似乎愈來愈類似一個「正常」的歐洲國。一八九〇年時，美國已漸漸不再是擁有大片無主地或未占領地的邊遠地區社會。美國人體認到其天然資源並非用之不竭之後，開始加強保護飽受摧殘的環境，另一方面則是帝國主義擴張的使命感變得更強烈。美國加勒比海門口處的寶貴土地，竟遭該地的西班牙裔守護者（古巴的歐洲西班牙人）或中美洲其他地方的在地克里奧爾人漫不經心的管理，令美國人大為惱火；在太平洋岸（與中國、日本往來已久的地區），則另有些人把加州視為美國向東亞擴張的基地，把舊金山灣視為帝國的跳板。[32]美國迅速利用某些人對西班牙的不滿，在一八九八年掀起一場「漂亮的小戰爭」，奪走西班牙手上的古巴和菲律賓，說明了這一日益擴大的美國國家利益觀，在政治上已是切實可行。西奧多．羅斯福（Theodore Roosevelt）擔任總統期間（一九〇一～一九〇九），這個觀念得到進一步的落實。「羅斯福推論」（Roosevelt Corollary）直言無諱地宣示美國在加勒比海的霸權地位，此一推論宣稱，加勒比海地區和周邊的獨立國家若犯了輕罪或拖欠借款，美國將會為受害的外國代為主持正義，但不歡迎該國逕予干涉。而在羅斯福的推動下，美國終於要表現出海上強權的作為（海權的偉大倡導者阿佛烈德．馬漢是美國海軍將領）。一九〇七年，美國海軍的「大白艦隊」（因其塗上的漆色而得名）大張旗鼓巡行了太平洋一圈。[33]

美國開始以這種種方式申明其作為世界大國，與歐洲最強大國平起平坐的地位。作為在中國擁有治外法權特權的殖民強權（一八九八年後），美國的利益和立場似乎和歐洲非常類似。具影響力的史學家佛雷德里克．傑克遜．特訥宣稱，美國是個「擁有屬國和受保護國的帝國主義共和國……新的世界強權。」[34]一九一〇年爆發的墨西哥革命，把華盛頓往帝國主義之路再推進一步。為逼獨裁者烏耶塔（Huerta）將軍下台，美國在一九一四年占領了墨西哥最大港長達八個月。[35]但我們不應誇大美國與歐洲的相似之處。美國對歐洲全球殖民主義，仍採取若即若離的立場。美國雖有派代表參加柏林非洲會議，卻並未參與瓜分非洲。一八九〇年代之前，美國未在亞洲占有土地。一八九八年美國的帝國主義行動，引發一場遠比歐洲有時爆發的殖民統治辯論還激烈的政治爭議。羅斯福的海軍計畫，受到國會中的懷疑人士限縮、阻撓。[36]羅斯福本人把他所欲打造的新式海軍，界定為在「盎格魯—撒克遜」非正式海上武力聯盟中的小老弟。他論道，英國的海上霸權乃是「世界和平的強大保障」。[37]在經濟方面，歐、美間仍有顯著差異。當時美國幾無資本投資於國外，寥寥可數的對外投資大部分都投入鄰國墨西哥。美國工業主要滿足龐大內需和廣大農民經濟的需要，美國的生產只有百分之五真正出口（英國是百分之二十五）。美國企業的經濟殖民地位在美國西部、南部，而非海外。對於要不要採取其他世界性強權的侵略政策或備戰狀態，未有共識。但美國工業經濟的驚人成長，最終成為影響美國人看法的關鍵因素，因為那使美國人開始擔心遭排除於其他世界市場之外。由於在帝國主義地盤爭奪中只分到小小一杯羹，未來多搶到地盤的機率微乎其微，且到了一九一三年美國製造業產量已是全球之冠，因此，美國領導者順理成章地把任何全球瓜分行動都視為對美國利益愈來愈大的危害。

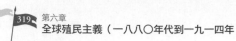

俄羅斯的帝國主義之路

一八八〇年後的三十年間，對於俄羅斯作為全球強權的未來命運，同樣至為關鍵。談論沙皇時代晚期的傳統歷史著作，喜歡著墨這個舊政權的弊病叢生，且通常將病因歸於農民不滿、中產階級薄弱、過度倉促的工業化及「落伍」的貴族階層。遭革命推翻因而是沙皇政權不可逃的命運，但過度強調衰落和腐敗，帶來膚淺的俄羅斯現代史觀。一九一七至一九二一年的動亂時期，俄羅斯帝國雖遭遇戰爭和革命的摧殘，然並未瓦解。甚至，在一九四〇年代中期，它還完成驚人的復原，國力臻於巔峰——令沙皇時代最有遠見的官員都會斥之為妄想的國力巔峰。

若考量到俄羅斯的歐亞帝國，有許多地方在一八八〇年之前只是個空殼，這成就就更教人意想不到。對穆斯林中亞的帝國主義征服才剛開始，俄羅斯透過一八五八至一八六〇年的《瑷琿條約》、《北京條約》，奪走中國大片土地，大大擴大了在東北亞的版圖。但俄羅斯對這廣大地區大部分地方的掌控，有名而無實。一八六〇年代的改革，並未對俄羅斯有形國力的提升造成立竿見影的效果，事實上，一八七七至一八七八年在國外的挫敗（俄羅斯希望速速打敗鄂圖曼帝國，結果受挫），還有國內的政治不滿，正與改革目標背道而馳；農奴經濟的現代化已開始。參照世界其他地方的改變速度（資金流入、貿易量升高、科技日新月異），俄羅斯欲保持在世界強國之林，看來機會不大。對大部分外國觀察家來說，壓制與混亂似乎是沙皇體制的主要特色。年輕的喬治・柯曾（George Curzon）以日後出任英國駐印度總督時的自信說道，其結果就是「忽而虛張聲勢、忽而猶疑不定的」政策。[38]

但俄羅斯國力依舊日漸強大。工業化遲遲才展開，但到了一八九〇年代，腳步已變快。到了十九世紀結束時，俄羅斯的煤產量約已是一八六〇年時的五十倍，鋼產量則是約兩千倍；[39]兩者的產量到了一九一三年又翻了一倍。俄羅斯出口遽增，從五千五百萬英鎊左右（一八八一至一八八五年的平均值），增加為將近一億英鎊（一九〇一至一九〇六年的平均值）。[40]烏克蘭發展成小麥大產區，凱薩琳女皇在黑海岸建立的城市敖得薩（Odessa），是這一新興穀物貿易的主要集散地。俄羅斯與法國的結盟一正式確立（一八九四），來自法國的借款即滾滾流入，協助俄羅斯現代化。[41]連接俄羅斯心臟地帶與中亞（奧倫堡—塔什干鐵路）、與太平洋岸（西伯利亞橫貫鐵路）的大型鐵路計畫，這時得以完成。隨著鐵路線的推進，移民大軍（來自俄羅斯歐洲地區過度擁擠之村落而渴求土地的農民）跟著湧入。這些俄羅斯拓殖地開拓者、農民、鐵路工人，往南、往東擴散，構成俄羅斯亞洲勢力裡最堅定不移的一環。[42]到一九一四年，已有五百多萬名俄羅斯人穿越烏拉山進入西伯利亞，還有更多人已定居在俄羅斯中亞地區的舊穆斯林汗國。[43]

沙皇政權以這種逐漸推進的方式，在第一次世界大戰前就將俄羅斯現代帝國體制的幾乎所有關鍵要素都安排就序。在一次大戰之前，俄羅斯已牢牢掌控住桀驁不馴的波蘭，從而取得其伸入歐洲的突出部、俄羅斯心臟地帶的防禦堡壘、在大國外交中施力的槓桿；烏克蘭則已被打造成財富來源、俄羅斯增強其在黑海地區商業影響力的工具、新興小麥出口經濟的發電機。烏克蘭的繁榮及鐵路網，讓俄羅斯牢牢掌控住高加索邊境地區，而高加索是通往中東的陸橋，從相反觀點看則是伏爾加河流域（俄羅斯的密西西比河流域）的龐大外圍工事。一九一四年之前，裏海岸巴庫周邊發現油田，已為高加索增添了新的戰略價值。藉由鐵路、移民、新興棉花經濟、強大的駐軍，俄羅斯已把中亞緊緊扣住，使其只能扮演守護俄羅斯歐亞帝國西南門戶的角色。中亞的貿易遭嚴密封鎖，成為俄羅斯的禁臠。[44]而隨著俄羅斯人殖民西伯利亞，西伯利亞的交通得到改善，俄羅斯對太平洋沿岸的薄弱掌控隨之增強。[45]一九〇四至一九〇五年的日俄戰爭慘敗，粉碎了俄羅斯人染指朝鮮半島和滿洲的企圖（俄羅斯曾計畫讓俄羅斯士兵偽裝成伐木工人滲入朝鮮半島），儘管如此，並未遏止俄羅斯成為太平洋強權的雄心，也未使其擴張腳步縮回東北亞。[46]因此，儘管其帝國體制脆弱不堪，而且技術落後、經濟脆弱、文化吸引力薄弱，[47]俄羅斯已不只在帝國主義擴張上和其他世界性強權並駕齊驅，它還已遵循獨具一格的路徑，進入了全球殖民主義舞台。

英國的帝國主義之路

一八八〇年，英國有資格自稱是獨霸全球的世界性強權，或許是唯一在世界各角落都有領土、有利害關係的世界性強權。它的殖民地和勢力範圍從加拿大西部到南非，從蘇伊士到香港，分布非常遼闊。這個帝國的許多地方是在一八三〇年代迅速建立起來，有許多地方人煙稀疏，幾無開發。英國之聲稱數大片地區為其勢力範圍，乃是在無其他強權介入下，自然而然成立。但一八八〇年後，隨著世界「被占光」，自然而然歸屬其勢力範圍一事成為昨日黃花。英國被迫以正式方式確立其勢力範圍主張，有時得以武力展示支持其主張。隨著世上更多地區遭瓜分，英國人開始碰上新一批可能帶來麻煩的鄰居，開始取得必須費心保護的新邊界，開始必須保持警戒，帶來的卻是弔詭的結果。大英帝國愈來愈大，受命保護帝國的外交官和戰略家卻愈來愈不安。英國擁有分散全球各地的遼闊領土，因此英國人似乎時時與人起紛爭。有位英國高階官員就嘆道，大英帝國似乎是個大巨人，「因痛風而腫脹的手指和腳趾，伸向四面八方。」一有別人靠近，這巨人就會因擔心遭觸痛而尖叫。[48]欲獲致對外關係的和諧，這不是良方。戰略家的緊張不遑多讓，他們認為英國海軍和人數不多的職業軍隊備多力分，前景堪憂。有些最敏銳的觀察家在思索，鐵路的廣為鋪設是否已使這強大海權國家轉為劣勢。或許這時候，均勢的維持繫於無法攻破、不受英國威脅的大陸統治者，例如「陸上暴君」俄羅斯。

這類憂心在南非戰爭期間達到最強烈，因為該戰爭曝露了英國軍力令人難堪的不足之處。更令人憂心的，乃是與英國敵對的強權可能會利用這個大好機會壓迫英國在世上其他地方（中東、中國）的利益，甚至可能藉由揚言從印度西北邊疆入侵印度，逼英國就範。這一堪慮的前景引發一陣軍事規劃熱潮，其中一項結論就是英國陸軍得買下亞洲所有駱駝供應前線。基於我們前面已探討過的諸多原因之一（擔心歐洲均勢被打破），其他大國決定不組成反英聯盟。但在倫敦，危機感已非常真切。那促使英國重新思考海軍戰略，決定建造新的現代艦隊。那促使英國與日本結盟（一九〇二），以確保英國在東亞的利益。[49]一九〇四、一九〇七年，那促成英國先後與法國、俄國達成協議，從而把英國拉進歐洲大國政治遊戲中的一個非正式同盟。[50]

在一八八〇年後的「世界政治」新時代，英國國力似已相對衰落。但從任何標準來看，英國的整體地位仍很穩固。只有在極少數地方，有一個強權能嚴重傷害其利益。唯一的大例外（因為美國入侵加拿大似已不可能），乃是俄羅斯入侵阿富汗和那將對英國在印度的統治所帶來的威脅。若有強權國家聯手打擊英國以壯大自己，其他強權國家極不可能坐視不管，即使那些國家有心冒險一試，其他強權都不可能坐視。此外，從幾個方面來看，英國本身似乎正愈來愈富強。國際貿易的巨幅成長，受惠最大的是英國人。英國光是對外投資這部分，從一九〇〇至一九一三年就成長了一倍。他們從不易察覺的外銷得到龐大的國際收支盈餘，應付新建大海軍的龐大開銷綽綽有餘。他們的殖民地（有百餘萬名可作戰的男丁）這時正急速成長，印度（英國帝國化亞洲的兵營和戰爭基金）亦然。英國在銀行、保險、航運、鐵路、電報、礦場、大種植園方面的海外企業，構成令所有對手望塵莫及的龐大商業帝國。一旦遭遇攻擊，他們經濟資產的龐大後備力量可以立即施展，同時以蟒蛇纏身般的海軍封鎖擊垮敵人。至少計畫是如此。

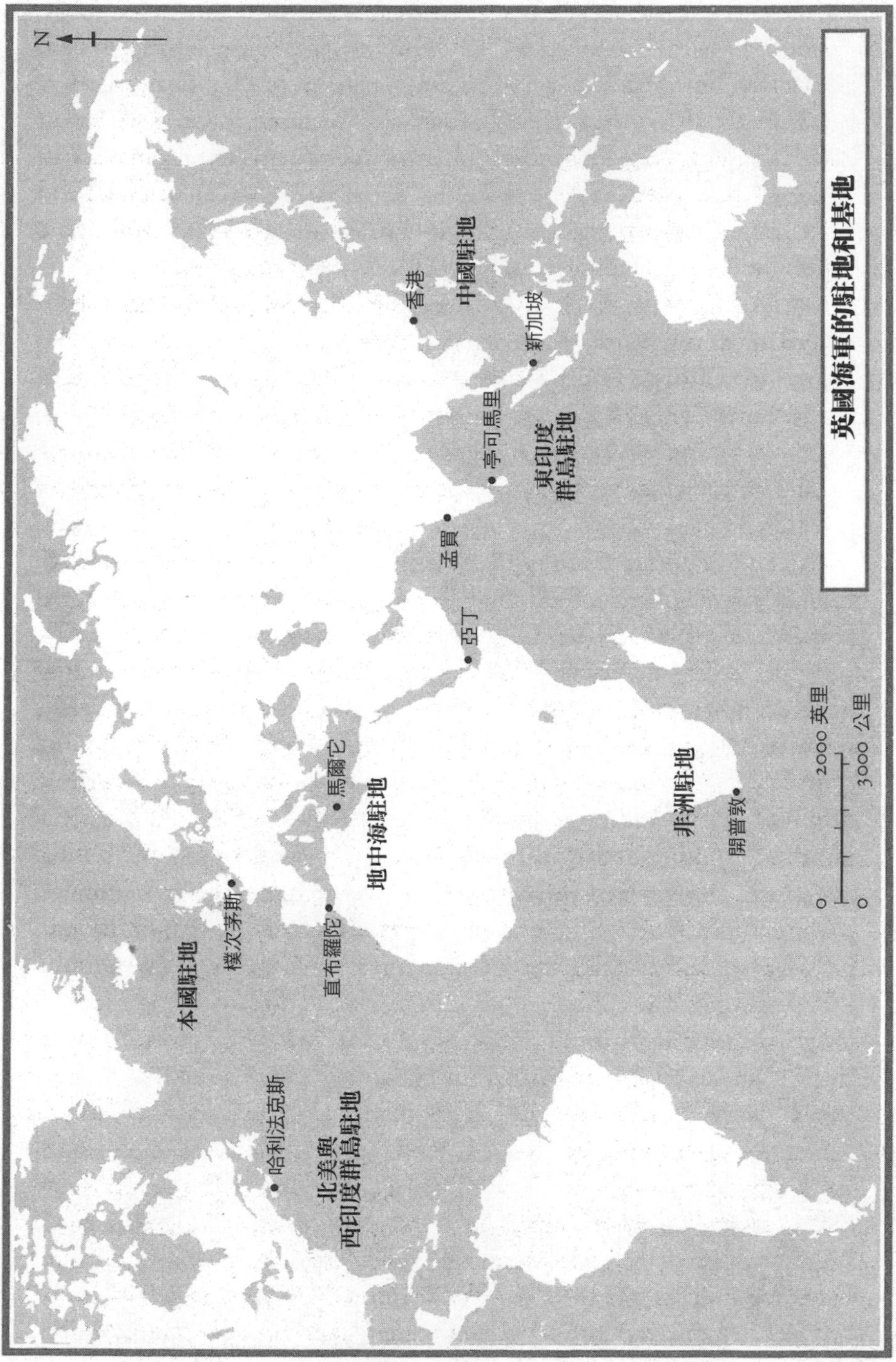
英國海軍的駐地和基地
N
本國駐地
樸次茅斯
直布羅陀
哈利法克斯
北美與
西印度群島駐地
地中海駐地
馬爾它
亞丁
孟買
亭可馬里
東印度
群島駐地
新加坡
香港
中國駐地
非洲駐地
開普敦
0 2000 英里
0 3000 公里

德國的帝國主義之路

一九〇四年後，英國人預想中的這類威脅，主要來自德國。一如美國，德國是大國外交舞台的新加入者，在一八七〇年擊敗法國、將日耳曼諸邦統一為以普魯士王國為首的半聯邦式「帝國」之後，闖進那舞台。德國似乎既有財力，也（在一九〇〇年後）有野心實行「世界政策」（Weltpolitik），以成為世界性強權。德國崛起的後盾乃是飆升的經濟成長：德國的國民生產總額從一八七三至一九一三年成長了兩倍；[51]德國的工業生產，在化學製品和電氣製品這兩個新興製造領域特別強；到一九〇〇年，德國已有完善的鐵路網，成為歐洲（俄羅斯不算在內）的人口最大國。[52]完善的交通、強大的工業基礎、龐大的人口，使德國的徵兵部隊成為歐洲最有效率的，也使德國成為歐洲第一軍事強國。一八八〇年代中期，俾斯麥已利用這些日益壯大的資產，在非洲大瓜分中搶到一些殖民地（和南太平洋一兩個殖民地）。但種種跡象顯示，他覺得那些殖民地毫無價值。[53]一八九〇年後接替他的幾位首相，則沒這麼篤定。如果中國被瓜分（因為似乎不無可能），太平洋遭海上強權圈為勢力範圍、鄂圖曼帝國瓦解（一八九〇年代中期時另一件可能發生的事），那麼德國就應要求在其中取得一份符合其地位與經濟實力的好處。如果未來將上演的，是各國在封閉的世界體系裡為求生存或稱霸，進行一場悄然無聲的優勝劣敗鬥爭，那麼德國別無選擇，只能走這條路。

德國人以怎樣的侵略方式追求其「陽光下的立足之地」，已是眾所周知，在此便不再贅言。但德國人從一八九〇年代末期起所施行的「世界政策」，其真正令人注目之處，在於他們其實極無心施行。[54]他們曾因薩摩亞、摩洛哥（兩次）、西非、通往波斯灣的巴格達鐵路而捲入幾場殖民地紛爭，而在這些紛爭中，他們或打退堂鼓或接受妥協。德國人這麼做有其充分理由。德國人對海外貿易愈來愈積極（例如在拉丁美洲），[55]但德國的經濟利益主要仍在歐洲境內（德國的對外投資亦然）。德國的強大軍力只在歐洲耀武揚威。若沒有遠洋海軍，將只能繼續如此。但柏林一開始建造遠洋艦隊，立即就和英國處於對立面。一九〇九年後，英國清楚表明將不計任何代價，建造比德國更強大的海軍。而藉由在奧克尼群島（Orkneys）的大基地，英國可封鎖德國海軍，使其出不了德國的北海諸港。

德國的地理位置，注定了殘酷的未來。德國的實力在歐洲。在歐洲，德國有數百萬名日耳曼裔同胞散布在其國境之外，德國商業和金融稱雄中歐、東歐歷史悠久，還有一批有意附庸於德國的國家，包括表面上仍是歐洲大國的奧匈帝國。鼓吹殖民的卡爾．佩特斯說道：「如果英國稱霸、一統海洋彼岸的世界，舊世界欲保住其霸權地位，除了建立歐洲合眾國，別無他法。」[56]佩特斯的意思非常清楚，德國若能稱霸歐洲（壓下俄、法、英），不只可以彌補它未能建立英式帝國的缺憾，還將摧毀全球殖民主義至目前為止所一直倚賴的地緣政治支撐，為展開有利於德國的全球新瓜分創造有利條件。但欲以武力稱霸歐洲的計畫危險極大，不容輕率採行，甚至不可讓決策者公開辯論（關於德國人的戰爭罪責，史學界為何一直未有定論，這是原因之一）。直到一九一四年，這仍是只存於腦海而可能因突發狀況而突然送上門的獎賞。

法國的帝國主義之路

表面上，法國擁有足以和這世界四強相抗衡的資源和本事。法國仍是難對付的陸上強權，也是海上強權之一（但相對日益衰落）。對外投資僅次於英國（約英國對外投資的一半），其中大部分投注在歐洲，特別是俄羅斯。法國思想、文化的全球影響力和法國作家、體制、藝術的威信，仍如以往般強大。一八七〇年代起，法國的大國地位一直以其亞—非帝國為鮮明象徵。從一八八〇至一九一〇年，法國的海外領地面積增加了超過十二倍（從九十萬平方公里增加為一千一百九十一萬平方公里），人口增加了超過十五倍（從三百萬增加為五千萬）。[57]北非、西非、赤道非洲的許多地方，還有馬達加斯加、中南半島、南太平洋部分地區，都已在法國統治之下。法國已在全球瓜分中分到很大一杯羹，但這還不夠。

作為企圖心強烈的世界強權，法國有三個弱點使其無法如願。在國內，它的人口成長停滯，工業發展遠遠落後德國，更別提落後英國。第二，法國殖民帝國雖然版圖遼闊，經濟潛力卻薄弱。法國沒有印度這樣的殖民地為其支付帝國開銷，沒有像美國這樣由殖民地獨立的國家作為其貿易夥伴和戰時盟友。更糟糕的是，法國有許多地方是可能帶來麻煩的戰略累贅，因為法國已任由保衛帝國的海軍武力漸漸流失。[58]有個以法國偉大外交部長泰奧菲勒・德拉卡塞（Théophile Delacassé，一八九八～一九〇五任職）為首的思想流派，認為法屬印度支那毫無實用價值，督促法國政府應把重點放在以摩洛哥、阿爾及利亞為基地的非洲─地中海帝國。[59]第三，法國在歐洲的地理位置（一八七一年喪失亞爾薩斯─洛林之後），使其比其他世界性強權更容易受到無法抵擋的一擊，因為沒有海洋屏障或陸塊橫隔在入侵部隊與法國的行政、工業中樞之間。因此，法國的政治立場忽而與英國走得較近，忽而又與德國和解，也就不足為奇。第三共和的派系政治、政權更替的快速、宗教效忠和國家忠誠（例如德雷福斯事件）問題引發的激烈對立，使法國外交政策的這些不穩定因素更難捉摸。

「競爭性共存」乃第一次世界大戰前的國際局勢

在歷史撰寫領域有一沿襲已久的思維，認為橫行全球而滿手血腥的帝國主義，為烽火連天的第一次世界大戰揭開了混亂序幕。但在一九一四年前幾無跡象顯示，世上最強的幾個大國有意為爭奪全球霸權而兵戎相見。事實上，他們採取某種「競爭性共存」的路線，認定至少眼前在他們之間存有粗略的均勢。他們之間雖有摩擦、推擠，但他們（和小型殖民強權）對於該以何種態度對待歐洲人以外的民族，看法卻大同小異。在他們眼中，支持某個殖民運動反抗其帝國主義主子，或宣揚民族自決的激進學說，再怎麼樣都是自取滅亡。他們理所當然地認為他們的文化較優越，認為他們的「文明標準」[60]證明干預或殖民「文明程度較低」的地區乃是正當之事。在他們看來，全世界分割為幾大殖民帝國，乃是在現代環境下順理成章且無可避免之事，受殖民者邁向最終自治的過程（如果真發生這種事的話）將極為緩慢。在此同時，他們認為國際和平的最大威脅，可能來自當時尚未被瓜分的「諸垂死帝國」。在鄂圖曼、伊朗、中國這三個帝國，賭注的輸贏較大，列強意見一致的機率較低：世界諸強權有可能因爭奪這三個帝國而失和。但事態發展表明，還有一個更加迫切的危機。武嚇式外交失控的風險一直存在，驚慌的統治者、機會主義心態的顧問、報紙上的喊殺喊打或者純粹估算錯誤，都可能使局勢由和變戰。全球殖民主義的脆弱穩定，還有世界和平，其實取決於歐洲諸大國的相互牽制和他們對歐陸不穩定均勢的尊重。如果均勢改變，帝國的地緣政治就會陷入混亂。

全球經濟

全球經濟的生成

探索全球殖民主義，不應只聚焦於歐洲諸國統治版圖的擴大。這一地緣政治變化的同時，全球經濟也起了變化。一八七〇年代，現代世界經濟誕生。[61]當然，洲與洲之間的貿易早就存在。事實上，一如前面某章所提過的，歐洲人開採美洲白銀，已在十六世紀創造出全球交換體系，但交換之物大體局限在銀塊和奢侈品。十八世紀時海上貿易大增，包括中國茶葉和印度棉織品在內的出口貨物，市場最遠及於美洲、西非。但最繁忙的跨洲往來，乃是大西洋兩岸的往來。到了十九世紀上半葉，西北歐、不列顛群島與東北美之間，已發展出高度的經濟整合。十九世紀後半葉的世界經濟，有一部分乃是北大西洋海盆的稠密商業網擴張到地球上之新地區的結果，那些新地區包括南美、非洲部分地區、印度、東南亞、澳洲、紐西蘭和附近的南太平洋諸島、東亞。該時期世界經濟的顯著特色之一，乃是在世界各地，不只奢侈品的價格，就連相當普通之大宗商品（如穀類）的價格，都不由地方因素或地區因素決定，而是由全球規模的市場因素決定。[62]世界貿易金額和數量持續上升。一八八〇年，世界貿易金額達到將近三十億英鎊，一九〇〇年達到四十億英鎊，然後從一九〇〇至一九一三年又翻了將近一倍，達到八十億英鎊左右的戰前數據。[63]但思考那時期的世界經濟時，不該只注意到貿易增加的問題。貿易的大增，伴隨發生了（其實有賴於）兩項更進一步的改變，而且這兩項改變把世界不同地區的商業活動連為一體。

第一項改變，是可讓任何國家連接上，並從中提取到支付進口開銷所需外匯的國際支付「通路」興起。從此國家不必再與各個貿易夥伴結算帳目：只要國家在某處有盈餘，該國家就可以在支付通路裡利用這份信用。[64]這解開了一直以來阻礙商業成長的一個重要瓶頸。第二項改變是歐洲的資本出口，在約一八七〇年後以更龐大的規模成長，且資本的投入地區分布，遠比那之前幾年還要廣。其中大部分資金投入美洲和歐洲其他地區，較小比例流向亞、非洲（一九一三年時英國對外投資約三成投入亞—非洲），但就資本來說，世界已變成單一市場。那市場十分注重商業資訊的快速傳送和準確（電報的主要功用），但也十分注重金融實踐與產權實踐的更趨一致。事實上，以商業為幌子的全球殖民主義，意味著將世界其他地方拉進以歐洲和歐洲的西側延伸部（美國）為中心的經濟體制裡。更貼切地說，那意味著全球分工：工業—帝國主義國家以其製造品、資本、信用，換取世界其他地方的原物料和大宗商品。

當然，這一新全球市場的形成，不只得力於純粹商業的活動，也不可能如此。該市場的形成，在幾個重要方面取決於大國以行動確立其支配地位和帝國直接、間接的擴張。例如在東亞，自由貿易體制已藉由武力和「不平等條約」的武裝外交強加其上；在印度，自由貿易體制則是藉由倫敦政府毫不含糊的堅持（從而掃除當地英國官員的疑慮）來維持。第二，若非英國在印度帝國的國際收支上享有盈餘，以英國為中心的多邊商業付款模式大概無法運作得這麼順利，而英國能享有該盈餘，既得益於高明的商業本事，也在同樣程度上得益於統治（印度人向其外國主子支付「服務費」）。[65]第三，此一全球市場能擴及澳洲、紐西蘭、西加拿大、拉丁美洲、非洲（擴及非洲的程度較淺），靠的是歐洲的人口帝國主義，由歐洲移民者占領土地，使原住民（在同意、被迫或受騙下）失去家園。一如貿易與投資的流動所顯示的，這一種「帝國」是經濟上最積極進取的。第四，不管在自己的殖民地或其他國家，歐洲諸國政府都提倡一種保障僑民企業之利益的產權體制。[66]市場體制將藉由當地法律

（如果可能的話），藉由治外法權（如果必要的話，一如在鄂圖曼帝國、埃及、伊朗、暹羅、中國、日本所見），穩步擴大其勢力範圍。

推動這新全球經濟的主要力量，乃是交通運輸的大幅改善和交通網的擴及全球。從一八六九年蘇伊士運河開通到一九一四年巴拿馬運河完成，歐、美以外世界的許多地方被拉進已存在於歐、美之間的交通網。汽輪、鐵路、電報及其海底電纜，構成環繞地球的交通、通訊網。一九〇〇年後，這一網絡擴張，將每個生產區納入其中，似乎是遲早的事。愈來愈大規模的產品交換，助長專業化和經濟互賴。隨著貿易量增加，專業化和經濟互賴似乎又助長了對更珍奇外地產品的無可滿足之需求。歐、美兩地工業生產的需求改變，也起了同樣作用。在國際貿易的主要品項上，除了棉花、羊毛、穀物、木材、糖、茶葉、咖啡這些存在已久的商品，又加入了橡膠、錫、其他賤金屬及燃料油。拜新冷藏科技誕生之賜，一八八〇年代起興起了易腐產品的出口貿易，易腐產品得以從阿根廷、紐西蘭之類偏遠地區，經數星期運輸，送到歐洲消費者之手。英國日益倚賴遠從一萬九千公里外的地方海運而來的基本食品，最能說明這世界經濟的驚人發展潛力。

自由貿易帝國的一環：全球經濟中心倫敦

新貿易的成長和舊貿易的擴張，由全球各港市的城區擴大，清楚可見。在北大西洋世界，多的是港市。但在十九世紀末期，新的（或更大的）港市出現在其他洲。布宜諾斯艾利斯（新征服之彭巴大草原的商業中樞）的人口在一八八〇年時為三十萬，三十年後就增為一百三十萬。[67]開普敦成長快速，以服務盛產鑽石、黃金的富庶內地。孟買得利於蘇伊士運河的開通，掌控了印度的西向貿易，並將其影響力擴及波斯灣。[68]新加坡作為進入南中國海的西大門和東南亞貿易的主要中心，繼續其令人瞠目結舌的成長。[69]上海作為中國最大港和長江流域（中國最富生產力地區）的商業中心，地位更為穩固。墨爾本和雪梨（和偏遠的但尼丁），將澳洲、紐西蘭、附近南太平洋島嶼的內陸地區，與世界另一頭的供應商和市場相連。

要成為繁榮的港市，必須大刀闊斧改善港口，整頓碼頭，建造廣闊調車場，將鐵路線（或水路線）往內陸延伸。[70]商業興旺的外在表徵，乃是海關大樓、火車站、銀行、旅館、供新興商人階級使用的豪華俱樂部、住宅的迅速建成。孟買火車站、新加坡的萊佛士飯店、布宜諾斯艾利斯華麗氣派的「巴黎式」新城區、開普敦的標準銀行（羅德斯存錢的銀行）、上海灘、墨爾本的科林斯街、雪梨馬丁廣場周邊幾大銀行的氣派建築，說明這一商業世界的自信和繁榮。這一商業世界有愈來愈多的碼頭工人、搬運工、鐵路職工、包裝工、倉庫工、辦事員為其服務。這世界的支配者是一群行走各地、往往見多識廣的菁英，且這些菁英橫跨遙遠距離的異地人脈，通常是他們得以經商有成、取得良好信用等級的關鍵。英國生意人（特別是蘇格蘭生意人）見於各大陸，此外，還有許多人同樣勇於四處闖蕩。在近東和黑海，這類人通常是希臘人。在孟買，商業鉅子是祖先來自伊朗的帕西人，而非印度教徒。帕西人、猶太人、亞美尼亞人（例如薩松家族），循著貿易路線往東發展。[71]他們的商行可見於新加坡（如今這裡仍有座亞美尼亞教堂）、香港、上海。在十九世紀末期新加坡的前幾大船東之中，有一人是阿拉伯裔。阿拉伯人在許久以前，就已在馬來群島建立貿易、航海社群。另一個傑出社群是華人，新加坡第一任首相李光耀的祖父，擁有一家航行於新加坡、巴達維亞（今雅加達）之間的汽輪航運公司。

在十九世紀末期，這一商業網的成員之間雖有文化差異，但若認為他們之間有許多共通之處，卻也不算不切實際。他們是天生的經濟自由主義者，贊成人員可在國與國間輕易移動，討厭官員干預，希望政府是契合他們理念而願投注資金追求「進步」的政府。他們十分注重合約的遵守和財產權，需要可靠的貨幣和值得信賴的銀行。簡而言之，他們的利益與全球瓜分相牴觸，因為後者會將世界鎖進封閉的帝國集團裡，他們更不希望出現那種鄙視商業勢力而排斥異族的殖民政權。對這種政權的憤恨，促使孟買的帕西人成為最早鼓吹印度人有權反抗英國人統治的人士之一。另一方面，如果商業打造的世界被分割成一個個疆界分明而難以駕馭的民族國家，而那些國家的統治者與大港市的商會成員在目標上不可能契合，那麼，即使是非歐洲人的商人，也將一無所獲。

簡而言之，商人希冀的就是毫不阻礙貿易、信用與資金的流動或人員（特別是勞工）移動的「開放經濟」。

這是一八四〇年代起英國人一直在追求的「自由貿易帝國」。一八四〇年代時，英國人就試圖在印度、中國，還有拉丁美洲、中東，強制施行自由貿易，並取得某種程度的成功。拜新運輸科技之賜，英國人得以將世界其他地方拉向歐－美商業的高壓區，但光是如此，還無法促成自由貿易帝國。誠如先前所提過的，不同市場間難以結帳，因而一市場無法支付其在另一市場所購買的東西，一直是貿易的主要障礙之一。解決之道就是建立一個多邊的外匯體系，好讓某國得以購買它無法直接付款購買的商品。但要使那體制運作，需要某種讓大部分商人都信賴的「通用貨幣」，用以充當他們所有不同債權的儲存所；第二，必須有一個可讓他們贖回其債權或可拿債權換取等值商品的地方。

倫敦可以滿足上述種種需求，因此成為這新世界經濟的中心。可自由兌換的金本位英國貨幣是世上價值最穩定的硬性通貨，「倫敦開立的（英幣）匯票」成為最可靠的國際交換工具。作為位在歐－美領域之中心的自由貿易港和英－印「體制」的帝都，倫敦是世上最大的市場。湧進倫敦「金融城」（俗稱「平方英里」）的商人、銀行家，輕鬆就可拿英幣匯票換取別種貨幣、找到客戶或買進可在其他地方賣掉的船貨。倫敦成為貿易所倚賴之形形色色商業服務的總部。英國海外銀行、保險公司、航運公司的業務，占去各大洲間新興的交通往來的最大部分，英國的船舶業務代理行和汽輪無所不在。一八七〇年後，英國的經濟利器裡加進對外投資這一項——源於英國經濟成長速度這時開始較慢於海外的「新興」諸經濟體。從那之後到一九一四年，從歐洲送出的資金有過半出自倫敦，其中許多流入將促成新市場開闢，連接新生產者的運輸體系。到了一九一三年，英國的海外資本有超過四成投入鐵路：國營的鐵路（一如在澳洲和印度的鐵路）或私營鐵路。[72] 英國貨幣的流動還帶來其他重大效應，使高低不平、阻礙重重的商業路線變得平坦順暢，原本難以獲致貨幣穩定的地方趨於穩定。[73] 那強化了倫敦對歐洲以外世界之商業資本的掌控，因為（當時人理所當然地認為）歐洲以外的世界要獲致繁榮，有賴於取得英國（在該世界求貸無門時最後求助的放款大國）的信貸。那使愈來愈多國家更快採用「金本位」制：以貨幣含金量確立其貨幣的價值，以擴大其貿易，促進對內投資。[74]

自由貿易的理論主張與弊端

因此，倫敦的城區規模和富裕程度，與日益增長的國際貿易同步成長。[75]倫敦的商人和銀行家深信，凡有益於倫敦的，就有益於世界。一八四〇、五〇年代，英國採行自由貿易理念和開放經濟時，不只將它們視為政策，還視為一完整的世界觀，一個被十字軍式熱情推動的意識形態。那意識形態所想像的世界，乃是人將因商業浪潮之助而擺脫統治者束縛的世界。個人自由與國際貿易將一起向上提升。自由貿易被認為是英國經濟成功的關鍵，世界其他地方經濟成長的關鍵（另一種選擇／保護，在一九一四年前遭英國政界拒斥，支持保護的一方在該保護什麼上面意見對立）。自由貿易的鼓吹者主張，讓市場決定該生產什麼東西，乃是利用經濟資源最有效率的方式。沒有資本或經濟根基的國家，應集中心力生產「主要商品」：世界普遍需求的原物料或糧食。這些國家應利用得自其主要商品的收入，購買其所需的製造品，償還所借資金的利息，因為只有在有鐵路、港口將商品運到市場的條件下，主要商品的生產才可能成長。其他任何方針（例如打造受關稅壁壘保護的工業生產）不只沒效率（因為可從國外買到較便宜的工業商品），而且不公平。那意味著消費者將會遭到課稅，以造福那些已得到關稅保護的人，而這政治過程必然腐敗叢生（自由貿易提倡者如此暗示）。因此，開明的殖民統治應該推行自由貿易（如英國人在印度之所為），一如明智的外交應時時刻刻倡導自由貿易。十九世紀末期出口的大增，包括印度和（一八九〇年後）中國的出口大增，似乎更進一步證明了這一經濟處方放諸四海而皆準。因此，倫敦在這新世界經濟裡扮演中心角色，不只其本身可獲利，他國也可獲益；就連資本的輸出，都可被貌似合理地描述為提供重要服務。學識豐富的銀行家羅伯特・布蘭德（Robert Brand）說：「加拿大（可能是一九〇〇至一九一四年英國資金的主要接受者）極用心維持來自英格蘭的資金流入不斷，就如同城市極用心維持水的供應不斷。」[76]

自由貿易理論認為營利性農業乃是全世界小農得到解放的靈丹妙藥。該理論認為，在自由貿易下，印度人、中國人將是身穿蘭開夏棉織布衣的滿意顧客。該理論推崇經濟互賴所具有的促進和平功用。當時一份著名的宣傳小冊說道，戰爭變得不可能，因為想發動戰爭的強權將在貿易的停擺中損失慘重。[77]但在不斷叨絮這一新世界經濟的互利好處時，自由貿易理論低估了該經濟產生的摩擦，忽略了該經濟的穩定隨時可能不保。很明顯的，這經濟俱樂部的新成員裡，有許多成員獲准加入的條件和舊成員不同。這些新加入世界經濟的成員，只能占據尚未遭占走的空間。他們必須生產更早入會的競爭者所不想供應的大宗商品，必須降低生產成本以彌補他們商業體制的缺陷，他們的勞工必須非常便宜。雪上加霜的是，轉向商品作物的生產往往可能使社會陷入危機。將移民帶進杳無人煙的地區是一回事，要在人口稠密而耕種權和租金要求攸關社會關係與社會地位的地方生產供外銷的商品作物，則是大大不同的另一回事。在這種地方，「過剩」農民「清理」土地，以便闢出耕地從事有效率的農業生產，將形同社會革命。印度的英國統治者深恐這種情形發生，因而（從一八七〇年代起）逐步限制傳統耕種階級將土地轉移給總部設在城市的生意人。在非洲，使自由貿易理論所建議的那種發展方式無法施行的，往往是勞力短缺，而不是勞力過剩。採礦公司和殖民者不斷抱怨「土著懶惰」，不肯為他們在這資本主義世界的邊陲地區所出得起的微薄工資工作。在此，互蒙其利的觀念，禁不住現實利害的拉扯而破功。使非洲人「工作」，成為殖民政權將他們貶為（在最壞情況下）農奴的藉口。橫徵暴斂（以讓他們非出賣勞力賺取工資不可）、不人道的工作規定、[78]禁止成立任何形式的勞工組織、沒收具商業價值的土地，成為殖民資本主義在非洲遂行其野心的部分武器。難怪在當時的非洲和其他地方，普遍將商業經濟和白人種族特權劃上等號。

在某些地方，當地的菁英階級（例如阿根廷的農場主〔estanciero〕）認為可從土地價值的升高和前所未見的城市繁榮中得利，於是支持新世界經濟，但即使如此，他們的支持還是有條件限制，而且那條件限制之大，絕非自由貿易主義者所願意相信。要維持信用流動、吸引更多資金、善加利用上漲的作物與大宗商品市場，就必須接受往往令人不快的規範。為保持貨幣穩定，支出就得予以抑制。為鼓勵貿易，關稅就得低，本地產業就得遭到犧牲。為了避免惹惱外國投資人，就得把外國投資人的鐵路公司和銀行捧在手心，討他們歡心。在歐洲以外的世界裡，有許多人認為自由貿易經濟是不公正的交易，並痛恨倫敦的支配。在印度和西非，本土商人傾向支持自由貿易，但也有些人痛恨歐洲企業享有的優惠地位。在貿易金額處於上升曲線階段時，這些觀點遭到打壓。但使這新國際經濟如此蓬勃有勁的商業條件，卻未必能永保穩定或持久不消。如果大宗商品的貿易榮景轉為蕭條，如果世界市場遭一場強權衝突破壞，或倫敦未能善盡其作為信貸、資金來源的職責，自由貿易的敵人將開始集結。歐—美世界的其他大經濟體，比英國更傾向保護主義。世界貿易的迅速增長，將那傾向壓抑到某種程度，但如果貿易增長受阻，以倫敦為中心的自由貿易區範圍縮小而財富縮水，最可能的替代選擇，就是形成一連串互相敵對的世界性強權所控制的集團。一旦沒有讓世界性強權共蒙其利的「開放區」，它們之間的敵對會更嚴重。協助催生出全球殖民主義的經濟體制，將開始倒退。

事實上，在一九一四年前，就已出現某些左支右絀的徵兆。貿易的急速擴張開始變緩，穀物出口無法再像以前那樣大幅增長。在諸工業國家中，最鮮明的變化乃是美國經濟出奇快速的成長。但這時候，歐洲人已開始憂心這個工業巨人會不會使以歐洲、特別是以倫敦為中心的新「世界」經濟變得不穩。美國已成為工業大國，但在原物料和糧食上大體自給自足，製造的商品大部分內銷。沒有什麼誘因促使它採行自由貿易，其關稅水平遠比歐洲諸工業國（俄羅斯除外）還高。[79]美國有龐大的黃金儲存（一九一〇年時幾占全球黃金供應量的三分之一），[80]而美國黃金儲存量占全球的比重如果有任何增加（如果因經濟急遽成長而大量買進黃金的話），則可能使其他金本位經濟體出現危機，因為他們的黃金儲備將會縮水。但這樣的危機如果發生，美國經濟的龐大規模和華爾街日益壯大的勢力，將使全球銀行家的「建議」難以在倫敦施行。如果工業世界的這兩大半之間出現裂縫，才剛開始成形的全球經濟可能最終會變得各行其是而難以管理。

文化戰爭

「進步」的自我、「落後」的他者：歐洲人對「進步自我」的探索

全球殖民主義已在政治上帶來一由帝國主義強權和殖民（或半殖民）屬國組成的階層體制。新商業經濟則在

世界許多地方，創造出由（歐洲）工業—資本主義主子和（主要是非歐洲的）生產大宗商品的「僕人」組成的類似世界，且那些「僕人」並未受到良好保護，難以抵禦國際需求的波動變化。全球殖民主義還有第三個面向。它投射出一個氣勢驚人而影響力無遠弗屆的文化階層體制。歐洲人在這時期積極以行動申明其文化的支配地位，積極程度既是空前也是絕後。一八八〇年後歐洲在亞、非、太平洋實質支配的版圖遼闊，意味著其文化影響力的散播比前此各時代更廣，更富權威性。歐洲的思想範疇、科學探索形式、對過去的詮釋、對社會秩序的看法、公共道德模式、對犯罪與正義的看法、文學表達模式，還有歐洲的預防治療方法、休閒觀，甚至衣著風格，都成為衡量其他文化的文明「標準」，而那通常是那些文化據認缺乏的東西。歐洲以外世界的受教育菁英愈來愈難擺脫歐洲統治者的政治威權，悲痛地承認自己的國家在知識、國力上令人驚恐的落後。在穆斯林思想家眼中，那似乎特別令人憂心。但他們要如何挑戰日益擴張的歐洲文化霸權？完全拒斥歐洲式的現代性，將會走上某種文化停滯，無異於自取滅亡。這樣的藥方將會加速他們已診斷出的疾病惡化，但另一個辦法，根據自己的文化要求改造歐洲方法以為己用（利用歐洲藥方保住自己的文化命脈），風險似乎又差不多。那可能使本地文化菁英階層分裂，使傳統淪喪，等於是以另一種方式替歐洲的最終勝利創造有利條件。

歐洲人認為，他們能猝然崛起，睥睨諸大陸、諸文化，乃是因為他們發現了持續進步之道。只有他們打破了其他所有文明都擺脫不了的興衰循環，只有他們發現國家致富的訣竅，他們的科技成就已是舉世無雙。他們已突破迷信、迷思的舊障礙，而將他們對知識的探求，建立在從實際經驗得來的知識的嚴謹查證上。他們普遍認為，他們謹遵四大基本規則，而得以獲致這樣的成果。第一個規則乃是鼓勵觀念的自由交流，壓抑可能會阻止該交流者（例如神職人員）的權力。第二個是保障個人財產權，使之不受一般犯罪侵犯或專制君主剝奪（因而確保了個人追求改善的動機）。第三是建構能在某些人（擁有物質進步所倚賴之勞力者）之間維持道德規範、特別是性規範的某種社會體制。女人在其「自成一格的領域」裡受到正確對待，成為評斷是否進入已開發社會的標準。最後一個是提倡強健體魄和勇敢，出國闖天下的歐洲人常把他們稱雄世界的軍力和政治支配歸功於這兩項「陽剛」特質。但這些習性和態度如何、為何得到採用，它們如何牢牢扎根於歐洲諸社會，仍是眾說紛紜，莫衷一是。

歐洲人自信只有他們掌握了進步之道，而這份自信可以部分說明歐洲人看待其他文化時，為何頻頻流露出那種令人難堪的傲慢。如今有人主張，歐洲人編造出一個陷入道德、知識「落後」之泥淖的東方「他者」，乃是歐洲自我界定為「進步」一方的關鍵因素，而這說法看來頗有道理。只有堅持「東方」（事實上所有非西方的民族）的衰敗，歐洲人才能信心滿滿地堅持自己的進步認同。而這幾乎毋庸置疑地誇大了歐洲人對世界其他地區的知識探求興致。一如大部分文明，歐洲人所執著探求的不是他者，而是自己。他們是從審視自己的過去，得出他們已獲致驚人進步的心得，只是對那驚人的進步是如何發生的沒有共識。他們還意識到在歐洲許多地區雖有進步，但進步一直很慢。歐洲思想界最激烈的辯論，並非著墨於歐洲以外的世界，而是著墨於要把歐洲前工業時代的信念和價值觀拋棄到何種程度，才算安全。歐洲知識份子間諸多激烈的交鋒，有一些著墨於宗教地位、「傳統」道德、「民間」文化和語言、在現代社會裡的前現代社會關係（社會家父長主義）等主題。[81]當時人普遍認為進步很容易就逆轉，進步受到披著教會外衣的「反動勢力」威脅，特別是受到自由主義思想的威脅。進步可能被來自下層的力量推翻，被一場反對其嚴格經濟規範的民眾暴動（社會主義或無政府主義的威脅）推翻。進步可能導致「退化」，也就是當時人常宣稱的城市生活、工業社會對環境、道德帶來的影響。進步可能迎合大我而抹除小我，以粗俗的物質主義取代精神上的追求，從而走上自我毀滅。社會恐慌感使人覺得這些論點點出了需要解決的急迫問題。[82]在這些只關注自身的氛圍中，無知與漠不關心支配了歐洲人對西方以外世界的態度。在生存的大搏鬥中，西方以外的民族是旁觀者，只有極少數歐洲人有心了解他們。根據只有歐洲（或歐洲已開發地區）已擺脫掉的停滯過去來解釋他們的文化，簡單省事。

這傾向還因為一個因素而更大幅強化，那就是歐洲人採取什麼方式開始關注歐洲以外的許多地方。的確有大量著作將亞—非世界介紹給歐洲讀者，但那些著作大部分根據歐洲人在該世界所進行的特殊活動寫成。在軍人、探險家、傳教士的報導式著作中，著墨最多的乃是亞—非洲社會的暴力、貧窮偏僻、迷信。在現有的殖民地中（最佳例子是印度），人種調查大部分由歐洲官員執行。[83]幾乎是可想而知的，他們利用當紅的種族理論和生理理論（例如顱骨學，原是為了說明歐洲境內種族差異而推出的理論），[84]堅稱那些社會缺乏那些「進步」特質，因而難免會有一段時期接受外族統治。在他們筆下，大部分印度人、非洲人未在歐洲後面緊追，而是被傳統綁住，那些傳統使他們無法自己管好自己的社會，而且必須經過一段無法斷定需要多久的時期才能予以矯正。在新近占領的殖民統治地區，歐洲人更不假思索就主張，歐洲人入侵所造成的失序，證據確鑿地說明了前殖民時期體制的混亂和野蠻。這些非西方社會，若任由其現狀發展下去，不會慢慢邁向現代性這個遙遠的目標，反倒會走上社會、道德急速崩毀的命運。他們一旦碰上歐洲人的直接競爭，滅亡可能就是他們的下場——紐西蘭的毛利人和澳洲土著就常被預測會走上此途。

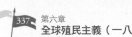

殖民地菁英的文化反抗：三種文化戰爭

十九世紀結束時，歐洲評論家愈來愈傾向於認為歐洲以外諸社會的「停滯不前」，乃是遺傳性的疾病。不管起源為何，文化差異都變成「種族」差異，文化習性則變成種族「本性」的產物。[85]粗心的干預、過於倉促的改革或不負責任的剝削（官方對商人活動與殖民活動的傲慢觀點），可能導致劇變，摧毀整個體制存亡所倚賴的內部團結。穩定是日益迫切的需求，而促進穩定的最穩當方式是支持當地的習慣法（而非自外引進的法律體系），支持「新傳統」統治者（接受其殖民地位的當地權貴），而非支持殖民地裡受西方教育的菁英（英國派駐印度的某個總督以輕蔑口吻稱這些菁英是「微不足道的少數」）。[86]在某些情形下，殖民統治者認為獲致穩定的最穩當方式，乃是刻意施行領土分隔政策。管理南非「土著事務」的官方委員會，就提出這樣的解決方案。[87]因此，對於與西方以外世界的未來關係，歐洲人並沒有任何宏大的理論。影響力廣受吹捧的社會達爾文主義，並沒有明確的帝國主義擴張意涵，事實上，許多社會達爾文主義者認為帝國主義擴張會導致文化稀釋、種族稀釋，因而強烈反對。[88]就在歐洲人爭辯歐洲格外積極進取的原因為何的同時，他們對歐洲以外民族「停滯不前」的原因和結果，看法也陷入嚴重分歧。歐洲人認為印度是個由自給自足村莊組成的不流動社會、中世紀風俗的殘餘，或認為是其最早的亞利安統治者與本土達羅毗荼人種族混合的不幸產物。[89]有些歐洲思想家看破工業主義的缺陷，發覺「講究精神追求」的東方有許多東西令人欣賞：手工技藝存而未失、沒有階級衝突或非西方社會的「接近自然」。[90]歐洲人竭力欲將紛然雜陳的各種非西方文化分門別類。對於他們賴以穩固其統治地位的特殊群體（殖民軍隊所需的「善戰種族」，或奈及利亞與北印度境內的伊斯蘭菁英階層），他們務實地承認其擁有特權地位。他們沒有資源，也沒有膽量強行實施自己的文化計畫（即使自己有這樣的計畫亦然）。他們不得不倚賴當地人士提供許多資料，以編纂官方史書、手冊、法典、地名辭典和人種誌。因此可想而知，統治印度的英國當局讓婆羅門階級繼續享有其自古以來的最高種姓地位，申明種姓制度為印度社會的基礎：英國官員對印度歷史的了解，有許多地方就得自婆羅門學者和梵學家。[91]

戰爭一：師法歐洲的文化變遷模式

這一現象代表的重要意涵，乃是在落入歐洲人宰制的大部分地區裡，本地菁英仍有進行文化反抗的空間。我們可看到他們發動三種不同的文化「戰爭」。第一種大大仰賴歐洲的文化變遷模式，例如在孟加拉，大舉進入英國行政機構任職的新興讀寫能力階層，很快就得到「英國」教育，但那些人也汲汲賦予孟加拉一個仿效英國的文化形象。在他們眼中，孟加拉語應成為文學語言，以孟加拉語撰寫的詩、小說、歷史、新聞報導，將會創造出新的孟加拉認同感，[92]老師與記者將創造出現代孟加拉民族。殖民統治政權尚在草創階段的體制，將成為原型國會，日後英式國會的前身。蘇倫德拉納特．班內傑亞（Surendranath Banerjea，無君王稱號但擁有實權的孟加拉統治者）之類政治領袖的主要角色，乃是打造自治架構，以便成立一新的歐式民族國家。[93]類似的模式還可見於西印度的馬哈拉什特拉（Maharashtra），該地區刻意使用以本地語言、西式方法撰寫的歷史，創造政治自覺和文化自覺。[94]這種雄心為早期印度民族主義的形成提供了部分燃料，但作為文化策略，這種雄心需要有一個具讀寫能力的強大菁英階層作為殖民當局與當地社會之間的中間人，才得以成功。

戰爭二：宗教復興

伊斯蘭教

一部分因為這個原因，有種較普遍的文化反抗以宗教復興的方式表現出來。除了少數例外，歐洲人傾向認為基督教在歐亞世界裡的勁敵（例如伊斯蘭教或印度教）為衰落的或行將滅亡的。他們把伊斯蘭教學問貶為落伍的經院哲學，曾有輝煌過去，但在學術領域裡沒有未來。伊斯蘭學者囿於古代典籍，無法承認世界已然改變，或無法改造自己的觀念以符合從實際經驗得來的龐大資料。正因為伊斯蘭正統學者「烏里瑪」在這方面的失敗，才給了諸蘇非「教團」和深具群眾魅力的教團領袖（謝赫和北非伊斯蘭隱士）大肆擴張的空間。那使得「基本教義派」運動得以鼓動風潮，對異教徒、多神教徒、腐敗的穆斯林同志發動聖戰。歐洲人對此一穆斯林「狂熱主義」懷有特別的厭惡（和特殊的恐懼），認為那正是伊斯蘭無法進步的表徵。穆斯林狂熱主義在十九世紀末期最著名的勝利，乃是馬赫迪派（Mahdist）反抗埃及在蘇丹尼羅河流域殖民統治的暴亂。一八八五年馬赫迪派的聲勢達到頂點，攻占喀土木，殺死埃及政府（在英國極力施壓下）派赴當地執行有秩序撤兵的總督戈登將軍。[95] 十三年後，英國人在恩圖曼（Omdurman）擊敗馬赫迪派軍隊，重返喀土木，基欽納下令將第一任馬赫迪❶統治者穆罕默德·艾哈邁德（Muhammad Ahmad，一八四四～一八八五）的遺骨丟入尼羅河。基欽納還打算用這位馬赫迪的顱骨作菸灰缸，維多利亞女皇下令阻止，他才作罷。

事實上，穆斯林對歐洲文化擴張的反應，一般而言並不如此激烈，且更持久。上文提及的馬赫迪是個位在伊斯蘭世界邊陲而富群眾魅力的講道者。相對的，位於各大學術中心的穆斯林教師深知他們的傳統學問已經過時，必須想辦法改造正統學問，以因應現代思潮。十九世紀末期兩位穆斯林大學者，哲馬魯丁·阿富汗尼

❶ 譯按：伊斯蘭教徒所期待的救世主。

（Jamal al-Din al-Afghani，一八三九～一八九七）和穆罕默德・阿布杜（Muhammad Abduh，一八四九～一九〇五）都致力於此。兩人都努力精通歐洲思想，且都在巴黎留過學。面對歐洲進逼，兩人都矢志支持並維護穆斯林團結共禦外侮，而且兩人都在英國占領埃及（伊斯蘭最崇高的學術中心就在開羅的愛資哈爾清真寺暨大學）時，親眼見證了歐洲的進逼。最終目標乃是重振烏瑪（umma，全球穆斯林信士）的活力，重新教育烏里瑪（穆斯林的學術導師和顧問）。那意味著要將已接受伊斯蘭的形形色色文化體裡，穆斯林所採納的迷信、非正統信仰、不純正的習俗全予破除。那意味著不只要淨化，還要達成某種現代化。改革後的烏里瑪將與各大學術中心往來更密切。他們將會在穆斯林神學和歷史上得到正確的教育，將更有能力以令人信服的伊斯蘭反應對抗歐洲思想。他們將會更有自信，並以更有效率的方法將伊斯蘭的教義傳達給穆斯林信士。講道、教學、散播思想，將善用新媒體（報紙、書籍印刷便宜）、新式教育（運用西式教室和學校）、便利的新交通。汽輪和鐵路使前所未有之多的信徒得以前來麥加朝覲，坐在大學者跟前聆聽教誨，理解伊斯蘭世界的遼闊。整個伊斯蘭世界團結合一，出現更富才幹的菁英階層和更有紀律的烏瑪，對於伊斯蘭在現代世界的特殊地位有更深刻的認識，將是可預見的結果。[96]

在許多穆斯林觀察家眼中，朝此一理想邁進的大業，到一九一四年時進展得極有限。烏瑪成員龐大，分散各地，往往不識字又貧困，欲動員烏瑪，任務艱鉅。伊斯蘭世界因政治、種族、語言上的分隔而四分五裂。欲將阿拉伯語（穆斯林科學、法律、神學的傳統用語）現代化，浩大而艱鉅。各大穆斯林國家繼續遭歐洲人挫敗、羞辱（本書後面會說明）。事實上，在某些穆斯林社群裡，講究民族分別的民族主義和有疆界區隔的國家，似乎比泛伊斯蘭統一體這個遙遠的理想，更有可能作為反殖民統治運動的基礎。有時，在主張伊斯蘭與西方科學、政治可並行不悖的人，和認為西方科學、政治會腐化人心的人之間出現激烈對立。但毋庸置疑的是，阿富汗尼和阿布杜一直大力提倡而日益強烈的伊斯蘭認同感，已開始使許多穆斯林社會展現蓬勃生氣。在西非，穆斯林宗教菁英除了更牢牢掌控信士社群，還強化了其對法國當局的影響力。[97]在埃及（伊斯蘭現代主義的中心），穆斯林對道德改革和加強社會紀律的關注，使民族主義政治主張在受教育階層裡更受歡迎。[98]在印度，在阿里格爾（Aligarh）所創立的新穆斯林大學（英國—東方學院）或許注重西方的現代知識，但那也是一九一四年後嶄露頭角的「青年穆斯林」（Young Muslim）領袖的搖籃。[99]在受殖民統治的東南亞，改革主義運動和新印刷媒體協助散播了伊斯蘭意識，[100]在荷屬東印度群島，這意識催生出政治運動組織「伊斯蘭聯盟」（Sarekat Islam）。

印度教

在印度教方面，也出現淨化、整頓宗教習俗的類似趨勢。改革主義運動如亞利安社（Arya Samaj），暗暗承認強調個人與上帝之關係的基督教信仰的宗教吸引力。在民間層級，這一宗教復興可見於「護牛」運動和鼓勵膜拜印度教眾神而非地方神祇的運動。交通工具的改善，促使更多信徒到貝拿勒斯、母親河恆河和其他印度教膜拜中心。在受教育人士圈，以印度本地語言印製的印刷物，協助散播了精神導師和宗教運動的影響。但一九一四年前最引人注目的發展，或許是甘地的文化反抗宣言：一九〇九年出版的小冊子《印度自治》（*Hind Swaraj*）。[101]他在一八九三至一九一五年間居住、工作於南非，《印度自治》則是他乘船於倫敦、南非之間時寫成。這本小冊子巧妙融宗教、文化、政治主張於一爐，為文化復興擬出了第三條大戰略，申明淨化後的印度教價值觀乃是社會的道德基礎。該冊子也採納歐洲人的觀點，將印度社會視為一個由多個「村社」拼貼而成的龐大集合體。甘地的目標不是再去下個了無新意的「停滯不前」論斷，反倒堅持自給自足村落，在道德水準上優於西方所強加的人為的、剝削的、製造分裂的文明。因此，印度的自治，將不是只靠接收殖民政權的體制來完成（照甘地本人生動的比喻，那就像是除掉了老虎，而仍保有老虎的本性）。也就是說，要實現印度的自治，就得清除西方支配業已帶來的所有東西，包括法律和醫學、鐵路和電報、印度政府本身。按照甘地的構想，宗教改革為道德改革的一環，道德改革為社會改革的一環，社會改革為政治鬥爭的一環。道德解放將促成政治自由，因為印度人一旦拒絕英國統治所倚賴的精神霸權（甘地說印度人一直「同意」英國人統治），就會撤回其與英國人的合作，而英國殖民統治就建立在那合作上。甘地以驚人的本領（還有僅僅一份小冊子），說明了文化運動可以如何在關鍵時刻來臨之前，一直避免與殖民政權正面對抗，但當（精神）解放的過程一完成，最後的攻擊將短暫且不流血。

可想而知，《印度自治》立即遭印度殖民政府斥為具顛覆性而遭禁，甘地本人則直到一九一八年才在印度成為具影響力的人物。他提出的部分主張，特別是文化與經濟應自給自足的主張，一九〇五年後就已在孟加拉的「國貨運動」（swadeshi）中施行，並可見於國大黨政治人物巴爾．甘嘎達．提拉克（Bal Gangadar Tilak）的辯論著作中。但這兩者都沒有甘地所賦予這些主張的政治巧思。最終，在一次大戰結束到二次大戰爆發之間的那段時期，把印度的民族主義轉化為非暴力群眾運動者，乃是甘地在歐洲帝國主義擴張的最盛期所構想出來的政治、文化反抗模式。

戰爭三：歐洲種族主義的轉用

但就幾乎每個受到歐—美勢力入侵的社會來說，西方思潮對那些社會的思想所帶來的巨大衝擊，還有西方思潮滲入那些社會之思想的程度，卻不應低估。這往往帶來一個結果，即歐洲以外的民族開始根據西方的思想和偏見來看待自己（和歐洲人），且這結果乃不知不覺中形成，因而影響更大。但我們同樣不應否認，那衝擊有很大一部分來自吸引與贊同，而非強加。個人自由、代議政府、民族國家理想、經驗主義科學、基督教教義，全都令非西方世界心嚮往之。這文化影響也無法完全用於強化殖民統治或遂行帝國主義支配。文化影響的內容多元，時有矛盾，激起無法預測且多樣的反應。它遭遇到牢牢扎根的本土文化網絡，而在那些文化網絡裡，文化態度與宗教認同緊密結合。只有少數殖民政權有辦法或有意除掉當地社會的文化「守門人」，而要取得那些「守門人」的合作，得借助某種文化「契約」。西方思想賴以大肆散播的武器（報刊、低成本遷移、教育機構）同樣可轉用於文化革新與文化抵抗上。

甚至，以「種族」觀打造的武器（通常被視為歐洲的文化軍火庫裡火力最強的武器）也可見到這種轉用的情形。歐洲的種族主義，基本上認定文化差異是遺傳性，但那主義是個沒有一貫脈絡而談不上嚴謹的學說。儘管有「具科學精神」的人士極力實踐該主義，但該主義模糊了文化屬性與身體屬性的差別。它靠一套刻板化的描述處理歐洲本身內部的差異，處理非西方世界諸文化、諸民族的形形色色差異。但影響最大的是「粗鄙的」種族主義，而非「講道理」的種族主義變種。生活在亞－非洲的歐洲人深知，他們能有這樣的地位和收入，靠的是「他們與當地人之間有著無可踰越之差異」這些主張。他們不必花什麼腦筋，就能將這些主張與歐洲物質進步歷史掛鉤，把自己改頭換面為追求文明與進步所不可或缺的代理人。安全需求、擔心染病，還有單身的歐洲人，若任其自行發展可能會「本土化」（顛覆社會和文化）的普遍疑慮心態，促成程度不一的隔離措施。因此，歐洲的種族主義常常顯得比較不像是文化理論，而比較像是一套以直截了當而往往挑釁的方式所表露的粗鄙社會態度。

但種族觀並非一直是歐洲人（或歐美人）所獨有，那是極可外銷的東西。如果成為一個「種族」是歐洲支配世界的祕訣，那麼自然而然，誰都想成為一個「種族」。十九世紀結束時，孫中山的新中國民族主義已開始利用獨特漢民族（真正的中華民族）這個觀念。在殖民統治的孟加拉，信仰印度教的婆陀羅洛克（bhadralok，「可敬之人」）階層，深深憤慨於無法參政，痛惡殖民統治主子瞧不起人的言語，在這地方，民族主義主張使種族主義轉而不利於殖民統治者。「印度種族」是世上最文明的種族，該種族與歐洲人同樣為亞利安人後裔，它有一獨特的種族使命，那使命不是追求政治稱霸或軍力強大，而是發揮「精神力量」。藉由刻意凸顯文化差異（穿上本土服裝）、追求強健體魄和勇氣、重新發掘光榮歷史，孟加拉人取得一個「種族」的所有標記，那些標記與歐洲人的標記不同，但一樣出色。[102]「擁有過去的種族……必然也擁有未來」，《婆羅提》（*Bharati*）雜誌在一九〇四年如此論道。[103]

在諸多說明種族主義如何遭改造轉用的例子中，最有意思的例子，或許可見於愛德華・威爾莫特・布萊登（Edward Wilmot Blyden）的一生行止。[104]布萊登生於西印度群島，為了將獲釋黑奴帶回西非「家鄉」，先前往美國，後（一八五〇年）前往賴比瑞亞，後來成為長老會牧師。他深信種族藩籬正愈來愈分明，因此主張非洲人所需要的，乃是更強烈的非洲種族認同感。他寫道：「非洲人需要掌握權力，需要建立可以集中我們的有形力量與知識力量的非洲種族中心。」布萊登意欲建立一個西非民族國家，但他堅持那必須是不折不扣的非洲人國家。非洲人應避免西式穿著，[105]應保存本土習俗，還應避免跨族通婚[106]（布萊登深信只有「純」黑人能促進非洲民族主義，拒斥「種族混合」觀點）。[107]在《基督教、伊斯蘭教與黑色人種》（*Christianity, Islam, and the Negro Race*，一八八七）中，他主張伊斯蘭教比基督教更適合非洲。耐人尋味的是，曾在獅子山當過一段時期殖民政府官員的布萊登，認為他的種族理想和他欲在英國帝國統治力量支持下建立西非民族國家的大業，兩者毫無扞格之處。但在一九一四年之前就已明顯可見，種族的號召力既可用來對付歐洲霸權，同樣可用來支持歐洲霸權。

歐洲全球殖民主義「未竟的事業」：東亞與中東

東亞的中國

十九世紀末中國的內亂外患

一八八〇年代時，歐洲人和美國人探索東亞的商業前景已超過一個世紀。他們已在中國、日本內部建立商業橋頭堡（「條約口岸」），使兩國接受「不平等條約」，讓外國僑民和財產享有不受中日兩國政府管轄的領事裁判權。他們已強迫中日政府施行有利於他們貿易的低關稅制度，和中國打了兩場仗，以確立、拓展他們的權利。他們已迫使清朝皇帝承認西方諸國與中國外交往來時地位平等，（在一八七六年）接受歐洲外交做法，讓外國使節長駐。[108]但一八八〇年時，儘管歐洲列強在華氣勢凌人，儘管亞—非洲其他地方都正迅速普遍地被納入殖民統治，但列強根本還無法將整個中國（更別提日本）納為殖民地，或甚至無法納為半殖民地。

原因之一在於東亞離歐洲較遠，兩地區的貿易量比歐洲與印度的貿易量（更別提與美洲的貿易量）要少。但歐洲人的謹慎，也反映了中國作為統一的文化體和仍在運行的政治體制，殘留的國力仍不容小覷。長驅直入非洲、靠著小撮傭兵打造出私人帝國的那些冒險家和掠奪者，若在中國，大概沒辦法這麼風光。非洲在文化上、政治上四分五裂，使歐洲入侵者如此容易就找到當地人為盟友，但這種分裂情形不見於中國。在商業領域，情形差不多。條約口岸貨棧裡的歐洲商人無力控制中國內部貿易，他們面臨的商業世界高度組織化，並有語言障礙和複雜難懂的中國貨幣為保護，他們不得不透過充當西方商行「買辦」的中國大商人打交道。[109]一八九三年時，這一商業關係仍可能被中方視為是互蒙其利的關係，而非遭外國剝削。[110]十九世紀中期時，中國內亂外侮紛至沓來，儘管如此，清帝國的政治結構在李鴻章（在一八七〇至一九〇〇年之間的大部分時期，清朝最有權勢的官員）的改革主義主導下，仍運行不輟。滿族統治階級占據清政權的權力核心，居人口多數的漢人，其反抗滿人統治的民族意識尚未被完全挑起。[111]或許特別重要的是向來極度儉省開支的清廷，極力避免招致外債，以防種下外國干預的禍根。北京以安撫性心態對待外國在中國的割據地和利益，將敏感的海關事務交由外國人管理（但仍歸中國管轄），希望藉此防止與西方正面武力衝突，以為中國的「自強」事業爭取時間。

但滿人的威信和清政權的穩定，也倚賴中國在東亞「世界秩序」裡占有中樞地位。清朝最大的成就，乃是將西藏、新疆、蒙古、滿洲組成的廣大「中國疆部」（Inner Asia）與位處東亞心臟地帶的「中國本部」（China proper）相結合，締造出遼闊的中華帝國。外國勢力滲入清帝國邊疆地區，可能使這遼闊的支配網崩解。一八八〇年代，歐洲人步步進逼，削弱清帝國。俄羅斯人從中亞逼進，英國人征服上緬甸（今緬甸中、北部地區），法國人迫使中國放棄其對安南（今越南大部分地區）的宗主權。但令清廷感到情勢危急的，乃是韓國的遭遇。韓國無法抵禦來自俄羅斯與日本的外來壓力（俄羅斯覬覦韓國的不凍港）。這時其儒家政體已被國內的反對份子（其中有些是基督徒）衝撞得搖搖晃晃。但韓國倒向別的強權，切斷與中國悠久的宗主、藩屬關係，這樣的風險，清廷可禁不起。這個「隱士王國」是進入「中國疆部」的沿海門戶，是進入空曠滿洲的跳板。失去韓國，可能使中國的乾草原外交大部分失去穩定，使「中國疆部」成為與中央為敵的邊疆地區。因此，一八九四年，由日本支持的政變推翻韓國的親中政權時，清廷不肯退讓。但接下來的短暫戰爭——一八九四年七月到一八九五年三月的甲午戰爭，中國落敗，顏面大失。

《馬關條約》（一八九五年四月）引發一連串改變。它迫使中國承認韓國獨立，台灣、澎湖群島、滿洲部分地區割讓給日本。中國得支付日本相當於清廷一年歲收的巨額賠款。清朝的統治倚賴各省士人的效忠，而在這些讀書人眼中，清朝威信盡失。雪上加霜的是，清廷這時不得不向外舉債，以支付賠款，重整其破敗的軍力。眼見已露出崩潰徵兆的清帝國急需舉債以支付對日賠款，歐洲列強皆欲搶下對華貸款，以趁機索求領土權利和商業權利作為擔保。俄羅斯率先借款，換取清廷同意其建造貫穿滿洲抵達俄國東部新城市海參崴的鐵路，該鐵路沿線的經濟資源租借給俄羅斯開採使用，為期八十年。[112]一八九八年，德、俄、英各在接近北京的華北沿海取得一海軍基地。清廷這時似已準備發出某些地區的鐵路建造特許權，歐洲列強即針對他們將優先取得特許權的地區，彼此自行達成協議。在列強於中國拚命瓜分勢力範圍之際，清廷突然發布一連串敕令，按照與日本明治維新大略類似的方法，改革教育、軍隊和官僚體系。但改革尚未施行，皇太后慈禧發動政變，罷黜改革派。在政治鬥爭的仇視氛圍中，又爆發了對付華北基督教徒的暴力脫序事件，即一八九八至一九〇〇年的義和團之亂。在朝廷的縱容、包庇下，義和團（強烈反基督教運動組織）及其支持者攻占北京，切斷北京對外交通，包圍外國公使館。義和團的目標在喚起人民仇外心理，扶清滅洋，結果卻適得其反。列強（歐、美、日）派出龐大聯軍（四萬五千人）解救其外交官，鎮壓義和團。中國的統治者似乎已在莫可奈何之中，踉踉蹌蹌走上與世界其他國家正面武裝對抗之路。

結果可想而知是進一步丟失顏面。慈禧太后率領群臣倉皇逃出北京；另一筆龐大賠款（庚子賠款）加諸中國。事後所簽的《辛丑和約》，還迫使中國同意進行有利於對外貿易的關稅改革。在「外交使團」的威逼恐嚇下，北京讓出鐵路特許權，使外國勢力更深入中國內陸，似乎是幾可確定的事。在此同時，種種跡象都顯示，鎮壓義和團的入侵軍隊無意速速撤走。俄國雖同意撤軍，但兩年多後滿洲卻遭將近十五萬人的俄國部隊占領。[113]其他列強見俄國擴大在華地盤，不甘落後，也紛紛有所動作，一時之間，經濟瓜分，甚至領土瓜分，似乎是勢不可擋。

中國免遭列強滅亡的外在、內在原因

但中國最終逃過瓜分的命運，也未淪入外國商業利益團體所希望從中得利的經濟受監管境地。原因很複雜，首先，諸大國各懷鬼胎，在瓜分中國上，幾無可能像瓜分非洲那樣意見一致。俄羅斯人可能希望併吞華北，但英國（在華擁有最大商業利益的國家）絕不同意。部分是因為倫敦當局認為，一個印度已經夠了，不該再攬上「別的印度」（需要保護、控制的龐大亞洲領土），特別是這「第二個印度」還有俄國軍隊在其門口虎視眈眈。[114]義和團危機發生時，英國正在與波爾人的對抗上遭遇難堪的挫敗，而且英國國內輿論對戰爭日益不耐，在這時候，任何瓜分中國的計畫，大概都無異於政治自殺。未遭瓜分的中國，加上聽話的政府，對英國的貿易和投資都較為有利。因此英國和立場相近的美國，慫恿日本反對俄國擴張。一九〇二年，英國締結地區性盟約「英日同盟」，承諾日本若與不只一個大國兵戎相向（也就是說如果俄羅斯的盟邦法國加入戰局的話），英國會出兵（例如海軍）相助。[115]剩下兩個在中國擁有利益的大國，法國和德國，都沒有足夠的誘因或力量不顧英、美的意見，強行瓜分中國。

但看待這個問題，不只是考慮帝國主義者的企圖就足夠，中國人的頑強抵抗，同樣重要。清朝政權的內聚力一直難以打破，它倚賴士人階層的效忠來維持，而士人階層靠這王朝體制覓得飯碗，基於自身利益，自然不希望王朝瓦解。有人可能會認為，經歷了自一八九四至一八九五年起的連串災難，清朝擁有「天命」的主張會遭到削弱，事實確是如此。但結果頗為弔詭，因為由此而興起的新政治氣氛更加強烈地敵視外國干預。中國有某些人認為，中國的統一有賴王朝統治，但一八九〇年代，駁斥這一觀點的政治運動迅速壯大。孫中山及其追隨者主張，中國是漢民族民族國家，只能由漢人選出的領導人統治，[116]滿清王朝是專制異族政權。[117]孫中山的民族主義，也不是中國政治激進改革的唯一表現。以條約口岸為中心的新興商業活動，催生出新的社會改革。協會紛紛冒出，以服務正在自覺性地創造「現代」中國社會的新興城市中產階級。[118]條約口岸的工業化，產生中國勞動階級，即是可用來威嚇外國利益集團和租界的一群平民大眾。各省士人階層自太平天國之亂後自主權愈來愈大，眼見清朝愈來愈像是腐敗無能的王朝，他們接下保衛中國、抵禦外侮的重任。義和團之亂後，清廷重啟革新變法之門，結果使各省士人階層權力更大。新軍（仿效歐、日軍隊）、新行政機構、新學校和新大學、廢除（一九〇五）崇奉儒學的古老科舉制度，打破了士人階層與帝國中心之間殘存的效忠連結。在省區，士人官員阻止外國人欲利用鐵路特許權擴張勢力的任何企圖。「鐵路建設在中國沒有進展。」《泰晤士報》特派員如此告訴其外國編輯。[119]在滙豐銀行的查爾斯・阿迪斯（Charles Addis）之類的英國金融家眼中，中國要求「收回權利」，意味著外國人可以投資鐵路建設，但別想控制鐵路。[120]清廷極力想恢復搖搖欲墜的威權並強化財政，便決意將新建鐵路從各省手中收回（一九一一年五月下令將所有鐵路幹線「收歸國有」），[121]結果引發一場最終使清朝覆滅的叛亂。一九一一年，清帝遜位，中國人民隨之迎來四十年的動亂。但清朝的覆滅，也表示中國本可能臣服於以歐洲為中心之世界體制的那個時代，就此告終。

東亞的日本

大國崛起：十九世紀末的日本

在一八九〇年後遏制歐洲勢力入侵東亞上，日本扮演了舉足輕重的角色。諷刺的是，引發歐洲列強在中國競相設立基地和租界的導火線，乃是一八九四至一八九五年甲午戰爭日本的獲勝。但日本並未扮演西方帝國主義列強的「小老弟」角色。日本人對歐洲人的意圖仍深懷疑慮，且極擔心歐美聯合攻擊日本脆弱的自主地位。伊藤博文於一八八二年赴西方考察憲政時論道，歐洲人「幫助且愛自己的親友，而逐步欲消滅與自己關係疏遠和沒有親緣關係的人……東方的處境脆弱如築在蛋上的塔……我們得竭盡全力強化、擴大軍備」。[122]在《脫亞論》（一八八五）中，日本現代化的偉大先知福澤諭吉將亞洲視同落後的代名詞。但他的宗旨不在日本應與西方列強結盟，反倒主張日本的天定命運乃是領導亞洲，獲取亞洲的自由。事實上，日本人的想法反映了其對中國的深層矛盾心態：既瞧不起中國的「落後」，又覬覦中國的資源，且擔心若不先發制人，中國大部分地區會落入歐洲人之手。不少日本人同情中國的民族主義，數千名中國人到日本留學。日本在改革政治、阻止列強入侵上的驚人成就，則反過來使日本的維新模式影響中國甚巨。

當然，日本的所作所為，不只是立下榜樣。從一八七〇年代起，日本就採行謹慎防範俄羅斯在東北亞擴張的政策。一八九〇年代，日、俄相互猜忌的焦點已落在韓國（日本神話中「指向我們心臟的匕首」）。一八九五年後日本勢力伸入韓國，令俄國大為不滿。一八九八年，日俄雙方達成臨時協議，滿洲由俄羅斯支配，換取韓國由日本支配，但俄國趁義和團之亂時進兵滿洲作軍事占領，打破這項協議。俄國拒絕從滿洲撤兵，不承認日本對韓國的支配（這時日本對韓國的掌控已遠更穩固），動武便無可避免。結果令人震驚。日本陸軍在滿洲心臟地帶的奉天戰役中打敗俄軍。在隨後所簽的和約中，日本接收俄國在遼東半島的基地及其在南滿的商業租界，並得到庫頁島（北海道北方具戰略地位的島嶼）南半部。不久，俄羅斯的波羅的海艦隊繞過大半個地球前來，欲擊潰日本新建的海軍，結果在韓國、日本之間狹窄的對馬海峽（對馬海戰）遭日軍殲滅（一九〇五年五月）。日本至此清除了其欲將韓國納為保護國的障礙，並在一九一〇年正式併吞韓國。日本一舉就成為該地區陸海軍最強大的國家；此後任何外來強權若要武力干涉該地區，都得經過它的同意。

但我們不該誇大日本的國力，日俄之戰已耗盡日本的財政資源。日本決策者擔心西方對其帝國主義擴張強烈反彈。「滿洲不是日本的領土。」閱歷豐富的政治家伊藤博文警告。[123]美國的敵意變得較明顯，[124]但日本的國際地位自此大幅提升。日本已成為東亞的殖民強權，擁有現代陸軍和海軍（大部分戰艦造於英國）。日本已在戰場上擊敗一歐洲大國，且透過協商擺脫掉賦予西方人領事裁判權的不平等條約（中國要到一九四三年才廢除），並已完全收回關稅自主權（一九一一）。日本已成為不折不扣的大國，其利益範圍遠離最有可能的幾個對手的重心，不必擔心受侵犯。日本已隱隱威脅西方在中國的商業勢力，其崛起使西方既眼紅又驚恐。[125]但在歐洲諸國權勢如日中天之際，日本如何以這低調但成果斐然的革新，完成躋身列強之林的挑戰？

原因之一可能是西方觀察家一直低估了日本的實力。基於顯而易見的理由，日本未得到西方報界充分報導，就連曾多次實地觀察日本政局的人都覺得日本政治很難說個明白。在維多利亞時代的英國，日本最令英國人注目之處，在於其奇特中透著迷人。日本是個由天皇統治的「小精靈居住之地」（歌詞作家W. S. 吉爾伯特與作曲家亞瑟・沙利文合編的輕歌劇《日本天皇》於一八八五年首度公演）。[126]嚴重誤判日本的實力和本事，造成俄羅斯海軍一九

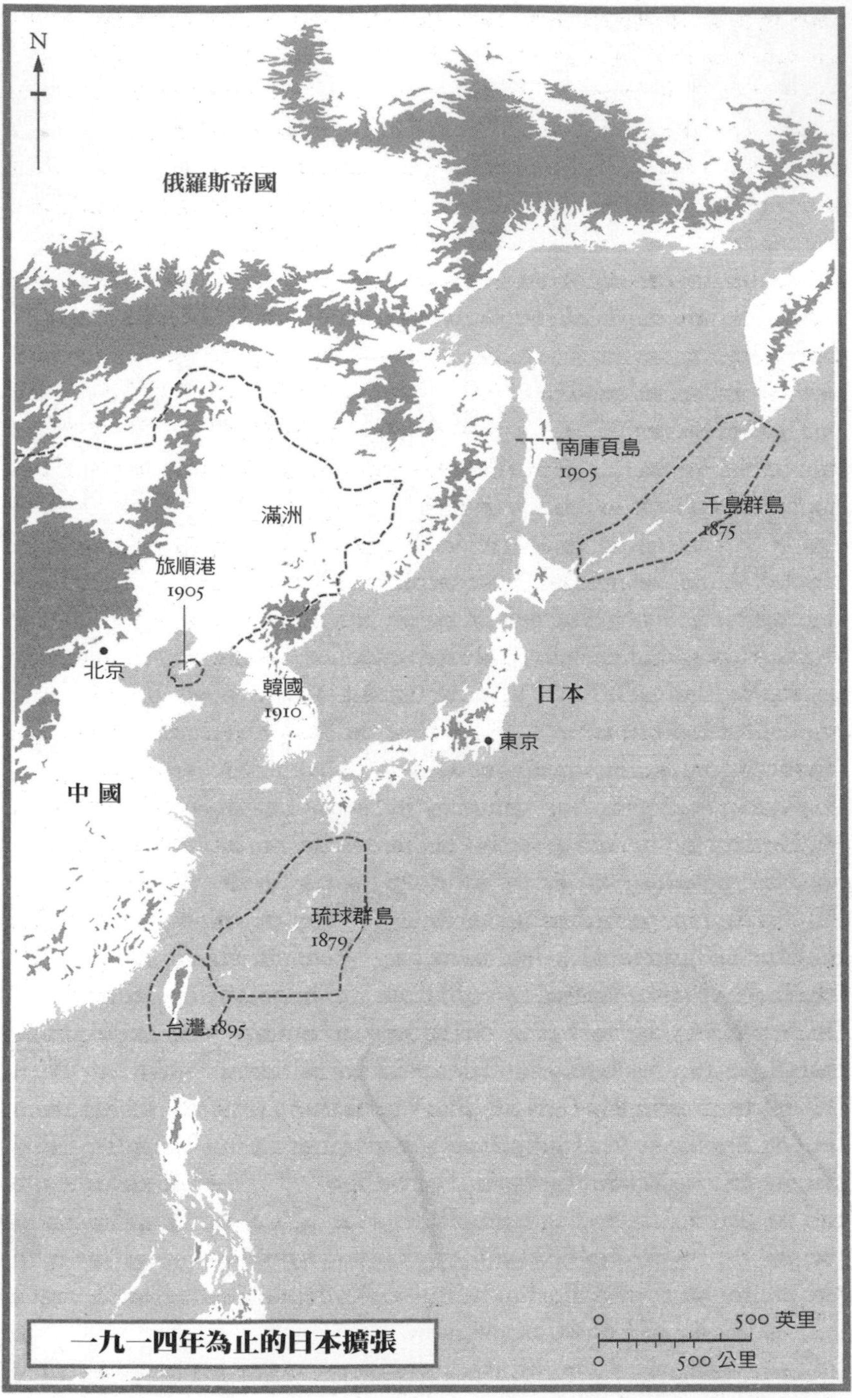

一九一四年為止的日本擴張

〇五年的慘敗。但日本也享有一得天獨厚的地緣政治位置，利於保衛其利益。日本位在歐亞大陸與「外圍世界」之間的邊境地帶，位在距歐洲諸海上強權和歐俄最遠的地方，後兩者的勢力幾乎伸不到日本（即使在汽輪時代，從英國港口航行到東京仍要花上三十二天航程，英國海軍的遙遠根據地香港距離東京達約兩千六百公里）。一八七〇年代起，日本政府巧妙利用這一地利，強化其對日本群島附近之海域與陸地的掌控。在一八七五年與俄羅斯簽訂的條約中，日本以放棄其對庫頁島的領土要求，換取對千島群島的領土要求，在難有可為的不利情況下替自己爭取到最大利益。數年後，往南延伸向台灣的琉球群島遭日本併吞。[127]台灣本身是個邊陲社會，到這時為止，中國從未能徹底控制台灣。一八九四至一八九五年的甲午戰爭後，台灣是日本奪得的戰利品之一。隨著對韓國的滲透、占領到最終正式併吞，對遼東半島的掌控，還有收回庫頁島南部，日本完成了對本土的環狀防禦。遭入侵的風險（日本政府自古以來的憂慮）已幾乎完全化解。

日本崛起的深層原因

如果日本的國內變革破壞其政治的穩定，威脅到外國的人身財產安全，給了歐洲列強干預的空間，那麼，上述成就的價值大概就沒那麼大。俄、德、法三國在一八九五年聯合施壓，迫使日本吐出本已到手的遼東半島，說明這一威脅不能忽視。在此，關鍵處在於日本獨特的經濟發展路徑。誠如前面提過的，日本在一八八〇年代便已在國際貿易競爭上取得成果：不只在生絲之類的日本特產上，棉紗和棉布（或許是貿易網最廣的製造品）也占有一席之地。但至為重要的是，日本邁向工業化的過程中並未倚賴資本的大量輸入，也就避掉了倚賴外人、受制於人的最危險根源。一九一三年已有四百萬人投身工業生產，但絕大部分都在最多只僱用五人、幾乎未用到機器的小作坊裡工作。[128]非常廉價的勞工（特別是女勞工），雖然未有機器化的效率，卻是日本進入全球經濟的憑藉。[129]日本人引進科技，予以改造、簡化，降低其成本，也降低日本對外國專門技術和零件的倚賴。而在帶頭往前衝的工業後面，有龐大的農業部門作為後盾，日本大部分人口仍從事農業。一九〇三年時，歸類為城市居民的日本人占不到總人口的百分之八。[130]

如此造就出的社會裡，外來影響受到仔細過濾（特別是受到語言的阻隔），社會變動則遭嚴格限制。特別是在鄉間，古老的農村階層體制（要求社會地位較低者遇到較高者時靠向一旁，並表現出誇大的尊敬）仍運行不輟。在知識程度較高的圈子裡，既支持政治、文化的改造，同時也對帶有明顯功利主義、社會分化、文化傲慢的「歐洲主義」深懷疑慮。官方對基督教仍然敵視；不信任外國人的心態，仍根深柢固。一八九一年，日後將成為俄羅斯沙皇的尼古拉訪問日本，結果遭一名自認國家遭俄國入侵的警察攻擊而受傷。在如此氛圍下，不難理解明治時代武士出身的政治家，為何能建立如此集權式的現代國家體制。意在為日本取得西式主權地位劃下圓滿句點的一八八九年憲法，保證了薩摩─長州寡頭統治集團（有權遴選內閣閣員的「元老」）的大權。只有將近百分之一的人口有投票權，國會無法倒閣。陸、海軍權不受文人部長控制，貴族院裡滿是由薩摩、長州指派的議員。而為了替這充滿權謀的權力分配披上神聖莊嚴的外衣，掌權者把這巧妙說成是對「皇權」的忠誠應用。學校教育除了傳授西方知識，也推廣愛國精神，而天皇和「天皇崇拜」就成為愛國精神的投注焦點。

藉由這些方法，日本領袖得以打造出特別有利的發展環境，打進由西方宰制的世界。但日本並非固若金湯。對俄之戰使日本不得不向外舉債。日俄戰爭在國內所激起的愛國情緒，危及日本政治的寡頭統治基調。債務的新負擔，使日本經濟一下子陷入赤字，可能走上其他半工業經濟體的下場：貨幣緊縮（日本採金本位制），對其國內製造品的需求下降，對原物料進口的依賴升高。[131]一九〇五年的勝利成果，也非穩如泰山。俄羅斯已在延長西伯利亞鐵路（一八九一年興建，一九一六年完工）——其東部帝國的大動脈；同時，中國的袁世凱（自一八八四年擔任中國駐韓國特使以來就與日本為敵）已成為「強人」總統（一九一三年當選大總統），統治中國。一九一三年末期，他已得到西方列強的支持，列強視他為可以打交道的實權統治者，日本則勉為其難承認他這地位。[132]但時運掌控一切。這些發展尚未削弱日本所新覓得的地區霸權地位時，歐洲戰爭打破了所有預測。

中東的鄂圖曼帝國

東亞並非是以歐洲為中心的全球殖民主義唯一「未竟的事業」。在中東，鄂圖曼帝國雖在一八七五至一八七八年時差點覆滅，卻展現了令人吃驚的強韌生命力。蘇丹阿布杜勒・哈米德二世（Abdul Hamid II）大力推行鄂圖曼自強運動，利用列強在瓜分鄂圖曼上未能獲致共識（若達成共識，他的大位大概早已不保），奮發圖強。中央權力變大，更深入地方；學校和警察將中央權力帶到地方；日益擴大的行政體系，引進地方菁英。[133]鄂圖曼在阿拉伯諸省的統治更為穩固。[134]連接阿勒頗與麥地那的希賈茲鐵路（Hejaz Railway），強化了鄂圖曼對紅海沿岸和穆斯林朝覲聖地的掌控。在波斯灣的「阿拉伯半島沿岸」，鄂圖曼勢力伸入科威特與巴林（英國在巴林的影響力正日增）之間的哈薩（El Hasa）地區。在此同時，鄂圖曼經濟得益於一八九六年後日益興旺的原物料貿易，[135]機器化的現代工廠仍然稀少，但棉製品和地毯的製造也穩步成長。[136]

如果鄂圖曼帝國是個純粹的亞洲國家，或許可以結合其外交力量和文化凝聚力，爭取到強化政府結構和經濟所需的時間。但該帝國的西半部，曝露於當地歐洲民族主義（以宗教鬥爭、種族鬥爭的形式直接表現出來）無休無止的壓力下，處境危險。一八七八年後，鄂圖曼牢牢抓住其歐洲帝國的大片地區不放。在這地區的阿爾巴尼亞、科索沃、馬其頓、魯米利亞（Rumelia）、色雷斯，過半人口是穆斯林。[137]但鄂圖曼帝國每次欲強化其掌控，就必定惡化當地的種族對立和宗教對立，加深當地人民（不管是基督徒還是穆斯林）對鄂圖曼的敵意。因此，面對自主權可能喪失，阿爾巴尼亞的穆斯林強烈反對鄂圖曼的加強掌控。一八九〇年代末期，克里特島的種族暴力將鄂圖曼捲入與希臘的戰爭，經過大國干涉，鄂圖曼喪失對該島的實質統治。一九〇八年，地方暴動和外國干涉似已使馬其頓這個關鍵地區（鄂圖曼帝國的戰略樞紐）幾近獨立。在鄂圖曼軍隊與行政體系中的激進「青年土耳其黨」人眼中，「馬其頓一旦獨立，代表鄂圖曼帝國要失去一半疆土和……帝國的徹底滅亡。」那將把鄂圖曼的邊界推回到君士坦丁堡，把都城趕出歐洲。「馬其頓問題是土耳其人存亡絕續的問題。」[138]因此，一九〇八年欲將蘇丹權力架空，以土耳其裔為核心重建帝國的那場政變從馬其頓的薩洛尼卡（Salonica）發動，也就絕非偶然。至少在短期內，那沒什麼好處。那年更晚時，波士尼亞（嚴格來說仍是鄂圖曼的領土）遭奧匈帝國片面併吞，到了一九一一年，鄂圖曼為保住利比亞而和義大利交戰，終究失去那塊土地。隔年，保加利亞、塞爾維亞、希臘、蒙特尼哥羅趁機奪取鄂圖曼帝國剩餘的領土。在戰勝的諸國間又爆發一場戰爭之後，脆弱的和平降臨巴爾幹。鄂圖曼政府繼續掌控博斯普魯斯、達達尼爾兩海峽（其帝都所在地區），但其殘破的威信和阿拉伯諸省對「土耳其化」政策的反抗跡象，使該帝國似乎比以往任何時候都更倚賴捉摸不定的大國外交，才能躲過四分五裂的下場。

中東的伊朗

就伊朗（這時通常仍被稱做波斯）來說，一九一四年時它似乎更逼近亡國邊緣。納西爾丁善於處理種族、語言、宗教、社會方面的對立問題（伊朗社會分裂的潛在根源），但即使在像他這樣強勢的國王治下，強化中央威權的目標，仍是遙不可及。授予外國人特許權以增加收入的做法，極不受市集商人和烏里瑪（商界菁英和宗教界菁英）歡迎。納西爾丁於一八九六年遭殺害後，繼任國王穆札法爾丁（Muzaffar al-Din）更十萬火急尋覓新財源。他指派一比利時人掌理海關（政府收入的主要來源）。他與俄羅斯簽訂大筆貸款，而以裏海諸港的關稅收入為抵押。他給一英國探礦者特許權，同意他在波斯灣頭尋找石油：這就是達西特許權（D'Arcy concession），由此誕生英國─波斯石油公司（英國石油公司的前身）。但這位國王這時正慢慢陷入兩面夾攻的困境中。外國利益集團日益壯大，外國影響也跟著加大。隨著更多伊朗人出國或與歐洲接觸，自由主義、民族主義乃至社會主義的思想開始在菁英階層流動。俱樂部、社團裡的政治活動開始日趨活絡。一九〇五年俄羅斯陷入革命動亂，堵住伊朗貿易的主要出口，引發商業恐慌，不滿的菁英階層隨後與商人、神職人員、大部落巴赫蒂亞里（Bakhtiari）聯手，在一九〇六年的憲政革命中拉下穆札法爾丁。[139]

結果令人驚懼不安。穆札法爾丁被迫接受新憲法（除了設立國會，還明訂伊斯蘭教為國教），但心裡並未認輸。

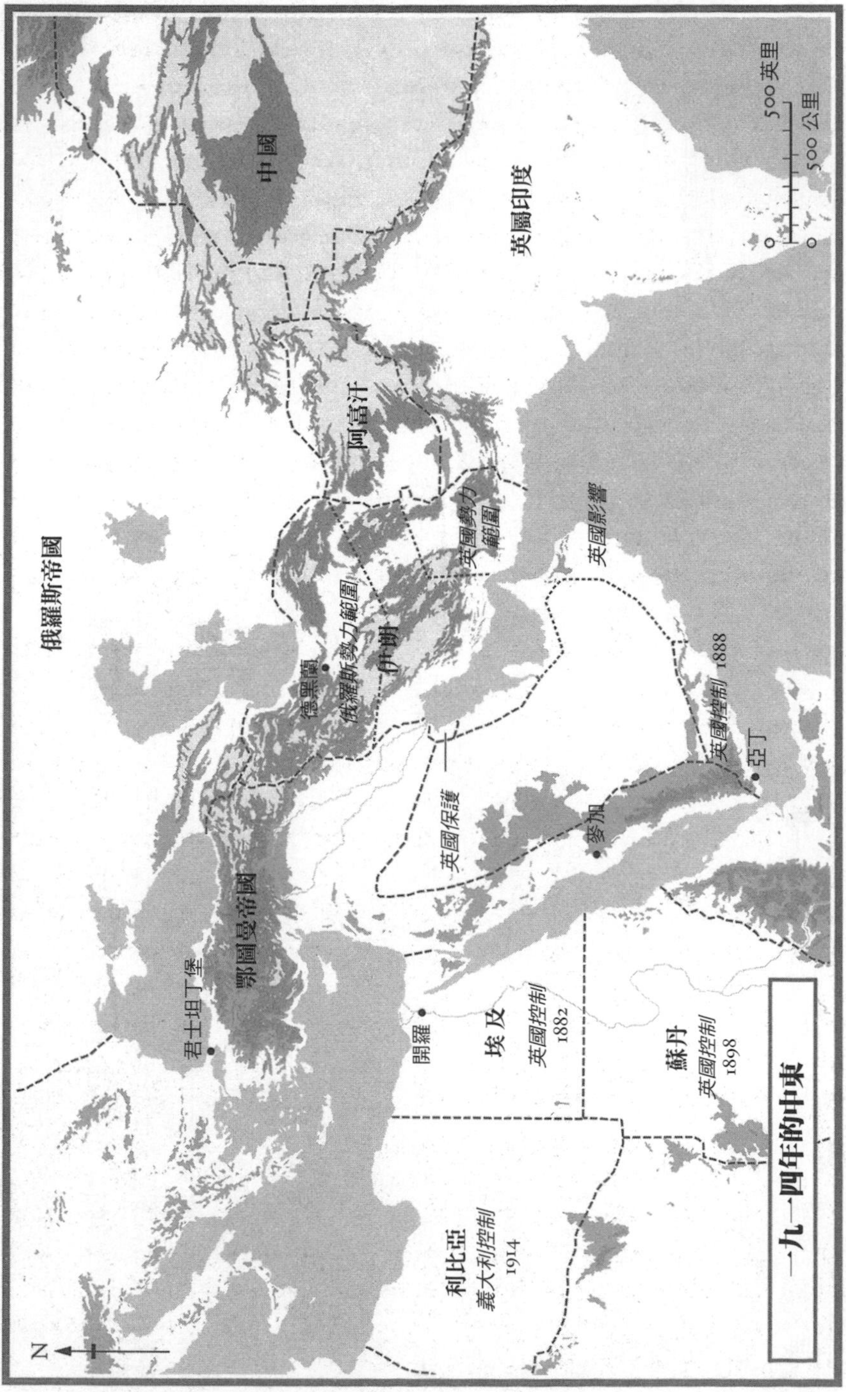
一九一四年的中東
俄羅斯帝國
中國
英屬印度
阿富汗
英國勢力範圍
英國影響
德黑蘭
俄羅斯勢力範圍
伊朗
英國控制 1888
亞丁
英國保護
麥加
鄂圖曼帝國
君士坦丁堡
開羅
埃及
英國控制 1882
蘇丹
英國控制 1898
利比亞
義大利控制 1914
0 500 英里
0 500 公里
N

後來他發動政變以奪回大權，結果慘敗。憲政體制雖然保住，但傷害已造成。敵對派系為掌控政權相互傾軋，中央權力開始瓦解。擁有私人軍隊的省長和部落領袖成為掌有實權者，有位卡什加人（Qashqai）告訴英國領事：「在今日波斯，槍桿子是權力……每個有槍的人都是國王。」[140]不久後，伊朗即開始尋求列強的保護。一九〇七年俄、英兩國同意將伊朗分割為三大勢力範圍（一屬俄，一屬英，一為中立地帶）之後，這趨勢更為明顯。俄國出兵伊朗北部，以阻止支持、反對國王兩派之間的武力衝突。一九一一年，俄軍逼迫伊朗將其請來整頓伊朗財政的美國專家趕走。另一方面，省級山頭在俄羅斯保護下，從已無實權的德黑蘭中央奪走徵稅權，取得形同獨立王國的地位。第一次世界大戰前夕，英國激動指控俄羅斯在北伊朗駐軍一萬七千人，已將該地區納為俄羅斯的「政治保護國」。「北波斯現正被俄羅斯當作其一省來治理。」英國大使說。[141]聖彼得堡的反應冷淡而輕蔑。德黑蘭政府裡淨是些蠱惑人心的政客，那些人抱持著「與這些領域的文化水平或道德水平格格不入的極端民族主義思想。」[142]

伊朗是否已如那位被趕走的美國專家所說的，已經被勒死？[143]差不多是，但還沒到那地步。那場革命造成中央權力大為旁落，外國勢力也往這樣的方向推，但不管在神職人員圈子裡，還是在受過教育的世俗階層裡，伊朗的民族認同感自一八九〇年代以來似乎一直在強化，但要免於遭英、俄合謀瓜分的命運，仍難有良策，除非國際局勢出現大變動，打亂了地緣政治舞台，使外國強權放鬆其已加諸伊朗的掌控。

亞洲諸國難以納入歐洲體系

「近東」（歐洲人以此指稱包括伊朗在內的一個廣大地區）和東亞的上述情勢，最清楚說明了在歐洲諸大國掌理下為各自帝國利益而打造的全球秩序，在最好的情況下仍未能完全底定。在歐亞以外的「外圍世界」，歐洲人已如拚命三郎般予以瓜分。事實已表明，在「外圍世界」透過壓迫或合作，將較不發達的經濟體與北大西洋海盆的商業、工業心臟地帶連結較為容易。歐洲人也已經以一股驚人的人口擴張，將「外圍世界」納入支配，在該世界打造出「新歐洲」。但在歐亞「舊世界」，事實則表明，欲將亞洲諸國和諸文化體納入歐洲「體系」，乃至歐洲列強要在殖民地盤瓜分上意見一致，都困難得多。這是遼闊而不安定的歐洲全球殖民主義的邊境地帶，如果歐洲內部失和，他們的「世界經濟」便失去吸引力，他們的全球霸權即可能遭到反抗，而對他們霸權地位的考驗不久就要降臨。

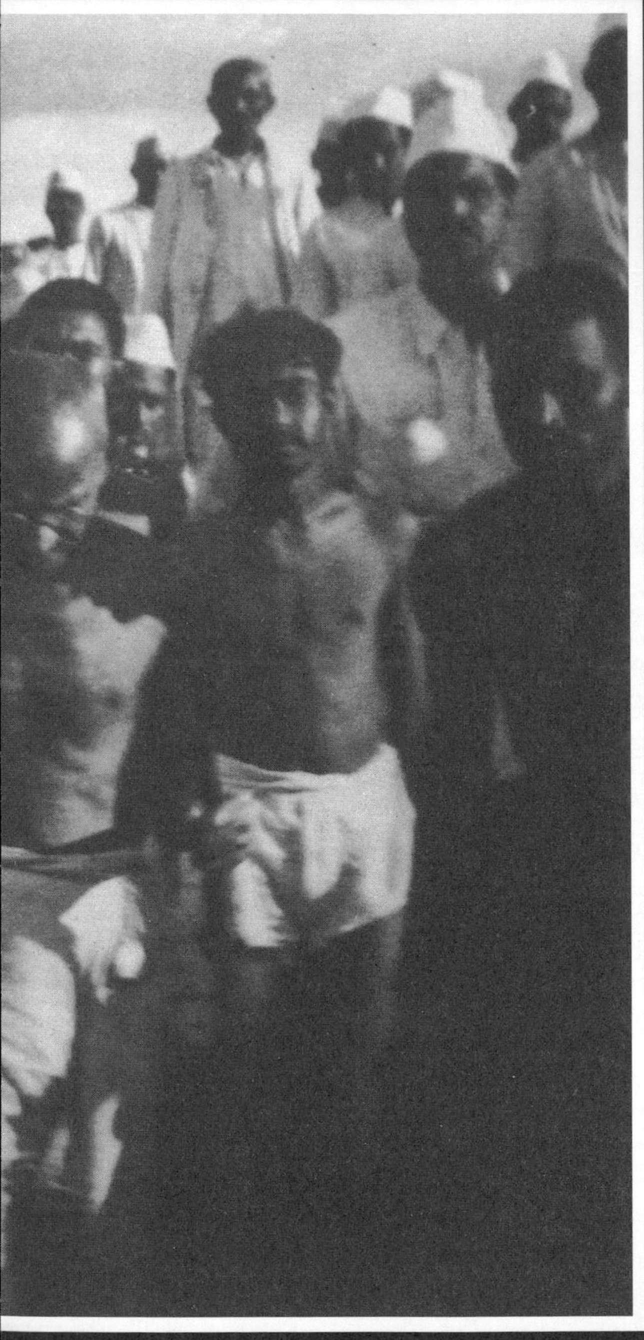

第七章

步向世界危機

（一九一四年代到一九四二年）

——利益帶來帝國間的鷸蚌相爭，美國崛起，東亞則前途未卜

「食鹽長征」路上的聖雄甘地，一九三〇年

混亂的時代：兩次世界大戰之間波濤洶湧的國際局勢

一九一四年前就有警訊顯示，全球帝國主義體制無法保障世界和平與繁榮。籠罩在西方勢力下的東亞，再怎麼看都是前途未卜。歐洲列強已為北非、中東領土和勢力範圍的瓜分問題，吵得臉紅脖子粗。美國經濟的龐大規模，引發棘手問題：在以倫敦為中心而由歐洲殖民列強瓜分掉的全球經濟裡，可以容許美國分多大的一杯羹？急速成長的國際貿易和投資，這時腳步似乎開始趨緩。歐洲諸工業經濟體內的社會動盪，可能限制各大國政府的權力施展空間，約束他們的全球野心和策略。但在上述任何一個改變的影響傳播到國際之前，世界政治已被一火山爆發式的巨變改頭換面，那巨變源自歐洲，但旋即往外擴散，席捲了歐亞世界的每個重要國家。

英、俄、德、法、美、日六大國嘗試在各自從事帝國主義擴張時，彼此大體上保持合作關係，但第一次世界大戰粗暴地終結了這場實驗。這場大戰重新開啟了一九一四年前全球瓜分半底定、半擱置的問題。它催生出新的國際社會觀，那觀念在理論上（甚至在實務上）與殖民統治範圍的日益擴大相扞格。一次大戰在舊帝國主義強權俄國及其他大國之間打開一道寬大的意識形態裂縫。一次大戰往國際經濟打入一根大樁子，堵住貿易路線，阻礙貨幣流通和付款，造成人為短缺和圍城式經濟。一次大戰強迫殖民地資源（包括人力）流動，從而在厭惡新負擔和新規則（打破殖民政治「舊協議」的新負擔和新規則）的殖民地人民之間，引發強烈反應。一次大戰粉碎了「歐洲是獨一無二進步型文化」這個迷思，使較老一輩文化菁英（和他們所倡導的思想）的支配變鬆。

幾乎是可想而知，戰後無法再回復為戰前的「正常狀態」，在國際秩序的規則上，未有廣泛的共識。構成中國等地殖民體制及其半殖民延伸部之「法律」基礎的併吞和條約，遭承繼沙皇帝國的布爾什維克政權嚴厲駁斥。戰後，諸戰勝國成立國際聯盟，以監督戰後協議的執行，但美國拒絕加入。歐洲的經濟復甦因戰損賠償上的激烈爭執而嚴重延宕，歐洲的社會穩定、政治穩定隨之嚴重受害。在歐亞的許多地方（高加索、中亞、中東、東亞部分地區），將由誰來統治什麼地方這個問題，主要得訴諸武力或武力威脅，而非外交折衝來解決。在諸殖民帝國（特別是大英帝國），民族主義者的獨立要求或自治要求，頑強不屈前所未見。愛爾蘭的辛芬黨（Sinn Fein），埃及的華夫脫運動（Wafd movement），甘地在印度所展開、以穆斯林占成員多數的「不合作」運動（一九二〇～一九二二），激烈挑戰英國統治權威，曝露了以壓迫作為統治手段的局限。反抗情緒不只見於政治，在上述地方和其他地區（尤其是中國），反抗情緒也表現在對新文化的需求上，新文化必須是不折不扣的本土文化，但目的在（藉由大眾認同）將領袖與民眾結合得更緊密，以團結抵禦外界（帝國主義世界）。

第一次世界大戰的強大餘震，衝擊甚廣。在此衝擊下，歐亞的「舊制度」瓦解。那場戰爭把歐洲、亞洲的幾個帝國送進墳墓。霍亨索倫王室、哈布斯堡王室、羅曼諾夫王室都被拉下王位（或者更糟），領地瓦解；鄂圖曼帝國也步上其後塵。暴得大權的袁世凱一九一六年稱帝，試圖恢復帝制，旋即失敗。世界的廣大中心成為政治戰場，各種運動、意識形態、宗教、民族、利益團體，在那戰場上為建立一新國際體系而搏鬥，帝國主義強權（或者說僅剩的帝國主義強權）以狡詐手段保護自己的所有權和特權。到了一九二〇年代晚期，這其中許多衝突休兵，但是，是不穩定的休兵，因而維持不久。一九三〇年後經濟大蕭條衝擊到政治，戰後體制在激烈爭執中瓦解。一九三〇年代中期，狠毒的新帝國主義者德、義、日公開蔑視戰後體制，比起一八八〇、九〇年代的歐洲帝國主義前輩，這三國更具侵略性，野心也更大。一九三七至一九四二年，他們使歐亞世界陷入大危機。在接下來的全球大決戰中，不管是由誰獲勝，獲勝者得打造新世界秩序，似乎是幾不可免的事。

沒有盡頭的戰爭？

第一次世界大戰的起因：巴爾幹問題

歐洲能夠稱霸歐亞和歐洲諸大國得以強力支配歐亞以外的「外圍世界」，其最大支柱乃是諸大國都有不以兵戎相見的決心。因為這一決心和歐洲、美洲間的大西洋和平，國際貿易才得以迅速增長，歐洲的影響力和權力才得以穩定擴張，歐洲列強才得以強行瓜分非洲。歐洲諸國政府不願打破其歐陸均勢，不願冒總體戰爭所引發的社會、政治動盪的風險，從而抑制了他們對國家優勢、帝國優勢的追求。即使在看來與他們有很大利害關係的地方（例如鄂圖曼帝國），或在經濟擴張似乎特別大有可為的地方（例如中國），他們都心照不宣地接受眼下暫時的安排：讓當地的舊政權繼續當家作主，而不想面對瓜分或征服這「一勞永逸辦法」所帶來的後果。當然，在當時和後來的許多觀察家眼中，這一訴諸默契的模式本質上就不穩定，遲早會有一嚴重的地方危機，惡化到非這些過一天算一天的辦法所能處理。敵對大國間的力量對比，可能變動到剛好足以減輕他們的相互約束，使他們對勢力範圍的分配現狀不滿。「舊」外交帶有超越民族或地域畛域的傳統精神，對於純粹「商業」的利益抱有貴族氣的不屑，但以「輿論」為幌子、透過報紙表達立場的遊說團體，其影響力威脅到這一傳統。中歐和東歐那些統治不穩定的多民族帝國（就連日耳曼帝國都有數百萬名波蘭人）的帝制王朝，即可能傾向於將王朝威望（而非物質利益）視為開戰理由，可能很容易就受其朝臣、軍隊之軍國主義思想擺布。[1] 如果因擔心未來衰弱而先發制人攻擊，那就連列強用以阻止彼此攻擊的工具（建軍備戰）都可能引發戰爭。

德、奧可藉由巴爾幹掐住俄羅斯咽喉？抑或俄羅斯能讓巴爾幹斷層線刺向歐洲心臟？

但直到一九一四年為止，幾無跡象顯示歐洲列強在非洲、太平洋、東亞、中東（包括鄂圖曼、伊朗兩帝國在內的亞洲地區）的競爭，已創造出一個無法控制的軍事衝突漩渦，反倒是歐洲列強間的競爭對日本侵略中國或俄羅斯在東北亞的進一步擴張，起了強大的遏制作用。列強的嚴重失和，不因強權國家在歐洲以外世界的野心而起，而是因歐洲的巴爾幹後院的均勢問題而起。當然，巴爾幹半島不穩定的政治局勢，其實直接肇因於鄂圖曼帝國愈來愈無力壓制其基督教徒子民的激進民族主義。在一九一一至一九一三年的嚴重危機中，鄂圖曼人先遭已奪取多德卡尼斯群島（Dodecanese）部分地區和今利比亞的義大利攻擊，再遭塞爾維亞、希臘、保加利亞的聯軍攻擊。這聯軍把鄂圖曼帝國勢力幾乎全趕出歐洲，土耳其人只保住色雷斯的一小塊地區。與先前幾次危機不同，列強這一次未能支持鄂圖曼在歐洲保有殘餘統治，帶來的結果不是解決了巴爾幹的政治問題（事實上，巴爾幹諸國旋即兄弟鬩牆，彼此為瓜分戰利品而又打了一場戰爭），而是使該地區將由哪個外部強權支配這個問題，前所未有地凸顯出來。因為所有人都不放心巴爾幹諸國政府會尊重各自邊界，會約束各自的好戰份子，會鎮壓種族衝突，或能抗拒利用大國陰謀謀取自身利益的誘惑。

令人震驚之處（事後看來），在於列強未能以他們在歐洲以外事務方面常見的外交方式，在和平瓜分勢力範圍上達成一致意見。但巴爾幹諸國政府中央權力薄弱，境內武器充斥，局部地區的種族暴力由來已久，外人難以進入，因此，要間接掌控這樣的地區，從來都不容易。同樣不容否認的是，就地緣政治的利害關係來說，巴爾幹似乎比歐亞其他地方（更別提比「外圍世界」）都來得大。不難想像，該地區的挫敗可能對若非俄羅斯、就是奧匈帝國的長遠戰略利益（進而對政治內聚力）帶來無法彌補的傷害，且可能對他們所參與的歐洲聯盟連帶造成同樣的傷害。如果巴爾幹統一為哈布斯堡王朝及其北方大盟邦實質上的保護國，那麼奧地利與德國的影響力，將很快也支配博斯普魯斯、達達尼爾兩海峽地區（一九一三年在該地區的政變，已使該地與柏林的關係更為緊密）。屆時，德國與奧匈將在不發一槍一彈下取得壓倒性勝利。由他們的附庸國所組成的一大片地區，將包圍俄羅斯，緊緊掐住黑海與地中海之間的俄羅斯氣管，使俄羅斯念茲在茲欲達成的目標（支配君士坦丁堡（今伊斯坦堡））永無實現之日。羅曼諾夫王室的威望，將瞬間崩毀。另一個可能的發展，則是如果領土已大為擴張的塞爾維亞得以在俄羅斯的保護下，於奧匈帝國的南斯拉夫人之間挑起反哈布斯堡的民族主義情緒，那麼由相互敵視的日耳曼人、馬札兒人、斯拉夫人三足鼎立撐起的奧匈帝國政局，便可能在混亂中崩解。[2]東歐、中歐出現一大片脆弱地區，將破壞均勢，使弱化的德國面臨戰略包圍這個最可怕的夢魘。可能帶來的結果令人心驚。一九一一至一九一三年的不尋常事件，已使大國外交中的舊巴爾幹斷層線擴及歐洲心臟地帶，把小亞細亞拉進這地震區。

因此，除非有特別高明的本事和非比尋常的善意，哈布斯堡王儲在波士尼亞遭一塞爾維亞人刺殺一事（引發諸大國武裝對抗的事件）將很難避免。一九一四年七月那場危機，肇因於奧地利認為塞爾維亞人窩藏了該刺客所屬的祕密會社，於是要求塞爾維亞人將其內部安全交由奧地利監管，以彌補該罪過。塞爾維亞在國際上有俄羅斯支持，拒絕接受這半殖民地的地位。一九〇八至一九〇九年，俄羅斯曾反對奧地利併吞波士尼亞，最後不得不唾面自乾，接受這事實。但在一九一四年，俄羅斯若退讓，就必然招致地緣政治上的大挫敗，在國內引發不利政局的影響，因此俄羅斯拒絕退讓。在俄、奧兩國開始動員軍隊、以示自己說到做到之際，迫在眉睫的問題就是其他歐洲大國是否會堅持以國際會議解決這爭端。這是這場危機的最關鍵階段。這時候德國不表態不行。沒有德國無條件的支持，陷入與塞爾維亞和俄羅斯雙線作戰的維也納政府可能得撤退，讓塞爾維亞脫離掌控，屆時俄羅斯將急速恢復其在巴爾幹的影響力。俄羅斯日益壯大的軍力（德國策畫者誇大了俄國的軍力，認為俄國的「大計畫」會在一九一七年時打造出比德國還大兩倍的兵力），[3]將使巴爾幹斷層線沿線的均勢進一步傾斜。為了堅定小老弟的決心，德國給了維也納便宜行事權，形同反對召開國際會議。但此舉帶來的結果必然是擴大危機，降低和平機率。因為依據德國的戰略計畫，如果德國被迫和俄國交戰，就必須先打敗俄羅斯的盟邦法國，或者使法國在實質上中立化。唯有如此，德國才能安心將全部兵力部署在遼闊的東部。為威嚇法國、孤立俄國，德國揚言打破比利時（入侵巴黎所經之地）的中立地位，要求英國承諾在此事上中立。奧地利原只是想管束一動盪不安的巴爾幹國家，但只一個多月時間，情勢就升高為德國欲支配全歐。如果俄、法聯盟瓦解（法國中立的必然結果），英、法協議形同具文，結果會是如何，可想而知。當英國拒絕德國的要求，一場席捲全歐的大戰，也就幾乎無可避免。[4]

第一次世界大戰始末

全球戰爭

那場七月危機顯示，歐洲全球霸權的罩門乃是歐洲國際體系的未臻完善。歐洲勢力突然擴張到巴爾幹門口、歐洲多民族帝國的脆弱結構、歐洲最小幾個國家的政治亂局，才使一場政治謀殺事件演化為總體戰爭。歐洲的均勢無法處理鄂圖曼在巴爾幹的統治最終崩解的問題。在大戰前夕某位熟悉內情而洞察大局的人士眼中，國際和平很明顯地有賴政治家和外交官的判斷和本事。庫爾特・里茨勒（Kurt Riezler，德國首相貝特曼－霍爾韋格的私人祕書）主張，在環環緊密相扣的世界裡，戰爭的代價幾乎必然太高，但他也認為，正因為各國的國家利益已緊密交纏（不與他國往來已不可能），國家必然要清楚表明自己的需要和立場，必然要整軍經武以展現自己的決心。在國際遊戲中，虛張聲勢往往有其必要：「過度虛張聲勢」才可能引發戰爭。[5]里茨勒的理論，相當有說服力地說明了一八七〇年代以來的大國外交。那理論未能預測到的，乃是歐洲陷入「超級危機」。在這種危機中，雙方都認為妥協將代表大敗，而且更糟糕的是，雙方都認為自己贏面大，更別提這理論未考慮到眼光短淺的後果：決策者無法預見總體戰爭可能衍生的所有後果。

事實上，協約國（俄、法、英）和同盟國（德、奧匈）之間的歐洲戰爭，很快就變成全球戰爭。一九一四年十月結束時，擔心協約國獲勝可能不利於己的鄂圖曼帝國，加入同盟國一方，戰爭因此擴散到高加索、與英國治下之埃及相鄰的西奈邊境、當時由英國海軍主宰的波斯灣。在東亞，日本以英國盟邦身分參戰，但動機明顯是為了奪取德國在中國膠州灣的基地和德國在山東省的商業權利。在西非、東非、西南非則爆發殖民地戰爭，一方是英、法、比利時，另一方是德國，而且這場戰爭擴及大洋。劫掠商船的德國武裝快船和（愈來愈受重用的）德國潛艇，攻擊從英國出發的船隻，以截斷英國作戰所倚賴的糧食、原物料、彈藥的供應；英國則回敬以海軍封鎖德國港口，壓迫德國經濟，使德國無法從海外取得糧食和戰略物資。這表明了在世界經濟和單一世界政治體系下，不管戰爭爆發自何處，沒有地方能不受戰爭波及。

矢志分出勝負的戰爭

即使歐洲戰爭已變成全球戰爭，這戰爭仍得在歐洲內部解決。到了一九一五年結束時，不管是哪一方，要徹底擊潰對方，似乎都不大可能。在西戰場，德國已迅速占領比利時、法國的部分地區。一九一五年無關大局的幾場戰役顯示，由於走上壕溝戰，雙方已陷入僵局。英、法無法將德國人趕走；德國人也無法逼他們屈服。在東部戰場，情況類似。到了一九一五年九月，德、奧軍隊已使俄軍退防到俄羅斯帝國內部深處里加（Riga）到切爾諾維茨（Czernowitz）一線，攻占他們稱之為奧伯奧斯特（Ober-Ost）的廣大邊境地區。[6]他們攻占塞爾維亞，在保加利亞協助下控制了通往鄂圖曼帝國的寬闊巴爾幹走廊。但西戰場若未能獲勝，他們便無法將所有人力和物資用來打敗兵源不虞匱乏的俄國。在協約國陣營方面，鄂圖曼人在安納托利亞、美索不達米亞、巴勒斯坦，特別是在加利波里（Gallipoli）的頑強抵抗，令他們大為挫敗。他們原以為鄂圖曼是同盟國陣營裡最弱的一環，結果硬如磐石。但雙方都未認定這場戰爭已陷入僵持，也都不接受必須透過外交來解決的主張。反倒雙方都把希望寄託在提升贏面上：動員更多人力和資源以突破僵局，或打消耗戰把對方拖垮。雙方心照不宣地認為，戰爭的撕扯已揭露戰前體制的破產。

因此，一九一六年標誌著這場戰爭開始進入新階段，而且從事後來看，標誌著世界史上的一個新階段。不計代價打贏的決心，造就了凡爾登（Verdun）戰役、索姆河（Somme）戰役，俄軍將領布魯希諾夫（Brusilov）在東戰線進攻時，慘絕人寰的傷亡（在東戰線俄軍死亡超過百萬）。隨著死亡人數漸增，獲致戰後和平的條件也愈來愈嚴苛。英、法、俄同意瓜分鄂圖曼帝國，將奧匈帝國分割為數個民族國家，成為協約國的戰爭目標。重組德國，以去除其「軍國主義」，則是「歷史不再重演」的最穩當途徑。就德國這邊來看，這一切的紛紛擾擾全肇因於俄國的「威脅」。徹底摧毀沙皇帝國，便成為獲致戰後安全的最起碼要求。在德、法、英三國，一九一六至一九一七年時新領導者上台，各矢志要把這場戰爭打出個輸贏，但在和平問題浮上檯面的許久以前，總體戰的不勝負荷，已使整個形勢改觀。一心欲盡快結束戰爭的德國，訴諸無限制潛艇戰❶，促成美國在一九一七年四月參戰。自此，任何和平協議的簽訂，不只要考慮到歐洲諸強國的領土主張，還要考慮到美國的「開放門戶」貿易要求和美國對歐洲本土及歐洲以外地區歐式帝國的敵意。但最震撼人心的發展，乃是俄羅斯君主政體的突然垮台。

俄羅斯的崩潰

在所有大國中，俄國最沒有打總體戰的能耐，它缺乏藉以維持其龐大軍隊戰力的工業實力，需要西方盟國的援助，但援助又有困難。由於博斯普魯斯、達達尼爾兩海峽遭鄂圖曼帝國封鎖，可用來送進援助物資的港口只剩位於極北的阿爾漢格爾斯克（Archangel）和極東的海參崴，而這兩港都極不理想，許多援助物資因此堆著，幫不上忙；即使送來較多的援助物資，也未必能扭轉局勢。俄國的鐵路網應付不了補給前線的繁重任務，或者說，應付不了將維持戰爭經濟所需的糧食、燃料運送出去的重任。在所有參戰國中，艱困、焦慮、因國家未能打勝仗而對領袖心中生起的不滿，三者交互作用，造成政治局勢緊繃。俄國的軍事失利（大量兵員死亡、大塊領土喪失）最為驚人，各大工業城（特別是帝都彼得格勒）物資嚴重短缺，摧毀民心士氣，工廠紀律蕩然。任何政權面對如此程度的挫敗，大概都會岌岌可危，而沙皇政權又是特別的脆弱。它沒有以民意為後盾的政治領袖來主導政府，它的大臣都是對沙皇負責的官僚，大臣之間既是同僚也是對手，選舉產生的國會可以譴責、辱罵他們，但無權撤換他們。外界普遍懷疑沙皇宮廷裡藏有失敗主義者或叛國者。不滿升高時，唯一可用的手段就是鎮壓，沙皇的威權倚賴警察對群眾的控制和（基本上）軍隊的效忠來維持。一九一七年春，彼得格勒發生人民暴動，這兩根支柱雙雙垮掉。僅一個星期的時間，沙皇就被迫下台，歷時千年的君主制走下歷史舞台。有位在俄國度過一次大戰時期的英國史學家論道，這場暴動「沒有組織，非常狂暴。那好似有具屍體躺在一個乖乖不敢動的人身上，後來那人從下面往上一推，屍體就滾落了。」[7]

最初看來，這個由向國會負責的領袖領導的新俄國，會有愛國衝勁、民眾支持、政治力量來重啟戰爭，重新發動攻勢。但俄國的戰爭經濟受損太嚴重，組織化的工人的不滿太根深柢固，因而國力無法迅速恢復。或許只有德國垮掉，才能拯救這個後沙皇時代的自由主義國家。六個多月後，新政權即面臨人民不滿、經濟凋敝、

❶ 譯按：指以潛艇無預警攻擊商船的海戰。

軍事失利交相逼來的同樣困境，但它不像沙皇有鎮壓機器可用。隨著地主遭趕出門戶（或遭殺害），地主的田地遭瓜分，鄉村舊秩序在農民困苦和對土地的渴求下瓦解（到一九一四年時，農社或個人已占有四分之三可耕地，而土地集中於較富有的農民之手可能加劇了土地不足的感覺）。[8] 一九一七年十月的布爾什維克政變，把革命政府推上台。這個政府知道若要保住政權，俄國就得退出戰場。事實上，布爾什維克黨就靠著和平承諾和對農民暴動的表面支持，才得以在權力鬥爭中獲勝，但那是隨時可能失去的勝利。

一九一八年三月，在布列斯特—立陶夫斯克（Brest-Litovsk），俄國與德奧等國簽訂和約，付出和平代價。為讓德國同意停戰，布爾什維克黨人被迫作出驚人讓步。西俄羅斯大部分地方，包括波蘭、波羅的海諸省、今白俄羅斯，都割讓給同盟國集團。使俄國得以成為歐洲大國的那個突出部，一舉遭奪走。但同樣非比尋常的，乃是失去烏克蘭。當時，入侵的德國人已在烏克蘭扶植成立一分離主義政權（Rada）。烏克蘭是俄國的主要穀倉（戰前外匯很大一部分來自烏克蘭），俄國用煤的主要來源，俄國前幾大工業中心的所在，而這些全都落入德國附庸國的掌控。事實上，《布列斯特—立陶夫斯克條約》似乎只是更大一齣戲的序幕。德國軍隊準備包圍黑海，「解放」俄國在高加索的殖民地，甚至裏海另一頭的殖民地。而隨著內戰在俄國剩餘土地上醞釀，俄國中央對其位於中亞和遠東諸省的舊帝國邊陲地帶的掌控，看來也必然不保。一根將歐亞大陸固定在一塊的大鉚釘，正漸漸裂為兩半。

一旦德國贏了……：英國的作戰計畫

事實上，俄羅斯的崩潰為整個歐亞大陸的大重整，開啟了大門，其立即效應就是讓德國得以將東線兵力調到西線，在美國援助還未能扭轉大局之前，即擊垮英、法。一九一八年三至六月的大攻勢，德國幾乎就要如願以償。協約國軍隊在這攻勢下棄守潰退，一時之間，倫敦覺得戰局即將由僵持轉為大敗。在法國、義大利方面，經歷過一九一七年十月在卡帕雷托（Caporetto）的慘敗（義大利遭奧軍擊退），距失敗已是一線之隔。法、義一旦撐不住，英國（和美國）就得撤出歐陸，歐陸將整個落入德國掌控。俄國的殘餘力量將無足輕重：德國若打贏這場戰爭，布爾什維克政權大概也撐不了多久。有鄂圖曼這個盟邦，加上烏克蘭、高加索等新加入的盟友，德國將主宰近東和中東，將把伊朗納為附庸，進逼波斯灣。英屬印度將陷入德國攻擊範圍。情勢若真演變到這地步，倫敦也沒把握其盟邦日本不會為了保住其趁戰爭期間在東北亞奪取的利益而倒戈。即使談和休兵，在這樣的情況下，隨之必然陷入帝國主義強權間的冷戰。在歐洲孤立無援的英國，將更為倚賴其盟邦美國。位在非洲、印度、澳洲、紐西蘭和附近島嶼的「南不列顛世界」（當時英國大戰略的用語），將成為一座不知何時才能擺脫戰時體制的大軍營，對該世界的政治前途帶來無可預測的影響。[9]

英國領袖推斷，要防止德國稱霸歐洲的全球衝擊，唯一辦法就是加倍掌控位於中東的歐亞十字路口。一九一八年三月起，英國派遣數支小部隊到高加索和中亞，號召俄羅斯的前屬國反抗德國—鄂圖曼聯軍。英國還派了「北波斯部隊」（Norper-force）到「北波斯」，以確保德黑蘭政權不致倒向德國。英國計畫，一旦西線的兵力可騰出，又可在印度募集到新部隊，立即就對巴勒斯坦的鄂圖曼軍隊發動一波新的大攻勢。務必瓦解鄂圖曼帝國，將希臘至阿富汗之間的廣大地區納入英國宰制，成為英國外交政策的根本新方針之一，而在一九一四年之前，不可能有這想法。[10] 由英國控制的中東，將與遭瓜分的非洲一起成為歐洲的附屬地，但歐洲本身卻是被一大陸霸權和一陷入苦戰的大陸岸外強權所分裂（晚至一九一八年七月時似乎仍可能是如此）。但這一驚人計畫尚未能驗證是否可行，西線的戰局已開始逆轉。

停戰：世界大戰的暫時休兵

德國人打算以全面攻勢突破壕溝戰的僵局，但一如一九一六至一九一七年英國人、法國人體會到的，德國人發覺在這種有利於守方的作戰模式中，很難維持其攻擊勢頭於不墜。初期一場突破，差點將英法部隊分為兩半，但到六月中旬時，德軍攻勢已後繼乏力。英法發動一場組織完善的反攻，開始逼退德軍，德國在美軍開始大量投入之前獲勝的最後一絲希望漸漸消失。經過八月初的慘重傷亡和「德軍的黑暗日」❷，與登堡與魯登道

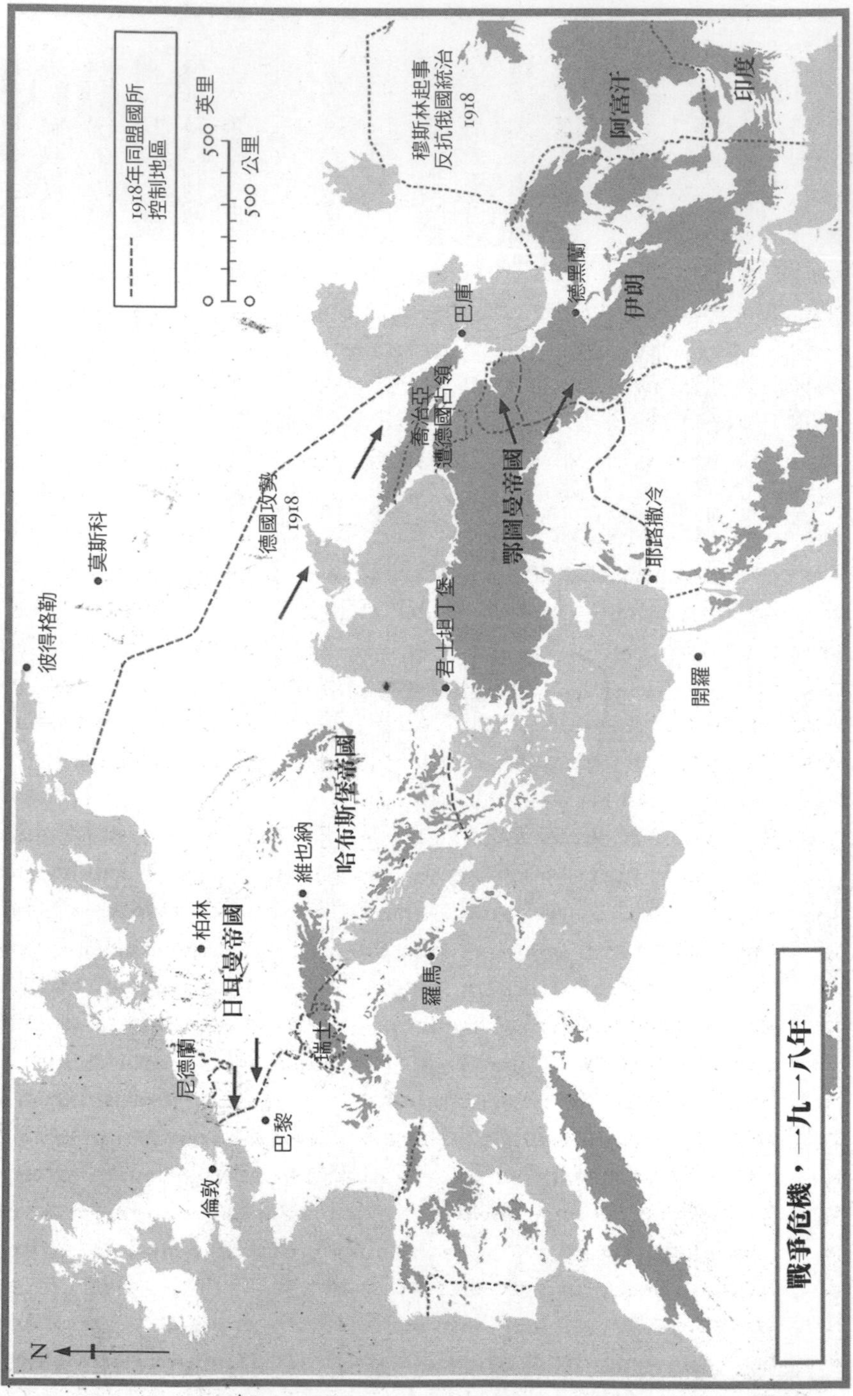
1918年同盟國所控制地區
0 500 英里
0 500 公里
N
彼得格勒
莫斯科
德國攻勢 1918
喬治亞遭德國占領
巴庫
穆斯林起事反抗俄國統治 1918
阿富汗
印度
德黑蘭
伊朗
鄂圖曼帝國
耶路撒冷
開羅
君士坦丁堡
哈布斯堡帝國
維也納
柏林
日耳曼帝國
尼德蘭
倫敦
巴黎
瑞士
羅馬

戰爭危機，一九一八年

夫（Erich Ludendorff）的「沉默獨裁政權」開始心慌。國內出現社會不安跡象，而巴爾幹、巴勒斯坦兩前線傳來日益不利的消息（英國陸軍元帥愛德蒙・艾倫比在巴勒斯坦的美吉多擊敗鄂圖曼軍隊），使德國決定求和停戰。協約國一方（英、法兩國計算持續戰爭的成本時，必須考慮影響力日大的美國的看法）無意打到德國徹底投降為止。一九一八年十一月十一日停戰協定簽訂時，德國前線仍橫跨比利時。協約國若入侵德國，戰爭大概要拖到隔年。由於停戰時德國並未完全潰敗，一則似是而非的說法開始流傳：德軍並未遭擊敗，而是被國內的社會主義份子陰謀「在背後捅了一刀」（這說法在一次大戰結束到二次大戰開始之間普遍流傳於德國社會）。在如此狀況下停戰，也在德國催生出一個歷久不衰的想法：停戰後的和平未考慮到軍事上的得失，對作為歐洲大國的德國極不公平。因為這點，西線的大規模交戰，結果什麼都沒解決，這場停戰其實只是歐洲第二次三十年戰爭期間的短暫休兵。

第一次世界大戰的影響：歐亞舊帝國崩潰，民族建國革命風起雲湧

一九一九年一月在巴黎召開的和會，把擬訂條約、確立德國與迫使德國停戰的四強之間的戰後關係視為第一要務。這些條款涉及德國邊界問題、戰爭損失的賠償要求及（為合理化賠償要求）德國承認掀起戰爭的罪責，此外還有許多待議事項。最迫切的事項乃是為東歐、中歐、東南歐設立一新國際體系，以取代原由羅曼諾夫、哈布斯堡、霍亨索倫三王室主宰而已經破敗的帝國體制。同樣迫切的議題，還有在政治上該如何安排前鄂圖曼帝國的未來，安排高加索、中亞地區基督徒、穆斯林混居的舊沙皇帝國邊境地區的未來。在東亞（中國已於一九一七年參戰，加入協約國一方），調解人面臨日本欲接收德國在山東勢力範圍的問題（遭中國強烈反對）。日本並已在一九一八年四月占領海參崴——顯然是協約國為阻止俄國落入德國掌控而作出的干涉行動之一。如何處理在

❷ 譯按：德國將軍魯登道夫對亞眠戰役第一天的稱呼。

東北亞大陸地區勢力日益高漲的日本，也是巴黎和會的棘手問題。而這兩個問題只是一更大問題的一部分：是否要讓日本支配推翻帝制後的中國。整體來看，就是要為幾乎整個歐亞世界的政治重建擬出一計畫。相較於此，從德國那裡奪取來的太平洋、非洲殖民地，該在哪種條件下由哪個戰勝大國治理，似乎是煩人的枝微末節，事實上，那是最容易解決的問題。[11]

在較重大的議題上，達成共識的前景非常黯淡。除了各大戰勝國間的敵對，諸多重大的不確定因素，使調解更為棘手。這時俄羅斯內戰正熾，「赤俄」和「白俄」哪一方會獲勝？俄國的革命政治主張會不會擴散到歐洲其他地方？為歐洲規畫成立的諸多新民族國家，同不同意各自的邊界劃分？土耳其人、希臘人、亞美尼亞人、阿拉伯人、猶太人的種族主張能否彼此調和，能否和英、法、義三國在戰時所訂瓜分鄂圖曼帝國的協議並行不悖？如果不行，會怎麼樣？誰將崛起掌控俄國的前亞洲帝國？如果各大戰勝國擁有勢不可擋的軍力，且協同一致使用軍力，他們或許會希望強行貫徹他們支持的解決方案（如果他們能在解決方案上意見一致的話）。現實並非如此。軍隊復員迅速，厭戰心理強烈。國內民心的躁動不安，使政策難以一致，結果就是產生一種幾乎成為動亂溫床的氣氛。另一方面，地方領袖有充分誘因促使他們召募地方軍隊，貫徹當地的解決方法，使鞭長莫及的調解者和權力不足的調解者代理人，只能接受既定的現實。此外，民族自決這個新意識形態，被英國人、美國人當作戰爭武器而極力鼓吹，被視為巴黎和會的主旨而得到大力支持，使任何看來合理的民族主義主張，都燃起了受承認的希望。各地的種種跡象顯示，歐亞的舊帝國體制已遭戰爭浪潮沖掉，在這種情形下，革命徵兆這時出現在幾乎所有地方，也就可說是不足為奇。

革命與帝國

一九一九年三月時，歐洲人在亞洲許多地區的支配已普遍陷入危機。三月十日，埃及的英國官員報告，逮捕民族主義首要份子薩德·札格魯爾（Saad Zaghlul）之後，開羅發生暴動。不過幾天，暴動就擴及三角洲諸鎮和上埃及。死了一千名埃及人之後，暴動平定；政治動亂則更難鎮壓得多。四月初，英國統治的印度發生幾場暴亂。在旁遮普省（印度軍隊的主要徵募地區），英國人面臨了一場他們認為有組織而以推翻英國人統治為目標的叛亂。英國人的殘暴反制，使死傷在四月十三日達到最慘重程度，將近四百名抗議者遭部隊射殺。在土耳其的安納托利亞（已有部分地區被巴黎和會指派給抱持擴張主義的希臘治理），五月時，在凱末爾（戰前的「青年土耳其黨黨員」和一戰時鄂圖曼軍隊的將領）領導下，開始民族暴動。在安納托利亞東南部，一場庫德人暴動危及英國人對其所占領摩蘇爾省本已不穩的掌控。在以大馬士革為政治活動中心的阿拉伯中東，阿拉伯人迫不及待等著列強實現他們所同意建立一自由阿拉伯國家的承諾，但心裡對此也疑慮日深。在前沙皇帝國境內，巴什基爾人（Bashkir）、韃靼人、哈薩克人、亞塞拜然人、俄羅斯中亞地區的穆斯林諸民族，在一九一七年俄國革命時就已跟著開始為自由而抗爭，而這時，抗爭是成是敗也在未定之天。最重要的是，一九一九年五月中國所發生的事，顯示自一九一一年以來顯然陷入泥淖的中國革命，終於啟動。北京的五四示威遊行，以巴黎和會決議讓日本保留其在山東的勢力範圍為抗議標的，卻代表一場更波瀾壯闊的民族自覺運動就此展開。這時候，所有知識份子似乎都認同中國必須是個憲政國家，而非王朝制帝國。中國完整主權的恢復、外國（特別是英國）租界和特權撤銷、中國獲接受為國際社會平起平坐的一員，成為這中國新民族主義的目標。五四運動對東亞，對與中國相鄰或境內有華人少數民族的受殖民國家，影響必然很大。

當然，這些運動和類似的運動在一九一八至一九一九年出現，絕非突發事件，而是醞釀已久。在大部分情況下，它們乃是建立在此前即發出的要求上：要求成為獨立國、要求自治或至少獲承認為自成一體的族群。強迫動員參戰（上戰場或供應物資），或從他人遭遇間接感受到這所帶來的苦難和損失所引發的民怨，使標榜民族主義的反對聲音得到更多人支持。一次大戰結束或（一如俄羅斯的情形）帝國統治瓦解時，政治氣氛迅即沸騰。那是一種夾雜憂心與希望的複雜心情所引起：憂心戰時的壓迫將繼續，不知伊於胡底；希望歐洲的帝國體制瓦解和一九一八年時協約國所宣揚的自治承諾，將代表新「民族」時代的開端。使自己的奮鬥目標得到巴黎和會的承認，說服和會列強糾正歷史錯誤，為自己民族的獨立贏得認可，乃是埃及、土耳其、阿拉伯地區、伊朗、中國之民族主義領袖的主要目標。這一策略失敗或上述目標無望實現時，他們即轉而採取更直接的辦法。

埃及獨立建國

結果是有好有壞。在埃及，短暫的人民暴亂留下政治動盪的苦果。英國的調查結果，將人民怒火大部分歸咎於戰時積累的怨恨：通貨膨脹、物資不足、徵調人員與牲畜供英帝國對抗鄂圖曼帝國所帶來的怨恨。但戰爭結束時，埃及菁英階層深深懷疑英國打算將埃及徹底納入其帝國體系（這時英國仍未正式併吞埃及），於是組成華夫脫黨（華夫脫意為「代表團」）代表埃及參加巴黎和會，為埃及在一八八二年前就已享有的實質獨立（或更好的地位）爭取國際支持。英國粗暴拒絕華夫脫黨參加和會的請求，關押該黨領袖以防範他們大搞群眾運動，隨之激起一九一九年三月的暴動。罷工、示威，謠言和恐懼的催化效應，與階層劃分森嚴社會裡更大的社會緊張來源相激相盪，使情勢一發不可收拾。暴亂平息之後，政治氣氛轉為深深的怨恨。英國人透過埃及裔部會大臣和埃及國王（一九一七年已改頭銜為蘇丹）控制埃及，認為透過這種間接統治方式，可以在較少正面對抗下取得他們想要的：一手掌控蘇伊士運河（英國東方帝國的生命線）確保它絕對暢通。他們主張，埃及絕不可能享有「真正」的獨立。但一九一九年三月後，所有埃及部會大臣要求英國讓埃及獨立，否則辭職。沒有了埃及裔大臣，英國面臨來自埃及各地的全面反抗：官員不合作、教師和神職人員譴責、運輸和公用事業的主要工人罷工，或許甚至還用起英國人最害怕的「愛爾蘭人」辦法——抵制、暗殺、恐怖攻擊。一九一九年三月至一九二二年一月間，英國人絞盡腦汁欲找出一個可以安撫埃及領袖「溫和」派，分裂反英民族主義同盟的辦法。直到英國宣布埃及是獨立國家（但國防、外交事務得聽英國的「建議」），強烈的反英情緒才漸漸平息。[12]

敘利亞建國失敗

在阿拉伯人地區，問題更為複雜而棘手。推動建立阿拉伯人國家的力量，乃是費瑟（Feisal）與其哈希姆（Hashemite）氏族（鄂圖曼時期伊斯蘭兩大聖地的世襲統治者）、敘利亞顯要人物組成的聯盟。費瑟是麥加行政長官之子，就是他在一九一六年後，在英國的協助與鼓勵下，領導阿拉伯人反抗鄂圖曼帝國統治，也是他迫使列強承諾一次大戰結束時讓阿拉伯人獨立建國。敘利亞顯要人物則在一九一四年前，就已率先倡導阿拉伯人反抗鄂圖曼統治。事實上，從一八六〇年代起，敘利亞就已開始被認為是阿拉伯人的祖國。[13]費瑟和敘利亞人都知道不能太樂觀。他們知道巴勒斯坦會被劃為個別地區個別治理，目的之一是讓猶太人得以建立「民族家園」。他們還知道，一九一六年時英、法已同意瓜分阿拉伯人土地，把今日的敘利亞、黎巴嫩劃歸法國監管，把今日伊拉克大部分地區劃歸英國支配。雪上加霜的是，情勢不久就表明，在巴格達成立的新英國政權認為阿拉伯人建立統一國家的構想是雞毛蒜皮、甚至荒謬可笑的事，該政權無意讓巴格達的顯要人物與他們在大馬士革的友人合作。費瑟希望的，乃是英國人改變心意，廢除與法國的那項協議，創建一個或數個受寬鬆保護的阿拉伯國家。在這之前，英國人已同意他領導由英國人全權掌控的大馬士革臨時政府。費瑟本人想用錢使法國人支持其想法，想讓猶太人放心，他們的「民族家園」在阿拉伯政府管轄下會很安全。但他的希望和外交折衝雙雙落空。到了一九一九年結束時，英國人已同意將部隊撤出敘利亞，把該地讓給法國。隔年春天，歐洲諸戰勝國（美國已退回「孤立」）以國聯最高理事會的身分發布命令，將阿拉伯地區分割為數個「託管地」治理，直到每個「託管地」被認定適合自治為止。巴勒斯坦和外約旦劃歸英國治理，新成立的國家伊拉克也是。伊拉克由三個涇渭分明的省分拙劣組成：擁有龐大庫德人口的摩蘇爾省，由遜尼派穆斯林菁英支配的巴格達省，位於南方而人口絕大多數是什葉派穆斯林的巴斯拉省。但敘利亞歸法國，且領土縮小，原敘利亞南部劃歸英國託管，原敘利亞部分地區劃為黎巴嫩，成為法國另一託管地。費瑟政權在大馬士革召開「敘利亞國民大會」，譴責託管決定，呼籲阿拉伯人追求統一、獨立，以費瑟為國王。費瑟組成臨時軍隊，試圖阻止法國占領。一九二〇年七月，阿拉伯軍與法軍交戰，戰敗，費瑟出亡。

土耳其共和國成立

儘管創建「大敘利亞」這個自由阿拉伯國家的夢想已遭打破，英、法對阿拉伯地區的瓜分卻仍極不穩固。敘利亞的抗爭運動已傳播到伊拉克，巴格達的顯要人物（其中某些人透過一祕密會社與費瑟的支持者聲息相通）強烈反對英國人在一次大戰結束時已強制施行的殖民式統治。一九二〇年六月，他們的政治不滿得到巨大響應。在幼發拉底河流域的鄉村，對外族統治和苛捐雜稅積壓已久的不滿，爆發為動亂。英國人竭力鎮壓，調來愈來愈多部隊，投入愈來愈多資金，設立由阿拉伯人領導的政府一事，也變得愈來愈急迫。邱吉爾（掌管阿拉伯中東的殖民事務大臣，但埃及不在其管轄之內）主張，流亡在外的費瑟是最合適的領導人選，因為看來只有他有本事和威望讓這個搖搖欲墜的託管地不致土崩瓦解。但費瑟是否能辦到、在什麼條件下辦到，仍在未定之天。因為伊拉克的命運，只是一更大問題的一部分。一九二〇年結束時，情況顯示，一個具敵意和侵略性的新土耳其國家從鄂圖曼帝國廢墟中興起，恢復其在阿拉伯地區的政治支配地位，變得愈來愈有可能。一九二一至一九二二年，凱末爾將小亞細亞大部分地區納入其土耳其共和國的統治，粉碎了英國的兩個企圖：建立一個由蘇丹統治的弱小土耳其附庸國，將西安納托利亞的大部分地區轉為「大希臘」的「愛奧尼亞」延伸部（大希臘計畫）。[14]一九二二年九月，凱末爾奪下士麥那（Smyrna，伊茲米爾），進軍帝制時代故都君士坦丁堡，與駐守恰納克（Chanak）防衛達達尼爾海峽的英國小支守備部隊相遇。大危機隱然就要爆發。如果英國、土耳其之間重啟戰端，整個中東的政治前景將回復混沌。[15]

經過數個月密集的外交折衝，一九二三年七月《洛桑和約》出爐。該和約承認土耳其為獨立共和國，把君士坦丁堡完全還給土耳其（一九三〇年正式改名伊斯坦堡），撤除歐洲人對土耳其的安納托利亞心臟地帶的勢力範圍要求，廢除外國人享有治外法權（「外僑權利」）的舊制度，使土耳其擺脫歐洲債權人先前所設「鄂圖曼國債管理局」的束縛。《洛桑和約》規定了人口的交換，將土耳其境內的「希臘裔」基督徒和希臘境內的穆斯林「土耳其人」各趕出世居已久的家園，從而鑄下未來的禍端。[16]土耳其人接受博斯普魯斯、達達尼爾兩海峽非軍事化，接受阿拉伯地區脫離其掌控，同意其對摩蘇爾的領土要求交付裁決。這是很大的妥協，反映英國、土耳其雙方都不願重啟戰端，反映俄羅斯在一九二〇年後些許恢復了其對這地區的影響力（見後文），反映凱末爾急切欲按照戰前改革派所支持的歐洲路線建造其新土耳其國。在英、法兩國鞏固其對新阿拉伯託管地的掌控上，這是關鍵階段。這讓法國得以全力奪下敘利亞，敉平接下來發生的大暴動（一九二五～一九二七）；並且讓英國得以在付出少許代價的情況下就將勢力伸入伊拉克——英國提供空中武力協助費瑟消滅其反對勢力，換取英國保護通往波斯灣的要道和空軍抵達印度所需的基地。但戰後反抗運動的風起雲湧，已在中東政局烙下深刻的印記。

在敘利亞和巴勒斯坦，阿拉伯人的自治要求一直遭嚴厲拒絕。但在埃及和伊拉克，英國已不得不同意給予廣泛的自治權，承認兩國的獨立主張（一九二二年承認埃及獨立，十年後承認費瑟領導的伊拉克獨立）以換取英國對戰略要地（特別是蘇伊士運河）的掌控，就連外約旦都獲准擁有自己的（哈希姆氏族）國王。瓜分雖令阿拉伯人傷痛，但阿拉伯中東並未完全淪為殖民地，戰前覺醒的泛阿拉伯意識並未遭剷除，仍留有許多空間可供這意識滋長。歐洲的支配（主要是英國的支配）從社會和文化的角度看，淺而不穩，它在很大程度上倚賴會變動的地緣政治因素：在德國失勢而俄國陷入孤立下，大國之間的敵對暫時緩解。在大蕭條時期，這一支配未從貿易的擴張或該地區躋身國際經濟舞台得到多少助力。石油業的成長遲緩（中東產油量在一九二〇年時只占全球百分之一，一九三九年只占百分之五，且這百分之五幾乎全產自伊朗西南部），使其無法成為歐洲帝國主義勢力的特洛伊木馬。戰爭帝國主義的短暫興奮一旦過去，不管是英國，還是法國，都對建立阿拉伯帝國（特別是要花大錢的帝國）興味索然。[17]如果瓜分中東是帝國擴張的最高潮，那也是最快衰退的浪潮，最短暫的帝國擴張時刻。

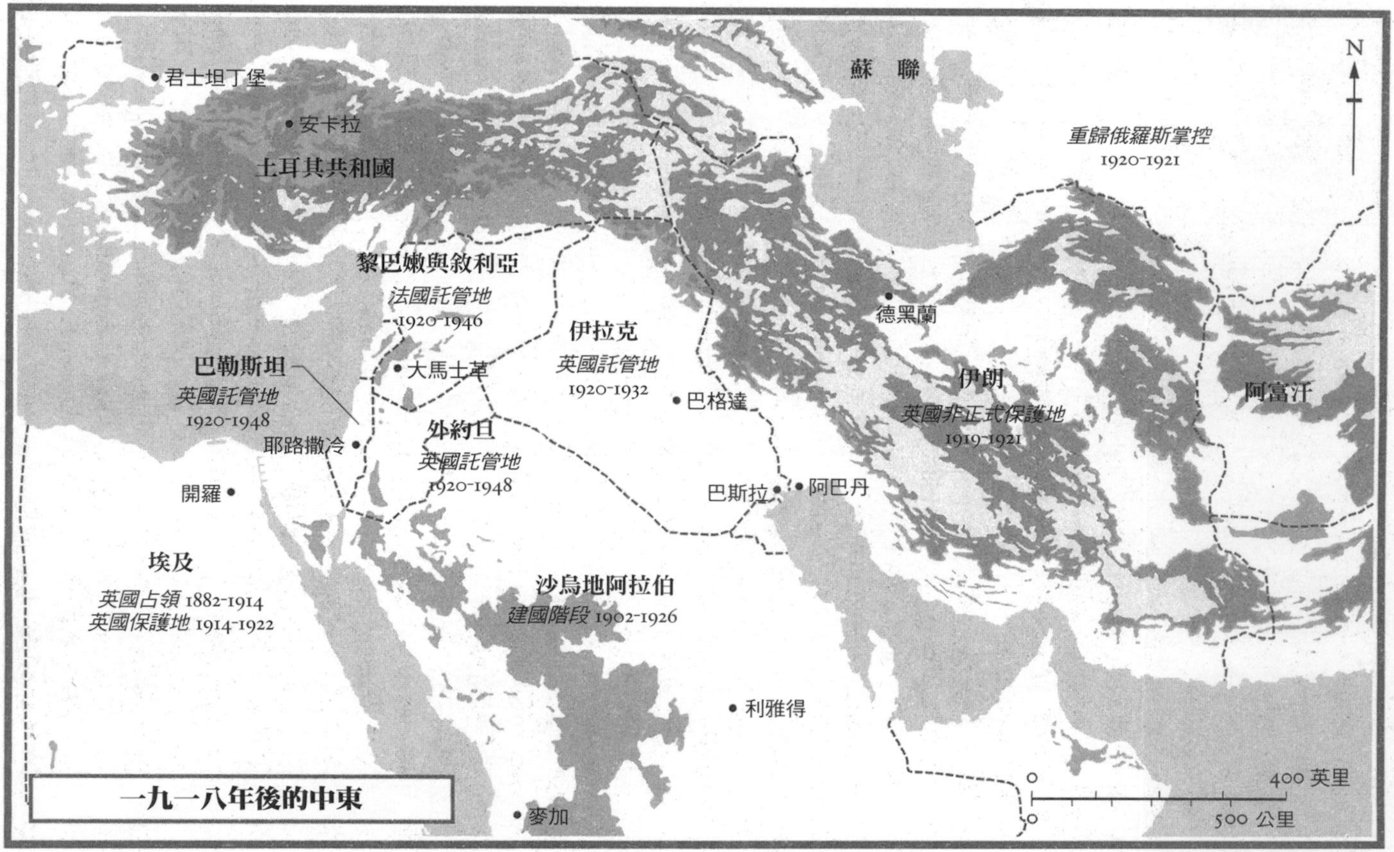
一九一八年後的中東
蘇 聯
重歸俄羅斯掌控
1920-1921
君士坦丁堡
安卡拉
土耳其共和國
黎巴嫩與敘利亞
法國託管地
1920-1946
巴勒斯坦
英國託管地
1920-1948
大馬士革
耶路撒冷
開羅
外約旦
英國託管地
1920-1948
伊拉克
英國託管地
1920-1932
巴格達
巴斯拉
阿巴丹
德黑蘭
伊朗
英國非正式保護地
1919-1921
阿富汗
埃及
英國占領 1882-1914
英國保護地 1914-1922
沙烏地阿拉伯
建國階段 1902-1926
利雅得
麥加
N
0
400 英里
0
500 公里

凱末爾的土耳其民族運動與禮薩汗對伊朗的改革

從一九一八到一九二三年的動亂時期獲益最大的，似乎是土耳其和伊朗。在此之前，兩國都面臨了淪為受保護國或更卑下地位的屈辱處境：土耳其是遭占領的鄂圖曼帝國殘餘領土，伊朗是一次大戰戰勝國英國的附庸國。一九一四年之前這兩國幾乎已無法承受的外部壓力，將在這時期驟然減輕，而使兩國受惠。一九二三年後，不管是俄國還是英國，都無心於積極干預這兩國的內部事務，英、俄都把心力放在自己的國內要務上。兩位才智不凡的國家建造者抓住這機會，貫徹一九一四年前改革派所夢寐以求的變革。凱末爾（後來被尊稱為「阿塔圖克」，意為「土耳其之父」）在已敗亡的鄂圖曼帝國的安納托利亞核心地區（該地區的基督徒少數族群已大部分遭「清除」），打造出土耳其共和國。在凱末爾的共和國裡，保守的伊斯蘭是最大敵人，是建造獨立自主、不受心懷不軌之列強支配的現代國家的最大障礙。衣著新法（禁戴使穆斯林信士得以讓頭觸地的無簷非斯帽）、字母表（以拉丁字母取代阿拉伯字母）、教育（禁止學校教授宗教課程）、姓（規定土耳其人取西式的姓），加劇了穆斯林認同和世俗政府要求國民忠於國家之間的衝突。

凱末爾的成功，得力於為贏得對希臘戰爭、恢復土耳其獨立所推動的「民族」運動。凱末爾統率一支仍以實現其民族大業為職志的軍隊，他還承繼了鄂圖曼帝國在一九一四年前改革留下的現代化行政體系。在伊朗，情況必然較為棘手。一次大戰及其後續效應，已加劇伊朗內部的衝突，幾乎摧毀德黑蘭中央政府；外國（英、俄，然後蘇聯）軍隊占領、山頭勢力據地稱王、少數民族運動、社會動盪、部落自行其是，使伊朗眼看就要亡國。在這危急存亡之秋，哥薩克旅（有名無實的德黑蘭中央政府底下唯一的正規部隊）軍官禮薩汗（Reza Khan）發動軍事政變，得到廣大支持，禮薩汗得以和蘇聯、英國協商撤軍事宜。權位穩固之後，他立即發動改革——與奉行凱末爾主義的土耳其所施行的改革極為類似。他建立大軍隊以肅清地方叛亂，平定桀驁不馴的部落。新建的鐵公路，使中央政府的觸角更深入地方。針對頭戴物（規定戴有簷帽或無簷帽）、取姓（禮薩汗取姓「巴勒維」）、對待女人、禁蒙面罩所頒的法令，顯示禮薩汗的主要對付目標是毛拉[3]的勢力。雖面臨反抗，禮薩汗仍成為實質上的獨裁者：一九二六年四月他稱王。他以軍隊和行政系統，加上龐大的王朝地產和廣泛的宮廷贊助，支撐起他的權力。禮薩汗打造出新的帝制國家，國力之強大遠超過卡札爾王朝所希望建立的。他未倚賴外國資金或給予外國人特許權，就獲致此成就（卡札爾王朝就因給予外國人特許權而使原本一盤散沙的反改革派集結），關鍵原因在於他有一個新財源。因為，儘管禮薩汗在最後關頭（出於謹慎）未將波斯灣北岸的油田控制權，從擁有特許開採權的英國公司（英國政府擁有百分之五十一股分的英國—波斯石油公司）手中奪回，那些油田在一九一三年後的收益增加了百倍，卻使他收入大增。但對他而言，一如對阿塔圖克（死於一九三八年）所打造的土耳其共和國而言，真正的考驗要到他們巧妙利用的地緣政治平靜狀態，在一九三九年後崩解為戰爭時才會降臨。[18]

印度邁向民族國家：甘地的「不合作運動」

在西南亞如此多地區陷入動亂的這個階段，「伊斯蘭」對政治的影響卻出奇微弱。在團結中東人民反抗外族宰制上，穆斯林認同感無疑扮演了重要角色。但在土耳其、伊朗、埃及和阿拉伯地區，民族主義運動卻與宗教沒什麼掛鉤。特別是在敘利亞，基督徒一直是最大力提倡以語言和文化為結合紐帶、而非主要以宗教為結合紐帶的阿拉伯民族主義人士之一。伊斯蘭發揮更大影響力的地方，在更東邊的印度。一九一四年前，印度穆斯林對於自己在更廣大伊斯蘭世界裡的地位的體認，就已急遽上升，且至此時仍持續升高。由於鄂圖曼蘇丹（即使只是名義上）也是哈里發，即「（穆斯林）信士的統帥」，英國與土耳其交戰對他們的心理衝擊就更為強烈。英國派了許多印度軍隊前去和土耳其軍隊交戰，鑑於印度軍隊裡有許多穆斯林士兵，英國印度政府只要發現穆斯林政治人物和報紙發抒泛伊斯蘭情感，即使只是一丁點的流露，都立即予以壓下，幾名印度穆斯林領袖因此在獄中度過一次大戰的大部分時期。當英國承諾改革（大幅擴大民選印度領袖對省級事務的置喙權利），同時揚言羅拉特法案（Rowlatt Act）所賦予的戰時逮捕、拘禁等特殊權力將無限期繼續施行時，強烈憤慨就特別爆發自穆斯林。[19]

對此法案的抗議行動（甘地成為全印度知名政治領袖後，在其第一場大型運動裡所策劃的行動）協助引發一九一九年的暴力事件，間接促成英軍將領戴爾（Dyer）為報復歐洲人在該城遭殺害，而殘酷槍殺印度人民的阿姆利則（Amritsar）屠殺事件。[20]

甘地的革命理念：非暴力抵抗英國統治，以印度自治村社實踐美德

乍看之下，甘地不可能成為印度穆斯林的盟友。他是信仰印度教的改革者，希望把較簡單、較具精神性的那種印度教套用在社會、道德的改革計畫上。節欲、貞潔、自制、謙遜全是甘地主義的理想。但一如前一章提過的，他在戰前宣言《印度自治》中，已將這些美德與印度自治連結。他主張，它們只有在自治村社裡才可能真正實行，而過去印度原就由眾多自治村社組成。那是流於幻想不實的印度過去，在某些方面反映了英國官員所提出的歷史，也反映了托爾斯泰（一九一〇年歿）後期著作的影響和他對俄羅斯農民公社的理想化認知。但在一個農民仍占人口絕大多數的國家，這觀點非常能打動人心。不過，甘地堅持只有英國殖民統治結束，印度才有可能開始重整道德，因為這堅持，才使他的主張變得極為激進。英國統治是西方外來文化腐化印度的工具，推翻英國統治相當迫切，但要透過道德壓力，而非透過暴力。甘地的目標，乃是打一場心理解放的大戰役，以終結印度的受支配地位。因為是印度人「同意」讓英國人統治，「同意」遵從英國的司法、法律體系，「同意」採用英國人的經濟觀點、政治看法，「同意」效法英國人的教育、文化發展之道。打破這一心靈桎梏，確立以印度觀點而非英國觀點思考的自由，以「非暴力抵抗」對抗有形的權力，乃是印度得以快速獲得真正獨立的最穩當途徑，甚至是唯一途徑。

這些觀念與印度民族主義政治圈的主流觀點大相逕庭。印度國大黨在一八八〇年代就開始為自治而奮鬥，

❸ 譯按：什葉派宗教學者。

但該黨領導人希望接管英國的印度政府，無意摧毀該政府對鄉村社會的掌控，不想建造無政府主義的烏托邦。他們欣賞代議政體和文官體系之類的英國制度，認為那是建造新印度國家的磚塊——由上而下建，而非由下而上建。他們不贊成與英國完全決裂，希望印度成為像加拿大那樣忠於英王而屬於大英帝國一員的自治領。他們認為甘地的想法是怪人的想法，其中有些人認為那些想法無害，另有些人則覺得危險（甘地是受英國教育的律師，先前在英國或南非待了二十年，一九一五年回印度時已四十六歲。以他這樣的出身，會有上述想法，更顯奇特）。國大黨領袖希望印度在一次大戰時忠於英國，可贏得政治回報，而英國的確給了某種程度的回報。但一九一八年英國提出的「改革」建議，令他們大失所望。國大黨要求仿照「白人自治領」，建立由印度人擔任中央政府部會首長的議會制政體，但這些「改革」建議對此要求幾無讓步，反倒以省為印度人參政的主要領域，（許多國大黨領袖認為）其目的明顯在擴大印度諸地區間的差異，阻擋印度邁向真正的民族國家。改革受挫，使甘地主張政治行動的直接方法，吸引力一下子水漲船高，直到一九一九年的暴力動亂，才使他的方法失去青睞（許多國大黨政治人物是地位崇高的地主）。但一九二〇年，甘地找到另一個贏得國大黨支持的辦法。[21]

印度教、伊斯蘭教、印度國大黨聯手合作的「不合作運動」

關鍵在於諸戰勝國加諸鄂圖曼帝國的和平條款，令穆斯林領袖日益憤慨。在這之前，鄂圖曼帝國的落敗和這最後一個伊斯蘭大帝國的瓦解，已使印度穆斯林驚恐。他們擔心伊斯蘭聖地的守護權落入異教徒之手。事實上，位於耶路撒冷的伊斯蘭聖地已落入英國掌控。但歐洲列強計畫剝奪土耳其對君士坦丁堡的掌控，令他們大為憤怒，在他們眼中，那是對蘇丹／哈里發的蓄意羞辱，對世界性宗教伊斯蘭教之威望的直接攻擊。為向英國政府（那些計畫的主要制定者）施壓，他們開始展開有計畫的行動，在印度的穆斯林之間，撩撥起反對基督徒攻擊「哈里發之位」（鄂圖曼蘇丹身為穆斯林信士統帥的世襲職位）的憤慨情緒。甘地從這運動得到啟發，把他旁遮普省非暴力抵抗運動所受到的殘酷鎮壓（「旁遮普不公」）與「哈里發之位的不公」」相結合，呼籲穆斯林和印度教徒一起支持民眾不服從運動，以「在一年內（實現）自治」。他鼓勵穆斯林加入國大黨，選出代表參加國大黨的年度大會，結果大為成功。在穆斯林的大力支持下，甘地迫使國大黨的保守派支持直接行動。他把原是政治菁英俱樂部的組織，改造成入會費極低而擁有真正草根力量的群眾運動組織，並把形同清談俱樂部的政黨改造成戰鬥機器，以騷擾英國統治當局，在可以表現出有擔當政府的模樣時擺出這樣的姿態。

從一九二〇年晚期到一九二二年初，甘地以印度國大黨為工具，對英國殖民統治發動了某種和平戰爭。示威遊行，抵制政府法院和學校，拒買進口的英國貨、拒絕英國政府所提的改革計畫（包括讓印度人參與省級事務治理等），構成了「不合作運動」——收回對英國統治權的同意。推行不合作運動的同時，印度其他地方動亂頻仍，且這運動儼然就要變成大規模混亂，印度的英國殖民當局為此大為驚恐。但他們最擔心的乃是甘地不合作運動中的伊斯蘭成分、捍衛哈里發之位運動對廣大穆斯林的宗教吸引力、伊瑪目的影響力、猛然高漲而可能在警察和軍隊中大肆蔓延的伊斯蘭狂熱（穆斯林在警察和軍隊中所占比例超乎尋常的高）。[22]事實上，甘地的不合作運動走到令人痛心的最高潮。這場高潮始於南印度部分地區的貧窮穆斯林佃農攻擊他們的印度教徒地主（即所謂的「莫普拉」〔Moplah〕暴動，奪走一萬條性命），最後，一群憤怒暴民放火燒掉北印度的一處警察分局，殺死二十二人。種種跡象顯示不合作運動已失控，甘地於是在一九二二年三月將這運動叫停，不久就被關入獄中。再不到兩年，民眾參與國大黨的熱潮已衰退。捍衛哈里發之位運動也走上類似的下場。一九二四年，哈里發一職遭廢除，但廢除者不是英國人，而是凱末爾所創建的世俗土耳其共和國。穆斯林、印度教徒聯手爭取印度自治的行動，失去了理由。甘地的偉大實驗似乎要在嗚咽中結束。

「不合作運動」的影響：英國不再高枕無憂、造就印度民族主義、蓄積群眾反抗動能

英國人當然希望如此。但印度政局這段革命時期，留下一有力遺產。在這段時期，印度人首度看到蔓延整個次大陸的有組織群眾運動，可如何挑戰英國人的統治。不合作運動的失敗，對甘地的心腹信徒是一痛苦打擊。它讓他們清楚認識到，控制這樣的運動、維持其衝勁於不墜有多困難。但就英國人來說，他們從此提心吊膽，不知道什麼時候又會爆發一波這樣的群眾運動，打擊他們的威信，瓦解讓印度裔士兵、警察、公務員、地

方重要人士與英國的統治體制緊密結合的忠誠心態。事實上，對類似運動再度爆發的擔憂，支配了接下來二十五年英國人的政策。其次，甘地對英國殖民統治的攻擊，在意識形態上取得了勝利。許多印度民族主義者，仍深深著迷於英國人所創建的代議制度。甘地的成就則是使一大批潛在支持者相信，他所主張的那種具有社會、道德內涵的民族主義，將滿足印度農民大眾的需要和希望，印度的問題得由印度人來解決。簡言之，他創造了印度的民族主義，而非「英國—印度」的民族主義。第三（且一部分肇因於前者），甘地使民族主義（和國大黨）成為草根運動，把農民、婦女、工業工人、森林與丘陵的「部落」民、賤民吸引進這運動。當然，人民關注的程度和國大黨員人數的規模，可能有漲有落（一九二二年後就是如此）。但追求「鄉村提升」或推廣甘地教育、衛生計畫的甘地主義核心信徒，構成一個行動主義份子網絡已蓄勢待發，隨時準備投入下一場「非暴力抵抗」運動。他們的機會何時會到來，仍在未定之天。[23]

但就眼前來說，即使是像埃及那種名義上的自治，對印度人來說都是可望不可及。甘地已大大動搖了英國人的自信，但英國殖民政權的「鋼骨結構」（軍隊、警察、行政系統）擁有數萬名印度忠僕，仍穩如泰山。甘地所急欲彌合的宗教對立、社會對立，使打造一民族主義大同盟以對抗外族統治一事，只能當作憧憬，而無法在短期內成為政治行動的實際基礎。[24]

中國的民族主義革命

中國的情形不同。一九一九至一九二二年間，儘管有種種困難，中國領袖還是成功確立了一八九〇年後似乎岌岌不保的完整主權，他們替中國在新成立的國聯理事會（國際聯盟的營運委員會）取得了一席之地。他們拒簽《凡爾賽條約》（因為山東條款），最終迫使列強在一九二一至一九二二年的《華盛頓條約》中，針對東亞局勢達成新協議。他們甚至取得在一九一四年前看來幾不可能辦到的成就：在華盛頓會議通過一廢除不平等條約的計畫，取得關稅自主、廢除領事裁判權、（逐漸）關閉外國在中國的許多租界。在反抗以帝國為常態的全球秩序上，中國所取得的成就，乃是亞－非世界裡幾乎任何其他地方所遠不能及。

當然，原因之一在於西方雖已在十九世紀侵害中國的獨立（一些西方國家在華享有領事裁判權，包括美國、巴西、祕魯、玻利維亞），中國仍強烈抵抗，而未在一九一四年前的關鍵十年淪入某種半殖民的獨立地位。而且，將中國改造成民族國家（而非王朝制帝國），建立可表達民眾意志的共和制政府，在受教育階層裡得到驚人快速的認同。一九一九年五月，中國在巴黎和會主張收回德國在山東的權利遭到拒絕，引爆全國抗議，顯示這一新式的愛國主義並不只限於受教育階層。五四運動始於北京的學生，但很快就發展成更廣大的抗議行動，得到商人和工匠加入示威和抵制，且擴及到北京以外的遙遠城市。那清楚表明外國商業利益可被人民公憤嚴重傷害，憤怒群眾會遵照新知識階層的民族主義主張行事，但這一新民氣並未轉化為強有力的民族政府。一九一九至一九二二年，中國除了北京有政府，廣州也有一個政府。北京政府派系傾軋，其號令幾乎出不了北京城。[25]在中國許多地方，真正掌權者是省的督軍，也就是蔑稱的「軍閥」。[26]軍閥之間不斷升高的敵意，在一九二二年引爆支配中國政局的內戰，直至一九二八年蔣介石攻下北京才結束這場混戰。《華盛頓條約》對中國主權國家地位的熱情支持和遵守該地位的嚴正承諾，在今日看來就有點令人費解。甚至，推翻帝制後中國的內亂，反倒似乎引來和一九一四年前一樣嚴重的列強干預，甚至更嚴重的干預。

日本併吞中國的帝國主義野心

在第一次世界大戰期間，情形似乎就已是如此。一九一五年一月，日本一了解歐洲戰爭的規模浩大之後，立即向中國政府提出《二十一條要求》，《要求》的事項寫在「帶有機關槍和無畏級戰艦之浮水印」的陸軍省文件上。[27]日本提出最惡毒的不平等條約，中國政府不得不同意日本接收德國在山東的權利，擴大日本在滿洲的特許權和租借地直到該世紀結束，中國政府未經日本同意不得向外舉債發展福建（距日本一貫勢力範圍極遠的南方沿海省分），須聘用日本人擔任「政治、財政、軍事」顧問。[28]總而言之，日本人要將中國納為實質上的受保護國。中國政府沒有盟邦或軍隊為後盾，只能屈服，簽署這條約。這為日本勢力在華北的迅速扎根開了方便之門，使北京政府日益倚賴向東京借款。沙皇的下台和沙俄帝國的解體，為日本的支配中國野心解除了最後一道真正障礙：在戰爭階段，英國和美國都無意挑戰日本。一九一八年三月蘇俄與同盟國簽訂《布列斯特─立陶夫斯克條約》後，英美認為俄羅斯隨之可能落入德國之手，為阻止此一發展，英、美同意出兵西伯利亞，但出兵最多者是日本，預期從此獲取最大利益者（勢力深入中國滿蒙）也是日本。因此，一九一九年的山東決議符合戰時東亞權勢的重大變動。隨著中國陷入分裂（與北京中央打對台的廣東政府已在一九一七年出現），地方軍閥收受日本資金，一時之間，中國似乎可能成為以東京為中心的龐大非正式帝國的一部分。

《華盛頓條約》對中國的安撫推諉與國民革命軍的建國起事

但這並未發生，原因在於中國的政治情勢與東亞諸大國的衝突關係猛然合流。北京的號令的確不及於各省督軍，但在「收復權利」這問題上，（以北京的新大學為中心的）北京知識菁英的民族主義計畫，[29]幾無疑問地贏得了中國沿海條約口岸城市的民眾支持，那是五四運動的深遠影響。到了一九二〇年結束時，北京政府已廢除德國、奧匈帝國（一次大戰時的中國敵國）的領事裁判權，布爾什維克政府已宣布放棄沙俄對華的權利要求。接下來，北京政府似乎非常有可能通知其餘與中國簽有不平等條約的強權，包括英、日、美，廢除他們在華享有的特權。[30]北京政府若出此招，不難想像那會在上海和其他地方激起如何爆炸性的效應，也不難想像面對接下來必然出現的群眾示威和抵制，保護外國利益和資產有多困難。眼下的情勢，促請北京支持漸進式改變，似乎較為保險。對英國人和美國人來說，還有一個理由要他們與北京妥協。他們已驚恐地看到日本勢力日益坐大，不相信主導日本政策的「軍國主義集團」。[31]整個一九二〇年期間，他們催促日本政府將其商業特許權交由一國際財團共同經營，反對日本在關外的滿洲擁有特殊地位。[32]英美施壓令東京既恐懼且憤恨，但還有其他理由要日本領袖不得不改變其東亞政策。他們遭遇國內情勢不安的問題，而那有一部分肇因於戰時經濟的緊繃。[33]遠征西伯利亞，傷財又死人，極不得民心。[34]沒有了俄羅斯的舊威脅，東京更難對國內人民自圓其說。至於在韓國，獨立運動於一九一九年遭殘酷鎮壓，當地政局的穩定為當務之急，[35]而且日本人和西方人一樣憂心，中國的仇外情緒可能失控，使他們的商業利益蒙受重大損失，特別是中國如果拒買他們的紡織品的話。[36]安撫已是不得不走的路。

結果就是體現在一九二一至一九二二年《華盛頓條約》的漂亮安排。西方列強和日本保證維護中華民國的獨立和完整，針對不平等條約的革除擬訂了計畫。任何大國都不得在中國尋求特殊權利或達成排他性的協議。一時之間，中國似已恢復了在動亂的一八九〇年代痛苦失去的民族尊嚴，但國家地位革命，並非故事的結束。從一九二二年起，在中國的外國利益團體遭遇日漸壯大的激進民族主義。第二場革命（社會和政治的革命），使《華盛頓條約》為恢復中國完整主權所擬的不慌不忙的時間表，顯得過於自滿。革命的發源地是南方第一大城廣州。廣州原本就是反清政治運動的中心，有位中國沿海的老保守派說，廣東人是「中國的愛爾蘭人」（這不是恭維）。[37]廣州距香港不到一百二十公里，香港是廣州的外港和帝制時期異議份子的安全避難所。一九一一年前，孫中山就在香港為創建其革命黨（國民黨前身）而奮鬥。[38]推翻滿清的各省新統治者（其中許多是軍人），其橫徵暴斂和壓迫，令商人和工匠日益不滿，但孫中山欠缺龐大追隨者，難以利用這股民怨實現其理想。受教育階層（包括年輕的毛澤東）痛恨因軍閥、軍人掌權而有志難伸，但孫中山也無法打動這些人；一九二二年，他甚至被軍閥陳炯明趕出廣州。但接下來三年，情勢有了驚人改變。因為在一九二三年，孫中山與俄羅斯布爾什維克政權派來的代表達成劃時代的協定。他接受蘇俄的軍援提議，同意讓蘇俄顧問團按照列寧主義模式[39]重組國民黨，與成立不久的中國共產黨相互提攜。國民黨—中國共產黨開始在農民和城鎮工人中打造群眾基礎。[40]有了自己的黨軍，它終於有力量可打敗軍閥，建立新國家。[41]

革命年是一九二五年。最初，情勢對國民黨不利，國民黨失去廣州（但為時不久），其領袖孫中山早逝。但五月三十日，大批學生在上海公共租界示威，聲援罷工工人，遭英國巡捕槍殺十二人，上海（外國企業集中地）的勞資緊張爆發為暴力事件，龐大抗議潮席捲長江流域和沿海地區。[42]六月二十三日，在廣州的沙田租界再發生示威民眾遭槍殺事件。香港全面罷工和抵制英國貿易，直接挑戰英國當局。國民黨從這波抗議風潮中獲利，以有實力進行有效統治的民族主義運動組織的形象，得到人民信任。蘇俄的支持、排外群眾運動、北方軍閥之間的殘酷內戰，為在矢志驅逐所有外國勢力的民族主義政府領導下重新一統中國，創造了有利條件。一九二六年七月，國民黨軍隊從廣州北伐，目標遙指北京。該年結束時，國民革命軍已抵達位處華中交通樞紐的大城武漢，攻下南京、上海指日可待，中國有名無實的主權（華盛頓會議上列強熱情讚揚的東西）變得駭人的真實。在舊秩序裡擁有最大利害關係的英國，開始趁著革命軍上門之前，趕緊撤離最難防守的軍事基地。[43]上海（最大的通商港埠）的龐大外國勢力（日本和西方），未來命運會如何，沒人說得準。

從沙俄到蘇維埃：俄羅斯單一民族政黨帝國的興建

戰後這場有關革命與帝國的大戲，有個奇怪但重要的結尾。在北歐亞的大部分地區，最重要的發展乃是帝俄的命運。帝國顯然已在一九一八年的混亂中解體，隨著沙俄政權的瓦解，列寧所謂「國家監獄」的受征服子民，得以一嘗自由的滋味。在烏克蘭、高加索、中亞，以及在俄羅斯本部境內的少數民族（例如巴什基爾人和韃靼人）裡的獨立政權爭取當家作主。就當時情勢來看，他們如願的機會很大。一九一八至一九一九年，布爾什維克人正為打贏內戰而奮鬥。此外，布爾什維克黨支持遭俄羅斯征服的民族獲得解放，把它們當作是對抗沙皇專制政權的盟友。列寧本人就在其著名的戰時宣言《帝國主義：資本主義的最高階段》（*Imperialism: The Highest Stage of Capitalism*，一九一六）中宣稱，殖民地人民得到自由，乃是摧毀歐洲心臟地帶之資本主義的關鍵第一步。在一九一七年後布爾什維克人陷入四面楚歌之際，他們覺得這個革命原則對他們也有利。面對泛伊斯蘭情感在高加索、中亞穆斯林之間流傳的威脅，他們亟欲先發制人，以消弭該威脅。而且一如我們已了解的，擔心日本往其東亞邊境地帶擴張，擔心英美勢力伸入該地區，已促使莫斯科在一九二二至一九二三年間先後干預華北和持民族主義立場的華南，且在後一干預中得到較大的收穫。[44]

但一如之前當政的羅曼諾夫王室，布爾什維克人很快就理解到，未能在政治上掌控內歐亞❹及其富戰略價值的邊境地帶，俄羅斯不可能高枕無憂。為打敗內戰對手白俄，他們動員了人數超過五百萬的軍隊。[45]紅軍欲將革命鬥爭帶進中歐，但在一九二〇年遭波蘭人擋住。但莫斯科收回其對烏克蘭和白俄羅斯大部分地區（在《布列斯特—立陶夫斯克條約》中失去的部分土地）的掌控。在伏爾加地區，莫斯科最初似乎樂見巴什基爾人和韃靼人獨立建國，但在一九二〇年期間，莫斯科中央又重新確立其對該地區的掌控。[46]在中亞，當地穆斯林菁英欲收復四十年前所失去的自由，遭到移居該地的俄羅斯僑民（其中許多是鐵路職工）反抗。但一九二〇年二月和九月，紅軍抵達，先後攻占希瓦和布哈拉，打破這混沌局勢。「巴斯馬基人」（Basmachi）戰士發動游擊戰，但一九二二年時終究失敗。在高加索，莫斯科最初行事較謹慎。它小心翼翼與土耳其、伊朗（對抗英國在中東勢力的潛在盟友）都保持友好，其軍力不足以征服此群雄割據的地區。它面對難對付的喬治亞政權，在一九二〇年五月承認其獨立。但到了該年結束時，俄羅斯的戰略地位已變得較為有利。一次大戰結束時，英國國力已開始從高峰滑落。[47]亞美尼亞人擔心遭重獲新生的土耳其征服，於是放棄獨立以換取俄羅斯保護。隔年，基於類似理由，喬治亞人跟進。到了一九二一年結束時，莫斯科已掌控沙俄時代的舊高加索諸省。然後，一九二二年，日本撤出西伯利亞，俄羅斯恢復其對太平洋岸地區（一八六〇年後從中國奪來的土地）的掌控。俄羅斯帝國重現。[48]

這一驚人的收復成就，無疑要大大歸功於托洛斯基紅軍的能征善戰。但同樣重要的因素，乃是在構成內歐亞的龐大地緣政治領域裡，沒有哪個對手國在人力和資源的動員上，能比得上莫斯科在俄羅斯歐陸地區所能動員的。但布爾什維克人雖然打贏內戰、收復版圖，卻沒有資源和意願重啟戰前俄羅斯的帝國主義擴張模式。一九一八至一九二三年，國家陷入內戰、外國入侵、經濟崩潰、農民暴動、用兵失敗、國家機器形同瓦解的內憂外患中，在這種情形下，上述結果可說是不得不然。列寧堅持，若要贏得舊沙俄帝國境內非俄羅斯人的效忠，只能透過政治讓步和對他們的民族願望表示支持。落實這一政策的民族事務人民委員，是離開故鄉喬治亞

❹ 譯按：Inner Eurasia，歷史學家David Christian將此地區定義為「西自摩爾達瓦和烏克蘭，東至遠東之蒙古，北自西伯利亞，南至木鹿（Merv）綠洲與興都庫什山的地區」。

出來闖天下的史達林。史達林是經驗最豐富的邊境戰爭老手，「乾草原政治」的操弄高手。[49]在他高明的手腕下，民族政策成為打贏更大鬥爭的手段。後來他告訴列寧：「四年內戰期間，在受到外國干預下，我們不得不在民族問題上展現莫斯科的自由主義。」[50]莫斯科的特務們接獲命令，要限制中亞境內各俄羅斯移民族群的沙文主義本能。[51]邊境省分（例如烏克蘭、白俄羅斯）的獨立，不久即失敗，隨之被改造為蘇維埃社會主義共和國，由他們自己的布爾什維克領袖統治。較小的受征服民族，也得到莫斯科中央的安撫——承諾讓他們成為自成一體的共和國和自治區，讓他們治理自己的土地，享有促進自己語言、教育、文化的「文化自治權」，可以自由建立民族國家。當然，史達林所承諾的自由不觸及主權部分，自治共和國不得有外交往來。「民族共產主義者」要把布爾什維克的奮鬥目標，視為較優先的效忠對象。事實上，布爾什維克政黨國家將擁有一新的「政黨帝國」，直到各蘇維埃民族融合為單一蘇維埃民族為止。一九二二年晚期，史達林生氣警告道，邊境地區共產黨員「不願把獨立遊戲當遊戲」，正試圖玩真的（英國人對埃及也有同樣的批評），[52]甚至想有自己的外交政策。史達林主張將所有新成立的蘇維埃共和國併為俄羅斯聯邦，列寧不同意。一九二四年的新蘇維埃憲法，保留了由平等諸國組成一蘇維埃「聯盟」這個法律擬制❺。莫斯科牢牢掌控諸加盟共和國的真正憑藉，將是布爾什維克黨那隻支配一切的不可見的手。但孕育自急迫危機的民族原則，則無法磨滅地銘刻在蘇維埃體制裡。

破裂的世界秩序：四大地緣政治區和世界經濟陷入難關，歐洲舊帝國主義仍舊屹立

國際聯盟的理想與現實

經過那段大動盪期，世界許多地方在一九二〇年代中期，似乎正邁向較穩定的狀態。把戰前歲月視為某種

「國際無政府」狀態的人，或反感於歐洲帝國主義之掠奪無度的人，把國際聯盟的成立視為新時代的開始。由王朝制帝國組成的「舊制度」，已變成一個「由民族國家組成的世界」。國聯「盟約」約束加入的民族國家，禁止武裝侵略，規定國際爭端的和平解決方法。把殖民征服視為戰爭之合法戰利品的古老傳統，已遭揚棄。德國失去的殖民地和鄂圖曼帝國失去的省分，將成為國際「託管地」，且那些託管地開放國聯官員檢查，向所有商業活動平等開放。至少對其中某些託管地而言，國聯贊成早早自治。國聯本身帶給世人一更宏大的憧憬：抱持同樣自由主義價值觀和擁有共通法律架構的國際社會，將沛然莫之能禦地由歐洲擴及到「新歐洲」（例如拉丁美洲諸國）和此外的非西方世界。[53]

當時的人期望國聯發揮類似過去「歐洲協調」體制的作用，但是是以全球為格局，且以自由主義民主為其意識形態標竿。一如在「歐洲協調」體制下，國聯中的大國將以道德勸說來對付國聯中較愛惹事生非的小國。在支持國聯的人士眼中，國聯之所以不可或缺，在於未來的國際政治將會比戰前更為「涵蓋全球」。各國的國家利益將會環環相扣更為緊密，國際社會更強調非侵略性的行為，意識形態的影響（特別是民族主義和民主）會傳播更廣。但國聯要扮演好國際和平集體守護者的角色，有個條件必須滿足，那就是所有主權國都必須加入，承認其規則。而這從未實現。

事實上，一九二〇年代成形的戰後世界，從一開始就分割為四個地緣政治區，其中最大的無疑是國聯區。這形成一個寬鬆的國際邦聯，以行事暴躁易怒的英、法為領導，其成員國大部分是歐洲國家或拉丁美洲國家，還包括中國和日本（日本在一九三三年退出）。最初，俄、德都未獲邀加入；兩國後來成為會員，但加入時間不同（德國於一九三三年退出，俄羅斯於一九三四年加入）。美國不願加入。在歐洲以外，國聯的涵蓋範圍，幾乎就和英法的帝國體系和尼德蘭、葡萄牙之類較小型殖民強權的帝國體系的範圍重疊；拉丁美洲仍舊是若即若離。國聯能

❺ 譯按：legal fiction，指在法律事務上為權宜計，而在無真實依據下所作的假定。

夠嚇阻侵略和維持戰後協議，主要倚賴國聯裡英、法這兩個老大的陸海軍力，但他們相對的需要穩定的歐洲（主要是法、德維持友好）才得以放手施展。一九二五年的《盧卡諾條約》，法、德相互保證尊重兩國邊界，似乎代表歐洲將邁入由歐洲四強（英、法、德、義）和睦處理歐洲事務的新時代。得到集體支持的國聯，將是世界上最強大的一股力量，使歐洲的戰前霸權得以在不言之中恢復大半。但不到十年，這四強就嚴重失和，導致國聯本身動盪不安。國聯未能阻止成員國義大利征服阿比西尼亞，間接肇因於英、法兩國對德國的顧忌。最後一個以歐洲為中心，欲維持全球秩序的實驗，就此殘酷瓦解。

美國為何不加入國聯？

美國不願加入國聯一事，乍看令人不解，因為倡導成立國聯最力者是美國總統威爾遜，國聯似乎正體現了威爾遜的大半理想。一九一四年起，美國也已成為比以往更強大的國際強權。它已建造或正在建造更大得多的海軍——至少和英國海軍一樣龐大。美國的海外經濟利益，規模已大增。一九一四年，美國的對外投資為四十八億兩千萬美元（約合十億英鎊），略少於其自外貸款（約五十億美元）。到了一九一九年，情勢大逆轉，對外投資比自外貸款多了十餘億美元。十年後，美國的對外放款已達到三百五十億美元的驚人規模，超越英國成為世上最大的債權者，這些錢大部分投資在歐洲。誠如先前提過的，美國在一九二一至一九二二年的東亞協議上扮演了吃重角色。在威爾遜的支持者看來，透過國聯運用美國國力以創造一新的世界秩序，乃是理所當然的事。漸進拆除歐洲諸帝國、實行全球自由貿易和對商業「開放門戶」、禁止他國組成能危及美國利益的同盟體系，乃是他們所追求的目標。但他們擔心加入國聯後會妨礙美國的施展空間，擔心美國的國力遭利用，因此裹足不前。參議員博拉（Borah）稱，國聯的功用在保障大英帝國：那是「英國最大的外交成就。」參議員諾克斯（Knox）則說，國聯盟約將使未來每一場戰爭都成為世界戰爭：「我們因此被整個推入可怕的歐洲政治漩渦中。」批評威爾遜最力的亨利．卡博特．拉吉（Henry Cabot Lodge）則警告道，美國的海陸軍可能被他國派上戰場。[55]

諷刺的是，反對美國加入國聯者，除了那些認為捲入國際事務會危及民主的人士（例如博拉），還有那些希望美國在世界上稱雄的人士（例如卡博特．拉吉）。在這些「大國」派人士眼中，國聯是妨礙美國運用其權力的枷鎖，會使美國陷入由英國支配、歐洲主導的體系裡而綁手綁腳。不透過國聯，美國可以更方便施展其影響力。如果真如這時許多專家所說的，經濟力量已取代領土掌控，成為檢驗世界支配力的標準，則美國未來稱霸大業的真正謀劃者，[56]將是華爾街的銀行家，而非日內瓦的外交官。因此，拒絕加入國聯，不代表美國退回孤立。美國企業在歐洲、南美，甚至亞洲，都極為活躍。由好萊塢傳播的美國文化傳布更廣。[57]美國領袖宣揚世界和平理念，主張與英國聯手防杜海上武力競賽。但美國人的思維，骨子裡是片面獨行，希望美國超脫現行的世界秩序，而非協助維護該秩序。這思維不願將美國視為彼此平起平坐的一群大國中的一員。那反映了美國中產階級的疑慮：投身外部事務可能招來風險，外國居心不良。因此，美國與國聯打交道時，把國聯當作一個與自己有競爭關係而有時友善的強權。一發現情況不妙，美國就重新搭起商業的保護牆，在一九二二年祭出佛尼－麥坎伯關稅法（Fordney-McCumber Tariff）。一九三一至一九三二年滿洲危機時（見後文），華盛頓的本能反應是反對集體作為。[58]因此，一次大戰結束到二次大戰爆發這段期間，並非「美國世紀」的序幕，而是陷入死胡同的時代。美國領袖不滿世局現狀，一九三〇年代期間經濟大蕭條降臨時，不滿更甚。但對於世界現狀可如何改造，他們沒有切實可行的想法，他們幾乎想不出可在什麼條件下與別的強權合作，甚至與英國合作亦然。[59]

蘇聯「世界革命」的一環：保衛蘇維埃區

支配第三大地緣政治區的強權，情形亦可以說是相仿。一九二二至一九二三年時，布爾什維克政權已收復沙俄時期所掌控的內歐亞廣大土地，只剩某些省分還在波蘭、芬蘭、波羅的海三小國之手。誠如先前提過的，這個新「蘇聯」將所有對外關係牢牢掌控在莫斯科手中。莫斯科矢志與共產國際組織聯手推動「世界革命」，共產國際理論上為獨立自主的組織，實際上是蘇聯政府的機構。一九二〇年代，莫斯科基於充分的戰略理由，把全副心力投注在中國。在此同時，為了復甦經濟，向西方開放。史達林當政時，為快速工業化而實施第一個五年計畫（一九二八～一九三二），使蘇聯極倚賴進口機器，外債增加到戰前水平，但蘇維埃世界與國聯世界絕不可能真正修好。在蘇聯領導階層眼中，主宰國聯的諸大國既是遲早要消滅的意識形態敵人，同時又是可能使偉大的社會主義實驗夭折的潛在威脅。史達林的五年計畫無意擴大蘇聯在國際貿易所占的比重，其實正好相反。它的目的在於創造普羅階級（建造蘇維埃政黨國的基礎），並提供工業財富以捍衛革命。事實上，一九三二年後，俄羅斯退回某種極端自給自足的經濟：外貿金額萎縮到只有一九一三年的五分之一。[60]

史達林的外交政策採守勢，且守到帶有被害妄想症的程度，他的最高目標乃是保住龐大的蘇維埃區。他在一九三七年某場私人宴會上說，俄國沙皇幹了許多壞事，「但他們幹了件好事，就是創造出從這裡綿延到堪察加半島的遼闊國家。我們承繼了這國家，而且，我們布爾什維克黨已首度使這國家團結一致，將它鞏固為統一而不可分割的國家。」[61]但一如史達林所知道的，這國家的團結不能視為理所當然。他急切於穩住蘇聯的邊境：一九三〇年後，凡是懷有二心的邊境居民，都遭他粗暴地遷移他處。[62]他擔心日本從東方來攻，因此一方面設法安撫日本（藉由將俄羅斯在滿洲的鐵路權利賣給日本），一方面重建在東方的陸海軍。[63]但他更擔心來自西方的攻擊，喪失波蘭和波羅的海諸省已大幅削弱俄羅斯在西方的戰略地位，特別是還有忠誠度可疑的烏克蘭人。因此，蘇聯政策的最高原則，乃是與德國保持友好。經濟合作與（避人耳目的）軍事合作，一九二〇年代時就已很緊密。希特勒的掌權迫使莫斯科重新評估這項原則，從而使史達林加入國聯（一九三四年），與法國締約。但他更大的目標，乃是避免與納粹決裂，以確保蘇聯安全。他不信任國聯的動機，骨子裡並無意和國聯站在同一邊。在歐洲（藉由暗中干預一九三六至一九三九年的西班牙內戰），在東亞（藉由軍援國民黨），史達林獨行其是。

中國與英、美、蘇、日列強的利益衝突

第四個地緣政治區是東亞。東亞的戰後協議是英、日、美三國的安排，但情勢很快就表明，東亞將會成為國聯和任何大國都無法一手主宰的權力角逐區。到了一九二〇年代中期，英國（在東亞擁有最大利害關係的強權）已採取守勢，深怕洶湧的民族主義會把他們趕出其在條約口岸的租界，使香港都成為沉重包袱。英國在一九二七年派兵到上海，但急於和國民黨談判。與中國利害關係較少得多的美國（一九三一年美國在華投資只占其對外投資的百分之六，遠遜於英國的百分之三十七，日本的百分之三十五，甚至不如俄羅斯的百分之八．四），[64]傾向於倚賴與國民黨政權的良好關係（國民政府的部分領袖與美國有深厚淵源）。美國人一心欲將國民黨拉離俄羅斯的懷抱。美國人厭惡蘇聯擴張，因而不願與日本（蘇聯在東北亞的主要敵人）為敵。日本於一九三一年占領滿洲時，美國表達強烈反對，但最終未採取行動制止，心裡希望東京當局會約束其軍方。[65]一九三一年後英、美關係降溫（部分肇因於經濟摩擦），使「華盛頓體制」在東亞的遵行失去了最大保障。

一九三一年後，最重大的發展乃是國民政府（這時以南京為大本營）、蘇聯（急於鞏固其殖民勢力）、帝國主義日本三者間的對立。經歷一九二八至一九三一年的內戰（戰禍和饑荒奪走了六百萬條人命），南京政府已掃平群雄，一統中國，但仍未能實質掌控整個「中國本部」。[66]一九三二年，中國人對日本占領東三省的憤慨，升高為對上海當地日本利益的暴力破壞時，南京政府無力阻止日本對上海的粗暴攻擊。一九二八年，蔣介石當權時，國民黨領導階層已和黨內共黨份子決裂，實行清黨。國民黨在江西「蘇維埃區」的殺戮，迫使毛澤東及其追隨者在一九三四至一九三五年展開長征，逃到中國西北的安全之地，但共產黨未遭剿滅，而得以在來日在蘇聯支持下與國民黨再戰。蘇聯在東亞的作為，意在鞏固莫斯科的影響力，防止中國共產黨被消滅，阻止日本入侵「中國疆部」並支配中國。但軍事、後勤補給上的薄弱、國民黨的敵意、（一如先前所提過的）擔心兩面作戰，使蘇聯難以如願。

在東亞，主動權操在日本之手。一九二〇年代，西方列強貶低日本的實力：一九二四年英國大使說日本

「是個弱國，而非強國」。[67]事實上，禁止列強在西太平洋（包括英國在香港的基地）增築防禦工事的《華盛頓條約》，已使日本抵禦海上攻擊的能力強過一九一四年前。東京的政策乃是避免與英、美正面衝突，但同時藉由實質掌控滿洲的軍閥統治者，以鞏固其在滿洲的勢力。[68]滿洲是日本最看重之地，已在滿洲揚名立萬的日本軍，一心想將其拿下。作為遼闊的邊疆地區，滿洲的經濟重要性不言可喻，但一九二八年後，日本在滿洲的非正式支配，受到日益自信的中國愈來愈大的壓力。因南滿鐵路（日本商業勢力深入滿洲各地的工具）和守衛這「鐵路區」的關東軍而起的糾紛，日益頻繁。一九三一年九月，關東軍導演一暴力事件，然後占領滿洲首府瀋陽，東京當局迫於無奈同意這舉動。經濟大蕭條的嚴峻，陸海軍的一致反對日本在一九三〇年倫敦海軍會議上所接受的裁軍條款，催生出新的政治氣氛。[69]日本退出國聯（一九三三），藉由扶植滿洲國否定《華盛頓條約》，而且在華北愈陷愈深。國民政府準備抗戰時，[70]真正不確定的乃是戰爭何時會爆發、還有誰會參戰、戰爭會如何結束、戰爭會對破裂的世界秩序帶來什麼影響。

一九三〇年代世界經濟的困境

未能建立一個可據以讓大國解決彼此歧異，據以結盟對付違反規則之國家的戰後體制，誠然是件憾事，但樂觀的經濟前景可能舒緩了這一遺憾。一九二〇年代中期的情勢似乎就顯示，商業的大幅復甦將發揮這樣的作用，甚至更有過之。活絡的世界經濟將把美國拉向歐洲，助長德國境內的自由主義，卸除日本的憂慮，使西方與俄羅斯之間的交往不致完全斷絕。結果，一九三〇年貿易的驟然萎縮，帶來相反的效果。受創最深者是以初級產品為主要收入來源的國家：隨著收入斷絕，這些國家的購買力也瓦解。市場倒下，物價下跌（許多商品價格下跌了一半），主要商業國趕緊採取自保措施。原本就訂得高的美國關稅，在一九三〇年漲了四分之一。為穩住英幣幣值，英國揚棄自由貿易（至少眼前是如此），替其帝國建起關稅壁壘；[71]蘇聯則幾乎完全退出世界貿易。在這不自由貿易下，最顯而易見的受害者（除了貧困的原物料、糧食生產國之外）乃是日本與德國的工業經濟。德國一九三三年後的復甦，建立在由國內需求帶動的生產上和嚴格管制貿易以盡可能減少進口上。那復甦還倚賴德國與東南歐諸鄰邦的以物易物約定：一九三〇年代中期時，對東歐（實質上受德國商業勢力控制的地區）原物料的取用特權，已成為納粹恢復世界大國地位之計畫的重要一環。[72]就日本來說，形勢更為嚴峻。日本必須進口原物料和燃料（原棉來自印度，石油來自美國），且以出口（特別是紡織品出口）所得來購買那些進口品——日本國民產出的出口達美國的三倍。[73]日本的主要優勢是低工資、大商社效率非凡、布料生產率大增。[74]這些因素使日本得以在一九三〇年代其他工業國陷入嚴重困境時，工業還能成長。但日本仍極難抵禦貿易壁壘（例如一九三三至一九三四年日本的第二大市場印度似乎就要因貿易壁壘而關閉）、物價下跌（例如在美國原物料的價格下跌）、拒買日貨（在中國一再出現的威脅）、其整個經濟突然混亂（和隨之而來社會、政治脫序的可怕後果）所可能帶來的傷害。東京的因應之道，乃是劇貶幣值（貶將近一半），管制進口，透過積極外交手段爭取海外市場的出口配額，致力於在東亞建立「日圓集團」。這是新全球秩序的徵兆。貿易的政治化、日益相信國際貿易相較於產出必然更進一步下跌、迫切欲透過政治手段掌控關鍵市場和供應，乃是這個時代（十九世紀末期「全球化」已驟然逆轉的時代）的標記。[75]

一九二〇、三〇年代歐洲帝國殖民體制的屹立不搖

時代背景：各界對西方文化的攻擊

地緣政治上和經濟上的分裂或許也不足為奇，竟在文化上出現響亮的呼應。西方自由主義者欲建造一現代文化的大計畫，在一九一四年前就已遭逢挑戰。宗教思想家（在世界各地）和受過教育之菁英人士（在世界某些地區），把那計畫的主張視為是在挑戰他們的動員號召能力。西方關於科技變革、個人選擇、公共領域的理念，得到毫無阻礙的利用，在此同時，新式媒體和新式協會被用於從較古老傳統打造具民族特色之「高尚文化」的

行動中。第一次世界大戰是分水嶺。它對思想與想像的爆炸性衝擊，使自由主義者的篤定一下子消失無蹤。俄羅斯的發展，最能說明此一現象。布爾什維克主義能夠在鬥爭中活下來，成為新統治體制，不只需要政治革命，還需要文化革命。新的蘇維埃文化旨在透過普羅大眾的集體努力，而非資產階級的自助，來達到技術現代性。那是「去農民化」（de-peasantization）這個大運動的一部分。[76]新的「蘇維埃人」將擁抱科技與社會主義，同時心裡篤定認為資本主義社會正邁向自我毀滅。在德國，自由主義文化在一九一八年後，也受到更為猛烈的抨擊。這絕非偶然。長久以來，左派和右派都痛惡自由放任資本主義對社會內聚力的腐蝕作用。由德國領導中歐這樣的訴求之所以打動人心，原因之一在於它在落後的東方和過度商業化的西方之間，提供了一條中道。戰敗的創傷、數百萬德國同胞遭永久割離新德國所予人的「失落感」、來自外部的經濟衝擊所帶來的毀滅性影響，催生出強烈的社會、文化危機感。只有強大的國家，能使德國人民不致被無情漠視真誠與歸屬的國際資本主義的巨輪輾碎。這些觀點在一九二九年前就普遍存在於德國人心，一九三三年一月希特勒掌權後，更得到權威的加持。[77]

蘇聯文化與納粹文化，都為何謂現代性提供了另類詮釋。兩者都強調自己科技的積極創新，都聲稱科技的發展乃是為服務一共同的社會目標，都極力主張為達到文化上的自給自足，必須排除外來影響，都譴責西方腐敗、墮落，正急速衰落。資本主義大國（美、英、法）連該怎麼挽救國際貿易體系都無法達成共識，更別提達成共識後予以落實，似乎正證實了左派與右派的那些批評確是事實。對西方的文化攻擊，不只限於歐洲。在一九二〇、三〇年代急遽加速工業化（而極度倚賴女勞工）的日本，人口的大量湧向城鎮，鄉村生活所受的壓力，新媒體（特別是美國電影）的衝擊，對舊社會規範瓦解的擔心，皆引發深度文化焦慮的徵兆。[78]一九三〇年的情勢，似乎證實西方所強行加諸東亞的國際秩序的格格不入和破產。在國民黨治下的中國，希望西方支持的心理，被國聯對日本占領滿洲的膽怯反應給重重打了一拳，與共產黨的對抗則是國民政府的施政重心之一，在此同時，民族主義者的意識形態，復興了儒家的社會倫理觀，並透過「新文化」運動強調社會紀律。在英國治下的印度，國大黨是民族主義者主要的工具。一九三〇年代時，知識界對該黨「領導班子」的忠誠，已分裂為對甘地主義自給自足烏托邦的效忠和對受蘇聯啟發之社會主義的效忠（這一社會主義受到甘地的理智型門生尼赫魯的支持）。宗教復興主義（盛行於印度教和伊斯蘭教），通俗甘地主義（提倡建立一純潔的、鄉村的、虔誠的印度），兩者構成對帝國統治之文化價值觀的聯手攻擊（帝國統治被譴責為對印度道德秩序的外來侵犯）。在遭殖民的非洲，深怕殖民者在肯亞殖民地的占據，將摧毀其社會、道德體制的基庫尤族（Kikuyu）重要人士，發出同樣的反對聲音。[79]在《面向肯亞山》（*Facing Mount Kenya*，一九三八）中，曾在倫敦受教於偉大社會人類學家馬林諾夫斯基的喬莫·肯亞塔（Jomo Kenyatta），譴責殖民統治為破壞他人文物的野蠻行為，摧毀了基庫尤文化的物質基礎，且在這過程中毀掉了無知歐洲人所無法理解的自由意識和責任感。[80]

帝國統治者的治術：懷柔、善用殖民地資源、壟斷殖民地外交

在這黯淡的時代背景下，歐洲的海外帝國，讓人覺得再怎麼看都前途未卜，也就不足為奇。馬克思主義者、頑固帝國主義者，乃至焦慮的自由主義者，各從自己的立場預言歐洲的帝國主義將會早夭。[81]若不採取斷然措施，那帝國主義將很快在政治、經濟、文化上都走上破產之途。在左派歡欣鼓舞和右派黯淡悲觀的這些跡象之間，帝國統治者時時顯露出信心危機。在此同時，衰落的預言，使那些自覺無法倖免於其當下衝擊的人，例如南非、中非占人口少數的白人或上海的外國僑民，憤怒更甚。[82]但一如湯姆·索耶❻的訃聞，「失去的疆域」或「全世界起來反抗歐洲」這種煞有介事的預測，都失之過早。事實表明，歐洲主要殖民強權（英、法、荷、葡、比）的帝國體制，出人意料的強韌。第二次世界大戰爆發前夕，它們的帝國版圖仍完好無缺。即使在民族主義已得到最廣大支持的地方，能否衝決羅網，獲得自由，仍是吊人胃口地難以捉摸。經過二十年抗爭之後，尼赫魯在一九三八年時幾乎已對印度的政治前途絕望。[83]真正的獨立似乎仍遙不可期。

❻譯按：Tom Sawyer，馬克吐溫《湯姆歷險記》等小說中的主人公。

帝國能保住，原因之一在於帝國統治者的務實主義。殖民政策揚棄高壓手段，因為那代價大、笨拙、會帶來反效果，戰後的動亂已讓殖民當局得到這教訓。要從當地找出盟友，就必須釋出更多地方權力，英國人在一九二〇年後積極施行這原則。在伊拉克和埃及，他們聲明不再直接監管其內政，傾向於透過條約條款確立他們的支配權。[84]我們不該把這誤解為英國默認其帝國統治地位已然終結。英國漸進擴大當地人的政治權利的同時，也小心翼翼從事旨在讓省而非國家成為政治活動焦點的憲政改革，在印度尤其是如此。隨著立基於省的領導人全權擔負起省政之責，他們的選民將期待他們把重心放在開發、福祉這些「民生」事務上，而非追求「立即獨立」這種白費力氣的事情上。英國此舉，功用不只於此。各省在宗教族群、語言族群的結構上差異極大。各省新領導人不可能毫無保留支持印度國大黨（英國殖民統治的最大敵人），北印度的印度教徒把持了該黨的政治大權。在孟加拉和旁遮普這兩個最重要省分，省的自治已使穆斯林擔任起官職。一九三五年，英國人把他們權謀機詐的自由主義發揮到更高段。他們承諾讓印度以聯邦自治領的地位自治。但替穆斯林和土邦主保障大批職位的憲政規章（這聯邦將把「英國人」的印度和「土邦主」的印度統合為一），在國大黨看來，幾可確定會讓該黨無法掌權，甚至可能導致其最終難逃解體。[85]

我們不該誇大這些帝國統治手段背後的不良居心。但引人注目的，乃是冷靜的預期心理：預期殖民政治可藉由能保住帝國主要利益的方式（戰略性使用當地資源和獨占性掌控對外關係）來「管理」。這想法並不荒謬。一直到一九三〇年代末期，英、法、荷都有理由可以認定，別的大國膽敢干涉其帝國內政的機率幾乎是零。只要這種情勢不變，殖民地當地的民族主義領袖，就別想挑動自己的殖民主子和別的殖民強權相鬥以漁翁得利，也別想拿效忠為籌碼要求殖民主子給予更多好處。更糟糕的是，外部威脅幾乎付之闕如，使殖民統治者得以肆無忌憚以高壓手段對付他們認定為「極端份子」的當地反對勢力。這時，殖民政權擁有比一九一四年前更可靠得多的情報，得以狠狠打擊「顛覆」運動：一九三〇年代法屬中南半島和荷屬東印度群島的共黨叛亂，都很輕易就被敉平。[86]統治者可運用的另一個有力工具，乃是大部分殖民社會的內部對立。

殖民地民族主義的兩大挑戰：「間接統治」與「次民族主義」

殖民地政治情勢，有一至關重要的弔詭現象，那就是社會、文化上的變遷，既有利於也不利於民族主義運動。在世上大部分地區，殖民地的疆界基本上是人為劃定。殖民政權把原本少有共通之處的地區硬湊在一塊。帝國的疆界劃定和內部行政區的分割，由行政當局的方便考慮、征服模式或瓜分外交決定，而未考慮到保存民族—語言的統一或古老的貿易、交往關係。當然，殖民政權一旦開始成形，開始確立其對整個殖民地的統治，往往會在其殖民地人民之間引發類似的發展。當就連偏遠地區都開始感受到遙遠政權的要求，開始感受到殖民地首府政策的影響時，該地區的領袖和重要人物就有了建立超越地方層級之結盟的強烈動機。只有遍及整個殖民地的運動，才能讓殖民政權官員感受到夠大的壓力，使殖民中央在決策時顧慮到當地人民的意見。這種民族主義因兩股重大趨勢的加持而更為昂揚，第一個趨勢是透過更迅捷的交通、知識的傳播（往往藉由報紙）、新式教育（在歐式大中小學裡），將殖民地不同地區緊緊結合；第二個趨勢是本土新興的「受西式教育的菁英」，不採用殖民統治者的政治思想體系，而採用統治者之遙遠歐洲母國的政治思想體系。法律平等、言論自由、自治權利，成為印度國大黨（最早且最傑出的殖民地民族主義運動之一，其他許多同類運動的榜樣）的戰鬥口號。殖民地首府技術純熟、行事老練、人脈廣闊、嫻熟殖民地治理之道的菁英階層和渴望影響政府財政、教育、運輸或農業方面決策的地方重要人士，兩者的接合大體上代表群眾民族主義發揚的日子已然到來。這時應有的作為，乃是讓當地人民的怨恨保持在適切的熱度悶燃，同時民族主義菁英從困惑的統治者那兒爭取政治權的分期轉移。

那是理論上的說法，實際上通常不是如此。殖民地統治者把打擊民族主義領袖之主張的公信力，視為施政要務（在動機和真誠上，民族主義領袖比不上傳統當權者——土邦主、地主、謝赫、酋長）。在一次大戰結束到二次大戰爆發這段期間，在英國所統治的非洲大部分地區，「間接統治」不斷擴散。間接統治把殖民地的治理權下放給酋長及其追隨者（「部落」），[87]而非民選的機構。這種統治形式授予有限的課稅權，提倡運用習慣法（法典化的當地慣例），藉此將受殖民國轉化為由不同民族組成的鬆散邦聯，且這些民族彼此間的聯繫和往來（不管是縱向的還是橫向的），殖民政權官員可輕易予以巡查。對於民族主義政治主張的壯大，那是一項挑戰，但並非最危險的挑戰，[88]更嚴峻的挑戰，乃是「次民族主義」（sub-nationalism）的興起。次民族主義乃是以語言、宗教、族裔或地位身份為認同核心的新情感，否認殖民政權作為文化單位或政治單位的現實狀況。次民族主義如何產生，不難理解。識字率與印刷品的分布不均、經濟變遷的差別性衝擊、宗教信仰與教義之間日益分明的區隔，使一連串往往敵視原初民族主義者的「新」社群，開始有所行動。在這點上，印度就是個典型例子。「不管是在大英帝國之內……還是之外的自治，西北印度出現統一的穆斯林國，在我眼中，就是穆斯林的最後歸宿，至少是西北印度的最後歸宿。」詩人暨哲學家穆罕默德・伊克巴爾（Muhammad Iqbal），在一九三〇年十二月出任穆斯林聯盟主席的就職演說中如此宣布。[89]「把我們印度教徒綁在一塊的，不只是熱愛……共同祖國這根繩子……還有對我們的偉大文明——我們的印度文化——一致心懷敬意這條繩子。」薩瓦卡爾（V. D. Savarkar）在其宣傳小冊子《印度教徒特質：誰是印度教徒？》（*Hindutva: Who is a Hindu?*）中，[90]如此宣稱，並駁斥世俗性的印度民族主義觀念。賤民領袖安貝德卡爾（B. R. Ambedkar）則高喊：「英國有個帝國，印度教徒也有個帝國。因為印度教不就是某種帝國主義，而賤民必須效忠、奴從於他們的印度教主子，不就是受支配的種族？」[91]甘地主張國大黨是所有印度民意的唯一代表，但到了一九三〇年代，這一主張已失去公信力。在其他殖民地，一本土族群的政治覺醒或文化覺醒，代表其要求脫離有剝削前科而受其痛恨的其他本土族群或未來可能支配該族群的其他本土族群，或要求得到保護以免遭那些族群侵犯。對緬甸的山地邦（Hill State）居民或法屬中南半島上的寮人、高棉人來說，殖民地統治者的威脅性，還遠不如緬族人或越南人來得大。沒有理由認為，隨著時日演進，最早的民族主義運動會凌駕於後來才出現的次民族主義之上，或捱過鎮壓或圍堵而繼續發揮影響力。一九三〇年代晚期，令尼赫魯無比沮喪的，乃是擔心國大黨會屈服於省的、地區的、階級的或宗教的利益的吸引力。獨立機會如果錯過，可能就不再有，屆時可能就只有接受限制重重而有名無實的獨立。

因此，這時很難想像歐洲諸帝國會早早就覆滅。事實上，擁有最大帝國的英國，反而傾向於強化對其帝國內某些地區的掌控，那些都是已更為倚賴英國市場的地區（例如阿根廷），或自覺比以往任何時候都更需要英國戰略性保護的地區（例如紐、澳）。在亞、非、中東廣大地區，歐洲帝國主義倚賴當地盟友、附庸不情不願的默許才得以保住其支配地位，而在這些地區，情勢則是走上某種僵局。殖民動力（在大部分地方從來就未曾強勁過的動力），已然消失。權力的資源已快耗盡。目標感已渙散，但殖民主義仍在「營業中」。它的殖民地當地敵人，仍得在它所建造的迷宮中找出路。他們將需要外部的一場大衝擊，協助其炸開一條路。

帝國主義兵戎相見

帝國主義到底是什麼？

帝國主義可以界定為一國欲藉由將其他社會吸收進其政治、文化、經濟體系，以支配其他社會的企圖。誠如先前所提過的，推行帝國主義最深者往往是歐洲人，但那並非歐洲人獨有的現象，推行的方式也不是只有一種。有時那倚賴對擴張區的直接政治控制，但讓有名無實的當地政府繼續當家，以掩飾外力支配的事實，往往較為省事。有時帝國主義導致當地居民因大量新移民的湧入墾殖而失去家園。但就歐洲勢力進入亞—非洲來說，這股趨勢一直不強。歐洲人進入亞—非洲的動機，大多是為了劃定某經濟獨占區的範圍，使貿易和投資為帝國所獨家掌控。但也非一成不變：大英帝國，最大的帝國，施行自由貿易直到一九三〇年代。更常見的是基於意識形態性的要求（「文明開化使命」）上，訴諸一文化階層體制觀：殖民者有能力達成「道德上、物質上的進步」，而與被殖民者的退步形成強烈對比。但這文化帝國主義雖然極盡傲慢，卻沒有「生物性種族主義」的那種殘酷篤定。十九世紀末期的帝國主義者，的確相當普遍地相信種族血統會對智力或道德發展有所限制。但並非所有帝國主義者皆如此認為，英、法兩帝國（相較於美國）仍在法律、制度、官方意識形態上，正式認定人不分種族一律平等的潛在可能。

因此，帝國主義不是毫無差異的鐵板一塊，而應被視為在目的和方法上差異極大的一個連續體。在一場著稱於今世的論辯中，幾位最傑出的英國帝國主義史學家表明，英帝國的擴張模式因地而異，且主要取決於能與當地菁英合作的空間多寡。在某些地區，當地菁英所願提供的合作無法滿足英國利益，英國即施行「正式」統治，反之，則不施行「正式」統治。[92]這一觀點可擴而大之。懷有帝國主義野心的國家，在擴張能力、自身利益觀、可用的機會上，差異極大。資金不足和有限的地緣政治優勢，使排他性帝國較獲青睞，但要建立大帝國的機會也變少。較晚上場角逐，可能就表示好東西已被挑光，只能撿剩的。在特定時刻，有意成為帝國主義強權的統治集團，可能覺得擴張的成本和風險遠大於其可能帶來的任何好處。因為這和其他原因，一八八〇年後，諸帝國大肆擴張，歐洲諸國卻未兵戎相見。瓜分外交也反映了一個事實，即在利害關係最大的地方（中東和中國），當地既有的體制未瓦解，且任何強權都沒有動機或工具將之強行分割。

納粹德國的新帝國主義：追求「生存空間」

十九世紀末期諸帝國的競爭對立，一直令史學家大為著迷。但促成那些競爭對立的「新帝國主義」，火藥味卻不大，與一九三〇、四〇年代的殘酷擴張幾無共通之處。因一次大戰結果而受到壓抑的帝國擴張衝勁，就在一九三〇、四〇年代達到凶殘的最高潮。在這二十年期間，有意躋身帝國主義強權者，其在領土掠奪上的急迫，遠大於一九一四年前。它對國際秩序的威脅，無法像先前那樣，藉由將其衝擊轉移到統治較薄弱的「外圍世界」地區來卸除。三個至關緊要的情勢，強化其激烈程度，破壞了妥協機會。第一個是一九三〇年後經濟危機的嚴重，還有該危機所引發社會大幅崩潰的憂心。第二個是國與國之間——共產、法西斯、自由主義國家之間——意識形態戰爭的暴烈和由此擴大的不信任鴻溝。第三個是世界大勢最有可能的未來發展，乃是由分歧走向集團的相互敵對，於是，在這樣的世界裡，憂心自己在經濟上、種族上或地緣戰略上即將陷入包圍。雪上加霜的是，自覺最有可能遭受這些危險的政權——德國和日本——正是最不願維持均勢或舊社會秩序（一九一四年前抑制帝國冒進主義的兩大因素）的政權；它們更不可能尊重世界現有的國界劃分。一九三〇年代的新帝國主義，是一焦慮、無法無天、不安定世界的有毒產物。

那麼新帝國主義以什麼形式呈現？主要推手是德國。希特勒一掌權，德國對「國聯世界」領袖的反抗，就變得擋也擋不住。藉由公然違反《凡爾賽條約》的裁武規定，將萊茵地區軍事化，併吞奧地利，以侵略性外交逼捷克退出國聯，希特勒羞辱了戰後體制的兩大門神英、法，使這兩國的氣勢頓時矮了一截。他鼓勵當時也不守國聯規定的義大利（德國過去的小老弟夥伴）倒戈。希特勒的帝國主義——追求「生存空間」（Lebensraum）——矛頭指向東歐、烏克蘭、俄羅斯，意在蘇維埃帝國的實體廢墟和意識形態廢墟上建立其帝國。相對的，他對英、法的殖民帝國興趣不大，把一九一四年前德國挑戰英國之舉視為自取滅亡的大錯。但一九三九年，他發現英、法這兩個強權不願在未打一仗下，就讓他登上東歐霸主的寶座。史達林是他的主要對手，但在打贏主要對手之前，他得先打敗英、法，為此他在一九三九年八月與史達林簽了《德蘇互不侵犯條約》。德俄兩國都在爭取時間：德國在為稱霸西歐、中歐爭取時間，史達林在為替必然到來的苦戰做好準備爭取時間。有幾個月時間，希特勒所下的賭注似乎比史達林所下的來得大。畢竟，如果第一次世界大戰可以作為借鑑，那麼他幾乎不可能在一場全面戰爭中擊敗英、法，特別是如果他還有心存敵意的俄羅斯這個後顧之憂。即使在他打贏了這場戰爭的第一階段，且波蘭遭其兩個惡鄰強行瓜分之後，西方仍在玩非正式的武裝停戰——即英國人所謂的假戰（phony war），法國人所謂的怪戰（drôle de guerre）。當時普遍認為，如果德國無法迅速獲勝，它不堪負荷的經濟，會比擁有投資和帝國為後盾的英、法兩國經濟，更早被拖垮。[94]經過六個月的「戰爭」，德國人可能就會失去鬥志。英國首相張伯倫在一九四〇年四月說道：「希特勒錯過了巴士。」[95]

但在一九四〇年五至六月的閃電戰中，希特勒打破所有理性的預測，將歐陸大部分地區納入宰制。他可以從法國的大西洋岸，向英國發動潛艇戰，封鎖其海上航路。他遲早能進攻蘇聯，將從大西洋岸到烏拉山之間的廣大土地都納入德國掌控。在此同時，他戲劇性的擊敗西方諸大國，顯示第一次世界大戰之後的秩序開始崩解，且那崩解不只限於歐洲。法國一垮，義大利即參戰以建立一地中海帝國——攻擊希臘和埃及（英國扼控中東的戰略要塞）。英國如果失去開羅（大英帝國的運輸中心）和蘇伊士運河，將替軸心國之挺進波斯灣和（最後）印度邊境開啟大門。諷刺的是，義大利進攻希臘和埃及，壞了希特勒的大計。那拖延了德國對蘇聯的大進攻，使他在一九四一年六月才發動「紅鬍子行動」（Operation Barbarossa）。隨著德軍勢如破竹深入俄羅斯，馳騁烏克蘭，一場大規模地緣政治革命隨之展開。種種跡象顯示，一年之內，德國人就會控制烏拉山以西的蘇聯國土和盛產石油的高加索。德國人將建立一個規模空前的大帝國，將控制麥金德所謂的「心臟地帶」，稱霸歐亞大陸，把英國（和美國）逼到歐亞大陸的沿海邊陲和那之外的「外圍世界」。[96]「我們會成為受封鎖的一方。」一名美國專家如是說。如果走到那地步，亞、非、中東的舊殖民秩序，大概少有倖存者。事實上，到一九四一年中期時，世上最大的殖民地已明顯浮現種種危機跡象。面對德國稱霸歐陸，面對中東的新威脅，英國已不得不（一反原來的計畫）動員印度資源。這時英國將得滿足印度民族主義者和穆斯林次民族主義者的要求，否則就得面臨政治暴動。英國人開始走上曲折的讓步之路，進而在一九四二年年中許下讓印度在戰爭結束時獨立的重大承諾。

日本的新帝國主義：建立東亞體系和商業帝國

在歐亞世界東端，第二場大劇變已然開始。征服東三省後，日本人繼續緩緩滲入華北，並在一九三六年中期時將內蒙古納入其掌控範圍。一九三七年七月，駐華日軍與國民政府部隊衝突，全面戰爭開打。東京的目標乃是把中國納為其東亞體系的一環，切斷中國與西方、俄羅斯的聯繫。文化焦慮感，「整個亞洲」起來反叛殖民主義西方這個意識形態訴求，[97]對歐洲在亞洲勢力正急遽衰落的日益深信，使日本更加放手推動其帝國擴張行動。[98]日本在一九三〇年代經濟極發達，但其主要的海外市場，極倚賴與英國（當英國統治印度時）和美國維持良好關係。諸強權之中，就屬日本最難以抵禦工業經濟遭外力破壞的傷害：其本身的商業帝國就是防杜這毀滅性效應的最有力保障。事實上，把持東京政府的軍方領導班子，認為世界很快就會被分割為一個個地區和封閉的經濟區。未來打一場戰爭，就能將蘇聯、英國趕出東亞。在此同時，日本軍方推斷，日本可以逐步擴大其在華控制區，而不會有與美國開戰的危險，因為美國雖厭惡日本建立帝國，卻也極敵視蘇聯。[99]英、美對於日本入侵中國一事未有一致的回應，美國國會在一九三八年反對建造新戰艦的決議，美國海軍在太平洋採守勢作為，看在日本眼中，似乎正證實了其篤定的研判。[100]

但情勢的發展終未如日本所願。英、美未退縮：即使國民政府被從南京趕到深處內陸的重慶，英、美仍繼續援助國民政府。但倫敦和華盛頓也有所誤判，他們錯估了日本與他們武力對抗的決心。一九四〇年六月，法國失陷之後，日本的氣燄更為高張。九月二十三日，聽命於希特勒的法國政府同意日軍進入法屬中南半島。幾天後（二十七日），日本與德國、義大利簽署三國條約，用意或許是欲阻止英、美繼續援助國民政府。隔年四月，他們達成另一項協議。先前，一九三九年八月，日軍已在蒙古的諾蒙汗（Nomonhan）和蘇聯軍隊打了一場關鍵戰役，紅軍勝利。雙方從中得到教訓：再打下去毫無意義，至少就眼前來說是如此。雙方都很不想陷入雙面作戰。一九四一年四月的中立條約，正式確立這個立場。那使蘇聯軍隊得以全力對德作戰，使日軍得以在南方發動另一

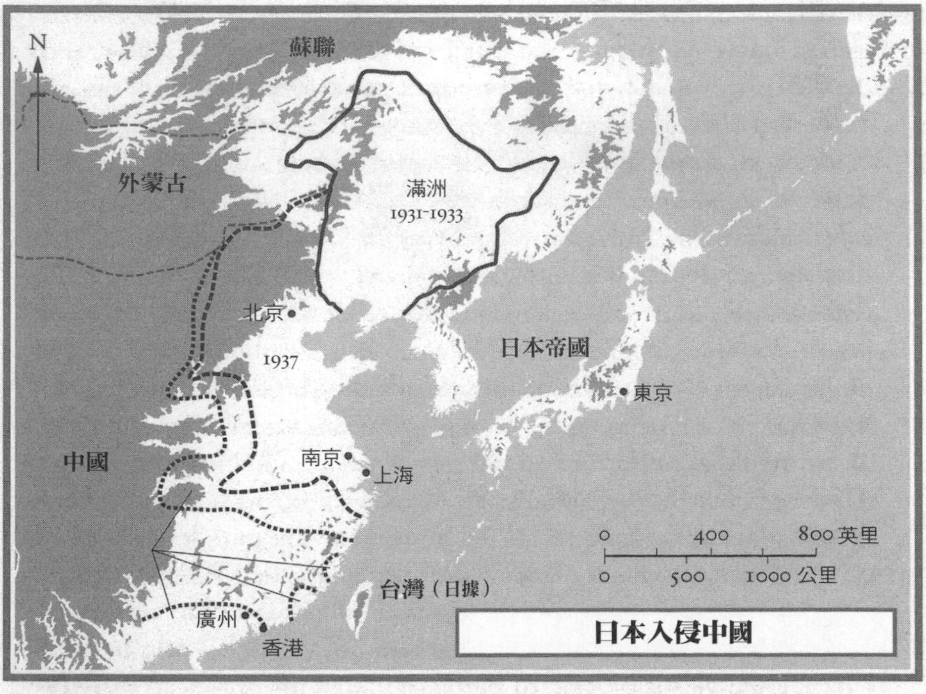

日本入侵中國

場戰爭。一九四一年七月，日軍進入中南半島南部，取得入侵泰國、馬來亞、荷屬東印度群島（蘊藏豐富石油）的跳板。華盛頓以石油禁運回應時（日本仍有八成石油來自美國），日本的因應是打一場先發制人的戰爭。十二月七日日本偷襲珍珠港和兩個月後攻占新加坡（和希特勒在西方一樣驚人的兩場勝利）之後，日本成為亞洲太平洋區的霸主。東南亞殖民地已落入日本之手；入侵印度似乎是遲早的事。到了一九四二年中期，蘇聯帝國搖搖欲墜，大英帝國就快垮台。兩股新帝國主義勢力就要瓜分歐亞，然後或許瓜分全世界。「新秩序」眼看就要降臨。

破裂的世界秩序崩潰了：納粹的種族大屠殺為何發生？

這些驚人發展，顯示一九一四年前以歐洲為中心而看來如此牢不可破的世界秩序，終於崩潰。它們還揭露了「自由世界」的駭人脆弱——它的戰後重建曾經高唱入雲。那不只是自由貿易終結的問題。一九三〇年代，歐洲和東亞都出現了規模空前的政治暴力。思想控制、宣傳、武力，成為集權政府平常的統治手段。意識形態戰爭開打，炮火猛烈；人性禁不住壓力而扭曲。最駭人的，不只是種族敵視心態的爆發，還在於計畫性種族主義的大行其道。一九四二年（或許是近代世界史上最關鍵的一年），這一種族主義發展到令人髮指的最高潮。在柏林附近的萬塞（Wannsee）所召開的一場官方會議，把「大屠殺」列為德國的官方政策。[101]一九四二年那年，是「最令人驚駭的大屠殺年，整個人類歷史上最令人驚駭的殺戮年之一。」[102]落入納粹之手的猶太人，有將近一半在一九四二年三月後的十二個月裡遭到殺害。在這場狂殺濫屠中，我們或許也見到一個世界的終結。什麼東西打開這一道德淪喪的深淵？

今人很容易就會把一九三〇、四〇年代斥為狂人、瘋子大行其道的怪誕時代。這一認定實屬無稽。那過程很複雜，但主要的因果脈絡似乎再清楚不過。暴力、仇恨、殺戮、追求文化的與世隔絕與經濟的自給自足，這種種現象的根源，在於一八九〇年後形塑世界的兩股大力量的相互撞擊。第一股是使諸多文化體、諸多經濟體、諸多政治體制，以龐大規模，以驚人速度，受外來影響的強烈全球化。這雖有種種迷人之處，但可想而知，在許多社會裡出現了多不勝數的苦惱與驚恐徵兆，包括要求文化、種族「淨化」的普及性運動。第二股是國家建造。國家建造受到促進全球化的許多力量激發：交通改善、大型產業興起、新社群誕生。國家建造也利用它們打造新式的威權和新的控制方法。國家建造者發覺，可以利用對外國人的恐懼來強化他們要求人民愛國服從的主張。一九一四年前，全球化和國家建造已以不穩固的平衡關係攜手並進。但二十世紀初的雙重大危機，破壞了這不穩固的平衡。一次大戰及其結果摧毀了國際秩序的合法性，也就是摧毀了全球化所倚賴的政治架構。在歐洲前兩大國家俄國與德國中，失敗的震撼催生出對經濟開放、文化開放的激烈反彈。一九三〇年後貿易的大幅萎縮，使人心猛然轉為反抗。全球主義的實驗，至目前為止，只帶來災難，離壽終正寢已不遠——共產主義者、法西斯主義者、日本的泛亞洲主義者共同抱持的信念。在接下來的權力鬥爭和或許生死存亡的鬥爭中，真正至關緊要的乃是民族國家的強大和內部團結及其擴張區的規模。在沒有集體意志的分裂世界裡，加諸個體的約束少之又少。一九四二年中期烽火連天的歐亞大戰爭，乃是全世界的危機。

第八章

帝國碰壁

（二十世紀後半）

——歐亞舊帝國消亡，美俄新帝國兩極化對立

戰爭新面貌：核子試爆，馬紹爾群島，一九五二年

對於飽受二次大戰折磨的人而言，這場戰爭無異世界末日。它摧毀了一九一八年後就已出現裂痕的國際社會薄弱結構，堵塞了貿易管道，創造出新的經濟依賴形式；它使人民和政府揹上財政上和身體上都幾乎負荷不起的沉重新負擔，塑造了透過宣傳、軍警、複雜經濟控制網的新高壓統治方式；它把意識形態在激勵、動員人民上的作用，發揮到淋漓盡致的地步；還把龐大的暴力混亂潮傳播到戰區或軍隊行進路線之外極遠的地方，並使無數人流離失所或受奴役或失去性命，尤其是在歐洲、東南亞、中國。這場戰爭不管是如何結束，都必然在接下來的和平上投下陰影。浩大的重建任務，將落在已筋疲力竭而茫然無依的人民和政府肩上。[1]在戰後的世界，社會上、政治上的團結（或者說規範）將成為當務之急。維持（或超越）戰時生產水平的國家，將在權力鬥爭中占盡優勢。有一點可以確定：原狀不可能恢復，即使原狀曾存在於動盪的一九三〇年代。一九三九年前的世界，一如一九一四年前的世界，已一去不復返。

當然，這並不表示世界如月世界般處處都會是前所未見。二次大戰雖帶來種種可怕的壓力，地球上仍有大片地區（美洲和非洲）保住其社會、政治秩序。在此以外的許多地方，平民百姓最強烈的願望則是（幾可確定的）擺脫當權者的需索，恢復些許正常的家庭生活。他們將會不滿於新規則，或不滿於要他們付出勞力的新要求，或不滿於物質生活上的新困苦。諸戰勝國將會把許多舊目標和舊假定帶到戰後的和平世界，不管那些目標和假定已被戰爭的獨特進程做了多大的修正。只要是力所能及的地方，他們將會利用戰後剩下的力量，建造符合自己利益的新秩序——如果他們能斷定何為自己利益的話。現實上，他們在和平藍圖（一次大戰結束至二次大戰爆發之間那段歲月的另一項遺產）上獲致共識，或有意願或工具將和平藍圖落實於全世界，機率微乎其微。因此，戰後世界（不管預言家和規劃者的夢想為何）並不是個新開始或防杜衝突的良方。那像是個遭炸毀的城市，城中最迫切的需求乃是加固轟炸後倖存的建築，把其他已遭炸毀的建築分給互相競爭的承包商承建。但由於在重建地點或拆除部位上幾無共識，由於承包商爭奪一部分最宏大廢墟的重建權，重建過程緩慢、屢生齟齬、不順利。一九四九年後，這一有毒的氛圍變得更為嗆人，因為兩大超強這時都有了大規模毀滅工具：核子武器。在這樣的時代背景下，舊帝國遭打破，新帝國組成。

瓜分歐亞：歐洲帝國與美蘇冷戰的聯手合作

歐洲帝國真的隨第二次世界大戰結束而結束了嗎？

第二次世界大戰這場全球戰爭，在一九四二至一九四三年走到轉捩點。一九四二年六月的中途島之役，美軍摧毀日本海軍在西太平洋的防守力量。在一九四二年十至十一月，德、義在阿拉敏（Alamein）試圖攻下埃及，將大英帝國一分為二，結果遭遇決定性的挫敗。特別重要的是，在史達林格勒之役和庫爾斯克（Kursk）的坦克大戰，德國欲擊敗蘇聯的企圖，遭徹底粉碎。軸心國雖贏得數場勝利，但一九四三年中期之後仍無法擊潰敵人，東京、柏林無法如願建造他們所希望的新世界秩序。這時候仍在未定之天的，乃是這場戰爭會何時、如何結束，戰爭結束時世局會是如何，戰火平息時諸戰勝國間的均勢為何。一九四四年六月盟軍的諾曼第登陸若慘敗，或日軍若在約略同時於印度邊境的英帕爾（Imphal）獲勝，戰局將大變。

在此同時，在同盟國（反軸心國聯盟開始如此自稱）一方，舊殖民秩序的崩解，乃是該陣營最強大的兩個國家（美、蘇）公開聲明的目標。在莫斯科，敵視帝國（但蘇聯式帝國除外）乃是其原則，帝國毀滅將使資本主義走上不可避免的滅亡之路。美國總統羅斯福則毫不掩飾其對歐洲殖民統治的厭惡，但基於尊重邱吉爾，他把抨擊的炮火大部分指向法國殖民主義的惡行，而非英國殖民主義的惡行。但當時美國決策者普遍認為，英國防禦其本土雖英勇可佩，但英國作為帝國主義強權的地位，卻已是無可挽回的沒落。事實上，英國人本身也不乏持此觀點者。新加坡的失陷、馬來亞與緬甸的喪失、英軍的節節敗退、英國的亞洲子民（特別是印度的子民）欠缺為帝國大業奮鬥的衝勁，均似乎顯示英國支配南亞、東南亞的世紀已步入尾聲。死抱著舊式帝國主義，將是徒然且危險。在《照在殖民地的蘇聯之光》（*Soviet Light on the Colonies*，一九四四年企鵝公司出版的特刊）中，一位專業批評家比較了英國的殖民政策和蘇聯在中亞諸共和國的統治作為，認為前者不如後者。[2]英國政府本身憂心美國輿論的

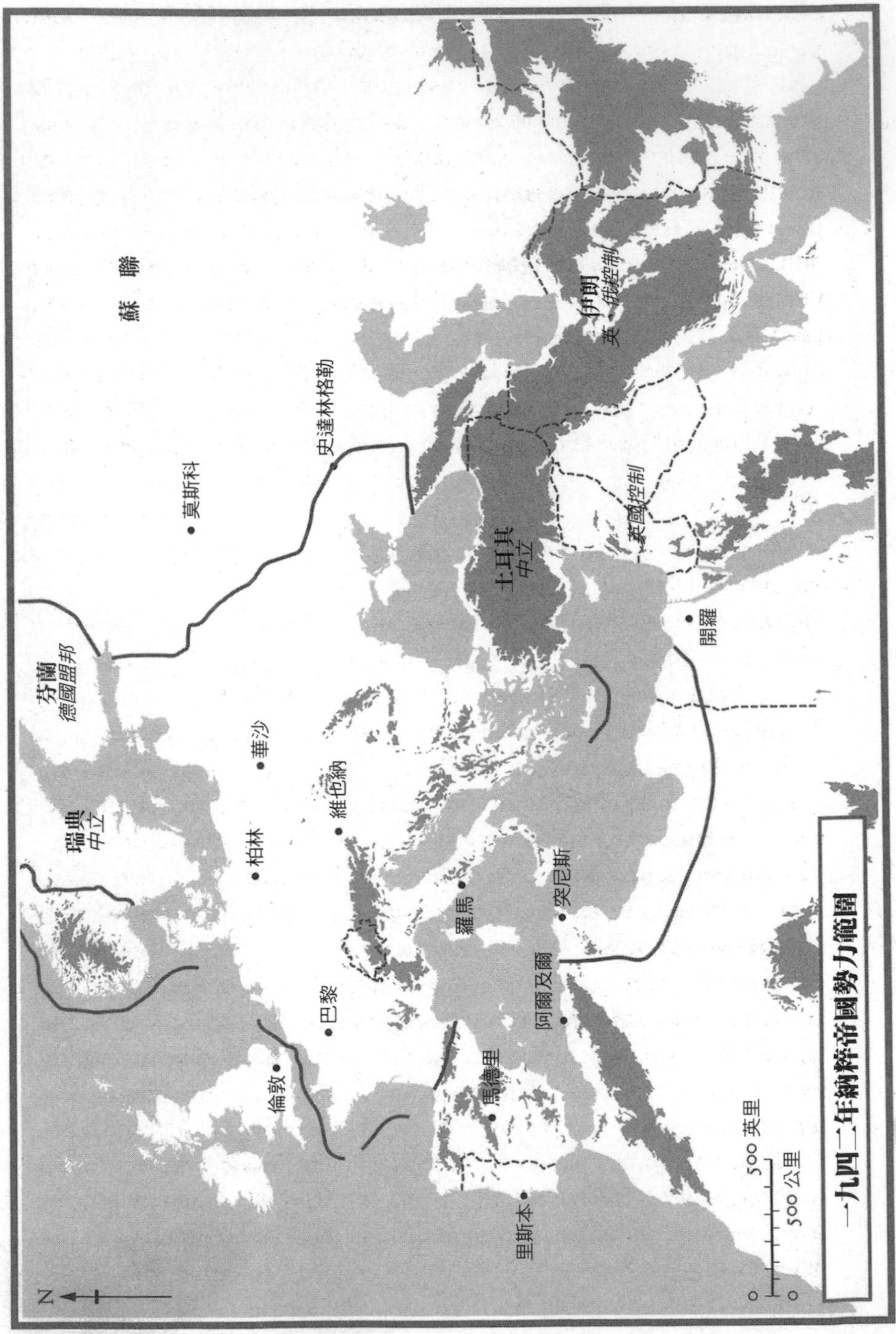

一九四二年納粹帝國勢力範圍

敵意不利於己，於是對美國發動敦睦攻勢，把帝國統治美化為有助於提升「落後民族」之民主與發展的東西。[3]殖民地政府獲允許放寬政治活動，擴大選舉，而殖民地政治人物也注意到這情勢的變化。不管戰爭的結果為何，那似乎必然打破戰前殖民地政治的僵局。有一重大的改變跡象，已具體可見。一九四三年，英國放棄其在中國已然無用的剩餘特權，中國終於完全廢除不平等條約。

歐洲帝國並未隨二次大戰結束而轉型為民族國家：以英國支配中東為例

打造開羅和蘇伊士運河為東半球作戰中心、採煉伊朗石油、治理巴勒斯坦

但戰爭的進展並不表示，由諸帝國組成的世界，必將順利轉型為由諸民族國家組成的世界。同盟國所穩穩控制住的第一個地區是中東，其立即的影響乃是使英國重拾其在一九一八年起在當地就享有的支配權。事實上，戰勝使英國得以更牢牢支配中東——或者說看來如此。英國人把開羅打造成中東和地中海龐大作戰區的中心。一九三六年英、埃條約所劃定的「蘇伊士運河區」，乃是一不受埃及管轄的龐大軍事特區，區內除了作坊和商店、訓練區和機場，還駐紮了數千人的部隊。那是英國可賴以將其軍力往四面八方投射的重要據點。事實上，幾無跡象顯示英國人認為他們應放棄其對中東的支配。英國人擔心蘇聯恢復勢力，懷疑史達林對博斯普魯斯、達達尼爾兩海峽和戰時遭蘇聯軍隊占領的北伊朗懷有野心。英國人決心保護其在伊朗西南部的石油開採特許權，及其在波斯灣岸阿巴丹不受伊朗政府管轄的煉油特區。他們認為中東是英國賴以將勢力投射進東半球的最重要平台。他們的目標不是去施行舊式的殖民統治（這已在二十年前因不可行而遭揚棄），而是以因地制宜的方式重新塑造當地的政治。他們的基本假設，乃是埃及、伊朗、阿拉伯諸國的「溫和」民族主義者，會同意讓英國勢力以較「低調」的方式存在於其境內，以換取英國承諾給予保護和慷慨的經濟援助。但英國人未能預見的，乃是巴勒斯坦（受國際委託由英國治理）境內的阿拉伯人及猶太人衝突，會在二戰結束時因大批猶太難民湧入而迅速惡化，以及英國的影響力，會因阿拉伯人認定以色列的建國（和一九四八年英國人撤離後阿拉伯人在巴勒斯坦戰爭的戰

敗）乃是英國人出賣阿拉伯人的行徑而大衰。中東帝國結束後，並未走上在兩造同意下邁向民族國家時代的過渡時期。

戰後歐洲帝國的發展背景：歐洲分裂源自列強共管德國失敗，最終擴大為全球性的美蘇冷戰

巴勒斯坦問題，英、蘇對立的風險，中東石油蘊藏的日受重視，使中東的未來和歐洲的戰爭結果連上關係。在理想狀況下，會有一歐洲協議去恢復戰前的國際體系，去恢復民主自治，去促進經濟復甦。若有這樣的「新歐洲」誕生，以制衡美、蘇勢力，戰後世界的整體模式會大不相同。但戰爭的進展，使這樣的結果無由出現。同盟國堅持要軸心國「無條件投降」（原因之一為厭惡納粹帝國，原因之二在於擔心協商會使同盟國分裂），希特勒決心作戰到底，使幾乎整個歐洲在一九四四至一九四五年時成為一個大戰場。歐陸許多地方已成為一個動員參戰的龐大納粹帝國，那帝國消滅了戰前諸國，拔除了戰前諸社群，清洗掉戰前諸少數族群。納粹帝國主義在東歐、西歐、中歐痛苦掙扎而死之後，暴力的規模、種族與意識形態上的對立、通敵（不管是被迫與否）的恥辱，是其所留下遺害後人的遺產。在恐懼、報復、仇恨的氣氛中，恢復民主自治（特別是在東歐）的任務，極易受到社會或種族間的衝突與外來壓力的傷害，而功敗垂成。欲迅速恢復歐洲在世界上的地位，乃不可能的事。實際上所發生的，乃是諸戰勝國與其當地盟友為了將覆滅的納粹帝國納入自己掌控，而展開一連串鬥爭。

歐洲瓜分未立即降臨。史達林、羅斯福、邱吉爾原來的期望，似乎是粗略分割勢力範圍，承認蘇聯支配波蘭、羅馬尼亞、保加利亞，但留下一大片「中間地帶」（包括奧地利、匈牙利、捷克斯洛伐克）由歐洲和約來決定其未來。但只有在德國問題得到解決，歐洲才能真正獲致和平。同盟國外交上的最大考量因素，乃是擔心德國再度壯大，建立新帝國，或在百廢待舉的東歐、中歐之上建立第二個納粹帝國。基於顯而易見的理由，那也是蘇聯最主要的顧慮。因此，歐洲的重建必須在歐陸不受德國侵略威脅的情況下進行。四強委員會（法國將會加入

美、英、蘇「三大國」之列）的職責，將是永久拆除德國帝國主義的機器和根源。去除德國的武裝、清除其納粹份子、削減其工業生產能力之後，德國就沒辦法再建立帝國。但就在這項工程上，同盟國鬧翻。在西方列強眼中，經濟復甦是首要任務。他們擔心經濟遲遲無法復甦將引發西歐各地民眾騷亂，且他們不願延遲他們所占領德國地區的經濟正常化。史達林反對此議，同盟國仍執意進行。一九四八年柏林封鎖（史達林的還擊）之後，共管德國結束，轉為實質上的瓜分。在東歐、中歐各地，蘇聯扶植了唯莫斯科馬首是瞻的共黨政權（南斯拉夫例外）。在西方，美國的經援（透過馬歇爾計畫）和承諾保護其抵抗蘇聯的施壓，支撐起多體制混合經濟和民主政治。

歐洲分裂乃是戰後世界的重大發展。那標誌著同盟國戰時和諧終於瓦解，那使史達林因此深信蘇聯的確面臨了美國的攻擊[4]——因為資本主義無法容忍蘇聯的實驗。蘇聯在掌控了波蘭、羅馬尼亞、保加利亞之後，還試圖將勢力伸入伊朗、土耳其、希臘，華盛頓當局的立場迅速開始改變。因為美國最孚眾望的蘇聯政策專家喬治·肯南（George Kennan），在一九四六年從莫斯科發出的著名「長篇電報」中，已主張蘇聯有強烈的擴張野心，而上述發展似乎正證實這一觀點。肯南似乎主張，蘇聯的擴張是由意識形態來推動，且那擴張是在新領導班子下沙俄擴張的延續。[5]在美國政治界，主張遏制蘇聯威脅、接下捍衛西歐這個新重任的背後，帶有擔心共黨份子陰謀傷害美國自由的被害妄想症心理——演化成麥卡錫主義的夢魘式幻想。這一心態鞏固了植基於意識形態的國際對立心理，為美國之干涉世界各地打下了理論根據。北韓（一九四五年將日本人逐出朝鮮半島後由該半島上蘇聯控制區所形成的國家）於一九五〇年六月攻擊南韓後，深信美國投入一場對抗蘇聯擴張之全球性冷戰的想法，成為美國政策的主要原則。在此同時，歐洲分裂使歐洲西半部更倚賴美國的力量（倚賴程度遠非二戰結束時任何人所能預見），而在蘇聯所掌控的東方也出現同樣情形。對於歐洲以外的世界，歐洲分裂的結果更令人吃驚。

歐洲列強撤離帝國

前面提過，美國領袖極厭惡歐洲人的殖民帝國。在他們的想法中，這些帝國是封建遺物：特權的堡壘，民主的對立物，無效率、退步、笨拙。更糟糕的是，這些帝國都在經濟上採排外政策，禁止與美國貿易往來，妨礙美國出口的成長。在美國看來，法屬中南半島、荷屬東印度群島、英治馬來亞、緬甸這幾個帝國的覆滅，以及英國即將撤出印度，似乎是太平洋戰爭的結果。經過短暫的重新占領以逐走日軍之後，美國有充分理由堅持迅速廢除殖民統治。屆時，諸受殖民國家就可以用前殖民地民族國家的身分重生，而那些民族國家將向世上最大的前殖民地尋求幫助和意見。歐洲殖民列強由於國力大不如前，母國國內事務更迫切需要處理，可以預期會採取類似看法。帝國乃是他們所負擔不起的奢侈品——或者說他們可能已如此看待帝國。

在某個重要例子裡，就發生這情形。二戰時英國人為保住家園而奮力對抗德國，但在邱吉爾的堅持下，英國的努力也意在保住英國的帝國勢力。邱吉爾在一著名談話中宣稱：「我擔任國王的首席大臣，職責不在於主持清算大英帝國的工作。」但在一九四二年迫在眉睫的危機時，就連邱吉爾也不得不同意，印度應會在戰後不久就獨立。日本投降後的十八個月期間，倫敦的工黨政府竭力欲找出讓印度擁有自由但仍保持一統的政治方案。他們力拒穆斯林脫離印度獨立建國的要求，原因之一在於多數黨國大黨不同意此舉，原因之二則是他們希望統一的印度會是在戰後亞洲樂於與英國合作的夥伴。但在一九四七年初期，隨著經濟危機日益深重，且擔心陷入印度內戰無法脫身，英國人不再抗拒。英國派一新總督前去，負責在一年多內結束英國在印度的統治。蒙巴頓勛爵的作為，超越其所受的任務指示。他讓國大黨相信要迅速獲得獨立就得接受國家分裂，若繼續抗拒此發展，國家可能陷入混亂，然後在接任總督六個月後的一九四七年八月，以迅雷不及掩耳的速度撤出印度。此後不到一年，錫蘭（斯里蘭卡）和緬甸也獨立。

歐洲列強需要帝國

令人意外之處，在於這一撤離帝國的作為並未成為通則。沒錯，英國也放棄了其在巴勒斯坦的託管權，但那主要是因為他們認為進一步捲入阿拉伯、猶太衝突，會毀掉他們所急欲保住的中東支配地位。英、法、荷、比未體認到他們的經濟衰弱和戰略曝險已使其海外帝國成為有害無利的包袱，反倒反其道而行。為重建千瘡百孔的戰後經濟，他們需要可再轉手賣出以換取美元的廉價原物料和熱帶大宗商品，以便用那些美元購買來自美國的基本進口商品，而他們的殖民地似乎正是廉價原物料和熱帶大宗商品的最理想來源：他們可強迫殖民地接受低於世界行情價的付款，接受歐洲的軟通貨，而非美國的硬通貨（美元）。來自西非的可可、剛果的銅、馬來亞的錫和橡膠、荷屬東印度群島的糖、咖啡、石油，將使宗主國在自身經濟恢復平衡前免於陷入困境。在荷蘭，普遍流傳這樣的說法：「東印度群島如果失去，完蛋跟著來」（Indië verloren, ramspoed geboren）。一九四七年四月，荷蘭展開「維安行動」（police action）以重新掌控爪哇的主要經濟資產之後不久，荷蘭財政部長說道：「我們位在深淵邊緣。」[6]英國在伊朗西南部所擁有的石油開採特許權，不消說價值更高。

支持帝國的論點，不全是經濟考量。英國主張留在中東的理由中，地緣戰略考量是關鍵一環。戰略家主張，要遏制蘇聯在中歐的侵略，最好的辦法就是使用空中武力——英國已部署來對付納粹德國的龐大轟炸機隊。俄國的工業城市都在英國本土機場的航程之外，但從位於中東的英國基地，英國可隨心所欲轟炸那些城市。英國在中東的支配地位，將彌補英國在歐洲本土的衰弱。法國的戰後領袖也深信他們需要帝國——需要的程度即使未超過英國，也和英國相當。法國於一九四〇年六月戰敗後，一直是其非洲殖民地在合力支持「自由法國」。欲讓法國在戰後恢復其世界強國的地位，先決條件似乎在維持帝國的完整，特別是因為帝國是兵力的來源之一。

杜魯門主義顛覆了美國「反帝國殖民」立場，支持歐洲帝國，以對抗蘇聯擴張

但是，要保住帝國並非易事。那必然耗費金錢，且會用掉母國重建所需的寶貴資源。在東南亞，那意味著要壓制當地於日本占領期間已崛起的反抗運動，以恢復殖民統治。這些不知悔悟的帝國主義者，需要美國的金援，因此華盛頓當局若反對他們恢復殖民統治，他們大概不敢違抗，但他們不必有此顧慮。隨著杜魯門及其顧問群把世局的變化視為蘇聯的挑釁，他們對歐洲殖民主義的看法也幾乎徹底翻轉。在杜魯門及其顧問眼中，這時逼歐洲友邦放棄其資產並非明智之舉。英國就軍援土耳其、希臘的重擔求助於美國時，美國回應以杜魯門主義，分擔在地中海和中東的圍堵重擔。美軍的參謀長呼籲「向大英國協的通信系統和聯合王國……竭盡所能提供政治援助、經濟援助，必要的話也提供軍事援助。」[7]美國以一年十億美元的經費，承擔保衛英國海外帝國的開銷，默許英國維持其在中東的帝國勢力。到了一九四〇年代末期，已有大筆援助交予法國，協助其保住法屬中南半島。歐洲戰爭的驚人結果，已使美國成為諸歐洲帝國的贊助人和保護者，但這贊助人認為那些帝國經濟體遲早會被打開門戶，向贊助人自己的經濟體開放。

「雅爾達協議」私授蘇聯中國領土和軍事要塞

當然，促成這一結果的不只是歐洲發生的那一連串事件。在歐陸，納粹的帝國主義垮台，在東亞，則有日本的帝國主義垮台。但一如在歐洲，亞洲戰爭結束的方式出現意想不到的轉折，產生意料之外的結果。在對日作戰上，蘇聯採中立立場。日本派了許多軍隊（超過百萬兵力）駐紮中國，以保衛日本的傀儡政權，消耗國民政府軍隊的反抗。美軍對日本的攻擊必須以傷亡慘重的逐島進占方式緩慢進行，最終促成如諾曼第大登陸般登陸日本本土（計畫如此）。對於中國在擊敗日本和戰後新和平時期所將扮演的角色，華盛頓當局原有其構想，但這構想於戰爭最後一年時驟然改變。到了一九四四年末期，國民政府軍隊在豫湘桂戰役的慘敗，已使羅斯福和邱

吉爾認為國民黨在攻擊日本上幫不上什麼忙，於是轉而把心力放在說服史達林在歐洲戰場一結束即出兵攻擊日本本上。在一九四五年二月的雅爾達會議裡，他們同意讓俄羅斯收回其在一九〇五年失去的領土（千島群島和北庫頁島）、其在滿洲原擁有的鐵路權、（最使人震驚的）其在扼守華北海上進出門戶的旅順港所擁有的舊海軍基地，換取俄國的出兵。按照原先的構想，二次大戰後，國民黨主政的中國將與美國、蘇聯、大英帝國／大英國協共同名列全球「四強」，將是美國在亞洲太平洋地區的主要夥伴；但經過私相授受的「雅爾達協議」，這構想悄悄被打入冷宮。逼迫日本投降的刻不容緩、美軍從海上入侵日本本土所預期會遭受的慘重傷亡、蘇聯出手援助的不可或缺，使英、美不得不改變其優先考慮的事項。

國共內戰粉碎國民政府帝國美夢，導致中華人民共和國成立

結果，擊敗日本不是靠蘇聯之助，而是靠投在廣島、長崎的原子彈。但日本帝國的垮台和失去其所占領的「大東亞」廣大土地，並未讓國民政府得利。在一九三〇年代，蔣介石可能認為只要日本被擊敗，民族主義掛帥的新中國將會在東亞秩序裡扮演主導角色。新生的中國將挑動列強互鬥以從中得利，收復清朝的廣大版圖和藩屬：新疆、西藏、蒙古、滿洲、韓國、越南，甚至緬甸。[8]戰後幾個月期間，國民政府似乎仍是無可壓制的力量，就連史達林都不看好毛澤東的共黨勢力能扳倒國民政府，[9]事實上八年抗戰（一九三七～一九四五）已使國民黨的實力耗掉大半。靠著涓滴般的外援（二戰期間美國對盟國的借貸只有百分之三流向中國），要在日本占領區以外的中國部分地區創造戰爭經濟，無異緣木求魚。國民政府沒有賺自出口的收入。以中國不同地區間農產品交換為基礎的國內商業經濟，遭戰爭和戰爭所造成的國土分裂破壞。隨著中國淪為自給經濟❶，國民政府的貨幣失

❶ 譯按：生活水準低下、幾無貿易往來的落後經濟形式。

去支撐，終至形同廢紙。向農村生產者徵稅變得愈來愈苛刻，愈來愈難。[10]因此，國民政府在戰爭結束時試圖消滅毛澤東領導的共黨政權時，困難重重。毛式共產主義訴諸農民對地主和城鎮（收稅政府的行政基礎）的敵視。它承諾讓鄉村自立，承諾重新分配土地，以立即解決廣大農民赤貧的問題。[11]毛澤東的共軍從迅速進入滿洲的蘇聯那兒得到至關重要的援助，得以取得日軍儲備的武器。蔣介石迅即派兵到北方，以掌控滿洲的工業資產（南滿是中國最富裕、工業化程度最高的地區），[13]結果使他本已衰弱的政權，可用的資源捉襟見肘。一九四九年，國民政府打輸了國共內戰；那年十月，中華人民共和國在北京宣告成立。

革命年代尚未結束：二戰後初期的混沌失序，使殖民帝國繼續存在

這些變化影響深遠。在歐亞世界兩端，二次大戰都已創造出一個分裂的次大陸。一如在歐洲，沒有一致同意的戰後秩序來安排其未來，在東亞，也將沒有全面的和平協議來結束戰爭。在華盛頓當局停下來思索該如何因應國民黨的失敗時，共黨勢力席捲從韓國到爪哇（包括日本在內）諸多千瘡百孔的戰後社會，似乎愈來愈有可能。但要美國在保衛歐洲這個重擔之外，再把亞洲大陸的事攬在自己身上，似乎分身乏術。這兩難困境把美國的政策推往新方向。它使美國更順理成章認為，應該支持英、法在馬來亞、越南的殖民政權對抗共黨領導的運動組織。它使美國較無意支持荷蘭對付印尼的民族主義份子，因為後者在一九四八年平定了一場共黨暴動，令華盛頓當局大為欣喜。它使美國打消了為中國著想而廢除日本工業力量的計畫（麥克阿瑟將軍原預測日本會成為「亞洲的瑞士」），結果日本反倒成為美國的亞洲盟邦，讓美國無限制使用其國土，換取美國的保護。在某些觀察家眼中，這一特別的交易似乎是亞洲不平等條約的延續。

「我們生活在一個革命性的過渡年代。」尼赫魯於一九四九年一月如是告訴一群亞洲領袖。[13]他說得很有道理。戰爭和戰爭之後的動亂這兩者所帶來的影響，打掉了世界許多地區的順服習性。史學家通常把二次大戰後的頭三、四年稱為冷戰的序曲——先出現於歐洲，再出現於亞洲，事實上也確是如此。但這只是世局變化的

一部分，而且在世上許多地區，還不是最重要的部分，那將會對二次大戰所產生的其他所有動盪造成什麼影響，當時也還不明顯。因為在歐亞世界兩端所點燃的衝突，已在世界各地引發一連串後續的爆炸。在它們的衝擊下，既有的秩序（往往是晚近才出現而體質孱弱的秩序）變形、扭曲，在某些地方則破毀。在戰爭爆發前遭逐出權力舞台者（不管是共產主義者、社會主義者、民族主義者、猶太復國主義者、伊斯蘭主義者或分離主義者），利用這個機會打破既有的政治框架。在地的政黨和利益團體爭相去影響支配地區的強權，極力動員以提升自己在當地的勢力。但他們的所作所為，無一不反映了某種極不確定的狀態。諸戰勝大國會強制施行一套集體決定，一如毛澤東在一九四六年時所仍期待的？[14]他們會鬧翻？美國會再度走回孤立，一如一九一九年時？全球經濟會滑回衰退？大戰的破壞會使世上許多地區無緣投入貿易？國家掌控的自給自足政策，會是唯一可行的經濟復甦之道？戰時環境下對財產的攻擊（透過徵稅、充公或破壞），還有個人權利的全面撤退，已永遠抹除舊有的社會差異，使社會沒有階級？新的大眾文化戰勝前工業時代「高尚」文化與民間習俗，這時是否必然？即將來臨的時代裡，會看到由諸多大國和大型大陸聚合體組成的世界，還是由諸多自由民族國家組成的寬鬆邦聯？

在戰後的頭五年，跡象充滿矛盾，許多較小的國家對聯合國寄望甚高。聯合國成立於一九四五年，承繼國際聯盟，但比國聯更有影響力。但聯合國會成為制衡強權的力量，還是只是各強權競爭、衝突的場所？一九四四至一九四五年的布列頓森林（Bretton Woods）協議，為防止經濟再度陷入毀滅性的衰退，設立了新機制。國際貨幣基金會使各國得以在不必動用對貿易和交換的管制下，應付其國際收支上的短期危機（一九三〇年代世界經濟就因那些管制而萎縮）。美國人抱著新皈依者般的熱誠，要求廢除關稅和對貿易的其他管制。但鑑於美國與世界其他地區在生產力上的巨大失衡和用以購買美國貨的美元不足，這新的自由貿易時代很快就停擺。英鎊（包括英國、英國諸殖民地、印度等大英國協的獨立國家、埃及和伊拉克之類的某些中東國家）形成自成一體的貿易、貨幣區，美元購買在區內受到嚴格管制。西歐會多快恢復其生產實力或市場，這時仍不明朗——即使有美國的馬歇爾計畫提供美援；蘇聯集團則往自給自足的經濟倒退。在如此嚴峻的環境下，很難想像未來會是個成長、繁榮、個人有較多選擇的時代。首要之務乃是幾乎不計任何代價擴大生產。這與政治自由上的快速進步是否可以並行不悖，乃是個耐人尋味的問題。在不加入大集團（或帝國），或在無法充分取得稀少資金供應的情況下，小國能否獨立生存，再怎麼看似乎都充滿變數。

因此幾乎不足為奇的，在新世界秩序的可能面貌上，未能獲致共識。在各個舊殖民強權裡，最見多識廣者深信，只要是在情況許可的地方，維持帝國體制都是最保險的做法——即使應該放寬殖民統治亦然。殖民強權可以用看來合理的論點，讓殖民地人民相信，在混亂失序的世界裡，帝國統治是有益於他們民生的做法。反殖民統治的民族主義者，可以從英國帝國勢力突然撤出南亞得到鼓舞。但沒有理由認為殖民帝國的衰落將會是全球現象，或會快快發生。似乎幾乎同樣可能的，殖民統治者將會在世上許多地方恢復鎮靜，在美國支持下重建他們的殖民政權（經過修正的殖民政權）。尼赫魯口中的革命年代仍方興未艾。

去殖民化

去殖民化是什麼——戰後世界將出現民族國家抑或新式帝國？

當然，大家都知道，殖民統治的復活範圍有其局限，且為時甚短。事實上，去殖民化成為亞、非、中東的許多地區沛然莫之能禦的政治趨勢，且其效應也在意識形態上影響了拉丁美洲。今人常把去殖民化與殖民統治的終結視為同一，但這樣的界定太過狹隘，遠較有用的界定，乃是將去殖民化視為摧毀以歐洲為中心的帝國秩序——把領土帝國與治外法權緊密連結的帝國秩序。散布亞、非各地的基地、租界、駐軍、炮艇、條約口岸、不平等條約（如在埃及或中國境內所見），和舊帝國地圖上以紅、藍、黃或綠標示的殖民地和受保護國，都是歐洲帝國主義的表現。以歐洲以外國家普遍未能達到歐洲訪客所合理期待的文明標準為藉口，認為歐洲人的干涉是順天應人之舉，也是歐洲帝國主義的表現。這一帝國「秩序」認為世上諸文化間存有等級關係，西北歐（和歐—美）諸社會具有進步能力，西方以外的文化則擺脫不掉（有時別有風姿的）「停滯狀態」，兩者對比鮮明。這一帝國「秩序」還認為應在可以施行經濟分工的地方施行經濟分工，即由帝國—工業世界提供資本、製造品、技術，換取西方以外諸國的原物料和糧食。

這一全球「體制」，在二次大戰結束後的二十年裡，很快地大部分遭到摧毀，以歐洲為中心的世界秩序不再是可長可久。事實上，英、法試圖在他們所統治的地區或在原本受他們勢力支配的地區，維持這一世界秩序，反倒激起最終迫使他們離去的反抗。他們原可以美國影響力之轉包者的身分待得更久，但他們在大西洋彼岸的贊助人，在一九五〇年代中期時已對他們的方法失去信心，大環境已然改變，帝國、殖民統治的言詞在國際事務上已幾乎完全失去合法性。全球兩大超強老早就痛斥這言詞，已有一大票曾受殖民的國家（印度是其中最犖犖大者）把摧毀殖民主義視為當務之急，且兩大超強都正在爭取這些國家的親善和支持。聯合國的機構和憲章（兩大超強爭奪影響力的主要戰場）所擘劃的世界，乃是已把自由民族國家視為理想和準則的世界。殖民統治失去了支撐。

去殖民化帶來非常引人注目的結果。它使主權國家的數目爆增，幾乎是一次大戰結束到二次大戰爆發那段期間國家總數的四倍；摧毀了歐洲人在某些名存實亡的國家裡行使特權的機構；打破了帝國統治的合法性，嘲弄了帝國「服務」的精神。它為後帝國時代的政府沒收外國人財產、控制對外貿易、與跨國公司達成（有時有利可圖的）和解，創造了有利條件；它是促成大規模重新評估文化價值，促成拒斥或質疑那些被視為源自歐洲的事物不可或缺的力量。比較不明朗的（誠如我們接下來會理解的），乃是歐洲所支配的帝國秩序崩潰，是否代表世界真的過渡向「由諸民族國家組成的世界」，或者歐亞世界的分割（去殖民化得以發生的不可或缺環境）是否將會促成新式帝國的興起，而這些新式帝國較不倚賴殖民統治，而更大大倚賴可能同樣有效的影響形式。

去殖民化的亞洲

萬隆會議

英國在一九四七年結束在印度的統治和兩年後歐洲海軍的撤離中國，標誌著亞洲史上「達伽瑪時代」的結束。歐洲支配的時代就此告終。數年後有位印度史學家下了上述論斷。[15]當然，歐洲的支配程度不該被誇大。歐洲人曾建造龐大的殖民帝國，特別是在亞洲南部：在馬來群島、中南半島，尤其是印度。歐洲人在約一八四〇年後控制了通往東亞的海上航路，且在一八六〇年代時已在中國沿海站穩腳跟。但日本不願臣服於歐洲，且不以保住自主地位為滿足。一八九〇年後歐洲人才剛開始要把勢力更伸入中國的社會和經濟，就因第一次世界大戰的地緣政治變動而停下腳步。歐洲在亞洲的殖民一直是局部性的，在東南亞許多地區只淺淺扎根（一八九〇年代之前在東南亞的殖民統治並不穩固）。歐洲人在大陸沿海邊陲的扎根，比在內陸更牢固（在這點上，一如在其他方面，印度都是個異數）。歐洲殖民勢力為何在一九四一至一九四二年時瓦解得如此快，且在一九四五年後只短暫東山再起，旋即又覆滅，部分原因在此。

但一九四五年後的改變的確巨大。不到十年，殖民統治就已在南亞、東亞、東南亞幾乎蕩然無存。在仍施行殖民統治的地方，獨立時間表已擬好，不然就是該地無足輕重。香港是個例外，但香港是靠中國政府的恩賜和自身利益考量，而得以維持其殖民地位。[16]看到戰後歐洲滿目瘡痍，陷入分裂，新一代亞洲政治領袖對於幾年之內世局變化之大，可想而知大為驚訝。以歐洲為中心的世界秩序同時瓦解，亞洲大部分地區突然紛紛冒出獨立國家，預示了一個新的開始。亞洲的種族觀和文化觀、亞洲對歐洲兄弟鬩牆的漠不關心、亞洲數百萬貧困人民的福祉，這時有了發聲的機會。

一九五五年五月在印尼萬隆舉行的「亞—非」會議，就瀰漫著這股精神。會議東道主是印尼總統暨印尼反殖民統治革命英雄蘇卡諾。與會代表來自超過二十五個國家，包括黃金海岸、賽浦路斯這兩個仍為殖民地的地方[17]。埃及代表是納瑟（Gamal Abdel Nasser）。印度總理尼赫魯、中國總理周恩來的與會，為這場會議增添了權威性。會議沒有正式議程，但暗藏的目標乃是申明西方以外世界在國際政治上的置喙權。會議決議要求讓更多亞—非洲國家進入聯合國安理會，譴責各種形式的種族歧視、宣告殖民主義為「應予迅速剷除」的惡行。周恩來在廣結善緣的演說中強調，中國沒有擴張野心，隨時願意和美國協商。尼赫魯譴責與西方結盟的舉動，乃是「對亞—非洲國家無可容忍的羞辱」，譴責北大西洋公約組織乃是「殖民主義最有力的保護者之一」。非洲和亞洲應在東、西方的衝突中保持中立：「我們何必被捲入他們的紛爭和戰爭中？」[18]

萬隆會議啟發了「第三世界」，卻無法讓台灣、台灣海峽等地免於帝國野心覬覦

尼赫魯、周恩來演說的背後，存在著對亞、非洲的未來構想——未來，外部影響只有在亞—非人民的寬容下，才得以存在於亞—非洲。那是一崇高的去殖民化構想，摒斥後帝國主義時代殘存的任何帝國遺緒。亞洲諸國要開始為解放剩下的受殖民人民而奮鬥。亞—非洲人民之間的文化合作，將取代過去對歐洲之文明主張的尊重。這些觀念至今仍具影響力，組成一個不結盟的「第三世界」，與東方、西方分庭抗禮，打動了許多人。第三世界在聯合國強勢展示了其團結對抗殖民主義的決心，從而使歐洲人的統治（特別是一九六〇年後歐洲人在非洲的統治）更快結束。但萬隆會議上所構想出的後殖民前景，儘管令人憧憬，卻是在一開始就注定無從實現。去殖民化不只是要廢除殖民統治或排除歐洲影響，即使在萬隆會議上，支持尼赫魯「中立主義」路線的亞—非國家和公開親西方的一大群國家之間，就已出現裂痕。原因之一在於對中—蘇意圖的憂心不安（儘管周恩來信誓旦旦要外界放心），但更深層的原因在於亞洲脫離帝國宰制所引發的複雜緊張關係。因為脫離帝國宰制後出現的一票新民族國家，並非完全形成自亞洲的「舊制度」。在帝國垮台或遭推翻的地方，接下來的發展乃是群雄繼起爭奪大位。帝國統治往往將不同民族綁在一塊，且不顧古老的民族—文化分界，因而不管是新的民族認同，還是民族的領土權，都無法被視為順理成章之物。如果這只是針對歐洲人已打造的殖民帝國，情況或許會單純些，

但到一九五〇年代時，亞洲還散落其他覆滅帝國的遺骸。英、法、俄、荷、葡的帝國野心，在亞洲也不乏追隨者，例如清朝所建立的廣大「中國疆部」，日本所放棄的韓國、台灣這兩個殖民地，以及前東南亞殖民帝國泰國、緬甸、越南的統治者曾遭關押、約束。喀什米爾、西藏、韓國、台灣海峽、越南、蘇門答臘、緬甸的山地邦，都是從帝國向民族國家痛苦過渡時裸露的痛處，都是說明在後帝國時代建國鮮少是在共識下進行的耀眼證據。亞洲捲入日益擴大的冷戰，掩蓋了這些地方性、地區性衝突的痛苦現實。

中國的去殖民化

毛澤東對外掌控通往中國的陸上要道——西藏、朝鮮半島、越南

一如在過去歐亞歷史上頻頻見到的，中國扮演了關鍵角色。一九五〇年結束時，中國大陸已完全在共黨統治下。毛澤東的非凡勝利除了要歸功於中國共產黨「土改計畫」的打動人心，或許還得大大歸功於中國鄉村大眾因痛恨日軍侵占所生起的「農民民族主義」。[19]兩者哪個貢獻較大，至今仍無定論。[20]但毋庸置疑的是，中國已恢復在東亞的主導地位，擁有數量龐大而身經百戰的軍隊。在某些條件下，這或許會導致內向型的國內改革政策，讓中國的亞洲鄰邦自行發展。在一九五〇年代初期的現實狀況下，這卻是不可能出現的結果。新掌權的中國領導人反倒採取先前中華民國領導人和更早之前清朝的觀點，認為只有由可靠的政權掌控通往中國的陸上要道，他們的統治才能高枕無憂。他們以強暴手段重新確立北京對西藏的掌控。當北韓似乎要落入非共黨政權之手時，他們大舉介入韓戰。兩百萬名中國人民志願軍投入韓國戰場，超過十五萬人葬身該地。[21]對於中國南疆，毛澤東抱持類似觀點。當越盟與法國人在北越的爭鬥走到關鍵階段時，中國提供軍援和戰略「建議」，為一九五四年五月法軍在奠邊府之役的潰敗（法國結束其在中南半島殖民統治的序曲）付出了關鍵貢獻。[22]北京擔心自己遭到包圍，乃是因為其國民黨宿敵在台灣存活了下來，且在美國援助下可能重啟政治鬥爭。因為中國共產黨雖已把國民黨趕出大陸，毛澤東及其同志深知政權還不是完全穩固。他們面臨了要在中國的農業基礎上建立新

工業國家的挑戰，而農業部門將得為此有所犧牲。他們必須在新的社會秩序裡穩固其權力基礎，而那社會秩序有待人為塑造。他們得為一場革命辯護。

毛澤東對內革「殖民政權、資本主義政權」的命，發動文化大革命

由於感受到來自內、外的威脅，中共政權未像過去的開國君主那樣退入與外隔絕的境地。在美國唆使下，聯合國拒絕中華人民共和國加入，正是這威脅的鮮明體現（直到一九七一年才得以加入）。最初，中國的政策既審慎又樂觀。由於發展工業的刻不容緩，還有必須制衡美國對國民黨的援助，中華人民共和國選擇與史達林結盟。在一九五三至一九五四年的朝鮮半島、越南，北京接受雙方各退一步達成的和平，讓南北分治。法國在第一場中南半島戰爭落敗之後，周恩來致力於以軟語外交解除地區恐懼（和抑制美國影響力），但到了一九五〇年代末期，毛澤東深信必須採取較強硬手段。他不信任莫斯科要其與資本主義和平共存的主張，認為蘇聯領導人赫魯雪夫的首腦外交出賣了中國，中蘇的緊密情誼只維持了約十年。鑑於美國日益加大其對台灣國民政府的支持，毛澤東以炮轟金門提升其軍事賭注。他以鄉村集體化（「大躍進」）這個積極性的新策略，因應中國國內轉型頓挫的困境。事實證明，將土地從地主之手重新分配給農民（一如在俄羅斯）只是國家接管的先聲。一九六〇年，他同意河內鍥而不捨的要求，讓其重啟自一九五四年即擱置的武裝鬥爭，以把南越納入共黨統治。[23]毛澤東的新路線，乃是把中國打造成革命暴力行動的贊助人，而革命暴力的矛頭則指向殘存殖民政權或與資本主義勾結的繼位政權。他的主張很簡單，推翻帝國主義的大業，遠未完成，欲實現去殖民化（如果要來真的），就得訴諸貧困農民的大規模鄉村暴動：以全球的「人民戰爭」對付全世界的資產階級。[24]

毛澤東為後帝國主義世界提出的極端計畫，在知識界和政治界激起廣大迴響，特別是讓那些想隔著安全距離品嘗其勝利滋味的人心動。一九六〇、七〇年代，這計畫為後殖民政權的失敗和妥協，提供了令人看好的替代選擇，它吸引了那些仍想扭轉資本主義在戰後世界突然重新抬頭之趨勢的人士。誠如待會我們就會知道的，它在東南亞的特殊環境裡取得最引人注目的成就。但從更廣闊的視角來看，真正影響深遠的乃是對中國與毛派

反帝主義的圍堵。這有一部分肇因於毛澤東政治信條（特別是其大規模整肅運動「文化大革命」）對中國經濟的破壞，在某方面又反映了中國與其北方強大鄰邦的關係重新陷入緊張。但毛澤東野心的最重大障礙，源自東亞兩大國之間的嚴重分歧。

日本的去殖民化

戰後的日本成為美國制衡中國、蘇聯的東亞平台

如果中國之轉向共產主義推翻了戰時的大部分預測，則日本之願意「接受失敗」同樣令人意外。[25]戰爭結束時，日本已被人數將近百萬的美國軍人和平民占領。[26]六年多的時間裡，美國總督（大部分時期由麥克阿瑟將軍擔任）握有行政權，任何重大決定都得經過他的同意。日本的主權地位遭到擱置：日本人不得出國，不得批評占領政權。占領政權推出許多改革，以根除日本窮兵黷武帝國主義的根源。女人得到公民權，投票年齡降低，使選舉人數增加了一倍多。在占領者指示下完成的新憲法，禁止軍方參與政治，宣布不再以戰爭作為施行國家政策的手段。財閥遭解散，土地改革削弱了地主的勢力，使擁有自己土地的農民比例增加了一倍，達到約六成。[27]占領者鼓勵組成工會。新教科書推出，教育的課程大綱得到民主化。[28]對戰前體制如此猛烈的抨擊，本有可能引來反彈，因為美國人所打交道的平民菁英仍極保守。事實上，這一部分的考量也是雙方在達成重大協議時得顧及的。美國人因憂心中國而「改弦更張」時，認為的確有需要建立一個擁有工業經濟的強大日本。他們與強大的官僚體系和解，暗中支持日本天皇（日本人一直用心維護天皇作為有名無實的元首角色）。在東亞大陸日益動盪和一九五〇年六月朝鮮半島爆發戰爭時，日本保守領袖也沒有多少迴旋餘地。他們急欲結束美國占領，恢復日本主權。但公然挑戰華盛頓的政策可能會觸怒美國大眾，使獨立更晚實現。那可能鼓舞占日本三分之一選民的左派，引發更激烈的改變。

結果是使美國在新日本政權的形貌和方向上，有了特別大的主導權。一九五一年在舊金山簽署的和約，恢

復日本主權地位，但蘇聯和中國都非簽約國。美國的條件很嚴格，日本必須接受一相互安全保障協定，同意美軍使用日本境內任何地方，並讓美軍人員不受日本司法管轄。一八七九年遭日本併吞而在太平洋戰爭時爆發重大戰役的沖繩島，成為美國大基地，不再歸日本政府治理。日本經濟透過固定匯率與美國經濟相連結，其在中國的舊市場則遭封閉，以配合美國的貿易禁運。在東亞戰後格局形成的關鍵階段，日本已成為美國支配該地區所不可或缺的支柱，美國可藉以投射其經濟實力和軍事力量以制衡中國再度勃興的大型離岸平台。日本的流行文化，也深刻感受到美國的影響。說來諷刺，在去殖民化的東亞，西方的影響（不只歐洲的影響）反倒比二次大戰前更為強勢地伸入。

印度的去殖民化

印度仍未能擺脫殖民帝國遺留的主權、政體、經濟問題

亞洲第三大國是印度。印度享有亞洲最大民主國家的美譽。在尼赫魯領導下，印度可能曾希望在決定後殖民時期亞洲的整體局勢上扮演吃重的角色。[29]事實上，尼赫魯可能曾想與北京聯手，以讓亞洲大陸的政局不受外來勢力影響（一如他在萬隆會議上所曾呼籲的），但客觀情勢不利於此。印度的影響力因其本身後殖民時期遺留的問題而大為削弱。印度獨立的同時，國家走上令人心痛的分裂，留下一未解決的衝突，使印、巴之間的關係陷於緊繃。雪上加霜的是，喀什米爾問題（巴基斯坦聲稱該地為其領土，但大部分地區由印度掌控）很快就與高度爆炸性的西藏自治問題掛鉤。中國能在一九五〇年後殘酷鎮壓西藏傳統政權，有一部分靠切斷西藏透過喜馬拉雅山的對外聯繫。印度、西藏間的兩條主要通道，一經由西藏南方的錫金，一經由西方喀什米爾的列城（Leh）。[30]在劃分不明的邊界從事軍事活動，乃是中、印關係緊張、最終兵戎相見的根源之一。[31]印度於一九六二年邊境衝突的落敗，正象徵尼赫魯更大雄心的失敗。印度的政治體制（將相當多的權力和資源下放給邦級政府）、與巴基斯坦開戰的「國內」威脅、印度經濟的沒有起色（一九五〇、六〇年代印度占全球貿易的比重下跌了三分之二）[32]，使印度在此階

段成為亞洲「大國」的雄心落空。

東南亞的去殖民化

從列強殖民到美蘇冷戰，東南亞始終受帝國宰制

從最廣義的角度來說，亞洲去殖民化的進程受到亞洲前幾大國本身缺陷與弱點的強烈左右。不管是獨力還是聯手，它們都無望解決源自亞洲遭帝國宰制歷史的一連串紛爭或亞洲革命當下的意識形態衝突。那為尼赫魯所亟欲排除的外來勢力，開了一道門。中國的屈從，讓史達林得以在一九五〇年六月發動韓戰。[33]美國控制日本，才得以讓美國部署大批軍隊保護南韓，然而外部勢力扮演關鍵角色的主要衝突區，乃是東南亞。

這絕非偶然。在東南亞，殖民主義的終結比在南亞（英國統治已垮台）或東亞（日本帝國隨戰敗而覆滅）更坎坷。原因之一在於美國援助英、法（但未援助荷蘭）。但種族與宗教上的對立、碎裂的地理環境、在殖民時期建國工作的進展有限，也是原因之一。最初的情勢顯示，日軍的戰時占領似已摧毀歐洲在這整個地區的殖民統治，已使當地的政治領袖擁有足夠的自由空間（和足夠的時間）去打造新的政治忠誠，打破舊殖民體制。在緬甸、中南半島、荷屬東印度群島（印尼），出現新的「民族」政府。東南亞指揮部的同盟國部隊（主要是英軍和印度部隊）在日軍撤走後重返該地，發現當地有了新實力派領袖，情勢隨之陷入僵局。殖民強權的策略，乃是承諾下放權力，但非真正獨立，以籠絡這些新領袖。但當地政局和國際情勢都太不穩定，而使任何協議都難以維持。[34]在緬甸，英國人權衡重新掌控該地明顯要付出龐大成本，而這麼做可帶來的利益又微乎其微，於是很快就撤離。在印尼、中南半島、英屬馬來亞，抗爭則拖了較久。

印尼的荷蘭政權因失去美國和伊斯蘭族裔支持而退出

民族主義在印尼群島許多地區只獲得有限支持，那些地區擔心遭爪哇人支配，（在某些例子裡）抱持反伊斯

蘭心態，使荷蘭殖民統治在兩害相權取其輕之下反倒受到歡迎。因此，在印尼，荷蘭人希望利用此一客觀局勢，保住殖民統治地位。但事實上，即使在尼德蘭—印度尼亞西「聯邦」體制下，若沒有爪哇（印尼群島最發達地區，擁有印尼八分之五人口）的支持，荷蘭無法高枕無憂控制整個地區。因為荷蘭未能得到爪哇的支持，加上美國拒絕支持在蘇門答臘和爪哇境內打持久游擊戰（那可能破壞印尼經濟，使當地共產主義勢力坐大），荷蘭人不得不在一九四九至一九五〇年撤出。[35]

越南的獨立問題成為法、美、中角力戰場，馬來亞聯英制共

在中南半島，結局不同。在這地區，法國人能夠將北越（東京）和南越（交趾支那）都重新納入掌控。他們遭遇一難纏的組織「越盟」，越盟以胡志明為領導人，以北越的農民支持和交趾支那的種植園經濟為基礎。法國能夠掌控越南一段時間，乃因享有一重大優勢。胡志明倡導的越南民族主義（胡本人是馬克思主義者，兩次大戰之間共產國際的資深戰士），不受越南社會大部分階層的人歡迎：有產階級、大部分的城市居民、天主教徒（構成東京兩成人口）、高台教與和好教信徒、高地少數民族的部分人。[36]這些人中有許多人仍未表態支持哪方，或仍支持越南末代皇帝保大在「法蘭西聯盟」內獲得越南自治的主張。這為法國消滅越盟的軍事行動，為美國提供了大筆援助，為越南不致落入「中共打手與武裝部隊」（美國國務卿艾契遜語）之手提供了施力點。[37]但到了一九五三年中期，保大帝的信譽已得完全倚靠法國的軍事威信來支撐。隔年，法國的軍事威信粉碎於奠邊府之役，保大帝的地位和法國的地位跟著無法維持。但對胡志明而言，勝利並非就此唾手可得。

原因並不只是美國汲汲於對抗共產勢力的擴張（一九五四年時華盛頓曾因這點而考慮對胡志明的最大靠山中國發動全面戰爭）。第二個重要因素，乃是吳廷琰（人脈廣闊的知名天主教徒）有本事打造一夠強固的網絡，控制住南越大部分地方。吳廷琰是民族主義者，相當精明，得以取得美國的支持，拒絕法國方面的半獨立提議。後來他遭詆毀為美國的走狗，但他的初衷乃是打倒胡志明，按照自己的構想建造越南國。[38]第三，越盟遭其中國盟友約束，無法放手施為——原因之一在於害怕美國的火力，但中國不希望將寮國、柬埔寨推入美國懷抱，也是原因之一

（寮國和柬埔寨以保證中立作為回應；泰國則已加入西方的《東南亞國家馬尼拉協定》）。在東南亞大陸地區，摩擦的根源大部分來自緬甸人、泰國人、越南人、寮人、高棉人的建國計畫：大體上就是他們之間兩方和多方的衝突，把外力引入這地區，使他們難以抗拒外人的援助建議。在馬來亞，情形也差不多。馬來的政治領袖把一九四八年後的共黨叛亂，既視為對英國殖民統治的威脅，也視為當地華人對未來馬來國的質疑。為防止共黨勢力坐大，防止他們的馬來「老大哥」（蘇卡諾的印尼）將勢力伸入，他們於一九五七年獨立時，同時與英國結盟，而未走不結盟路線或中立路線。[39]

因此，一九四五至一九六〇年亞洲去殖民化運動的關鍵階段，走的是與萬隆會議上所宣說的希望和夢想大相逕庭的路線。許多亞洲領袖未如尼赫魯所主張的，將冷戰外交遊戲斥為徒勞無功之舉，反倒接受了「兩極」世界的現實。他們未維持光榮的獨立，反倒希望利用冷戰來謀取本地的利益。事實上，或許他們別無選擇。經濟上與軍事上的薄弱、內部的分立、社會不安、百年來向亞洲之外尋找通往現代性之路線的習性，必然使亞洲的後殖民時代發展偏離正軌。這些因素會將亞洲大陸拉進新帝國體系的軌道到何種程度，這時仍是未定之天。

去殖民化的中東

英國對中東的宰制

中東的去殖民化，同樣艱辛、不順、充滿衝突。在中東，一如在亞洲其他地區，把第二次世界大戰的結束視為新的開端。隨著和平降臨，中東人民得到了英國的承諾，終結其在這整個地區所建立的龐大軍事機器。戰時英國的超級帝國主義行徑，使阿拉伯諸國和伊朗（也有部分地區由俄軍占領）成為帝國打仗的輔助工具，但那軍事機器一旦拆除，政治活動或許就可重新開始。更令人樂觀的是，英國（為了自身利益）已決定將法國人趕出敘利亞和黎巴嫩（戰前法國的託管地），保障這兩地的獨立地位（一九四六）。中東前景看來一片美好，英國人還在一九四四至一九四五年催生出阿拉伯聯盟。英國人有意使該聯盟成為英國人施加影響的管道，藉由該聯盟使阿拉伯諸國同在英國的保護傘下，但那也可能成為阿拉伯人藉以攜手排除或遏制強權影響的工具。新的地緣政治局勢（蘇聯、美國的勢力被認為與英國勢力旗鼓相當〔甚或更有過之〕）使這成真的可能，遠大於一九三九年前。許多年輕阿拉伯人認為，戰後世界走上新的「民族時代」絕非奢望。阿拉伯人擺脫鄂圖曼帝國統治、當家作主的希望，在一九一八年後破滅（結果換來英國的宰制），如今終於可能迎來阿拉伯人完全獨立建國的美好春天。

幾乎是立即地，障礙層層立起。英國人拒絕「理應如此」的撤離，反倒堅守不退。[40]戰略論點（誠如先前提過的）和對石油的深度依賴（石油主要仍來自伊朗），使英國人無意撤退。和平降臨時，英國處於戰略脆弱而經濟虛弱的處境，不可能拱手讓出帝國資產，除非（一如印度的情勢）那些資產已經守不住。在中東，英國人仍深信自己能主宰大局。英國的地位建立在它與埃及的結盟上。埃及是中東最發達國家，擁有中東阿拉伯人口的過半（約三千五百萬裡的一千九百萬）。[41]埃及君主與地主階級間持續已久的衝突，給了英國人操弄埃及政局的極大空間。如果需要進一步「說服」，英國人可在幾小時內從其運河區基地派兵進入開羅。為改善經過戰爭傷害的關係，英國人這時承諾縮小駐軍規模來拉攏埃及。他們推斷，埃及國王遲早會想和解，因為埃及的地區性影響力，一如其內部穩定，都需要英國支持。因此談判停擺時，英國人按兵不動，打算等局勢「緩和」。他們大有本錢這麼做——或者說他們這麼認為，因為他們還可倚賴其與伊拉克、約旦哈希姆王室的政治友誼。這兩個國家（一九二〇年代初期英國人所劃出的國家）深知，它們內部的團結和它們國王（英國人約略同時所設置）的存亡，都有賴於英國人協助其對付外來攻擊與內部叛亂的承諾。在東方和南方坐落著仍是「英國內海」的波斯灣，在阿拉伯半島的波斯灣沿岸，坐落著從科威特到阿曼的一連串小國，而英國人承諾保護它們免受具侵略野心的鄰邦攻擊，使它們聽命於英國。在阿拉伯半島的最南端，有英國設於亞丁的古老基地，還有受英國寬鬆統治的狹長沿海地帶。彷彿這種種安排還不夠穩當似的，英國人開始計畫於利比亞設立基地。利比亞是從義大利手中搶來，已排定時程由英國所支持的國王實行自治。不消說，英國人控制整個中東地區政局的作為，乃是在行使其依法而得的權利。在國與國的紛爭中行使外交支持、提議援助、拒絕與「不友善」政府往來，乃是典型的準帝國主義控制手段。英國人玩這一招已有二、三十年，甚至更久。趕走英國人必然不易，必然會引起不和，甚至可能流血。

「泛阿拉伯民族主義統一建國」的理想遭巴勒斯坦問題、以色列建國衝擊

在較激進的阿拉伯人看來，解決辦法再清楚不過。要打敗這頭帝國巨獸，唯有透過泛阿拉伯民族主義的集體力量。阿拉伯人共建一民族國家這個遠景，將使英國人與阿拉伯諸國的統治者和「大人物」所達成的協議失去正當性，挑戰有地菁英階層的自滿心態，改善使阿拉伯人的預期壽命只能和印度人同水平的社會環境。但到這時為止，阿拉伯一統仍是個遙不可及的夢想，民族、宗教、社會上的對立（在某種程度上是鄂圖曼人、歐洲人統治的遺害）仍然根深柢固，泛阿拉伯民族主義必須克服該地區統治菁英之間由來已久的敵對心態。埃及的民族主義者認為，埃及與其他阿拉伯國家（薩德．札格魯爾在一九二〇年代蔑稱之為「一群無足輕重的國家」）幾無共通之處。[42]他們沉緬於法老時代埃及的光榮歷史（受一九二〇年代圖坦卡門墓的重大發現所鼓舞），認為他們自己是阿拉伯民族主義和最崇高阿拉伯文化的真正守護者。埃及的輿論把伊拉克、約旦的哈希姆家族統治者貶抑為傀儡和暴得大權的土包子，認為他們自居為阿拉伯世界領袖的行徑荒謬且狂妄。哈希姆家族國王同樣堅定認為自己是阿拉伯大業的領導者：畢竟一九一六年後領導起義，宣布建立阿拉伯民族國家者，就是他們。他們懷抱已久的雄心，乃是以哈希姆王室為領袖，建立一個將敘利亞（一九二〇年落入法國之手）、巴勒斯坦、伊拉克、約旦統合為一的偉大國家。他們最水火不容的敵人，乃是紹德王室，而紹德王室也加重回擊他們的敵視。麥加、麥地那兩聖地原歸哈希姆王室守護，但紹德王室從他們手中奪走兩聖地，且把哈希姆王室的希賈茲（Hejaz）併入後來成為沙烏地阿拉伯的那個國家，成為那國家的一省。埃及、哈希姆王室、紹德王室之間的對立，大部分聚焦於敘利亞。敘利亞的宗教衝突、地區衝突，使其成為外來影響的沃土。[43]

戰後中東諸多政治勢力之間維持的這一粗略的平衡，很快就遭巴勒斯坦問題爆炸性的衝擊所推倒。英國人原打算藉由一平順的過渡，維持其對該地區的支配。根據英國人的計畫，所有阿拉伯國家都將獨立；其中有些國家與英國會被條約綁在一塊，其他國家則會承認英國實質上的支配地位，承認英國是該地區唯一真正有實力的大國。自第一次世界大戰以來，巴勒斯坦一直在國際聯盟託管下由英國直接統治，而就巴勒斯坦來說，要完成上述改變，始終不是件容易的事。在一九二〇年代要實現讓猶太人擁有「民族家園」的承諾，同時又要兼顧已定居該地區之阿拉伯人的權利，就已非常困難。一九三〇年代大批猶太難民為躲避納粹壓迫而湧入巴勒斯坦，更使這幾乎不可能實現。倫敦的戰前計畫，乃是設定猶太人移入限額，務使阿拉伯人在該地永遠居於多數，藉此安撫巴勒斯坦阿拉伯人對猶太移民日增的怒火。巴勒斯坦已確定未來將成為阿拉伯國家，在此情況下，巴勒斯坦可慢慢過渡向某種形式的自治。但一九四五年後，這一匠心獨具的解決方案很快即觸礁。驅逐猶太難民在實際施行上有其困難，政治上有其障礙，加上美國透過外交施壓反對這麼做，猶太移民發起的恐怖主義行動大而激烈，使得英國支配該地的假象在一九四八年中期就已被戳破，[44]結果出現所有殖民世界中最糟糕的情況：整個巴勒斯坦變成無法無天之地，看來不共戴天的兩方仇敵各自認為巴勒斯坦歸自己掌控，外力的鼓勵使爭執雙方更不願讓步，強制落實任何決議的工具和方法都付之闕如，聯合國提出的分割建議無法施行。接下來，猶太人和阿拉伯人（當地巴勒斯坦人和阿拉伯諸國所派來的分遣部隊）兵戎相見，猶太一方獲勝收場。新建立的以色列國，國力強大，得以再度攻城掠地，取得更為有利的領土瓜分，但並未強大到足以迫使阿拉伯諸國永遠接受這種結果。

埃及的去殖民化

「自由軍官」政變，「阿拉伯拿破崙」納瑟上台

阿拉伯人的慘敗，標誌著中東地區帝國覆滅過程中的一個重要階段。它激發了泛阿拉伯民族主義的情感，

使那情感有了起因，有了不滿的對象。對於各主要阿拉伯國家的政權來說，那是個奇恥大辱，而在那些國家，戰後的通貨膨脹和困苦已使民心日益不滿：一九四八年一月巴格達的瓦思巴（Wathbah，「跳躍」）暴力示威，已使官方打消恢復《英國—伊拉克條約》的念頭。[45]阿拉伯人的慘敗在軍隊裡引發激烈的憤慨，軍人把他們的挫敗歸咎於文職領袖的領導無方。埃及受到的衝擊最為強烈。埃及國王堅持派兵參戰，以提升自己的國內威信，確立埃及在阿拉伯世界的領導地位，戰敗對埃及人的心理衝擊因此更為強烈。[46]雪上加霜的是，英國駐軍廣大的運河區，乃是埃及抬不起頭的明顯表徵，而在將英國人趕出運河區一事上，埃及國王沒什麼進展。事實上，連埃及國王政治上的宿敵，華夫脫黨的領袖也辦不到。外交途徑無效，就只好祭出直接行動。對英國人的抗爭行動，變得愈來愈暴力，罷工、暗殺、其他恐怖行徑，利用英國對埃及勞力的依賴和英國機構、人員的防禦薄弱，大行其道，報復行為蔓延到埃及各大城。眼看國內秩序瓦解，國王打算策動暴亂，藉以肅清軍中的不滿份子。他還未動手，「自由軍官」（Free Officers）運動組織就在一九五二年七月奪權，迫使他流亡國外。

這所產生的影響，最初看來似乎和激進沾不上邊。新政權開始恢復秩序，鎮壓穆斯林兄弟會（Muslim Brotherhood）這個得到民眾支持的伊斯蘭主義運動組織。英國承諾讓其所統治的蘇丹獨立建國時（開羅要求尊重「尼羅河流域的完整」，英國人不予理會），這個埃及新政權接受了埃及影響力不再及於尼羅河上游的事實。特別重要的是，這個政權讓英國人點頭同意撤離運河區，條件是如果需要用到運河區以擊退對中東地區的外來攻擊（暗指蘇聯入侵），英國人有權重返該地。英國人斷定，由於有了可由空中投射的核武威懾力量，維持運河區基地，既要付出政治代價，且目前形式的基地也屬累贅。[47]他們大概認為新成立的納瑟政權會將心力轉向內部改革，埃及在阿拉伯世界的影響力有限。[48]在此同時，英國人會以一個新軍事協定和與哈希姆王朝國家達成的更緊密結盟為核心，重新打造他們對中東的支配；協助促成蘇伊士協議的美國影響力，將會被拋在一邊。埃及會遭到孤立，會盡可能不造反，但納瑟的反應卻不是順從。事實上，納瑟對英國「體制」的驚人反抗，乃是中東去殖民化過程中的核心事件。

蘇伊士運河危機及其影響：英國野心告終，埃及晉身中東強權

作為埃及的民族主義者（這個由「自由軍官」建立的新政府，其初期作為之一乃是將一尊拉美西斯二世的雕像運到開羅），納瑟有充分理由不信任英國人，並開始計畫將英國人完全趕出中東。他還受到泛阿拉伯情操和巴勒斯坦戰爭的影響，希望掀起一股革命性政治浪潮，摧毀中東殖民時期所遺留，由地主和國王把持的舊制度。他還擔心時間不利於他。不管是誰統治埃及，大概都會面臨差不多的兩難困境。埃及失去蘇丹這塊土地，與以色列關係緊繃。馬什里克地區❷，正向埃及的影響力，甚至埃及貿易，關上大門。沒有市場或石油，他面臨了國內經濟停滯、社會日益不安的難題。他將陷入倚賴西方經援的險境。他的政權尚未經過考驗，批評他的人會大增，他的革命會失敗。因此，當英國人邀集土耳其、伊拉克和他們所希望的約旦（敘利亞位在下一波邀集名單）加入《巴格達公約》（Baghdad Pact）時，[49]納瑟發動反擊。他支持泛阿拉伯主義。在沙烏地阿拉伯支持下，他支持敘利亞政壇裡反伊拉克的派系。他支持約旦境內反對加入該公約的勢力。然後，一九五五年九月，納瑟使出一記妙招。他擺脫西方所加諸的武器禁運，與蘇聯集團談定武器供應協議，從此埃及將是不折不扣的軍事強權。一九五六年初，他宣布對英國的中東勢力發動公開的政治戰。以、埃交界處暴力的升級，正符合他所需。他以看來無比輕鬆的手腕，就在地區性政治舞台掌握了主動權。他使埃及成為泛阿拉伯大業的捍衛者，使泛阿拉伯情感成為一股強大力量；倫敦的反應則是驚慌與憤怒。

一九五六年的蘇伊士危機，直接源自這場對抗。當華盛頓擱置用來支付埃及亞斯文大壩建設費用的貸款時，情勢就變得無可挽回。納瑟沒收這時由英、法共同擁有的蘇伊士運河。那似乎是虛張聲勢的舉動，但或許納瑟推斷英國難以擊敗他。英國已沒有駐軍於舊蘇伊士基地，公然攻擊將會激怒所有阿拉伯人。英國真正想要的，乃是讓納瑟下台，但國際壓力（透過聯合國）不可能讓他們如願。納瑟或許也認為，倫敦的敵意從未稍減，

❷ 譯按：Mashreq，指埃及以東、阿拉伯半島以北的阿拉伯人地區。

但華盛頓的敵意並沒有那麼強烈。事實上，英國一反擊，反倒露出英國自己的政治弱點。英、法聯合占領蘇伊士運河，表面上說是為了調停埃及、以色列的軍事衝突（明眼人都知道這是個藉口，因為以色列入侵埃及的行動有英、法暗中相挺），其實意在羞辱納瑟，要把他拉下台。納瑟能保住權位，關鍵在於他的反抗行動大大打動了廣大阿拉伯人的愛國情操。艾森豪總統因此深信，若讓英國人獲勝，阿拉伯人將會同仇敵愾與整個西方為敵，蘇聯影響力在中東將有更多可乘之機，而且將大大傷害美國利益。經濟脆弱乃是促使英國與納瑟鬥爭的原因（英國擔心納瑟的影響力會危害英國生存所繫的油源），諷刺的是，經濟脆弱也成為決定鬥爭成敗的關鍵因素。沒有華盛頓的支持，英國面臨財政崩潰的危機。英國撤退，低頭認錯。納瑟保住運河。[50]失勢垮台的不是納瑟，而是英國首相安東尼・艾登。[51]

蘇伊士運河危機的結果，表明英國操控整個阿拉伯世界政局的野心時代告終。那使中東成為無大國在其中翻雲覆雨的地區，迎來打造新中東秩序的時機。納瑟以「阿拉伯拿破崙」的身分挺身而出，他的威望無人能及：他是rais（老大）。埃及是阿拉伯現代性的象徵，擁有龐大中產階級、大城和大海港、文學和戲劇、新聞記者和老師。納瑟提出泛阿拉伯民族主義（白紙黑字寫在埃及新憲法裡）時，正逢大部分中東國家走上劇烈社會變遷的時期。它為新出現的都市工人、愈來愈多的學生、日益擴張的行政體系、年輕的軍官階層，提供了政治信條和文化綱領。它承諾透過重振活力之國家的集體努力，終結巴勒斯坦人的不幸。在納瑟於蘇伊士危機獲勝的不到兩年後，他將敘利亞拉進他的政治同盟，組成阿拉伯聯合共和國。同年（一九五八），伊拉克的哈希姆王室下台。納瑟仍得對付美國勢力（美、英聯合干預，以阻止親納瑟的派系推翻約旦和黎巴嫩的當權者）。但美國擔心蘇聯影響力坐大，而納瑟又反對共產主義，使美、埃關係得以走上戰戰兢兢的修好。依此情勢看來，納瑟似已完成驚人的雙重勝利。他已趕走英國這個地區性強權，換上較寬鬆、較包容的美國勢力，他已使自己和埃及成為與中東有利害關係的任何強權都不得不結交的夥伴。在埃及領導下，泛阿拉伯團結（支持共產主義的伊拉克新政權已遭孤立）顯得前景大好，埃及能以對自己較有利的條件和外部強權打交道，可使用石油為武器（一九五〇年代石油生產遽增），甚至可能可以「解決」巴勒斯坦問題。

納瑟「泛阿拉伯民族主義」宣告失敗，顯示阿拉伯諸國仍無法對抗美國

但結果，中東的去殖民化離此一泛阿拉伯理想甚遠。納瑟可能曾希望富產石油的波斯灣諸酋長國（特別是科威特）會擁抱其「阿拉伯社會主義」，拋棄他們的君主。但英國在波斯灣堅守不退，支持當地統治者對抗納瑟的政治挑戰。其次，納瑟所倚賴的泛阿拉伯情感遭遇一強勁敵手。戰後頭幾年，新誕生的那些阿拉伯國家似乎都是外力強行塑造而成。受過教育的阿拉伯菁英份子，在這些國家間輕鬆遊走；他們的觀念亦然。政府結構薄弱，外部影響可輕易滲入。到了一九六〇年，這樣的情況已開始改觀。新的「本土」菁英開始進入國家的統治機器，每個政權都有了祕密警察（mukhabarat）。阿拉伯諸國之間的民族歧異感變得愈來愈鮮明：走領袖魅力路線的納瑟泛阿拉伯主義政治，面臨艱困鬥爭。他與敘利亞的結盟在三年後瓦解。[52]第三，事實證明，以色列的國脈超乎預期的強韌，以色列所得到的美國支持毫無衰退跡象，甚至到一九六〇年代初期時，美國的支持力道有增無減。[53]第四（大體上是前一因素使然），泛阿拉伯主義的大業要完成，絕對需要外力援助。為覓得武器、援助、較以色列（及其本地對手）占上風的地位，阿拉伯諸國被拉進冷戰外交的迷宮中。最後，地質命運上的轉折，使這地區的石油財富全落在那些最不願遵從開羅意識形態領導的國家：沙烏地阿拉伯、伊拉克、受英國保護的波斯灣諸國。煤曾在英國促成社會、工業的變化，但石油在中東並未促成這樣的改變。事實上，阿拉伯的繁榮（或繁榮的前景）似乎大大倚賴一耗取自然資源的工業，且那工業的實際掌控權落在外人——支配石油世界的「七姊妹」（七大跨國石油公司）——之手。[54]一九六七年的六日戰爭，埃及、約旦、敘利亞三國對付以色列一國，結果阿拉伯人再度慘敗，殘酷地提醒阿拉伯人：礦物財富不代表權力，油元不代表工業力量。到了一九七〇年，納瑟英年早逝那一年，後帝國時代獲得自由的承諾，已成為「阿拉伯的困境」。[55]

土耳其的去殖民化

冷戰時期親美，使土耳其成為西方世界一員

中東前三大國是埃及、土耳其、伊朗（二〇〇一年時各擁有六千六百萬人口）。納瑟壯志未酬，未能將埃及打造為阿拉伯革命的中心，繼他之後領導埃及的沙達特改弦更張（類似一八四〇年代時的穆罕默德·阿里），走上與西方和解的回頭路。但到了一九七〇年代末期，埃及已成為美援的第二大受援國（僅次於以色列）。

在伊斯梅特·伊諾努（Ismet Inonu，凱末爾的前得力助手）領導下，土耳其在第二次世界大戰期間謹慎保持中立。但大戰結束時蘇聯勢力的大舉進逼，加上史達林公開表明他對博斯普魯斯、達達尼爾兩海峽的意圖（他在雅爾達會議上宣稱：「讓土耳其掐住俄羅斯的氣管，這樣的處境，俄羅斯不可能接受」），使安卡拉堅決倒向西方陣營。在杜魯門主義（一九四七）下，土耳其成為美國援助與保護的對象，即使在這個階段，援助與保護到何種程度，界定並不明確。到了一九五五年，土耳其已成為北大西洋公約組織的正式成員。冷戰的衝突模式，以凱末爾想像不到的方式，為土耳其獲接納為西方的一員、獲普遍認可在二十世紀結束前加入歐盟，開啟了大門。與希臘的緊張關係，賽浦路斯未來歸屬所引發的紛爭（土耳其在一九七〇年代入侵、瓜分賽浦路斯），使土耳其與西方偶有摩擦。在土耳其內部，一九四五年後那半個世紀的大部分時期裡，最重大的問題，乃是凱末爾所立下的國家大計（擁有現代工業基礎和世俗文化的強有力政府）能與代議制民主（凱末爾主政下的土耳其一直是一黨制國家）和開放（而非政府支配）的經濟並行不悖到何種程度。

伊朗的去殖民化

國王、首相政爭始末及其意義：摧毀「國中之國」的英國石油公司，打造伊朗成為獨立國家、中亞唯一強權及抵禦蘇聯南侵的堡壘

伊朗的情況則是這幾國中最耐人尋味的。伊朗在一九四一年時曾遭蘇聯、英國聯合占領，部分是為了防止禮薩汗與德國相通，主要則是為了確保英國物資能順利送達陷入苦戰的俄羅斯。禮薩汗退位，被流放國外，

其集權統治政權隨之瓦解。心懷不滿的權貴（勢大的有地階級）、城鎮裡的激進運動組織（例如人民黨）、卡什加人（Qashgai）、巴赫蒂亞里人（Bakhtiari）的部落領袖、少數民族（庫德人、阿拉伯人、亞塞拜然人），挑戰伊朗年輕新國王的威權，爭相向兩大占領強權尋求支持。二次大戰結束時，此一不穩定局勢更為惡化。蘇聯紅軍留在伊朗的亞塞拜然地區，直到一九四六年才撤走。戰時通貨膨脹的效應，使經濟一蹶不振。國王的支持者與激進派、權貴爭奪國會（Majlis）控制權，政府遭到部落、省級團體、少數民族日益升高的反抗。但到了一九四九年，伊朗國王已幾近於完全收復大權，這或許是因為若不如此，伊朗看來會進一步分裂，社會動盪會更趨惡化。

這還未能發生，一場大危機就爆發了。為了恢復自己的地位，伊朗國王一直很想擴大其主要財源（伊朗西南部的大油田）的收入，但那些大油田控制在英國人所擁有的英國—伊朗石油公司（今英國石油公司）手中。一九四九年七月，有份所謂的「補充協議」，提議增加該公司所應支付的權利金由百分之十五增加為百分之二十，且訂下日後進一步增加的條款。但這協議遭遇兩個重大阻礙。第一個是國內的反國王勢力憂心這一新發現的財富，將使國王有恃無恐恢復戰前權力一把抓的地位。第二個則是更廣大伊朗人民對於本國關鍵資源繼續遭外人掌控，對於該公司所據信擁有的影響力普遍抱持的敵視心態。雪上加霜的是，當伊朗國會辯論此事時，傳來消息：阿拉伯—美國石油公司（Arambco）已提供利潤的一半給所在國的沙烏地阿拉伯政府。伊朗政府與英國—伊朗石油公司的談判緩慢進行之際，政治氣溫逐漸升高。一九五一年三月，伊朗國會通過立法，將該公司收歸國有；數天後，與這國王和國王父親為敵多年的穆罕默德・莫薩迪克（Mohamed Mossadeq）出任首相。[56]

情勢隨之陷入僵局。英國表示要動武干預，遭華盛頓反對，美國認為倫敦的做法魯莽，只會使情勢惡化。[57]於是，大批英國人員撤出油田和阿巴丹煉油廠，幾大石油公司擔心其他國家跟著伊朗如法炮製，便對伊朗石油施以極有效的國際杯葛。莫薩迪克看來已快要達成一場憲政革命，但其所獲得的支持（從來不是很有向心力的支持）這時卻開始崩解。西方懷疑他是個危險的宣傳家，在為共黨統治鋪路。一九五三年八月，他遭軍事政變推翻（發動政變者得到美國特工的援助和部分資助、英國某種程度的支持），換上忠於國王的首相。在新石油協議下，伊朗石油透過英、美石油公司卡特爾賣出。伊朗國王的石油收入暴增：從一九五四、一九五五年到一九六〇、一九六一年增加了九倍，達到三億五千八百萬美元；到了一九七三、一九七四年再增加了十四倍。他的軍力和政治權力也大增。到了一九六〇年代初期，他已是堅定不移的西方主要盟友之一，遏制蘇聯勢力南侵的堡壘，但由於外界擔心他稱霸波斯灣的野心會引發與該地區阿拉伯諸國的衝突，這一防杜蘇聯擴張的價值常常遭到抵銷。

從冷戰的角度來看，伊朗國王鬥垮莫薩迪克似乎是西方的勝利。事實上，他的成功既要歸功於美國中情局的詭計和策略，且在同樣程度上也要歸功於他對手陣營的分裂、犯錯和由地主支配的社會裡無可救藥的保守心態。[58]從另一個觀點來看，伊朗國王與莫薩迪克兩人已使伊朗的整體地位有了明顯的改變。禮薩汗當政時都未能完全擺脫的半殖民地地位、幾乎等於是國中之國的石油公司的特權、英國透過其省級盟友所加諸伊朗官員的無所不在影響力，都已隨著英國—伊朗石油公司的狼狽撤退而悉遭剷除。伊朗國王不只能確立伊朗的獨立地位，還能申明其作為該地區唯一大國的主張，在這方面的成就是中東其他統治者所不能及的。說來大大的諷刺，最終繼承他所建造之國家的那些人，卻是最激烈反對他所加諸伊朗社會之改變的那些人。

去殖民化的非洲

非洲仍是歐洲的「阿拉丁洞穴」：戰後非洲的「第二場殖民擴張」

東亞、南亞、中東的事態發展，戳破了歐洲人以為可在戰後世界恢復其殖民帝國的幻覺。至少有一段時間，非洲的情況似乎有所不同。即使是見多識廣的觀察家，都認為非洲未必能走上亞洲同樣的道路，或認為非洲若走上這樣的道路，恐怕要經歷一番艱苦的奮鬥。在馬格里布地區諸國（摩洛哥、阿爾及利亞、突尼西亞），法國勢力仍根深柢固。法國的地中海「天命」觀，使之無法容忍攸關法國世界地位的北非地區脫離其掌控。由於在阿爾及利亞有一百萬名法國移民（這些人有代表在法國的議會體系裡為其喉舌），還有在法國的軍事體系裡占有舉足輕重地位的非洲兵團（主要從北非召募兵員），戰後的法國政府非常不希望被迫撤出中南半島的事在北非重演。在撒哈拉沙漠以南的非洲地區，英、法、葡、比人更覺得沒有必要為早早撤離作準備。

撒哈拉以南的非洲地區，這時已間接感受到戰爭的某些後續效應：通貨膨脹、物資短缺、召募士兵、局部地區工業化、尖聲刺耳的官方宣傳。但（除了衣索匹亞有短時間例外）這整個地區並未為了領土而爆發戰爭，沒有哪個殖民政權遭入侵行動推翻。語言、族裔、宗教上的多元，似乎使非洲的民族主義不可能變得和泛阿拉伯民族主義一樣強大，不可能在殖民地裡得到群眾支持（更別提得到不同殖民地人民的共同支持）。基於類似的理由，非洲領袖仿效印度民族主義創造政治運動的可能性，似乎微乎其微。甘地所創造的廣大次大陸同盟，與非洲殖民政治聚焦局部地區的特質格格不入。事實上，撒哈拉以南非洲地區的諸多被殖民國家，不只未發展成非洲的民族國家，似乎反倒還背道而馳。「部落」非洲的創造仍在進行，而這至少有一部分是作為非洲對歐洲人所加諸「間接統治」形式的反應。創造「部落」（有些部落是非常大規模的創造，例如約魯巴）似乎仍是非洲菁英階層施行影響力、建構權力的最理想方式。最後，在「白人南方」，一九四五年後動員最積極的，乃是白人移民的民族主義，而非非洲黑人的民族主義。實行種族隔離和強化白人政治支配權，乃是一九五〇年代南非的政治計畫。建造並捍衛一個由白人統治的中非洲國家，則是北羅德西亞和南羅德西亞（今尚比亞和辛巴威）的殖民者的目標。[59] 白人統治地位的強固，出現另一番新局面。由於一九四五年後重燃殖民使命感，信奉薩拉查（Salazar，葡國總理）路線的葡萄牙人致力於將其位於安哥拉、莫三比克的兩大非洲領地有系統地殖民化。[60]

諷刺的是，舊殖民列強為保住亞洲殖民地而焦頭爛額時，卻認為他們在非洲可以好整以暇地應付。權力轉移的行政藍圖，出自殖民地的規劃者之手，按照他們的規劃，轉移是在不知何時的未來，在經過一連串階段（猶如笨學生從一年級讀到六年級）後施行。真正緊要的，乃是必須盡快使殖民地開始生產：可可、植物油、棉花、波羅麻、菸草、銅、金、鈾、鈷、石棉。美元短缺和冷戰緊繃，使非洲從兩次大戰之間那段時期的棄兒，成為歐洲的阿拉丁洞穴（喻藏有巨大財富之處）。不招惹麻煩的「值夜者」國家，必須被打造成到處管事的「發展」國家。東非、中非的白人移民社群，一貫被戰前的殖民官員視為惱人的累贅，這時則必須予以寵愛，他們的擴張則必須予以鼓勵。在沒有白人移民的西非殖民地，殖民地官員尋求沿海城鎮受教育菁英階層的支持。戰前，菁英階層遭殖民地官員冷遇，這時則要靠他們來協助推動經濟成長。倫敦和巴黎的決策者懷著耐人尋味的樂觀（感性甚於理性的樂觀）推斷，最終給予自治的承諾，將化解更侵擾式殖民勢力所激起的怒火，奠下在殖民統治最終遭揚棄時「歐非」合作的基礎。

他們未能考慮到的，乃是殖民政權的不夠穩固。在非洲許多地方，殖民政權一直很脆弱。在一九一四年前瓜分與征服非洲的時代，殖民政權所追求的只是殖民地局勢大略的和平，殖民政權倚賴移民和擁有特許權者來創造稅收。在兩次大戰之間那段時期，間接統治的普被奉為圭臬（主要因為擔心破壞「傳統」非洲社會的穩定），以及稅收的飽受經濟大蕭條打擊，使得殖民政權偏愛施行花費成本甚少的統治方式——將權力下放給地方層級的所謂「本土當權者」。較敏於時勢的殖民地總督非常清楚，若不改弦更張，想保住殖民地的完整或為中央的任何主動作為贏得全面同意，會愈來愈難。[61]二次大戰（要求更多行動和開支）和戰後餘波，才使改革變得刻不容緩。為了讓非洲人有更大的發言權，建立更為積極有為的殖民政權，決策者決意展開他們所認為得到兩造認同的作為，但非洲人對此卻有不同的認知。在戰後物力維艱的環境下，殖民政府不得不管制物價，壓低工資，鎮壓工人騷動，限制當地消費。他們不得不推行激起強烈反彈而只能倚賴強制手段的農業改良措施，例如給牛隻洗藥浴、水土保持措施、燒掉染病的可可樹。由於外國專家和（在某些地方）新移民的大量湧入，被殖民的非洲經歷了某些史學家所謂的「第二場殖民擴張」。[62]幾乎可想而知的是殖民政權這突如其來大張旗鼓的作為，引來猜疑和反抗。不久，殖民政府就得在兩條道路上擇一而行。他們可以加快權力下放非洲領袖的腳步，為殖民政權爭取更多人民支持（迦納的英國人在一九四八年騷亂後選擇這條路），或者走上壓迫式政權，希望強勢作為會壓下「極端主義」（專門用來形容那些不願和殖民政權合作者），使願意接受緩慢的政治改革時間表、願意不對非洲人多數統治的實現設定期限的人，成為殖民地人民的主流。[63]

肯亞的毛毛暴動與剛果危機

非洲人民的憤慨變得波瀾壯闊時，英、法（甚至比利時）政府的第一選擇，乃是避免對抗，並與非洲領袖達成新協議。但在肯亞和中非，這一解決辦法遭白人移民社群反對。當肯亞的白人移民成為非洲人攻擊的對象（但真正遭殺害的其實甚少），要求進入「緊急狀態」，就變得無可抗拒。結果就是引發星火燎原的暴力事件。因為在肯亞，基庫尤人所發起的「毛毛」（Mau Mau）暴動，不只肇因於對白人移民的仇恨，還在同樣程度上肇因於對基庫尤同胞的不滿。經濟變遷已使許多基庫尤權貴及其追隨者，在犧牲窮人（無地者或人脈較差者）的利益下增加了財富，過去的「道德經濟」觀和社會互惠觀已瓦解。[64]驚慌失措的白人移民迫使殖民政權以鎮壓對付，這些緊張狀態隨之演變為社會戰爭，忠於殖民當局的酋長襲擊涉嫌支持毛毛運動者，後者回敬以同樣手段或逃到森林打起游擊。毛毛反抗運動於一九五六年遭擊垮。但即使在肯亞，長期維安行動的成本、拉攏非洲族群支持殖民政權的需要、鎮壓機構（特別是「改造」毛毛運動疑犯的營區）[65]的慘劇和暴行帶給殖民當局的難堪，已使權力下放一事在一九六〇年時變成勢在必行。事實上在那之前，讓非洲殖民地獨立、自己組成政權，就已是葡萄牙之外的所有殖民強權認可的政策；但殖民列強所希冀與盤算的是掌控改變的進度，扶植將會與殖民強權和睦來往的「溫和」政權，繼續緊密監控前殖民地的對外關係和國內發展。撒哈拉沙漠以南的非洲地區這時仍是不受國際關注的偏遠地區，遠離冷戰的前線，因此殖民列強認為他們可以好整以暇完成往後殖民時期的過渡。

剛果危機粉碎了這一錯覺。一九六〇年六月，比利時政府已准許剛果獨立，前提是比利時在剛果事務上的角色和影響力只能有最小幅度的改變。[66]結果，比利時誤判情勢，釀成大禍。不到幾天，軍隊就譁變，廣大的白人僑民社群大為恐慌。具領袖魅力的新總理帕特里斯・盧蒙巴（Patrice Lumumba）拒絕在後殖民時期與比國維持緊密的夥伴關係，富產礦物的南卡賽（South Kasai）、卡坦加（Katanga）兩省，片面脫離新成立的剛果共和國，而卡坦加省的獨立得到比利時的默許，比利時或許存有消滅盧蒙巴的意圖。一九六〇年八月，盧蒙巴向蘇聯求援，蘇聯武器和人員開始抵達，聯合國派出一萬人的部隊前來維持剛果共和國的統一。但隨著新分離主義政權的興起、敵對部隊為爭奪控制權而使暴力升高、盧蒙巴遭卡坦加（或許還有比利時）士兵殺害、[67]國際上對聯合國派兵目的的意見分歧，這個三年前還被視為模範殖民地的國家，這時已變成「剛果災難」。[68]一九六四至一九六五年表面上恢復了秩序，但剛果的悲劇改變了非洲去殖民化的意義。那揭露了冷戰時代東、西陣營爭相拉攏非洲人所帶來的始料未及的危害。那證明了英國人確有先見之明，趁著混亂的傳染病上身之前，就早早甩掉其在東非、中非所剩下的殖民包袱。而最為重要的影響是，那使尚比西河南岸的白人因此深信不疑，只要向非洲民族主義份子讓步，結果必然是混亂和野蠻破壞。在非洲其他地區如火如荼邁向完全獨立（就連擁有百萬「穿黑鞋者」白人移民的阿爾及利亞都已於一九六二年脫離法國統治）之際，在「非洲南三分之一地區」，白人把權力抓得更緊，形成一個把安哥拉、莫三比克的葡萄牙殖民地也包括在內的緊實集團。非洲陷入新一輪獨一無二的「瓜分」。

去殖民化之後的非洲：內創「部落」種族認同，外有後帝國主義勢力伺機而動

一如在中東或亞洲其他地方，非洲的去殖民化，並非與遭帝國宰制的過去一刀兩斷，再無瓜葛，也不是進入「由諸民族國家組成的世界」的門票。新興的非洲諸國承繼了先前殖民政權的虛弱體質，在最短促的過渡期後套上前殖民強權的舊鞋。地區或地方的種族認同比民族主義更強烈得多，沒有共通的語言，欲打造全國性的民族認同，至為困難。殖民統治時期的「部落」遺習根深柢固，事實上，在非洲許多地區，創造新式的「部落」種族認同，成為因應更大規模經濟活動、社會活動的慣常方法。在此同時，擴大中央政府職能的壓力非常大，不管是在社會服務或經濟發展領域皆然。不管是哪個新政權，當務之急都是趁著追隨者尚未有異心時，趕緊找到財源和（往往的）軍援。[69]這為外部勢力以後殖民時期的新形式擴張，提供了現成的環境。如果世上前幾大強權有意這麼做，建構新影響力帝國的工具俯拾即是。

未宣明的帝國

美國稱雄

美國「體制」的誕生

去殖民化最貼切的界定，就是地緣政治上、法律上、經濟上、文化上、人口上全球秩序的瓦解。這一獨特的全球秩序在一八四〇年代出現，一八九〇年代得到鞏固，然後踉踉蹌蹌走進一九四〇、五〇年代，在情勢仍有利於該秩序存活的地區苟延殘喘。殘存的殖民強權保住這一舊帝國體系的能力，在一九四五年後迅速後退。誠如我們已了解的，那是戰後新國際風貌的關鍵要素之一。另一個同樣重要的要素，則是納粹、日本戰爭帝國主義的慘烈崩潰。這兩個帝國政權（「舊殖民政權」和「新帝國主義政權」）幾乎同時垮台，為擁有新意識形態、新方法、新目標和新目的的新世界帝國的崛起騰出了空間。

儘管如此，美國勢力超快速的擴張仍教人有些意外。在此之前，美國人對於是否要接下北美洲或中美洲以外的義務，一直莫衷一是，擔心捲入外國紛爭的心態根深柢固。美國人普遍認為，美國自由得自對墮落「舊世界」的原始心態和好戰精神的刻意拒斥，一旦與「舊世界」往來太頻繁，美國自由可能不保。美國的政治體制似乎極不利於外交政策的形成和行使，外交政策的延續性很容易就遭國內爭議所破壞。美國人行事往往極喜歡獨斷獨行，嘲諷活躍外交必不可少的結盟、妥協，墨守法規的傳統觀念（認為對外關係應受司法決定和具約束力的嚴正協議來規範）更大大強化他們這些心態。[70] 相較之下，歐洲式的外交（機會主義式的追求國家利益）就顯得不相信人性、對自己有害、徒勞無益。這些特質促使美國拒絕加入國際聯盟，促使它在一九三九年前不願加入圍堵納粹擴張的行列。但一九四五年後，美國政府接下了全世界的龐大新重擔，且建構出結盟體系以協助承擔那些重擔。世局有了什麼改變？

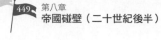

兩個因素改變了美國人的看法。第一個是美國與其他任何國家在有形國力上出現懸殊差距。一九五〇年，大戰結束的五年後，美國的經濟產出是英、法、德三國總和的兩倍（一九一三年時約略相當），[71]擁有核子科技和運用原子武器的獨特能力，更大大強化這一經濟優勢。或許，這些新的權力來源，本有可能使美國走上比兩次大戰之間那段時期更為孤立主義的道路。但取得那些權力來源的同時，美國人也體認到，美國的安全防禦範圍，已因為空中運輸的進步和管理國際經濟以避免戰前經濟蕭條重演的需要而大幅擴大，「美利堅要塞」不再是堅不可破，而且在促成有助於確保美國霸權的結盟上，美國領導人這時享有充裕的主導空間。擔心一九四一至一九四二年的戰略夢魘重現，使他們有動機這麼做。

結果是誕生出具有所有帝國本質，但只缺帝國之名的美國「體制」。一九四六年，美國為海上武力支配地中海擬訂了計畫。一九四七年，杜魯門主義承諾軍援希臘和土耳其，以協助對抗蘇聯勢力，馬歇爾援助計畫則承諾以經濟、技術援助，恢復破敗不堪的西歐經濟。一九四八年初，華盛頓表示願意商談讓美國承擔西歐防禦任務的大西洋公約，美國國會則通過了范登堡決議案（Vandenberg Resolution）。一九四九年四月，《北大西洋條約》簽署，兩年後，美軍部署歐洲以協防西歐。在加拿大（飛越加拿大是通往蘇聯最短的空中路線）和東亞（一九五一年與日本簽署相互安全保障協定），也有類似的承諾。事實上，到一九五一年時，這體制的主要架構已安置妥當。那並非對稱性的架構，它包括與英國（北大西洋公約的主要歐洲成員）達成緊密結盟，與西歐其他國家達成防禦夥伴關係。軍隊受美國有效掌控的西德，讓美國人在境內享有廣泛治外法權的日本，則是準受保護國。菲律賓（嚴格來講已於一九四六年獨立）同意讓美國掌控其約二十三座基地，保證未經美國同意不將那些基地轉給他國使用；菲律賓是實質上的受保護國。[72]密克羅尼西亞繼續受美國直接管理，以便美國利用其基地，特別是扼守美國到日本、菲律賓之航道的關島（美國在西太平洋的要塞）。[73]美國在拉丁美洲所建立的遼闊「非正式帝國」，也可納入這份清單裡。第二次世界大戰已使英國在拉丁美洲的商業勢力蕩然無存。根據一九四七年的《里約條約》（《南北美洲互助條約》），美國提供軍援，以協助對抗對拉丁美洲的武裝攻擊和其他形式的侵略（共黨「顛覆行動」的代稱）。一九五〇年代，只有三個拉丁美洲政府與蘇聯保有外交關係。

美國國勢蒸蒸日上

這個龐大帝國規模空前，在此之前，沒有哪個世界性強權在歐亞世界兩端都確立其支配地位，或有實力這麼做。這之所以能實現，一部分是因為許多國家熱中於和美國交好，歡迎美國的領導。英美聯盟乃是一日漸沒落（但認為會恢復往日地位）的帝國主義強權及其最明顯可見的接棒者，兩者合作的絕佳範例。有一段關鍵時期，英美雙方都接受彼此平起平坐的迷思，實行某種形式的國際共管。在西歐，美國「受邀」（蓋爾．隆德斯塔語）建造帝國。[74]在日本，一如先前所提過的，政治菁英寧可接受《安保條約》的沉重條款束縛，也不願冒民意驟然轉為左傾的風險。不管是真有其事還是想像出來，對共產主義與蘇聯擴張的疑慮，乃是使美國走上與外國合作之路的催化劑，使美國國內更願意承攬支配世局的重擔。若是在其他情況下，美國新扮演的世界角色不可能得到這麼多國家的默許。

一九五〇年代初期時，地緣政治和意識形態已被美國影響力這第三個組成部分大大強化。由於歐洲、日本經濟的逐漸復甦、美國馬歇爾援助計畫對經濟的刺激、韓戰期間軍事支出的進一步升高，國際貿易猛然擺脫了一九一三至一九五〇年的漫長停滯。全球出口金額從一九五三至一九六三年增加了一倍，出口量則增加了將近一倍。[75]這驚人的經濟榮景得以出現，有其客觀環境的配合，而美國在這客觀環境的打造上貢獻最大。以提升匯率穩定為宗旨的國際貨幣基金會，以貿易自由化為宗旨的關稅暨貿易總協定，若沒有美國的支持，將會一事無成。或許最重要的，乃是貿易擴張有賴於普獲全球接受的儲備貨幣，而可兌換為黃金的美元，正提供了這樣的貨幣。當然，美國擁有絕佳的優勢，才得以收割這新商業經濟的成果。一九三九至一九五〇年，美國的對外投資額已增加了一倍多；在航空運輸和大眾娛樂之類發展蓬勃的領域，美國產品幾乎是所向無敵。經濟、文化方面的「軟實力」，支撐了戰略武力方面的「硬實力」。凡是倚賴貿易貨幣的國家，沒有一個敢冒惹火美國的險，以免一旦經濟吃緊，得不到美元的支持。

美國所給予或強行施予戰略保護的廣大地區（一九五五年時美國在三十六個國家設有四百五十個基地），跟以美國為中心的新國際經濟範圍部分重疊，兩者共同構成美國支配下的和平。一九五〇年代，該和平局面迅速得到鞏固，但過程中並非沒有摩擦。一九五六年是關鍵年之一，華盛頓拒絕協助匈牙利對抗蘇聯霸權，顯示美國默然接受了一九四五至一九四八年歐洲分割的局面。幾乎就在同時，藉由逼迫英、法（透過金融壓力）停止其消滅納瑟政權的舉動，華盛頓召告其歐洲盟邦，必須以符合美國大戰略的方式處理他們剩下的帝國領域。一九五八年歐洲諸國貨幣全面恢復可彼此兌換，顯示「緊急時期經濟」的結束和全球貿易經濟的正常化。[76]在中東和東南亞，有限的干預似乎就足以阻止蘇聯勢力的擴張，穩定兩大超強勢力範圍的交界地區。由於「圍堵」線已在歐亞世界許多地區緊緊拉上，且有了阻止蘇聯入侵西歐的戰略工具（核子殺戮），美蘇兩強的爭霸這時看來是美國穩穩占了上風。

蘇聯崛起

帝國擴張的基礎

事實上，歐亞分割的全球效應，並非如此容易就被約束住。主要原因在於蘇聯國力的驚人成長。二戰期間的一九四二至一九四五這三年，蘇聯從瀕臨慘敗的險境中重新站起，而得以在擊敗德國一事中付出最大貢獻。這一付出的報酬，則是蘇聯在東歐、中歐的支配範圍大幅擴張，以及最為重要的，在實質上否決德國的統一。蘇聯在西方這場大勝，乃是蘇聯稱雄世界的主要基礎。或許，蘇聯帝國體制在戰後叱吒風雲的關鍵因素，在於其在地緣政治上的優勢。蘇聯伸入東德的軍事突出部，威脅西歐的心臟地帶，抵銷了美國在高科技武器上的領先優勢。蘇聯的東南歐諸衛星國，扼守住通往烏克蘭和南俄羅斯的路線（一九四一至一九四二年納粹國防軍就走這條路線入侵，打得蘇聯節節敗退）。只要這條帝國邊界線固定不動，蘇聯在傳統戰爭裡就幾乎立於不敗之地。蘇聯在一九四五至一九四八年牢牢控制住遭盟軍占領的歐洲之中許多地區，原本並非易事，但有兩個因素使蘇聯較容易得手。第一個是戰後蘇聯未受到來自東亞的嚴重威脅，與一九四一年前受到日本威脅，情形大不相同。事實上，毛澤東打贏國共內戰，對蘇聯而言是天外飛來的大禮。自此，莫斯科可將全副心力用於西方。第二個因素是納粹帝國主義的遺緒。納粹已將戰前東歐的政治菁英剷除殆盡（史達林的祕密警察NKVD所亟欲完成的任務），同時在你死我活的衝突中所支持或踐踏的社會性、宗教性、種族性群體之間，播下仇恨對立的種子。

儘管如此，蘇聯驟然擴大其勢力範圍，將東歐、中歐納入支配，是個沉重負擔，尤其在人力上。那負擔落在一個已在戰時失去約百分之十四人口（驚人的兩千七百萬人，美國則失去約四十萬人）和大約四分之一有形資產的國家。[77] 一九四六年的歉收，帶來大規模饑荒。經濟復甦是史達林工業體制的最後一樁成就。史達林以比戰前規模更大的方式，將不人道的工作規定、強行徵用勞力、對奴隸或半奴隸性勞力的高度倚賴，用在敢怒不敢言、吃不飽而筋疲力竭的廣大人民上，[78] 可能有一成的工業產出來自古拉格。[79] 史達林於一九五三年去世時，戰時的損失已彌補回來，蘇聯達到僅次於德國、日本「奇蹟」經濟的經濟成長水平。[80] 赫魯雪夫即以此為基礎，進一步擴大蘇聯的勢力範圍。

赫魯雪夫路線：支配「第三世界」

赫魯雪夫體現了蘇聯的新自信，自信能與西方在平等的地位上競爭，而且不只在歐洲競爭——這代表了擺脫史達林時代草木皆兵心態的重大改變。蘇聯的太空科學家，一九五七年率先發射一繞軌飛行的航空器（「Sputnik」），昂然宣告世人他們已超越西方的競爭對手。赫魯雪夫批准由厲害的海軍將領高什科夫（Gorshkov）領導，擴張蘇聯的海上武力。到了一九五〇年代末期，蘇聯龐大的潛艇部隊（以跟蹤美國艦隊，使其無法「制海」為目標），已使蘇聯海軍成為全球第二大（所謂制海，指的是未受挑戰地宰制全球的海上航路）。[81] 赫魯雪夫還決意迫使西方同意德國的永久分裂，從而在一九六一年引發柏林危機。在西方拒絕之後所立起的柏林圍牆，代表蘇聯決意在可預見的未來裡統治其在歐洲的控制區。但赫雪魯夫路線最基本的特色，在於他精明而細心地評估了去殖民化所能帶來的機會。英國中東霸權的瓦解、非洲諸殖民地的紛紛獨立、拉丁美洲社會動亂的跡象，預示了蘇聯擺脫歐亞圍堵的出路，蘇聯闖入「外圍世界」的機會。針對蘇聯經濟缺乏吸引力的問題，蘇聯可能希望以「蘇聯現代性」的意識形態魅力來彌補。許多新興國家的確對蘇聯的工業成長模式、蘇聯黨國體制的強大和效率（看來如此）、馬克思—列寧主義所宣稱的集權統治和平等主義價值觀的炫人魅力，大為著迷。蘇聯為進入現代世界提供了一條經過試驗證明可靠的道路，在那條道路上，不必繼續受制於在殖民（或半殖民）時期支配一切的外國商業利益。

赫魯雪夫的目標（我們或許可如此推測），乃是在美國勢力和以西方為中心的經濟得以支配後殖民時期世界之前，善加利用全球政局裡的新流動性。猶如一九一四年前的日耳曼帝國，蘇聯追求「陽光下的立足之地」，欲取得形塑正浮現之世界秩序的權力。至一九六〇年左右，對立的跡象頻頻出現。華盛頓試圖以禁止古巴蔗糖進口（試過而有效的手段）來擊垮卡斯楚在古巴的革命時，赫魯雪夫承諾買進那些蔗糖。剛果因部分地區片面獨立而陷入危機時，赫魯雪夫譴責西方未能支持盧蒙巴的政府，把聯合國說成是亟需斷然改革的西方工具。倫敦和華盛頓當局因而提高警覺。[82] 一九六一年，胡志明向南越的吳廷琰政權發動鬥爭，一個新戰線在東南亞開啟。一九六二年的葉門革命和隨之爆發的內戰，使支持革命一方而大舉介入的納瑟，似乎很有可能會更為倚賴蘇聯援助，葉門戰爭把沙烏地阿拉伯搞得動盪不安。美國人在百般不情願下，答應幫助沙烏地阿拉伯對抗納瑟之葉門黨羽所發動的任何攻擊。[83] 最震撼的發展，乃是赫魯雪夫在其拉丁美洲的新盟邦境內部署蘇聯飛彈。一九六二年十月的古巴飛彈危機，最終以蘇聯撤出古巴飛彈，換取美國在本欲部署於土耳其的飛彈上作出類似讓步，以及（或許）美國承諾不入侵古巴收場。這場危機雖以蘇聯退讓結束，但這危機顯示了美、蘇對峙範圍的日益擴大。這危機使甘迺迪政府堅信，必須更為果斷的方法阻止蘇聯勢力在亞、非、拉丁美洲的「第三世界」擴張。就是在這種氣氛下，美國把南越吳廷琰政權的搖搖欲墜，看成是衝擊力超越局部地區的大事。

美蘇爭霸

盟邦附屬國之爭

接下來二十年，超強的勢力競逐是全球政治局勢的最大特色。爭奪的東西不是（如一八九〇年代那樣）一塊龐大的領土，而是一個由附屬國和盟邦組成的非正式帝國，超強以軍援和軍事代表團、「開發」援助和商業貸款，將這些附屬國和盟邦團結在自己旗下。在這場過程起伏不定而無法捉摸的競賽中，有五個方面引人注目。第一個是一九六二年後，不論是美國還是蘇聯，都無意在對方的「後院」直接挑釁，一九六〇年代末期雙方核子武力的勢均力敵，更強化這一心態。一九六五年美國占領多明尼加共和國，未引來反擊；三年後蘇聯入侵捷克斯洛伐克亦然。一九七〇年代的「低盪」（détente）外交，確認了歐洲分裂格局的固定性：一九七五年的赫爾辛基《最終議定書》（Helsinki 'Final Act'），實際上是個讓歐洲諸國（包括蘇聯）承諾接受既定邊界的歐洲和約。第二個是兩大超強在經濟實力上的強弱落差。蘇聯的軍工複合體雖然成就斐然，經濟卻仍比美國小而弱。一九六〇到一九七五年，蘇聯占全球出口的比重從未超過百分之四；[84]美國占全球製造品出口的比重，一九七六年時則達到百分之十三。[85]以美國為中心的自由市場經濟，貢獻了國際貿易的大部分。第三個是兩大超強所竭力欲納入支配的廣大「邊界」區，局勢一直不穩。這一騷亂現象，肇自前殖民地建國過程的紛擾、非洲部分地區的反殖民統治衝突、一九七〇年代的經濟動盪（一九七三年的「石油震撼」和燃料價格的陡升）。這一現象使某些政權及其對手渴求軍火和援助，使超強的贊助時時炙手可熱，助長超強國家戰略家的骨牌效應心態，還使「外圍世界」裡美蘇代理人戰爭的地區日益擴大。到一九七〇年代中期，蘇聯的軍援和政治影響已開始深入非洲之角❸和非洲大陸的南三分之一地區。第四方面是上述不穩局勢的部分結果：相互競爭的兩大超強都遭遇大挫敗。美

❸ 譯按：Horn of Africa，包括索馬利亞和衣索匹亞東南部的非洲最東突出部。

國欲保住南越，使之免遭赤化，卻丟盔棄甲大敗，就是最鮮明的例子。但隔年（一九七六年）埃及政府突然中止與蘇聯的結盟關係，驅逐蘇聯顧問團，在地緣戰略上影響同樣深遠。[86]最後，一如我們或許可從這事件推斷出的，兩大超強雖然軍力傲視全球，在控制其不安定、桀驁、任性的附屬國上，卻都有力有未逮之處。因此，兩大超強都面臨了遭不可靠盟邦拖下水，不得已被拉進對抗局面的嚴重風險。而一如在十九世紀末期時的作為，中國不願被拉進任何帝國體系裡。

混沌不明的未來

在當時許多分析家眼中，這一超級強權帝國主義的消長，應該會無限期繼續下去。在美國的「衰落學家」看來，越戰的教訓就是美國不該過度擴張，做超乎自己力所能及的事。越戰所帶來的財政壓力和油價的陡然上漲（阿拉伯國家欲對以色列間接施壓的作為之一），抑制了一九七〇年後市場經濟體的快速成長，強勢美元不得不與黃金脫鉤。馬克思主義者幻想資本主義崩潰，「世界革命」爆發。有人為「新國際經濟秩序」的形成擬訂了計畫，以主導科技、資本轉移向開發中國家。西方所憂心的，乃是前殖民世界的大幅轉向。由於全球力量變得更為平衡，開發中國家提出更大的要求，這時要將紛爭地區納入支配，看來必然愈來愈難。美、蘇對爆發馬克思派與反馬克思派內戰的安哥拉的爭奪，說明這種「代理人戰爭」可如何快速將整個次大陸捲入。[87]在非洲之角，蘇聯大規模援助衣索匹亞的馬克思派領導人，美國則以援助衣國鄰邦索馬利亞反制。[88]但直接行動更令人憂心。一九七九年末期蘇聯入侵阿富汗，被西方視為揭開「新」冷戰的炮火，以莫斯科為中心的「邪惡帝國」（雷根語）所發動的新攻勢。圍堵已經失敗，美國國務卿於一九八三年六月如此告訴美國參院。「蘇聯的野心和能力，老早就超越這一原則所視為理所當然的地理範限。」[89]去殖民化令人想像不到的進展，未預示一「由諸民族國家組成的世界」，反倒似乎為新式帝國的出現鋪路。事實上，很可能曾有人主張，二十世紀末期帝國主義的附帶傷害（暗地干涉所造成的破壞穩定的效應、給予集權統治者的經濟援助、武器大量買賣所助長的政治軍國主義化）[90]至少和十九世紀末期帝國主義的附帶傷害一樣大。「競爭性共存」那充滿危險的不確定狀態（具有在核武互擊中「保證相互毀滅」的駭人可能），似乎必然是兩極世界不可免的代價。但事態並未如此發展。

蘇聯解體

帝國的內部改革無法解決嚴重的經濟沉痾

情勢逆轉，令人震驚。一九八〇年代中期，蘇聯的野心之大，似乎甚於以往任何時期。從位於越南南部金蘭灣的前進基地，蘇聯海軍可以將其力量投射到貫穿東南亞的幾條主要海上航路和一直到一九五〇年代都是「英國內海」的印度洋。[91]藉由建造龐大的新航空母艦（例如布里茲涅夫號），莫斯科這時志在與美國的全球干預力量相抗衡。但接下來不到五年，這個龐大的帝國（支配北歐亞的強權；南亞、非洲、中東地區頑強的對手）就土崩瓦解。一九九一年時，這個帝國已成廢墟。這期間未出現「白銀時代」或衰落階段，而是一下子徹底垮掉。

原因或許在於紛至沓來要求內部改革的壓力，以及蘇聯領導者為擺脫他們所認為正要逼上的鉗制力量而實施的計畫以失敗收場。蘇聯體制的基本弱點在經濟，一九七〇年後，過去幾十年的快速成長再也無法維持。蘇聯規劃經濟的主事者有心增加生產，以提高生活水平，為軍事機器提供資金，卻苦無良策。沒有恐怖手段來約束，史達林所打造的指令式經濟，已無法掌控勞動力。[92]缺乏用以引導投資、挑選創新的物價機制，其代價變得愈來愈高。雪上加霜的是，一九七〇年代傷害各市場經濟體的那些逆流，為時不久就消失。[93]構成資本主義世界之核心的七大工業國（德、義、法、英、加、日、美），在一九八〇年代向典型的商業全球化飛速邁進：日益倚賴出口和貿易、跨國界的銀行活動、資本流入對外投資、大規模買賣貨幣。美國的企業經濟在一九八〇年代大大復甦。[94]「新興工業國」如新加坡、馬來西亞、泰國、台灣，特別是南韓（一九八九年時已成為全球第十大鋼生產國）的亮麗成長，消除了他們遭馬克思解放運動掏空的疑慮，而這成長大部分是在美國的戰略保護下取得。在東南亞，較受青睞的是「南韓」邁向工業發達的模式，而非「越南」的農民革命模式。但在蘇聯帝國，軍事開支的負擔愈來愈難以承受，共產東歐的諸衛星經濟體愈來愈朝向西方尋找投資、貿易機會。

蘇聯的垂死掙扎

戈巴契夫的「政經改革」，乃是蘇聯新領導人的最後一波帝國改革作為，[95]其主要目標是將蘇聯的「國內」經濟和「外圍帝國」的「帝國」經濟都予以「西化」：使它們更敏於回應消費需求和技術創新。這波改革的內涵非常廣泛，它意味著提拔「新」人，放寬政黨行政體系對指令式經濟的掌控；它意味著釋出過去投注於軍事的資源，它意味著放寬莫斯科所加諸東歐諸衛星政府的「規定」，容許「溫和」的改變，還意味著透過談判取得西方投資和西方新科技。而由於這得化解「新冷戰」的緊張關係才有可能實現，這波改革就意味著要縮減蘇聯的國外駐軍規模：在東歐和中歐，在亞、非洲的介入區，特別是在阿富汗。但若說戈巴契夫決意放棄蘇聯作為全球性強權（其實是全球第二大強權）的權利，那是最不可能的事。他追求的是喘息的空間。他為緩和緊張關係而從事的外交，旨在確保東歐從蘇聯控制區巧妙過渡為樂於接受蘇聯影響的「非正式帝國」。蘇聯帝國將在西方注視下，在「合作性共存」的和睦氣氛中現代化。一旦重振活力，得到新生，它仍將向世人提供「另一種現代性」。

但戈巴契夫發現（一如他之前那些舊殖民強權），建立非正式的帝國並非易事。放棄控制和壓迫威脅，要冒很大的險。沒有其他手段來讓舊附屬國繼續效忠，最終可能要帝國的命。莫斯科透過經濟誘因所能提供的好處，相較於西方，其實微不足道：這在一九八〇年代蘇聯對波蘭日益放鬆的掌控中已可見到。因此，東歐的改革，一轉眼間就變成東歐的暴動。一九八九年十一月，柏林圍牆倒塌，親蘇聯的諸政權垮台，東歐的「外圍帝國」灰飛煙滅，這一災難摧毀了蘇聯政權的威權和合法性。蘇聯國內的指令式經濟瓦解。隔年，暴動迅速擴及蘇聯的「內部帝國」。蘇聯諸共和國，包括葉爾欽領導的俄羅斯本身，開始要求自主權。戈巴契夫的同僚欲藉由軍事政變和緊急狀態來遏止這股政治浪潮，終歸徒然，且反倒成為壓垮蘇聯的最後一根稻草。一九九一年十二月的《阿爾馬阿塔條約》（Treaty of Alma Ata），將蘇聯分解為十五個新國家。根據該條約，蘇聯結束其在波羅的海地區、外高加索地區、中亞的統治。最能彰顯此變局的，或許是就連烏克蘭（自一六五〇年代起一直是俄羅斯帝國擴張最重要的助手）都投票贊成完全獨立。後蘇聯時代的俄羅斯仍是個版圖遼闊的殖民強權，但由於經濟困頓，美國在內歐亞的影響力日增，若彼得大帝在世，可能都要為其未來憂心忡忡。

無限制的帝國？

蘇聯解體之後：美利堅「帝國」獨霸全球

兩極時代的帝國建造，一直是去殖民化形之於外的另一面。兩大帝國體系都想方設法圍堵對方的擴張（真有其事的擴張或想像的擴張），穩定後殖民時期廣大的不穩定區，以壯大自己的聲勢。事實上，穩定化到頭來只是個假象。相互敵對者在全球瓜分上達成一致意見的機率，或真達成一致意見的話，落實其協議的機率比一九一四年前還要低。首先，聯合國大憲章白紙黑字寫下的新主權準則，禁止採取公然控制領土的做法，兩對立超強的國內意識形態也作此主張。第二，除了歐洲這個例外，世界上凡是還有政治改變可能的地區，美蘇都不願承認永久喪失該地區。在這點上，國內的意識形態也是如此堅定認為。第三，帝國所留給後殖民世界的局面，完全談不上有順利的開始。繼承國之間的地緣政治紛爭、未解決的宗教衝突和種族衝突、使用政府權力積聚私人財富、弱國的難以抵禦外來經濟衝擊的傷害，只是殖民地獲得自由後嘗到的一部分苦果。它們大大提升了動盪的可能，大大增加了外來干預（不管是受邀而來的，還是不請自來的）的操作空間。第四，即使兩大超強已確立了各自帝國領域的邊界，仍面臨遭排除的另一方無可化解的敵意。中國是超級強權政治遊戲裡特立獨行而難以捉摸的一員，或成為強權拉攏的對象，或與強權起爭執。事實上，一九七〇年代末期中國之轉而擁抱資本主義，以及原本封閉的中國經濟步上驚人的成長，在超強對峙的最後十年裡，投下一個重大的新不穩定因素。

但一旦蘇聯垮台，結束了兩極對峙，世局會有何變化？情勢立即清楚表明，美國絕不會退回孤立西半球的格局。一九四五年後美國支配力與影響力的大舉擴張，不會逆轉。冷戰時代是美國擴張勢力的輝煌時代。美國貿易與投資的龐大新規模，美國之倚賴進口商品（特別是石油），使主導制定世界經濟的規則，在這時，一如在第二次世界大戰結束時一樣重要。空中武力、衛星科技、核子武器所促成的地緣戰略革命，更為鮮明有力地申明：美國安全是全球事務，而非半球事務。因此，美國對冷戰結束的回應，乃是將冷戰結束視為左右世界歷史進程的元歷史（metahistoric）性良機，而非卸下帝國重擔的機會。[96]這是完成全球經濟永久轉型的時機（這轉型在一九七〇、八〇年代已在進行）。封閉的經濟體應予以打開；政府壟斷事業應予以打破、門戶應強行打開、私人財產，特別是外國私人財產，應得到保障。美國總統威爾遜為達成國際和平所提出的妙方（長久以來遭馬克思－列寧主義、納粹主義、落伍歐洲殖民主義阻攔的妙方），終於可以施行於全世界。政治歧異、民族主義的疤痕、階級戰爭的傷口，乃至種族仇恨的恐怖，都將被自由經濟交換及其文化副產品構成的清流沖刷掉。因為市場經濟將隨之帶來對民主化沛然莫之能禦的需求。擺脫指令式經濟的專制和意識形態戰爭的精神壓迫之後，之前敢怒不敢言的人民自然會選擇自由民主之路。為了達成這項全球性任務，地緣戰略自然成為首要考量。任何國家都不得以武力破壞這任務成果，都不得有能力威脅其鄰邦，不得有能力建造旨在排除這全球性經濟及其自由文化的地區性「帝國」。美國於冷戰結束時業已取得的龐大軍事優勢，這時必須用來維持全球均勢。對於資深大戰略家布里辛斯基來說，這道理再清楚不過。美國政策，除了在歐亞地緣政治上扮演管理角色，別無選擇。[97]

幾乎可想而知，這看來不受限制的美國野心，引來有褒有貶的反應。美國毋須再討好拉攏他國，不再需要冷戰結盟的夥伴，且打贏了意識形態戰爭，正意氣風發，因而看來可以隨心所欲運用其經濟、軍事力量去對付任何反對者和所有反對意見。美利堅「帝國」這個字眼，過去只見於左派言論中，這時愈來愈常聽到。全球性帝國（一國將其國內法強行加諸其他國家身上）與十七世紀起在歐洲發展出來的悠久國際法傳統格格不入。在那傳統下，一再被強調的，乃是必須尊重國家的主權，在制定國際行為準則時必須得到所有國家的同意（十九世紀時指的是所有「文明」國家）。[98]除了左派不安，這時還多了許多後殖民國家的疑慮（疑慮在兩極局勢下自己所享有的自由即將失去），以及更廣大的抱怨——抱怨去殖民化文化（不再認為西方是「正常狀態」的文化）的建構，在面對美國支持下的「全球化」時，根本不可能實現。

二十世紀結束之際，這些憂心更為深切。因為，針對後冷戰世界所輕率提出的種種假設，在這時候開始被戳破。情勢顯示，在中東、東亞、撒哈拉沙漠以南的非洲地區，冷戰時期的衝突和不穩定仍頑強存在。歷史並未終結。就去殖民化的較廣義角度來看，去殖民化仍未竟其功。美國的回應是更為直截了當的申明，美國應以其力量確保已取得的進展，推動建構一九八九年後世界新秩序的大業。接下來的辯論，使美國是否是個帝國這個問題，或美國是否該擁抱帝國強權的角色這個問題，更清楚地攤在世人眼前。批評者所體察到的，乃是美國對世界其他地方所抱持的兩種根深柢固的心態，咄咄逼人的復甦。第一種是獨斷獨行，不願受他人所立規定束縛的心態。這種心態源自美國認定自己出身「特殊」：美國是在專制君主或歐洲貴族的封建餘孽統治的世界裡，以民主社會之姿誕生於世界舞台的國家。第二種是放諸四海皆準的心態：凡是對美國好的，對世界也好。以美國為準的民主體制、美國式市場經濟、為大眾消費所打造的商業文化，是財富與穩定的最穩當保障。拒絕採用它們，就是敵視進步與和平的表現。獨斷獨行和放諸四海皆準兩種心態，是孤立主義強權身上無傷大雅的小缺點。在世上唯一的超強裡，它們成為帝國心態的主要成分。配合運用壓迫外交或武裝干涉，它們是通往「帝國」的康莊大道——在這「帝國」裡，國外的持久戰將顛覆國內的民主。[99]

辯論美國是否該被視為帝國強權毫無意義，因為事實已擺在眼前。一九九〇年後，美國成為世上唯一帝國。這個無其名而有其實的帝國，擁有能強勢干預幾乎世上任何地區的工具，軍力優勢為任何對手所望塵莫及，經濟規模是第二大經濟大國的兩倍以上。美國沒有像過去的英國那樣擁有殖民地（維多利亞時代的英國能稱霸全球，一部分要歸功於那些殖民地），根本無關緊要。維多利亞時代的英國，在官方意識形態、經濟目標、政治方法上與一世紀的羅馬大相逕庭，但兩者都統治帝國。兩帝國的存在都是為了大規模地積聚國力；兩帝國所採取的形式，反映了當時普遍的客觀環境，而非對某過時模式盲目地固守。美國的帝國令人感興趣的地方，不在其存在於世（這點我們可以當作是不言可喻的事），而在其（和過去所有帝國一樣）所可能遭受的限制（或所未遭受的限制）。

前所未有的霸權，無法預知的未來

美國的強大，可以從幾方面的數據簡略看出。二〇〇三年，美國擁有設於一百三十個國家的七百多座基地（和兩百三十四座軍用高爾夫球場），這還不包括一些「臨時」設施。有超過二十五萬名軍職人員，服務於分割管轄全球的海外地區性軍事指揮部（例如太平洋軍事指揮部、南方軍事指揮部、中央軍事指揮部之類）。靠著五十四艘核子攻擊潛艇、十二艘航空母艦、十二艘直升機母艦、由支援艦隻組成的龐大艦隊，美國宰制海洋。在陸上的現代戰爭、在太空、在空中，美國都擁有幾乎所向披靡的優勢。從經濟來看，美國的富裕程度同樣驚人。一九九九年，美國的總產值占了全球總產值的將近三分之一；[100]目前美國的國民生產總值是中國的五倍。作為大消費國和大生產國，作為規範全球貿易、金融的組織裡擁有最大發言權的國家，作為全球許多大企業的總部所在，美國能行使龐大的「軟實力」。第三，經濟成就和美式民主的威望、魅力，聯合創造出投射影響力而遍及全球的新據點。可用以獎勵合作和友好的又大又深的口袋，還有藉由教育性連結、藉由移民群和離散族群（離散族群最富裕的成員居住在美國）建造的社會網絡，提供了將這些據點往更廣、更深處推進的工具。因為美利堅帝國的建造（就如它之前的大英帝國），並非只靠政府和決策者。美國擴張的動力，有很大一部分來自非官方和私人部門。

但或許有人會說，這些「帝國」資產的價值已被高估，將會慢慢縮水，且很容易就被棄置。有位敏銳的觀察家表示，美國的軍力可輕易支配地球上的公共空間，但在人口稠密地區、大都市、不適宜使用機械化火力的地形裡打起非正規戰，卻要吃癟。在這些地方，人數多寡，還有承受重大損失的意願，可能才是左右成敗的關鍵因素。[101]支持友好政權或壓制反抗行動，未來可能和越戰時一樣不易。軍事挫敗將削弱威望和士氣，鼓勵更進一步的頑抗。隨著東亞、南亞成為全球最富生產力的地區，美國的經濟力量可能遭遇類似的削弱。美元幣值現已倚賴從日本、中國流入的儲蓄來支撐，如果這些儲蓄轉向，美元幣值將大傷。由於美國商業習慣作為的散播全球，它們所曾帶給美國的競爭優勢，這時其他先進經濟體也普遍享有。[102]如今有個有力觀點認為，美國雖然國力獨步全球，卻再也無法抗拒指導全球事務而倚賴共識的大量規則、規定、習俗、慣例（或無法在不蒙受重大損失下做此抗拒）。不吭聲乖乖接受美國的流行文化，也不應再被視為理所當然的事。隨著各地本土文化的守護菁英開始擔心美國文化的影響，文化反抗可能更快速蔓延（在伊斯蘭基本教義裡，文化反抗最為鮮明）。隨著稱雄世界的代價提高，獲益變少，美國納稅人可能開始不耐於帝國的負擔，而不再有心於維持美國獨霸全球的地位。屆時，改變的周期將再度開始。

理論上，這些因素可以修正單極世界的失衡，且可能真起了這種作用，但難以確定是否真會走到這一步。美國的軍力或許無法在戰鬥屬「低科技」而傷亡很高的「爭端地區」打贏戰爭，但美國可以找到願意（在某種獎賞下）承擔打這類「骯髒戰爭」之成本的盟邦。美國的工業或許失去競爭力，美國的貿易赤字可能進一步升高，但在取代美元的貨幣出現，那遙遠的一天降臨之前，靠著作為全球經濟貨幣中樞的角色，還有美元幣值和美國軍力之間的複雜連結，美國仍可能得到其他國家所會支付的龐大「租金」。第三，目前的情勢還看不出，文化抵抗（以非常地方化的方式展開的文化抵抗除外）會對擁有龐大媒體輸出量、教育經費和設備、研究活動的美國「盎格魯」文化的擴張，構成有力約束。二十一世紀初期，大部分證據表明是朝反方向發展。第四，世界上不同地區的政治菁英，他們與美國合作的程度，必然會有起有落，但抵抗美國的影響力可能愈來愈難。國家（特別是弱國）的邊界，會出現愈來愈多漏洞，跨國機構（不管是營利性公司還是非政府組織）在國家裡的影響力，看來必然會成長。動員「民族主義」對抗外來壓迫，可能變得更難。其他形式的抵抗既可能指向美國本身，同樣可能指向美國的附屬國和盟邦。而若沒有另一個大「贊助者」來承諾給予國際支持，超越地方性的反抗運動，其成本可能高得離譜。第五，種種跡象顯示將有新對手出現（一般認為會是中國），但那些國家因社會—政治變遷的內部壓力，而中斷其邁向超級強權之路，至少也同樣可能。最後，美國國內反對美國背負帝國負擔的可能性，將在很大程度上取決於那所帶來的代價多寡。基於上面所有理由，可能性很難預測。

這不是說美國的霸權未遭到任何限制。但就幾乎任何標準來看，美國的霸權超越了我們從十五世紀初以來所觀察到，帝國所受的種種限制。那些將美國的「霸權」地位比作維多利亞時代英國霸權地位的人，顯示了對兩者歷史驚人的無知。這一霸權地位將被用來提升世界安全，還是用來透過手法惡劣的干預加劇衝突，乃是截然不同的兩碼事。凡是預測都說不準。一如過去任何世代，我們用猜測來建構計畫，用猜測來面對未來。如果驚人快速的經濟整合（也就是所謂的「全球化」）驟然放慢腳步或倒退，前面這一段將大體上毫無意義。而我們對過去的看法，還有對未來的看法，都將再度改觀。

第九章

帖木兒的陰影

（二十一世紀至今）

——中國、印度重回世界舞台，全球化世
回到帖木兒時代的多元、均勢形態。

天安門廣場：帝國未消失於歷史

本書一開始就主張，絕不可把今日世界的面貌草草視為全球經濟及其政治、文化副作用的產物。在財富與權力的消長變動、體制與價值觀的分歧、文化執著與宗教執著上的差異（在二十一世紀的世界這些差異仍非常鮮明）背後，存在著一個更為錯綜複雜的歷史，競相建造帝國、建造國家、建造文化的歷史。但這不是個容易探明的歷史，它仍然很有爭議。它有時被稱為掠奪性帝國主義的殘酷史話，西方對不幸的非西方世界的入侵；反面觀點，立場一樣鮮明：世界史成為邁向現代性的長征，以西方為嚮導，追隨西方的發展模式。這兩種觀點都只能得到自己陣營的支持，退入地理決定論的做法因而受到青睞，也就不難理解。但即使真可以從供馴化的動植物數量較多這件事來解釋為何是歐亞世界征服「外圍世界」，而非「外圍世界」征服歐亞世界，[1] 地理決定論仍無法解開本書所關注的問題：最近五百年裡歐亞內部權勢、財富的消長。

上述論點雖激起種種強烈愛憎，本書卻表明，建立在「剝削」、「現代化」相抗衡之宏觀論述上的歷史，作為探明歐亞歷史的指引，用處不大。那並非因為我們無法找到大量證據，證明這兩種現象有起作用。但這兩者都不是完全自主的，在可感受到它們影響力的國家和地區，兩者都與那些國家、地區的政治、文化有所糾葛。兩者都被迫妥協，以贏得它們順利運行所不可或缺的當地盟友和代理人的支持；兩者都倚賴有助於或阻止在世界不同地區遂行帝國野心、商業擴張、文化主張而起伏不定的環境；兩者都是可以被複雜的反抗、適應形式掏空、接收或癱瘓的「大計畫」。世上沒有簡單明瞭的帝國興衰史，沒有簡單明瞭的歐洲支配歐亞其他地方的地理學，「西方」的帝國也並未在殖民虛夸的火堆（我們所謂的去殖民化）中了結。

簡而言之，我們需要以更切合實際的觀點來看待這段引發爭議的過去，以理解我們今日所處的時代，以開始不去將當今視為永恆的「現在」，而是將當今視為歷史上的一個「時期」，一個及其他所有時期一樣注定要改變、敗壞的時期。本書前面幾章花了相當多的篇幅，介紹當前世界一路走來曲曲折折的路徑。那些章節的描述，與各種流派的理論家所據以構成一家之言的那些歷史道路圖，幾無共同之處。然而那些描述顯示，有一些宏大的主題構成歷史的核心，讓人得以一窺歐亞的未來，乃至世界的未來。接下來，我們就來談談這些大主題。

帝國史：帝國無所不在

談到世界史，人總不禁會想，那就是個帝國史，由一個個帝國構成的歷史。從許許多多歷史著作裡，人很容易認為帝國是反常之物：強行入侵非帝國世界的不受歡迎之物。帝國的興起要歸功於特殊的環境，或獨特人格的狂妄力量。帝國的衰落是可預期的，因為讓帝國興起的特殊環境無法長久。這一觀點很吸引人，但除此之外，幾無可取之處。隨意一瞥世界史，就可看到實情正好相反：大部分時候，就政治來說，除非有外力干預，否則帝國強權是常態。帝國是打破或無視種族、文化或生態之分界的勢力體系或統治體系。帝國的無所不在，源自一個事實，即不管就全球來說，還是就地區來說，建造強大國家所需的條件，分配非常不平均。這不只在於有沒有可耕種的平原或可航行的河流，還在於有沒有社會團結、文化一致，在於政府是否能相當容易地動員人力和物資。就是這種「現代性」，使龐大的秦帝國得以在西元前二〇〇年之前誕生。要抗拒帝制國家的文化吸引或有形力量很難，除非有地處偏遠或超乎尋常的內聚力這樣的因素為助力。即使是躲過帝國征服的那些國家，都必須在帝國強權之間小心周旋，以免遭他們的象腳踩死。

農業帝國與奴隸兵帝國

帝國既普見，但也多樣。歷史上的帝國大部分會讓今日的我們覺得是小兒科，人口少，版圖不大。即使將目光局限在本書探討的那些較大的帝國，都可發現它們差異頗大。今人有時稱之為「古典」帝國的那些帝國，乃是大型的農業行政體系。它們的基本特徵是掌控土地和土地所生產的物資。帝國組織、召募官員，以讓地方利益團體或有地貴族聽命於皇帝。官員大體上集中於中央，負責收稅，執行帝國法律。皇帝的威望是非常重要的資源，得藉由隔離、儀式、典禮予以細心保護。西方的羅馬帝國覆滅後，中國是了解如此先進帝國應如何運作的最佳範例。在其他地方，情勢通常較不利於帝國的形成：宗教、生態或地緣政治環境，使這些地方無法走上中國那樣的帝國統治之路。在中歐亞，統治者轉而求助於馬穆魯克，也就是從帝國邊陲召募來的奴隸兵。馬穆魯克人，作為靠埃米爾寵愛而生存的外族人或改信伊斯蘭教者，沒有當地人脈、沒有氏族或親族來破壞其對統治者的忠誠。對於帝國內由城鎮、部落、盤據鄉間的菁英階層所組成的本土勢力，他們形成一股制衡力量。這兩種帝國與歐洲人在十五世紀末期開始打造的海外帝國都大不相同。

殖民帝國

當然，這些「殖民」帝國以多種形式出現。它們通常不是靠政府之力，而是由享有母國政府之准許或特許權的民間冒險家打造而成。它們有一些靠徵用他們所征服之人民的勞力來維持；有些靠買自非洲的奴隸勞力來維持；有些試圖複製他們所離開的那種歐洲社會（或甚至試圖在殖民地打造更良善的社會）。這些「殖民」帝國都是不折不扣的移民社會，奴隸和原住民大體上被排除在那些社會之外。不消說，這些殖民形式在亞洲幾無進展。有將近兩百年時間，歐洲對亞洲的入侵，只限於基地和兵站，面朝大海而非面朝內陸的據點和小軍事基地：孟買、果阿、本地治里、馬德拉斯、加爾各答、巴達維亞、澳門。它們是沿著亞洲諸大國之邊緣而形成的重商、海洋帝國的一部分。它們支配的地方，是杳無人煙的荒涼大海。歐洲人從十八世紀末期開始侵占領土（主要在南亞）時，喜歡沿用之前亞洲統治者的舊制，而不願按照「歐洲」的作風打造新秩序。蒙兀兒帝國的稅收體系緊縮、垮台，才使英屬東印度公司在普拉西之役（一七五七）後的百年裡，有資金打造其在南亞次大陸的統治政權。

這時，我們不應把「歐洲」方法和「亞洲」方法作太涇渭分明的區分，但在漫長的十九世紀（一八一五～一九一四），工業力量改變了這情形。工業技術使歐洲人得以用比以前更快的速度、更大的規模向外殖民，它使歐洲人有辦法伸入新市場，擊垮舊競爭者。它增強了歐洲人蒐集情報、有效率運用情報的能力。最重要的是，它使歐洲人更能將武力，以更低廉的成本，投射到更遙遠的地方。在汽輪和鐵路相繼登場後，地處偏遠所具有的戰略依恃價值，隨之大大降低。當歐洲軍隊可進抵南京（一如一八三四至一八四二年鴉片戰爭時英國人之所為），亞洲似乎就沒有哪個地方安全。結果之一就是產生更多「小印度」：歐洲人統治的殖民地開始廣布亞洲各地和一八八〇年後遭瓜分的非洲。另一個結果則是產生第三種帝國，「無形支配」的帝國：[2]將統治者只享有名義上統治權的地區和國家，有系統地納入支配範圍。在某些地方，歐洲銀行家、外交官、商人、傳教士享有特權地位，管理大量海外貿易，掌控外國投資來源，且在其利益受到挑戰時能以封港或炮轟作威脅，這時大費周章去統治這些地方，就可能顯得多餘或無益。「非正式帝國」（如果以成本和益處為評斷標準的話）乃是最高階段的帝國主義。

亞、非帝國垂死，歐美的「世界性國家」永續？

理論上，各種帝國都必然遭遇龐大的壓力和緊張、突發的危機，最終不支而垮台。歷史告訴我們，沒有帝國能永久不滅。帝國覆滅的原因非常多樣，倚賴受征服菁英的合作或效忠來維持的帝國，一旦在帝國處於困境時發生叛亂或反抗運動，帝國的威信和威權就可能受到無法修復的傷害。若需要安撫不聽話的盟邦，帝國的控制力就可能受到較緩慢但致命的侵蝕。如果帝國統治的行使需要得到帝國「本土」民意的認同，或對帝國「本土」的人力或財富帶來新負擔，使帝國垮台的關鍵因素，就可能是發生於中央而非邊陲的暴動。新意識形態（或宗教）可能摧毀帝國所據以作為統治正當基礎的道德信用和政治信用，使人民不再相信帝國是自然法則的一環。同樣常見的一項威脅，乃是帝國日益笨重而失去靈活：這時維持帝國的一統變成難以承受之重，而甩脫那重負又痛得讓人無法下手。帝國過度臃腫，逐漸耗掉帝國國力，引來對手的入侵。帝國也難以抵禦經濟變遷、環境變遷所帶來的危險。帝國所賴以穩穩統治的資源和科技，有可能開始枯竭或落伍。物質財富和技術優勢可能一點一滴流失，或轉移到較享有天時地利的地方。最糟糕的是，或許是帝國可能被拉進相互毀滅的戰爭，在這種戰爭裡，小小的衝突可能一發不可收拾，促成改變世局的大劇變。即使未走到這天下大亂的地步，仍有一危險暗暗潛伏在大部分的帝國體系裡。幾乎不可避免的是，帝國的領導階層終會落入打進帝國體系、取得權勢而人脈關係良好的菁英之手。他們會將帝國漸漸改造為半私人的領地，用以牟取他們的派系利益。他們會拉攏其他派系，結成大聯盟，捍衛以他們為主要獲益者的現狀。但這種不願改變的心態是致命的失策，因為帝國要存續下去，就必須不斷調整自身以因應國內的、殖民地的、外部的壓力，並迅速利用文化活動或經濟活動上的創新。[3]

十九世紀末期時，情勢的確讓人覺得，這多種敗壞、瓦解帝國的根源將使世界改頭換面。在西方大部分觀察家看來，結局已昭然若揭。亞、非洲境內僅存的大大小小本土帝國，覆滅之期已不遠。它們與歐洲諸帝國危顫顫共存的日子，即將結束。經濟停滯、文化衰老、體制腐化，已摧毀它們的政治意志。它們無力保住邊界，遭遇境內少數民族的反抗。經濟挫敗加劇它們的社會衝突。文化死氣沉沉，助長對外國思想的渴求，但此舉又引來憤怒的反應，仇外或狂熱的反應。混亂與毀滅已不遠：這些帝國成為「垂死的國家」，名存實亡的帝國。相對的，歐洲的殖民列強及其北美兄弟，似已找到進步永遠不輟、帝國永遠不滅的竅門：吉卜林所諄諄告誡勿犯的狂妄野心。[4]他們已打破帝國生滅的周期。工業化、非有機燃料（煤）、從數千英里外取得產品的遙遠資源基地，使過去的環境制約變得無關緊要。他們的商業和文化將引來眾多新子民或至少那些子民中的菁英，而那些子民或菁英的效忠（或合作），將使帝國的營運成本永保低廉。帝國「本土」的情勢也已好轉。「低成本」帝國和人民心中日益倚賴遠地市場的感覺，為推廣「帝國」意識形態，營造了更有利得多的環境。「國家民族」（state nation）對國內社會的支配日強，隨之逐漸強化了存有一「民族」社群（在情勢需要時願意維持海外帝國的社群）的看法。最有力的因素，或許是「自由主義」政治主張（經濟、政治活動大體任其自由競爭）的採用，似乎使政治權力從此不致遭貪腐私人把持，使變革不致受阻於頑固的抵抗。這一進步精神被認為根植於「民族」裡：生理、社會、文化三方面特色不協調的混合物。因此歐洲人（或部分歐洲人）才得以發現社會演化的奧祕。他們認為，報酬將是永遠主宰世界其他地區。

最有可能的結果（或者說看來最有可能的結果）乃是新的世界秩序，而在那秩序裡，大權集中在少數「世界性國家」之手。剩下的非西方世界的國家和帝國將被瓜分，或如果仍存在的話，將變成受西方嚴密監管的半受保護國。它們境內的「改革派」和「進步人士」，將會得到「世界性國家」的支持，以打破它們廣大落後偏僻地區的反抗。代價將是積極接納歐洲的規則：商業與文化對外開放，制定新的法律規章以保護外國人和外國財產。西方認為這一監護期將會很久，甚至可能無限久，其間會碰到許多失敗和故態復萌的現象。但事實並非如此。

原因之一與地緣政治有關。歐洲要將勢力伸入亞洲，最關鍵的先決條件，乃是歐洲境內和平，未爆發總體戰爭。十九世紀中期、末期歐洲的帝國對抗看來激烈，卻得到巧妙的控管：抱怨和吹噓取代了實際衝突。但這一以競爭性共存為特色的漫長過渡期，在一九一四年遭永久打破：戰後欲恢復該狀態，結果幾無所成。以歐洲為中心的世界秩序，差不多還未開始就夭折了。歐亞世界的各主要地區，在某個關鍵階段使西方無法近身，但地緣政治只是情況的一部分。

亞洲、中歐帝國屹立未倒的模式

「舊體制結合新方法」的政治模式

探討十八世紀中葉之後「帝國」的歷史著作，大部分有一共同的認定：在日本於十九、二十世紀之交開始借用西方的殖民觀之前，重要的帝國只有歐洲人的殖民帝國。歐洲勢力在非洲的角逐大戲，予人帝國主義猖狂、無可阻擋的不實印象。但如果更仔細檢視亞洲，會發現情況並非如此。歐洲人在亞洲的沿海邊陲地區四處蠶食，在十九世紀結束時以緩慢而遲疑的腳步往亞洲內陸挺進，但歐洲人對亞洲的支配，除了印度這個大例外，在最好的情況下，都限於小塊局部地區。可以說，在漫長的十九世紀，面對歐洲人的侵逼，亞洲其實是屹立不倒，而非遭擊敗。中國就可充分說明這點。雖然遭遇改朝換代、內戰、革命的種種動亂摧殘，中國在一九一四年前仍保持驚人的一統局面。經過一九一一年帝制的終結，和接踵而來長達四十年的動亂、日本占領、戰爭，中國這個國家概念仍然存在。或許更令人驚訝的是，中國保住其龐大的「疆部」：滿洲、蒙古、新疆、西藏。雖然經歷一九三〇、四〇年代生死存亡的危機，「中國疆部」版圖只失去外蒙古這一塊。今日中國的版圖，和一八三〇年代歐洲勢力強行闖入清帝國時中國的版圖差不多。日本面對歐洲人挑戰時所表現出的不屈不撓，尤更令人注目。日本徹底改造其君主政體，以為新政治秩序的建立提供意識形態性的黏著劑，結果打造出國力強大到足以抵禦向西方開放的衝擊，不久並致力於帝國霸業的國家。

在中歐、中亞部分地區，可看到類似的模式。西亞的幾大穆斯林國家，雖然無力抵禦歐洲商業、武力的入侵，卻未淪為殖民地。鄂圖曼帝國雖在一九一三年已失去其在歐洲境內的諸省，然後在一九一八年後被迫放棄其阿拉伯領土，帝國的安納托利亞核心地區卻躲過了遭歐洲列強瓜分的命運，進而成為新的「土耳其」國。伊朗帝國的版圖，在薩法維、卡札爾兩王朝統治期間，有消有長。但現今伊斯蘭共和國所統治的伊朗版圖，涵蓋了「古」伊朗的大部分地區，包括大不里士、伊斯法罕、德黑蘭、馬什哈德（Mashhad）四大城。而即使是政治面貌已因歐洲干預而激烈改變的中歐亞地區（例如埃及或印度），都仍保有或建構了不受殖民文化局限的獨特認同。

何以致之？原因之一，一如在前面某章裡所提過的，歐洲人缺乏資源，有時且缺乏動機，去打造完整的全球帝國。他們的帝國外交，在一九一四年前無意瓜分中國、伊朗或鄂圖曼帝國。一九一八年後，歐洲人之間的對立加劇，瓜分那三者更難。但這只是複雜綜合因素的一部分。亞洲諸大國政治、文化上強韌的自主傳統，是同樣重要的因素，像一堵無形的牆擋住外人。現代初期歐亞世界的建國衝勁，更強化、深化這些傳統，其效應散播到「舊世界」各地，而非只是歐洲境內。明朝的革新、德川幕府的承平、薩法維王朝的妥協、鄂圖曼之從戰士國家變成橫跨歐亞非三洲的大帝國，全是和歐洲所正在打造的新式君主制一樣突出的成就。他們創造出即使在重重壓力下都能屹立不倒的政府形式。中國的改朝換代（明滅清興）和伊朗在十八世紀的動亂時期，本有可能拔除較不穩固的政治體制，特別是在語言分歧、大型部落聯盟林立的伊朗。結果並沒有。

現代初期這些重建運動，有一深遠影響。它們協助保存了沿用不輟的治國方法，使來自歐洲的壓力變得更加強烈時，他們仍擁有穩固的中央政府。歐洲人所面對的國家，乃是需要翻新的「舊制度」，而非號令不出中央、已然四分五裂的國家。這些國家的官員往往知道自己國家的弱點，知道需要「改革」。但他們所認定的改革，乃是將新的政治方法嫁接到原有的體制主幹上，而非施行一無人認同而格格不入的陌生計畫。這是很重要的差別。凱末爾的土耳其共和國，建立在鄂圖曼革新的基礎上，而非憑空構想出來。該共和國的「官方」版歷史，不談土耳其對歐洲的屈從，而談土耳其民族在世界歷史上的重要地位。[5]該共和國的政治教父（不管暗地裡如何與他切斷關係），乃是蘇丹阿布杜勒．哈米德二世（一八七六～一九〇九年在位）——在他治下，鄂圖曼中央政府對社會的掌控有了大幅進展。[6]禮薩．沙．巴勒維（Reza Shah Pahlevi，一九二一～一九四一年在位）援用伊朗的古老君主制傳統，而得以確立其對叛亂地區和部落的統治，強化國力。天皇發布的「五條誓文」，使明治日本得以穩穩走向更中央集權的體制，使反對明治維新者失去意識形態根據。在中國，清朝的覆滅代表與過去更為全面的絕裂，即使如此，新興的民族主義堅持清朝所遺留的廣大「疆部」為中國疆土，並在一九二〇年代重啟家戶監視的舊制，以恢復對社會的控制。

「共同的價值觀和習俗統合社會」的文化模式

屹立未倒，不只出現在政治上，也出現在文化上。宗教、語言、文學對歐洲諸國民族認同的創造起了什麼作用，大家耳熟能詳。為何一九一四年前民族國家觀念在歐洲比在歐亞其他地區發展得更為劇烈，原因有幾個，而一七八九至一八一五年間蹂躪歐陸大部分地區的革命、戰爭的影響尤不能忽視。在歐亞大部分地區（包括東歐大部分地方），文化與國家的連結並未遵循西歐所出現的模式。對有明確領土之國家及其統治者絕對效忠的觀念，與伊斯蘭的烏瑪（信士社群）觀和詮釋《可蘭經》、伊斯蘭律法者的獨立自主威權，扞格不入。在被較小、較弱國家或藩屬所環繞的廣大中華帝國，形塑歐洲民族主義的那種以王朝衝突和建國為特色的鬥雞場心態，明顯付之闕如。在日本，兩百年的鎖國強化了對外人的強烈猜忌。但在明治維新之前，日本人卻不覺得有什麼需要去將日本特性與強大中央集權國家掛鉤。但即使歐洲人對民族國家（文化與政治的結合體）的執著，在其他地方沒什麼意義，欲以共同價值觀和習俗（從飲食、衣著一直到歷史和宇宙論）統合社會的作為，卻是在整個歐亞世界得到同樣程度的看重。在歐亞其他地區，一如在歐洲，知識傳統都靠老師和典籍來維持、傳遞。以知識傳統為核心，聚集著享有社會威望和文化權威地位的受教育菁英階層。在伊朗和中國，這階層與官方思想密不可分。從薩法維王朝時代起，烏里瑪就申明，伊朗政府的首要職責乃是保護什葉派伊斯蘭，使其免受敵人攻擊。什葉派在伊斯蘭世界位居少數的地位，使這任務變得更為急迫。在中國，士既是帝國體系的文化菁英，也是行政骨幹（而在接下來的「民族主義」時代他們似可能仍繼續扮演這角色）。在印度，英國從十八世紀中葉起逐漸將之納入統治，即使如此，前殖民時代的傳統仍存，因為那些傳統已牢牢根植於印度各地興旺的本土文化裡。地區性的愛鄉情感、公正政府的觀念、另類的歷史觀，與殖民政權的文化機器，維持不穩定的共存關係。[7] 十九世紀末期，印度各地方言正被改造為條理井然的文學語言時，地區性的愛鄉情感，在發抒其對社會、政治的看法上，取得了強有力的新工具。沒有這一基礎，甘地將印度的民族主義打造成全民目標的運動，似乎不大可能在一九一四年後如此迅速壯大。

面對西方文化時的矛盾：邁向現代性與嚴格監控

這一切所具有的重要意涵，在於當歐洲對世界其他地方的文化衝擊，在十九世紀末期達到高峰時，歐洲面臨了組織日益完善的抵抗。但在歐亞世界其他文化體的守護者和「看門人」眼中，救亡圖存似乎是場勝負難料的競賽。他們憂心自己的文化傳統徹底瓦解，擔心遭西方的現代性浪潮淹沒。他們擔心其下層社會脫離其掌控，為此大為苦惱，因為他們認為保障下層社會的道德、文化福祉乃是他們的責任。他們理解歐洲科技領先所代表的意義，了解社會上、文化上的創新乃是歐洲得以維持優勢的因素之一，但對於那些創新對道德、社會所會造成的影響，態度卻很矛盾。因此，他們對於歐洲某些關於現代性的觀念特別情有獨鍾，這些觀念雖孕育於西方，卻強烈反對西方的自由資本主義價值觀和帝國主義主張。甘地喚醒群眾的運動，以托爾斯泰的自給自足鄉村烏托邦的觀念為理念的源頭。馬克思—列寧主義的魅力，在於其所提出的願景：工業得到發展，而又不致發生資本主義所似乎無法避免的社會衝突。兩者似乎都提供了一條不致失控的通往現代性之路。在一九一八年後於伊朗、土耳其、民族主義中國出現的政權中，在將於一九四七年後治理印度的政治領導階層中，在一九四九年後由共黨統治的中國中，對外來文化的嚴格監控，似乎和建構屏障以防禦外國工業強權，同樣的必要。為達成這目的，官方動用了透過教育、廣播、宣傳、審查制度而日益深入各角落的影響力。如果這走上類似文化上的「受圍困心態」，幾乎是不足為奇。二十世紀大部分時期橫掃全世界的強烈意識形態風暴，使開放的社會變成一場與命運對賭的賭局。

「全球化」的條件

這一政治上、文化上屹立不倒的模式，若孤立來看，幾乎無法理解。若不對歐亞世界不同地區的統治者和菁英階層追求其目標時所處的物質環境有所描述，很難解釋為何出現這現象。要能維持文化自主與政治自由，一部分有賴於經濟成功，還必然受到對外貿易的磁性吸力和對外人所賣商品的喜愛或抗拒心態影響。綜觀古往今來的世界史（還有今日），統治者和菁英階層追求商業交流（對外國產品和生意開放門戶）的好處時，從來都會考慮到文化、政治上的風險。他們時時擔心遭商業「大國」支配或吸併，遭外人擁有的企業及其在當地的合作企業暗地裡殖民化，還時時憂心新的生產方式或消費方式會導致不利穩定的社會、文化亂象。因此，經濟往來的規則（加入全球經濟的條件）一直至關緊要。

「全球經濟」的醞釀

我們可以十足有憑有據地說，十六世紀時已出現某種全球經濟。[8]美洲一與歐亞、非洲聯繫上，一整套新的交易隨之展開。美洲白銀的取得，使歐洲人得以從南亞、東亞買進更大量的紡織品、瓷器、茶葉。美洲蔗糖的收入，使歐洲人得以購買、引進（前後達）數百萬的非洲黑奴，且間接增加了非洲人對以奴隸換來的商品的消費。美洲食物，例如木薯、玉米、豆科植物、馬鈴薯，改變了歐、亞、非三洲某些地方的農業潛力。有利可圖的長程海上航路網，協助促使歐洲成為支配諸大洋的一個大型海上貨物集散地。但這一現代初期的世界經濟（一五〇〇～一七五〇），並未賦予歐洲凌駕歐亞其他地區的決定性優勢。這經濟使歐洲更依賴亞洲的產品，卻對歐洲擴大其產品在亞洲的消費比重幫助不大。[9]

一七五〇年後，這一模式大幅改變，但並非突然間改變。英國抓住機會將孟加拉經濟納入掌控，使英國有機會改變其與中國貿易的條件。英國靠鴉片和武力強行打進東亞貿易圈，而鴉片來自印度，武力也派自位於印度的基地。但關鍵的改變乃是歐洲開始邁入機械化生產。此後僅數十年，亞洲紡織品的出口市場就遭歐洲紡織品攻陷，歐洲布料甚至長驅直入印度、中國的紡織品經濟。世界貿易量這時開始快速成長，在漫長的十九世紀期間成長了約二十四倍。但亞洲這時與歐洲貿易的條件，使亞洲的施展空間小了許多。歐洲人除了供應長程貿易的大部分值錢商品，還控制了長程貿易網。亞洲經濟體要進入該貿易，購買歐洲的製造品，只能靠出口原物料和糧食。雪上加霜的是，從亞洲的立足點來看，他們除了得彼此競爭，還得與大西洋經濟的大宗商品生產者競爭。美洲棉和小麥，品質不遜於印度棉和小麥；在英國市場，印度茶葉取代了中國茶葉。由於掌控了亞洲的海上貿易，由於找到接觸亞洲消費者的新門路（在印度透過武力征服，在亞洲透過簽訂不平等條約），由於本身的大幅工業領先優勢，歐洲人似乎已將亞洲諸經濟體，在歐、亞實力差距最大的時刻，拉進全球化市場。數據可說明一切。一八二〇年時印度、中國的人均國內生產總值約是西歐的一半，到了一九一三年則約是七分之一。[10]

這一愁雲慘霧的景象，並非情況的全部。亞洲成為新全球經濟的一部分，而在那經濟裡，貿易的商品數量比一七五〇年時大增，但基於數個原因，歐洲人對亞洲諸經濟體的掌控遠談不上徹底。歐洲人的資金不足以將亞洲生產者完全「殖民化」。他們克服不了更深入亞洲最大經濟體的種種障礙。中國的語言、貨幣、國內商業網絡，使歐洲人難以打入。時間也不站在歐洲人這邊。美洲諸經濟體與歐洲早已往來密切，但在亞洲，就連沿海地區，都要到進入十九世紀下半葉之後許久，拜鐵路鋪設、蘇伊士運河開通、汽輪、電報之賜，其與歐洲的距離才拉近到與前者一樣的程度。就一八八〇年代時已大力推動工業化的日本來說，這一變化發生的時間點特別重要。東亞未淪為附屬地區，反倒是日本對西方的出口貿易和該貿易所帶來的收入，促成亞洲內部和亞洲諸經濟體之間貿易的急速擴張。不久，就由印度工廠老闆和（往往與中國商人合夥的）日本實業家，來滿足東亞地區上漲的消費品需求。到了一九一四年，亞洲內部貿易的成長速度，已快過亞洲與西方貿易的成長速度。[11]

各行其是的分裂狀態

因此，一九一四年前的百年期間，可以稱為「準全球化」時代。在這段時期，既出現資本與金融服務的單一全球市場，也出現了初級產品和工業產品的單一全球市場。在某些國家（但並非大多數國家），相較於國家的總產出，貿易量已大增。但增加的幅度仍遠低於其在二十世紀結束時已達成者。[12]而且除了東亞這個例外，在這期間，製造業一直在很大程度上集中於大西洋歐洲和美國的舊東北地區。在這些市場裡，世界其他地區的工業產品完全敵不過當地的產品。第一次世界大戰在歐洲爆發，把準全球化硬生生幾乎完全打斷。在接下來的動盪時期，一九一四年前全世界的經濟整合逆轉。經過一九二〇年代末期短暫的復甦，全球經濟萎縮。全球經濟的中心，英國，揚棄其促成全球貿易順利進行的一貫政策：金本位的世界貨幣和對自由貿易的承諾。全球最大經濟體美國，退入其保護洞穴的更深處。世界其他地區，大多投入相對立的兩集團旗下：兩集團的成員各聽其霸主指揮，各致力於減少其與另一集團成員的貿易。蘇聯後縮，走上實質上與世隔絕的境地。較小的國家努力降低對外依賴。初級產品的生產國，收入暴跌。東亞經濟，包括正快速工業化的中國，這時遭一分為二，先是遭日本的「日圓集團」，再來是遭一九三七年日本的入侵中國，一分為二。在全世界為一場新總體戰而動員時，前一世紀貿易的大擴張，已無法再被視為通往未來的指引。封閉的經濟、自給自足、內部發展（而非貿易的促進）已成為在四分五裂的世界裡存活的代價。

第二次世界大戰之後，這一觀點也未遭完全抹除。戰後復甦終於降臨時，復甦本身反映了和平所懸而未決的對立問題。全球自由貿易遠景，催生出國際貨幣基金會、世界銀行、關稅暨貿易總協定，卻必須面臨全球冷戰的現實情況。自給自足的蘇聯帝國，在東歐、中歐大幅擴張勢力範圍。中國共產黨的打贏內戰，使戰前東亞經濟的分割局面更難以動搖。中國，一如奉行史達林主義的俄羅斯，退入計畫經濟掛帥、不與外界往來的境地。南韓、台灣、香港、新加坡採行日本的發展路線，成為日本的主要貿易夥伴。歐洲共同體（西歐復甦的工具）形成一保護主義集團，其經濟協議反映其主要目標：永遠化解法、德兩國的敵對，而非推動開放的全球經濟。歐洲的諸海外帝國瓦解成大批新國家時，其中大部分國家在建立工業基礎時偏愛採行封閉而由官方掌控的經濟，且實行外交結盟，而不願接受美蘇兩超級強權的援助和投資。但這個復甦時代最重要的特徵，或許在美國國力的強大。第二次世界大戰使美國不只成為全球最大經濟體，且是最強經濟體。全球冷戰則使美國成為全球最大軍事強國。在二十世紀結束時，美國即帶著這些資產進入「全球化」世界。

全球化能否擊潰本土文化和民族國家，仍有待觀察

或許，已毋須再多費唇舌表達一個淺顯易懂的看法。過去十五年我們所習以為常的經濟體制，代表動盪的全球經濟史上一個非常特別的時刻。那由一場劇變促成，而那劇變就和世界現代史上的任何劇變一樣震撼人心。那需要地緣政治變動（蘇聯突然垮台和中國決定擁抱市場經濟）和通訊、運輸的科技革命，兩者和合，才可能發

生。中華人民共和國和前蘇聯集團國家轉向市場經濟，大大擴大了生產力，帶來一龐大的新市場。在此同時，更廉價空中旅行人次增加、貨物運輸出現「貨櫃革命」，還有，最重要的是網路科技運用於商業。一九八〇年代的金融「自由化」，使金融服務和西方諸國間的資金轉移比以往更自由得多，隨之為貿易量的邁向超高成長期和經濟活動的邁向密集整合（以遠超出一九一四年前所能想像的全球規模邁向經濟整合）創造了成熟的環境。歐洲—大西洋西方和歐亞其他大部分地區，在財富與經濟成就上的「大分流」退場，轉而迎向「大合流」，而「大合流」若持續不輟，將在接下來五十年內使雙方的力量對比，回復到五百年前約略平衡的狀態。

但正受「全球化」改造的這個世界，大體上是在與五百年前大不相同的條件下形成。在本書所涵蓋的大部分時期裡，世界不同地區間的經濟關係，幾未阻止（反倒大力促成）建造擁有獨特價值觀、態度、制度、意識形態的帝國、國家、文化。經濟互賴（抑制文化多元的主要因素）存在時間太短，太快就被中止，其衝擊又不夠深入，因而無法扭轉這趨勢。今人普遍認為，這一漫長時期就要結束：本土文化和民族國家無法抵禦資訊、人員、貨物自由移動的世界所產生的侵襲效應。目前為止，自由移動之路走得還不長。以上論點是否會成真，仍有待觀察。

帖木兒的陰影：歐亞世界不願接受單一規範

或許，這才是重點。我們很有可能正處於一大轉變（地緣政治、經濟、文化上的大轉變）的邊緣，且那轉變的影響比起十八世紀末期的歐亞革命，絕無不及。若真是如此，幾乎毋庸置疑的是，其對世界不同地區的衝擊，將會有很大差異。歐亞世界的歷史告訴我們，作戰、政治上的新方法、新生產技術、新文化習慣、新宗教信仰，由「舊世界」的一端（四面八方）傳播到其另一端時，並未能使兩端的人對現代性或何謂「現代」有一致的看法。過去的貿易與征服、離散與遷徙的模式，已把遙遠地區拉在一塊，影響了那些地區的文化和政治，而那些模式一直都相當複雜，其所產生的影響不是使世界同質化，而是使世界保持多元。相對的，全球經濟的磁力，目前為止都太不穩定，且各地感受到磁力的不均，因而無法促成自由貿易論者常期盼的合作行為和文化融合。今日所稱的全球化，挑明來說，可以看作是當今四大經濟「帝國」（美、歐、日、中）晚近達成的一組協議（有些是未言明的協議，有些是非正式協議）所促成。對他們來說，對於其他所有國家和社會，未來所要克服的挑戰，乃是使內部的團結與令人不安的自由競爭效應和諧並存。壓力會很大，結果難料。但如果說從對過去的漫長檢視中，應可得出一個一貫不變的現象，那就是歐亞世界不願接受單一制度、單一統治者或單單一套規範。由此看來，我們仍活在帖木兒的陰影裡，或者更貼切地說，仍活在他失敗的陰影裡。

1800-1899	1900-1999	註
	1936~1939 年西班牙內戰	
· **1839~1842年** 鴉片戰爭 · **1842年** 南京條約，開放沿海口岸 · **1851年** 洪秀全建立太平天國 · **1854年** 亞羅號事件 · **1858年** 北京條約、璦琿條約 · **1856-1860** 第二次鴉片戰爭 · **1868年** 平定捻亂 · **1862~1873** 平定回亂 · **1884年** 中法戰爭 · **1894~1895年** 甲午戰爭、馬關條約割讓台灣、澎湖群島、滿洲	· **1898~1900年** 義和團之亂 · **1911年** 清朝覆滅 · **1916年** 袁世凱稱帝，恢復帝制失敗 · **1917年** 加入協約國 · **1919年** 五四運動 · **1921~1922年** 華盛頓條約 · **1937~1945年** 八年抗戰 · **1949年** 國共內戰 · **1949年** 中國人民共和國在北京宣告成立 · **1971年** 中華人民共和國加入聯合國	
· **1830年代** 天保饑荒 · **1853年** 結束鎖國時代 · **1858年** 不平等條約 · **1860年代** 初期政治體制瀕臨瓦解 · **1868年** 幕府退位，由天皇治理 · **1869年** 江戶改名東京 · **1872年** 廢除納貢體制 · **1873年** 實施徵兵制 · **1877年** 薩摩叛亂	· **1910年** 併吞韓國 · **1915年** 向中國提出「二十一條要求」 · **1918年** 占領海參崴 · **1922年** 日本撤出西伯利亞，俄羅斯帝國重現 · **1931年** 占領滿洲 · **1933年** 退出國聯 · **1941年** 中立條約 · **1941年** 偷襲珍珠港	
· **1770、1880年代** 俄羅斯勢力推進到黑海北岸 · **1825年** 「十二月黨人」政變失敗 · **1854~1856** 克里米亞戰爭 · **1861年** 廢除農奴制 · **1863年** 頒布大學法 · **1866年** 俄國併吞塔什干 · **1880~1888年** 泛裏海鐵路將俄羅斯勢力帶進中亞 · **1894年** 俄羅斯與法國結盟正式確立	· **1891~1904年** 西伯利亞橫貫鐵路將「蠻荒東部」改造為歐洲的延伸部 · **1904~1905年** 日俄戰爭 · **1906年** 憲政革命 · **1916年** 凡爾登戰役、索姆河戰役 · **1917年** 沙皇下台，君主制走入歷史 · **1917年** 布爾什維克政變 · **1918年** 與同盟國簽訂布列斯特一立陶夫斯克條約 · **1928~1932年** 五年計畫 · **1975年** 赫爾辛基「最終議定書」 · **1979年** 蘇聯入侵阿富汗 · **1991年** 阿爾馬阿塔條約	

大事紀年表

	1400-1499	1500-1599	1600-1699	1700-1799
帖木兒帝國	**1330年代** 帖木兒出生於察合台汗國	**1405年** 帖木兒去世		
蒙兀兒帝國		**1579年** 阿克巴廢除吉茲亞稅	都城由亞格拉遷至德里	· **1739年** 蒙兀兒大敗 · **1760年後** 蒙兀兒帝國成空殼
西班牙	**1492年** 哥倫布橫越大西洋	· **1519~1521年** 西班牙征服阿茲特克帝國 · **1533年**西班牙征服印加帝國		**1702~1713年** 西班牙王位繼承戰爭
中國	**1368年** 明朝建立	· **1567年** 明朝對外開放口岸 · **1590年代** 努爾哈赤建立滿人政體	· **1644年** 明朝覆滅 · **1673~1674年** 三藩之亂 · **1688年** 卡爾梅克入侵外蒙古，挑戰北京威權	· **1727年** 雍正廢除對基督教傳教士有限包容的政策 · **1759年** 平定新疆 · **1793年** 馬戛爾尼爵士來到中國
日本			· **1640年**日本全面禁基督教 · **1688年** 禁止白銀出口	· **1720年** 工業革命 · **1792年** 北海道出現俄羅斯探勘隊
俄羅斯	· **1331年** 莫斯科統治者取得大公頭銜 · **1380年代** 庫利科沃之役	**15世紀下半葉** 波蘭－立陶宛進行文化「現代化」工程	· **1639年** 莫斯科大公國建立 · **1598~1613年** 俄羅斯陷入動亂時期 · **1650年後** 沙皇廢除東正教牧首的轄區 · **1650、1660年代** 俄羅斯宗教改革 · **1654年** 簽訂佩雷雅斯拉夫條約 · **1688年** 噶爾丹征服外蒙古	· **1709年** 波爾塔瓦之役 · **1700~1721年** 大北方戰爭 · **1721年** 俄羅斯、瑞典簽訂尼斯塔德條約，莫斯科大公國成為俄羅斯帝國 · **1725年** 奧倫堡建立，武裝殖民過程進入關鍵階段 · **1740~1748年** 奧地利王位繼承戰爭 · **1774年** 凱納甲湖條約 · **1783年** 俄羅斯併吞克里米亞半島 · **1793年** 建立敖得薩

1800-1899	1900-1999	註
・**1786~1817年** 創立聖戰國索科托 ・**1813年** 簽訂古利斯坦條約 ・**1828年** 土庫曼查條約簽訂 ・**1828年** 鄂圖曼帝國第一份報紙問世 ・**1839~1876年** 「坦志麥特」革新時期 ・**1847年** 伊朗與鄂圖曼邊界確立 ・**1864年** 頒行省區管理法 ・**1877~1878年** 俄國、鄂圖曼戰爭 ・**1878** 柏林會議		
・**1802年** 越南復歸一統 ・**1806年** 拿下好望角 ・**1810年** 拿下法屬法蘭西島 ・**1811年** 奪下荷蘭王國 ・**1813年** 英屬東印度公司開放入印度經商 ・**1815年** 稱霸南亞 ・**1824~1825年** 第一次英、緬戰爭 ・**1840年代** 英國移民抵達紐西蘭 ・**1851年** 路透社成立 ・**1857年** 反英大暴動 ・**1858年** 收復阿瓦德 ・**1869年** 蘇伊士運河開通 ・**1882年** 占領埃及 ・**1885** 柏林西非洲會議 ・**1899~1902年** 南非戰爭	・**1902年** 英日同盟 ・**1911年** 鐵路幹線收歸國有 ・**1922年** 承認埃及獨立 ・**1923年** 洛桑和約 ・**1932年** 承認伊拉克獨立 ・**1947年** 荷蘭展開「維安行動」 ・**1947年** 結束統治印度 ・**1949年** 歐洲海軍撤離中國 ・**1944~1945年** 催生阿拉伯聯盟	* 英國結束統治印度與歐洲海軍撤離中國，標誌著亞洲史上「達伽瑪時代」的結束

大事紀年表

	1400-1499	1500-1599	1600-1699	1700-1799
鄂圖曼土耳其帝國	**1453年** 鄂圖曼人稱霸南巴爾幹半島	· **1534年** 掌控巴格達 · **1570年代** 鄂圖曼人打造地跨歐、亞、非三洲的大帝國	1699年哈布斯堡皇帝與鄂圖曼蘇丹議和，簽定卡洛維茨條約	· **1711年** 普魯特戰役 · **1718年** 帕薩羅維茨和約 · **1718-1730** 「鬱金香時期」改革政策 · **1739** 貝爾格勒條約 · **1768-1774年** 俄土戰爭
薩法維帝國		**1501年** 創建者伊斯瑪儀一世，於大不里士自立為王		
印加帝國				
阿茲特克帝國				
葡萄牙		· **1488年** 巴托洛梅·狄亞士繞過好望角 · **1498年** 達伽瑪抵達印度 · **1426年** 葡萄牙占領馬德拉群島 · **1430年** 亞速群島成為葡萄牙殖民地 · **1434年** 葡萄牙人大膽航越博哈多爾角		
英國				· **1707年** 英格蘭、蘇格蘭合併 · **1739年** 爆發詹金斯的耳朵戰爭 · **1742年** 英國遠征軍奪占西班牙加勒比海地區卡塔赫那 · **1745-1746年** 英俊王子查理入侵，倫敦金融陷入恐慌 · **1757年** 英國征服孟加拉 · **1762年** 攻下哈瓦那 · **1769年** 理察·阿克萊特發明水力紡紗機 · **1775年** 蒸氣引擎問世 · **1779年** 撒繆爾·克朗普頓發明走錠紡紗機 · **1783年** 簽訂凡爾賽和約 · **1811年** 入侵爪哇 · **1830年** 動力織造技術問世

1800-1899	1900-1999	註
· **1813年** 萊比錫爆發「諸民族之役」 · **1815年** 百日復辟 · **1814~1815** 維也納會議（英、法、俄、普、奧） · **1835年** 哈瓦斯成立 · **1870~1871** 普法戰爭 · **1871年** 喪失亞爾薩斯-洛林	· **1919年** 巴黎和會 · **1925年** 盧卡諾條約 · **1954年** 奠邊府之役 · **1962年** 阿爾及利亞脫離法國統治	
· **1830年** 白人殖民浪潮越過密西西比河 · **1830年** 打開北美內陸 · **1846~1848年** 墨西哥戰爭 · **1848年** 美聯社成立 · **1863年** 廢除蓄奴 · **1861~1865** 南北戰爭 · **1869年** 聯合太平洋鐵路 · **1898年** 美西戰爭 · **1898年** 美國帝國主義行動	· **1900年** 成為最大工業經濟體 · **1910年** 墨西哥革命 · **1913年** 美國製造業產量居全球之冠 · **1921~1922年** 東亞協議 · **1922年** 佛尼-麥坎伯關稅法 · **1942年** 中途島之役 · **1947年** 杜魯門主義 · **1947年** 里約條約 · **1951年** 舊金山和約 · **1962年** 占領多明尼加共和國	
	· **1914年** 甘地文化反抗宣言 · **1920~1922年** 不合作運動	
· **1866年** 德國統一戰爭 · **1871年** 日耳曼帝國建立	· **1900年** 世界政策 · **1933年** 希特勒掌權 · **1939年** 德俄互不侵犯條約 · **1941年** 紅鬍子活動 · **1942年** 史達林格勒之役、庫爾斯克坦克大戰 · **1944年** 諾曼第登陸 · **1948年** 柏林封鎖 · **1989年** 柏林圍牆倒塌	

大事紀年表

	1400-1499	1500-1599	1600-1699	1700-1799
法國				· **1740~1748** 奧地利王位繼承戰爭 · **1756~1763年** 七年戰爭摧毀法國霸權 · **1763年** 簽訂巴黎條約 · **1788** 創立非洲協會 · **1798** 「描述埃及」計畫 · **1792年** 與奧地利交戰，導致君主政體廢除 · **1793~1795** 波蘭遭瓜分亡國 · **1798年** 拿破崙登陸埃及金字塔之役結束馬穆魯克王朝統治
美國				**1787年** 通過西北土地法令
印度				**1764年** 伯格薩爾之役
德國				

注釋

PREFACE

1. Frederick Teggart, *Rome and China* (Berkeley, 1939), p. 245.

CHAPTER 1: ORIENTATIONS

1. For Ibn Khaldun, Y. Lacoste, *Ibn Khaldun* (Paris, 1969); *Encylopaedia of Islam* (Leiden, 1999).
2. The authoritative study is B. F. Manz, *The Rise and Rule of Tamerlane* (Cambridge, 1989).
3. For a recent study stressing the exchanges across Mongol Eurasia, Thomas T. Allsen, *Culture and Conquest in Mongol Eurasia* (Cambridge, 2001). See also John Masson Smith, 'The Mongols and the Silk Road', *Silk Road Foundation Newsletter* vol. 1, no. 1 at http://www.silkroadfoundation.org/newsletter/volumeonenumberone/mongols.html.
4. Karl Marx, 'The British Rule in India' (1853), repr. in E. Kamenka (ed.), *The Portable Karl Marx* (Harmondsworth, 1983), pp. 334–5.
5. Lenin's *Imperialism: The Highest Stage of Capitalism* was published in Zurich in 1916.
6. See I. Wallerstein, *Historical Capitalism* (London, 1983) for an elegant outline of this school of thought.
7. M. Weber, *The Sociology of Religion* (1922; Eng. trans. London, 1965), p. 270. Weber also stressed the effects of the caste system and hostility of the Confucian literati to innovation. See H. H. Girth and C. Wright Mills (eds.), *From Max Weber: Essays in Sociology* (pbk edn, London, 1974), chs. 16, 17.
8. For an excellent survey of 'subaltern' history, V. Chaturvedi (ed.), *Mapping Subaltern Studies and the Postcolonial* (London, 2000), 'Introduction'.
9. J. C. van Leur, *Indonesian Trade and Society: Essays in Asian Social and Economic History* (The Hague, 1955), p. 261.

10. For an account of van Leur, J. Vogel, 'A Short Life in History', in L. Blussé and F. Gaastra (eds.), *The Eighteenth Century as a Category in Asian History: Van Leur in Retrospect* (Aldershot, 1998).
11. S. Subrahmanyam, 'Connected Histories: Notes towards a Reconfiguration of Early Modern Eurasia', *Modern Asian Studies* 31, 3 (1997), pp. 734–62.
12. See the discussion of 'Monsoon' and 'Arid' Asia in J. Gommans, 'Burma at the Frontier of South, East and Southeast Asia: A Geographic Perspective', in J. Gommans and J. Leider (eds.), *The Maritime Frontier of Burma: Exploring Political, Cultural and Commercial Interaction in the Indian Ocean World* (Leiden, 2002), pp. 1–7.
13. A powerful statement of this view can be found in Kenneth Pomeranz, *The Great Divergence: China, Europe and the Making of the Modern World Economy* (Princeton, 2000), from where the phrase 'surprising resemblances' comes (p. 29).
14. E. Said, *Orientalism* (London, 1978).
15. S. L. Eisenstadt, 'Multiple Modernities', *Daedalus* 129, 1 (2000), pp. 1–29.
16. Some writers claim that caste was all but imposed by the British; a more balanced view ascribes a major role to Indian informants. For the extreme position, N. Dirks, *Castes of Mind* (Princeton, 2001).
17. T. Spear, 'Neo-Traditionalism and the Limits of Invention in British Colonial Africa', *Journal of African History* 44 (2003), pp. 2–27.
18. See below, ch. 5; also J. Belich, *The New Zealand Wars* (Auckland, 1986).
19. Originally in his paper for the Royal Geographical Society entitled 'The Geographical Pivot of History', *Geographical Journal* 23, 4 (1904), pp. 421–37.
20. The best discussion remains D. Hay, *Europe: The Emergence of an Idea* (Edinburgh, 1957).
21. For Russia's place in a European 'cultural gradient', see Catherine Evtuhov and S. Kotkin (eds.), *The Cultural Gradient: The Transmission of Ideas in Europe 1788–1991* (Oxford, 2003).
22. For a recent review of the debate, P. K. O'Brien, 'Metanarratives in Global Histories of Material Progress', *International History Review* 22, 2 (2001), pp. 345–67.
23. See Book 1, Chapter 2.
24. A. de Tocqueville, *Democracy in America* (1835; Everyman edn, London, 1994), vol. 1, p. 332.
25. See Eisenstadt, 'Multiple Modernities'.
26. D. Obolensky, *The Byzantine Commonwealth* (London, 1971) and M.

Whittow, *The Making of Orthodox Byzantium 600–1025* (London, 1996) offer the best general accounts.
27. The classic account is G. Duby, *The Early Growth of the European Economy* (1973; Eng. trans. Ithaca, NY, 1974). It should now be compared with C. Wickham, *Framing the Early Middle Ages* (Oxford, 2005).
28. See M. Lombard, 'La Chasse et les produits de chasse dans le monde musulman VIIIe–XIe siècles', in M. Lombard, *Espaces et réseaux du Haut Moyen Age* (Paris, 1972), pp. 176–204. When that demand was reduced by disruption in the Near East, the effects were felt severely. See R. Hodges and D. Whitehouse, *Mahomet, Charlemagne and the Origins of Europe* (London, 1983).
29. See A. Lewis, *The Sea and Mediaeval Civilisation* (London, 1978), ch. 14; K. Leyser, 'Theophanus divina gratia imperatrix Augusta', in his *Communications and Power in Medieval Europe: The Carolingian and Ottoman Centuries*, ed. Timothy Reuter (London, 1994).
30. For the Christian conversion of Vladimir of Kiev in the 980s, S. Franklin and J. Shepard, *The Emergence of Rus 750–1200* (London, 1996), ch. 4.
31. For a brilliant discussion, R. Bartlett, *The Making of Europe: Conquest, Colonisation and Cultural Change 950–1350* (London, 1993).
32. See R. Fletcher, *The Conversion of Europe* (London, 1997); E. Christiansen, *The Northern Crusades* (London, 1980).
33. Duby, *Early Growth*, pp. 257–62.
34. See E. Ashtor, *Levant Trade in the Later Middle Ages* (Princeton, 1983), pp. 462, 469, 512.
35. R. Fletcher, *Moorish Spain* (London, 1992), ch. 7.
36. A. Wink, *Al-Hind: The Making of the Indo-Islamic World*, vol. 1: *Early Mediaeval India and the Expansion of Islam, 7th–11th Centuries* (Leiden, 1996), p. 23.
37. See A. M. Watson, *Agricultural Innovation in the Early Islamic World: The Diffusion of Crops and Farming Techniques 700–1100* (Cambridge, 1975).
38. See P. Ratchnevsky, *Genghis Khan: His Life and Legacy* (1983; Eng. trans. Oxford, 1991).
39. Ibn Khaldun, *The Muqadimmah: An Introduction to History*, trans. F. Rosenthal (London, 1967). The *Muqadimmah* was translated into French in the 1860s. The first full version in English, of which this volume is an abridgement, appeared in 1958.
40. The classic analysis is P. Crone, *Slaves on Horses: The Evolution of the Islamic Polity* (Cambridge, 1980).
41. See D. Pipes, *Slave Soldiers and Islam* (New Haven and London, 1981).
42. M. G. S. Hodgson, *The Venture of Islam* (3 vols., Chicago, 1974) is a brilliant analytical survey.

43. R. R. Di Miglio, 'Egypt and China: Trade and Imitation', in D. S. Richards (ed.), *Islam and the Trade of Asia* (Oxford, 1970), pp. 106–22.
44. I. M. Lapidus, *Muslim Cities in the Later Middle Ages* (Cambridge, 1967), p. 9.
45. See J. Abu-Lughod, *Before European Hegemony: The World System 1250–1350* (New York, 1989), pp. 230ff.; C. Cahen, 'Quelques mots sur le déclin commercial du monde musulman à la fin du moyen âge', in C. Cahen, *Les Peuples musulmans dans l'histoire medievale* (Damascus, 1977), pp. 361–5.
46. M. Elvin, *The Pattern of the Chinese Past* (London, 1973), p. 205. The quotation is from a thirteenth-century writer.
47. C. P. Fitzgerald, *The Southern Expansion of the Chinese People* (London, 1972), ch. 7.
48. For this suggestive view, see A. Waldron, *The Great Wall: From History to Myth* (Cambridge, 1990), pp. 190–92.
49. For a recent authoritative assessment of Elvin's thesis, R. von Glahn, 'Imagining Pre-Modern China', in P. J. Smith and R. von Glahn (eds.), *The Song–Yuan–Ming Transition in Chinese History* (Cambridge, Mass., 2003), pp. 35–70.
50. Elvin's key ideas can be followed in his *The Pattern of the Chinese Past* (London, 1973), chs. 14, 17, and in 'The High Level Equilibrium Trap', in *Another History: Essays on China from a European Perspective* (Sydney, 1996), ch. 2.

CHAPTER 2: EURASIA AND THE AGE OF DISCOVERY

1. See F. Fernandez-Armesto, *Before Columbus* (London, 1987), pp. 216–20.
2. See P. Chaunu, *European Expansion in the Later Middle Ages* (1969; Eng. trans. London, 1979), pp. 95–7.
3. See A. Hamdani, 'An Islamic Background to the Voyages of Discovery', in S. K. Jayyusi (ed.), *The Legacy of Muslim Spain* (Leiden, 1994), pp. 286–7.
4. J. Phillips, *The Mediaeval Expansion of Europe* (Oxford, 1988), pp. 251ff.
5. For a recent study, S. Subrahmanyam, *Vasco da Gama* (Cambridge, 1997).
6. J. Vogt, *Portuguese Rule on the Gold Coast 1469–1682* (Athens, Ga., 1979), p. 89.
7. M. N. Pearson, *The Portuguese in India* (Cambridge, 1987), p. 43.
8. A. Das Gupta, 'The Maritime Merchant of Medieval India', in *Merchants of Maritime India* (Aldershot, 1994), p. 8; Pearson, *Portuguese in India*, p. 56.
9. S. Subrahmanyam and L. F. F. R. Thomaz, 'Evolution of Empire: The

Portuguese in the Indian Ocean in the Sixteenth Century', in J. D. Tracy (ed.), *The Political Economy of Merchant Empires: State Power and World Trade 1350–1750* (Cambridge, 1991), p. 318.

10. For the significance of Brazilian trade, J. C. Boyajian, *Portuguese Trade in Asia under the Habsburgs* (Baltimore and London, 1993).

11. G. B. Souza, *The Survival of Empire: Portuguese Trade and Society in China and the South China Sea, 1630–1754* (Cambridge, 1986), p. 229.

12. Hamdani, 'Islamic Background'.

13. Chaunu, *European Expansion*, p. 170.

14. R. Hassig, *Mexico and the Spanish Conquest* (London, 1994), p. 146.

15. See T. Todorov, *La Conquête de l'Amérique* (Paris, 1982).

16. These figures have been debated by historians for decades. For a recent survey, Linda A. Newson, 'The Demographic Collapse of Native Peoples in the Americas, 1491–1650', in W. Bray (ed.), *The Meeting of Two Worlds: Europe and the Americas, 1492–1650*, published in *Proceedings of the British Academy* 81 (1993), pp. 249–77. For the estimate of a 90 per cent die-off in Peru, D. N. Cook, *Demographic Collapse: Indian Peru 1520–1620* (Cambridge, 1981), p. 116.

17. P. Calvasco, 'The Political Economy of the Aztec and Inca States', in G. Collier, R. Rosaldo and J. D. Wirth (eds.), *The Inca and Aztec States, 1400–1800: Anthropology and History* (New York, 1982).

18. B. A. Tenenbaum (ed.), *Encyclopedia of Latin American History and Culture* (New York, 1996), vol. 4, p. 435.

19. See G. L. Villena, *Les Espinosa* (Paris, 1968) for Gaspar Espinosa, the Panama-based merchant.

20. See G. W. Conrad and A. A. Demarest, *Religion and Empire: The Dynamics of Aztec and Inca Expansionism* (Cambridge, 1984).

21. This is the theme of S. Gruzinski, *The Conquest of Mexico* (1988; Eng. trans. London, 1993).

22. H. S. Klein and J. J. TePaske, 'The Seventeenth-Century Crisis in New Spain: Myth or Reality?', *Past and Present* 91 (1981), pp. 116–35.

23. J. I. Israel, *Race and Class in Colonial Mexico 1610–1670* (Oxford, 1975), p. 8.

24. Gruzinski, *Conquest*, p. 152.

25. F. F. Berdan, 'Trauma and Transition in Sixteenth-Century Central Mexico', in Bray (ed.), *The Meeting of Two Worlds*, p. 187.

26. See A. Hennessy, 'The Nature of the Conquest and the Conquistadors', in Bray (ed.), *The Meeting of Two Worlds*, p. 23.

27. Gruzinski, *Conquest*, pp. 176–87.

28. Berdan, 'Trauma and Transition', p. 190.

29. J. Lockhart, *Spanish Peru 1532–60: A Colonial Society* (Madison, 1968).

30. Hennessy, 'Nature of the Conquest', p. 19.
31. Ortega y Gasset, quoted in R. H. Billington, *The Icon and the Axe: An Interpretive History of Russian Culture* (pbk edn, New York, 1970), p. 71.
32. H. Birnbaum, 'The Balkan Slavic Component of Medieval Russian Culture', in H. Birnbaum and M. S. Flier (eds.), *Medieval Russian Culture* (London, 1984), pp. 3–30.
33. R. O. Crummey, *The Formation of Muscovy 1301–1617* (London, 1987), pp. 36, 41.
34. Ibid., pp. 36ff.
35. See W. H. Parker, *An Historical Geography of Russia* (London, 1968) for Moscow's position.
36. See N. Davies, *God's Playground: A History of Poland*, vol. 1: *The Origins to 1795* (Oxford, 1981), pp. 148–52, for the Polish Renaissance.
37. D. Obolensky, 'Russia's Byzantine Heritage', in his *Byzantium and the Slavs: Collected Studies* (London, 1971), p. 99; N. Andreyev, *Studies in Muscovy: Western Influence and Byzantine Inheritance* (London, 1970), pp. 14, 21; R. Wortman, *Scenarios of Power: Myth and Ceremony in Russian Monarchy*, vol. 1: *From Peter the Great to the Death of Nicholas I* (Princeton, 1995), p. 24.
38. Billington, *Icon*, p. 64.
39. Ibid., p. 90.
40. G. V. Lantzeff and R. A. Pierce, *Eastward to Empire* (Montreal and London, 1973), pp. 72, 107, 109.
41. J. L. Wieczynski, *The Russian Frontier: The Impact of Borderlands upon the Course of Early Russian History* (Charlottesville, Va., 1976), p. 77.
42. See the lyrical description of the steppe in Nikolai Gogol's story, 'Taras Bulba' (1835), in N. Gogol, *Village Evenings near Dikanka* and *Mirgorod* (Eng. trans. Oxford, 1994), p. 257.
43. The difficulties of Russian military advance into the southern steppes are explained in W. C. Fuller, *Strategy and Power in Russia, 1600–1914* (New York, 1992).
44. See E. Keenan, 'Muscovy and Kazan: Some Introductory Remarks on the Pattern of Steppe Diplomacy', *Slavic Review* 26, 4 (1967), p. 553. Also A. S. Donnelly, *The Russian Conquest of Bashkiria 1552–1740* (New Haven and London, 1968) for a general account of Russia's steppe expansion.
45. For a suggestive parallel, F. Barth, *Nomads of South Persia* (Oslo, 1964), pp. 106–11.
46. Keenan, 'Muscovy and Kazan', p. 555.
47. See the cautious conclusions in P. Bushkovitch, *The Merchants of Muscovy 1580–1650* (Cambridge, 1980), pp. 93–101.
48. M. Khodarkovsky, *Where Two Worlds Meet* (Ithaca, NY, 1992), ch. 3.

49. See W. D. Allen (ed.), *Russian Embassies to the Georgian Kings (1589–1605)*, Hakluyt Society, 2nd Series, 138 (2 vols., Cambridge, 1970), vol. 1, pp. 69–71.
50. For this interpretation, R. Hellie, *Enserfment and Military Change in Muscovy* (Chicago and London, 1971) and J. H. L. Keep, *Soldiers of the Tsar* (Oxford, 1985), pp. 47–8.
51. Hellie, *Enserfment*, p. 164.
52. Billington, *Icon*, pp. 102–4.
53. E. S. Forster (ed.), *The Turkish Letters of Ogier Ghiselin de Busbecq* (Oxford, 1927), pp. 111–12.
54. For the background to this conflict, Shai Har-El, *The Struggle for Domination in the Middle East: The Ottoman–Mamluk War 1485–1491* (Leiden, 1995).
55. Forster, *Turkish Letters*, p. 112.
56. By 1528 the Ottomans had a standing army of some 87,000. See H. Inalcik, 'The Ottoman State: Economy and Society 1300–1600', in H. Inalcik with D. Quataert (eds.), *An Economic and Social History of the Ottoman Empire 1300–1914* (Cambridge, 1994), p. 88.
57. For Ottoman sea power, P. Brummett, *Ottoman Sea Power and Levantine Diplomacy in the Age of Discovery* (Albany, NY, 1994).
58. Ibid., p. 174; A. Hess, 'The Evolution of the Ottoman Seaborne Empire in the Age of Oceanic Discoveries, 1453–1525', *American Historical Review* 75, 7 (1970), pp. 201–22.
59. P. F. Sugar, *Southeastern Europe under Ottoman Rule 1354–1804* (London, 1977), p. 109.
60. P. Mantrân, *La Vie quotidienne à Constantinople au temps de Soleiman le Magnifique et ses successeurs* (Paris, 1965), p. 295.
61. See C. Kafadar, *Between Two Worlds: The Construction of the Ottoman State* (Berkeley, Los Angeles and London, 1995), p. 153.
62. Forster, *Turkish Letters*, pp. 111–12.
63. The relative success of the Ottoman economy has been much debated. The gloomier views in D. Goffman, *Izmir and the Levantine World, 1550–1650* (Seattle, 1990) and B. Masters, *The Origins of Western Economic Dominance in the Middle East: Mercantilism and the Islamic Economy in Aleppo* (New York, 1988) can be compared with those in S. Faroqhi, 'In Search of Ottoman History', in H. Berktay and S. Faroqhi (eds.), *New Approaches to State and Peasant in Ottoman History* (London, 1992), and the discussion in S. Faroqhi, 'Crisis and Change, 1590–1699', in Inalcik with Quataert (eds.), *Ottoman Empire*, pp. 474–531.
64. H. Islamoglu-Inan, *State and Peasant in the Ottoman Empire* (Leiden, 1994) for the link between tax-farming and commercialization.

65. See Rifa'at Ali Abou El-Haj, *The Formation of the Modern State: The Ottoman Empire, Sixteenth to Eighteenth Centuries* (Albany, NY, 1991), p. 10.
66. These conflicts are brilliantly surveyed in W. D. Allen, *Problems of Turkish Power in the Sixteenth Century* (London, 1963).
67. For the general setting, W. Barthold, *An Historical Geography of Iran* (Princeton, 1984).
68. P. Jackson and W. Lockhart (eds.), *The Cambridge History of Iran*, vol. 6: *The Timurid and Safavid Periods* (Cambridge, 1986), pp. 227–8.
69. For Shia Islam in Iran, H. Halm, *Shiism* (Edinburgh, 1991), pp. 91ff.
70. See J. J. Reid, 'Tribalism and Society in Islamic Iran, 1500–1629', PhD thesis, University of California at Los Angeles, 1978.
71. Jackson and Lockhart, *Cambridge History of Iran*, pp. 246, 263. See also the chapter by R. M. Savory on Safavid administration in the same volume.
72. D. Navridi, 'Socio-Economic and Political Change in Safavid Iran in the Sixteenth and Seventeenth Centuries', PhD thesis, Vanderbilt University, 1977, pp. 71ff.
73. J. B. Tavernier, *Voyages en Perse* (Paris, 1970), pp. 251–2. Tavernier made his first visit in 1639. His *Voyages* was originally published in 1670.
74. Navridi, 'Safavid Iran', p. 168.
75. J. Fryer, *A New Account of East India and Persia, Being Nine Years' Travels, 1672–1681*, ed. W. Crooke (3 vols., London, 1909–15), vol. 2, pp. 246–50.
76. Even in the nineteenth century, between a third and one-half of Iran's population were nomadic and tribal. A. Wink, *Al-Hind: The Making of the Indo-Islamic World*, vol. 2: *Slave Kings and the Islamic Conquest, 11th–13th Centuries* (Leiden, 1997), p. 15.
77. Halm, *Shiism*, pp. 94–8.
78. For Babur's origins and early career, S. A. M. Adshead, *Central Asia in World History* (London, 1993), pp. 131ff.
79. J. F. Richards, *The Mughal Empire* (Cambridge, 1993), p. 6.
80. S. F. Dale, *Indian Merchants and Eurasian Trade 1600–1750* (Cambridge, 1994), pp. 6–7.
81. *Baburnama (Memoirs of Babur)*, trans. A. S. Beveridge (Delhi, 1921, 1989), pp. 531–2.
82. Richards, *Mughal Empire*, p. 2.
83. R. M. Eaton, *The Rise of Islam and the Bengal Frontier 1204–1760* (London, 1993), p. 36.
84. For the amirs, Richards, *Mughal Empire*, p. 19. In 1595, two-thirds of Akbar's nobility were of Turkic or Iranian origin. See Eaton, *Bengal Frontier*, p. 165.

85. T. Raychaudhuri and I. Habib (eds.), *The Cambridge Economic History of India*, vol. 1: *c.1200–1750* (Cambridge, 1982), p. 184; Richards, *Mughal Empire*, p. 66.
86. Raychaudhuri and Habib (eds.), *Economic History*, vol. 1, p. 266.
87. D. Streusand, *The Formation of the Mughal Empire* (Delhi, 1989), p. 71.
88. Ibid., p. 130.
89. Ibid., p. 131.
90. See F. C. R. Robinson, 'Perso-Islamic Culture in India from the 17th to the Early 20th Centuries', in R. L. Canfield (ed.), *Turko-Persia in Historical Perspective* (Cambridge, 1991), pp. 110–11.
91. Adshead, *Central Asia*, p. 131.
92. Dale, *Indian Merchants*, pp. 15, 21; Raychaudhuri and Habib (eds.), *Economic History*, vol. 1, for a survey of the Mughal economy.
93. As safe as France or Italy, noted Tavernier. Raychaudhuri and Habib (eds.), *Economic History*, vol. 1, p. 353.
94. For these aspects, see ibid., pp. 288–301.
95. I owe this suggestion to an unpublished paper by David Washbrook.
96. E. L. Farmer, *Early Ming Government: The Evolution of Dual Capitals* (Cambridge, Mass., 1976), p. 19.
97. J. Dardess, 'The End of Yuan Rule in China', in H. Franke and D. Twitchett (eds.), *The Cambridge History of China,* vol. 6: *Alien Regimes and Border States, 907–1368* (Cambridge, 1994), pp. 581–2.
98. See R. Huang, *Taxation and Governmental Finance in Sixteenth-Century Ming China* (Cambridge, 1974), p. 55.
99. Huang, *Taxation and Finance*, p. 310.
100. For Ming relations with Tamerlane and his successors, Joseph E. Fletcher, 'China and Central Asia, 1368–1884', in J. K. Fairbank (ed.), *The Chinese World Order: Traditional China's Foreign Relations* (Cambridge, Mass., 1968).
101. A. Waldron, *The Great Wall: From History to Myth* (Cambridge, 1990) provides an excellent account of the strategic debates under the later Ming emperors.
102. S. Jagchid and V. J. Symons, *Peace, War and Trade along the Great Wall* (Bloomington, Ind., 1989), p. 86.
103. See D. O. Flynn, 'Comparing the Tokugawa Shogunate and Hapsburg Spain', in J. D. Tracy (ed.), *The Rise of Merchant Empires* (Cambridge, 1990).
104. See J. E. Wills, 'Maritime China from Wang Chih to Shih Lang', in J. Spence and J. E. Wills (eds.), *From Ming to Ch'ing* (New Haven, 1979), p. 211.
105. See A. Reid, 'An Age of Commerce in Southeast Asian History', *Modern Asian Studies* 24, 1 (1990), pp. 9–10.

106. See R. von Glahn, *Fountain of Fortune: Money and Monetary Policy in China 1000–1700* (Berkeley, 1997); F. W. Mote and D. Twitchett (eds.), *The Cambridge History of China*, vol. 7: *Ming Dynasty 1368–1644*, pt 1 (Cambridge, 1988), pp. 587–8; Reid, 'Àge of Commerce', pp. 10, 21–3.
107. J. W. Hall (ed.), *The Cambridge History of Japan*, vol. 4: *Early Modern Japan* (Cambridge, 1991), p. 321.
108. See M. Jansen, *China in the Tokugawa World* (Cambridge, Mass., 1992).
109. See Wills, 'Maritime China'.
110. Ibid., p. 244.
111. P. Burke, *Tradition and Innovation in Renaissance Italy* (pbk edn, London, 1974), p. 306.
112. In his hugely influential *The Civilization of the Renaissance in Italy*, published in Basle in 1860. However, the book did not become widely known until the 1880s.
113. See Jacob Burckhardt, *The Civilization of the Renaissance in Italy* (Eng. trans. London, 1944), pt 1.
114. F. Braudel, *The Mediterranean and the Mediterranean World in the Age of Philip II* (1966; Eng. trans. 2 vols., London, 1972–3), vol. 2, p. 913.
115. See G. Parker, *The Grand Strategy of Philip II* (London, 1998).
116. See G. Muto, 'The Spanish System', in R. J. Bonney (ed.), *Economic Systems and State Finance* (Oxford, 1995), pp. 246, 248.
117. See A. Peroton-Dumon, 'The Pirate and the Emperor', in Tracy (ed.), *Political Economy of Merchant Empires*, pp. 196–227.
118. See D. F. Lach, *Asia in the Making of Europe*, vol. 1: *The Century of Discovery* (Chicago, 1964), ch. 4.
119. A. R. Mitchell, 'The European Fisheries in Early Modern History', in E. E. Rich and C. H. Wilson (eds.), *The Cambridge Economic History of Europe*, vol. 5: *The Economic Organisation of Early Modern Europe* (Cambridge, 1977), pp. 157–8.
120. W. L. Schurz, *The Manila Galleon* (New York, 1939); H. Kamen, *Spain's Road to Empire: The Making of a World Power* (London, 2002).
121. For Philip's 'messianic imperialism', G. Parker, *Grand Strategy*, ch. 3.
122. For the effects of America, see J. H. Elliott, 'Final Reflections', in K. O. Kupperman (ed.), *America in European Consciousness 1493–1750* (Chapel Hill, NC, and London, 1995), p. 406.
123. See J. de Vries, *The European Economy in the Age of Crisis 1600–1750* (pbk edn, Cambridge, 1976), p. 130.
124. See A. W. Crosby, *The Columbian Exchange* (Westport, Conn., 1972); A. J. R. Russell-Wood, *A World on the Move* (New York, 1992).
125. See B. Lewis, *Cultures in Conflict* (Oxford, 1995) for Ottoman indifference to the Americas.

CHAPTER 3: THE EARLY MODERN EQUILIBRIUM

1. J. B. Brebner, *The Explorers of North America* (pbk edn, New York, 1955), p. 255.
2. Ibid., p. 255.
3. Ibid., p. 299.
4. The classic study is J. Baker, *History of Geographical Exploration* (London, 1931).
5. See J. C. Beaglehole, *The Life of Captain James Cook* (London, 1974).
6. See R. Law, '"Here is no resisting the country": The Realities of Power in Afro-European Relations on the West African Slave Coast', *Itinerario* 17, 2 (1994), pp. 56–64.
7. For the *bandeirantes*, C. R. Boxer, *The Golden Age of Brazil 1695–1750* (London, 1962), pp. 31–2.
8. N. Canny, *Europeans on the Move* (Oxford, 1994), p. 265.
9. F. Jennings, *The Invasion of America* (pbk edn, London, 1976), pp. 30, 178–9, 300.
10. T. Burnard, 'European Migration to Jamaica, 1655–1780', *William and Mary Quarterly*, 3rd Series, 52, 4 (1996), pp. 769–96.
11. B. Bailyn, *Voyagers to the West* (London, 1986), p. 24.
12. D. Eltis, 'Free and Coerced Transatlantic Migration: Some Comparisons', *American Historical Review* 88, 2 (1983), pp. 252–5.
13. R. S. Dunn, *Sugar and Slaves: The Rise of the Planter Class in the English West Indies 1624–1713* (Chapel Hill, NC, 1972).
14. P. R. P. Coelho and R. A. McGuire, 'African and European Bound Labour: The Biological Consequences of Economic Choice', *Journal of Economic History* 57, 1 (1997), p. 108.
15. B. Solow, 'Slavery and Colonization', in B. Solow (ed.), *Slavery and the Rise of the Atlantic System* (Cambridge, 1991), p. 29.
16. I. Blanchard, *Russia's Age of Silver* (London, 1989).
17. For sugar consumption in Europe, S. Mintz, *Sweetness and Power* (pbk edn, London, 1986), p. 67.
18. K. N. Chaudhuri, *The Trading World of Asia and the East India Company 1660–1750* (Cambridge, 1978), pp. 7–10; L. Dermigny, *La Chine et l'Occident: Le Commerce à Canton 1719–1833* (3 vols., Paris, 1964), vol. 2, p. 691.
19. See R. Davis, 'English Foreign Trade 1660–1700', *Economic History Review*, New Series, 7, 2 (1954), pp. 150–66; R. Davis, 'English Foreign Trade, 1700–1774', *Economic History Review*, New Series, 15, 2 (1962), pp. 285–303.
20. N. Zahedieh, 'Trade, Plunder and Economic Development in Early

English Jamaica, 1655–1689', *Economic History Review*, New Series, 39, 2 (1986), pp. 205–22; K. Glamann, 'The Changing Pattern of Trade', in E. E. Rich and C. H. Wilson (eds.), *The Cambridge Economic History of Europe*, vol. 5: *The Economic Organisation of Early Modern Europe* (Cambridge, 1977), p. 191.

21. See J. de Vries, *The European Economy in the Age of Crisis 1600–1750* (pbk edn, Cambridge, 1976).

22. Ibid., p. 116.

23. Ibid., p. 125.

24. Ibid., p. 181.

25. See for example J. H. Plumb, 'The Commercialization of Leisure', in Neil McKendrick, John Brewer and J. H. Plumb, *The Birth of a Consumer Society: The Commercialization of Eighteenth-Century England* (London, 1982).

26. For this argument, I. Wallerstein, *The Modern World System* (2 vols., London, 1974, 1980).

27. De Vries, *Crisis*, p. 142.

28. For the Royal Africa Company, K. G. Davies, *The Royal Africa Company* (London, 1962). For the South Seas Company, J. Carswell, *The South Sea Bubble* (Stanford, 1960). The declining profitability of the Dutch East India Company and the failure of the two Dutch West India Companies are discussed in J. de Vries and Ad van der Woude, *The First Modern Economy: Success, Failure and Perseverance of the Dutch Economy, 1500–1815* (Cambridge, 1997), pp. 463–4, 468.

29. See Holden Furber, *Rival Empires of Trade in the Orient 1600–1800* (Minneapolis, 1976; repr. New Delhi, 2004), pp. 334–9.

30. See M. Korner, 'Expenditure', in R. J. Bonney (ed.), *Economic Systems and State Finance* (Oxford, 1995), pp. 393–422.

31. See N. Henshall, *The Myth of Absolutism* (London, 1992).

32. See J. Berenger, *Finances et absolutisme autrichiens dans la seconde moitié du xviime siècle* (2 vols., Paris, 1975), vol. 2, p. 662; R. J. W. Evans, *The Making of the Habsburg Monarchy* (Oxford, 1979), pp. 96–9.

33. E. Le Roy Ladurie, *L'Ancien Régime* (2 vols., Paris, 1991), vol. 2, p. 26.

34. The phrase comes from J. Henretta, *'Salutary Neglect'* (Princeton, 1972).

35. J. H. Parry, *The Spanish Seaborne Empire* (London, 1966), ch. 14.

36. D. Ogg, *Europe of the Ancien Régime 1715–83* (London, 1965), pp. 41–4, citing J. H. Bielefeld's *Institutions politiques* (1760).

37. Parry, *Empire*, pp. 202–5.

38. E. S. Morgan, *American Slavery, American Freedom: The Ordeal of Colonial Virginia* (New York, 1975), ch. 13.

39. D. Baugh, 'Maritime Strength and Atlantic Commerce', in L. Stone (ed.), *An Imperial State at War* (London, 1994), pp. 185–223.

40. B. Bailyn, *The Origins of American Politics* (pbk edn, New York, 1968), pp. 72–4.
41. Korner, 'Expenditure', p. 416.
42. R. J. Bonney, 'The Eighteenth Century II: The Struggle for Great Power Status and the End of the Old Fiscal Regime', in Bonney (ed.), *Economic Systems*, pp. 322ff.
43. M. Anderson, *The War of the Austrian Succession 1740–48* (London, 1995), pp. 25ff.
44. See B. Lenman, *Britain's Colonial Wars, 1688–1783* (London, 2001).
45. For campaigning in 'Danubia', J. Stoye, *Marsigli's Europe* (London, 1994).
46. See W. C. Fuller, *Strategy and Power in Russia, 1600–1914* (New York, 1992).
47. T. Smollett, *The Adventures of Roderick Random* (1748; Everyman edn, London, 1927), ch. 34, p. 191.
48. G. W. Forrest, *The Life of Lord Clive* (2 vols., London, 1918), vol. 1, pp. 26–30.
49. A. Osiander, *The States System of Europe 1640–1990* (Oxford, 1994), pp. 78–81.
50. For the Spanish 'system', R. A. Stradling, *Europe and the Decline of Spain* (London, 1981).
51. Anderson, *Austrian Succession*, p. 58.
52. W. Goetzmann, *New Lands, New Men: America and the Second Great Age of Discovery* (pbk edn, London, 1987), pp. 62–4.
53. J. Tully, *An Approach to Political Philosophy: Locke in Contexts* (Cambridge, 1993), ch. 5.
54. See J. Harrison and P. Laslett, *The Library of John Locke* (Oxford, 1965).
55. Dermigny, *La Chine*, vol. 1, pp. 19–22.
56. Montesquieu, *Lettres persanes* (1721), letter 121.
57. Montesquieu, *The Spirit of the Laws* (1748; Eng. trans. New York, 1949), vol. 1, pp. 301–4.
58. Ibid., p. 368.
59. Quoted in N. A. M. Rodger, *The Command of the Ocean: A Naval History of Britain 1649–1815* (London, 2004), p. 235.
60. J.-P. Rubiès, 'New Worlds and Renaissance Ethnology', *History and Anthropology* 6, 2–3 (1993), pp. 157–97.
61. M. J. Anderson, *Britain's Discovery of Russia 1553–1815* (London, 1958), p. 98.
62. See Wallerstein, *Modern World System*, vol. 2.
63. J. Billington, *The Icon and the Axe: An Interpretive History of Russian Culture* (London, 1970), pp. 146, 154, 166.

64. J. M. Letiche and B. Dmytryshyn, *Russian Statecraft: The* Politika *of Iurii Krizhanich* (Oxford, 1985), p. xlvii.
65. G. V. Lantzeff and R. A. Pierce, *Eastward to Empire* (Montreal and London, 1973), pp. 139ff.
66. Blanchard, *Russia's Age of Silver*, p. 90.
67. For this process, A. S. Donnelly, *The Russian Conquest of Bashkiria 1552–1740* (New Haven and London, 1968).
68. The best account of Peter's policies is now L. Hughes, *Russia in the Age of Peter the Great* (London, 1998). For the senate pronouncement, p. 296.
69. O. Subtelny, *Ukraine: A History* (Toronto, 1988), p. 182.
70. S. H. Baron, 'Who were the *Gosti*?', in his *Muscovite Russia: Collected Essays* (London, 1980).
71. Blanchard, *Russia's Age of Silver*, pp. 218ff. By 1710 the tax burden was equal to 64 per cent of the grain harvest, a rough approximation to the national product. See R. Hellie, 'Russia', in R. J. Bonney (ed.), *The Rise of the Fiscal State in Europe c.1200–1815* (Oxford, 1999), p. 497.
72. Hughes, *Russia*, chs. 7, 9.
73. B. H. Sumner, *Peter the Great and the Emergence of Russia* (London, 1951), pp. 55, 72.
74. Kliuchevskii cited in 'The Weber Thesis and Early Modern Russia', p. 333, in Baron, *Muscovite Russia*.
75. Letiche and Dmytryshyn, *Russian Statecraft*, pp. lviii–lix.
76. S. A. M. Adshead, *China in World History* (3rd edn, London, 1995), p. 243.
77. 'Ch'ing' meant 'pure'.
78. L. D. Kessler, *Kang-hsi and the Consolidation of Ch'ing Rule 1661–1684* (Chicago, 1976), p. 10.
79. See J. E. Wills, 'Maritime China from Wang Chih to Shih Lang', in J. Spence and J. E. Wills (eds.), *From Ming to Ch'ing* (New Haven, 1979), p. 226.
80. Kessler, *Kang-hsi*, p. 86.
81. V. S. Miasnikov, *The Ch'ing Empire and the Russian State in the 17th Century* (1980; Eng. trans. London, 1985), p. 183.
82. Wills, 'Maritime China', p. 228.
83. J. E. Wills, 'Ch'ing Relations with the Dutch 1662–1690', in J. K. Fairbank (ed.), *The Chinese World Order: Traditional China's Foreign Relations* (Cambridge, Mass., 1968), p. 245.
84. See Joseph E. Fletcher, 'China and Central Asia, 1368–1884', in Fairbank (ed.), *Chinese World Order*.
85. J. Spence, *Emperor of China: Self-portrait of K'ang-hsi* (New York, 1974), p. 9.

86. Miasnikov, *Ch'ing Empire*, p. 94.
87. Ibid., p. 286.
88. Pei Huang, *Aristocracy at Work: A Study of the Yung-cheng Period* (Bloomington, Ind., 1974), p. 181.
89. Huang, *Aristocracy*, p. 160; generally, B. Bartlett, *Monarchs and Ministers* (Berkeley and Los Angeles, 1991).
90. Adshead, *China*, p. 253.
91. P. C. Perdue, *Exhausting the Earth: State and Peasant in Hunan 1500–1850* (Cambridge, Mass., 1987), p. 10.
92. Ibid., p. 22.
93. M. Elvin, *The Pattern of the Chinese Past* (London, 1973), p. 248.
94. For the Kiangnan region and its cotton trade, M. Elvin, 'Market Towns and Waterways: The County of Shanghai from 1480 to 1910', in M. Elvin, *Another History: Essays on China from a European Perspective* (Sydney, 1996), p. 109.
95. For comparisons between the early modern economies of China and Europe, K. Pomeranz, *The Great Divergence: China, Europe and the Making of the Modern World Economy* (Princeton, 2000), pp. 106–7.
96. Spence, *Emperor of China*, p. 78.
97. Ibid., p. 83.
98. R. J. Smith, *China's Cultural Heritage: The Ch'ing Dynasty 1644–1911* (Boulder, Colo., and London, 1983), pp. 190ff.
99. Ibid., p. 108.
100. C. P. Fitzgerald, *The Southern Expansion of the Chinese People* (London, 1972), pp. 152–5.
101. Peng Yoke, 'China and Europe: Scientific and Technological Exchanges', in T. H. C. Lee (ed.), *China and Europe: Images and Influence in Sixteenth to Eighteenth Centuries* (Hong Kong, 1991), p. 196.
102. F. H. Bray, 'Some Problems Concerning the Transfer of Scientific and Technological Knowledge', in Lee (ed.), *China and Europe*, p. 16.
103. Smith, *Cultural Heritage*, pp. 185–7.
104. For two highly suggestive views of the long-run tendencies in Chinese political organization, J. A. Fogel, *Politics and Sinology: The Case of Naito Konan, 1866–1934* (Cambridge, Mass., 1984) and J. Schrecker, *The Chinese Revolution in Historical Perspective* (New York, 1991).
105. C. Totman, *Early Modern Japan* (London, 1993), p. 140.
106. Edo was the first city to reach a population of a million: see H. Jinnai, 'The Spatial Structure of Edo', in C. Nakane and S. Oishi (eds.), *Tokugawa Japan: The Social and Economic Antecedents of Modern Japan* (Tokyo, 1990).
107. Totman, *Early Modern Japan*, p. 149.

108. S. Nakamura, 'The Development of Rural Industry', in Nakane and Oishi (eds.), *Tokugawa Japan*, pp. 81–5.
109. See E. Kato, 'The Early Shogunate and Dutch Trade Policies', in L. Blussé and F. Gaastra (eds.), *Companies and Trade* (Leiden, 1981).
110. A. Reid, 'An Age of Commerce in Southeast Asian History', *Modern Asian Studies* 24, 1 (1990), pp. 10, 21.
111. M. Jansen, *China in the Tokugawa World* (Cambridge, Mass., 1992), p. 16.
112. Ibid., p. 7.
113. Ibid., p. 8.
114. Totman, *Early Modern Japan*, p. 138; Jansen, *Tokugawa World*, p. 35.
115. See Y. Yonezawa and C. Yoshizawa, *Japanese Painting in the Literati Style* (Eng. trans. New York, 1974).
116. Jinnai, 'The Spatial Structure of Edo', p. 148.
117. Totman, *Early Modern Japan*, p. 261.
118. A. Reid, *Southeast Asia in the Age of Commerce, 1450–1680* (2 vols., New Haven, 1988, 1993), vol. 2, ch. 3.
119. J. S. Trimingham, *A History of Islam in West Africa* (pbk edn, Oxford, 1970), pp. 131–6.
120. Ibid., p. 122.
121. B. Lewis, *The Muslim Discovery of Europe* (London, 1982), p. 237; H. A. R. Gibb and H. Bowen, *Islamic Society and the West: A Study of the Impact of Western Civilisation on Moslem Culture in the Near East*, vol. 1: *Islamic Society in the Eighteenth Century*, pt 1 (London, 1950), p. 214.
122. See J. Mokyr, *The Lever of Riches: Technological Creativity and Economic Progress* (Oxford, 1990), ch. 4.
123. Trimingham, *Islam*, pp. 141–2.
124. For a recent study of this period, I. Parvev, *Habsburgs and Ottomans between Vienna and Belgrade (1683–1739)* (New York, 1995).
125. B. Masters, *The Origins of Western Economic Dominance in the Middle East: Mercantilism and the Islamic Economy in Aleppo* (New York, 1988); D. Goffman, *Izmir and the Levantine World, 1550–1650* (Seattle, 1990).
126. Lewis, *Discovery*, p. 296.
127. *Memoirs of the Baron de Tott on the Turks and the Tartars* (Eng. trans., 2 vols., 1785), vol. 2, p. 15; Lewis, *Discovery*, p. 153.
128. P. Goubert, *Cent mille provinciaux au XVIIe siècle: Beauvais et les Beauvaisis de 1600 à 1750* (pbk edn, Paris, 1968), pp. 172–3.
129. Rifa'at Ali Abou El-Haj, *The Formation of the Modern State: The Ottoman Empire, Sixteenth to Eighteenth Centuries* (Albany, NY, 1991), p. 10.
130. Carol B. Stevens, 'Modernising the Military: Peter the Great and Military Reform', in J. Kotilaine and M. Poe (eds.), *Modernising Muscovy: Reform and*

Social Change in Seventeenth-Century Russia (London, 2004), pp. 247–62, esp. pp. 258–9.
131. See L. Valensi, *Le Maghreb avant la prise d'Algers (1800–1830)* (Paris, 1969); A. C. Hess, 'The Forgotten Frontier: The Ottoman North African Provinces', in T. Naff and R. Owen (eds.), *Studies in Eighteenth-Century Islamic History* (Carbondale, Ill., 1977), pp. 71–83.
132. H. Inalcik, 'Centralization and Decentralization in Ottoman Administration', in Naff and Owen (eds.), *Islamic History*, pp. 38–46.
133. See B. McGowan, 'The Age of the Ayans, 1699–1812', in H. Inalcik with D. Quataert (eds.), *An Economic and Social History of the Ottoman Empire 1300–1914* (Cambridge, 1994), pp. 664–76.
134. For Cairo's coffee trade, A. Raymond, *Artisans et commerçants au Caire au XVIIIe siècle* (Damascus, 1972), p. 144. For the rapid growth of Izmir, S. Faroqhi, *Towns and Townsmen of Ottoman Anatolia* (Cambridge, 1984), p. 6.
135. J. Carswell, 'From the Tulip to the Rose', in Naff and Owen (eds.), *Islamic History*, pp. 328–9.
136. See S. Faroqhi, 'Crisis and Change, 1590–1699', in Inalcik with Quataert (eds.), *Ottoman Empire*, p. 526, and McGowan, 'The Age of the Ayans', p. 724.
137. S. Blake, *Shahjahanabad: The Sovereign City in Mughal India 1639–1739* (Cambridge, 1991).
138. R. M. Eaton, *The Rise of Islam and the Bengal Frontier 1204–1760* (pbk edn, London, 1996), pp. 228ff.
139. C. A. Bayly, *Rulers, Townsmen and Bazaars: North Indian Society in the Age of British Expansion 1770–1870* (Cambridge, 1983), p. 155.
140. T. Raychaudhuri and I. Habib (eds.), *The Cambridge Economic History of India*, vol. 1: *c.1200–1750* (Cambridge, 1982), p. 396; J. R. McLane, *Land and Local Kingship in Eighteenth Century Bengal* (Cambridge, 1993), p. 31.
141. Raychaudhuri and Habib (eds.), *Economic History*, vol. 1, pp. 400–402.
142. Ibid., p. 417.
143. See the brilliant essay by F. Perlin, 'Commercial Manufacture and the "Protoindustrialisation" Thesis', in F. Perlin, *Unbroken Landscape: Commodity, Category, Sign and Identity: Their Production as Myth and Knowledge* (Aldershot, 1994), esp. pp. 81–2.
144. E. Maclagan, *The Jesuits and the Great Moghul* (London, 1932), p. 268.
145. Ibid., p. 269.
146. Ibid., pp. 243ff.
147. L'Escaliot to Sir T. Browne, 28 Jan. 1664, in N. C. Kelkar and D. V. Apte (eds.), *English Records on Shivaji* (Poona, 1931), p. 73.
148. Ibid., p. 374.

149. S. Gordon, *Marathas, Marauders and State Formation in 18th Century India* (New Delhi, 1994), p. 28.
150. Ibid., ch. 2.
151. A. Wink, *Land and Sovereignty in India: Agrarian Society and Politics under the Eighteenth-Century Maratha Svarajya* (Cambridge, 1986), p. 40.
152. See ibid., pp. 7, 34.
153. M. Alam, *The Crisis of Empire in Mughal North India: Awadh and the Punjab 1707–1748* (Delhi, 1986), p. 241.
154. W. Irvine, *The Later Mughals*, vol. 2: *1719–1739* (Calcutta, 1922), p. 360.
155. For the 'nuclear zones' of the Mughal Empire, Jos Gommans, *Mughal Warfare: Indian Frontiers and the Highroads to Empire 1500–1700* (London, 2002), p. 18.
156. D. Ludden, *Peasant History in South India* (New Delhi, 1989), p. 74.
157. See Perlin, 'Commercial Manufacture'.
158. For White's career, M. Collis, *Siamese White* (London, 1936).
159. Forrest, *Lord Clive*, vol. 1, p. 26.
160. G. R. G. Hambly, 'The Emperor's Clothes', in S. Gordon (ed.), *Robes of Honour* (New Delhi, 2003), pp. 31–49, esp. p. 43.
161. See the remarkable study by J. J. L. Gommans, *The Rise of the Indo-Afghan Empire, c.1710–1780* (Leiden, 1995).
162. For a fascinating insight into Georgian politics, W. E. D. Allen, *Russian Embassies to the Georgian Kings (1589–1605)*, Hakluyt Society, 2nd Series, 138 (2 vols., Cambridge, 1970), vol. 1, 'Introduction'.
163. L. Lockhart, *Nadir Shah* (London, 1938), p. 268.
164. Ibid., p. 268; P. Sykes, *A History of Persia* (3rd edn, 2 vols., London, 1951), vol. 2, pp. 241ff.
165. Gommans, *Indo-Afghan Empire*, pp. 55ff.
166. Ibid., pp. 26–7.
167. R. L. Canfield, *Turko-Persia in Historical Perspective* (Cambridge, 1991), p. 22.
168. Lockhart, *Nadir Shah*, pp. 212ff.
169. Gommans, *Indo-Afghan Empire*, p. 177.
170. De Vries and van der Woude, *The First Modern Economy*, p. 693.

CHAPTER 4: THE EURASIAN REVOLUTION

1. S. F. Dale, *Indian Merchants and Eurasian Trade 1600–1750* (Cambridge, 1994).
2. P. C. Perdue, *China Marches West* (Cambridge, Mass., 2005).
3. For the politics of the upper Nile in the mid eighteenth century, J. J. Ewald,

Soldiers, Traders and Slaves: State Formation and Economic Transformation in the Greater Nile Valley 1700–1885 (Madison, 1990).
4. The classic study is P. J. van der Merwe, *The Migrant Farmer in the History of the Cape Colony, 1657–1842* (1938; Eng. trans. Athens, O., 1995).
5. W. P. Cumming, S. Hillier, D. B. Quinn and G. Williams, *The Exploration of North America 1630–1776* (London, 1974), pp. 233–4.
6. Quoted in R. J. Bonney, 'The Eighteenth Century II: The Struggle for Great Power Status and the End of the Old Fiscal Regime', in R. J. Bonney (ed.), *Economic Systems and State Finance* (Oxford, 1995), p. 315.
7. The best introduction to this region remains W. H. McNeill, *Europe's Steppe Frontier* (London, 1974).
8. According to a French inquiry in 1763, French revenues at 321 million *livres tournois* were well ahead of Britain's on 224, with the Netherlands in third place on 120, and Austria fourth on 92. See Bonney, 'The Struggle for Great Power Status', p. 336.
9. W. Goetzmann, *New Lands, New Men: America and the Second Great Age of Discovery* (New York, 1986), pp. 69–73.
10. For the power of the assemblies, B. Bailyn, *The Origins of American Politics* (pbk edn, New York, 1968).
11. T. Schieder, *Frederick the Great* (1983; Eng. trans. London, 2000), pp. 116–17.
12. For Frederick's fears of Russian expansion, ibid., pp. 151–8.
13. Mainly to recover Silesia, lost to Prussia in 1740.
14. See S. Sebag-Montefiore, *Potemkin* (London, 2000); N. K. Gvosdev, *Imperial Policies and Perspectives towards Georgia, 1760–1819* (London, 2000), ch. 4.
15. P. Mackesy, *The War for America* (London, 1964) remains the standard account.
16. G. Nobles, *American Frontiers: Cultural Encounters and Continental Conquest* (London, 1997), chs. 2, 3, for a recent overview.
17. Cook's instructions, quoted in J. C. Beaglehole (ed.), *The Journals of Captain James Cook. The Voyage of the Endeavour, 1768–1771* (Cambridge, 1957), p. cclxxxii.
18. A. Wink, *Land and Sovereignty in India: Agrarian Society and Politics under the Eighteenth-Century Maratha Svarajya* (Cambridge, 1986).
19. This description was in a letter published in the *London Chronicle* in July 1757. S. C. Hill (ed.), *Indian Records Series: Bengal in 1756–1757* (3 vols., London, 1905), vol. 3, p. 85.
20. Vivid contemporary accounts of the crisis can be followed in ibid., appx 2 and 3.
21. Clive to his father, 19 Aug. 1757, in ibid., p. 360.

22. Clive to William Pitt, 7 Jan. 1759, in W. K. Firminger (ed.), *Fifth Report . . . on the Affairs of the East India Company 1812* (1917; repr. New York, 1969), p. clvi.
23. Clive to the East India Company, 16 Jan. 1767, in ibid., p. clix.
24. See B. Stein, 'State Formation and Economy Reconsidered', *Modern Asian Studies* 19, 3 (1985), pp. 387–413; K. Brittlebank, 'Assertion', in P. Marshall (ed.), *The Eighteenth Century in Indian History: Evolution or Revolution* (New Delhi, 2003), pp. 269–92.
25. R. Callahan, *The East India Company and Army Reform* (Cambridge, Mass., 1972), p. 6.
26. For an account of this trade, E. H. Pritchard, *The Crucial Years of Anglo-Chinese Relations 1750–1800* (Pullman, Wash., 1936); Holden Furber, *Rival Empires of Trade in the Orient 1600–1800* (Minneapolis, 1976; repr. New Delhi, 2004).
27. A. Sorel, *Europe and the French Revolution: The Political Traditions of the Old Regime* (1885; Eng. trans. London, 1969), p. 119.
28. R. J. Bonney, 'France 1494–1815', in R. J. Bonney (ed.), *The Rise of the Fiscal State in Europe c.1200–1815* (Oxford, 1999), pp. 148–50.
29. For a recent account, M. Price, *The Fall of the French Monarchy* (London, 2002).
30. A Sorel, *L'Europe et la Révolution française: La chute de la royauté* (10th edn, Paris, 1906), p. 458.
31. Bonney, 'The Struggle for Great Power Status', p. 360.
32. F. de Bourrienne, *Memoirs of Napoleon Bonaparte* (1836; Eng. trans. ed. E. Sanderson, London, n.d.), p. 68.
33. F. Charles-Roux, *Bonaparte: Governor of Egypt* (1936; Eng. trans. London, 1937), p. 2.
34. See J. B. Kelly, *Britain and the Persian Gulf 1795–1880* (Oxford, 1968), ch. 2.
35. Bourrienne, *Bonaparte*, p. 328.
36. The best account of the settlement is now P. W. Schroeder, *The Transformation of European Politics 1763–1848* (Oxford, 1994), ch. 12. See also E. V. Gulick, *Europe's Classical Balance of Power* (London, 1955), pt 2 – a brilliant study.
37. See Kenneth Pomeranz, *The Great Divergence: China, Europe and the Making of the Modern World Economy* (Princeton, 2000).
38. P. Bairoch, *Victoires et déboires: Histoire économique et sociale du monde du xvi siècle à nos jours* (3 vols., Paris, 1997), vol. 2, p. 852. For the dramatic falls in the price of cotton yarn and cloth in Britain, C. Knick Harley, 'Cotton Textile Prices and the Industrial Revolution', *Economic History Review*, New Series, 51, 1 (1998), pp. 49–83.

39. See N. F. R. Crafts, *British Economic Growth during the Industrial Revolution* (Oxford, 1985).
40. See E. L. Jones, *The European Miracle: Environments, Economies and Geopolitics in the History of Europe and Asia* (Cambridge, 1981).
41. This is the central argument of Pomeranz, *Great Divergence.*
42. See the suggestive remarks in D. Washbrook, 'From Comparative Sociology to Global History: Britain and India in the Pre-History of Modernity', *Journal of the Economic and Social History of the Orient* 40, 4 (1997).
43. Pomeranz, *Great Divergence*, p. 85.
44. Ibid., p. 138.
45. For the Ottoman economy, B. McGowan, 'The Age of the Ayans, 1699–1812', in H. Inalcik with D. Quataert (eds.), *An Economic and Social History of the Ottoman Empire 1300–1914* (Cambridge, 1994), pp. 703, 724, 727.
46. W. Floor, *The Economy of Safavid Persia* (Wiesbaden, 2000), pp. 161, 331.
47. J. E. Inikori, *Africans and the Industrial Revolution in England: A Study in International Trade and Economic Development* (Cambridge, 2002), p. 443. Indian cottons 'completely dominated' the West African market in the early eighteenth century.
48. C. A. Bayly, *Rulers, Townsmen and Bazaars: North Indian Society in the Age of British Expansion 1770–1870* (Cambridge, 1983), p. 194.
49. Pomeranz, *Great Divergence* for the analysis that follows.
50. Ibid., pp. 290, 325.
51. Crafts, *British Economic Growth*, p. 138. Strictly, 2.7.
52. Harley, 'Cotton Textile Prices', pp. 50ff.
53. M. W. Flinn, *The History of the British Coal Industry*, vol. 2: *1700–1830: The Industrial Revolution* (Oxford, 1984), p. 114.
54. From 68,000 tons to 240,000. T. S. Ashton, *Iron and Steel in the Industrial Revolution* (Manchester, 1924), p. 99.
55. See G. N. von Tunzelman, *Steam Power and British Industrialization to 1860* (Oxford, 1978), pp. 46, 224, 295.
56. D. A. Farnie, *The English Cotton Industry and the World Market 1815–1896* (Oxford, 1979), pp. 96–7.
57. J. A. Mann, *The Cotton Trade of Great Britain* (1860; repr. edn, London, 1968), table 25. After 1840, India took first place.
58. P. Hudson, *The Industrial Revolution* (London, 1992), p. 183.
59. R. Davis, 'English Foreign Trade, 1700–1774', *Economic History Review*, New Series, 15, 2 (1962), pp. 285–303.
60. Hudson, *Industrial Revolution*, 197–8.
61. P. Mantoux, *The Industrial Revolution in the Eighteenth Century* (rev. edn, London, 1961), p. 199.
62. Ibid., p. 203.

63. G. Unwin, *Samuel Oldknow and the Arkwrights: The Industrial Revolution in Stockport and Marple* (Manchester, 1924), p. 44.
64. Ibid., p. 62.
65. The Company was accused of selling Indian goods cheaply to meet its costs at home. A. Redford, *Manchester Merchants and Foreign Trade 1794–1858* (London, 1934), pp. 122–3.
66. Unwin, *Samuel Oldknow*, p. 98.
67. Farnie, *English Cotton Industry*, p. 96.
68. A. Feuerwerker, *State and Society in Eighteenth Century China* (Ann Arbor, 1976), p. 111.
69. J. Spence, *In Search of Modern China* (London, 1990), pp. 112–14.
70. M. L. Cohen, 'Souls and Salvation', in J. L. Watson and E. Rawski (eds.), *Death Ritual in Late Imperial China* (Berkeley, 1988), pp. 200–201.
71. P. Kuhn, *Soulstealers: The Chinese Sorcery Scare of 1768* (Cambridge, Mass., 1990), pp. 43–4.
72. C. A. Ronan (ed.), *The Shorter Science and Civilisation in China: An Abridgement of Joseph Needham's Original Text* (Cambridge, 1978), vol. 1, p. 305.
73. R. J. Smith, 'Mapping China's World: Cultural Cartography in Late Imperial Times', in Wen-hsin Yeh (ed.), *Landscape, Culture and Power in Chinese Society* (Berkeley, 1998), p. 75.
74. See J. Spence, *Treason by the Book* (London, 2001).
75. E. Rawski, 'The Qing Formation and the Early Modern Period', in L. Struve (ed.), *The Qing Formation in World Historical Time* (Cambridge, Mass., 2004), p. 234.
76. Perdue, *China Marches West*, p. 456.
77. Smith, 'Mapping China's World', pp. 85ff.
78. Quoted in A. Singer, *The Lion and the Dragon* (London, 1992), p. 99.
79. An anxiety felt as far away as Mosul. A. Hourani, *Islam in European Thought* (Cambridge, 1991), p. 138.
80. B. Lewis, *The Muslim Discovery of Europe* (London, 1982), pp. 81–3.
81. Ibid., p. 157.
82. G. Goodwin, *Islamic Architecture: Ottoman Turkey* (London, 1977), pp. 21, 161–78.
83. For his career and ideas, Gulfishan Khan, *Indian Muslim Perceptions of the West in the Eighteenth Century* (Oxford, 1998), pp. 100ff.
84. Thus many 'Greek' Christians in Anatolia used Turkish written in Greek script. See B. Lewis, *Multiple Identities in the Modern Middle East* (London, 1998), p. 8.
85. H. Algar, *Religion and State in Iran 1785–1906* (Berkeley and Los Angeles, 1969), ch. 1.

86. Ibid., p. 78.
87. R. M. Eaton, *The Rise of Islam and the Bengal Frontier 1204–1760* (London, 1993), p. 282; M. Laffan, *Islamic Nationhood and Colonial Indonesia* (London, 2003), pp. 20, 23–4.
88. The role of the Sufis is discussed in H. A. R. Gibb and H. Bowen, *Islamic Society and the West: A Study of the Impact of Western Civilisation on Moslem Culture in the Near East*, vol. 1: *Islamic Society in the Eighteenth Century*, pt 2 (London, 1957), pp. 187–97, and in Hourani, *Islam in European Thought*, pp. 156–63. The Ottoman provincial boss Ali Pasha carefully patronized the Bektashi dervishes to strengthen his power. See F. W. Hasluck, *Christianity and Islam under the Sultans* (2 vols., Oxford, 1929), vol. 2, p. 537.
89. Khan, *Indian Muslim Perceptions*, p. 375.
90. See Abd al-Rahman al-Jabarti, *Chronicle of the First Seven Months of the French Occupation of Egypt*, ed. and trans. S. Moreh (Leiden, 1975); S. Moreh, 'Napoleon and the French Impact on Egyptian Society in the Eyes of al-Jabarti', in I. Bierman (ed.), *Napoleon in Egypt* (Reading, 2003).
91. See J. S. Trimingham, *A History of Islam in West Africa* (Oxford, 1962), ch. 5; G. Robinson, *Muslim Societies in African History* (Cambridge, 2004), ch. 10.
92. J. Israel, *The Radical Enlightenment: Philosophy and the Making of Modernity 1650–1750* (Oxford, 2001), p. 10. The main burden of this study is the radical intellectual influence exercised by the materialist philosophy of Spinoza.
93. N. Hampson, *The Enlightenment* (London, 1968), p. 131.
94. For Locke's ideas, M. Cranston, *John Locke* (London, 1957), ch. 20; Hampson, *Enlightenment*, pp. 38–9.
95. J. Tully, *An Approach to Political Philosophy: Locke in Contexts* (Cambridge, 1993), pp. 200–201.
96. Most recently in Israel, *Radical Enlightenment*.
97. J. Locke, *Two Treatises on Civil Government* (1690), ed. J. W. Gough (Oxford, 1946), sect. 49.
98. For a recent study, see A. Pagden, *European Encounters with the New World* (London, 1993).
99. For Hume, N. Phillipson, *Hume* (London, 1989), pp. 32–4.
100. See H. Reiss (ed.), *Kant's Political Writings* (Cambridge, 1970), p. 106.
101. J. W. Burrow, *Evolution and Society* (Cambridge, 1970), p. 39.
102. Ibid., p. 47.
103. E. Stokes, *The English Utilitarians and India* (Oxford, 1959), p. 53.
104. Quoted in Spence, *In Search of Modern China*, p. 123.
105. S. Drescher, *Capitalism and Anti-Slavery: British Mobilization in Comparative Perspective* (London, 1986).
106. U. Heyd, 'The Ottoman 'Ulema and Westernization in the Time of Selim

III and Mahmud II', in A. Hourani, P. S. Khoury and M. C. Wilson (eds.), *The Modern Middle East* (London, 1993), pp. 29–59.
107. R. Owen, *The Middle East in the World Economy 1800–1914* (London, 1981), pp. 65–72.
108. Ewald, *Soldiers, Traders and Slaves*, pp. 152–65.
109. For a recent analysis of Mehemet Ali's state, K. Fahmy, *All the Pasha's Men: Mehmed Ali, his Army and the Making of Modern Egypt* (Cairo, 2002).
110. J. R. Perry, *Karim Khan Zand* (Chicago, 1979).
111. An entertaining description of Tehran's dealings with the Bakhtiari of south-western Iran in the 1840s is in H. Layard, *Early Adventures in Persia, Susiana and Babylonia* (2 vols., London, 1887), vol. 2, chs. 11–16.
112. Algar, *Religion and State*, pp. 45–7.
113. V. Lieberman, 'Reinterpreting Burmese History', *Comparative Studies in Society and History* 29, 1 (1987), p. 179; Thant Myint-U, *The Making of Modern Burma* (Cambridge, 2001), chs. 1, 2.
114. For this pattern, V. Lieberman, 'Local Integration and Eurasian Analogies: Structuring Southeast Asian History, *c.*1350–*c.*1830', *Modern Asian Studies* 27, 3 (1993), pp. 475–572; and V. Lieberman, *Strange Parallels: Southeast Asia in Global Context c.800–1830*, vol. 1: *Integration on the Mainland* (Cambridge, 2003), chs. 2, 3, 4.
115. For the rise of Zanzibar, M. V. Jackson Haight, *The European Powers and Southeast Africa* (rev. edn, London, 1967), pp. 99–141.
116. Lord Auckland's dispatch, 28 Feb. 1842, in Kelly, *Britain and the Persian Gulf*, p. 449.
117. For this account, see C. Totman, *Early Modern Japan* (London, 1993), chs. 15–21, and M. Jansen, *The Making of Modern Japan* (Cambridge, Mass., 2000), chs. 8, 9.

CHAPTER 5: THE RACE AGAINST TIME

1. T. R. Malthus, *Principles of Political Economy* (1820), variorum edn, ed. J. Pullen (Cambridge, 1989), p. 234.
2. See R. E. Cameron, *France and the Economic Development of Europe 1800–1914* (Princeton, 1961).
3. For this argument, the centrepiece of his account, P. W. Schroeder, *The Transformation of European Politics 1763–1848* (Oxford, 1994).
4. See P. E. Moseley, *Russian Diplomacy and the Opening of the Eastern Question in 1838–1839* (Cambridge, Mass., 1934); B. H. Sumner, *Russia and the Balkans, 1870–1880* (Oxford, 1937); R. W. Seton-Watson, *Disraeli, Gladstone and the Eastern Question* (London, 1935), esp. pp. 194–5.

5. See E. D. Steele, *Palmerston and Liberalism 1855–1865* (Cambridge, 1991) for the domestic constraints on Palmerston's diplomacy.
6. See C. J. Bartlett, *Great Britain and Seapower 1815–1853* (Oxford, 1963); G. S. Graham, *The Politics of Naval Supremacy* (Cambridge, 1965); P. Kennedy, *The Rise and Fall of British Naval Mastery* (London, 1976), ch. 6.
7. The exception being the North's four year blockade of the South during the American Civil War.
8. The protracted debate over Napoleon's reputation and legacy is the subject of the brilliant study by P. Geyl, *Napoleon: For and Against* (London, 1949).
9. The ideas of Constant (1767–1830) can be followed in his essays *De l'esprit de conquête et de l'usurpation* (1814), *Principes de politique* (1815), and *Mélanges de littérature et de politique* (1829) in Benjamin Constant, *Ecrits politiques*, ed. M. Gauchet (Paris, 1997).
10. See A. S. Kahan, *Aristocratic Liberalism* (London, 1992) for a study of Tocqueville, J. S. Mill and the Swiss historian Jacob Burckhardt.
11. For a study of Burckhardt, L. Gossman, *Basel in the Age of Burckhardt* (Chicago, 2000), chs. 5, 10, 11.
12. O. Figes, *Natasha's Dance: A Cultural History of Russia* (London, 2002), p. 76.
13. Ibid., ch. 2.
14. H. Seton-Watson, *The Russian Empire 1801–1917* (Oxford, 1967), p. 355.
15. B. Eklof, J. Bushnell and L. Zakharova (eds.), *Russia's Great Reforms 1855–1881* (Bloomington, Ind., 1994), pp. 214, 233.
16. Ibid., p. 249.
17. G. Hosking, *Russia: People and Empire 1552–1917* (London, 1997), p. 333.
18. For Kliuchevskii, N. V. Riasonovsky, *The Image of Peter the Great in Russian History and Thought* (Oxford, 1985).
19. E. G. Wakefield, *A Letter from Sydney* (1829; Everyman edn, London, 1929), p. 47.
20. For the increasingly unfavourable view of the United States in France after *c.*1830, R. Remond, *Les Etats-Unis devant l'opinion française 1815–1852* (Paris, 1962), pp. 675, 731, 740, 863.
21. See D. Potter, *The Impending Struggle* (New York, 1976), p. 244; D. W. Howe, *The Political Culture of the American Whigs* (Chicago, 1974). Andrew Jackson was president in 1828–36.
22. A. J. H. Latham and L. Neal, 'The International Market in Rice and Wheat, 1868–1914', *Economic History Review*, New Series, 36, 2 (1983), pp. 260–75.
23. C. Jones, *International Business in the Nineteenth Century* (Brighton, 1987);

G. Jones, *Merchants to Multinationals: British Trading Companies in the Nineteenth and Twentieth Centuries* (Oxford, 2000); D. R. SarDesai, *British Trade and Expansion in Southeast Asia, 1830–1914* (New Delhi, 1977).

24. A. G. Kenwood and A. L. Lougheed, *The Growth of the International Economy 1820–1980* (London, 1983), pp. 90–91. For economic integration in the Atlantic – a sphere that they extend as far as Australia – K. H. O'Rourke and J. G. Williamson, *Globalization and History: The Evolution of a Nineteenth-Century Atlantic Economy* (Cambridge, Mass., 1999).

25. Kenwood and Lougheed, *International Economy*, p. 93.

26. W. Schlote, *British Overseas Trade from 1700 to the 1930s* (Oxford, 1952), pp. 156–8.

27. B. R. Mitchell, *Abstract of British Historical Statistics* (Cambridge, 1962), p. 317.

28. P. Bairoch, *Victoires et déboires: Histoire économique et sociale du monde du xvi siècle à nos jours* (3 vols., Paris, 1997), vol. 2, p. 34.

29. Ibid., p. 18.

30. B. H. Sumner, *A Survey of Russian History* (London, 1944), pp. 356–7.

31. Bairoch, *Victoires et déboires*, vol. 1, p. 467.

32. S. L. Engerman and R. E. Gallman (eds.), *The Cambridge Economic History of the United States*, vol. 2: *The Long Nineteenth Century* (Cambridge, 2000), p. 713.

33. Mitchell, *Abstract*, pp. 315, 318. Northern = Russia, Sweden, Norway, Denmark. Western = France, Belgium, Netherlands.

34. See Cameron, *France and the Economic Development of Europe*.

35. Engerman and Gallman (eds.), *Economic History*, vol. 2, p. 696; L. E. Davis and R. J. Cull, *International Capital Markets and American Economic Growth 1820–1914* (Cambridge, 1994), p. 111. The figure for Australia after 1860 was nearer to 50 per cent, with half of capital needs being supplied from Britain. See N. J. Butlin, *Australian Economic Development 1861–1900* (Cambridge, 1964), pp. 28–30.

36. R. G. Albion, *The Rise of New York Port 1815–1860* (New York, 1939); S. Beckert, *The Monied Metropolis: New York City and the Consolidation of the American Bourgeoisie* (Cambridge, 2001).

37. Bairoch, *Victoires et déboires*, vol. 1, p. 410.

38. Engerman and Gallman, *Economic History*, vol. 2, p. 50; P. Mathias, *The First Industrial Nation* (London, 1969), p. 243.

39. S. Bruchey, *Enterprise: The Dynamic Economy of a Free People* (London, 1990), p. 237.

40. Mitchell, *Abstract*, p. 318.

41. Engerman and Gallman, *Economic History*, vol. 2, p. 700.

42. See S. Ambrose, *Undaunted Courage* (New York, 1996).

43. John Langdon, 'Three Voyages to the West Coast of Africa 1881–1884', ed. M. Lynn, in B. Wood and M. Lynn (eds.), *Travel, Trade and Power in the Atlantic 1765–1884* (Cambridge, 2002).
44. See S. Bard, *Traders of Hong Kong: Some Foreign Merchant Houses 1841–1899* (Hong Kong, 1993).
45. B. S. A. Yeoh, *Contesting Space–Power Relations and the Urban Built-Environment in Colonial Singapore* (Kuala Lumpur, 1996), p. 35.
46. J. Conrad, *The End of the Tether* (London, 1902), p. 168.
47. J. Forbes Munro, *Maritime Enterprise and Empire: Sir William Mackinnon and his Business Network* (Woodbridge, 2003), chs. 5, 6, 7, 8.
48. R. Giffen, 'The Statistical Century', in his *Economic Inquiries and Studies* (2 vols., London, 1904), vol. 2, pp. 270, 273.
49. R. C. Wade, *The Urban Frontier: Pioneer Life in Early Pittsburgh, Cincinnati, Lexington, Louisville and St Louis* (Chicago, 1964), p. 341.
50. For a discussion of the contrast between an 'enterprise' economy and one in which the state played a larger role (the cases being the USA and Canada), W. T. Easterbrook, *North American Patterns of Growth and Development: The Continental Context* (Toronto, 1990).
51. G. Blainey, *The Tyranny of Distance* (Melbourne, 1966).
52. For a brilliant discussion of this, G. Raby, *Making Rural Australia* (Oxford, 1996).
53. G. Brechin, *Imperial San Francisco: Urban Power, Earthly Ruin* (Berkeley, Los Angeles and London, 1999).
54. W. Issel and R. W. Cherny, *San Francisco 1865–1932* (London, 1986), ch. 2.
55. Elliott West, *The Contested Plains: Indians, Goldseekers and the Rush to Colorado* (Lawrence, Kan., 1998).
56. For the significance of the revolver in allowing the white American conquest of the Plains Indians, Walter Prescott Webb, *The Great Plains* (New York, 1936), pp. 167–79: 'It enabled the white man to fight the Plains Indians on horseback.'
57. D. Robinson, *Paths of Accommodation: Muslim Societies and French Colonial Authorities in Senegal and Mauretania, 1880–1920* (Athens, O., and Oxford, 2000), p. 59.
58. *The Heart of Darkness* was published in 1902. This reference comes from the Everyman edition (London, 1974), p. 62.
59. R. Ileto, 'Religion and Anti-Colonial Movements', in N. Tarling (ed.), *The Cambridge History of Southeast Asia*, vol. 3: *From c.1800 to the 1930s* (pbk edn, Cambridge, 1999), p. 216.
60. See C. H. Ambler, *Kenyan Communities in the Age of Imperialism* (New Haven, 1988) for a study of the Embu.

61. Winwood Reade, *The Martyrdom of Man* (London, 1872), p. 242. Reade's purpose, in what became by the 1920s a very widely read (as well as extraordinarily original) book, was to insist that Africa did not lie apart from world history, but had played a central role in it.
62. M. Osborne, *The River Road to China* (London, 1975), p. 186.
63. L. Subramanian, 'Banias and the British: The Role of Indigenous Credit in . . . Imperial Expansion in Western India', *Modern Asian Studies* 21 (1987), pp. 473–510.
64. Twenty years later, the armies of British India's three 'presidencies', Bengal (covering much of North India), Bombay and Madras, amounted to more than 270,000 men. M. K. Pasha, *Recruitment and Underdevelopment in the Punjab* (Karachi, 1998), p. 32.
65. The best short study of the age of Company rule is D. A. Washbrook, 'India, 1818–1860: The Two Faces of Colonialism', in A. Porter (ed.), *The Oxford History of the British Empire*, vol. 3: *The Nineteenth Century* (Oxford, 1999), pp. 395–421. See also his 'Economic Depression and the Making of "Traditional" Society in Colonial India 1820–1855', *Transactions of the Royal Historical Society*, 6th Series, 3 (1993), pp. 237–63.
66. Thornton's *Gazetteer of India 1857* (London, 1857), pp. 136, 175.
67. S. David, *The Indian Mutiny* (London, 2002), p. 397.
68. Ibid., p. 346.
69. For aspects of the Mutiny and its causes, R. C. Majumdar, *The Sepoy Mutiny and the Revolt of 1857* (Calcutta, 1968); C. A. Bayly, *Empire and Information* (Cambridge, 1996), ch. 9; E. T. Stokes, *The Peasant and the Raj* (Cambridge, 1978); C. A. Bayly, 'Two Colonial Revolts: The Java War and the Indian "Mutiny" of 1857–59', in C. A. Bayly and D. A. Kolff (eds.), *Two Colonial Empires* (Dordrecht, 1986); F. Robinson, 'The Muslims of Upper India and the Shock of the Mutiny', in his *Islam and Muslim History in South Asia* (New Delhi, 2000), pp. 138–55.
70. Stokes, *Peasant*, p. 150, footnote.
71. See E. Stokes, *The English Utilitarians and India* (Oxford, 1959).
72. 'T'ung-chih' was the reign-name of the Chinese emperor of 1862–75; 'Meiji' that of the Japanese emperor of 1868–1912.
73. The classic account remains M. Greenberg, *British Trade and the Opening of China* (Cambridge, 1951).
74. See J. K. Fairbank, *Trade and Diplomacy on the China Coast* (Cambridge, Mass., 1953).
75. Feng's essays, written in 1860–61, were presented to his patron, Tseng Kuo-fan, a key figure in the T'ung-chih restoration. See S. Teng and J. K. Fairbank (eds.), *China's Response to the West* (Cambridge, Mass., 1979), pp. 50–53.

76. See J. Spence, *God's Chinese Son: The Taiping Heavenly Kingdom of Hong Xinquan* (New York, 1996) for the best recent history.
77. Between 1853 and 1863 the Nien controlled an area larger than the UK. See S. Y. Teng, *The Nien Army and their Guerilla Warfare* (The Hague, 1961), pp. 219ff.
78. For a recent survey, J. Lee, 'Trade and Economy in Pre-Industrial East Asia *c.*1500–*c.*1800: East Asia in the Age of Global Integration', *Journal of Asian Studies* 58, 1 (1999), pp. 2–26.
79. Opium consumption increased sevenfold between the 1810s and 1850s. See Y. P. Hao, *The Commercial Revolution in Nineteenth-Century China: The Rise of Sino-Western Mercantile Capitalism* (Berkeley and London, 1986), p. 69.
80. P. Richardson, *Economic Change in China c.1800–1950* (London, 1999), p. 21.
81. See Mary C. Wright, *The Last Stand of Chinese Conservatism: The T'ung-chih Restoration 1862–1874* (Stanford, 1957).
82. For this incident, H. B. Morse and H. F. MacNair, *Far Eastern International Relations* (2nd edn, Cambridge, Mass., 1931), p. 352.
83. Wright, *Last Stand*, p. 195.
84. Ibid., pp. 52, 55; E. J. Rhoads, *Manchus and Han* (Seattle, 2000) argues for the persistence of ethnic and cultural differences until after 1900.
85. Y. P. Hao, *The Comprador in Nineteenth-Century China* (Cambridge, Mass., 1970) is the standard account.
86. Hao, *Commercial Revolution*, p. 340; for the merchants' difficulties, F. E. Hyde, *Far Eastern Trade 1860–1914* (London, 1973), ch. 5.
87. Hao, *Commercial Revolution*, pp. 338–9.
88. For an excellent description, Albert M. Craig, *Choshu in the Meiji Restoration* (Cambridge, Mass., 1961), pp. 17ff.
89. See C. Totman, *Early Modern Japan* (London, 1993), pp. 242–5.
90. Craig, *Choshu*, pp. 26, 53–70; C. L. Yates, *Saigo Takamori* (London, 1995), p. 19.
91. For these events, Craig, *Choshu*, chs. 8, 9.
92. For the powers' declaration of neutrality, E. Satow, *A Diplomat in Japan* (London, 1921), p. 303; Morse and MacNair, *Far Eastern International Relations*, p. 325.
93. The best introduction to this process remains E. H. Norman, *Japan's Emergence as a Modern State* (New York, 1940), a brilliant study now curiously ignored in the specialist literature whose arguments and ideas it largely anticipates.
94. *The Autobiography of Fukuzawa Yukichi* (Tokyo, 1981), p. 227.
95. See Roger F. Hackett, *Yamagata Aristomo in the Rise of Modern Japan* (Cambridge, Mass., 1971).

96. For this process, see T. Fujitani, *Splendid Monarchy: Power and Pageantry in Modern Japan* (London, 1998).
97. G. C. Allen and A. Donnithorne, *Western Enterprise in Far Eastern Economic Development: China and Japan* (London, 1954), p. 202.
98. C. Howe, *The Origins of Japanese Trade Supremacy* (London, 1996), p. 250.
99. E. S. Crawcour, 'Economic Change in the Nineteenth Century', in M. B. Jansen (ed.), *The Cambridge History of Japan*, vol. 5: *The Nineteenth Century* (Cambridge, 1989), p. 616.
100. This may in part have been induced by financial need. See T. Suzuki-Morris, *A History of Japanese Economic Thought* (London, 1989), p. 57.
101. See Herbert P. Bix, *Peasant Protest in Japan 1590–1884* (New Haven, 1986), pp. 210–12; G. Roznan, 'Social Change', in Jansen (ed.), *Cambridge History of Japan*, vol. 5, p. 525.
102. See ch. 4.
103. D. Quataert, 'The Age of Reforms, 1812–1914', in H. Inalcik with D. Quataert (eds.), *An Economic and Social History of the Ottoman Empire 1300–1914* (Cambridge, 1994), p. 881.
104. Xavier de Planhol, *L'Islam et la mer: La Mosque et le matelot* (Paris, 2000), pp. 270–71. In fact the Turkish navy was the third largest in Europe, but performed very poorly.
105. M. Todorova, 'Midhat Pasha's Governorship of the Danubian Provinces', in C. E. Farah (ed.), *Decision-Making and Change in the Ottoman Empire* (Kirksville, Mo., 1993), pp. 115–23.
106. See J. McCarthy, *Death and Exile: The Ethnic Cleansing of Ottoman Muslims 1821–1922* (Princeton, 1995), pp. 37ff.
107. C. Clay, 'The Financial Collapse of the Ottoman State', in D. Panzac (ed.), *Histoire économique de l'Empire Ottoman et de la Turquie (1326–1960)* (Aix, 1992), pp. 119, 124.
108. C. Issawi, 'Middle East Economic Development 1815–1914', in A. Hourani, P. S. Khoury and M. C. Wilson (eds.), *The Modern Middle East* (London, 1993), p. 183.
109. Thus Izmir (Smyrna) enjoyed easier links with Europe and America than with the Anatolian interior. See A. J. Toynbee, *The Western Question in Greece and Turkey* (London, 1922), p. 125.
110. Issawi, 'Middle East Economic Development', p. 190.
111. See K. Fahmy, *All the Pasha's Men: Mehmed Ali, his Army and the Making of Modern Egypt* (Cairo, 2002).
112. C. Issawi, *Egypt: An Economic and Social Analysis* (London, 1947), p. 14.
113. See J. Berque, *Egypt: Imperialism and Revolution* (London, 1972), pp. 88–94.
114. J. R. McCoan, *Egypt* (New York, 1876), p. 91.

115. The best modern study is D. A. Farnie, *East and West of Suez: The Suez Canal in History, 1854–1956* (Oxford, 1969).
116. For the best study of Egypt's social and political crisis, A. Schölch, *'Egypt for the Egyptians': The Socio-Political Crisis in Egypt, 1878–1882* (London, 1981).
117. E. Abrahamian, *Iran between Two Revolutions* (Princeton, 1982), p. 28.
118. See H. Algar, *Religion and State in Iran 1795–1906* (Berkeley and Los Angeles, 1969), ch 1.
119. H. Algar, *Mirza Malkum Khan* (Berkeley and Los Angeles, 1973), pp. 24ff.
120. A. K. S. Lambton, *Qajar Persia* (London, 1987), pp. 20, 21, 44.
121. P. Avery, G. R. G. Hambly and C. Melville (eds.), *The Cambridge History of Iran*', vol. 7: *From Nadir Shah to the Islamic Republic* (Cambridge, 1991), p. 726.
122. Lambton, *Qajar Persia*, p. 292.
123. Perhaps 150 Europeans lived in Iran in the mid nineteenth century; still only 800 in 1890. Ibid., p. 207.

CHAPTER 6: THE LIMITS OF EMPIRE

1. See H. J. Mackinder, 'The Geographical Pivot of History', *Geographical Journal* 23, 4 (1904), pp. 421–37.
2. *The Times*, 15 Sept. 1875, quoted in N. Pelcovits, *Old China Hands and the Foreign Office* (New York, 1948), p. 101.
3. Frederick Jackson Turner, 'The Significance of the Frontier in American History' (1893), reprinted in his *The Frontier in American History* (New York, 1920).
4. For a characteristic statement, B. Kidd, *The Control of the Tropics* (London, 1898).
5. Naito Konan's article 'Shosekai' ('Small World') was published in 1888. For a study of his views, J. Fogel, *Politics and Sinology: The Case of Naito Konan, 1866–1934* (Cambridge, Mass., 1984), pp. 41, 50.
6. J. Bryce, *The Relations between the Advanced and Backward Peoples* (Oxford, 1902), pp. 6–7.
7. Ibid., p. 13.
8. C. N. Pearson, *National Life and Character* (London, 1893), pp. 89–90.
9. See J. Forbes Munro, *Maritime Enterprise and Empire: Sir William Mackinnon and his Business Network, 1823–1893* (Woodbridge, 2003), ch. 7.
10. For Rhodes's business empire, C. W. Newbury, *The Diamond Ring* (Oxford, 1989).

11. For the crisis in Egypt, R. E. Robinson and J. A. Gallagher, *Africa and the Victorians* (London, 1961), chs. 4, 5; A. Schölch, *'Egypt for the Egyptians': The Socio-Political Crisis in Egypt, 1879–1882* (London, 1981); J. R. I. Cole, *Colonialism and Revolution in the Middle East: The Social and Cultural Origins of the 'Urabi Movement* (Princeton, 1993).
12. For a fierce statement of this view by an ex-viceroy and British cabinet minister, B. Mallett, *Thomas George, Earl of Northbrook: A Memoir* (London, 1908), pp. 169–70.
13. For a brilliant review of the conference and its significance, J.-L. Vellut, *Un centenaire 1885–1985: Les Relations Europe–Afrique au crible d'une commemoration* (Leiden, 1992).
14. M. Klein, *Slavery and Colonial Rule in French West Africa* (Cambridge, 1998), pp. 78–93.
15. See A. S. Kanya-Forstner, *The Conquest of the Western Sudan* (Cambridge, 1969).
16. See J. F. Munro, *Africa and the International Economy 1880–1960* (London, 1976), p. 67.
17. For Goldie's career and the Royal Niger Company, J. Flint, *Sir George Goldie and the Making of Nigeria* (London, 1960); D. Wellesley, *Sir George Goldie: A Memoir* (London, 1934).
18. Note by Goldie, 1 Jan. 1897, Rhodes House Library, Oxford, MSS Afr. S. 88, Scarbrough MSS 4.
19. Goldie to Royal Niger Company council, 6 Feb. 1897, ibid.
20. A. Hochschild, *King Leopold's Ghost* (London, 1999), p. 23, for this calculation and its basis.
21. S. H. Nelson, *Colonialism in the Congo Basin, 1880–1940* (Athens, O., 1994), pp. 112–16. The new regime retained Leopold's practice of parcelling out the Congo among concessionaire companies.
22. D. Beach, *War and Politics in Zimbabwe 1840–1900* (Harare, 1986); A. Keppel-Jones, *Rhodes and Rhodesia: The White Conquest of Zimbabwe* (Montreal, 1983).
23. For a brilliant discussion of the disorienting effects of African travel on Europeans, J. Fabian, *Out of Our Minds: Reason and Madness in the Exploration of Central Africa* (London, 2000).
24. William H. Schneider, *An Empire for the Masses: The French Popular Image of Africa, 1870–1900* (Westport, Conn., and London, 1982), pp. 6–7.
25. Kanya-Forstner, *Conquest*, p. 263. Calculated at FF25=£1.
26. C. M. Andrew, *Théophile Delcassé and the Making of the Entente Cordiale* (London, 1968), pp. 94–8.
27. Ibid., p. 92.

28. R. Waller, 'The Maasai and the British: The Origins of an Alliance, 1895–1905', *Journal of African History* 17, 4 (1976), pp. 529–53.
29. Bill Nasson, *The South African War 1899–1902* (London, 1999) and his *Abram Esau's War: A Black South African War in the Cape 1899–1902* (Cambridge, 1991); P. Warwick, *Black People and the South African War 1899–1902* (Cambridge, 1983).
30. *Parliamentary Debates, Lords*, 4th Series, vol. 30, p. 701 (14 Feb. 1895).
31. J. Riis, *How the Other Half Lives* (New York, 1890).
32. G. Brechin, *Imperial San Francisco: Urban Power, Earthly Ruin* (Berkeley, Los Angeles and London, 1999), ch. 3.
33. See N. Harper, *A Great and Powerful Friend* (St Lucia, 1987), ch. 1.
34. Address as president of the American Historical Association, 1910, *American Historical Review* 16, 2 (1911), pp. 217–33.
35. R. E. Quirk, *An Affair of Honor: Woodrow Wilson and the Occupation of Vera Cruz* (New York, 1962).
36. H. and M. Sprout, *Towards a New Order of Sea Power* (Princeton, 1940), p. 288.
37. W. Tilchin, *Theodore Roosevelt and the British Empire* (New York, 1997), p. 236.
38. G. N. Curzon, *Russia in Central Asia in 1889* (London, 1889), p. 316.
39. B. H. Sumner, *A Survey of Russian History* (London, 1944), p. 362.
40. G. Chisholm, *Handbook of Commercial Geography* (4th edn, London, 1908), pp. 583, 609.
41. By 1914, 25 per cent of French foreign investment had been placed in Russia. R. E. Cameron, *France and the Economic Development of Europe 1800–1914* (Princeton, 1961), p. 486.
42. D. Moon, 'Peasant Migration and the Settlement of Russia's Frontiers, 1550–1917', *Historical Journal* 40, 4 (1997), pp. 859–93, esp. pp. 867–8.
43. D. W. Treadgold, *The Great Siberian Migration* (Princeton, 1957), p. 13. By 1917 the figure was 7 million.
44. M. Joffe, 'Diamond in the Rough: The State, Entrepreneurs and Turkestan's Hidden Resources in Late Imperial Russia', in M. Siefert (ed.), *Extending the Borders of Russian History* (London, 2003), p. 185.
45. The Russian population of the Russian Far East was 10,000 in 1860 and 300,000 by 1900. D. Dallin, *The Rise of Russia in Asia* (London, 1949), p. 14.
46. See J. J. Stephan, *The Russian Far East: A History* (Stanford, 1996).
47. Brilliantly discussed in A. Rieber, 'Persistent Factors in Russian Foreign Policy', in H. Ragsdale (ed.), *Imperial Russian Foreign Policy* (Cambridge, 1993).
48. Observations by Lord Sanderson, 21 Feb. 1907, in G. P. Gooch and H.

Temperley (eds.), *British Documents on the Origins of the War, 1898–1914* (12 vols., London, 1927–38), vol. 3, p. 430.
49. I. H. Nish, *The Anglo-Japanese Alliance* (London, 1966).
50. The classic analysis is still G. Monger, *The End of Isolation* (London, 1963).
51. P. Mathias and M. M. Postan (eds.), *The Cambridge Economic History of Europe*, vol. 7: *The Industrial Economies: Capital, Labour and Enterprise*, pt 1: *Britain, France, Germany and Scandinavia* (Cambridge, 1978), p. 555.
52. Germany's population in 1911, 65 million; Russia-in-Europe, 136 million.
53. For Bismarck's views on colonial expansion, O. Pflanze, *Bismarck and the Development of Germany*, vol. 3: *The Period of Fortification, 1880–1898* (Princeton, 1990), ch. 5.
54. For official uncertainty about what Germany's world interests really were, W. Mommsen, *Imperial Germany 1867–1918* (1990; Eng. trans. London, 1995), p. 82.
55. See I. L. D. Forbes, 'German Informal Imperialism in South America before 1914', *Economic History Review*, New Series, 31, 3 (1978), pp. 396–8.
56. C. Peters, *England and the English* (Eng. trans. London, 1904), p. 388.
57. J. Marseille, *Empire coloniale et capitalisme française* (Paris, 1984), p. 40.
58. E. H. Jenkin, *A History of the French Navy* (London, 1973), pp. 307–9.
59. Andrew, *Delcassé*, pp. 105ff.
60. See G. W. Gong, *The 'Standard of Civilisation' in International Society* (Oxford, 1984).
61. See W. Fischer and R. M. McInnis (eds.), *The Emergence of a World Economy 1500–1914*, pt 2: *1850–1914* (Wiesbaden, 1986).
62. A. J. H. Latham and L. Neal, 'The International Market in Wheat and Rice, 1868–1914', *Economic History Review*, New Series, 36, 2 (1983), pp. 260–75.
63. W. Woodruff, *The Impact of Western Man: A Study of Europe's Role in the World Economy 1750–1960* (London, 1966), p. 313. Woodruff's estimate of £7.6 billion may be compared with one of £8.3 billion in C. Issawi, 'Middle East Economic Development 1815–1914', in A. Hourani, P. S. Khoury and M. C. Wilson (eds.), *The Modern Middle East* (London, 1993), p. 183.
64. For a lucid explanation, S. B. Saul, *Studies in British Overseas Trade 1870–1914* (Liverpool, 1960), ch. 3, 'The Pattern of Settlements'.
65. Ibid., pp. 203–7.
66. C. Lipson, *Standing Guard: Protecting Foreign Capital in the Nineteenth and Twentieth Centuries* (London, 1985), ch. 2.

67. J. R. Scobie, 'Buenos Aires as a Commercial-Bureaucratic City', *American Historical Review* 77, 4 (1972), p. 1045.
68. R. Chandarvarkar, *The Origins of Industrial Capitalism in India* (Cambridge, 1994), p. 23.
69. C. Trocki, *Singapore: Wealth, Power and the Culture of Control* (London, 2006), chs. 1, 2.
70. O. Ruhen, *Port of Melbourne 1835–1876* (North Melbourne, 1976); F. Broeze, *Island Nation* (London, 1998).
71. See S. Jackson, *The Sassoons* (London, 1968).
72. See I. Stone, *The Global Export of Capital from Great Britain, 1865–1914: A Statistical Survey* (Basingstoke, 1999).
73. League of Nations, *The Network of World Trade* (Geneva, 1942), p. 84.
74. See M. de Cecco, *Money and Empire* (Oxford, 1974).
75. For the best description, R. Michie, *The City of London: Continuity and Change, 1850–1990* (Basingstoke, 1992); D. Kynaston, *The City of London: Golden Years 1890–1914* (London, 1995).
76. Speech in Canada (?1913). Bodleian Library, Robert Brand Papers, box 26.
77. N. Angell, *The Great Illusion* (London, 1911).
78. See I. Phimister, *Wangi Kolia* (Johannesburg, 1994) for a graphic account of labour conditions on the Wankie coalfield in Southern Rhodesia (Zimbabwe).
79. Revenue from customs duties equalled 27.6 per cent of the value of imports in the United States in 1900. The figure for Britain, France and Germany was between 5 and 8.8 per cent. See A. Stein, 'The Hegemon's Dilemma: Great Britain, the United States and the International Economic Order', *International Organization* 38, 2 (1984), pp. 355–86.
80. R. Lindert, *Key Currencies and Gold, 1900–1930* (Princeton, 1969), p. 121.
81. See J. W. Burrow, *The Crisis of Reason* (London, 2000), ch. 3.
82. Ibid., p. 96.
83. See, for example, H. H. Risley, *The People of India* (London, 1908). By the time this was published Risley was one of the most senior officials in the government of India. For the Russian case, A. Jersild, *Orientalism and Empire* (Montreal, 2002).
84. Burrow, *Crisis*, p. 103.
85. G. W. Stocking, *Victorian Anthropology* (New York, 1987), p. 236.
86. For the use of this expression by British officialdom, A. Seal, *The Emergence of Indian Nationalism* (Cambridge, 1968), p. 15.
87. See S. Dubow, *Racial Segregation and the Origins of Apartheid in South Africa 1919–1936* (London, 1989), pp. 22–3.

88. Greta Jones, *Social Darwinism and English Thought* (London, 1980), p. 150.
89. See T. Metcalf, *Ideologies of the Raj* (Cambridge, 1995), ch. 3.
90. See the argument in J. MacKenzie, *Orientalism: History, Theory and the Arts* (Manchester, 1995).
91. S. Bayly, *Caste, Society and Politics in India* (Cambridge, 1999), p. 101; for a contrary view that holds the British responsible for entrenching caste in modern India, N. Dirks, *Castes of Mind* (Princeton, 2001).
92. See T. Raychaudhuri, *Europe Reconsidered: Perceptions of the West in Nineteenth Century Bengal* (Oxford, 1989).
93. For an autobiographical account, S. Banerjea, *A Nation in Making* (London, 1925).
94. The key work here was M. G. Ranade, *The Rise of the Maratha Power* (Eng. trans. Bombay, 1900).
95. See P. M. Holt, *The Mahdist State in the Sudan 1881–1898* (Oxford, 1958).
96. For a discussion of these themes, A. Hourani, *Arabic Thought in the Liberal Age 1798–1939* (London, 1962; repr. Cambridge, 1983); F. Robinson, *Islam and Muslim History in South Asia* (New Delhi, 2000), pp. 59–78 and ch. 11; M. F. Laffan, *Islamic Nationhood and Colonial Indonesia* (London, 2003).
97. D. Robinson, *Paths of Accommodation: Muslim Societies and French Colonial Authorities in Senegal and Mauretania, 1880–1920* (Athens, O., and Oxford, 2000), pp. 231–3.
98. Hourani, *Arabic Thought*, pp. 200–203.
99. See D. Lelyveld, *Aligarh's First Generation: Muslim Solidarity in British India* (Princeton, 1978).
100. See Laffan, *Islamic Nationhood*, ch. 7.
101. The original English version has been reprinted in A. J. Parel (ed.), *Gandhi: 'Hind Swaraj' and Other Writings* (Cambridge, 1997).
102. A. Chowdhury, *The Frail Hero and Virile History: Gender and the Politics of Culture in Colonial Bengal* (New Delhi, 2001), pp. 14, 17, 40, 44–5.
103. Ibid., p. 152.
104. For Blyden's career, H. R. Lynch, *Edward Wilmot Blyden: Pan-Negro Patriot* (Oxford, 1967).
105. Ibid., p. 219.
106. Ibid., p. 216.
107. For Blyden's rejection of Booker T. Washington as a 'race amalgamator', L. R. Harlan (ed.), *The Booker T. Washington Papers*, vol. 3: *1889–1895* (London, 1974), p. 497.

108. See J. D. Frodsham (ed.), *The First Chinese Embassy to the West: The Journals of Kuo Sung-T'ao, Lin His-hung and Chan Te-yi* (Oxford, 1974), p. xxvi.
109. Y. P. Hao, *The Commercial Revolution in Nineteenth-Century China: The Rise of Sino-Western Mercantile Capitalism* (Berkeley and London, 1986), p. 355.
110. See the fascinating account of the Shanghai 'jubilee' procession in B. Goodman, 'Improvisations on a Semi-Colonial Theme, or How to Read a Celebration of Transnational Urban Community', *Journal of Asian Studies* 59, 4 (2000), pp. 889–926.
111. For Manchu–Han relations, E. J. Rhoads, *Manchus and Han* (Seattle, 2000).
112. R. K. I. Quested, *'Matey' Imperialists?: The Tsarist Russians in Manchuria, 1895–1917* (Hong Kong, 1982), pp. 21–2.
113. Ibid., p. 59.
114. See L. K. Young, *British Policy in China, 1895–1902* (Oxford, 1970).
115. Nish, *The Anglo-Japanese Alliance*.
116. For Sun's career, H. Z. Schiffrin, *Sun Yat-sen: Reluctant Revolutionary* (Boston, 1980).
117. See E. Rawski, 'Re-envisioning the Qing: The Significance of the Qing Period in Chinese History', *Journal of Asian Studies* 55, 4 (1996), p. 839.
118. R. Bin Wong, *China Transformed: Historical Change and the Limits of European Experience* (Ithaca, NY, 1997), p. 163.
119. George Morrison to Valentine Chirol, 8 Sept. 1906, in Lo Hui-min (ed.), *The Correspondence of G. E. Morrison* (2 vols., Cambridge, 1976), vol. 1, p. 375; J. O. P. Bland, *Recent Events and Present Policies in China* (London, 1912).
120. F. H. H. King, *The Hong Kong Bank in the Period of Imperialism and War, 1875–1918* (Cambridge, 1988), p. 348.
121. C.-K. Leung, *China: Railway Patterns and National Goals* (Hong Kong, 1980), p. 39.
122. C. Tsuzuki, *The Pursuit of Power in Modern Japan 1825–1995* (Oxford, 2000), p. 104.
123. P. Duus, R. Myers and M. Peattie (eds.), *Japanese Informal Empire in China, 1895–1937* (Princeton, 1989), p. xxxiii.
124. A. Iriye, *Pacific Estrangement: Japanese and American Expansion, 1897–1911* (Cambridge, Mass., 1972), p. 221.
125. J. O. P. Bland to C. Addis, 23 Sept. 1907, Thomas Fisher Library, University of Toronto, J. O. P. Bland MSS, box 23.
126. T. Yokoyama, *Japan in the Victorian Mind* (Basingstoke, 1987), ch. 8.
127. A. Iriye, 'Japan's Drive to Great Power Status', in M. B. Jansen (ed.),

The Cambridge History of Japan, vol. 5: *The Nineteenth Century* (Cambridge, 1989), pp. 738ff.
128. A. Waswo, *Modern Japanese Society, 1868–1994* (Oxford, 1996), p. 60.
129. See K. Sugihara, 'Patterns of Asia's Integration into the World Economy, 1888–1913', in Fischer and McInnis (eds.), *World Economy*, pt 2.
130. Tsuzuki, *Pursuit of Power*, p. 195.
131. C. Howe, *The Origins of Japanese Trade Supremacy* (London, 1996), pp. 148, 157, 197–9, for Japan's pre-war difficulties.
132. J. Ch'en, *Yuan Shih-kai, 1859–1916* (London, 1961), ch. 9.
133. M. E. Meeker, *A Nation of Empire: The Ottoman Legacy of Turkish Modernity* (Berkeley, Los Angeles and London, 2002), pp. 276–7.
134. See Eugene Rogan, *Frontiers of the State in the Late Ottoman Empire: Transjordan 1850–1921* (Cambridge, 1999).
135. See D. Quataert, 'The Age of Reforms, 1812–1914', in H. Inalcik with D. Quataert (eds.), *An Economic and Social History of the Ottoman Empire 1300–1914* (Cambridge, 1994), p. 872.
136. Ibid., pp. 910–28.
137. J. McCarthy, *Death and Exile: The Ethnic Cleansing of Ottoman Muslims, 1821–1922* (Princeton, 1995), pp. 135–6.
138. Quoted in M. S. Hanioglu, *Preparations for a Revolution: The Young Turks, 1902–1908* (Oxford, 2001), p. 65.
139. This account is based on E. Abrahamian, *Iran between Two Revolutions* (Princeton, 1982), pp. 57–111.
140. A. T. Wilson, *South West Persia: Letters and Diary of a Young Political Officer, 1907–1914* (London, 1942), p. 189.
141. Memo by Sir E. Grey to Russian ambassador, 10 June 1914, in Gooch and Temperley (eds.), *British Documents*, vol. 10, pp. 798–800; Buchanan to Grey, 21 June 1914, ibid., pp. 804–5.
142. Memo by Sazonov, ibid., pp. 816–20.
143. W. M. Shuster, *The Strangling of Persia: A Record of European Diplomacy and Oriental Intrigue* (London, 1912).

CHAPTER 7: TOWARDS THE CRISIS OF THE WORLD, 1914–1942

1. The classic diagnosis of this atavistic ethos was by the Austrian economist J. A. Schumpeter, in his essay on the 'Sociology of Imperialism' (1919). See the English translation in F. M. Sweezy (ed.), *Imperialism and Social Classes* (London, 1951).
2. The best contemporary analysis is H. Wickham Steed, *The Hapsburg*

Monarchy (London, 1913). Steed spent ten years in Austria–Hungary as *The Times*'s correspondent, and was later foreign editor and editor of the paper.
3. H. Strachan, *The First World War: To Arms* (Oxford, 2001), p. 62.
4. The literature on the outbreak of the war is colossal. The calculations of the great-power governments can be followed in V. Berghahn, *Germany and the Approach of War in 1914* (London, 1974); J. Keiger, *France and the Origins of the First World War* (London, 1983); D. Lieven, *Russia and the Origins of the First World War* (London, 1983); S. Williamson, *Austria–Hungary and the Origins of the First World War* (London, 1991); Z. Steiner, *Britain and the Origins of the First World War* (London, 1977). I. Geiss, *The July Crisis: The Outbreak of the First World War: Selected Documents* (London, 1967) provides a detailed account of the final approach to war. Strachan, *The First World War* offers a superb synthesis.
5. Riezler's *Grundzüge der Weltpolitik in der Gegenwart* was published in Munich in 1914.
6. See V. G. Liulevicius, *War Land on the Eastern Front: Culture, National Identity and German Occupation in the First World War* (Cambridge, 2000); A. Zweig, *The Case of Sergeant Grischa* (Eng. trans. New York, 1928) is a fascinating semi-fictional portrait of 'Ober Ost'. For a general account of the eastern war, N. Stone, *The Eastern Front 1914–1917* (London, 1975).
7. B. Pares, *The Fall of the Russian Monarchy: A Study of the Evidence* (New York, 1939), p. 476.
8. H. Seton-Watson, *The Russian Empire 1801–1917* (Oxford, 1967), p. 653.
9. How real these fears were can be seen from the correspondence of Lord Milner, then the chief director of British grand strategy. The similarity with the 'heartland' ideas of Halford Mackinder (set out after the war in his *Democratic Ideals and Reality* (London, 1919)) was not accidental: Mackinder was part of Milner's circle.
10. The deliberations of the War Cabinet's Eastern Committee can be followed in J. Darwin, *Britain, Egypt and the Middle East: Imperial Policy in the Aftermath of War* (London, 1981), ch. 6.
11. The details can be followed in W. R. Louis, *Great Britain and Germany's Lost Colonies* (Oxford, 1967).
12. For the crisis in Egypt and its outcome, E. Kedourie, 'Saad Zaghloul and the British', in his *The Chatham House Version* (London, 1970); Darwin, *Britain, Egypt and the Middle East*, chs. 3, 4, 5; J. Beinin and Z. Lockman, '1919: Labour Upsurge and National Revolution', in A. Hourani, P. S. Khoury and M. C. Wilson (eds.), *The Modern Middle East* (London, 1993), pp. 395–428.
13. A. Hourani, *Arabic Thought in the Liberal Age 1798–1939* (London, 1962; repr. Cambridge, 1983), p. 276.

14. See M. Llewellyn Smith, *Ionian Vision: Greece in Asia Minor 1919–1922* (London, 1973).
15. For an account of the crisis, D. Walder, *The Chanak Affair* (London, 1969).
16. The human consequences of the war and the treaty are discussed in J. McCarthy, *Death and Exile: The Ethnic Cleansing of Ottoman Muslims 1821–1922* (Princeton, 1995), ch. 7.
17. A British withdrawal from Iraq altogether was actively debated in the cabinet in 1923. The prime minister of the day, Andrew Bonar Law, was in favour of going.
18. For Atatürk's state-building, B. Lewis, *The Emergence of Modern Turkey* (London, 1961); A. Mango, *Atatürk* (London, 1999); M. E. Meeker, *A Nation of Empire: The Ottoman Legacy of Turkish Modernity* (Berkeley, Los Angeles and London, 2002). For Reza Shah's reconstruction of Iran, E. Abrahamian, *Iran between Two Revolutions* (Princeton, 1982), pp. 118–65. See A. T. Wilson, *Persia* (London, 1932), p. 307, for the huge increase in the value of oil exports. M. E. Yapp, *The Near East since the First World War* (London, 1991) is an excellent general account.
19. For the intensification of Indian Muslim resentment, F. C. R. Robinson, *Separatism among Indian Muslims: The Politics of the United Provinces Muslims, 1860–1923* (Cambridge, 1974); Jacob M. Landau, *The Politics of Pan-Islam: Ideology and Organization* (Oxford, 1990), pp. 182–215; M. Hasan, *Mahomed Ali: Ideology and Politics* (Delhi, 1981). Mahomed Ali was interned for sedition by the British until 1919.
20. The best account of Amritsar is now N. Collet, *The Butcher of Amritsar* (London, 2006) – despite its colourful title, a subtle and scholarly study.
21. For Gandhi's early political career, and the movement of 1919, J. M. Brown, *Gandhi's Rise to Power* (Cambridge, 1972); R. Kumar (ed.), *Essays in Gandhian Politics* (Oxford, 1971).
22. D. A. Low, 'The Government of India and the First Non-Cooperation Campaign, 1920–22', in Kumar (ed.), *Gandhian Politics*; D. Page, *Prelude to Partition: The Indian Muslims and the Imperial System of Control 1920–1932* (Delhi, 1982).
23. These nervous manoeuvrings can be followed in B. R. Tomlinson, *The Indian National Congress and the Raj* (London, 1976).
24. See Zhang Yongjin, *China in the International System, 1918–1920: The Middle Kingdom at the Periphery* (London, 1991).
25. A. J. Nathan, *Peking Politics 1918–1923* (London, 1976).
26. A. Waldron, 'The Warlord: Twentieth Century Chinese Understandings of Violence, Militarism and Imperialism', *American Historical Review* 96, 4 (1991), pp. 1073–1100; for an overview, Hsi-Sheng Ch'i, *Warlord Politics*

in China (Stanford, 1976); for a provincial case study, Angus W. McDonald, *The Urban Origins of Rural Revolution: Elites and the Masses in Hunan Province, China, 1911–1927* (Berkeley, Los Angeles and London, 1978).
27. H. B. Morse and H. F. MacNair, *Far Eastern International Relations* (2nd edn, Cambridge, Mass., 1931), p. 581.
28. Ibid., pp. 581–3.
29. See Jerome B. Grieder, *Intellectuals and the State in Modern China* (New York, 1981), pp. 214–26.
30. Yongjin, *China in the International System*, p. 184.
31. For a classic expression of this view, see memo by Sir B. Alston (British minister in Peking), 1 Aug. 1920, in R. Butler, J. P. T. Bury and M. Lambert (eds.), *Documents on British Foreign Policy 1919–1939*, 1st Series, vol. 14 (London, 1966), pp. 81–6.
32. Y. T. Matsusaka, *The Making of Japanese Manchuria 1904–1932* (Cambridge, Mass., 2001), pp. 242ff.
33. C. Tsuzuki, *The Pursuit of Power in Modern Japan 1825–1995* (Oxford, 2000), pp. 210, 217.
34. Matsusaka, *Japanese Manchuria*, p. 206.
35. Tsuzuki, *Pursuit of Power*, pp. 206, 236–7.
36. See C. Howe, *The Origins of Japanese Trade Supremacy* (London, 1996), p. 381, for the effects of Chinese boycotts on Japan's textile exports.
37. J. O. P. Bland, *China: The Pity of It* (London, 1931), p. 40.
38. For Sun's career, H. Z. Schiffrin, *Sun Yat-sen: Reluctant Revolutionary* (Boston, 1980).
39. For the dangerous lives of these 400 '*sovietniki*', see D. N. Jacobs, *Borodin: Stalin's Man in China* (Cambridge, Mass., 1981).
40. For an account of this that stresses the limited influence of the Communist Party, Ming K. Chan, 'The Realpolitik and Legacy of Labour Activism and Popular Mobilisation in 1920s Greater Canton', in M. Leutner, R. Felber, M. L. Titarenko and A. M. Grigoriev (eds.), *The Chinese Revolution in the 1920s: Between Triumph and Disaster* (London, 2002), pp. 187–221.
41. For an outstanding study of this process, Hans van der Ven, *War and Nationalism in China 1925–1945* (London, 2003), ch. 2.
42. Ch'i, *Warlord Politics*, pp. 223–4; Waldron, 'The Warlord', pp. 1075ff.
43. For British policy towards the challenge posed by Chinese nationalism, E. K. S. Fung, *The Diplomacy of Imperial Retreat* (Hong Kong, 1991); Chan Lan Kit-Ching, *China, Britain and Hong Kong 1895–1945* (Hong Kong, 1991). Not for the last time, there was friction between the views of the colonial governor in Hong Kong and his diplomatic colleagues in Peking and London.
44. Van der Ven, *War and Nationalism*, ch. 2.

45. R. Overy, *The Dictators: Hitler's Germany, Stalin's Russia* (London, 2004), p. 445.
46. Jeremy Smith, *The Bolsheviks and the National Question 1917–1923* (London, 1999), p. 98.
47. See R. Ullman, *The Anglo-Soviet Accord* (London, 1972), chs. 10, 11.
48. The classic account of this process is R. Pipes, *The Formation of the Soviet Union: Communism and Nationalism 1917–1923* (rev. edn, Cambridge, Mass., 1964).
49. For a description of this phase of his career, see R. Service, *Stalin* (London, 2004).
50. Stalin to Lenin, 22 Sept. 1922, in J. Smith, *Bolsheviks and the National Question*, p. 183.
51. Ibid., pp. 93–4.
52. Stalin to Lenin, 22 Sept. 1922.
53. See F. P. Walters, *The History of the League of Nations* (London, 1952) for a general account of the League.
54. B. Eichengreen, 'Twentieth-Century US Foreign Financial Relations', in S. L. Engerman and R. E. Gallman (eds.), *The Cambridge Economic History of the United States*, vol. 3: *The Twentieth Century* (Cambridge, 2000), pp. 476–7.
55. See D. F. Fleming, *The United States and the League of Nations 1918–1920* (New York, 1932), pp. 122–43.
56. For the views of the highly influential political geographer Isaiah Bowman, N. Smith, *American Empire: Roosevelt's Geographer and the Prelude to Globalization* (London, 2003), pp. 184–8.
57. See A. Iriye, *The Cambridge History of American Foreign Relations*, vol. 3: *The Globalising of America* (Cambridge, 1995).
58. See C. Thorne, *The Limits of Power: The West, the League and the Far Eastern Crisis of 1931–1933* (London, 1972).
59. See B. McKercher, *Transition of Power: Britain's Loss of Global Pre-eminence to the United States 1930–1945* (Cambridge, 1999).
60. Overy, *Dictators*, p. 398.
61. Service, *Stalin*, p. 325.
62. Overy, *Dictators*, p. 561.
63. J. Haslam, *The Soviet Union and the Threat from the East* (London, 1992), p. 28: the USSR had 200,000 troops in eastern Siberia by 1933.
64. J. Spence, *In Search of Modern China* (London, 1990), p. 382.
65. American policy can be followed in S. K. Hornbeck, *The Diplomacy of Frustration: The Manchurian Crisis of 1931–1933 as Revealed in the Papers of Stanley K. Hornbeck* (Stanford, 1981).
66. Van der Ven, *War and Nationalism*, p. 131.

67. A. Best, *British Intelligence and the Japanese Challenge in Asia 1914–1941* (Basingstoke, 2002), p. 89.
68. See Matsusaka, *Japanese Manchuria*, pp. 281–8.
69. For a recent analysis, ibid., pp. 378–9.
70. See Van der Ven, *War and Nationalism*, pp. 188ff.
71. See Tim Rooth, *British Protectionism and the International Economy: Overseas Commercial Policy in the 1930s* (Cambridge, 2002).
72. For the German *Grossraumwirtschaft* in Eastern Europe after 1934, A. Basch, *The Danube Basin and the German Economic Sphere* (London, 1944), chs. 11, 16; E. A. Radice, 'The German Economic Programme in Eastern Europe', in M. Kaiser (ed.), *The Economic History of Eastern Europe 1919–1975* (Oxford, 1986), vol. 2, pp. 300–301.
73. Cotton and silk goods made up over half of Japan's exports. Howe, *Trade Supremacy*, p. 121.
74. Ibid., pp. 215–18; I. Inkster, *Japanese Industrialisation: Historical and Cultural Perspectives* (London, 2001), pp. 97–116.
75. For a general study, H. James, *The End of Globalisation* (London, 2001).
76. See L. Viola, *Peasant Rebels under Stalin: Collectivization and the Culture of Peasant Resistance* (New York, 1996).
77. See J. Z. Muller, *The Other God that Failed* (Princeton, 1987); H. Lehmann and J. J. Sheehan (eds.), *An Interrupted Past: German-Speaking Refugee Historians in the United States after 1933* (Cambridge, 1991) for the intellectual career of the sociologist Hans Freyer; H. Lehmann and J. van H. Melton, *Paths of Continuity: Central European Historiography from the 1930s to the 1950s* (Cambridge, 1994) for Nazi sympathies among historians; M. Malia, *Russia under Western Eyes* (Cambridge, Mass., 1999), pp. 325ff.
78. See H. Harootunian, *Overcome by Modernity: History, Culture and Community in Inter-war Japan* (Princeton, 2000) for a fascinating study of these anxieties.
79. These ideas are the subject of John Lonsdale's essay 'The Moral Economy of Mau Mau: Wealth, Poverty and Civic Virtue in Kikuyu Political Thought', in B. Berman and J. Lonsdale, *Unhappy Valley: Conflict in Kenya and Africa*, book 2: *Ethnicity and Violence* (London, 1992).
80. J. Kenyatta, *Facing Mount Kenya* (London, 1938), p. 318.
81. See for example, M. J. Bonn, *The Crumbling of Empire: The Disintegration of World Economy* (London, 1938).
82. For the mood of the 'Shanghailanders', R. Bickers, *Empire Made Me: An Englishman Adrift in Shanghai* (London, 2003), chs. 7, 9.
83. See his letter to Gandhi, 28 Apr. 1938, in J. Nehru, *A Bunch of Old Letters* (Bombay, 1958), pp. 276–7.
84. An Anglo-Egyptian treaty on these lines was eventually signed in 1936.

85. The tortuous movements of British policy and Indian politics can be followed in Page, *Prelude to Partition* and Tomlinson, *The Indian National Congress and the Raj*.
86. N. Tarling (ed.), *The Cambridge History of Southeast Asia*, vol. 3: *From c.1800 to the 1930s* (pbk edn, Cambridge, 1999), pp. 269–70, 276. For 'political' policing in India, D. Arnold, *Police Power and Colonial Rule: Madras 1859–1947* (Delhi, 1986), ch. 6.
87. A. D. Roberts, 'The Imperial Mind', in A. D. Roberts (ed.), *The Cambridge History of Africa*, vol. 7: *From 1905 to 1940* (Cambridge, 1986), pp. 24–76.
88. For this approach at work in inter-war Nigeria, see the memorandum of September 1939 by its governor, Sir Bernard Bourdillon, in A. F. Madden and J. Darwin (eds.), *The Dependent Empire 1900–1948*, vol. 7: *Colonies, Protectorates and Mandates: Select Documents on the Constitutional History of the British Empire and Commonwealth* (Westport, Conn., 1994), pp. 705–9.
89. L. A. Sherwani, *Speeches, Writings and Statements of Iqbal* (Lahore, 1944), pp. 3–26.
90. Published in 1923. Savarkar became president of the Hindu Mahasabha in 1937.
91. S. Bayly, *Caste, Society and Politics in India* (Cambridge, 1999), p. 262, n. 65.
92. This idea was first set out in a famous essay by J. Gallagher and R. Robinson, 'The Imperialism of Free Trade', *Economic History Review*, New Series, 6, 1 (1953), pp. 1–15.
93. This point is made clear in *Mein Kampf*.
94. This judgement was made in the authoritative journal of American business. See *Fortune*, July 1940, p. 136.
95. Quoted in G. L. Weinberg, *A World at War: A Global History of World War Two* (Cambridge, 1994), p. 118.
96. E. Staley, 'The Myth of the Continents', published in *Foreign Affairs*, Apr. 1941; repr. in H. Weigert and V. Stefansson (eds.), *The Compass of the World* (London, 1943).
97. See A. Iriye, *China and Japan in the Global Setting* (Cambridge, Mass., 1992), pp. 78–80.
98. Y. Kibata, *Anglo-Japanese Relations in the 1930s and 1940s* (London, 1982).
99. A Iriye, 'The Failure of Military Expansionism', in S. Large (ed.), *Showa Japan: Political, Economic and Social History 1926–1989*, vol. 1: *1926–1941* (London, 1998), pp. 213–15, 223, 226–7.
100. I. Cowman, *Dominion or Decline: Anglo-American Naval Relations in the Pacific 1937–1941* (Oxford, 1996), pp. 85, 88, 93–4.

101. M. Roseman, *The Villa, the Lake, the Meeting: Wannsee and the Final Solution* (London, 2004), p. 107.
102. Ibid., p. 101.

CHAPTER 8: EMPIRE DENIED

1. The disorientation is brilliantly evoked in Czeslaw Milosz, *The Captive Mind* (1953; pbk edn Harmondsworth, 1980), pp. 26–7.
2. L. Barnes (Harmondsworth, 1944).
3. This was the object of W. K. Hancock, *Argument of Empire*, published as a paperback in both Britain and America in 1942. For the wider scene, Suke Wolton, *Lord Hailey, the Colonial Office and the Politics of Race and Empire in the Second World War: The Loss of White Prestige* (London, 2000).
4. See O. A. Westad, *Cold War and Revolution: Soviet–American Rivalry and the Origins of the Chinese Civil War* (New York, 1993), pp. 177–8.
5. See D. C. Engerman, *Modernization from the Other Shore* (Cambridge, Mass., 2003), pp. 262–9.
6. See H. W. van den Doel, *Het Rijk van Insulinde* (Amsterdam, 1996), pp. 284, 286.
7. Quoted in Wm Roger Louis and Ronald Robinson, 'The Imperialism of Decolonisation', *Journal of Imperial and Commonwealth History* 22, 3 (1994), p. 468.
8. For British anxiety at the prospect of 'Modern China's Asiatic Empire' – the subject of an India Office memorandum – Lanxin Xiang, *Recasting the Imperial Far East: Britain and America in China 1945–1950* (Armonk, NY, 1995), p. 32.
9. Westad, *Cold War and Revolution*, pp. 173–4.
10. For the best discussion of these issues, Hans van der Ven, *War and Nationalism in China 1925–1945* (London, 2003), ch. 7.
11. Under the 'May 4th directive' in 1946, land was to be confiscated from landlords and distributed to the peasants. See *Selected Military Writings of Mao Tse-tung* (Peking, 1963), pp. 322–4.
12. C. Howe, *The Origins of Japanese Trade Supremacy* (London, 1996), p. 403.
13. D. Norman (ed.), *Nehru: The First Sixty Years* (2 vols., London, 1965), vol. 2, p. 452.
14. Westad, *Cold War and Revolution*, p. 167.
15. 'The Vasco da Gama epoch' was the striking phrase of K. M. Pannikar. See his *Asia and Western Dominance* (London, 1953), pp. 13–17.
16. See R. Foot and J. Brown (eds.), *Hong Kong's Transitions* (London, 1997).

17. For the full list, *Keesing's Contemporary Archives*, 1955, p. 14181.
18. For the text of these speeches, *Keesing's Contemporary Archives* 1955, pp. 14181ff.; G. Kahin, *The Asian–African Conference at Bandung, Indonesia, April 1955* (Ithaca, NY, 1956).
19. The influential thesis of Chalmers Johnson, *Peasant Nationalism and Communist Power* (Stanford, 1962).
20. See S. Pepper, 'The Political Odyssey of an Intellectual Construct: Peasant Nationalism and the Study of China's Revolutionary History – a Review Essay', *Journal of Asian Studies* 63, 1 (2004), pp. 105–25.
21. O. A. Westad, *Decisive Encounters: The Chinese Civil War 1946–1950* (Stanford, 2003), p. 323.
22. Qiang Zhai, *China and the Vietnam Wars 1950–1975* (Chapel Hill, NC, 2000), pp. 20, 43–9.
23. Ibid., pp. 82–3.
24. Mao's thinking is examined in J. D. Armstrong, *Revolutionary Diplomacy: Chinese Foreign Policy and the United Front Doctrine* (Berkeley and London, 1977), ch. 3.
25. John Dower, *Embracing Defeat: Japan in the Aftermath of World War Two* (Harmondsworth, 1999).
26. Ibid., p. 206.
27. C. Tsuzuki, *The Pursuit of Power in Modern Japan 1825–1995* (Oxford, 2000), p. 357.
28. Dower, *Embracing Defeat*, pp. 249, 560.
29. For a recent study, J. M. Brown, *Nehru* (London, 2004).
30. See J. Rizvi, *Trans-Himalayan Caravans: Merchant Princes and Peasant Traders in Ladakh* (New Delhi, 1999), ch. 1.
31. The standard account is N. Maxwell, *India's China War* (London, 1970).
32. D. Kumar (ed.), *The Cambridge Economic History of India*, vol. 2: *c.1757–c.1970* (Cambridge, 1982), pp. 972–3.
33. Westad, *Decisive Encounters*, p. 320.
34. The course of British policy can be followed in the documents published in H. Tinker (ed.), *Constitutional Relations between Britain and Burma: The Struggle for Independence 1944–1948* (2 vols., London, 1983–4).
35. American policy towards Indonesian nationalism can be followed in *Foreign Relations of the United States [FRUS] 1948*, vol. 6: *The Far East and Australasia* (Washington, 1974), especially Acting Secretary of State to US ambassador in Moscow, 30 Dec. 1948, pp. 613ff; and *FRUS 1949*, vol. 7: *The Far East and Australasia* (Washington, 1975), especially Acting Secretary of State, conversation with Dutch ambassador, 11 Jan. 1949 (threatening end of American economic aid), p. 139.
36. See S. Tonnesson, 'National Divisions in Indochina's Decolonization', in

P. Duara (ed.), *Decolonization: Perspectives from Now and Then* (London, 2004), p. 262; E. Miller, 'Vision, Power and Agency: The Ascent of Ngo Dinh Diem, 1945–54', *Journal of Southeast Asian Studies* 35, 3 (2004), pp. 437–40.

37. Note by Dean Acheson, 20 May 1949, in *FRUS 1949*, vol. 7, p. 29.

38. For analysis of Diem, Miller, 'Vision, Power and Agency'; Tonnesson, 'Indochina's Decolonization'; D. Duncanson, *Government and Revolution in Vietnam* (London, 1968), ch. 5.

39. For Malayan–Indonesian tensions before and after independence, Joseph Chinyong Liow, 'Tunku Abdul Rahman and Malaya's Relations with Indonesia 1957–1960', *Journal of Southeast Asian Studies* 36, 1 (2005), pp. 87–109.

40. For the best account of British policy, W. R. Louis, *The British Empire in the Middle East 1945–1951: Arab Nationalism, the United States, and Postwar Imperialism* (Oxford, 1984).

41. For this estimate, W. B. Fisher, *The Middle East: A Physical, Social and Regional Geography* (London, 1950), p. 249.

42. Ghada Hashem Talhani, *Palestine and Egyptian National Identity* (New York, 1992), p. 9.

43. P. Seale, *The Struggle for Syria: A Study of Post-War Arab Politics 1945–1958* (London, 1966); A. Rathmell, *Secret War in the Middle East: The Covert Struggle for Syria 1949–1961* (London, 1995); P. Seale, 'Syria', in Y. Sadiqh and A. Shlaim (eds.), *The Cold War and the Middle East* (Oxford, 1997); M. Ma'oz, 'Attempts to Create a Political Community in Syria', in I. Pappe and M. Ma'oz, *Middle East Politics and Ideas: The History from Within* (London, 1997).

44. M. J. Cohen, *Palestine and the Great Powers 1945–1948* (Princeton, 1982) is the standard account.

45. H. Batatu, *The Old Social Classes and the Revolutionary Movements of Iraq* (Princeton, 1978), pp. 470–72, 545–66, 680.

46. Talhani, *Palestine*, pp. 48–50.

47. For a recent discussion, see R. McNamara, *Britain, Nasser and the Balance of Power in the Middle East 1952–1967* (London, 2003), ch. 3.

48. This was the judgement of the British ambassador in Cairo in July 1954. See James Jankowski, *Nasser's Egypt, Arab Nationalism and the United Arab Republic* (Boulder, Colo., 2002), p. 56.

49. Rathmell, *Secret War*, ch. 4.

50. The standard account is K. Kyle, *Suez* (London, 1991).

51. For Eden's political fate, D. Carlton, *Anthony Eden* (London, 1981).

52. See Rathmell, *Secret War*, pp. 160–62; Abdulaziz A. al-Sudairi, *A Vision of the Middle East: An Intellectual Biography of Albert Hourani* (London,

1999), pp. 98–100; Fouad Ajami, 'The End of Pan-Arabism', *Foreign Affairs*, winter 1978/9.
53. For the intensification of America's 'special relationship' with Israel from the late 1950s, D. Little, 'The Making of a Special Relationship: The United States and Israel 1957–1968', *International Journal of Middle East Studies* 25, 4 (1993), pp. 563–85; G. M. Steinberg, 'Israel and the United States: Can the Special Relationship Survive the New Strategic Environment?', *Middle East Review of International Affairs* 2, 4 (1998).
54. See A. Sampson, *The Seven Sisters: The Great Oil Companies and the World They Made* (London, 1975).
55. The title of the influential study by Fouad Ajami (London, 1981).
56. For the onset of the crisis, E. Abrahamian, *Iran between Two Revolutions* (Princeton, 1982), ch 5. For Anglo-Iranian, J. Bamberg, *The History of the British Petroleum Company*, vol. 2: *The Anglo-Iranian Years 1928–1954* (Cambridge, 1994).
57. For the American view, see for example Rowntree to McGhee, 20 Dec. 1950, in *FRUS 1950*, vol. 5: *The Near East, South Asia and Africa* (Washington, 1978), p. 634. For British policy, Louis, *The British Empire in the Middle East*, pp. 632–89.
58. For a recent study of the 1953 coup, M. J. Gasiorowski and M. J. Byrne (eds.), *Mohammad Mosaddeq and the 1953 Coup in Iran* (Syracuse, NY, 2004), 'Conclusion'. For landlord dominance and its impact, Abrahamian, *Iran*, pp. 378–82.
59. J. R. T. Wood, *The Welensky Papers* (Durban, 1982) remains the best account.
60. The number of white settlers in Portugal's main African territories in Angola and Mozambique increased from 67,000 in 1940 to 300,000 by 1960. See A. J. Telo, *Economia e Imperio no Portugal Contemporanea* (Lisbon, 1994), p. 267.
61. See the memo by the governor of Nigeria in September 1939, CO 583/244/30453, printed in A. F. Madden and J. Darwin (eds.), *The Dependent Empire 1900–1948*, vol. 7: *Colonies, Protectorates and Mandates: Select Documents on the Constitutional History of the British Empire and Commonwealth* (Westport, Conn., 1994), pp. 705ff.
62. For the origins of this view, D. A. Low and J. Lonsdale, 'Towards the New Order', in D. A. Low and A. Smith (eds.), *History of East Africa*, vol. 3 (Oxford, 1976), pp. 1–63.
63. For the strategies open to colonial governments, J. Darwin, 'The Central African Emergency, 1959', in R. F. Holland (ed.), *Emergencies and Disorders in the European Colonial Empires after 1945* (London, 1994).
64. See J. Lonsdale, 'The Moral Economy of Mau Mau: Wealth, Poverty and Civic Virtue in Kikuyu Political Thought', in B. Berman and J. Lonsdale,

Unhappy Valley: Conflict in Kenya and Africa, book 2: *Ethnicity and Violence* (London, 1992), pp. 265–504.
65. For a recent study of the workings of the Kenya emergency, D. Anderson, *Histories of the Hanged* (London, 2005). C. Elkins, *Britain's Gulag* (London, 2005) offers a more vehement account.
66. The best account remains Crawford Young, *Politics in the Congo: Decolonization and Independence* (Princeton, 1965).
67. For the circumstances, see Ludo de Witte, *The Assassination of Lumumba* (Eng. trans. London, 2001).
68. See Colin Legum, *Congo Disaster* (published as a Penguin Special, Harmondsworth, 1961).
69. The dilemmas confronting post-colonial governments in Africa are brilliantly evoked in two recent studies: P. Chabal and J.-P. Daloz, *Africa Works: Disorder as Political Instrument* (Oxford, 1999); J.-F. Bayart, S. Ellis and B. Hibou, *The Criminalization of the State in Africa* (Oxford, 1999).
70. See J. Zasloff, 'Law and the Shaping of American Foreign Policy: From the Gilded Age to the New Era', *New York University Law Review* 78, 30 (2003), pp. 101–288. I owe this reference to Andrew Hurrell.
71. D. Lake, *Entangling Relations: American Foreign Policy in its Century* (Princeton, 1999), p. 102.
72. For this analysis, ibid., p. 193.
73. Without control of the rest of Micronesia, Guam's value was nullified. See W. Price, *Japan's Islands of Mystery* (London, 1944), pp. 46–54.
74. See G. Lundestad, *The American 'Empire'* (London, 1990).
75. H. van der Wee, *Prosperity and Upheaval: The World Economy 1945–1980* (London, 1986), table 30.
76. Ibid., p. 451.
77. For these estimates, D. Filtzer, *Soviet Workers and Late Stalinism: Labour and the Restoration of the Stalinist System after World War Two* (Cambridge, 2002), p. 13.
78. Ibid., p. 246.
79. Ibid., p. 25.
80. See P. Gregory, *The Political Economy of Stalinism: Evidence from the Soviet Secret Archives* (Cambridge, 2004), pp. 243–4.
81. L. Sondhaus, *Navies in the Modern World* (London, 2004), p. 242.
82. See memo by Secretary of State Rusk for President Kennedy, 1 Feb. 1961, in *FRUS 1961–63*, vol. 20: *The Congo Crisis* (Washington, 1994).
83. D. Holden and R. Johns, *The House of Saud* (London, 1981), pp. 232–41.
84. B. Pockney, 'Soviet Trade with the Third World', in E. J. Feuchtwanger and P. Nailor (eds.), *The Soviet Union and the Third World* (London, 1981), pp. 70, 72–3.

85. S. Bruchey, *Enterprise: The Dynamic Economy of a Free People* (London, 1990), p. 509.
86. For an account of this K. Dawisha, 'The Soviet Union in the Middle East', in Feuchtwanger and Nailor (eds.), *The Soviet Union and the Third World*, pp. 123–6.
87. See C. Legum, *After Angola: The War over Southern Africa* (London, 1976).
88. *The Times*, 10 October 1980.
89. P. Lettow, *Ronald Reagan and his Quest to Abolish Nuclear Weapons* (New York, 2005), p. 127. The speaker was George Shultz, Secretary of State 1982–9.
90. Military spending in sub-Saharan Africa was 0.7 per cent of GNP in 1960, but five times higher by 1990 (*The Times*, 28 June 1993, p. 42). For a more general discussion, W. J. Foltz and H. Bienen, *Arms and the African: Military Influences on Africa's International Relations* (New Haven, 1985).
91. See 'Britain Joins SE Asia Exercise as Fears of Soviet Naval Power Grow', *The Times*, 7 May 1985; Sondhaus, *Navies in the Modern World*, p. 262.
92. See G. I. Khanin, 'The 1950s – the Triumph of the Soviet Economy', *Europe–Asia Studies* 55, 8 (2003), pp. 1187–1218; H. Ticktin, 'Soviet Studies and the Collapse of the USSR: In Defence of Marxism', in M. Cox (ed.), *Rethinking the Soviet Collapse* (London, 1998), p. 89.
93. See Robert J. Art, *A Grand Strategy for America* (London, 2003), pp. 20–26.
94. S. L. Engerman and R. E. Gallman (eds.), *The Cambridge Economic History of the United States*, vol. 3: *The Twentieth Century* (Cambridge, 2000), pp. 959–60.
95. Gorbachev's programme can be followed in the series of speeches published as *Perestroika* (English trans. London, 1987).
96. A sentiment expressed at its bluntest in F. Fukuyama's *The End of History and the Last Man* (New York, 1993), the core of which had been published as an article in 1989.
97. See Z. Brzezinski, *The Grand Chessboard: American Primacy and its Geostrategic Implications* (New York, 1997). The influence of earlier writers, especially the British geographer Halford Mackinder, is patent.
98. See Martin Koskenniemi, *The Gentle Civiliser of Nations: The Rise and Fall of International Law 1870–1960* (Cambridge, 2002).
99. For a representative example of this 'anti-empire' literature, see Chalmers Johnson, *The Sorrows of Empire: Militarism, Secrecy and the End of the Republic* (New York, 2004).
100. Actually 29.5 per cent. Japan's share was 14 per cent, China's 3.4. See B. Posen, 'Command of the Commons: The Military Foundations of US Hegemony', *International Security* 28, 1 (2003), p. 10, n. 14.

101. The principal argument of Posen, 'Command of the Commons'.
102. See V. De Grazia, *Irresistible Empire: America's Advance through Twentieth-Century Europe* (Cambridge, Mass., 2005).

CHAPTER 9: TAMERLANE'S SHADOW

1. This is the argument in J. Diamond, *Guns, Germs and Steel* (London, 1997).
2. The idea of 'informal empire' was developed by J. Gallagher and R. Robinson in a famous essay, 'The Imperialism of Free Trade', *Economic History Review*, New Series, 6, 1 (1953), pp. 1–15.
3. The role of vested interests in producing stagnation is set out by M. Olson in *The Rise and Fall of Nations: Economic Growth, Stagflation and Social Rigidities* (New Haven, 1982).
4. R. Kipling, 'Recessional' (1897).
5. See B. Ersanli, 'The Empire in the Historiography of the Kemalist Era', in F. Adanir and S. Faroqhi (eds.), *The Ottomans and the Balkans: A Discussion of Historiography* (Leiden, 2002), pp. 115–54.
6. See S. Deringil, *The Well-Protected Domains: Ideology and the Legitimation of Power in the Ottoman Empire, 1876–1909* (London, 1999).
7. C. A. Bayly, *Origins of Nationality in South Asia: Patriotism and Ethical Government in the Making of Modern India* (New Delhi, 1998), chs. 1–4.
8. The leading exponents of this view are D. O. Flynn and A. Giraldez. See their 'Path Dependence, Time Lags and the Birth of Globalisation', *European Economic History Review* 8 (2004), pp. 81–108.
9. For the insistence upon the nineteenth-century origins of globalization, K. H. O'Rourke and J. G. Williamson, 'Once More: When Did Globalisation Begin?', *European Economic History Review* 8 (2004), pp. 109–17.
10. See 'Growth and Development Trends 1960–2005', in *United Nations World Economic and Social Survey 2006*, p. 5, consulted at http://www.un.org/esa/policy/wess/wess2006files/chap1.pdf.
11. See K. Sugihara (ed.), *Japan, China, and the Growth of the Asian International Economy, 1850–1949* (Oxford, 2005), 'Introduction', p. 5.
12. See R. Findlay and K. H. O'Rourke, *Commodity Market Integration, 1500–2000*, National Bureau of Economic Research Working Paper (Boston, 2001), table 3.

地球觀12

帖木兒之後

一四〇五～二〇〇〇年全球帝國史

1405　1533　1618

After Tamerlane

作　　者　約翰・達爾文（John Darwin）
譯　　者　黃中憲
審　　訂　刁筱華

社　　長　張瑩瑩
總 編 輯　蔡麗真
責任編輯　溫芳蘭
特約編輯　施惠淇
編輯協力　李依蒨
行銷企劃　林麗紅
封面設計　倪旻鋒
內頁排版　洪素貞

出　　版　野人文化股份有限公司
發　　行　遠足文化事業股份有限公司
地址：231新北市新店區民權路108-2號9樓
電話：（02）2218-1417　傳真：（02）8667-1065
電子信箱：service@bookrep.com.tw
網址：www.bookrep.com.tw
郵撥帳號：19504465遠足文化事業股份有限公司
客服專線：0800-221-029

讀書共和國出版集團
社　　長　郭重興
發行人兼出版總監　曾大福
印　　務　黃禮賢、李孟儒
法律顧問　華洋法律事務所　蘇文生律師
印　　製　成陽印刷股份有限公司
初　　版　2010年12月
二版一刷　2014年11月

國家圖書館出版品預行編目資料

帖木兒之後：1405-2000年全球帝國史 / 約翰.達爾文(John Darwin)著；黃中憲譯. -- 三版. -- 新北市：野人文化出版：遠足文化發行, 2019.03
面； 公分. -- (地球觀；12)
譯自：After Tamerlane : the rise & fall of global empires, 1405-2000
ISBN 978-986-384-343-6(平裝)

1.世界史 2.近代史 3.現代史

712.4 108002026

野人

野人文化
讀者回函卡

感謝你購買《帖木兒之後》

姓　名　　　　　　　　□女 □男　　年齡

地　址

電　話　　　　　　　　手機

Email

□同意 □不同意　　收到野人文化新書電子報

學　歷 □國中(含以下) □高中職 □大專 □研究所以上
職　業 □生產/製造 □金融/商業 □傳播/廣告 □軍警/公務員
□教育/文化 □旅遊/運輸 □醫療/保健 □仲介/服務
□學生 □自由/家管 □其他

◆你從何處知道此書？
□書店：名稱 ________ □網路：名稱 ________
□量販店：名稱 ________ □其他 ________

◆你以何種方式購買本書？
□誠品書店 □誠品網路書店 □金石堂書店 □金石堂網路書店
□博客來網路書店 □其他 ________

◆你的閱讀習慣：
□親子教養 □文學 □翻譯小說 □日文小說 □華文小說 □藝術設計
□人文社科 □自然科學 □商業理財 □宗教哲學 □心理勵志
□休閒生活（旅遊、瘦身、美容、園藝等） □手工藝／DIY □飲食／食譜
□健康養生 □兩性 □圖文書／漫畫 □其他 ________

◆你對本書的評價：（請填代號，1. 非常滿意 2. 滿意 3. 尚可 4. 待改進）
書名 ____ 封面設計 ____ 版面編排 ____ 印刷 ____ 內容 ____
整體評價 ____

◆你對本書的建議：

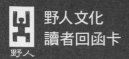

廣　告　回　函
板橋郵政管理局登記證
板 橋 廣 字 第 143 號

郵資已付　免貼郵票

23141
新北市新店區民權路108-2號9樓
野人文化股份有限公司 收

野人

請沿線撕下對折寄回

野人

書號：0NEV6012